中国循环经济年鉴

（2012）

总第5卷

解振华 主编

北 京
冶 金 工 业 出 版 社
2013

内容简介

为全面记载我国循环经济的发展历程，促进经济发展方式的转变，建设资源节约型和环境友好型社会，从2008年起，由解振华主编、国家发展和改革委员会资源节约和环境保护司组织编辑出版大型典籍《中国循环经济年鉴》。

《中国循环经济年鉴 2012》主要载述2011年国家相关法律法规、政策文件，国家各部委局、重点行业与各省（区、市）、试点单位循环经济发展状况、经验、成效，以及有关数据资料，内容丰富、详实，图文并茂，具有权威性、可靠性和较高的实用价值。

《中国循环经济 2012》可作为各级党政机关、企事业单位、高等院校、科研院所专家学者及有关人员在进行决策与规划制定、科研、教学、管理等的重要依据和查考、借鉴。

图书在版编目（CIP）数据

中国循环经济年鉴. 2012 / 《中国循环经济年鉴》编委会编. -- 北京 : 冶金工业出版社，2013.1

ISBN 978-7-5024-6163-8

Ⅰ. ①中… Ⅱ. ①中… Ⅲ. ①自然资源－资源经济学－中国－2012－年鉴 Ⅳ. ①F124.5－54

中国版本图书馆CIP数据核字(2013)第010255号

出版人：谭学余

地址：北京北河沿大街嵩祝院北巷39号，邮编100009

电话：（010） 64027926　　电子信箱：yjcbs@cnmip.com.cn

责任编辑：徐银河 常国平　　美术编辑：孔令刚　　版式设计：孔令刚

责任校对：余　玉

ISBN 978-7-5024-6163-8

廊坊市安次区码头镇长岭印刷厂印刷；冶金工业出版社出版发行；各地新华书店经销

2013年1月第1版，2013年1月第1次印刷

889mm×1194mm 1/16；32.25印张；62彩；1160千字；454页

380.00元

冶金工业出版社投稿电话：（010）64027932　　投稿信箱：tougao@cnmip.com.cn

冶金工业出版社发行部电话：（010）64044283　传真：（010）64027893

冶金书店地址：北京东四西大街46号（100010） 电话：（010）65289081(兼传真)

大力发展循环经济。按照减量化、再利用、资源化的原则，减量化优先，以提高资源产出效率为目标，推进生产、流通、消费各环节循环经济发展，加快构建覆盖全社会的资源循环利用体系。推行循环型生产方式。健全资源循环利用回收体系。推广绿色消费模式。强化政策和技术支撑。

——《中华人民共和国国民经济和社会发展第十二个五年规划纲要》

2011年3月5日，国务院总理温家宝在十一届全国人大四次会议上作《政府工作报告》强调大力发展循环经济。3月17日，全国人大十一届四次会议通过的《中华人民共和国国民经济和社会发展第十二个五年规划纲要》，把发展循环经济作为“十二五”时期我国经济社会发展的重要政策导向之一

2011年9月27日，国务院总理温家宝在全国节能减排工作电视电话会议上讲话中强调，大力发展循环经济，全面推行清洁生产，最大限度地节能、节地、节水、节材。全面落实节能减排综合性工作方案，下更大决心、花更大气力，打赢节能减排持久战和攻坚战，建设资源节约型、环境友好型社会

2011年2月16日，国家发展和改革委员会副主任解振华主持召开《全国循环经济发展规划（2011—2015）》编制工作会议，成立规划编制工作领导小组，讨论规划编制工作方案和编制大纲

2011年4月20日，“2011再制造国际论坛”在杭州市召开，国家发展和改革委员会副主任解振华作题为《努力实现我国再制造产业的新突破》的演讲

2011年6月28日，中国国家发展和改革委员会与德国联邦经济和技术部联合在德国柏林举办第六届中德经济技术合作论坛，双方签定有关合作协议

2011年10月，在新加坡召开的第三届亚洲3R区域论坛上，中国推进循环经济的政策、技术与成就得到与会各国的高度评价与肯定

2011年12月20日，国家发展和改革委员会、住房和城乡建设部在成都市联合召开全国城镇生活垃圾处理设施建设及运营经验交流会

以“循环经济与西部发展”为主题的“2011中国（成都）国际循环经济产业博览会”暨“高峰论坛”在成都举行，共签约103亿元

宝钢集团走出了一条“减量化、再利用、资源化”的发展道路。固废利用循环经济示范工程，被确定为我国首批23个工业循环经济重大示范工程之一

2011年3月31日，天津国投北疆电厂海水淡化一期工程竣工投产，标志集发电、海水淡化、浓海水制盐、废弃物资源化再利用、土地节约整理“五位一体”的循环经济产业链条实现成功运转，发挥出巨大经济效益、社会效益和环境效益

《中国循环经济年鉴》编辑委员会

《中国循环经济年鉴》编辑部

编辑部地址：北京市东城区安外大街136号皇城国际A座
北京现代循环经济研究院611室

邮　　编：100011

电　　话：（010）84119310（兼传真）

电子邮箱：gzp1616@126.com

编辑说明

一、《中国循环经济年鉴》是全面记载我国循环经济历史的大型典籍类工具书，坚持以毛泽东思想、邓小平理论和“三个代表”重要思想为指导，贯彻落实科学发展观，为推动循环经济发展服务。

二、《中国循环经济年鉴》从2008年出版发行以来，受到了各方面的欢迎和赞许，给了我们继续努力编辑出版《中国循环经济年鉴》以巨大鼓舞和鞭策。

三、《中国循环经济年鉴 2012》内容是2011年中国循环经济的发展状况，采用文章、条目、报表和图片相结合的体例。

四、《中国循环经济年鉴 2012》具有一些明显特点，如载入的事件、信息、数据、资料、图片等都来自官方和公开出版物，具有权威性、真实性；内容比较全面、系统、完整，从中央到地方，以至企业、园区、各个行业、领域，言论、重大活动和事件、法规、政策、科技、典型案例，多层次、全方位，涉及循环经济的方方面面，丰富、翔实；收录了近600幅反映我国循环经济的图片，具有较强的可视性、生动性和可读性。

五、《中国循环经济年鉴 2012》载入了循环经济试点单位实践经验，从而增加了交流和借鉴的价值。

六、《中国循环经济年鉴 2012》在编辑出版过程中，得到了国务院有关部委（局），各省、市、自治区、计划单列市，国家各重点行业及其协会、循环经济试点单位的大力支持，在此深表感谢！

七、《中国循环经济年鉴》编辑部设在北京现代循环经济研究院。

八、由于缺乏经验和水平所限，存在的疏漏乃至错误，敬请不吝指正。

Preface

The Chinese Recycle Economy Yearbook is a large-sized reference book to comprehensively record recycle economy history in our country. It was edited with Mao Zedong Thought, Deng Xiao-Ping Theory and the Important Thought of Three Represents as guidance to implement Scientific Outlook on Development and to serve the recycle economy promotion.

Since Chinese Recycle Economy Yearbook is published for the first time in 2008, it is always welcomed and praised. Those compliments strongly encourage us to keep making endeavors to edit Chinese Recycle Economy Yearbook.

The Chinese Recycle Economy Yearbook 2012 records the development of Chinese Recycle Economy in 2011 with the text mode combining with articles, entries, forms and pictures.

The Chinese Recycle Economy Yearbook 2012 has some distinct characteristics, such as all the affairs, information, data, materials and pictures inside coming from official resources or publications with authority and reality; It is comprehensive, systematic and full content covers from the central government to local government and enterprises, industrial parks, every industries, areas, speeches, important events and affairs, laws, policies, sciences and typical cases; It involves in every aspects of the recycle economy from different levels and all orientations; It collects nearly 600 pictures portraying the recycle economy in our country and hence it is interesting to see and read.

The Chinese Recycle Economy Yearbook 2012 records experiences from recycle economy experimental units which enhances its reference value.

During the edition of the Yearbook, it is highly appreciated for the strong support from the ministries and commissions of the State Department, every province, cities, municipalities and cities specifically designated in the state plan, Guiyang City, the Development and Reform Commission of Xinjiang Production and Construction Corps of CPLA, every national important industries and their associations, recycle economy experimental units.

The newsroom of the Yearbook is located in Beijing Modern Recycle Economy Academy （010-84119310，gzp1616@126.com）.

Due to limited experiences and level, please don’ t hesitate to let us know if there’ s any omission and error.

目　录

党和国家领导人重要论述 …… 1

胡锦涛重要论述 …… 3

吴邦国重要论述 …… 5

温家宝重要论述 …… 7

贾庆林重要论述 …… 12

习近平重要论述 …… 15

李克强重要论述 …… 16

领导言论 …… 19

张　平：在全国发展和改革工作会议上的讲话（节录） …… 21

解振华：在《全国循环经济发展规划(2011-2015)》编制工作会议上的讲话（节录） …… 22

解振华：积极开发城市矿产 大力发展循环经济（节录） …… 22

解振华：努力实现我国再制造产业的新突破（节录） …… 22

解振华：在2011生态文明贵阳会议上的讲话（节录） …… 23

周生贤：积极探索环境保护新道路 推动经济发展方式绿色转型 …… 24

周生贤：提高生态文明水平 …… 24

姜增伟：提高认识 创新工作 努力构建完整先进的再生资源回收体系 …… 26

地方政府工作报告 …… 28

法律规章 …… 47

中华人民共和国资源税暂行条例实施细则 …… 49

资源税若干问题的规定 …… 51

农村沼气建设和使用考核评价办法（试行） …… 53

陕西省循环经济促进条例 …… 56

江苏省餐厨废弃物管理办法 …… 62

政策文件 …… 67

国务院政策文件 …… 69

国务院批转住房城乡建设部等部门关于进一步加强城市生活垃圾处理工作意见的通知 …… 69

国务院关于印发“十二五”节能减排综合性工作方案的通知 …… 72

“十二五”节能减排综合性工作方案 …… 73

国务院关于加强环境保护重点工作的意见（节录） …… 78

国务院办公厅关于建立完整的先进的废旧商品回收体系的意见 …… 81

国家发展和改革委员会政策文件 …… 83

关于2011年全国节能宣传周活动安排意见的通知 …… 83

关于印发循环经济发展专项资金支持餐厨废弃物资源化利用和无害化处理试点城市建设实施方案的通知 …… 84

当前优先发展的高技术产业化重点领域指南（2011年度）(节录) …… 86

关于组织开展循环经济教育示范基地建设的通知 …… 87

关于集中开展限制生产销售使用塑料购物袋专项行动的通知 …… 88

关于率先在甘肃、青海省开展园区循环化改造示范试点有关事项的通知 …… 89

关于同意北京市朝阳区等33个城市（区）餐厨废弃物资源化利用和无害化处理试点实施方案并确定为试点城市（区）的通知 …… 93

关于将上海燕龙基再生资源利用示范基地等15个园区确定为国家“城市矿产”示范基地的复函 …… 94

关于同意白银高新技术产业开发区等8个园区的循环化改造示范试点实施方案并确定为国家循环化改造示范试点园区的通知 …… 96

关于深化再制造试点工作的通知 …… 97

关于印发“十二五”墙体材料革新指导意见的通知 …… 99

关于印发“十二五”资源综合利用指导意见和大宗固体废物综合利用实施方案的通知 …… 102

关于请组织推荐全国循环经济工作先进单位的通知 …… 110

工业和信息化部政策文件 …… 112

关于组织推荐工业循环经济重大技术示范工程的通知 …… 112

关于工业副产石膏综合利用的指导意见 …… 113

关于开展工业固体废物综合利用基地建设试点工作的通知 …… 115

废旧轮胎综合利用指导意见（节录） …… 117

财政部政策文件 …… 120

关于2011年开展再生资源回收利用体系建设有关问题的通知 …… 120
关于开展节能减排财政政策综合示范工作的通知 …… 121
农业部政策文件 …… 124
关于进一步加强农业和农村节能减排工作的意见 …… 124
关于加快推进农业清洁生产的意见 …… 126
关于推进渔业节能减排工作的指导意见（节录） …… 127
商务部政策文件 …… 130
关于开展第三批再生资源回收体系建设试点工作的通知 …… 130
国家标准化管理委员会政策文件 …… 131
国家循环经济标准化试点考核评估方案（试行） …… 131

规划方案 …… 133
国家环境保护“十二五”规划 …… 135
再生有色金属产业发展推进计划 …… 142
电池行业清洁生产实施方案 …… 146
全国农业和农村经济发展第十二个五年规划（节录） …… 148

综合编 …… 151
环境保护部：完善政策法规 推进试点示范 健全体制机制 不断推动循环经济发展 153
农业部：大力发展农业循环经济 促进农村社会和谐发展 …… 155
商务部：继续深入推进回收体系建设取得积极成效 …… 157
煤炭行业循环经济 …… 160
石油化工行业循环经济 …… 164
废钢铁产业循环利用 …… 168
轻工行业循环经济 …… 174
造纸行业循环经济 …… 176
拆船业循环经济 …… 181
2011年中国循环经济综述 …… 184

地方循环经济 …… 197

北京市循环经济 …… 199
天津市循环经济 …… 201
河北省循环经济 …… 204
山西省循环经济 …… 208
内蒙古循环经济 …… 213
辽宁省循环经济 …… 215
吉林省循环经济 …… 219
黑龙江省循环经济 …… 222
上海市循环经济 …… 226
江苏省循环经济 …… 229
浙江省循环经济 …… 232
福建省循环经济 …… 235
安徽省循环经济 …… 237
江西省循环经济 …… 239
山东省循环经济 …… 242
河南省循环经济 …… 246
湖北省循环经济 …… 248
湖南省循环经济 …… 252
广东省循环经济 …… 254
广西壮族自治区循环经济 …… 257
海南省循环经济 …… 260
重庆市循环经济 …… 263
四川省循环经济 …… 265
云南省循环经济 …… 269
贵州省循环经济 …… 273
西藏自治区循环经济 …… 276
陕西省循环经济 …… 279
甘肃省循环经济 …… 282
青海省循环经济 …… 285
宁夏回族自治区循环经济 …… 288
新疆自治区循环经济 …… 292

新疆生产建设兵团循环经济 ······ 295
大连市循环经济 ······ 299
青岛市循环经济 ······ 301
厦门市循环经济 ······ 304
深圳市循环经济 ······ 309

试点示范 ······ 311

国家发展改革委关于印发循环经济典型模式案例(简本)的通知 ······ 313

循环经济示范试点名单 ······ 335

国家循环经济试点单位（第一批） ······ 335
国家循环经济示范试点单位（第二批） ······ 336
餐厨废弃物资源化利用和无害化处理试点城市（区）名单（第一批） ······ 337
国家“城市矿产”示范基地名单（第一批） ······ 337
国家“城市矿产”示范基地名单（第二批） ······ 337
国家循环化改造示范试点园区名单 ······ 338
汽车零部件再制造试点企业名单 ······ 338
国家生态工业示范园区名单 ······ 339
循环农业示范市 ······ 342
再生资源回收体系建设第一批试点单位 ······ 342
再生资源回收体系建设第二批试点单位 ······ 342

地方试点名录 ······ 343

试点示范单位展示

株洲冶炼集团股份有限公司　青岛市　贵阳市　汨罗市　伟翔环保科技发展（上海）有限公司　金川集团股份有限公司　新疆天业（集团）有限公司　扬州经济技术开发区　沧州临港经济技术开发区　海南万宁兴隆热带花园有限公司　中国石油安全环保技术研究院　五矿邯邢矿业有限公司　北京水泥厂有限责任公司　东营经济技术开发区　滨化集团　神华准格尔能源股份有限公司　永兴县　中国华能集团清洁能源技术研究院　山东方圆有色金属集团公司　北京琉璃河水泥有限公司　成都成发科能动力工程有限公司　河南大周再生金属回收加工区　江苏华宏科技股份有限公司　新天地环境服务集团　河北冀中能源张矿集团宣东二号煤矿　浙江菱正机械有限公司　万年县

科技支撑 …… 369

关于印发《国家十二五科学和技术发展规划》的通知 …… 371

国家环境保护“十二五”科技发展规划（节录） …… 373

关于发布《火电厂大气污染物排放标准》等两项国家污染物排放标准的公告 …… 379

关于印发铬盐等5个行业清洁生产技术推行方案的通知 …… 379

工业和信息化部关于印发铜冶炼等5个行业清洁生产技术推行方案的通知 …… 380

项目与成果 …… 381

国家鼓励发展的重大环保技术装备目录（2011年版） …… 386

统计数据 …… 399

2011年中国环境状况公报（节录） …… 401

综 述 …… 401

主要污染物总量减排 …… 402

2011年国家统计局统计数据 …… 403

一、自然资源 …… 403

二、土地利用与生态 …… 408

三、能源 …… 409

四、水资源和废水排放处理 …… 416

五、废气排放及处理 …… 423

六、固体废物与生活垃圾处理利用 …… 424

七、环境治理投资 …… 428

中国循环经济大事记 …… 429

党和国家领导人重要论述

中共中央总书记、国家主席
胡锦涛重要论述

在金砖国家领导人第三次会晤时的讲话（节录）

我们制定颁布了“十二五”规划纲要，确定了未来5年中国经济社会发展的指导思想、战略目标、主要任务。我们将以科学发展为主题，以加快转变经济发展方式为主线，加快推进经济结构调整，大力加强自主创新，切实抓好节能减排，不断深化改革开放，着力保障和改善民生，促进社会公平正义，促进经济长期平稳较快发展和社会和谐稳定，切实做到发展为了人民、发展依靠人民、发展成果由人民共享。

（2011年4月14日）

在博鳌亚洲论坛二〇一一年年会开幕式上的演讲（节录）

转变发展方式，推动全面发展。我们应该紧跟世界发展新趋势，着力转变经济发展方式，积极调整经济结构，增强科技创新能力，发展绿色经济，促进实体经济和虚拟经济、内需和外需均衡发展，同时兼顾速度和质量、效率和公平，把发展经济和改善民生紧密结合起来，实现经济社会协调发展。

未来5年，中国将着力建设资源节约型、环境友好型社会，深入贯彻节约资源和保护环境基本国策。节约能源，降低温室气体排放强度，发展循环经济，推广低碳技术，积极应对气候变化，促进经济社会发展与人口资源环境相协调，走可持续发展之路。

（2011年4月15日）

在天津滨海新区考察时的讲话

这个生态城是中国、新加坡两国经济技术合作的又一个亮点，希望生态城的建设者坚持生态文明理念，加快生态城建设步伐，努力探索出一条城市节能环保的良性发展路子。

（2011年4月30日）

在主持中共中央政治局29次学习会时的讲话（节录）

加快培育发展战略性新兴产业是加快转变经济发展方式的必然要求，是努力掌握国际经济竞争主动的必然要求，是加快建设创新型国家的必然要求，关系经济社会发展全局。加快培育发展战略性新兴产业，有利于我们充分发挥科技引领作用、在更高起点上形成新的经济增长点、提高经济增长质量和效益，有利于我们抓住国际产业调整转移和生产要素优化重组的时机、加快形成参与国际经济合作和竞争新优势，有利于我们有效吸引、集聚、整合创新资源，加强经济社会发展创新驱动。我们一定要紧紧抓住历史机遇，切实加大工作力度，把战略性新兴产业加快培育成为先导产业和支柱产业。

（2011年5月31日）

在庆祝中共成立90周年大会上的讲话

在当代中国，坚持发展是硬道理的本质要求就是坚持科学发展。我们要以科学发展为主题，以加快转变经济发展方式为主线，更加注重以人为本，更加注重全面协调可持续发展，更加注重统筹兼顾，更加注重改革开放，更加注重保障和改善民生，加快经济结构战略性调整，加快科技进步和创新，加快建设资源节约型、环境友好型社会，促进社会公平正义，促进经济长期平稳较快发展和社会和谐稳定，不断在生产发展、生活富裕、生态良好的文明发展道路上取得新的更大的成绩，不断为全面建成小康社会、实现中华民族伟大复兴打下更为坚实的基础。

（2011年7月1日）

在中央水利工作会议上的讲话（节录）

兴水利，除水害，历来是治国安邦的大事。几十年来，我们党领导人民开展了气壮山河的水利建设，取得了前所未有的治水兴水成就。新形势下，我国经济社会发展和人民生活改善对水提出了新的要求，发展和水资源的矛盾更加突出，水对经济安全、生态安全、国家安全的影响更加突出。当前和今后一个时期，加快水利改革发展的总体要求是：以邓小平理论和“三个代表”重要思想为指导，深入贯彻落实科学发展观，把水利作为国家基础设施建设的优先领域，把农田水利建设作为农村基础设施建设的重点任务，把严格水资源管理作为加快转变经济发展方式的战略举措，注重科学治水、依法治水，突出加强薄弱环节建设，大力发展民生水利，不断深化水利改革，加快建设节水型社会，促进水利可持续发展，努力走出一条中国特色水利现代化道路。加快水利改革发展的主要目标是，力争通过5年到10年努力，从根本上扭转水利建设明显滞后局面。到2020年，基本建成防洪抗旱减灾体系、水资源合理配置和高效利用体系、水资源保护和河湖健康保障体系、有利于水利科学发展的体制机制和制度体系。

（2011年7月8日）

在夏威夷举行的APEC工商领导人峰会上的演讲（节录）

尊重各成员根据其资源禀赋、发展阶段、能力水准等具体情况自主选择绿色增长道路。要加强环境技术传播和合作，帮助发展中成员发展环境产业，避免产生新的绿色贸易壁垒。

（2011年11月12日）

在中国加入世界贸易组织10周年高层论坛上的讲话（节录）

中国将进一步扩大对外经济技术合作。我们将适应国际产业转移和国内外市场需求变化，更加注重加强同世界各国的经济技术交流合作，推动经济发展方式转变和经济结构调整，大力发展结构优化、技术先进、清洁安全、附加值高、吸纳就业能力强的现代产业体系，促进产业结构优化升级。我们将继续通过开放市场、引进先进技术提升制造业国际竞争力，推动传统制造业向价值链高端延伸，促进战略性新兴产业加快发展。我们将加强生态文明建设，坚持绿色、低碳发展理念，加强资源节约和生态环境保护，大力发展绿色产业和节能环保产业。

（2011年12月11日）

中共中央政治局常委、全国人大常委会委员长吴邦国重要论述

参加十一届全国人大四次会议河北代表团审议时讲话（节录）

要针对影响和制约经济社会协调发展的重大结构性问题，着力增强自主创新能力，积极推行低碳技术，大力发展循环经济，努力构建现代产业体系，切实做好推动科学发展和加快转变经济发展方式这篇大文章。

（2011年3月8日）

向十一届全国人大四次会议作全国人大常委会工作报告（节录）

坚持不懈地推进节能减排，强化法律规范、政策引导，加强重点领域节能减排和生态保护，坚决淘汰落后产能，抑制高耗能高污染产业过快增长，促进清洁生产，发展绿色产业和循环经济，完善生态补偿机制，推动经济增长建立在可持续发展的基础上。

要进一步完善集体林权制度改革配套措施，认真落实各项强林惠林政策，大力实施林业重点工程，积极发展林业产业和林下经济，走出一条资源增长、农民增收、生态良好的现代林业发展之路。

（2011年3月9日）

在广西壮族自治区调研时的讲话（节录）

大力发展循环经济，是落实科学发展观的内在要求，既能减少环境污染，又能增加经济效益，要坚持科学规划，选准技术路线，加强资源综合利用，进一步延伸产业链，彻底摆脱高能耗、高污染、低效益的粗放型发展模式。

（2011年4月28日至29日）

在新疆调研时的讲话（节录）

要加快发展新疆特色农业，采用新技术，延长产业链，增加附加值，提高农产品竞争力，增强农业综合生产能力，走出一条具有节水高效特色的农业发展新路子。

实现新疆跨越式发展很重要一点就是要加快传统产业的优化升级，实行差别化产业政策，调整产品结构，推进清洁生产，加强资源综合利用，加快优势资源转换，为新疆可持续发展打下坚实基础。

（2011年6月19日）

在福建调研时的讲话（节录）

要坚持高标准高起点，科学规划、分步实施、扎实推进，当前应着力抓好基础设施、生态建设等重点项目。产业发展要走绿色低碳和高技术含量的路子，适当发展劳动密集型产业，城乡建设要与自然环境相协调，保护好平潭的青山绿水。

（2011年9月5日-7日）

在十一届全国人大常委会第二十四次会议上讲话（节录）

要坚持不懈地推进节能减排，强化政策引导，加强重点领域节能减排和生态保护，坚决淘汰落后产能，切实抑制高耗能高污染产业过快增长，加快发展绿色产业和循环经济，推动经济增长建立在可持续发展的基础上。

（2011年12月31日）

中共中央政治局常委、国务院总理温家宝重要论述

在全国人大十一届四次会议上的《政府工作报告》（节录）

加强节能环保和生态建设，积极应对气候变化。突出抓好工业、建筑、交通运输、公共机构等领域节能。继续实施重点节能工程。大力开展工业节能，推广节能技术，运用节能设备，提高能源利用效率。加大既有建筑节能改造投入，积极推进新建建筑节能。大力发展循环经济。推进低碳城市试点。加强适应气候变化特别是应对极端气候事件能力建设。建立完善温室气体排放和节能减排统计监测制度。加快城镇污水管网、垃圾处理设施的规划和建设，推广污水处理回用。加强化学品环境管理。启动燃煤电厂脱硝工作，深化颗粒物污染防治。加强海洋污染治理。加快重点流域水污染治理、大气污染治理、重点地区重金属污染治理和农村环境综合整治，控制农村面源污染。继续实施重大生态修复工程，加强重点生态功能区保护和管理，实施天然林资源保护二期工程，落实草原生态保护补助奖励政策，巩固退耕还林还草、退牧还草等成果，大力开展植树造林，加强湿地保护与恢复，推进荒漠化、石漠化综合治理。完善防灾减灾应急预案，加快山洪地质灾害易发区调查评价、监测预警、防治应急等体制建设。

我们要扎实推进资源节约和环境保护。积极应对气候变化。加强资源节约和管理，提高资源保障能力，加大耕地保护、环境保护力度，加强生态建设和防灾减灾体系建设，全面增强可持续发展能力。非化石能源占一次能源消费比重提高到11.4%，单位国内生产总值能耗和二氧化碳排放分别降低16%和17%，主要污染物排放总量减少8%至10%，森林蓄积量增加6亿立方米，森林覆盖率达到21.66%。切实加强水利基础设施建设，推进大江大河重要支流、湖泊和中小河流治理，明显提高基本农田灌溉、水资源有效利用水平和防洪能力。

（2011年3月5日）

主持召开国务院常务会议讨论通过《青藏高原区域生态建设与环境保护规划(2011—2030年)》（节录）

加大环境污染防治力度。优先实施饮用水水源地保护与治理，全力保障城乡饮水安全。推进重点流域水污染和城镇大气污染防治，强化固体废物安全处置，严格辐射安全和土壤环境管理。完善农牧民聚居区环境基础设施。四要提高生态环境监管和科研能力。建设气候变化和生态环境监测评估预警体系。完善法规标准，加强生态环境管理执法能力建设，严格执法监督。大力开展生态环境保护科学研究和宣传教育。五要发展环境友好型产业。加快传统农牧业生态转型，科学合理有序地开发矿产资源和水能资源，促进生态旅游健康发展。积极稳妥地推进游牧民定居工程，实施传统能源替代。

（2011年3月30日）

主持召开国务院常务会议研究部署经济工作（节录）

下大力气抓好节能减排。坚决抑制高耗能高污染行业过快增长，提高能耗和排放标准等准入门槛，加大差别电价、惩罚性电价政策实施力度。强化节能减排目标责任。加快实施节能减排重点工程。

积极推动发展方式转变。加快推进产业转型升级，加快培育发展战略性新兴产业，推动服务业大发展，改善中小企业发展环境；从深化收入分配制度和财税体制改革、完善社会保障体系、保障改善民生、改善消费环境入手，抓紧建立扩大消费的长效机制；多方面采取措施促进国际收支基本平衡。

（2011年4月13日）

在第四次中国、日本、韩国领导人会议上的发言（节录）

加快中日韩循环经济示范基地建设，促进合理利用资源、保护生态环境、实现可持续发展。中国政府愿采取积极措施，争取年内在中国启动循环经济示范基地建设，并支持在日韩建立示范基地。

（2011年5月22日）

在东京出席第三届中日韩工商峰会午餐会上讲话 （节录）

进一步发展绿色经济和循环经济。中日韩三国人均资源占有水平较低，大力发展绿色经济、循环经济，实现可持续发展，是我们的共同目标。中方愿意与日韩加强在风能、太阳能等可再生能源领域的合作。中方倡议成立三国“可再生能源产学研创新联盟”，使三国在技术、生产和市场等方面的优势实现互补。今年中方将以新能源合作为主题举办国际论坛和展会，邀请三国政府、企业、大学和科研机构代表共商合作事宜。建立中日韩循环经济示范基地是三国领导人两年前达成的共识，中国政府愿意采取有效措施，争取年内在中国启动循环经济示范基地建设，我们也支持在日韩建立示范基地。

（2011年5月22日）

在伦敦英国皇家学会发表的演讲（节录）

我们将加快培育和发展战略性新兴产业。现阶段重点培育和发展节能环保、新一代信息技术、生物、高端设备制造、新能源、新材料、新能源汽车等产业。所有这些，都将促进当前发展并为长期发展提供有力支撑。

我们不仅要在经济领域、科技领域继续扩大对外开放，而且在文化建设、社会管理等领域也要大胆博采众长。中国在推进现代化过程中遇到的诸多问题，如能源问题、环境问题、贫富差距问题、司法公正问题和廉政问题等，许多发达国家都曾经遇到过。对各国的成功经验，我们要认真借鉴；对别人走过的弯路，我们不应重复；对世界面临的难题，我们要同国际社会一道来破解。

（2011年6月27日）

在第六届中德经济技术合作论坛上的演讲（节录）

拓展新能源和节能环保合作。两国在可再生能源发展和提高能效等领域合作大有可为。去年两国已签署共同建立生态园合作协议，拟在中国青岛建立首个中德生态园，欢迎德方企业积极参与规划和建设。我们愿意充分发挥双

边财政合作的示范作用，重点支持双方在节能减排、绿色信贷及气候变化等领域的合作。我们还期待双方企业在新能源交通、建筑节能和低碳生态城市建设等方面合作迈出实质性步伐。

（2011年6月28日）

主持召开国家应对气候变化及节能减排工作领导小组会议

会议指出，“十一五”期间，经过全国上下共同努力，基本实现了节能减排约束性指标。我国以能源消费年均6.6%的增速支撑了国民经济年均1.2%的增速。节能减排工作有力促进了产业结构调整和技术进步，提高了全社会节能环保意识，遏制了能源消耗强度和主要污染物排放量大幅上升的势头，成为贯彻落实科学发展观的一大亮点，并为应对全球气候变化作出了重要贡献。

会议强调，“十二五”期间是我国转变经济发展方式、加快经济结构战略性调整的关键时期。要继续把节能减排作为调结构、扩内需、促发展的重要抓手，作为减缓和适应全球气候变化、促进可持续发展的重要举措，进一步加大工作力度，务求取得预期成效。（一）推进重点领域节能减排。工业节能要注重以先进生产能力淘汰落后生产能力。交通节能要重视发展公共交通，优化运用多种运输方式。建筑节能要合理改造已有建筑，大力发展绿色建筑、智能建筑，最大限度地节能、节地、节水、节材。生活节能要推广使用经济高效的节能产品，培养节约环保的消费模式和生活方式。（二）进一步调整优化产业结构。发展现代产业体系，鼓励发展第三产业和战略性新兴产业，运用高新技术改造传统产业。推动能源生产和利用方式变革，构建安全、稳定、经济、清洁的现代能源产业体系。（三）实施节能减排重点工程。着力抓好节能重点工程、环境治理重点工程、循环经济重点工程。（四）推广使用先进技术。建立节能减排技术遴选、评定及推广机制，积极引进、消化、吸收国外先进技术，加快技术的开发、示范和推广应用，有效提高能源利用效率，降低污染排放。（五）加强节能减排管理。完善节能评估审查制度，制定和执行耗能设备国家标准，鼓励企业建立节能计量、台账和统计制度。实施电力需求侧管理、能效标识、政府节能采购等管理方式。（六）完善节能减排长效机制。落实税收优惠政策，推进资源税费和环境税改革。调整进出口关税，遏制高耗能、高排放产品出口。

会议强调，要积极开展应对气候变化国际合作。坚持以《联合国气候变化框架公约》和《京都议定书》为基础，坚持“共同但有区别的责任”原则和公平原则，按照“巴厘路线图”授权，在哥本哈根协议和坎昆协议基础上，建设性推动应对气候变化国际谈判进程，使德班会议在加强公约和议定书全面、有效和持续实施方面，取得进一步的积极成果。

会议要求各地区、各部门进一步统一思想，提高认识，对节能减排综合性工作方案早部署、早落实。要抓紧分解落实节能减排指标，完善节能减排统计、监测、考核体系，切实把落实五年目标与完成年度目标结合起来，把年度目标考核与季度跟踪检查结合起来。要加强节能减排工作的组织领导，地方各级人民政府对本行政区域内节能减排工作负总责，政府主要领导是第一责任人。严格实行节能减排奖惩机制，把各地区节能目标责任评价考核结果，作为对省级人民政府领导班子和领导干部综合考核评价的重要依据，实行问责制。动员全社会力量开展节能减排行动。

（2011年7月19日）

主持召开国务院常务会议（节录）

会议对建立废旧商品回收体系作出了部署，指出，我国废旧商品回收体系很不完善，不仅影响废物利用，而且极易造成环境污染，建立完整、先进的回收、运输、处理、利用废旧商品回收体系已刻不容缓。一要完善回收处理网络。建设、改造标准化居民废旧商品回收网点，畅通生产企业回收大宗废旧商品和边角余料渠道，尤其要加强报废汽车、废弃电器电子产品、废轮胎、废弃节能灯等重点废旧商品的回收工作。二要强化科技支撑。加强废旧商品回收、分拣和处理技术攻关，提高装备水平。开展国际合作与交流，借鉴管理经验，引进先进技术。三要培育大型废旧商品回收企业，促进废旧商品回收、分拣和处理集约化、规模化发展。四要加强对回收企业站点、回收加工经营行为和市场秩序的监管，依法查处违法犯罪行为。强化废旧商品回收各环节的污染防治，杜绝二次污染。五要明确政府部门和生产、流通企业及使用者责任，修订完善相关制度标准，加快将废旧商品回收处理纳入法制化轨道。六要广泛开展宣传教育，倡导环保健康、循环利用的生产生活方式。会议决定成立由商务部牵头、有关部门参与的部际协调机制，指导废旧商品回收体系建设工作。

在第五届夏季达沃斯论坛开幕式上的致辞（节录）

中国将坚持节约资源和保护环境，走绿色、低碳、可持续的发展道路，显著提高资源利用效率和应对气候变化能力。节约资源、保护环境是实现可持续发展的必由之路，是我国的一项基本国策。我们将加快构建有利于节约资源和保护环境的产业结构、生产方式和消费模式，促进人与自然的和谐统一。

"十二五"期间，把非化石能源占一次能源消费比重提高到11.4%，单位国内生产总值能源消耗和二氧化碳排放分别降低16%和17%，主要污染物排放总量减少8%至10%。我们要健全法规和标准，强化目标责任考核，理顺能源资源价格体系，加强财税、金融等政策支持，推动循环经济发展，大力培育以低碳排放为特征的工业、建筑和交通体系，全面推进节能、节水、节地、节材和资源综合利用，保护与修复生态，增加森林碳汇，全面增强应对气候变化能力。

（2011年9月14日）

在全国节能减排工作电视电话会议上的讲话（节录）

要从战略和全局高度认识节能减排的重大意义，全面落实节能减排综合性工作方案，下更大决心、花更大气力，打赢节能减排持久战和攻坚战，建设资源节约型、环境友好型社会。

"十一五"时期，我国节能减排取得显著成效，我们以能源消费年均6.6%的增速支撑了国民经济年均11.2%的增长。节能减排工作有力促进了产业结构调整和技术进步，为应对全球气候变化作出了重要贡献。当前，节能减排形势还相当严峻。必须充分认识节能减排的极端重要性和紧迫性，增强忧患意识、危机意识和责任意识，以科学发展观为指导，坚持节能减排思想不动摇，工作不松懈，力度不减弱，步伐不放缓，全面落实"十二五"节能减排综合性工作方案，务求取得预期成效。

（一）着力调整优化产业结构，促进节能减排。要坚持走中国特色新型工业化道路。加快发展现代产业体系，逐步提高服务业的比重和水平。大力发展战略性新兴产业。鼓励新上先进生产能力，加快淘汰落后生产能力，强化节能、环保、土地、安全等指标约束，抑制高耗能、高排放行业过快增长，防止高污染、高耗能产业转移到西部地区。大力发展循环经济。合理控制能源消费总量，调整能源结构，大力推广煤炭的清洁高效利用，因地制宜发展风能、太阳能等可再生能源，在做好生态保护和移民安置的基础上积极发展水电，在确保安全的基础上高效发展核电。推动能源生产和利用方式变革，构建安全、稳定、经济、清洁的现代能源产业体系。

（二）坚持以科技创新和技术进步推动节能减排。加快建立节能减排的技术支撑体系，选择一批关系全局的重大技术项目，攻克一批共性和关键技术，引进消化吸收国外先进节能减排技术和管理经验。建立节能减排技术的遴选、评定及推广机制，促进产业化示范和推广应用。实施节能改造、重金属污染防治、资源综合利用等重点工程。

（三）完善节能减排长效机制。深化资源性产品价格改革，完善价格形成机制。加大财政资金支持引导作用，落实税收优惠政策，积极推进资源税费和环境税费改革。调整进出口税收政策，遏制高耗能、高排放产品出口。加强节能发电调度，实行电力需求侧管理，推行合同能源管理，扶持壮大节能服务产业。在试点的基础上逐步建立碳排放交易市场。推进污水垃圾处理设施建设与运营市场化。

（四）加强节能减排能力建设。抓紧制订完善能源消耗、污染排放方面的强制性国家标准和设计规范，完善统计核算与监测方法。加强节能管理体系建设，建立健全国家、省、市三级减排监控体系。

（五）推进重点领域节能减排。开展万家企业节能低碳行动，促进重点用能单位科学管理、组织、控制生产经营活动。加强工业、建筑、交通领域节能减排。工业领域要严格执行高耗能、高排放行业的准入标准，全面推行清

洁生产，加强重金属污染防治，全过程控制污染物排放。建筑节能要科学合理改造已有建筑，积极发展绿色建筑、智能建筑，最大限度地节能、节地、节水、节材。交通节能减排要重视发展公共交通，统筹发展和优化运用多种运输方式，逐步提高机动车排放标准，积极推广节能与新能源汽车。推广使用经济高效的节能产品，提倡绿色低碳消费，形成节能环保的消费模式和生活方式。各类公共机构要发挥示范带头作用，国家机关要做表率。重视农业和农村节能减排，治理农业面源污染。大规模开展植树造林，增加森林碳汇。

各级党委和政府要把节能减排作为促进科学发展的硬任务，转变经济发展方式的硬举措，考核各级干部的硬指标。要明确各级政府和有关企业节能减排的责任。加强组织领导，形成一级抓一级、层层抓落实的工作机制。严格监督检查，对节能减排指标实行年度考核，接受社会监督。开展节能减排全民行动，加强舆论监督，尽快形成政府为主导、企业为主体、全社会共同参与的工作局面。

（2011年9月27日）

关于当前的宏观经济形势和经济工作（节录）

推进结构调整和节能减排。今年是“十二五”开局之年，要为转变经济发展方式创造良好环境，引导各方面把工作着力点放在加快经济结构调整、提高发展质量和效益上，放在增加就业、改善民生、促进社会和谐上。目前，经济增长方式粗放、结构不合理的问题仍然较为突出，特别是部分高耗能产品生产增长较快，一些过去停工减产的也在恢复生产，产能大量释放，局部地区电力供需偏紧，节能减排任务非常严峻。同时，重金属污染、水污染问题呈多发高发态势，部分新兴产业发展也存在一些环境隐患。要下更大力气推进结构调整，把改造提升制造业、加大企业技术改造力度、加快培育发展战略性新兴产业、大力发展服务业等方面的工作做实做好。从多方面采取措施，改善小企业发展环境，支持小企业发展。认真抓好节能减排和环境保护工作，明确各地和企业目标责任，突出能耗、环保等标准对企业投资和生产的约束性作用，加强节能减排重点工程建设，深入推进全社会节能减排，积极应对气候变化。

（2011年9月《求是》杂志）

关于科技工作的几个问题 （节录）

依靠科技创新加快转变经济发展方式。进入新世纪以来，我国经济社会发展站到了一个新的起点上，呈现出新的阶段性特征。随着经济规模不断扩大，经济发展的瓶颈制约在加大，特别是耕地、淡水、能源资源和环境约束强化。近10年来我国每年平均净增739万人，人口数量在增长，耕地面积在下降，人地矛盾突出。我国是一个淡水资源严重短缺的国家，人均2100立方米，只相当于世界人均水平的四分之一，而且时间和空间分布不均衡。北方黄淮海地区人口、经济总量、粮食生产都超过全国的三分之一，但人均淡水资源仅400多立方米，不到全国的五分之一。即使南方，季节性缺水问题也十分突出。从1993年开始，我国成为石油净进口国，2010年进口2.4亿吨，进口依存度达55%。2010年原煤产量32.4亿吨，消费量接近34亿吨，煤炭净进口1.4亿吨，已由煤炭净出口国变成净进口国。人口老龄化快速发展，劳动力资源也出现结构性短缺。我们一方面面临人口总量继续增加的压力，又面临人口老龄化加快的压力。总之，不平衡、不协调、不可持续的问题仍然十分突出。经济发展主要依靠投资出口拉动、依靠第二产业带动、依靠增加物质资源消耗和低成本土地、劳动力投入的方式已难以为继。加快转变经济发展方式、推进经济结构战略性调整，已成为一个十分重大而紧迫的任务。

（原载2011年10月《求是》杂志）

在听取天津滨海新区开发开放情况汇报时的讲话（节录）

着力增强可持续发展能力，在节能减排、生态保护、环境治理、低碳发展等方面走在全国前列。

（2011年10月24日）

中共中央政治局常委、全国政协主席贾庆林重要论述

在北京调研时的讲话（节录）

在更高起点上推进人文北京、科技北京、绿色北京建设，努力实现“十二五”时期良好开局，以优异的成绩迎接中国共产党成立９０周年。要继续加强森林资源的建设和保护，强化水资源节约与利用，加强环境治理，使节约资源和保护环境成为全社会的共同价值观和自觉行动。要坚持走中国特色城镇化道路，进一步推进郊区城镇化建设，加快新城建设、城乡结合部改革发展和重点小城镇发展，注重在城镇化进程中推进城乡一体化，推动城市公共服务、基础设施向农村延伸，努力形成梯度开发、分布合理的统筹城乡发展新格局。

（2011年2月16日至18日）

在海南调研时的讲话（节录）

大力发展绿色经济，是“十二五”时期我国经济发展的重要着力点。海南国际旅游岛的建设发展，在理念、目标、方向上与发展绿色经济的要求都是一致的，海南在发展绿色经济方面也具有得天独厚的优势。必须牢固树立绿色、低碳发展理念，切实把海南的优势保持好、发挥好，把绿色经济这篇大文章布局好、谋划好，为海南的发展不断注入新的活力，为全国发展绿色经济创造更多好的经验。要大力发展热带现代农业，加大强农惠农力度，推进节地、节肥、节水、节能的农业生产新技术，促进农业生产经营专业化、标准化、规模化、集约化，实现农产品优质、绿色、安全生产。要大力发展绿色制造业，坚持工业企业集中发展的原则不动摇，注重延伸现有企业的产业链条，发展高科技的研发设计，积极发展海洋经济，扎实做好节能减排，走集约化发展的新型工业化道路。要按照建设全国生态文明示范区的要求，把保护生态环境放在更加突出的位置，在保护中发展，在发展中保护，继续推进海防林建设，切实保护好核心生态区的环境资源，努力走出人与自然和谐相处的文明发展之路，使海南成为全国人民的四季花园。

（2011年3月17日至22日）

在深圳调研时的讲话（节录）

面对日趋强化的资源环境约束，必须增强危机意识，树立绿色、低碳发展理念，以节能减排为重点，加快构建资源节约、环境友好的生产方式和消费模式，增强可持续发展能力。要着力加强节能减排和新能源技术研发与推广，大力发展低碳技术、节能环保产业和循环经济，努力实现节能减排目标。要大力实施新能源汽车战略，加大投入和支持力度，加快实现技术超越和产业跨越，努力振兴我国汽车产业。

（2011年4月13日至14日）

在首都各界纪念西藏和平解放60周年座谈会上的讲话（节录）

西藏的生态环境保护与建设全面加强。建立各类自然保护区47个，总面积41.37万平方公里，居全国之首。建立各类生态功能保护区21个，保护湿地600余万公顷。加大退牧还草、退耕还林力度，加强节能减排，主要城镇空气质量优良率达95％以上，雪域高原的碧水蓝天得到很好保护。要继续把建设生态西藏放在突出位置，全面加强生态环境保护与建设，努力实现西藏经济社会可持续发展。

在江西调研时的讲话（节录）

要以鄱阳湖生态经济区建设为龙头，树立绿色、低碳发展理念，加强生态环境保护与建设，加快构建资源节约、环境友好的生产方式和消费模式，增强可持续发展能力，努力探索出一条经济与生态协调发展的新路子。

（2011年6月13日至16日）

在全国政协十一届常委会第十四次会议闭幕会的讲话（节录）

我们要在“加快”和“为主线”这两个关键词上深刻领会、狠下工夫，要下最大的力气扩大内需、增加消费，降低能源资源消耗，切实提高经济发展的质量和效益，建设好“两型”社会。

推进经济结构战略性调整，促进经济长期平稳较快发展，加强生态建设和环境保护，切实抓好森林资源保护、草原和湿地保护、海洋合理开发利用、循环经济等几项重大生态建设工程，树立绿色、低碳发展理念，增强可持续发展能力，努力探索出一条经济与生态协调发展的新路子。

（2011年6月24日）

在辽宁大连调研时的讲话（节录）

绿色制造作为一种现代制造模式，综合考虑了环境影响和资源效率，是制造业和绿色理念的有机结合。发展绿色制造业，要求生产过程和产品都是绿色的，有了绿色的装备就为用户实现节能降耗提供了基本条件。要积极推进绿色设计和制造工艺，提供节能、节水、节材、智能化的高附加值产品，推广回收再生和循环再利用技术，延伸再制造产业链，提高能源资源利用效率，增强可持续发展能力，为建设资源节约型、环境友好型社会作出不懈努力。

（2011年7月1日至2日）

在陕西调研的讲话（节录）

切实提高生态文明水平，深入推进节能减排，继续加大植树造林和防沙治沙力度，积极构建资源节约、环境友好的生产方式和消费模式，推动生态建设和环境保护迈上新台阶。

（2011年8月11日至16日）

在中荷企业家午餐会上的讲话（节录）

今年初，中国制定了国民经济和社会发展第十二个五年规划纲要，明确提出以科学发展为主题，以加快转变经济发展方式为主线，深化改革开放，保障和改善民生，促进经济长期平稳较快发展和社会和谐稳定，为全面建成惠及十几亿人口的更高水平的小康社会打下具有决定性意义的基础。规划突出强调了“走可持续发展之路”，这既是中华民族生存发展的需要，也将是对世界文明的重大贡献。中国的现代化不可能再走过量消耗资源、牺牲生态环境的老路，必须走出一条经济社会与人口资源环境相协调、人与自然相和谐的文明发展道路。未来五年，我们将加快构建有利于节约资源和保护环境的产业结构、生产方式和消费模式，切实降低能耗，减少排放；我们将加强气候变化领域国际交流与合作，切实提高应对气候变化能力。

拓展节能环保等领域合作，共同应对气候变化。目前，中国正朝着绿色、低碳的方向努力，积极推进资源节约型、环境友好型社会建设。荷兰在能源开发、建筑能效、资源回收利用等方面拥有先进技术和成熟管理经验。两国政府和企业应加强交流与合作，大力推广双方在环境基础设施建设、城市规划与古城保护、建筑节能与供热、污水及垃圾处理等领域示范项目的经验。切实通过相互投资、技术转让、建设生态示范区等形式，开展节能环保等领域的互利合作，共同应对气候变化和资源约束挑战。

（2011年10月30日）

中共中央政治局常委、国家副主席 习近平重要论述

在湖南省考察调研时的讲话（节录）

要把科学发展这个主题和加快转变发展方式这条主线贯穿于经济社会发展全过程和各领域，坚持在发展中促转变，在转变中谋发展，使经济增长真正建立在优化结构、提高效益、降低消耗、保护环境、改善民生的基础上。

（2011年3月20日至23日）

在天津调研时的讲话

发展循环经济是实现科学发展的重要举措，要通过更新观念、完善政策、加强立法等措施来大力推动。

（2011年9月22日至23日）

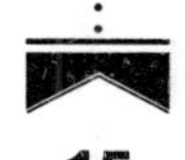

在妇女与可持续发展国际论坛开幕式上的致辞（节录）

中国正处在快速工业化、城镇化进程中。我们着眼于共同呵护人类赖以生存的地球家园和维护中华民族长远生存发展，把环境保护与可持续发展放在国家发展战略突出位置。众所周知，中国是《里约宣言》、《21世纪议程》、《北京宣言和行动纲领》以及《千年宣言》的积极响应国和忠实践行国，也是最早通过《21世纪议程》、最早制定《节能减排综合性工作方案》和《应对气候变化国家方案》以及最快实现联合国千年发展目标的发展中国家。

我们从人口多、底子薄、人均资源占有量少、城乡和区域发展不平衡的国情实际出发，注重总结国内发展实践、借鉴国外发展经验，在本世纪初提出了以人为本、全面协调可持续发展的科学发展观。我们综合运用法律、经济、行政等手段扎实推进科学发展、和谐发展、和平发展，在环境保护与可持续发展方面取得明显成效。从1992年到2010年，中国累计节约能源约13亿吨标准煤，相当于减排二氧化碳29亿吨。特别是在2006年至2010年的第十一个五年规划实施期间，中国单位国内生产总值能耗累计下降19.1%，化学需氧量、二氧化硫排放量分别下降12.45%、14.29%；全国森林覆盖率从上世纪90年代初期的13.92%提高到20.36%。中国以实际行动为节约能源资源、减缓全球温室气体排放、保护人类生态环境作出了有益贡献。

截至今年10月底，世界总人口已突破70亿。随着工业化、城市化进程快速推进，随着全球能源资源约束和环境压力日益加大，可持续发展任务更为紧迫。我们在积极推动世界经济实现强劲增长、可持续增长、平衡增长的同时，将针对中国经济社会发展不平衡、不协调、不可持续的问题，特别是收入分配差距较大、科技创新能力不强、城乡区域发展不协调的问题，加大环境保护与可持续发展力度。我们将继续牢牢扭住经济建设这个中心不动摇，坚定不移走科学发展道路，坚持以科学发展为主题，以加快转变经济发展方式为主线，更加注重以人为本，更加注重全面协调可持续发展，更加注重统筹兼顾，更加注重改革开放，更加注重保障和改善民生，加快经济结构战略性调整，加快科技进步和创新，加快建设资源节约型、环境友好型社会，促进社会公平正义，促进经济长期平稳较快发展和社会和谐稳定，在本世纪第二个十年，在生产发展、生活富裕、生态良好的文明发展道路上不断取得新的更大的成绩。

（2011年11月9日）

中共中央政治局常委、国务院副总理李克强重要论述

在第十二届中国发展高层论坛开幕式上的致辞（节录）

中国发展站在一个新的起点上，既面临难得的历史机遇，也面对诸多可以预见和难以预见的风险挑战。针对发展中存在的不平衡、不协调、不可持续等问题，我们将坚持以科学发展为主题，以加快转变经济发展方式为主线，把各方面发展的积极性引导到保障和改善民生上来，引导到调整经济结构、加强节能环保、深化改革开放上来，着力提升发展的质量和效益。

今后五年，中国将加快建立以企业为主体、市场为导向、产学研相结合的技术创新体系，坚定不移实施国家知识产权战略，重点突破制约产业转型升级的核心关键技术，促进经济增长由主要依靠增加物质资源消耗向主要依靠科技进步、劳动者素质提高和管理创新转变。同时，切实加强农业基础，改造提升制造业，大力培育战略性新兴产业，加快发展低碳技术、节能环保产业和循环经济，构建现代能源产业体系和综合运输体系，使服务业增加值比重提高 4 个百分点，推动形成科技引领、创新支撑的产业发展格局。

（2011年3月21日）

在“十二五”国家重点专项规划编制工作座谈会并讲话（节录）

要紧紧围绕“十二五”发展主题主线，编制好国家重点专项规划，把规划纲要的目标任务落到实处，推动转方式调结构不断取得新进展。

“十二五”要编制18个重点专项规划，主要集中在五个方面：一是推动结构调整。坚持把扩大内需作为规划的立足点和战略方针，着力扩大居民消费需求，带动结构调整和产业升级。二是加快科技创新。三是强化节能环保。发挥规划的激励和约束功能，加大节能减排力度，加强生态环保工作，提高能源资源利用效率。四是突出改善民生。

（2011年4月29日）

参观“十一五”环保成就展暨中国国际环保展览会时的讲话（节录）

旱涝灾害频发给我们敲响了警钟，必须遵循自然规律，高度重视水资源有效保护与合理利用，进一步加强水、大气和土壤污染治理，用最严厉的手段整治重金属污染，确保人民群众饮水和食品安全。

“十一五”期间，我国环保工作取得显著成绩。但当前环境形势依然严峻，任务重、压力大、难题多，要按照科学发展和加快转变经济发展方式的要求，编制并实施好“十二五”环保专项规划，加快建设资源节约型、环境友好型社会。

现在环保科技已能上天入地，但环保理念还需深入人心。实现青山常在、绿水长流、蓝天白云，要靠每一个人尤其是青年一代。让我们学习和借鉴人类一切先进成果，抢占世界环保科技的制高点，赢在全球产业竞争的起跑线，步入可持续发展的新境界。

中国有望成为世界上最大的节能环保产业市场。节能环保产业作为战略性新兴产业，既有经济效益也惠及民

生，前景十分广阔。我们要顺应世界发展潮流，大力开拓清洁产品市场，培育经济新的增长点，赋予生活新的品质和内涵。同时，中国生态环保释放出的巨大需求，也会给各国企业提供新的商机。

（2011年6月7日）

在第二届全球智库峰会上的演讲（节录）

着力推进绿色发展。这是结构调整的大趋势。中国将以此为契机，加快科技创新步伐，调整和优化产业结构，把节能环保、新一代信息技术、生物、新能源等产业确立为战略性新兴产业，给予重点鼓励和扶持。同时，加快发展循环经济、低碳技术，逐步关闭高耗能、高排放的落后生产能力，推动能源生产和利用方式变革，合理控制能源消费总量，构建绿色清洁的生产方式和消费模式。

（2011年6月25日）

出席韩国四大经济团体举行的经济界午餐会并发表致辞（节录）

采取构建“绿色产业战略合作机制”等措施，加强绿色产业等新兴领域合作，积极促进循环经济和低碳发展。

（2011年10月27日）

在中国环境与发展国际合作委员会2011年年会开幕式上的讲话（节录）

首先，发展必须转型，转型也是发展。适应世情国情的新变化，缓解资源环境等瓶颈制约，实现经济长期平稳较快发展，必须更新发展理念、创新发展模式、探索发展路径，在转型中求得发展。转型不仅有利于节约资源保护环境，而且有利于培育和壮大新的增长点，能够带动新的产业发展。

第二，在扩大内需、创新驱动、包容增长中实现转型发展。

第三，促进经济社会发展和资源环境保护协调互动。我们认识到，不改变粗放增长的状况，资源难以支撑，环境难以承受，经济难以持续。中国将充分发挥节约资源、保护环境的倒逼作用，带动技术更新、产业升级，进而促进整个经济转型。加快调整和优化产业结构，从源头节约资源、保护环境。同时，加大水污染、空气污染、土壤污染等治理的力度，把解决损害群众健康的环境问题作为重中之重，尽量多还旧账，努力不欠新账，创造宜居环境，不断提高人民群众生活质量。这是转型发展的基本要点，我们决不走以牺牲环境为代价换得经济增长的老路。

第四，构建节能增效现代产业体系支撑转型发展。中国能源综合利用效率离世界先进水平还有较大差距，节能增效的潜力巨大。节能重在治本控源，增效重在产业优化。我们将进一步淘汰落后产能，抑制高耗能高排放行业发展，在工业、交通、建筑等领域继续实施重点节能工程，鼓励企业大规模推进节能技术改造，使传统产业清洁优化、焕发生机。同时，大力发展节能环保、循环经济、低碳技术等新兴产业和高技术产业，加快发展服务业。今后五年，我们将采取综合措施，使单位国内生产总值能耗下降16%，服务业增加值比重提高4个百分点。这“一降一升”，可以有力地促进增长质量和效益的提高，是转型发展的重要内容。

第五，以改革开放为动力推进转型发展。转型发展是一场广泛而深刻的变革，中国的经济体制改革正进入深水区、处于攻坚克难的阶段，没有改革的跟进，就没有转型的活力和保障。我们将把改革贯穿于经济转型的始终，力争尽快在重点领域和关键环节取得突破，以机制为引导，促进经济发展走上转方式、调结构的轨道。价格是市场最敏感的信号，我们将把资源性产品价格改革作为一个重点，努力推行差别化、阶梯式的能源资源消费政策，更好地发挥价格机制的调控作用。投资、财税、金融、贸易等政策是调节企业行为的有力杠杆，我们将加快完善这些方面措施。

环保是人类共同事业。我们将以负责任的态度参与国际环境合作，吸收国外先进的环保理念和管理经验，更好地推进生态文明建设。积极应对全球气候变化是中国经济社会发展的战略举措。我们愿与国际社会一道，推动即将召开的德班气候变化会议取得积极成果，为世界可持续发展作出新贡献。

（2011年11月15日）

在中央和国家机关事务工作先进集体先进工作者表彰大会上的讲话（节录）

机关事务工作，要注重为建设节约型机关打好基础。党和政府的一切工作是为了人民，宝贵的资金、物资都要用在刀刃上。公共机构厉行节约是社会期待，也有很大潜力，社会各方面对机关事务管理，特别是公用经费和政府采购亦高度关注。机关事务工作者要从对人民负责的高度出发，节约和合理使用公用经费，增加工作透明度，接受群众监督。充分认识节约能源资源的重要性和紧迫性，开动脑筋，精打细算，以改革的办法大力推进节能、节水、节物，在建设节约型机关、践行社会责任方面求得实效、做出表率。

(2011年11月18日)

在第六届中日节能环保综合论坛开幕式上的致辞（节录）

中国正在加快推进经济发展方式转变，致力于转型发展。不转型，不仅长远发展不可持续，而且当前平稳较快增长也难以保持。转型也是发展，是优化经济结构、提高增长效益、拓展市场空间、增进人民福祉的发展。加强节能环保是经济转型的重要突破口，有利于形成新的增长领域。这对发展可以创造市场需求、提供新的动力，对企业可以提升技术水平、增进经营效益，对居民可以改善环境质量、提高生活品质。这是中等收入阶段中国经济发展的一大潜力所在，也是破解中国资源环境瓶颈制约、实现可持续发展的必由之路。

推进节能环保贯穿于中国现代化建设的整个进程。中国节能环保领域正展现出广阔的市场和无限的商机。“十二五”时期，我们将综合采取结构调整、工程技术、管理创新等措施，大力推进能源节约和污染物减排，促进能源效率提高、环境质量改善，使经济增长质量和效益再上新台阶，促进经济长期平稳较快发展。

中日同为经济大国，也都是能源消费大国，转型创新是两国的共同利益所在。深化节能环保合作，对于进一步扩大双方经贸往来、培育增长引擎、增强可持续发展能力、巩固两国关系，都具有重要意义。双方应从大局着眼，从长计议，把中国的市场优势与日本的先进技术结合起来，推动节能环保合作取得新的突破性进展。提出三点建议：

一是加强政策对话。

二是落实重点项目。扎实推进前期和本次签署的合作项目，对其中技术先进、效果好的重大项目，两国政府应给予资金支持。从促进东北亚、东亚经济一体化大局出发，推动中日韩循环经济示范基地建设。

三是分享技术成果。希望日方把更多节能环保先进技术引入中国，以技术拓展市场，更好发挥技术合作的龙头带动作用。中国鼓励双方企业和科研机构合作开展技术研发，进一步加大知识产权保护力度。

（2011年11月26日）

领导言论

在全国发展和改革工作会议上的讲话（节录）

张 平

一是保持经济平稳较快增长。重点支持“三农”、节能减排、社会事业和社会管理等领域的基础设施建设。要在引导经济结构调整中，重视发展和保护实体经济，严控“两高”和产能过剩行业盲目扩张。

大力推进经济结构战略性调整。要充分发挥市场配置资源的基础性作用，发挥科技创新的支撑作用，发挥规划计划、产业政策、政府投资的引导作用。全面实施国家自主创新能力建设规划，加快培育发展战略性新兴产业和高技术产业。继续实施重点产业振兴和技术改造投资专项，推进传统行业跨区域、跨行业、跨所有制兼并重组，制定分解淘汰落后产能目标任务，促进传统产业优化升级。发布实施“十二五”服务业发展规划，研究进一步推进服务业综合改革试点的支持政策，推动服务业加快发展。实施好区域发展总体战略和主体功能区战略。全面实施西部大开发“十二五”规划，研究制定新十年东北振兴的政策措施，出台进一步实施促进中部地区崛起战略的若干意见，积极支持东部地区转型发展。全面落实全国主体功能区规划，抓紧出台配套政策。积极支持西藏、新疆等地区跨越式发展，加强对口支援工作的协调与指导，加大对革命老区、边疆民族地区、库区和移民安置区、集中连片特殊困难地区发展的支持力度。加大扶贫开发投入，增加以工代赈、易地扶贫搬迁规模。

五是下更大力气抓好节能减排。要强化政策引导，抓紧出台能源消费总量控制实施方案，加大差别电价、惩罚性电价实施力度，适当提高氮氧化物等污染物排放收费标准，严格实施固定资产投资项目节能评估和审查制度，抑制高耗能行业过快增长。认真落实“十二五”节能减排综合性工作方案，推进节能减排绩效管理。继续深入开展节能减排全民行动，启动万家企业节能低碳行动，开展重点用能单位能源消耗在线监测体系建设试点。加快实施节能改造、节能技术产业化示范、节能产品惠民、合同能源管理推广和节能能力建设等重点工程，继续实施重点生态保护工程，加强重点区域生态治理。积极促进循环经济发展，加大清洁生产推行力度。扎实做好应对气候变化工作，全面推进低碳发展试验试点，积极参与国际谈判。

六是深化重点领域和关键环节改革。要更加重视改革的顶层设计和总体规划，围绕消除制约科学发展的体制机制障碍，加大攻坚克难力度。积极稳妥地推进资源性产品价格改革，试行居民用电阶梯价格制度，择机推出成品油价格改革方案，出台天然气价格改革试点方案，推进水资源等收费改革，建立主要污染物排放权交易制度。

（张 平：国家发展和改革委员会主任，2011年12月16日）

在《全国循环经济发展规划(2011-2015)》编制工作会议上的讲话（节录）

解振华

发展循环经济是国民经济和社会发展的一项重大战略。党的十七大提出“循环经济形成较大规模”的要求，十七届五中全会提出大力发展循环经济。国务院审议通过的国家“十二五”规划纲要把“大力发展循环经济”作为一项重要内容，提出了发展循环经济的任务、思路、重点和措施。《循环经济促进法》要求国务院循环经济发展综合管理部门会同国务院环境保护等有关主管部门编制全国循环经济发展规划。此项规划已列入报请国务院审批计划。

对规划编制工作提出五点要求：一要高度重视，编制全国循环经济发展规划，对我国现阶段加快转变发展方式，调整经济结构，实现绿色发展，具有重要意义，我们要以高度负责的态度，全力以赴、聚精会神的做好规划编制工作；二要体现循环经济特色，要按照循环经济“减量化、再利用、资源化，减量化优先”的原则，围绕提高资源产出率这个核心目标，用循环经济理念改造国民经济存量、构建国民经济增量，体现我国循环经济发展特色，真正形成可循环、高效率、低消耗、少排放的发展之路；三要突出可操作性，规划目标设计要合理，要通过重点工程、示范行动来实现重点行业、重点领域发展循环经济的突破，建立促进循环经济发展的长效机制；四要加强协作配合，循环经济规划编制涉及部门较多，各部门要相互支持、相互配合、形成合力；五要加强学习，编制全国性的循环经济发展规划，是一项全新的工作，涉及到国民经济和社会发展方方面面，要创新思路，要有全球思维、战略思维，在充分吸收国内外研究成果的基础上，把握国内外循环经济发展的趋势，编制一个高水平的规划。

（解振华：国家发展和改革委员会副主任，2011年2月16日）

积极开发城市矿产　大力发展循环经济（节录）

解振华

有效利用“城市矿产”资源，可替代部分原生矿产资源，弥补我国资源不足，是实现经济发展与环境保护双赢的重要途径，对我国经济安全具有重要的战略意义。国家发展改革委正在会同财政部组织开展“城市矿产”示范基地建设，提出了“回收体系网络化、产业链条合理化、资源利用规模化、技术装备领先化、基础设施共享化、环保处理集中化、运营管理规范化”的要求，从而实现资源循环利用产业的集聚发展。2010年，天津子牙循环经济产业区等7个示范基地已率先开始建设，成效比较显著。

“十二五”规划纲要明确提出要大力发展循环经济，将提高资源产出率作为指标纳入规划，组织实施循环经济“十百千示范”行动。作为“十百千示范”中十大工程的重要内容，国家今年将继续开展“城市矿产”示范基地建设，并在循环经济发展专项资金中给予重点支持，同时将加强规划引导、落实投融资政策、提升技术水平、完善市场机制，推动“城市矿产”示范基地建设。

（解振华：国家发展和改革委员会副主任，2011年3月13日在“城市矿产与重金属污染控制战略高层论坛”上的主题演讲）

努力实现我国再制造产业的新突破（节录）

解振华

对中国而言，大力发展再制造产业具有深远的战略意义。2010年我国汽车保有量超过8000万辆，主要工程机械保有量300多万台，如再制造产品的市场占有率达到配件市场的5%，就可以实现400亿元以上的产值，形成新的经济增长点。与制造新品相比，再制造可节能60%，节材70%，大气污染物排放量降低80%以上，对实现节能减排目

标、降低碳排放强度具有重要的现实意义。发展再制造产业有助于培育绿色消费习惯，推进生活消费领域的循环经济发展，成为推广绿色消费模式的重要突破口。

经过几年的努力，以我国自主研发的自动化纳米复合电刷镀等技术为基础，正在形成以自主创新技术为依托，性能提升型的中国特色再制造产业化发展道路。

国家“十二五”规划《纲要》提出大力发展循环经济。与“十一五”相比，“十二五”规划《纲要》在发展循环经济方面有四个突出特点：一是首次明确提出资源产出率目标，二是强调推行循环型生产方式，三是提出生产消费等领域循环经济的全面发展，四是明确了循环经济发展由试点向示范升级，组织实施循环经济“十百千示范”行动。

针对再制造下一步工作思路，解振华副主任强调指出，再制造产业化是“十二五”规划确定的循环经济重要工程，国家将培育一批再制造示范企业，实现再制造的规模化、产业化发展。未来五年是再制造产业发展的重要机遇期，国家发展改革委将会同有关部门从强化规划指导、强化试点示范、强化产业集聚、强化技术创新、强化体系建设等方面入手，加快促进再制造产业形成较大规模。

（解振华：国家发展和改革委员会副主任，2011年4月20日在“2011再制造国际论坛”开幕式上的讲话）

在2011生态文明贵阳会议上的讲话（节录）

解振华

我国是一个发展中大国，处于工业化、城镇化发展过程中，面临着发展经济、改善民生、保护环境、应对气候变化的多重挑战。中国国务院提出了“建设生态文明”的重大战略任务，在全球应对气候变化和金融危机的背景下，这一战略决策对实现我国科学发展具有十分重要的意义。绿色低碳发展是践行生态文明、促进可持续发展的必然选择，这已在去年年底召开的坎昆气候大会上成为世界各国共识和今后发展的潮流。党中央、国务院高度重视应对气候变化，统筹国际国内两个大局，将积极应对气候变化作为促进发展方式转变、调整经济结构的重大机遇，将节能减排、绿色低碳发展作为可持续发展的内在要求。“十一五”我国已采取了一系列政策与行动，取得了显著成效，以能源消费年均增长6.6%支撑了国民经济年均11.2%的增速，能源消费弹性系数由“十五”时期的1.04下降到0.59。全国单位国内生产总值能耗下降19.1%，节能6.3亿吨标准煤，减少二氧化碳排放约15亿吨。

今年三月，全国人大审议通过的“十二五”规划《纲要》，进一步明确以科学发展为主题，以加快转变经济发展方式为主线，将积极应对气候变化和推进绿色低碳发展作为重要的政策导向，提出到2015年我国单位国内生产总值能耗在2010年基础上降低16%、单位国内生产总值二氧化碳排放降低17%、主要污染物排放总量减少8%到10%，非化石能源占一次能源比重达到11.4%以及增加森林碳汇的约束性指标，并提出了经济增速预期目标7%，资源产出率提高15%以及合理控制能源消费总量的政策导向。这对于促进我国经济发展方式转变将发挥重要作用。

实施循环经济重点工程，建设100个资源综合利用示范基地、50个“城市矿产”示范基地、5个再制造产业集聚区。实施工业过程温室气体控排技术示范工程、碳捕集、利用和封存技术示范项目和高排放产品节约替代工程。

大力发展循环经济。编制和实施全国循环经济发展规划和重点领域专项规划，深化循环经济示范试点，推广循环经济典型模式，组织实施循环经济“十百千示范”行动，即实施循环经济十大工程，创建百个循环经济示范城市和乡镇，培育千家循环经济示范企业，实现循环经济发展由试点向示范推广的转变。

“十一五”期间我国为完成节能减排任务，带动和发展了吸纳2800万人就业、总产值1.6万亿元人民币以上的节能环保循环经济产业。实现““十二五”规划确定的节能环保减碳目标更艰巨更困难，全社会总投入将大幅度增加，我国节能环保低碳产业和市场将会有更大发展。欢迎国内外产业界积极加入到这一为民造福的巨大市场中来，在实现自我发展的同时为中国乃至全球应对气候变化、保护生态环境、实现可持续发展做出贡献。

“十二五”是我国全面建设小康社会的关键时期，也是推动绿色低碳发展、加快生态文明建设的关键时期，我们要牢固树立绿色低碳发展理念，以高度的责任感和使命感，把握机遇，应对挑战，求真务实，开拓创新，积极探索中国特色的绿色低碳发展道路，为实现可持续发展做出积极贡献。

（解振华：国家发展和改革委员会副主任，2011年7月16日）

积极探索环境保护新道路 推动经济发展方式绿色转型

周生贤

积极探索环境保护新道路，推动中国实现经济发展方式绿色转型，为世界经济健康复苏和可持续发展做出积极贡献。中国政府历来高度重视环境保护，把环境保护摆上更加重要的战略位置，提出了建设生态文明、让江河湖泊休养生息、推进环境保护历史性转变、探索环境保护新道路等重大战略思想，把主要污染物减排作为经济社会发展的约束性指标，环境保护从认识到实践发生了重要变化，环保工作取得显著成绩:主要污染物减排任务超额完成，环境保护优化经济发展和保障改善民生的作用日益显现，重点流域区域污染防治力度不断加大，农村和生态保护工作切实加强，环境质量持续改善。但我们也清醒地认识到，中国正处于工业化、城镇化快速发展的时期，也是转变经济发展方式的关键时期，发展中不平衡、不协调、不可持续的问题依然突出，资源环境约束日趋强化，环境保护面临着严峻挑战。为做好新形势下的环保工作，前不久，国务院印发了《关于加强环境保护重点工作的意见》，明确了“十二五”时期环境保护工作的重点任务和保障措施，并将发布国家环保“十二五”规划，召开第七次全国环保大会，对当前和今后一个时期的环保工作进行全面部署。这为我们推进环保事业大发展指明了方向。

《关于加强环境保护重点工作的意见》的标志性成果就是明确提出积极探索环境保护新道路，这标志着积极探索环境保护新道路已成为国家意志，提升到国家战略的层面，是全社会共同推进环境保护工作的旗帜和重要抓手。

当前，国际形势中的不稳定不确定因素增多，国际金融危机的深层次影响进一步显现，世界经济复苏进程放缓，发展问题更加突出，转变经济发展方式是大势所趋、势在必行。充分发挥环境保护对经济发展方式转变的推动作用，这也是探索环保新道路的内在要求，今后我们将着力抓好以下五个方面的工作，加快推进经济发展方式绿色转型:

一要大力发展绿色经济，以绿色发展带动经济转型。推进能源多元清洁发展，提高能源资源利用率，最大限度地减少资源消耗；按照循环经济要求规划、建设和改造各类产业园区，构筑链接循环的产业体系；健全资源循环利用回收体系，推进再生资源规模化利用；鼓励使用绿色产品，推行绿色采购，推动形成绿色生活方式和消费模式。

二要继续加强污染减排，以倒逼机制促进经济结构调整。进一步完善减排统计、监测和考核体系，把结构减排放在更加突出的位置，继续强化工程减排和管理减排，深入推进二氧化硫和化学需氧量减排，加快推进氮氧化物和氨氮减排。通过污染减排的倒逼传导，加快淘汰落后产能，推进企业技术改造，促进产业结构转型升级。

三要深化环境影响评价制度，以源头控制推动产业优化升级。积极探索战略环评，推动规划环评，建立健全规划环评与项目环评的联动机制，优化产业布局，从严控制“两高一资”、低水平重复建设和产能过剩项目。

四要完善环境法规政策标准，以环境成本优化资源配置。抓紧制定和修订相关法律法规，积极推进环境税费改革，研究制定有利于环境保护的财税、金融、价格政策；加快建设环境标准体系，完善环境质量标准、污染源监控标准和清洁生产标准。

五要增强环境科技创新和支撑能力，以市场导向发展壮大环保产业。加大政策扶持力度，推进污染减排、重金属、化学品和土壤污染防治等领域的技术攻关，实施环保产业示范工程，大力发展环境服务业，把环保产业培育成新的经济增长点和支柱产业。

（周生贤：环境保护部部长，2011年11月15日在“中国环境与发展国际合作委员会2011年年会”上发表的特别演讲）

提高生态文明水平

周生贤

面对日趋强化的资源环境约束，必须增强危机意识，树立绿色、低碳发展理念，以节能减排为重点，健全激励和约束机制，加快构建资源节约、环境友好的生产方式和消费模式，增强可持续发展能力。

积极应对全球气候变化。气候变化是环境问题，也是发展问题。我国政府提出，到2020年单位GDP二氧化碳排放量要比2005年下降40%—45%，并把大幅降低能源消耗强度和二氧化碳排放强度作为约束性指标，有效控制温室气体排放。应对全球气候变化，主要应从减缓、适应和增强能力建设等方面入手。在减缓方面，要坚定不移地推行有利于节约能源资源、保护环境的产业结构、生产方式、消费模式；大力节约能源，提高能源利用效率；调整能源消费结构，增加非化石能源比重；继续推进植树造林，提高森林覆盖率，增加蓄积量，提高固碳能力。在增强适应能力方面，加强对各类极端天气和气候事件的预警监测与应对；建立完善温室气体排放和节能减排统计监测制度；加强科学研究，加快低碳技术研发和应用，逐步建立碳排放交易市场。在国际合作方面，坚持共同但有区别的责任原则，承担与我国发展水平相适应的减排责任和义务。

深化污染减排。“十一五”期间，在经济增速和能源消费总量均超过规划预期的情况下，化学需氧量、二氧化硫排放量分别下降12.45%、14.29%。“十二五”时期，国家已经将化学需氧量、二氧化硫、氨氮和氮氧化物四种主要污染物纳入约束性指标，污染减排的任务依然十分艰巨。要落实减排目标责任制，强化污染物减排和治理。要把结构减排放在更加突出的位置，继续强化工程减排和管理减排，加快污水处理设施建设，提高污水处理率和负荷率；加大“三河三湖”、松花江、黄河小浪底库区、三峡库区、南水北调水源及沿线等重点流域水污染防治力度。有效控制城市大气污染，继续加强燃煤电厂脱硫，切实加强电厂脱硝，严格控制机动车尾气排放，将区域大气环境作为整体进行部署，着力构建“统一规划、统一监测、统一监管、统一评估、统一协调”的区域空气联防联控工作新机制。

大力发展循环经济。《建议》和《政府工作报告》就推动循环经济发展提出一系列要求，包括以提高资源产出效率为目标，加强规划指导、财税金融等政策支持，完善法律法规，实行生产者责任延伸制度，推进生产、流通、消费各环节循环经济发展；加快资源循环利用产业发展，加强矿产资源综合利用，鼓励产业废物循环利用，完善再生资源回收体系和垃圾分类回收制度，推进资源再生利用产业化；开发应用源头减量、循环利用、再制造、零排放和产业链接技术，推广循环经济典型模式，推进低碳城市试点。这些规定具体明确，需要多策并举，全力抓好。

着重解决损害群众健康的突出环境问题。《建议》强调指出，“以解决饮用水不安全和空气、土壤污染等损害群众健康的突出环境问题为重点，加强综合治理，明显改善环境质量”。要继续强化饮用水源保护区管理措施，扎实抓好饮用水环境安全保障工作。抓紧实施《重金属污染综合防治“十二五”规划》，全面排查重金属等污染物排放企业及其周边区域环境隐患，有效解决重点防控区域、行业和企业的突出问题。集中开展沿江沿河沿湖化工企业综合整治，全力遏制化工行业环境事件高发势头。强化核与辐射安全监管能力建设。有效控制城市噪声污染。加大农村“以奖促治”支持力度，控制农业面源污染，实施农村清洁工程，全面启动“连片整治”工作，建设清洁水源、清洁田园和清洁家园。

切实保护和修复生态。坚持保护优先和自然恢复为主，从源头上扭转生态环境恶化趋势。实施重大生态修复工程，巩固天然林保护、退耕还林还草、退牧还草等成果，保护好草原和湿地。继续推进荒漠化、石漠化综合治理。加强自然保护区、重点生态功能区、海岸带的保护和管理，加快水土流失的治理，不断增强涵养水源、保持水土、防风固沙能力，构筑国家生态安全屏障。保护生物多样性，把生物资源有效保护与合理利用结合起来。让江河湖等重要生态系统休养生息。

建立健全有利于环境保护的体制机制。抓紧制定与我国基本国情相适应的环境保护宏观战略体系、全防全控的防范体系、健全高效的环境治理体系、完善的环境法规政策科技标准体系、完备的环境管理体系、全民参与的社会行动体系。进一步深化环评制度，严格环境准入，严格执法监督，健全重大环境事件和污染事故责任追究制度，持续开展环保专项行动。注重运用市场手段，加快建立生态补偿机制，积极推进资源性产品价格改革和环保收费改革，全面改革资源税，开征环境保护税，健全绿色税收、绿色证券、绿色采购、绿色贸易等环境保护科技和经济政策。建立健全污染者付费制度，建立多元环保投融资机制，大力发展环保产业。

（周生贤：环境保护部部长，原载2011年11月《求是》）

提高认识 创新工作 努力构建完整先进的再生资源回收体系

姜增伟

“十二五”期间，是我国再生资源回收体系建设工作的关键时期。在今后五年及更长的一段时间，我们要认真贯彻落实科学发展观，以坚持节约资源、保护环境为目标，以完善再生资源回收网络和提高回收率为重点，以加强法规建设、制度创新、机制创新为保障，以先进适用技术应用推广为支撑，加快建设完整先进的再生资源回收体系。到“十二五”期末，要初步建立拥有现代回收方式、先进的技术设备、完善的回收网络、良好的分拣与处理、规范化管理的废旧商品回收体系，全国主要品种再生资源回收率达到70%以上。为实现上述目标，要从以下几个方面重点开展工作：

（一）提高认识，建立工作机制。再生资源回收功在当代，利在千秋，是造福后代的伟大事业，同时又涉及城市规划、环境保护、社会治安等多个领域，再生资源回收体系建设工作不能仅仅依靠商务主管部门，必须在地方政府统一领导下，有关部门协调配合推动。要加强组织领导，将再生资源回收作为政府工作职能的一个重要部分，明确专门机构和人员，建立部门协调机制和工作考核评价体系，明确责任，形成工作合力。各地商务主管部门要切实提高对此项工作的认识，既要发挥各级地方政府、主管部门的领导作用，又要调动回收企业的能动性；既要加强政策引导，又要发挥市场对资源配置的基础性作用。

（二）加强规划，促进行业健康发展。回收体系建设工作过程中，各试点城市都制定了本地的实施方案和规划，实践证明，这项工作对推进再生资源回收体系建设有序实施、用好中央财政支持资金，都起到了较好作用。今年是“十二五”的开局之年，也是各地的规划年，将今后五年、乃至更长时间的再生资源回收体系建设工作规划做好，并按照规划有步骤地全面推进，有利于行业健康发展。各地商务主管部门要积极推动制定当地再生资源回收体系建设规划，并将有关内容列入当地“十二五”规划，抓好一批重点工程和示范工程。根据“十二五”规划要求，近期我们将启动第三批再生资源回收体系建设试点城市工作，要求第三批城市制定再生资源回收体系建设规划，做到因地制宜、分类指导，合理规划布局。

（三）抓紧构建回收体系，完善回收网络。今后五年，在进一步完善城市回收体系的基础上，要逐步向有条件的农村地区推开，实现回收网络的全面覆盖和合理布局，使试点城市90%以上回收人员纳入规范化管理，90%以上的社区设立规范的回收站点，90%以上的再生资源进入指定市场进行规范化的交易和集中处理。同时，要进一步畅通回收渠道，一是完善企事业、机关单位再生资源定点、定时等回收机制；推动建立生产企业之间通过协作与购销关系进行直接回收大宗再生资源和边角料的畅通渠道，协调和鼓励工业生产企业、销售企业和其它企业及单位积极参与再生资源回收，实现回收多元化。二是积极发展现代营销方式，支持利用互联网开展预约收废和交易、销售商品押金回收、以旧换新、设置有偿自动回收机等灵活多样的回收方式。通过这些途径和方式，逐步形成覆盖城乡居民和单位、多方面共同参与、方便快捷的回收网络。

（四）提升分拣、处理与利用水平，建设一批示范产业园区。实践证明，再生资源回收利用基地和园区，是再生资源回收行业的产业连接点和科技孵化器，引领带动行业发展作用十分明显。今后，各地要在做好规划的基础上，继续规范建设一批具备储运、分拣、加工、拆解、利用等多种功能，能够提供完善的物流、信息、金融等公共服务，环保处理和劳动安全保护设施完备，运营管理规范的示范性废旧商品回收利用产业园区，推进再生资源回收集约化、规模化和产业化。鼓励区域性园区在依法合规、公平竞争的前提下，加快拓展经营规模，增强上下游业务连接，提升技术装备水平，发挥示范带动作用，并根据互补原则，在园区间开展采购、营销等方面合作，打造全国一体化的再生资源市场。

（五）抓好项目建设，保证资金使用效果。自2009年以来，中央财政已经连续三年对再生资源回收体系建设工作进行支持。对中央财政资金的使用，各地商务部门要高度重视，对项目进行全程监管。在上报城市和项目时要深入调查研究，真正把一批条件较好的城市和市场项目推荐上来；在项目实施过程中，要配合财政部门把资金管好用好，保证效果。对于2011年的财政支持项目，要加强与财政部门的协调，统筹安排资金使用和管理，提高资金使用效率，建立有效的监督检查和绩效评估机制，确保财政资金使用安全到位，并根据各地实际，积极争取地方配套资

金。在今天的会议上，我们将与有关地区的商务主管部门和试点城市领导签订责任书，切实加强资金使用监管。今后我们还将会同财政部，根据工作情况，适时派出工作检查组，对资金实施情况进行抽查。对以往实施的财政支持项目，各地商务主管部门要继续加强对项目执行和资金落实情况的检查监督，保证资金使月效果，及时总结资金使用中的经验、做法，并将有关情况反馈上报。

（六）完善法规政策体系，营造良好的外部环境。建立和维护良好的回收利用秩序，规范企业行为，加强回收经营者的登记管理和交易市场经营行为的监管，建立健全财税支持政策体系，对实现再生资源回收行业良性发展十分必要，并具有不可替代的作用。2007年六部委联合发布的《再生资源回收管理办法》，是当前行业管理的依据。各地要加大贯彻落实力度，进一步抓紧完善规范和促进再生资源回收的法规和规章。地方能出台更高效力法律文件的，就要努力推动出台，现在已有一些城市出台了回收管理条例；确实有难度、条件不成熟的，可以先出台指导意见、工作通知。目前，结合研究建立完整先进的废旧商品回收体系工作，我们正在积极与相关部门协调，争取推动《再生资源回收管理条例》的早日出台，逐步将再生资源回收利用纳入法制化轨道。同时，我们正在与财政、税务等部门沟通，积极争取相关政策。各地也要进一步研究和争取有利于再生资源回收行业发展的财税、土地、金融政策，对回收体系建设这项具有公益性的事业进行支持，逐步形成促进再生资源回收体系建设的政策体系。

（七）加强行业标准和统计制度建设。统计和标准化工作是行业管理的基础，没有翔实的数据收集和分析，行业管理部门就无法进行科学决策和管理；没有完整的标准体系，行业就无法实现规范化、有序化发展。目前，商务部正在研究完善再生资源回收行业的统计制度，以全面掌握行业的发展情况。同时，着手加快行业标准化建设，把标准工作与重点工作内容相结合，与项目建设相结合，与行业管理相结合，逐步建立一套比较完整、权威的再生资源回收行业标准体系。其中，回收行业从业人员劳动保护标准应作为重点之一，各地也要切实做好当地回收行业的统计工作和地方标准、规范的制定工作。

（八）强化宣传教育。要充分发挥舆论导向作用，采用生动活泼、通俗易懂的方式，广泛、深入、持久地开展宣传教育，并适时对做出突出贡献的单位和个人进行表彰，推动全社会理解、支持和参与再生资源回收利用体系建设。充分发挥行业协会作用，动员社会各方面力量推动回收行业健康发展，面向全社会加强勤俭节约的品德教育和合理利用再生资源的普及教育，使之成为全民的自觉行动，形成资源回收利用的良好氛围。

（九）支持培育龙头企业，引导企业履行社会责任。推动回收企业积极进行联合、重组，进一步提高自营能力，优化经营结构，延伸服务链和价值链，完善物流体系，建设企业信息化系统。逐步在全国培育一批规模大、经济效益好、自主研发能力强、技术装备先进的大型龙头企业，形成龙头企业跨区域发展、大企业和中小企业分工协作的模式，提高回收利用行业的组织化程度，逐步建立企业信用体系。同时，引导企业切实履行社会责任，大力加强从业人员的劳动保护和改善工作环境，保护职工合法权益和身心健康。要着力加强企业人才队伍建设，对个体流动回收人员和农民工要进行管理、规范、引导、培训，逐步提高回收人员整体素质。

（姜增伟：商务部副部长，2011年4月7日在上海召开的全国再生资源回收体系建设现场会议上的讲话）

地方政府工作报告

北京市人民政府2011年工作报告（节录）

2010年，切实改善生态环境。坚持增能力、调结构、促减量，全面推进生活垃圾处理工作。全市生活垃圾产生量继续下降，日处理能力达到1.7万吨，无害化处理率提高到96%。推进卢沟桥等再生水厂改造升级，全市再生水利用率、污水处理率分别达到60%和81%。完成农民住宅节能改造2万户、城镇建筑节能改造644万平方米、城区平房煤改电1.3万户、燃煤锅炉清洁能源改造1052蒸吨，淘汰黄标车5万辆，新增纯电动公交、环卫示范车1260辆，市区空气质量二级和好于二级天数占78.4%。加强北运河水系综合治理。积极推进新城滨河森林公园、郊野公园建设，新增造林面积16万亩。

2011年主要任务：单位地区生产总值能耗和二氧化碳排放量均下降3.5%、水耗下降4%。深入推进节能减排。把二氧化碳、氮氧化物、氨氮减排作为约束性指标，确保各项指标达到国家要求。强化目标管理和考核，突出抓好工业、建筑、交通运输、公共机构等重点领域节能。严格执行建筑节能标准，大力发展绿色建筑，加快既有建筑节能改造。加大高效节能产品推广力度，进一步淘汰落后产能，完成800蒸吨燃煤锅炉清洁能源改造。建立老旧机动车更新淘汰长效机制，新增公交车提前实施第五阶段国家排放标准，继续抓好新能源公交、环卫车的示范应用。推行合同能源管理，促进节能服务业发展。制定再生资源回收产业发展规划，加强资源循环利用技术的研发应用，积极推动清洁生产，大力发展循环经济和环保产业，倡导绿色低碳生活方式和消费模式。加大环境建设力度。加快鲁家山等生活垃圾焚烧设施建设，继续治理非正规垃圾填埋场，在1200个小区、1200个村庄开展垃圾分类达标试点，大力推动建筑垃圾资源化利用。加快污水处理厂和管网建设改造，提高再生水利用能力。开展“精细管理、美化市容”活动，推进城六区重要交通干道两侧遗留项目整治，提升主要道路环境景观，抓好环境薄弱地区和农村环境整治。加快南海子等郊野公园、滨河森林公园以及两道绿化隔离带建设，改造山区低效林和平原防护林，实施城市增绿添彩工程，全市林木绿化率达到54%。全面落实清洁空气行动计划，力争二级和好于二级天数占比达到75%。

“十二五”时期首都经济社会发展的指导思想和主要目标：单位地区生产总值能耗和二氧化碳、主要污染物排放持续下降。空气质量二级和好于二级天数占比达到80%。关于生态文明建设。这是实现全面建设小康社会奋斗目标的新要求。《纲要(草案)》明确提出了污染治理、绿化美化、节能减排和应对气候变化的目标任务。一是营造清新城市环境。继续改善大气环境质量，实现垃圾全处理，全面治理水污染，有效控制噪声等其他污染。二是切实加强生态建设。扩大城市森林和绿地面积，提高山区森林质量，全面改善城市河湖水环境。三是共建宜居绿色家园。深入推进节能降耗，倡导绿色生产生活，积极应对气候变化，进一步提高首都生态文明水平和可持续发展能力。

（北京市人民政府市长郭金龙2011年1月16日在北京市第十三届人民代表大会第四次会议上政府工作报告）

天津市人民政府2011年工作报告（节录）

“十一五”时期。天津市万元生产总值能耗下降21%，节能减排超额完成国家下达任务。生态环境建设进一步加强。中新天津生态城起步区建设全面展开。国家循环经济试点项目北疆电厂一期工程竣工投产。海水淡化能力达到日产22万吨。500平方公里的生态湿地得到有效保护。大气环境、水环境治理等重点工程全面完成，生态环境明显改善。生态城市建设取得重大进展。实施生态市建设三年行动计划，植树造林96万亩。治理河道40条，新建改造污水处理厂60座，全部达到国家一级排放标准，污水集中处理率达到85%。生活垃圾无害化处理率达到91%。完成燃煤设施烟气脱硫工程，环境空气质量达到或好于二级天数稳定在300天以上。

“十二五”时期奋斗目标和主要任务：基本建成宜居生态型新城区。中新天津生态城建设初具规模。大力发展海洋经济，保护海洋生态环境，积极发展海水淡化和综合利用。推进国家循环经济示范区和低碳试点城市标志区建

设，率先达到国家生态市建设标准。加快建设生态宜居城市。按照建设独具特色的国际性、现代化宜居城市要求，不断提升规划建设管理水平，显著增强城市载体功能，充分展现深厚历史文化底蕴，着力构筑生态宜居高地。加快实施十大重点节能工程。

推进生态城市建设。建立生态补偿机制，加强七里海、大黄堡、北大港、团泊洼等湿地保护和修复；大力开展“绿色天津”建设，加快创建国家园林城市、国家卫生城市，大规模植树造林，扎实推进生态区县建设，建成区绿化覆盖率提高到35%。进一步加大环境保护力度，加强引滦、引黄、引江沿线水质保护，整治于桥水库面源污染，实施纪庄子污水处理厂搬迁，加强管网建设，实施“清水工程”，污水集中处理率达到95%；积极推进生活垃圾分类处理，生活垃圾无害化处理率达到94%以上；实施第一热电厂关停和陈塘庄热电厂搬迁，治理机动车尾气和扬尘，开发利用清洁能源，环境空气质量达到或好于二级天数提高到85%以上。进一步发展循环经济，加快国家循环经济示范试点城市、国家低碳试点城市建设，推进子牙循环经济产业园区建设。在全社会倡导绿色消费和低碳生活方式，节能、节地、节材、节水方面取得显著进展。

（天津市市长黄兴国2011年1月16日在天津市第十五届人民代表大会第四次会议上政府工作报告）

河北省人民政府2011年工作报告（节录）

“十一五”节能减排目标如期实现，单位生产总值能耗比2005年下降20%，化学需氧量、二氧化硫排放量比2005年削减15%以上，淘汰落后产能任务超额完成。

“十二五”时期，河北省以加快转变经济发展方式为主线，推动产业结构优化升级。坚持走新型工业化道路，推动传统产业升级，用新技术、新工艺、新装备改造钢铁、装备制造、石化等产业，促其由重转优、由粗转精、由低转高，力争“十二五”末省内规模前10位的钢铁企业占全省总产能的比重达到75%以上，装备制造、石油化工业增加值占规模以上工业的比重分别达到25%和15%左右，主要技术经济指标达到国内先进水平;加快战略性新兴产业发展，促进新能源、新材料、生物医药、新一代信息、高端装备制造、节能环保、海洋经济快速增长，到“十二五”末新兴产业增加值占全省生产总值的比重达到10%;强力推进节能减排，坚定有序地淘汰钢铁、煤炭、水泥、玻璃、造纸、制革等行业的落后产能，大力发展循环经济，单位生产总值能耗和二氧化碳排放量降低、主要污染物排放量减少等指标完成国家下达的目标要求。

2011年，以示范工程为抓手强力推进节能减排。深入实施“双三十”示范工程，推进100项节能技改、200个污染减排项目建设，对年耗能万吨标煤以上的1000家重点用能企业、1000家重点排污企业实施全程监控，确保单位生产总值能耗和二氧化碳排放量均下降 3%，化学需氧量、二氧化硫和氨氮、氮氧化物排放量均削减1.5%;加大淘汰落后产能力度，确保完成国家下达的计划目标。大力推进建筑节能和绿色建筑，抓好唐山湾新城、黄骅新城、正定新区、北戴河新区四个生态示范新城(新区)建设。以成果转化为重点加大科技创新力度。充分发挥毗邻京津优势，打造环首都科技谷创新平台，加强与京津高等院校、科研院所的合作，加快建设钢铁、能源等10大工业技术研究院，组建循环经济、生态城市、电动汽车等省级工程技术研究中心、重点实验室和产业技术创新联盟，推动科技成果孵化和产业化，力争新增国家工程技术中心2家、专利申请1200件、高新技术企业150家。

（河北省省长陈全国2011年月月12日在河北省第十一届人民代表大会第四次会议上政府工作报告）

山西省人民政府2011年工作报告（节录）

“十一五”期间，山西省狠抓节能减排和环境保护。5年共关停小火电机组316万千瓦，淘汰落后钢铁产能5397万吨、焦炭产能4761万吨、水泥产能2586万吨、电石产能142万吨；全面启动生态省建设，深入实施“蓝天碧水工程”、造林绿化工程、生态环境治理修复工程；严格实行节能减排目标责任制，综合运用结构、工程、技术和管理节能减排措施，取得了明显成效。与2005年相比，万元地区生产总值综合能耗下降22%，化学需氧量、二氧化硫排放量分别削减16.3%、13.5%，全部超额完成了国家下达的“十一五”节能减排目标任务；11个省辖市城区空气质量二级以上天数平均达到347天，优良率提高33个百分点；完成营造林2335万亩，森林覆盖率由14%提高到18%，全省生态环境明显改善。

"十二五"时期经济社会发展的指导思想和目标任务：加快工业新型化，坚持以煤为基、多元发展，以循环经济为主要模式，以大项目、大企业、大园区为主要支撑，推进工业化和信息化深度融合，改造提升传统产业，培育壮大新兴产业，加快发展现代服务业，构建具有山西特色的现代产业体系。加快农业现代化，贯彻工业反哺农业、城市支持农村和多予少取放活的方针，进一步加大强农惠农力度，加强基础设施建设，加快农业结构调整，发展现代农业，完善农业社会化服务体系，加快建设社会主义新农村，大力发展县域经济，努力增加农民收入，全面深化农村改革，开创"三农"工作新局面。加快市域城镇化，按照"一核一圈三群"的布局，加快太原都市圈发展，充分发挥区域中心城市和城镇群的辐射带动作用，实施"大县城"战略和百镇建设工程，加强城镇化管理，形成城镇化与工业化、城镇化与新农村建设良性互动的发展格局。加快城乡生态化，着眼于建设绿化山西、气化山西、净化山西和健康山西，坚持"绿色、低碳、洁净、健康"的发展理念，努力构建资源节约型、环境友好型社会，实现经济社会可持续发展。2011年指标安排：万元生产总值综合能耗下降3.5%左右，万元生产总值二氧化碳排放量下降3.5%，二氧化硫、化学需氧量排放量分别下降1.5%和2%，氮氧化物、氨氮和烟尘、粉尘排放量分别下降1.5%、1.5%、2%、2%，万元工业增加值用水量下降5%。大力发展循环经济。全力实施《山西省循环经济总体规划》，进一步加大对循环经济发展的政策支持和投入力度，把循环经济作为改造提升传统产业的主要手段，作为新产业、新项目的准入门槛，作为资源配置的优先领域，推动资源循环式利用、产业循环化发展。多方联动狠抓节能降耗。突出抓好工业领域节能，严格产业准入门槛，继续淘汰落后产能，加强新上项目能评工作，全面开展能效对标活动，在电力、冶金等高耗能行业和企业实施千项重点节能示范项目。多管齐下狠抓污染减排。坚持总量控制的原则，抓好主要污染物减排工作。继续加大重点用煤行业的脱硫力度，启动火电行业脱硝工作。创新县城污水处理厂运行机制，新建一批城镇生活垃圾无害化处理厂。启动实施"蓝天碧水扩容提质工程"。加快太原等重点城市污染企业搬迁改造，扩大集中供热覆盖范围，严禁在城市及近郊区新建燃煤小锅炉，减少工业烟尘、粉尘排放。减少农村面源污染，加强重点流域、饮用水源地和地下水保护。强化环境评估，实行污染者付费、排污权交易等制度，加强对排污企业的监测监管，构建污染减排的长效机制。多措并举狠抓生态建设。继续深入推进"2+10"生态环境治理修复工程，促进区域生态环境明显改善。

（山西省省长王君2011年1月19日在山西省第十一届人民代表大会第五次会议上政府工作报告）

内蒙古自治区人民政府2011年工作报告（节录）

"十一五"时期节能减排扎实推进，预计单位地区生产总值能源消耗能够如期完成国家下达的控制目标，主要污染物减排总量超额完成国家下达的目标任务。

"十二五"时期目标：单位地区生产总值能源消耗降低15%，单位工业增加值用水量下降10%，各项减排指标达到国家要求。强化资源保障和综合利用。通过制度规范、监管约束和科技创新等方式，切实推进能源、材料和水资源的节约利用。严格土地资源管理，节约集约利用土地。加强矿产资源勘查和管理，提高有序开发和综合利用水平，增强对发展的支撑和保障能力。加大生态环境保护力度。以构筑我国北方重要生态屏障为目标，加快建立生态保护和建设的长效机制，坚持点上开发、面上保护，继续组织实施各类重点生态工程，建设我国北方最大的森林生态功能区，森林覆盖率提高到22%。以解决饮用水源、空气和土壤污染等损害群众健康的突出环境问题为重点，进一步加大环境保护力度。加快资源循环利用产业发展，建设循环经济园区，推广循环利用技术，构建循环型农牧业体系和循环型城市与社区。积极应对气候变化，加快培育以低碳排放为特征的工业、建筑和交通体系。增加森林和草原碳汇，建立固碳标准体系，探索开展碳汇交易。加强防灾减灾体系建设。

2011年，加大节能减排和生态保护力度，推进"两型"社会建设。全力抓好节能减排。继续实施重点节能工程，加快推行合同能源管理等节能制度，做好节能环保新技术、新产品推广应用。大力发展循环经济，抓好循环经济示范工程和示范点建设。继续做好关闭落后小企业工作，加大电石、铁合金等落后产能淘汰力度。积极探索碳汇核算、交易途径，发展碳汇经济。加强环境保护。继续推进主要污染物总量减排和环境综合整治工作，加快城镇污水、垃圾处理设施和集中供热工程建设，推广使用清洁能源。加强燃煤电厂脱硫脱硝，做好主要城市、重点流域、重金属和农村牧区污染防治工作。促进资源合理开发利用。加快建立合理的资源开发利益分配机制和生态补偿

机制，妥善解决资源开发过程中的环境保护问题。加强稀土矿产开发监管，促进稀土资源合理利用。积极争取国家支持，加快推进资源型城市经济转型。加大煤田灭火力度，确保完成全年火区治理任务。坚持节约集约利用土地，严格保护耕地，统筹安排各类用地。加强湖泊、河流等水资源保护利用，积极推进水权置换，提高水资源利用率。加强生态保护和建设。坚持自然修复与工程措施相结合，促进生态环境的持续恢复。认真实施国家草原生态保护政策，落实草畜平衡、禁牧休牧轮牧和基本草原保护制度，继续抓好退耕还林、退牧还草和京津风沙源治理等生态重点工程建设，争取启动实施黄土高原综合治理工程、沙漠沙地专项保护治理工程和乌梁素海重点湿地保护与治理工程，力争完成林业生态建设面积1000万亩，退牧还草3000万亩，治理水土流失面积650万亩。大力发展林、沙、草产业，加强林地、湿地和野生动植物保护。

（内蒙古自治区人民政府主席巴特尔2011年1月16日在内蒙古自治区十一届人民代表大会第四次会议上政府工作报告）

辽宁省人民政府2011年工作报告（节录）

“十一五”期间，生态环境建设成效显著。新建的99座污水处理厂基本实现运行。300兆瓦以上燃煤发电机组完成脱硫改造。建成30座生活垃圾无害化处理场。全面完成“十一五”节能减排目标。组建了辽河、凌河保护区并成立了管理局，实施全流域的整治和管理，辽河干流及主要支流达到五类水质。重点水源地、草原生态建设和湿地保护不断加强。造林资金投入增长1.4倍，完成人工造林540万亩。辽宁的环境正在不断地发生变化。

“十二五”时期发展目标和今年主要工作：“十二五”时期，将是我省生态环境大幅度修复期。我们要全面完成四年绿化辽宁计划，使全省森林覆盖率达到42%以上，林木绿化率达到48%以上。我们要治理好辽河、大小凌河等江河流域。我们要全面推进生态省建设，进一步完善生态补偿机制，积极推行循环经济、低碳经济等绿色经济模式。“十二五”时期，全面推进生态省建设，进一步完善生态补偿机制，积极推行循环经济、低碳经济等绿色经济模式。全面实施工业五项工程。节能降耗与淘汰落后产能工程，要完成国家下达的任务。全面开展辽河、大小凌河流域生态环境集中整治。坚决禁止河道滥采滥挖、滥建滥排，全面恢复河滩地生态，实现水质状况进一步改善。完善大伙房、观音阁等水库上游生态补偿机制，加大辽河三角洲湿地保护和海洋污染防治力度。全面治理积极推进热电联产，努力实现一县城一热源，一市一至几个热源。大力推广地源、污水源、海水源等供暖新技术。积极推进清洁燃料开发使用。我们要在建设城市、县城垃圾处理场和污水处理厂工程的同时，启动实施乡镇垃圾处理场和污水处理厂建设工程。狠抓生态环境建设。大力实施造林绿化工程。拓宽辽西北边界防护林和海防林。广泛开展道路两侧景观绿化、城乡绿化、河滩地绿化和单位绿化竞赛达标活动。400万亩25度坡以上耕地，要逐步退耕还林、还草。全社会绿化投资力争达到300亿元，人工造林500万亩以上。全面开展辽河、大小凌河流域生态环境集中整治。坚决禁止河道滥采滥挖、滥建滥排，全面恢复河滩地生态，实现水质状况进一步改善。完善大伙房、观音阁等水库上游生态补偿机制，加大辽河三角洲湿地保护和海洋污染防治力度。全面治理积极推进热电联产，努力实现一县城一热源，一市一至几个热源。大力推广地源、污水源、海水源等供暖新技术。积极推进清洁燃料开发使用。我们要在建设城市、县城垃圾处理场和污水处理厂工程的同时，启动实施乡镇垃圾处理场和污水处理厂建设工程。这是一项投资巨大的工程，又是一项非干不可的工程。否则，农村环境难以改变，面源污染难以解决。

（辽宁省省长陈政高2011年1月21日在辽宁省第十一届人民代表大会第四次会议上政府工作报告）

吉林省人民政府2011年工作报告（节录）

2010年，吉林省节能减排全面实现“十一五”目标。

2011年工作安排：高度重视节能环保和生态建设，促进可持续发展。适应转变经济发展方式的要求，扎实做好节能节水、污染减排和生态保护工作。严格执行投资项目节能评估审查和环境影响评价制度，开展资源节约型、环境友好型企业创建试点，推进公共机构节能，加快节能新技术、新材料、新设备的研发应用，推行合同能源管理等节能新机制。搞好城市污水处理厂、垃圾处理场等基础设施建设，实现污水处理厂县县全覆盖，积极推进重点流域内重点建制镇污水处理厂建设，力争建成15个城市垃圾处理场。启动“十二五”松花江、辽河、鸭绿江等流域水污

染防治规划，开展农村环境连片整治试点，提高污染防治水平。健全环境风险防范体系，加强饮用水源保护。推动白山循环经济试点城市、四平国家可持续发展实验区建设和资源型城市可持续发展。开展秸秆、畜禽粪便等农业废弃物无害化处理和资源化利用，发展农业循环经济。积极争取国家批准实施长白山林区生态保护与经济转型规划。启动第二个十年绿化美化吉林大地规划，实施“天保工程”二期，搞好西部盐碱地、中部黑土区水土流失治理和防沙治沙等工程。推进节水型社会建设，实行最严格的水资源管理制度，实施一批重大节水工程，完善行业用水定额管理，推广节水技术和节水模式，建立用水计量与节水监督服务体系，搞好水资源配置、节约和保护。

（吉林省省长王儒林2011年2月12日在吉林省第十一届人民代表大会第四次会议上政府工作报告）

黑龙江省人民政府2011年工作报告（节录）

“十一五”时期，《松花江流域水污染防治规划》116个项目全部建成。节能减排指标全面完成。扎实推进生态环境保护工程，大小兴安岭生态功能保护区上升为国家战略，三年造林绿化1000万亩，森林覆盖率达到45.2%，比“十五”期末提高1.6个百分点。《松花江流域水污染防治规划》116个项目全部建成。节能减排指标全面完成。这五年是基础设施建设投资规模最大、建设成就最好的五年。

“十二五”时期主要任务：必须突出生态建设。低碳绿色发展是国家的重大战略，也是我省可持续发展的长远大计。我省良好的自然环境，不仅对维护国家生态安全具有重要作用，也是我们发挥比较优势的根本依托。加强生态建设，保护是前提，发展是首要。我们要把建设资源节约型和环境友好型社会，作为加快转变经济发展方式的重要着力点，不断加大生态恢复和保护力度，发展生态主导型经济，做到合理开发局部、保护全局，努力走出一条发展与保护双赢的可持续发展之路。加强生态环境保护，促进低碳、绿色发展。生态是资源、是财富、也是最大的品牌，是我省经济社会发展的重要依托。要积极推进生态环境建设保护工程，切实保护好“绿水青山”。一是抓好生态保护与修复。二是继续推进松花江流域水污染治理。全面开工建设47个新增补的松花江流域治理项目，力争70%的项目当年建成运行。全面改善支流水环境质量，不断提高干流断面水质达标率。省辖城市集中饮用水源地水质达标率坚决达到国家规定标准。三是强化节能减排。省本级财政预算安排资金5000万元，支持节能减排项目建设，开发和推广应用节能减排新技术、新工艺、新产品。抓好建筑节能，强化节能减排工程建设，严控“两高”行业，加快淘汰落后产能。在钢铁、有色、化工、建材等耗能大的行业中，实施100个节能产业化项目和100个节能改造项目。抓好国家级、省级循环经济试点。二氧化碳排放强度下降3.5%，化学需氧量排放量下降2%。通过加强环境保护，推动我省绿色发展、绿色崛起。

（黑龙江省省长王宪魁2011年1月20日在黑龙江省第十一届人民代表大会第六次会议上的政府工作报告）

上海市人民政府2011年工作报告（节录）

2010年，通过上海世博会的集中展示与实践运用，绿色、环保、低碳等引领未来发展的新理念得到更加广泛的认同，新一代移动通讯、生态节能材料、新能源汽车等一大批最新科技成果进一步从示范走向生活，科学、合理、有效的城市运行管理措施逐步转化为规范化、制度化的长效管理机制，全面开阔了人们的视野，深刻启迪了人们的心智。加大节能减排工作力度，强化责任和措施，制定并实施合同能源管理、差别电价等政策，调整淘汰900多个落后产能项目，单位生产总值综合能耗进一步下降。主要污染物减排提前并超额完成“十一五”目标，环保投入相当于全市生产总值的比例继续保持在3%左右，主要水体环境质量稳中有升，环境空气质量优良率达到92.1%，绿化覆盖率达到38.15%。

2011年主要任务：单位生产总值综合能耗、单位生产总值二氧化碳排放量进一步下降，主要污染物排放量削减率完成国家下达目标，环保投入相当于全市生产总值的比例保持在3%左右，城市和农村居民家庭人均可支配收入与经济保持同步增长。2011年要加快制造业改造升级。促进电子信息制造业转型升级，推动自主品牌汽车发展，大力发展高技术船舶、海洋工程作业船等船舶产业，支持钢铁、石化产业等优化调整。鼓励企业加大技术改造力度，推动工业向园区集中，推进重点产业项目落地。加快淘汰高污染、高能耗、高危险、低效益的落后产能。继续加强

节能减排和环境保护，不断改善城市生态环境。始终把建设生态宜居环境作为紧迫而重要的任务，深入实践世博会绿色、环保、低碳理念，大力推进节能降耗，加强资源节约和综合利用。积极推进工业、建筑、交通、居民生活等重点领域和重点用能单位的节能改造和管理，加快节能地方标准建设，新建高标准节能建筑60万平方米，对新建居住建筑全面执行65%的节能标准，加快推进清洁能源汽车的应用。大力推进国家重大天然气项目配套工程，建成上海临港燃气电厂，推进闵行燃机电厂工程和东海大桥海上风电二期工程等项目前期工作。健全节能市场机制和激励约束机制，加大合同能源管理，全面贯彻实施前置性能评制度，探索节能减排市场交易试点。鼓励和引导节水、节材，倡导绿色低碳的生产方式、消费模式和生活习惯，积极开展多层面、多领域的循环经济试点。加强污染减排和防治，推进环境保护和生态建设。强化污染减排目标管理，增加氮氧化物和氨氮总量控制指标。全面完成第四轮环保三年行动计划。加快建设白龙港污水厂扩建二期工程、白龙港片区南线输送干线完善工程、郊区污水厂网及截污纳管等重点项目，启动燃煤电厂脱硝工作。加快推进宝山南大和金山卫化工集中区等重点地区环境综合整治。深入推进本市太湖流域水环境综合治理。切实加强对建筑施工噪声和工地、道路、堆场扬尘以及机动车鸣号、秸秆焚烧等污染源的监管和防治。加快推进中心城增绿、郊区新城建林和外环生态专项等工程，完成绿地建设1000公顷，其中公共绿地500公顷。有序推进青草沙原水通水切换工作，让1000万上海市民喝上优质长江水，加强黄浦江上游等饮用水源保护，完成1000万平方米以上二次供水设施改造。按照减量化、资源化、无害化要求，启动生活垃圾分类投放、收集、运输、处置试点，加快老港固体废弃物综合利用基地建设，推进浦东、金山、松江、奉贤等区生活垃圾处理设施建设。继续加强节能减排和环境保护，不断改善城市生态环境。始终把建设生态宜居环境作为紧迫而重要的任务，深入实践世博会绿色、环保、低碳理念，大力推进节能降耗，加强资源节约和综合利用。积极推进工业、建筑、交通、居民生活等重点领域和重点用能单位的节能改造和管理，加快节能地方标准建设，新建高标准节能建筑60万平方米，对新建居住建筑全面执行65%的节能标准，加快推进清洁能源汽车的应用。大力推进国家重大天然气项目配套工程，建成上海临港燃气电厂，推进闵行燃机电厂工程和东海大桥海上风电二期工程等项目前期工作。健全节能市场机制和激励约束机制，加大合同能源管理，全面贯彻实施前置性能评制度，探索节能减排市场交易试点。鼓励和引导节水、节材，倡导绿色低碳的生产方式、消费模式和生活习惯，积极开展多层面、多领域的循环经济试点。

（上海市市长韩正2011年1月16日在上海市第十三届人民代表大会第四次会议上政府工作报告）

江苏省人民政府2011年工作报告（节录）

“十一五”时期，节能减排力度加大，单位地区生产总值能耗下降、化学需氧量和二氧化硫减排均完成“十一五”目标。重点流域污染治理和城乡环境综合整治取得重要进展。太湖湖体水质持续改善，确保了饮用水供水安全。生态建设深入推进，森林覆盖率和城市绿化覆盖率分别提高到20.6％和42％。提高土地节约集约利用水平，保护耕地、保障发展能力进一步增强。

“十二五”时期经济社会发展的总体目标：生态环境持续改善，单位地区生产总值能耗、水耗下降和二氧化碳、主要污染物减排完成国家下达的约束性指标，森林覆盖率达到22％。提升可持续发展能力，以生态省建设为载体，加强环境治理和生态保护，努力使江苏的山更绿、水更清、天更蓝、人居环境更优美。加强资源节约和环境保护。大力推进节能减排。坚持源头控制、科技支撑、严格监管“三管齐下”，确保完成节能减排目标任务。加快淘汰落后产能，坚决控制产能过剩行业新上扩能项目。实施节能减排重点工程，深入推进工业、建筑、交通运输、公共机构等领域的节能减排，重点做好年综合耗能3000吨标准煤以上用能单位的节能工作。大力推进资源节约、环境友好、生态宜居的节约型城乡建设。推广应用先进节能技术，推进节约用水，积极发展清洁生产和循环经济。加快发展节能环保产业，积极培育低碳产业。健全激励约束机制，有效运用价格、税收、信贷等经济手段，促进企业和全社会节能减排。加强生态环境治理。加快实施“清水蓝天”工程。全面推进太湖流域水环境综合治理，确保太湖流域水质持续改善。加强淮河流域水污染防治，加快建设南水北调江苏段和通榆河“清水走廊”。加大主要入海河流综合整治力度，切实保护海洋生态环境。加强河湖水域保护，继续推进集中式饮用水源地达标整治和备用水源地建设。严格控制机动车尾气排放，加大建筑工地、道路运输扬尘和工业粉尘烟气治理力度，减少大气灰霾污染。加快城镇污水、垃圾处理设施建设。扩大农村环境整治范围，加强农业面源污染、农村生活污染防治。开展突出环境

问题集中整治行动和重金属污染专项治理。积极推进绿色江苏建设，新增造林80万亩和森林抚育150万亩，新增城市绿地34万亩。加强重要生态功能区和生物多样性保护，推进山体保护复绿、工矿废弃地恢复治理工程。广泛开展生态创建活动。加强生态文化宣传，普及生态文明知识。加快实施公益性生态文化工程，开展新一轮生态示范创建工作，建设环太湖地区生态城市群。积极推行绿色采购制度，大力倡导绿色消费模式和低碳生活方式。

（江苏省代省长李学勇2011年2月10日在江苏省第十一届人民代表大会第四次会议上政府工作报告）

浙江省人民政府2011年工作报告（节录）

“十一五”期间，浙江省万元生产总值能耗0.72吨标准煤，比2005年下降20%，以年均增长7%的能源消耗支撑了年均11.8%的经济增长。化学需氧量、二氧化硫排放量累计下降16.2%和20.9%，能源利用水平和生态环境综合指数居全国前列。把资源节约集约利用和环境保护作为结构调整的突破口。制定实施资源节约和环境保护行动计划。实施“节能降耗十大工程”，积极推进结构节能、技术节能和管理节能，突出抓好重点企业节能降耗，积极推进节能改造，加快淘汰落后产能。累计淘汰落后炼钢能力231万吨、水泥生产能力2397万吨，关停小火电机组531万千瓦。深入推进生态省建设，全面完成“811”环境污染整治和“811”环境保护行动目标，在全国率先全面建成县以上城市污水处理厂，推进镇级污水处理设施建设和农村生活垃圾集中处理，建成环境质量和重点污染源监控网络，实行跨行政区域河流交接断面水质目标管理考核，实施省级财政对水系源头地区的生态补偿机制，加大重点区域、重点行业环境污染集中整治力度。八大水系、运河和主要湖库地表水环境功能区水质达标率73.7%，比2005年提高18.1个百分点。推动循环经济试点省建设，实施循环经济“991行动计划”，启动建设25个循环经济试点基地。抓好节约集约用地六大工程和百万造地保障工程，完成全省土地利用总体规划修编，累计新增耕地144万亩，万元二三产业增加值用地从2005年的75.1平方米下降到43.8平方米。

2011年政府工作主要安排：大力推进节能减排和生态环境保护。严格落实节能减排目标责任制，坚持分类指导，健全节能减排统计监测和考核评价制度，强化激励约束机制，运用差别电价等经济杠杆促进节能减排。加强能源消费总量调控，严格新上项目节能评估，加快淘汰落后产能，鼓励发展低能耗、低排放产业。突出抓好工业、建筑、交通运输和公共机构等领域的节能，开展节能技术和产品进企业、进机关、进学校、进社区、进家庭活动。全面推进循环经济试点省建设，加快循环经济试点基地建设和工业园区生态化改造，抓好一批循环经济示范企业、示范园区和示范项目建设。扎实开展“811”生态文明建设推进行动，实施水源、空气、土壤“三大清洁行动”，制定实施八大流域、四大河网和海洋污染防治规划。加强对污染减排、重污染行业以及中小型污染企业的执法监管。在加快城镇污水处理设施建设的同时，重点推进污水管网配套建设，加强垃圾处理设施规划和建设。加强农业农村面源污染防治。加快生态公益林、重点防护林建设和平原绿化步伐。

（浙江省省长吕祖善2011年1月16日在浙江省第十一届人民代表大会第四次会议上政府工作报告）

安徽省人民政府2011年工作报告（节录）

2010年，安徽省节能减排目标全面实现。预计单位生产总值能耗下降4.36%以上，化学需氧量排放量下降2.2%，二氧化硫排放量在提前一年完成目标任务的基础上，控制和消化当年新增量。

“十二五”期间，大力建设资源节约型和环境友好型社会。坚持绿色发展，加强目标责任考核，全面完成国家下达的节能减排任务。强化能源、土地、水、森林、矿产等资源有序开发和集约节约利用，大力发展循环经济。加大生态建设和环境保护力度，完善监管体制，强化生态建设制度保障，全面加强点源和面源污染防治，加快发展现代林业，做好水土保持和水土流失治理工作。积极应对气候变化。

2011年，要切实抓好节能减排和环境保护。加快推行合同能源管理，继续实施节能重点工程和减排重点项目，确保完成节能减排年度目标任务。积极推进循环经济试点示范工作，深入推广烧结脱硫、富氧助燃、高效照明等新技术新产品和秸秆等农林废弃物综合利用，加快燃煤电厂脱硝工程建设及能量回收。加强城镇污水处理厂管网配套和脱氮改造。深化环评审批制度改革，提高环保准入门槛，对环评审批权限进行更加严格的设定或必要的调整。加

大环保监管力度，深入开展环境保护专项行动，严厉查处环境违法行为，对问题突出的区域实行“区域限批”。加快市县垃圾处理设施建设，推进农村村庄环境综合整治。积极开展生态补偿。加速推进皖江示范区建设，坚持绿色承接，把好投资强度和环境评价关。

（安徽省省长王三运2011年1月18日在安徽省第十一届人民代表大会第四次会议上政府工作报告）

福建省人民政府2011年工作报告（节录）

“十一五”时期，福建省单位生产总值能耗降低3.2%、二氧化硫排放量下降0.1%、化学需氧量排放减少0.2%的节能减排目标预计可以完成。生态建设力度加大。严格落实节能减排和环保监管责任制，开展重点企业节能行动，完成重点行业脱硫等重大工程。县县建成污水处理厂，设市城市污水、垃圾无害化处理率分别提高到82%和92%，市县污水、垃圾无害化处理率分别提高到77%和83%。淘汰落后产能年度任务全面完成，207家企业实施清洁生产。加强重点流域、重点行业和工业园区污染治理，对皮革等行业实行最严格的环保治理措施，妥善处置重大环境突发事件，集中开展环境污染隐患排查整治。实施新一轮造林绿化，实行最严格耕地保护制度，连续11年实现耕地占补平衡。

“十二五”期间，要大力推进生态省建设，提升生态文明水平。加快建设资源节约型和环境友好型社会，创建全国生态文明示范区域，生态环境质量继续保持全国前列，森林覆盖率继续居全国首位，全面完成节能减排任务。持续推进生态省建设，促进人与自然和谐。抓好新一轮节能减排。认真实施生态功能区划，加强重点区域环境影响评价，落实环保“三同时”。严格节能减排责任，推动新技术、新装备的研发与应用。实施十大重点节能工程200个项目。全面淘汰水泥、造纸、皮革、火电、冶炼等“五小”落后产能。推进工业园区和重点乡镇污水处理设施建设，抓好重点行业、重点企业脱硫脱硝及污染深度治理。加快发展循环经济，推动资源节约和综合利用。实施清洁生产“五个一百”工程。支持清洁发展机制项目，建设低碳发展实验区。抓好新一轮环境整治。深化“六江两溪”重点流域和近岸海域综合整治，强化饮用水源地保护。严格控制重点流域网箱养殖，治理畜禽养殖、石板材和工矿业污染。开展农村环境连片整治，实施“三清”示范工程。强化陆海一体化联动，实施重要港湾、重点海域和海岛的生态整治工程，着力治理渔业用海环境。强化环境风险防范和应急处置。抓好新一轮生态优化。实施生态省建设五年规划，落实环保监管“一岗双责”。推进“四绿”工程，增加森林碳储量。加强水资源开发利用管理，严格河道、海域采砂监管，加大矿产资源开发整合和保护力度。推进重点流域、矿产资源、森林资源的生态补偿，重视水土流失综合治理，加强重要生态功能区保护和生态修复。污染环境，祸在当代、害及子孙，我们要不遗余力、鞠躬尽瘁抓环保，一届接着一届干，兑现建设生态省的承诺，誓把青山绿水保护好。

（福建省省长黄小晶2011年1月13日在福建省第十一届人民代表大会第四次会议上政府工作报告）

江西省人民政府2011年工作报告（节录）

2010年，江西省生态环境展现新优势。环境质量继续位居全国前列。森林覆盖率由 2005年的 60.05%提高到2010年的 63.1%。主要河流监测断面水质达标率由 76.3%提高到 80.3%。 11个设区城市空气环境质量全部达到国家二级标准。城镇生活污水集中处理率和生活垃圾无害化处理率分别达到 67.8%、 51.6%。五年间，万元 GDP能耗下降 20%，二氧化硫排放量下降 7%，化学需氧量排放量下降 5%。坚定不移推进鄱阳湖生态经济区建设，引领全省科学发展、绿色崛起。《鄱阳湖生态经济区规划》于 2009年 12月 12日获得国务院正式批准。这是新中国成立以来江西第一个上升为国家战略的区域性发展规划，是江西发展史上的重要里程碑。这一重大战略是“山江湖工程”的延续和拓展，是生态立省、绿色发展战略的继承和提升。建设鄱阳湖生态经济区，特色是生态，核心是发展，关键是转变发展方式，目标是走出一条科学发展、绿色崛起之路。围绕推进鄱阳湖生态经济区建设，制定了《（鄱阳湖生态经济区规划 >实施方案》和 18个专项规划，编制了《鄱阳湖流域综合治理规划》，完成了鄱阳湖水利枢纽工程湿地候鸟、鱼类洄游、江湖关系等“六大课题”研究。围绕生态环境保护和建设，组织实施造林绿化“一大四小”、县 (市)污水处理设施建设、工业园区污水处理设施建设、农村垃圾无害化处理、“五河一湖”生态环境综合治理、矿山地质环境恢复治理等生态工程；加大了节能减排工作力度。积极发展低碳与生态经济。推进了一批以“两核两控”为重点的交通、能源、水利等重大基础设施建设。2010年，鄱阳湖生态经济区生产总值5558亿元，占全省的58.9%。

“十二五”期间，率先在鄱阳湖生态经济区内开展绿色GDP核算、生态补偿、流域综合管理体制、排污费改环境税等改革试点。2011年全省经济社会发展的主要预期目标是：提高节能减排水平，单位生产总值能耗和二氧化碳排放强度均下降3%左右，化学需氧量、氨氮、二氧化硫、氮氧化物排放量均减少1%以上。2011年要加强生态环境建设和保护，努力打造具有江西鲜明特色的一流生态优势。保护好鄱阳湖“一湖清水”。禁止在鄱阳湖核心保护区和“五河”源头保护区搞开发建设。省财政增加安排3120万元、总量达1.35亿元，对“五河”源头和东江源生态环境保护做得好的县(市、区)进行奖励。抓好县(市、区)污水处理设施完善配套和运行管理，落实长效管理机制和责任措施，开工建设30个工业园区污水处理设施及配套管网项目。力争全省县(市)污水收集率达到60%以上，城市污水集中处理率达到78%。大力推进农村清洁工程，新增3万个自然村、500个集镇和21个县(市、区)实施垃圾无害化处理。加强生态环境综合治理。强化生态环境保护立法。力争今年主要河流监测断面水质达标率达到80.6%，“五河”及东江源头保护区内监测断面水质基本保持在Ⅱ类以上。切实抓好节能减排。严把项目准入关，对高耗能、高污染项目坚决不予审批。对钢铁、水泥、化工、冶炼等重点行业加大监控力度，加快淘汰落后产能。继续推进工业、建筑、交通、公共机构等重点领域和耗能5000吨标煤以上的重点企业节能改造，实施“十二五”工业千万吨标煤节能工程和“百千万企业节能行动”。推行合同能源管理模式，推广先进节能技术和产品。积极开展生态园区和循环经济试点。重点支持一批符合条件的园区申报国家级生态工业示范园区，力争鄱阳湖生态经济区内39个工业园区建成省级生态工业园。推进第二批循环经济试点，实施好100个循环经济项目，建成一批国家级和省级循环经济示范单位。

（江西省省长吴新雄2011年2月14日在江西省第十一届人民代表大会第四次会议上政府工作报告）

山东省人民政府2011年工作报告（节录）

“十一五”时期，是山东省城乡面貌发生明显变化的五年。新型城镇化进程加快,城市规划建设管理水平进一步提高,全省人均城市道路面积达到20.5平方米,人均绿地面积达到15平方米；污水集中处理率由49%提高到85%,垃圾无害化处理率由58%提高到80%；森林覆盖率达到22.8%。社会主义新农村建设扎实推进,行政村通油路比例达到99.2%,农村自来水普及率达到90%,农村电网改造全面完成,新建农村户用沼气186.8万户。统筹城乡发展取得丰硕成果。下气力推进节能减排、生态建设和环境保护。万元生产总值能耗、二氧化硫和化学需氧量排放量累计分别下降22.1%、20%和18%,省控59条主要污染河流全部恢复鱼类生长。坚持最严格的耕地保护制度和节约集约用地制度,在工业化、城镇化加快发展的进程中,全省耕地面积保持在1.15亿亩。

“十二五”期间，山东省绿色发展模式要基本形成。2011年主要工作：加强节能减排和环境保护。一是狠抓节能降耗。强化源头控制,重点抓好高耗能行业的节能监管,大力推广节能技术、产品和装备。发展绿色建筑,促进墙材革新和建筑节材,抓好太阳能与建筑一体化应用。加快绿色低碳交通运输体系建设,推动公共机构节能。加快推行合同能源管理。建立常态化节能预警调控机制。加大淘汰落后产能力度,确保完成国家下达的淘汰落后各项任务。二是加强环境保护。以保障南水北调沿线和重点区域水环境安全为重点,巩固提高省控59条主要污染河流治污成果,实现水环境质量持续改善；以治理工业废气、城市扬尘和机动车尾气为重点,突出抓好城市建成区大气污染防治；以重金属污染治理为重点,加快构建环境安全防控体系；以农村污水和垃圾处置为重点,开展农村环境综合整治；以海岸带、海域、海岛整治修复为重点,打造生态海岸、生态海洋。全面实施水系生态建设工程,新增水系生态造林150万亩、湿地恢复保护100万亩。落实好我省应对气候变化实施方案。三是强化资源节约和综合利用。加快发展循环经济,积极推行绿色生产和清洁生产,大力发展节能环保和再制造产业,搞好工业、建筑、城市生活垃圾等废弃资源综合利用,力争主要工业固体废物综合利用率达到95%以上。继续深化资源山东建设,打造一批矿产资源基地。四是强化责任考核。细化目标任务,明确各市各部门和重点企业的责任,加强指导,强化督查,确保不折不扣地完成国家下达的节能减排任务。

（山东省省长姜大明2011年2月19日在山东省第十一届人民代表大会第四次会议上的政府工作报告）

河南省人民政府2011年政府工作报告（节录）

2010年，河南省紧紧围绕加快转变发展方式，大力推进结构调整和转型升级，加强节能减排和生态建设。大力淘汰落后产能，加强重点流域、重点区域、重点行业污染综合整治。预计全年单位生产总值能耗下降3.5%，化学需氧量和二氧化硫排放量分别下降0.8%和1.2%。预计单位生产总值能耗累计下降20%，化学需氧量和二氧化硫排放量分别下降13.8%和17.6%。深入推进林业生态省建设，完成造林416万亩。成功举办第二届中国（郑州）绿化博览会。

2011年发展目标和重点工作：加强资源节约和环境保护，增强可持续发展能力。大力发展循环经济、绿色经济、低碳经济，推进资源节约型、环境友好型社会建设。建立节能减排长效机制。正确处理节能减排与经济社会发展关系，做到统筹协调、综合施治、合法合规、求实求效。完善政府节能减排目标责任制，健全法规制度，使节能减排走上法制化轨道。健全激励和约束机制，运用价格、税收、排放权交易等经济手段，促使企业加快技术改造和产品结构调整，增强企业和全社会节能减排内生动力。推进节能降耗。继续实施建筑节能、公共机构节能等八大节能工程，推进高耗能设备更新改造。全面推广清洁生产，开展重大节能技术和高效节能产品产业示范。开展绿色建筑和低碳社区示范项目建设。加快循环经济试点省建设。加强矿产资源勘探开发和综合利用。加强环境保护。落实主体功能区规划，编制实施生态省规划，切实加强重点生态功能区保护和管理。对重污染行业实施主要污染物排放总量控制。深入推进重点流域、重点区域、重点行业的环境综合整治和重金属污染防治。加强农村环境保护，控制农村面源污染。加强地质环境保护和修复。全面实施水环境生态补偿，继续推进排污权交易试点。加快市县第二轮城镇污水处理厂建设。

（河南省人民政府省长郭庚茂2011年1月17日在河南省第十一届人民代表大会第四次会议上政府工作报告）

湖北省人民政府2011年工作报告（节录）

“十一五”时期，山东省省单位生产总值能耗五年累计降低20%以上，主要污染物排放量提前一年完成“十一五”控制目标。加强生态环境保护，着力构建“两型”社会。狠抓节能减排，单位工业增加值能耗降幅超过30%，二氧化硫和化学需氧量减排完成国家下达任务的150%。环境保护专项治理成效显著，五年共关停产能落后的企业（生产线）715家，关停小火电机组121万千瓦，20万千瓦级以上火力发电机组全部实现脱硫。全省建成污水处理厂107个，日处理能力达到528万吨，基本实现县县建成污水处理厂目标。青山-阳逻-鄂州和荆门循环经济区建设进展顺利，黄石、大冶、潜江、钟祥等资源枯竭城市转型试点全面启动，一批生态工业园区、再生资源基地加快建设。6县（市）获得“国家首批绿色能源示范县”称号。大力推进生态工程建设，全省森林覆盖率由31.1%提高到38.4%。

“十二五”总体要求：扎实推进“生态湖北”建设，全省单位生产总值能源消耗、二氧化碳排放分别比“十一五”期末降低16%、17%。建立健全以企业为主体、以市场为导向、产学研相结合的技术创新体系。推进“两型”社会建设，促进绿色繁荣。强力推进节能减排和淘汰落后产能。进一步完善节能减排管理机制和体系，狠抓重点行业和重点企业节能管理。继续实施十大重点节能工程，组织千家企业节能目标责任制考核，加快实施百家企业节能工程。大力推进工程减排、结构减排和管理减排。全面推行排污许可证制度和主要污染物排污权交易，扩大环境责任保险试点。切实加强城镇污水和垃圾处理设施建设及持续使用监管，坚决杜绝建而不用现象。大力发展循环经济和低碳产业。进一步深化循环经济示范试点，支持一批循环经济重点项目建设，着力发展工业循环经济，大幅减少资源、能源消耗。制定低碳试点省工作规划，在武汉城市圈建立低碳发展试验示范区，推进城市、社区、园区和企业“四级低碳试点”。大力发展清洁能源、环保等低碳产业，推动低碳技术产业化。鼓励社会各界积极开展碳汇造林。加大环境保护和生态建设力度。推进“碧水工程”，加强“三库”、“三江”、“三湖”等重点流域水污染防治，构建人水和谐的水生态系统。加快创建国家园林城市、森林城市、卫生城市、文明城市和环保模范城市，构建生态宜居的城市环境。推进农村环境综合连片治理，加强农业面源污染防治和畜禽养殖、水产养殖污染防治，构建优美整洁的农村环境。积极争取生态补偿政策和项目，逐步扩大在全省建立生态补偿机制范围。

（王国生代省长2011年2月20日在湖北省第十一届人民代表大会第四次会议上政府工作报告）

湖南省人民政府2011年工作报告（节录）

“十一五”期间，湖南省节能减排目标全面完成，实施785个重点节能项目，县城以上城镇污水和生活垃圾无害化处理率分别达72%和50.66%。地质灾害防灾减灾体系不断完善，矿山地质环境恢复治理得到加强。生态建设取得积极进展，森林覆盖率达到57.01%，森林蓄积量达到4.02亿立方米。崀山申遗成功。循环经济加快发展，一批国家和省级循环经济试点取得初步成效。洞庭湖综合整治、湘江流域重金属污染治理等一批重大污染防治项目实施。

2010年主要工作：坚持绿色发展。牢固树立低碳发展、循环发展的理念，构建有利于节约资源、保护环境的产业结构、生产方式和消费模式，确保老百姓喝上干净水、呼吸上新鲜空气、吃上放心食品。2011年，要加快建设“两型社会”，建设绿色湖南。继续推进节能减排。坚决淘汰落后产能，抓好节能减排示范项目。实施固定资产投资项目节能评估和审查制度。深入实施“万家企业节能行动”，大力发展绿色建筑，依法推进建筑节能、交通节能，引导商业和民用节能。发展循环经济，探索地区、企业、园区等不同类型的循环经济发展模式，重点抓好汨罗、永兴、益阳沧水铺等城市矿产示范基地建设，加快株洲清水塘等国家级循环经济试点。大力发展绿色经济，加强低碳、清洁生产、高效节能、污染治理等绿色技术的研发，规划建设绿色经济发展示范区，积极倡导绿色消费模式。完善以资源有偿使用、生态环境补偿、绿色GDP考核评价为重点的发展政策体系和保障机制，建立推进节能减排的价格及补偿机制，推进主要污染物排污权交易和生态补偿试点。加大环境保护和生态建设力度。加快构建以洞庭湖和武陵-雪峰山脉、南岭山脉、幕阜-罗霄山脉，以及“四水”为主体，交通干线、河流绿色通道为脉络，城镇绿色建设为重点的生态安全屏障。抓住我省作为水利改革试点省的机遇，加快水利改革发展，实行最严格的水资源管理制度，加强洞庭湖、“四水”流域水资源保护及水环境综合治理；以清水塘、竹埠港、水口山等工矿区为重点，全面治理湘江重金属污染；加大花垣“锰三角”地区环境综合整治力度。严格工业污染物达标排放，启动实施重污染产业退出计划；加强城镇污水、生活垃圾和固体废弃物处理设施建设和运行管理。加强江河源头地区生态保护力度，强化重点生态功能区的保护和建设，维护生物多样性。提高防灾减灾和应对气候变化的能力，建设外来有害生物防控体系。统筹规划实施重大生态修复和建设工程，实施地质灾害防治与地质环境保护工程，分期分批处理大型和特大型地质灾害隐患点，加强重点矿区地质环境恢复和尾矿库整治。加快水土流失治理，巩固退耕还林成果，继续加大封山育林和植树造林力度，建设一批“宜居城市”、“宜居城镇”和“宜居村庄”。

（湖南省省长徐守盛2011年1月20日在湖南省第十一届人民代表大会第五次会议上政府工作报告）

广东省人民政府2011年工作报告（节录）

“十一五”时期，广东省节能减排工作扎实有效。强化节能减排问责，积极实施重点节能减排工程，大力发展循环经济，预计单位生产总值能耗和二氧化硫、化学需氧量排放量等约束性指标如期完成。五年共淘汰落后钢铁产能1275万吨、水泥产能5782万吨，关停小火电1221万千瓦。大力发展新能源和可再生能源，清洁电源占省内电源装机总容量的34%，核电已建和在建装机容量均居全国第一。加强污染减排设施建设，县县建成污水处理厂，城乡生活污水日处理能力达1739万吨，是2005年的2.8倍，占全国1/8；全省火电脱硫机组容量是2005年的8.5倍，12.5万千瓦以上燃煤火电机组全部安装脱硫设施。节约集约用地试点示范省建设成效显著。亿元生产总值增长消耗新增建设用地由2005年的129亩降到56.5亩，降幅达56%；单位建设用地二、三产业增加值由1.22亿元/平方公里提高到2.37亿元/平方公里，升幅达94.3%。节约集约用地试点示范省建设成效显著。亿元生产总值增长消耗新增建设用地由2005年的129亩降到56.5亩，降幅达56%。五年开发补充耕地150万亩，是之前10年的总和，连续11年实现耕地占补平衡，可满足今后10年耕地占补平衡需要。

2011年工作：狠抓节能减排、节约集约用地、环境保护和生态建设，着力推进资源节约型、环境友好型社会建设。强化节能降耗。完善节能目标责任制和考核评价制度，加强节能监察。严格节能环保准入门槛，执行投资项目节能评估和环评制度。健全落后产能退出机制。深入实施重点节能工程，推进工业、交通、建筑、商贸酒店、公

共机构等重点领域节能。实施节能减排科技行动计划，加强能源计量监管。推动节能市场化，推广合同能源管理模式。优化能源结构，推进低碳清洁能源技术发展及利用。大力发展循环经济，落实清洁生产企业分级管理，建设再生资源回收体系。推进污染治理和减排。强化污染减排目标责任制，严格执行主要污染物排放总量控制和前置审核制度。严格污染物排放标准，提高环保准入门槛。推进生活垃圾减量化和无害化处理，加快城镇污水和危险废物处理设施建设及有效运行，积极推进燃煤电厂脱硫脱硝。加强饮用水源水质保护，建立健全流域、区域污染治理联防联治机制，加快城乡供水基础设施建设和改造步伐。加强大气污染防治，提高空气质量。防治机动车尾气、重金属、挥发性有机物、噪声和农村面源污染，加强农村和城乡结合部环境整治。构建环境监测预警和执法监督体系。严肃查处环境污染事故。稳步推进排污权有偿使用与交易试点。加强生态建设。深入开展生态示范创建和生态文明建设试点。推进“万村绿”和城市绿化。积极倡导低碳生活方式和消费模式。加快建设林业生态省，启动碳汇工程林项目，抓好城市森林、水源涵养林和沿海防护林、红树林等重点生态工程。深入推进湿地、自然保护区、森林公园等生态系统建设。严格林地林木资源保护管理。抓好地质灾害预测预报和防治。加强海洋生态环境保护，实施重点海域海湾污染总量控制，推进海湾整治。落实海域使用指标管理制度。扎实推进节约集约用地。深入推进节约集约用地试点示范省建设。实行最严格的耕地保护和节约用地制度，完善耕地保护考核机制和奖惩制度。加快和规范推进“三旧”改造，完善和强化节约集约用地机制。继续推进城乡建设用地增减挂钩试点和开发补充耕地工作。完善土地利用规划管理制度，探索建立耕地保护经济补偿机制。加强地质勘查工作。

（广东省省长黄华华2011年1月22日在广东省第十一届人民代表大会第四次会议上政府工作报告）

广西壮族自治区人民政府2011年工作报告（节录）

“十一五”节能减排目标任务全面完成，生态环保建设实现新飞跃。国家下达的“十一五”节能减排和淘汰落后产能目标任务胜利完成。全面推进生态文明示范区建设。城镇污水集中处理率、生活垃圾无害化处理率分别由2005年的8.8%、32.9%提高到2010年的60.6%和60%，我区成为全国第9个、西部第2个县县建成污水处理设施的省区。制糖行业循环经济发展走在全国前列；电解锰环境综合整治全国领先。全区森林覆盖率达58%，提高5.3个百分点，排全国第4位；新建沼气池106万座，沼气池总量达371.3万座，入户率达到46.4%，居全国第1位。全民节能减排意识明显增强，环境质量逐年改善，“山清水秀生态美”成为一大优势和亮丽品牌。

“十二五”时期目标与主要任务：生态文明建设成效显著，单位地区生产总值能源消耗、二氧化碳排放以及主要污染物排放总量削减按国家下达的指标执行，森林覆盖率提高到60%。加强节能减排，全力推进生态文明建设。加强节能管理。合理控制能源消费总量。大力推进一批重点节能改造、节能产品惠民和节能服务工程建设。加强资源节约和管理。实行最严格的耕地保护和节约集约用地制度，实行取水总量控制，加强重点行业原材料消耗管理和技术改造，加强能源、矿产资源的勘查、开发和管理。 大力发展循环经济。建设重点循环经济工程和100家循环经济示范企业，一批循环经济示范基地，建成糖业循环经济示范省区。强化环境保护。重点实施化学需氧量、氨氮、二氧化硫、氮氧化物排放总量控制。到2015年，城镇污水集中处理率和生活垃圾无害化处理率分别达到85%和80%。加强生态建设。加强重点生态功能区、自然保护区保护和管理，实施“绿满八桂”造林绿化、退耕还林等工程。推动节能减排和生态文明示范区建设。健全统计监测考核和奖惩制度。强化重点行业节能管理。严格执行环境保护标准和污染物排放总量控制制度。在制糖等行业构建循环利用产业体系。深入推进生活污水垃圾处理设施建设和运行。推动节地、节水和集中集约用海。实施“绿满八桂”造林绿化工程，推进退耕还林和石漠化综合治理。建设完善防灾减灾体系。

（广西壮族自治区主席马飚2011年1月18日在广西壮族自治区第第十一届人民代表大会第四次会议上政府工作报告）

海南省人民政府2011年工作报告（节录）

2010年，节能减排取得显著成效。淘汰小钢铁40万吨、小水泥171万吨及一批实心黏土砖等落后产能，推广节能灯201万只，引进广东融捷集团对全省12万盏路灯和公共建筑照明系统进行节能改造，新增太阳能热水系统建筑应用面积610万平方米。全省25个城镇污水处理、19个垃圾处理项目建成运营。提高公益林补偿标准，造林23万亩，森林覆盖率60.2%。国家下达我省的“十一五”节能减排任务全面完成。

“十一五”时期，是海南省生态保护与建设力度最大、环境质量保持优良的五年。形成了覆盖全省主要城镇的垃圾污水处理体系，垃圾无害化和污水集中处理能力分别达到86%和70%。

2011年的重点工作：下大力量抓好战略性新兴产业和重点节能环保工程。扶持推动以太阳能电池、特种玻璃、膜材料、节能建材等为代表的新材料，加快发展替代实心黏土砖的新型建筑材料。发展游艇、轻型飞机、潜水设备、高尔夫球具等装备制造业。加快海口药谷建设，发展生物医药产业。扩大太阳能、风电、沼气的推广使用，在公共建筑和12层以下住宅推广太阳能热水系统660万平方米。推动公交车、出租车使用清洁燃料。在宾馆、旅游区集中的地方推行冰蓄冷。利用国家“十二五”规划下达海南节能减排目标的倒逼机制，实施节能改造，优化产业和项目结构，走出一条低碳、环保的发展路子。一是大力发展低排放、高附加值的现代服务业，吸引银行、保险和投资基金落户海南，引进“总部经济”，培育上市公司。策划引进高水平的国际大型赛事会展，不断开发康体医疗、美容养生等休闲产业。二是落实节能减排目标考核责任制，加强对重点污染源的监控，淘汰小钢铁、小水泥、小造纸、实心黏土砖等落后产能。采取合同能源管理模式，对全省路灯、公共建筑照明系统进行节能改造。对已建成的垃圾处理、污水处理设施，加强运营管理，加快管网配套建设，推广生活垃圾分类处理，确保发挥最大效益。

（海南省省长罗保铭2011年2月21日在海南省第四届人民代表大会第四次会议上政府工作报告）

四川省人民政府2011年工作报告（节录）

2010年，全省大力推进节能减排，初步测算，单位生产总值能耗和化学需氧量、二氧化硫排放量可完成“十一五”目标任务；设市城市生活污水处理率、生活垃圾无害化处理率分别达到73%、85%。新建农村户用沼气池25万口以上。

大力推进生态省建设，加大环境保护力度，突出抓好重点领域节能减排和污染防治，加快建设资源节约型、环境友好型社会。强化节能减排和环境保护。突出工业节能，严格控制“两高”及产能过剩行业发展，继续实施差别电价政策，加快淘汰落后产能。深入推进建筑、交通运输、公共机构等重点领域节能。大力推广合同能源管理，实施重点节能工程和节能产品惠民工程。加大环境保护力度，强力推进总量减排，加快垃圾无害化处理设施、污水处理厂及配套管网建设，严格环境执法监管。强化工业污染防治，继续对列入减排项目和不能稳定达标的企业实行挂牌整治，在重点污染行业推行环境污染责任保险，在工业集中区开展生态园区建设，全面实施排污许可证制度。加强重金属和持久性有机污染物防治、固体废物监管和危险废物处置，推进机动车尾气污染防治。抓好农村面源污染、重点小流域和湖库综合治理，加强畜禽养殖污染治理，实施污染土壤修复与综合治理试点。全面深化城乡环境综合治理，进一步改善人居环境。加大生态建设力度。加强资源综合利用。大力推行资源高效利用技术和模式，开展再生资源回收体系建设试点。深化循环经济试点示范，加快建设一批具有典型示范意义的试点城市、园区和企业。强化土地节约集约利用，严格保护耕地特别是基本农田，优化土地利用结构。加强能源和矿产资源勘查、保护，合理集约开发利用。严格用水总量控制，推进节水型社会建设。

（四川省人民政府省长蒋巨峰2011年1月18日在四川省第十一届人民代表大会第四次会议上政府工作报告）

云南省人民政府2011年工作报告（节录）

2010年，启动实施了《七彩云南生态文明建设规划纲要》和“森林云南”建设计划，推进“三江”流域生态保护和水土流失治理规划；滇池治理全年投入资金53亿元，牛栏江—滇池补水项目已投入资金30多亿元，对程海、杞麓湖水污染防治进行了专题研究部署。先后启动实施了“七彩云南保护行动”、生物多样性保护、城镇污水和垃圾处理设施建设、“森林云南”建设、九大高原湖泊水污染治理、节能减排等重大举措。特别是拉开了滇池治理总体战的序幕，累计投入161亿元，初步遏制了滇池水质恶化的势头。累计造林3620万亩，全省森林覆盖率提高到53%。累计淘汰落后产能4796万吨，超额完成了国家下达的节能减排目标任务。生物多样性保护范围由滇西北扩大到包括滇西南地区在内的9个州（市）44个县（市）。全省县以上城镇248个污水和垃圾处理设施项目全部开工建设，已建成投运105个，城镇污水处理率和生活垃圾无害化处理率均提高到70%以上。

在“十二五”的发展中，抓好资源节约和环境保护，做好节能减排工作。加强生态建设和环境治理。继续搞好天然林保护和造林绿化，加快重点防护林和商品林基地建设，完成退耕还林、荒山荒地造林、封山育林年度任务。切实加大石漠化综合治理力度。进一步抓好生物多样性保护工作，理顺自然保护区管理体制。建立和完善森林生态效益补偿机制，开展资源开发等重点领域的生态补偿试点。加强重点流域和重要水源地水污染防治，进一步做好滇池等高原湖泊的保护治理工作。深入开展农村环境综合整治。全力推进节能减排。我省将实施“十二五”节能减排计划，今年确立了下降3%的年度节能目标，减排考核指标将增加到4项。要不断完善节能减排的激励政策、技术标准和管理制度，健全政府节能减排目标责任考核评价体系。积极推广节能技术和产品，全面挖掘建筑、公共机构、交通、商业和农业农村节能潜力。继续加大冶金、化工、建材、火电等传统行业技术改造投入力度，切实降低能源和资源消耗，有效减轻重点污染物排放强度。加快城镇污水、垃圾处理设施建设，确保全省城镇污水处理率、生活垃圾无害化处理率分别达到75%和80%以上。启动低碳省试点工作。积极营造低碳生活环境，倡导绿色消费。大力发展低碳能源，推广低碳技术，启动建设一批低碳发展示范点，组织实施一批节碳重点工程，努力减少碳的消耗和排放。积极发展碳汇项目。推进资源循环利用，发展资源再生产业和可再生资源回收利用体系。扩大循环经济试点，建成一批循环经济园区和循环经济县市区。

（云南省省长秦光荣2011年1 月21日在云南省第十一届人民代表大会第四次会议上政府工作报告）

贵州省人民政府2011年工作报告（节录）

“十二五”时期主要目标和任务：单位生产总值能耗和二氧化硫、化学需氧量、氮氧化物、氨氮排放量控制在国家下达的指标范围内，森林覆盖率达到45%，人口自然增长率控制在6‰以内。。加强生态环境建设，在增强可持续发展能力上实现重大突破。坚持以生态文明的理念引领现代经济、现代产业和社会发展，把加强资源节约和生态环境保护作为实现可持续发展的重大战略任务，在保护中开发、在开发中保护。转变资源开发利用方式，完善清洁生产机制，发展循环经济，淘汰落后产能，推进重点节能减排工程建设和江河水系污染治理，加快形成节约能源资源、保护生态环境的产业结构、增长方式和消费模式，实现安全发展、清洁发展、可持续发展。实施水利建设生态建设石漠化综合治理规划，推进石漠化治理、退耕还林还草、天然林保护、封山育林和草地湿地恢复保护等重点生态工程建设，加强森林管护，提高森林覆盖率。开展卫生城市、环保模范城市、文明城市创建活动。结合乡村规划和农村危房改造开展村庄整治，用三年左右时间使村庄面貌有较大改善。实行最严格的耕地保护制度，产业园区和城镇新区规划建设尽可能向低山丘陵发展，尽量少占耕地，严格保护基本农田。

2011年目标任务和工作重点：扎实推进节能减排，加强生态环境保护。突出抓好工业、交通运输、公共机构等领域的节能。发展绿色建筑，推进建筑节能。加强污染防治和环境保护，突出抓好重点流域、区域、行业污染治理，加强饮用水源保护区、自然保护区、生态敏感区、中心城市环境管理，控制重点污染源。推进火电、冶金、水泥等行业污染治理设施改造。加快推进城镇污水、垃圾处理设施建设，完善污水收集管网，全面建成县城以上垃圾处理工程；强化污水和垃圾处理设施运营管理，提高污水收集率、处理率和生活垃圾无害化处理率。完成石漠化治理面积1000平方公里、营造林面积350万亩。加强对外来有害物种的防治。加大重点地区和重大地质灾害监测调查、预警预测和防治工作力度。

（贵州省省长赵克志2011年1月18日在贵州省第十一届人民代表大会第五次会议上政府工作报告）

重庆市人民政府2011年工作报告（节录）

“十一五”时期，重庆市 万元生产总值能耗累计下降20.9%，主要污染物减排任务超额完成。

“十二五”和2011年，重庆市要推进生态文明建设，着力增强可持续发展能力。坚持节约资源和保护环境的基本国策，牢固树立绿色低碳发展理念，加快形成资源节约、环境友好的生产消费模式，实现经济增长与资源环境承载、社会承受的良性循环。强化资源节约和管理。加强土地管理和整治，科学管控建设用地，提高土地集约利用水平，确保耕地面积不减少、质量有提高。加强矿产资源勘查、保护和合理开发。抓好重点行业节材，推行包装减量化，减少并逐步取消一次性用品。完善可再生资源回收利用和垃圾分类处置体系。理顺资源性产品比价关系，促进资源有效配置和节约利用。积极推进节能减排。构建节能环保型产业体系。加强投资项目节能降耗评估审查，严把能效和资源消耗准入关，坚决淘汰落后产能。加大企业技术改造力度，推进重点企业节能减排。政府带头，科学管控，大力推进公共机构节能。严格节能减排责任制，推进排污权有偿使用和交易，有效减少污染物排放。大力发展循环经济和低碳经济。开发推广源头减量、循环利用、零排放和产业链接新技术，推行清洁生产，建设一批示范园区和绿色企业。编制低碳经济规划，开展试点示范，建立碳排放统计、监测和考核体系。推动重点行业低碳排放，探索碳汇交易。加强生态建设和环境保护。实施财政、产业等差别化政策，建立生态环境补偿机制，引导各区县按主体功能定位发展。大力实施森林工程，增加森林碳汇。加强自然保护区和重点生态功能区保护管理，修复三峡库区消落带、石漠化地区、工矿采空沉陷区生态。开展大气污染联防联控，持续改善大气环境质量。扎实推进三峡库区水污染防治、饮用水源保护和次级河流综合整治，确保水质安全。新建和完善一批城乡生活污水和垃圾处理设施，提高污水管网配套集收率和垃圾收运处置水平。开展重金属、持久性有机污染物、固体废物和城市噪声污染治理，有效控制放射污染和土壤污染。加强农村面源污染治理。完善环境污染事故预防和处置体系，确保环境安全。弘扬生态文化，扎实开展生态环保示范创建活动。

（重庆市市长黄奇帆2011年1月9日在重庆市第三届人民代表大会第四次会议上政府工作报告）

西藏自治区人民政府2011年工作报告（节录）

“十一五”时期，西藏自治区抓保护重建设，生态环境保持良好。五年来,我们始终坚持经济建设与生态环境相协调，高度重视生态环境保护，更加注重生态文明建设，积极构建国家生态安全屏障，实现更好更快更大发展的生态环境支撑更加稳固。生态安全屏障规划制定实施。科学制定《西藏生态安全屏障保护与建设规划》，并获国务院批准。截至目前共到位国家投资25亿元；规划确定的重点保护工程、重点建设工程、支撑保障项目共3大类10项工程开始实施。以实施西藏生态安全屏障保护与建设规划为标志，我区的生态环境保护进入了科学规划、整体推进、保护与建设并重的新阶段。生态保护与建设长效机制初步形成。开展了生态补偿研究，生态效益补偿机制逐步建立，在全国率先启动了西藏草原生态保护奖励机制试点；建立了森林生态效益补偿制度，全区65个县1.5亿多亩公益林全部纳入补偿范围；开展了国家重点生态功能区转移支付工作。已建立各级各类自然保护区47个、生态功能保护区21个，植树造林172.1万亩，防沙治沙64万亩，退耕还林58.5万亩，退牧还草5911万亩，有效保护了我区重要的生态区域。生态环境监管和节能减排工作得到加强。环境影响评价工作逐步规范，规划环评工作大力推进。工程建设环境监理机制逐步建立。污染防治和辐射环境管理工作扎实推进。饮用水水源地环境保护、环境综合整治、矿山地质环境治理与保护不断加强。环境监测、监察能力逐步提高，环保专项行动深入开展。全面禁采了砂金矿、砂铁矿，全面禁止生产、销售、使用一次性塑料购物袋。认真落实节能减排任务，万元地区生产总值能耗控制在1.28吨标煤以内，主要污染物排放总量得到有效控制，环境质量保持在良好状态。

“十二五”时期主要任务：构建国家生态安全屏障。加快实施西藏生态安全屏障保护与建设规划。把生态环境保护与建设放在突出位置，合理开发和高效利用资源，大力推进资源节约型、环境友好型社会建设，构建更加稳固

的生态安全屏障。整体推进天然林保护、天然草地保护、防沙治沙和水土保持等重点工程，加强自然生态系统保护和退化生态系统修复与重建。加强大江大河源头区、湿地及生物多样性保护。规范化建设自然保护区。加强草原生态建设，积极稳妥进行生态搬迁。到2015年，重点区域可治理沙化土地治理面积达到30%，森林覆盖率达到12%以上，"一江两河"重点地区土地沙化状况得到明显改善。建立健全生态补偿机制。衔接落实中央财政森林生态效益补偿基金政策，逐步提高国有公益林森林生态效益补偿标准。全面建立和完善草原生态保护奖励机制。推进湿地、水土保持、水资源保护等生态效益补偿和资源开发生态补偿试点。加大对自然保护区、重要生态功能区、重要战略储备矿产资源所在地财政扶持力度。建立矿山环境治理和生态恢复责任机制。加强地质灾害防治工作。加强节能减排和环境执法监管。鼓励推广应用节能环保的新工艺、新技术、新设备、新材料，大力推广使用清洁能源，扎实推进节能、节水、节地、节材工作。加强城镇污水、垃圾处理等环境基础设施建设，开展重点区域环境综合整治，加强企业污染治理，妥善处置医疗废物和危险废物，减少污染物排放。加强饮用水水源地保护。加大重金属和土壤污染防治力度。加强辐射环境管理。加大对资源开发和基础设施建设的环境执法监管力度，严格开发建设规划和建设项目环境影响评价，严把生态环境关、产业政策关、资源消耗关。建立健全重大环境事件和污染事故责任追究制度。强化生态环境监测。建设标准化的环境监测网络，加强对主要江河、重点区域水质、空气质量监测，完善环境应急系统，提高环境应急响应能力。建立生物多样性监测、评价和预警制度。建设功能齐全、布局合理的水文、水资源监测体系。优化气象观测站网布局，改善气象观测设施，加强对极端天气和气候事件的监测、预警，提高气候变化监测和服务能力。

（西藏自治区主席白玛赤林2011年1月10日在自治区第九届人民代表大会第四次会议上政府工作报告）

陕西省人民政府2011年工作报告（节录）

2010年和"十一五"工作回顾：生态环境发生历史性转变，可持续发展能力进一步增强。以退耕还林、节能减排和重点区域整治为主的生态建设向纵深推进。五年造林绿化2461万亩，治理水土流失面积3.1万平方公里，森林覆盖率由37.26％提高到41.42％，植被覆盖度达到71.10％。淘汰小火电155万千瓦、落后产能5596万吨标准煤，建成和在建污水处理厂94个、垃圾处理场90个。渭河污染治理取得阶段性成果，秦岭保护进入法制化轨道。全省万元GDP能耗由1.42吨下降到1.136吨标准煤，二氧化硫和化学需氧量排放同比削减15.4％和11.9％，西安等市城区良好天数连年超过300天，绿色成为三秦大地的主色调。

"十二五"的总体思路和目标任务：继续加强基础设施和生态建设，大幅度提升保障发展的能力。以建设国家低碳示范省为契机，合理利用和保护资源，完成国家各项节能减排约束性指标，巩固退耕还林成果，继续推进天然林保护、三北防护林、长江黄河流域水土保持等生态重点工程建设，进一步保护大秦岭，建设国家山水休闲度假旅游胜地，打造公路、铁路千里绿色长廊，让三秦大地水更清、山更绿、天更蓝，人与自然和谐发展。

全力以赴做好2011年的各项工作。切实加大资源节约和环境保护力度。综合运用工程节能、技术节能、合同能源管理三大措施，全面推进工业、建筑、交通和公共机构的节能。继续抓好200家耗能大户和100个节能项目。实施新一轮煤矿整顿关闭和资源整合，6月底前将全省煤矿企业从522家减少到120家。城镇新建筑全面实行强制性节能设计标准，积极推行城镇住宅和大型公共建筑供热分户计量。完善节水激励政策，加快电力、冶金等高耗水行业的技术改造，推广农业高效节水灌溉技术，在城市道路绿化等重点行业强制使用再生水。建立健全节约集约用地考核制度，严格执行土地利用总体规划，合理开发未利用土地，加大闲置土地清理和农村土地整治力度，搞好耕地占补平衡和城乡建设用地增减挂钩试点。各级政府机关要带头节约能源，为全社会作出表率。切实抓好治污减排工作，年内所有县城的污水处理厂都要建成投运，全面实施燃煤火电机组脱硫提升和脱硝改造工程。加强陕北能源化工基地等重点区域的生态保护和污染治理，继续实施汉丹江流域城镇生活污水和规模化畜禽养殖污染治理项目。抓好重金属污染防治试点，在商洛建设全国尾矿综合利用示范基地。进行农村环境综合整治，启动实施县镇生活垃圾、污水集中收集处理。广泛开展植树造林活动，造林绿化420万亩。完善资源开发和生态环境补偿机制，扩大排污权交易试点范围，运用市场手段推进环境保护。加快实施陕南循环经济产业发展规划，支持铜川搞好资源型城市可持续发展试点，切实抓好汉中循环经济产业聚集区、商丹循环经济工业园、铜川董家河煤电铝产业园等项目建设，支持各地建设以低碳和循环经济为特征的产业园区。推进资源再生和大宗工业废旧产品再制造产业发展，扶持100家清洁生产示范企业，大力实行秸秆综合利用，加快发展新型环保产业。

（陕西省代省长赵正永2011年1月17日在陕西省第十一届人民代表大会第四次会议上政府工作报告）

甘肃省人民政府2011年工作报告（节录）

“十一五”及2010年工作：产业结构调整成效显著。全省一、二、三产业比例由2005年的15.9∶43.4∶40.7调整为2010年的14∶48.7∶37.3。深入实施工业强省战略，改造提升传统优势产业，培育壮大新兴产业。实施循环经济发展总体规划，完成重点节能减排工程461项，实现了节能降耗和污染减排目标。规模以上工业增加值年均增长14.05%。第三产业增加值年均增长10.99%。非公有制经济在生产总值中的比重达到38%

“十二五”时期，甘肃省将推进生态环境和防灾体系建设。抓紧启动石羊河流域防沙治沙与生态恢复、敦煌水资源合理利用与生态保护综合治理等重点工程。推进石羊河、黑河、党河等重点流域综合治理。继续实施甘南黄河重要水源补给区生态保护与建设、黄土高原地区水土保持综合治理、陇南山地水土流失治理等工程。加快引洮供水一期、盐环定扬黄续建甘肃专用工程建设进度，继续推进退耕还林、退牧还草、天然林保护、“三北五期”等项目建设。深入开展全民义务植树活动。完善生态补偿机制。加强防灾减灾体系建设，加大重点地区地质灾害治理力度。全面推进循环经济示范区建设。继续建设七大循环经济基地，培育16条产业链，实施72大类重点支撑项目，努力形成循环经济产业集群。继续推进石化、有色、冶金、电力、建材等传统产业清洁生产，支持和鼓励企业提升节能降耗和资源综合利用水平，减少污染物排放。加快国家级开发区和各类园区建设，实现集聚生产、集中治污、集约发展。实施重点节能减排工程，加快淘汰落后生产能力，加强公共机构节能工作，强化工程减排、结构减排、管理减排等措施，确保实现节能减排目标。认真落实“十大惠民工程”。解决150万农村人口饮水安全；新增10万户农村沼气用户。

（陕西省代省长刘伟平2011年1月13日在甘肃省第十一届人民代表大会第四次会议上政府工作报告）

宁夏回族自治区人民政府2011年工作报告（节录）

2010年，自治区结构调整实现突破。设施农业提前跨过百万亩大关，特色农业产值占比突破80%；“五优一新”工业增加值以20%的速度增长，低能耗产品出口额超过60%；旅游业异军突起，物流金融快速增长；绿色环保产业发挥效益，节能减排任务全面完成。

2011年主要任务：继续推进重大项目建设，再添科学发展跨越发展新后劲。扩大农村清洁能源覆盖面，沼气、太阳能受益农户达到60万户。加快实施“三大千亿”计划，争创工业发展新辉煌。推动产业优化升级。从今年开始，启动实施“三大千亿”计划，力争工业增加值增长14%。实施煤电化主导产业做大做强计划。加快推进神华宁煤煤变油、国电英力特煤基化工以及宝丰煤热解多联产、宝塔石化精细化工等一批重大项目，发展壮大煤炭、电力、煤化工产业规模，新增煤炭产能1000万吨、电力装机298万千瓦，新型煤化工产能达到300万吨，在建设国家煤化工产业基地、大型煤炭生产基地、“西电东送”火电基地上取得重要进展。推动园区集聚发展。加大政策扶持，完善配套设施，提升“五大十特”工业园区集聚效益，确保宁东基地、银川经济技术开发区、石嘴山陆港经济区、中卫和太阳山五大工业园区分别完成投资310亿元、60亿元、60亿元、55亿元和47亿元，银川德胜、灵武羊绒等10家特色园区投资和总产值分别增长30%和20%以上，夯实我区招商引资的大平台，形成新型工业的增长极。进一步做好工作，全力争取生态纺织产业示范园落地开工。推动节能减排降耗。严格执行节能减排“十大铁律”，实施节能改造、节能产品惠民、合同能源管理等工程，全面开展建设项目能耗评估和清洁生产审核，突出抓好83户重点企业的节能降耗，认真抓好石嘴山市、宁东基地等国家级循环经济建设试点。毫不动摇地淘汰落后产能，严格项目准入，坚决杜绝能耗高、污染重的项目上马。继续实施10件环保实事，积极做好应对气候变化工作，有效增加森林碳汇，实现绿色低碳循环发展。大力发展山城经济。加强生态绿化和水土治理，改善山区发展环境。推进太阳山工业园、固原盐化工循环经济扶贫示范区建设，做大草畜、马铃薯制种、设施瓜菜、生态旅游、劳务经济等主导产业。

（宁夏回族自治区主席王正伟2011年1月18日在宁夏回族自治区第十届人民代表大会第五次会议上政府工作报告）

青海省人民政府2011年工作报告（节录）

2010年，青海省自主创新和节能减排力度加大。完成科技投入53.2亿元，增长50.9%。开展“千家企业节能行动”和“节能减排全民行动”，新建的12个污水处理厂基本投入运行。启动了西宁历史遗留铬渣治理项目。“十一五”节能减排目标可以实现。

2011年的主要任务：加快结构调整步伐，提升产业发展水平。把结构调整作为转变经济发展方式的主攻方向。一是深入实施“双百”行动，培育发展十大工业特色优势产业。力争全省规模以上工业增长15%以上，园区工业增加值增长25%以上，循环经济增速高于整体工业。培育百户重点企业。增强西宁和柴达木两个园区引进高新技术、打造产业集群、实施资源精深加工和循环利用的能力。开工建设曹家堡临空综合经济区、格尔木藏青工业园。加快民和工业园、乐都装备制造园、朝阳物流园区的基础设施建设，加强招商引资。不断缓解瓶颈制约，提高要素保障能力。建设西宁热电联产、羊曲水电、柴达木盆地太阳能发电、诺木洪风电场等电源项目，确保电量平衡，努力保持我省低电价优势。推进城乡区域和人与自然相协调，增创绿色发展新优势。着力增强发展的平衡性和可持续性。加大生态环境保护建设力度。安排投资10亿元，加快三江源生态保护与建设工程实施步伐。继续推进青海湖流域综治工程，争取实施祁连山水源涵养区综合治理工程和湟水流域百万亩人工造林工程。加强对生态治理工程实施效果的监测。深入实施三江源生态补偿机制。把三江源生态补偿机制、国家草原生态保护补助奖励机制和森林湿地生态效益补偿试点有机结合，促进生态保护与民生改善、区域发展共赢。推动三江源保护发展基金健康运转，积极筹建青海环境权益交易平台。确保完成节能减排目标。新上载能工业项目的技术装备水平必须高于同行业水平，单位能耗必须符合国家或行业限额标准。实施一批节能减排项目。大力推进建筑节能和公共机构节能。加大环境污染整治力度。加强工业污染防控体系建设，严格控制污染排放，加强对有毒有害物污染治理。统筹城乡环保，启动农村清洁工程，加强农村生活污染和面源污染治理。力争用三年时间，在湟水流域推行污染物“全测控、全收集、全处理”，从根本上改善水质。奔流不息的湟水养育了青海各族儿女，我们有责任、也有能力早日还青海人民一条清澈的母亲河。推进湟水流域、青海湖流域水环境保护治理，加强西宁、格尔木、德令哈市与河湟沿岸城镇大气、噪声污染综合治理，实施12条中小河流、3条小流域等综合治理工程。加强矿山环境保护与治理。加大西宁和沿湟流域污水管网改造力度，确保污水处理率达到80%以上，实现达标排放。藏区集中供热安排资金2.4亿元，在德令哈、贵德、同德、门源、海晏、泽库、甘德、玛多等县城，以多种热源实施集中供热。

（青海省省长骆惠宁2011年1月17日在青海省第十一届人民代表大会第四次会议上工作报告）

新疆维吾尔自治区人民政府2011年工作报告（节录）

“十一五”及2010年，自治区单位生产总值能耗下降10.2%，化学需氧量、二氧化硫排放量基本完成总量控制目标。加快以石油石化、煤电煤化工、有色金属、特色农产品深加工、高新技术等为主导的新型工业化步伐，提升了工业经济质量。依托建设国家大型石油石化基地的有利条件，争取中央石油企业的支持，开展石化下游产业的深度合作，推动了克拉玛依、米东、库车及独奎等石化工业园区建设，促进了石化下游产业集群化发展。生态环保型工业园区建设、循环经济和低碳经济发展受到高度重视，产业集聚和产业升级得到普遍关注，新建工业项目基本实现了园区化。49家国家和自治区级园区已成为我区新型工业化的重要载体。

今后五年及2011年的工作：大力推进新型工业化进程。按照以项目确定资源配置的原则，对重点项目、重点工程予以重点支持。全力推进煤炭资源转化，抓紧编制修订伊犁、准东、库拜、吐哈四大基地煤炭资源开发利用总体规划。把煤制气、煤制烯烃、煤制二甲醚、煤制油、煤基多联产等项目作为发展现代煤化工产业的制高点，及早动手、加快推进，形成长远竞争力。发挥大型石化项目的聚集和带动作用，支持地方企业参与石油石化下游产品深加工，选准项目，加快布局，高起点高水平推进，最大限度延伸产业链。加快节能环保等战略性新兴产业发展。加大以水利为重点的农业基础设施建设和中低产田改造力度，大力发展高效节水农业，推广喷滴灌节水技术，推进精品农业、设施农业发展。严格保护耕地特别是基本农田，坚持节约集约利用土地，坚决制止非法开垦荒地。积极推广以节本增效为重点的农业先进适用技术。加强基础设施和生态环境建设。进一步扩大投资规模，集中力量抓好一批事关全局和长远发展的基础产业、基础设施和生态环境等重大项目建设。启动实施塔里木盆地周边和准噶尔盆地南缘防沙治沙工程、天山北坡谷地森林保护工程，加快重点防护林、天然林保护、湿地保护、冰川保护、艾比湖流域生态环境保护等工程建设，建立草原生态保护补助奖励机制。支持重点耗能行业和企业节能技术改造，加强对主要污染物排放总量的控制。积极推进建筑节能工作。依法开展重点产业和重点领域规划环评工作，坚持项目建设“三同时”制度，加强对在建项目的环境保护管理。加大节能减排力度，淘汰落后产能，加强循环经济技术研发、示范、推广和能力建设。加快城镇污水处理设施改造升级、污水再生利用和收集配套管网建设，全面实施县城垃圾无害化处理。积极发展以集中供热为主、多种清洁能源、可再生能源为辅的供热方式，继续推进乌鲁木齐市大气污染防治工程。加强农村环境保护，创建一批“环境优美乡镇”和“文明生态村”。

（新疆维吾尔自治区主席努尔白克力在自治区十一届人大四次会议上政府工作报告）

法律规章

中华人民共和国资源税暂行条例实施细则

中华人民共和国财政部令第66号

（二〇一一年十月二十八日）

第一条　根据《中华人民共和国资源税暂行条例》（以下简称条例），制定本细则。

第二条　条例所附《资源税税目税率表》中所列部分税目的征税范围限定如下：

（一）原油，是指开采的天然原油，不包括人造石油。

（二）天然气，是指专门开采或者与原油同时开采的天然气。

（三）煤炭，是指原煤，不包括洗煤、选煤及其他煤炭制品。

（四）其他非金属矿原矿，是指上列产品和井矿盐以外的非金属矿原矿。

（五）固体盐，是指海盐原盐、湖盐原盐和井矿盐。

（六）液体盐，是指卤水。

第三条　条例第一条所称单位，是指企业、行政单位、事业单位、军事单位、社会团体及其他单位。

条例第一条所称个人，是指个体工商户和其他个人。

第四条　资源税应税产品的具体适用税率，按本细则所附的《资源税税目税率明细表》执行。

矿产品等级的划分，按本细则所附《几个主要品种的矿山资源等级表》执行。

对于划分资源等级的应税产品，其《几个主要品种的矿山资源等级表》中未列举名称的纳税人适用的税率，由省、自治区、直辖市人民政府根据纳税人的资源状况，参照《资源税税目税率明细表》和《几个主要品种的矿山资源等级表》中确定的邻近矿山或者资源状况、开采条件相近矿山的税率标准，在浮动30%的幅度内核定，并报财政部和国家税务总局备案。

第五条　条例第四条所称销售额为纳税人销售应税产品向购买方收取的全部价款和价外费用，但不包括收取的增值税销项税额。

价外费用，包括价外向购买方收取的手续费、补贴、基金、集资费、返还利润、奖励费、违约金、滞纳金、延期付款利息、赔偿金、代收款项、代垫款项、包装费、包装物租金、储备费、优质费、运输装卸费以及其他各种性质的价外收费。但下列项目不包括在内：

（一）同时符合以下条件的代垫运输费用：

1.承运部门的运输费用发票开具给购买方的；

2.纳税人将该项发票转交给购买方的。

（二）同时符合以下条件代为收取的政府性基金或者行政事业性收费：

1.由国务院或者财政部批准设立的政府性基金，由国务院或者省级人民政府及其财政、价格主管部门批准设立的行政事业性收费；

2.收取时开具省级以上财政部门印制的财政票据；

3.所收款项全额上缴财政。

第六条　纳税人以人民币以外的货币结算销售额的，应当折合成人民币计算。其销售额的人民币折合率可以选择销售额发生的当天或者当月1日的人民币汇率中间价。纳税人应在事先确定采用何种折合率计算方法，确定后1年内不得变更。

第七条　纳税人申报的应税产品销售额明显偏低并且无正当理由的、有视同销售应税产品行为而无销售额的，除财政部、国家税务总局另有规定外，按下列顺序确定销售额：

（一）按纳税人最近时期同类产品的平均销售价格确定；

（二）按其他纳税人最近时期同类产品的平均销售价格确定；

（三）按组成计税价格确定。组成计税价格为：

组成计税价格＝成本×（1+成本利润率）÷（1－税率）

公式中的成本是指：应税产品的实际生产成本。公式中的成本利润率由省、自治区、直辖市税务机关确定。

第八条　条例第四条所称销售数量，包括纳税人开采或者生产应税产品的实际销售数量和视同销售的自用数量。

第九条　纳税人不能准确提供应税产品销售数量的，以应税产品的产量或者主管税务机关确定的折算比换算成的数量为计征资源税的销售数量。

第十条　纳税人在资源税纳税申报时，除财政部、国家税务总局另有规定外，应当将其应税和减免税项目分别计算和报送。

第十一条　条例第九条所称资源税纳税义务发生时间具体规定如下：

（一）纳税人销售应税产品，其纳税义务发生时间是：

1.纳税人采取分期收款结算方式的，其纳税义务发生时间，为销售合同规定的收款日期的当天；

2.纳税人采取预收货款结算方式的，其纳税义务发生时间，为发出应税产品的当天；

3.纳税人采取其他结算方式的，其纳税义务发生时间，为收讫销售款或者取得索取销售款凭据的当天。

（二）纳税人自产自用应税产品的纳税义务发生时间，为移送使用应税产品的当天。

（三）扣缴义务人代扣代缴税款的纳税义务发生时间，为支付货款的当天。

第十二条　条例第十一条所称的扣缴义务人，是指独立矿山、联合企业及其他收购未税矿产品的单位。

第十三条　条例第十一条把收购未税矿产品的单位规定为资源税的扣缴义务人，是为了加强资源税的征管。主要是适应税源小、零散、不定期开采、易漏税等税务机关认为不易控管、由扣缴义务人在收购时代扣代缴未税矿产品资源税为宜的情况。

第十四条　扣缴义务人代扣代缴的资源税，应当向收购地主管税务机关缴纳。

第十五条　跨省、自治区、直辖市开采或者生产资源税应税产品的纳税人，其下属生产单位与核算单位不在同一省、自治区、直辖市的，对其开采或者生产的应税产品，一律在开采地或者生产地纳税。实行从量计征的应税产品，其应纳税款一律由独立核算的单位按照每个开采地或者生产地的销售量及适用税率计算划拨；实行从价计征的应税产品，其应纳税款一律由独立核算的单位按照每个开采地或者生产地的销售量、单位销售价格及适用税率计算划拨。

第十六条　本细则自2011年11月1日起施行。

资源税若干问题的规定

国家税务总局

二〇一一年十一月二十八日

一、一些特殊情况销售额的确定

纳税人开采应税产品由其关联单位对外销售的，按其关联单位的销售额征收资源税。

纳税人既有对外销售应税产品，又有将应税产品自用于除连续生产应税产品以外的其他方面的，则自用的这部分应税产品，按纳税人对外销售应税产品的平均价格计算销售额征收资源税。

纳税人将其开采的应税产品直接出口的，按其离岸价格（不含增值税）计算销售额征收资源税。

二、自产自用产品的课税数量

资源税纳税人自产自用应税产品，因无法准确提供移送使用量而采取折算比换算课税数量办法的，具体规定如下：

煤炭，对于连续加工前无法正确计算原煤移送使用量的，可按加工产品的综合回收率，将加工产品实际销量和自用量折算成的原煤数量作为课税数量。

金属和非金属矿产品原矿，因无法准确掌握纳税人移送使用原矿数量的，可将其精矿按选矿比折算成的原矿数量作为课税数量。

三、自产自用产品的征税范围

资源税条例及其实施细则中所说的应当征收资源税的视同销售的自产自用产品，包括用于非生产项目和生产非应税产品两部分。

四、资源税扣缴义务人适用的税额（率）标准规定如下：

(一)独立矿山、联合企业收购未税资源税应税产品的单位，按照本单位应税产品税额（率）标准，依据收购的数量（金额）代扣代缴资源税。

(二)其他收购单位收购的未税资源税应税产品，按主管税务机关核定的应税产品税额（率）标准，依据收购的数量（金额）代扣代缴资源税。

收购数量（金额）的确定比照课税数量（销售额）的规定执行。

扣缴义务人代扣代缴资源税的纳税义务发生时间为支付首笔货款或首次开具支付货款凭据的当天。

除以上修改外，资源税的代扣代缴仍按总局1998年下发的《中华人民共和国资源税代扣代缴管理办法》执行。

五、新旧税制衔接的具体征税规定

(一)按实物量计算缴纳资源税的油气田在2011年11月1日以后开采的原油、天然气，依照新的资源税条例规定及税率缴纳资源税；此前开采的油气依法缴纳矿区使用费。

(二)按销售额计算缴纳资源税的油气田2011年11月1日以前开采的原油、天然气，在2011年11月1日以后销售和自用于非连续生产应税油气的，依照新的资源税条例规定及税率缴纳资源税；其在 2011年11月1日以前签订的销售油气的合同，在2011年11月1日以后收讫销售款或者收到索取销售款凭据的,依照新的资源税条例规定及税率缴纳资源税。

六、黑色金属矿原矿、有色金属矿原矿

(一)黑色金属矿原矿、有色金属矿原矿，是指纳税人开采后自用、销售的，用于直接入炉冶炼或作为主产品先入选精矿、制造人工矿，再最终入炉冶炼的金属矿石原矿。

(二)金属矿产品自用原矿，是指入选精矿、直接入炉冶炼或制造烧结矿、球团矿等所用原矿。

(三)铁矿石直接入炉用的原矿，是指粉矿、高炉原矿、高炉块矿、平炉块矿等。

(四)独立矿山指只有采矿或只有采矿和选矿，独立核算、自负盈亏的单位，其生产的原矿和精矿主要用于对外销售。

(五)联合企业指采矿、选矿、冶炼(或加工)连续生产的企业或采矿、冶炼(或加工)连续生产的企业，其采矿单位，一般是该企业的二级或二级以下核算单位。

七、原油、天然气

(一)原油中的稠油、高凝油与稀油划分不清或不易划分的，一律按原油的数量课税。

(二) 凝析油视同原油，征收资源税。

(三) 开采海洋石油、天然气资源的企业，是指在中华人民共和国内海、领海、大陆架及其他属于中华人民共和国行使管辖权的海域内依法从事开采海洋石油、天然气资源的企业。

八、盐

(一)北方海盐，是指辽宁、河北、天津、山东四省、市所产的海盐。

南方海盐，是指浙江、福建、广东、海南、广西五省、自治区所产的海盐。江苏省所产海盐比照南方海盐征税。

液体盐俗称卤水，是指氯化钠含量达到一定浓度的溶液，是用于生产碱和其他产品的原料。

(二) 纳税人以自产的液体盐加工固体盐，按固体盐税额征税，以加工的固体盐数量为课税数量。纳税人以外购的液体盐加工固体盐，其加工固体盐所耗用液体盐的已纳税额准予抵扣。

九、铝土矿和耐火黏土

铝土矿一般是指包括三水铝石、一水硬铝石、一水软铝石、高岭石、蛋白石等多种矿物的混合体。是用于提炼铝氧的一种矿石，通常呈致密块状、豆状、鲕状等集合体，质地比较坚硬，其铝硅比为3～12，含铝量（指三氧化二铝，下同）一般在40%～75%。铝土矿主要用于冶炼金属铝、制造高铝水泥、耐火材料、磨料等。本税目的征收范围包括高铝黏土在内的所有铝土矿。

耐火黏土是指耐火度大于1580℃的黏土，矿物成分以高岭土或水白云母——高岭土类为主。耐火黏土呈土状，其铝硅比小于2～6，含铝量一般大于30%。依其理化性能、矿石特征和用途，在工业上一般分为软质黏土、半软质黏土、硬质黏土和高铝黏土等四种。耐火黏土主要用于冶金、机械、轻工、建材等部门。高铝黏土不同于一般的耐火黏土，其有用成分的含量、矿石特征等均与铝土矿相同。高铝黏土既可用于生产耐火材料，又可用于提炼金属铝。本税目的征收范围是除高铝黏土以外的耐火黏土。

十、石英砂

石英砂主要用于玻璃、耐火材料、陶瓷、铸造、石油、化工、环保、研磨等行业。是一种具有矽氧或二氧化矽的化合物，其主要成分是二氧化硅。

农村沼气建设和使用考核评价办法（试行）

（农业部办公厅二〇一一年五月十六日印发）

为进一步完善农村沼气项目管理方式，提高项目综合效益，促进农村沼气事业持续健康发展，特制定本办法。

一、考核对象

承担中央预算内农村沼气项目建设任务的县（市、区）农村能源行政主管部门。

二、考核内容

主要对上一年度中央预算内农村沼气项目的完成情况、投资支出情况、运行使用情况进行全面考核和量化评分，确定评价等级。下半年下达投资计划的项目，原则上列入下一年度考核内容。考核评价要尽量与项目竣工验收统筹考虑和安排，避免重复工作。

三、考核指标

（一）户用沼气

1、沼气池完工率：用于考核户用沼气项目建池任务完成情况。沼气池完工率＝（实际建成沼气池户数÷批复建池户数）×100%。

2、“三改”或“两改”配套率：用于考核户用沼气项目配套改厨、改厕、改圈的完成情况，庭院内不养殖或以秸秆为主要原料的户用沼气，只考核改厨、改厕的完成情况。“三改”或“两改”配套率＝（被抽查建池户中“三改”或“两改”完成户数÷被抽查建池户数）×100%。

3、中央补助投资和地方配套投资支出率：用于考核户用沼气项目中央补助投资和地方配套投资支出情况。中央补助投资支出率＝（实际支出中央补助投资总额÷批复中央补助投资总额）×100%；地方配套投资支出率＝（实际支出地方配套投资总额÷批复地方配套投资总额）×100%。

4、沼气正常使用率：用于考核所建户用沼气池的使用情况。沼气池使用率＝（被抽查建池户中正常使用沼气的户数÷被抽查建池户数）×100%。

本办法中的“正常使用”是指南方地区每年使用8个月或北方及高海拔地区每年使用6个月。

5、沼渣沼液综合利用率：用于考核所建户用沼气池的沼渣沼液综合利用情况。沼渣沼液综合利用率＝（被抽查建池户中沼渣沼液综合利用的户数÷被抽查建池户数）×100%。

（二）养殖小区和联户沼气

1、项目完工率：用于考核养殖小区和联户沼气项目任务完成情况。工程完工率＝（实际建成工程数÷批复工程数）×100%。

2、中央补助投资和地方配套投资支出率：用于考核养殖小区和联户沼气项目中央补助投资和地方配套投资支出情况。中央补助投资支出率＝（实际支出中央补助投资总额÷批复中央补助投资总额）×100%；地方配套投资支出率＝（实际支出地方配套投资总额÷批复地方配套投资总额）×100%。

3、项目供气率和供气月数：用于考核所建养殖小区和联户沼气项目的供气情况。项目供气率＝（实际供气户数÷批复供气户数）×100%；供气月数指项目实际供气农户全年平均的供气月数。

4、沼渣沼液综合利用率：用于考核所建养殖小区和联户沼气项目的沼渣沼液综合利用情况。沼渣沼液综合利用率＝（被抽查工程中沼渣沼液综合利用的工程数÷被抽查工程数）×100%。

（三）大中型沼气

1、工程完工率：用于考核所建大中型沼气工程任务完工情况。工程完工率＝（工程验收合格数÷批复工程数）×100%。各省大中型沼气工程验收程序和办法，由各省根据本省实际和国家有关规定自行制定。

2、中央补助投资、地方配套投资和业主自筹资金支出率：用于考核所建大中型沼气工程中央补助投资、地方配套投资和业主自筹资金的支出情况。中央补助投资支出率＝（实际支出中央补助投资总额÷批复中央补助投资总额）×100%；地方配套投资支出率＝（实际支出地方配套投资总额÷批复地方配套投资总额）×100%；业主自筹资金支出率＝（实际支出业主自筹资金总额÷批复业主自筹资金总额）×100%。

3、工程平均池容产气率：用于考核所建大中型沼气工程的产气效率。考核期内工程平均池容产气率＝考核期间实际产气量÷（设计发酵装置容积×考核记录天数）。

“考核期间”统一确定为工程验收合格3个月后，连续记录30天；每个省大中型沼气工程考核时间由各省根据本省建设进度和气温情况自定。

4、工程集中供气率、沼气发电率、沼气自用率：用于考核所建大中型沼气工程生产沼气的集中供气、发电或自用情况等。集中供气率＝（实际集中供气户数÷批复集中供气户数）×100%；沼气发电率＝（用于发电的沼气量÷沼气生产总量）×100%；沼气自用率=（用于烧锅炉或炊事等的沼气量÷沼气生产总量）×100%。

5、沼渣沼液综合利用率：用于考核所建大中型沼气工程生产沼渣沼液的综合利用情况。沼渣沼液综合利用率＝（所建工程沼渣沼液实际利用量÷沼渣沼液产生量）×100%。

（四）沼气服务网点

1、网点完工率：用于考核所建沼气服务网点项目任务完成情况。网点完工率＝（实际建成服务网点数÷批复服务网点数）×100%。

2、中央补助投资和地方配套投资支出率：用于考核所建服务网点项目中央补助投资和地方配套投资支出情况。中央补助投资支出率＝（实际支出中央补助投资总额÷批复中央补助投资总额）×100%；地方配套投资支出率＝（实际支出地方配套投资总额÷批复地方配套投资总额）×100%。

3、网点服务面和服务区域内沼气正常使用率：用于考核所建服务网点的服务覆盖面和服务区域内沼气使用情况。网点服务面=（被抽查网点实际服务的户数÷被抽查网点服务区域内沼气用户数）×100%；沼气正常使用率＝（被抽查网点服务区域内沼气正常使用户数÷被抽查网点服务区域内沼气用户数）×100%。

4、用户签约率和满意率：用于考核所建服务网点与所服务沼气用户的签约情况和签约用户的满意程度。沼气用户签约率＝（被抽查网点服务区域内实际签约沼气用户数÷服务区域内沼气用户数）×100%；沼气用户满意率＝（被抽查的沼气用户中满意的户数÷被抽查沼气用户总数）×100%。

四、考核评价

（一）量化评分。考核以县为单位进行，先分别对户用沼气、养殖小区和联户沼气、大中型沼气和沼气服务网点等四个项目进行单项考核，在单项考核的基础上再对所考核项目县进行总体评价，项目县最终得分=户用沼气得分×户用沼气中央投资/中央投资总额+养殖小区和联户沼气得分×养殖小区和联户沼气中央投资/中央投资总额+大中型沼气得分×大中型沼气中央投资/中央投资总额+沼气服务网点得分×沼气服务网点中央投资/中央投资总额，具体考核评价评分标准见附表1-4，考核评价汇总表见附表5-9。

户用沼气、养殖小区和联户沼气、大中型沼气、服务网点项目在考核年度内出现举报投诉的，经上级部门核查查实后，酌情扣减当年项目县总分，扣减分值不超过15分。

（二）等级评价。根据考核评分结果，按优秀（≥90分）、良好（80分≤X＜90分）、合格（60分≤X＜80分）、不合格（＜60分）四个等级，分别对所考核项目县进行评价。

五、考核方法

通过县级自查、省级抽查和国家核查三个步骤，对所考核项目县沼气建设和使用情况进行最终评价。

（一）县级自查。各项目县对上一年度中央预算内农村沼气项目建设和使用情况进行自查，并将自查报告和考核评价汇总表（见附表5-9）上报省农村能源行政主管部门，同时将该汇总表进行软件填报（具体填报方法另行规定）。县级自查时间由省农村能源行政主管部门统一安排，每年10月15日前完成自查工作，其中户用沼气、养殖小区和联户沼气、沼气服务网点项目自查数不低于中央实际安排项目数的40%，大中型沼气工程项目自查数为100%。县级农村能源行政主管部门会同相关部门汇总各项考核指标并经县（市、区）政府审核后上报。

（二）省级抽查。收到项目县自查报告后，省农村能源行政主管部门或委托项目县所在市（地、州）农村能源行政主管部门，通过随机抽查的方式对各项目县自查过的项目进行复查，抽查县数不低于辖区内项目总县数的30%。户用沼气以项目村为单位进行逐一入户复查，每县随机抽查3个项目村；养殖小区和联户沼气项目抽查数不低于全县该类项目总数的30%；大中型沼气工程全县抽查数100%；沼气服务网点项目全县抽查数不低于30%。每年11月底前，各省形成综合考核评价报告上报农业部，逾期不报的按考核不及格对待。

（三）国家核查。按照每省复核3-5个县、每县复核3-5个村的原则，农业部组织人员对各省调查过的项目进行随机抽样复核，形成全国农村沼气建设和使用年度评价报告，作为安排下一年度各省农村沼气项目的重要依据。

六、考核奖惩

（一）奖励

对考核等级优秀的项目县进行通报表扬，并在安排下一年度项目时给予一定规模的项目奖励，奖励规模原则上不超过该县考核年度农村沼气中央补助投资实际下达规模的10%。省级农村能源行政主管部门每年根据考核评价结果提出本省项目县奖励规模和类型结构意见，与省级发改部门协商后在申报农村沼气项目投资计划时，按照基本建设程序联合上报农业部和国家发展改革委。对考核优秀的省，农业部将在农村能源综合建设项目立项时给予倾斜。

对考核等级良好的项目县和省，优先安排农村沼气申报项目。

（二）惩罚

对考核等级不合格或在考核工作中弄虚作假的项目县给予通报批评，并视情况1-3年内不安排农村沼气项目。受到通报批评的项目县农村能源行政主管部门在一个月内，向省农村能源行政主管部门提交整改报告，限期完成整改。对在国家抽查中违规现象较多、存在问题严重，以及媒体曝光经核查基本属实的项目省，农业部与国家发改委协商后将酌情扣减下一年度农村沼气中央补助投资规模，扣减额度不低于本省当年中央补助投资实际下达规模的20%。

七、组织保障

（一）提高认识，加强领导（略）

（二）落实经费，务求实效（略）

（三）总结经验，加强宣传（略）

陕西省循环经济促进条例

（2011年7月22日经陕西省第十一届人民代表大会常务委员会第二十四次会议通过，自2011年12月1日起施行）

第一章　总　则

第一条［立法目的］为了促进循环经济发展，减少资源消耗和废物产生，提高资源利用效率，保护和改善环境，加快转变经济发展方式，建设资源节约型、环境友好型社会，实现全面协调可持续发展，根据《中华人民共和国循环经济促进法》及有关法律、行政法规，结合本省实际，制定本条例。

第二条［适用范围］本省行政区域内的单位和个人应当遵守本条例。

第三条［方针原则］发展循环经济遵循统筹规划、合理布局，因地制宜、注重实效，政府推动、市场引导，单位实施、公众参与的方针。

发展循环经济坚持减量化、再利用、资源化，遵循减量化优先的原则，最大化地减少资源消耗和废物产生、提高废物再利用和资源化水平。

第四条［政府职责］县级以上人民政府负责本行政区域内循环经济发展的统筹规划，制定产业政策，调整产业结构，落实部门责任，建立和完善考核制度。

第五条［部门职责］县级以上人民政府发展和改革行政主管部门是循环经济发展综合管理部门，负责组织协调、监督管理本行政区域的循环经济发展工作。

县级以上人民政府环境保护及其他有关行政主管部门，按照各自职责负责有关循环经济的监督管理工作。

第六条［单位责任］国家机关、企业事业单位和其他组织应当结合实际，建立健全管理制度，采取措施，降低资源消耗，控制和减少废物排放量，提高废物再利用和资源化水平。

第七条［个人义务］公民应当增强循环经济的意识，合理消费，节约资源。

鼓励和引导家庭、个人使用节能、节水、节材和有利于保护环境的产品及再生、再制造产品。

第八条［行业组织］行业协会、科研机构等社会组织，受政府委托进行循环经济发展的公共服务，发挥宣传教育、技术指导、技术推广和咨询服务作用。

第九条［支持科研］鼓励和支持企业、科研机构和大专院校开展循环经济科学研究、技术开发、技术推广应用和国际合作。

第十条［意见建议和举报投诉］单位和个人对发展循环经济工作有知情权、建议权和批评权，有权举报浪费资源、破坏环境的行为。

县级以上人民政府及有关部门对单位和个人的意见建议、举报投诉，应当及时处理，并给予答复。

第十一条［表彰奖励］各级人民政府对在发展循环经济中作出突出成绩和重大贡献的单位、个人，给予表彰和奖励。

第二章　管理制度

第十二条［循环经济规划］县级以上发展和改革行政主管部门应当会同环境保护等有关行政主管部门编制本行政区域循环经济发展规划，报本级人民政府批准后公布施行。

循环经济发展规划应当包括发展目标、重点行业和领域、主要任务、空间布局、重点工程及关键技术装备、保障措施等内容，并规定资源产出率、废物再利用和资源化率以及资源消耗、资源综合利用和废物排放降低等循环经济指标。

第十三条［相关规划要求］县级以上人民政府及其有关部门编制国民经济和社会发展规划、年度计划以及环境保护、科学技术、城乡建设、土地利用、矿产资源开发、区域发展等专项规划时，应当包括发展循环经济的内容。

第十四条［产业调整］县级以上人民政府按照合理利用资源、减少废物排放的原则，限制高耗能、高耗水、高污染企业的建设和发展，淘汰落后工艺、技术和设备，实现传统产业技术升级。

第十五条［园区规划］高新技术产业开发区、示范区、经济技术开发区以及其他各类工业（产业）园区（以下统称产业园区）的管理机构负责编制产业园区循环经济发展规划，报主管的人民政府批准后组织实施。

园区循环经济发展规划包括产业定位、产业链选择、能量梯级利用、土地集约利用、水的分类利用、再利用及再生利用，企业共同使用的基础设施及基础设施建设等内容。

产业园区管理机构对不符合园区循环经济发展规划要求的建设项目，不得批准进入园区。

第十六条［产业聚集］县级以上人民政府按照循环经济的产业链关系、资源循环利用和能量梯级利用关系等循环经济要求，统筹规划本行政区域的产业布局和产业园区，引导新建企业向园区聚集，鼓励已建企业向园区搬迁。

第十七条［审查制度］实行固定资产投资项目节能评估和审查制度。

固定资产投资项目未进行节能审查，或者节能审查未获通过的，项目审批、核准机关不得审批、核准，建设单位不得开工建设，已经建成的不得投入生产、使用。

第十八条［总量控制］县级以上人民政府应当依据上级人民政府下达的本行政区域能源消耗、主要污染物排放、建设用地和用水总量控制指标，规划和调整本行政区域的产业结构、产业布局，形成循环利用产业链，促进循环经济发展。

新建、改建、扩建的建设项目，必须符合能源消耗、主要污染物排放、建设用地和用水总量控制指标的要求。

第十九条［目标责任考核］县级以上人民政府根据国家规定和循环经济发展规划要求，建立和完善循环经济评价指标体系和绩效评估体系，把发展循环经济的指标纳入目标责任制，定期考核本级部门和下级人民政府，并将考核结果向社会公布。

第二十条［强制回收］列入国家强制回收名录的产品或者包装物，生产企业或者其委托的销售者及其他组织负责回收、利用或者无害化处理。

县级以上工业和信息化、商务等行政主管部门依据各自职责，对强制回收的产品或者包装物回收情况进行监督检查。

第二十一条［重点监管］省、设区的市人民政府确定的部门对冶金、有色金属、煤炭、电力、石油加工、化工、建材、建筑、造纸、印染等行业年综合能源消费量、用水量超过国家规定总量的重点企业，实行能耗、水耗的重点监督管理。

本省的重点监管企业，由省人民政府确定。

第二十二条［交易服务］发展和改革、环境保护等行政主管部门应当为企业开展节能量交易、排污权交易提供公共服务。

第二十三条［信息与统计］发展和改革行政主管部门会同统计部门建立循环经济管理信息系统，收集和发布发展循环经济的信息。

统计管理部门按照国家循环经济统计制度，负责资源消耗、综合利用和废物产生的统计管理，定期向社会公布统计结果。

第二十四条［教育培训］县级以上人民政府及其行政主管部门应当组织开展循环经济宣传教育，加强循环经济知识培训，提高循环经济的管理水平。

企业事业单位和其他社会组织应当结合实际，对员工进行循环经济教育培训。

第三章　减量化

第二十五条［限额管理］省发展和改革行政主管部门会同环境保护等部门制定重点行业、重点产品的资源消耗和废物排放限额。

生产企业超过资源消耗和废物排放限额的，必须削减产量或者限期进行技术改造。逾期仍超过资源消耗和废物排放限额的，必须停产整顿或者转产。

第二十六条［技术淘汰］禁止生产、进口、销售列入国家淘汰名录的设备、材料和产品，禁止使用列入国家淘汰名录的技术、工艺、设备和材料。

新建、扩建和改建项目涉及淘汰名录所列技术、工艺、设备、材料和产品的，有关行政主管部门不得审批和办理相关手续。

第二十七条［合理包装］产品包装物的设计和生产应当符合产品包装技术标准，产品包装材料应当优先选择采用易回收、易拆解、易降解、无毒无害或者低毒低害的材料，减少包装材料的过度使用和包装性废物的产生。

国家有关商品包装标准未公布之前，省质量技术监督部门可以先行制定本省零售商品包装标准。

第二十八条［清洁生产审核］省、设区的市环境保护行政主管部门对使用有毒、有害原料生产或者排放有毒、有害物质的企业，污染物排放超过国家和本省规定的排放标准或者核定的污染物排放总量控制指标的企业，实行强制性清洁生产审核。未通过清洁生产审核的

企业必须限产或者停产整顿。

第二十九条［节水措施］推行用水定额管理制度和阶梯式计量水价，单位和居民用水定额标准，由设区的市供水行政主管部门确定，供水价格依照《陕西省城乡供水用水条例》的规定执行。

工业用水可以采取单位独立进行废水无害化处理和循环利用，也可以采取集中连片进行废水无害化处理和循环利用。鼓励和支持兴办废水无害化处理企业。

新建、改建、扩建的建设项目和产业园区，应当配套建设节水设施和工业用水回收利用设施、中水回用管网设施，节水设施和回收设施与主体工程同时设计、同时施工、同时投产使用。不符合规定要求的，主体工程不得投产使用。

第三十条［中水使用］市容环境卫生、园林绿化、景观、公用卫生设施等公共事业用水，应当优先使用中水。在有条件使用中水的地方，禁止将自来水作为公共设施保洁、道路洒水、洗车、绿化和景观用水。

第三十一条［节油措施］电力、石油加工、化工、钢铁、有色金属、建材等企业按照国家规定，以洁净煤、石油焦、天然气等清洁能源替代燃料油，停止使用不符合国家规定的燃油发电机组和燃油锅炉。

工业窑炉应当以洁净煤、天然气、煤制气等作为燃料，减少使用燃料油，同时采用先进技术工艺，降低燃料消耗。

第三十二条［矿产资源开发］矿山企业应当编制矿产资源开发利用方案，采用先进工艺技术，提高共生、伴生矿综合开采水平，合理开发利用矿产资源。开采回采率、采矿贫化率、选矿回收率应当达到设计要求，矿山水循环利用率和土地复垦率应当符合国家规定。

国土资源行政主管部门对矿山企业开采回采率、采矿贫化率、选矿回收率和矿山水循环利用率、土地复垦率执行情况实施监督管理。

第三十三条［建筑节能］建筑设计、建设、施工等单位应当按照国家和本省规定，采用节能、节水、节地、节材的技术工艺和小型、轻型、再生产品。

禁止损毁耕地烧砖。在国家和本省规定的期限和区域内，禁止生产、销售实心黏土砖。

第三十四条［照明节能］建筑物、构筑物外的灯饰工程、城市道路照明、景观照明应当采用高效节能灯具。户外灯箱、广告牌应当采用节能的技术和材料。交通标志应当采用太阳能、夜光材料等节能技术。

公共机构的办公场所，应当采用节能灯具。鼓励居民使用节能灯具。

第三十五条［农业减量化］县级以上人民政府及其农业行政主管部门应当推进土地集约利用，建立集约化农业和生态农业示范基地，推广节水、节肥、节药和农业机械节能等技术，合理使用农药、化肥、农膜、兽药、饲料添加剂，减少农化物投入，发展生态农业。

从事农业生产的单位和个人，应当使用高效、低毒、低残留农药、化肥和可降解农用薄膜等。禁止销售和使用国家明令停止使用的农药和其他农用品。

第三十六条［交通减量化］设区的市人民政府应当优先发展城市公共交通，完善城市公共交通体系，引导公众利用公共交通工具和非机动车等出行。

公安交通管理部门设置禁左线路、单行线路、绕行线路、限速线路，应当进行论证，综合交通安全、通行效率、节约能耗等因素，科学规划和调整通行线路，减少机动车辆因通行线路设置不当增加能耗。

第三十七条［公共机构节约］县级以上人民政府负责机关事务管理的机构应当会同财政、发展和改革等行政主管部门制定公共机构用能、用水、用油等主要支出的定额指标和支出标准。财政部门实施政府采购，应当优先采购节能、节水、节地、节材及其他有利于保护环境的产品、设备和设施。

公共机构的消费定额指标及其每年执行情况应当在公众信息网上公布，接受公众监督。

第三十八条［市政设施拆除限制］市政公共设施从竣工验收之日起，除因安全隐患、公共利益需要以外，在安全使用期限内不得拆除、翻建；安全使用期限内确需拆除、翻建的，须经人民政府批准，方可拆除、翻建。

第三十九条［服务业要求］餐饮、娱乐、宾馆等服务性企业，应当使用节能、节水、节材和有利于保护环境的产品。倡导宾馆减少提供一次性用品，禁止餐饮业提供一次性筷子。

第四章　再利用和资源化

第四十条［新能源使用］县级以上人民政府应当支持开发利用太阳能、风能、地热能、生物质能等新型能源，鼓励单位和个人使用新型能源，居民小区应当推广使用太阳能。

第四十一条［资源综合利用］企业应当采用发展循环经济的新工艺、新技术、新设备，对生产过程中产生的废水、废气、废渣和余热、余压进行综合利用，提高资源的综合利用率和水的重复利用率，实现低开采、高利用、低排放。

第四十二条［资源综合利用发电并网］利用余热、余压、煤层气、沼气以及煤矸石、煤泥、垃圾等低热值燃料发电或者热电联产项目，符合并网调度条件的，电网企业应当与综合利用资源发电企业签订并网协议，全额收购并网发电项目的上网电量。

第四十三条［建筑废物综合利用］建设单位应当对建筑废物采取回填、制作新型墙体材料等方式进行综合利用；不具备条件的，应当委托具备条件的生产经营者进行无害化处理或者综合利用。

第四十四条［农业废物综合利用］各级人民政府及农业行政主管部门应当推进农业循环利用和农村清洁能源工作，推广沼气、秸秆气化、秸秆还田等资源循环利用技术，支持个人、企业对农作物秸秆、畜禽粪便、农产品加工业副产品、废农用薄膜等进行资源化利用和无害化处理。

新建畜禽养殖场，应当同时配套建设畜禽粪便综合利用工程设施，对畜禽粪便进行沼气化、肥料化等综合利用。具体配套建设标准，由省农业行政主管部门会同其他有关部门制定。

第四十五条［林木综合利用］县级以上人民政府及其林业行政主管部门应当推广木材节约和代用技术，支持企业和个人投资次小薪材、灌木等林木综合利用项目。

第四十六条［废物信息交流平台］县级以上人民政府及其相关部门支持行业协会、生产经营者建立废物信息交流平台，及时发布企业副产品和废物产生、原辅材料供需信息，促进废物交换以及资源循环再生和综合利用。

第四十七条［再生资源回收］县级以上人民政府应当按照统筹规划、合理布局的原则，设立再生资源产业园区、再生资源和废旧物资交易市场、再生资源回收网点，支持再生资源回收企业以及其他经济组织投资建设再生资源回收交易市场、分拣中心和加工利用基地，对再生资源实行回收、加工利用。

产业园区、居民社区、大型商场等应当设置再生资源集中回收站点。

第四十八条［再生品和再制造］鼓励再生产品和再制造产品的生产和使用。从事再生产品和再制造产品的生产企业，应当取得相应的资质。

废旧电器电子产品、报废机动车船、废轮胎、废铅酸电池等特定产品的拆解或者再利用加工，机动车零部件、工程机械、机床等产品的再制造和轮胎翻新，必须符合国家规定的质量标准，并标识为再利用产品、再制造产品或者翻新产品。

禁止将报废机动车、明令淘汰的机电设备等涉及公共安全的产品重新拼装或者翻新出售。

第四十九条［垃圾分类管理］市、县（区）人民政府统筹规划建设垃圾分类收集处理系统，对垃圾进行无害化处理和资源化利用。城乡居民应当遵守垃圾分类管理规定。

第五章　激励措施

第五十条［示范单位］省发展和改革行政主管部门根据国家发布的鼓励发展循环经济的技术、工艺、设备名录及相关规定，组织认定循环经济示范单位。

第五十一条［专项资金］省、设区的市人民政府设立发展循环经济的专项资金，用于支持循环经济的发展。其他生产性专项资金应当提高用于发展循环经济的比例。

第五十二条［科研支持］科学技术行政主管部门应当结合本地实际，制定发展循环经济的科技政策和经费补贴政策，支持循环经济重大科技项目的创新研发和推广。

第五十三条［投资担保］鼓励担保机构为资源循环利用的企业提供信用担保。鼓励风险投资机构为开展循环经济技术开发和产品研制的企业投资。

第五十四条［排污费使用支持］省环境保护行政主管部门、财政部门对符合排污费征收使用管理规定的循环经济项目，应当在排污费资金中给予优先安排。

第五十五条［合同能源管理］县级以上人民政府应当推行合同能源管理服务，发展节能服务产业。合同能源管理项目，按照规定享受财政奖励和税收优惠。

第五十六条［税收优惠］税务部门应当按照国家规定对发展循环经济的技术、工艺、设备和产品，给予税收优惠。

第六章　法律责任

第五十七条［使用淘汰技术等责任］生产、销售列入淘汰名录的产品、设备的，依照《中华人民共和国产品质量法》的规定处罚。

使用列入淘汰名录的技术、工艺、设备、材料的，由发展和改革行政主管部门责令停止使用，没收违法使用的设备、材料，并处五万元以上二十万元以下罚款；情节严重的，报请本级人民政府责令停业或者关闭。

第五十八条［过度包装责任］违反本条例规定，商品包装超过国家和本省规定标准的，由质量技术监督部门责令生产者限期改正；逾期未改的，处五千元以上五万元以下罚款。

第五十九条［矿业开采责任］违反本条例规定，矿山企业未达到经依法审查确定的开采回采率、采矿贫化率、选矿回收率、矿山水循环率和土地复垦率等指标的，由国土资源部门责令限期改正，并处五万元以上五十万元以下罚款；逾期不改正的，由采矿证许可机关依法吊销采矿许可证。

第六十条［使用燃油发电责任］使用不符合国家规定的燃油发电机组或者燃油锅炉的，由发展和改革行政主管部门责令限期改正；逾期不改正的，责令拆除该燃油发电机组或者燃油锅炉，并处五万元以上五十万元以下罚款。

第六十一条［生产实心黏土砖责任］违反本条例规定，生产实心黏土砖的，由国土资源主管部门责令限期改正，有违法所得的，没收违法所得；销售实心黏土砖的，由工商管理部门责令限期改正，有违法所得的，没收违法

所得；逾期继续生产、销售的，由工商管理部门依法吊销营业执照。

第六十二条［擅拆市政设施责任］ 违反本条例规定，擅自决定拆除、翻建市政公共设施的，由本级或者上级人民政府责令改正，对主要负责人和直接责任人员给予行政处分。

第六十三条［违法用水责任］ 违反本条例规定，在有条件使用中水的地区，使用自来水作为保洁、洗车、绿化和景观用水的，由供水行政主管部门责令改正，并处三千元以上三万元以下罚款。

第六十四条［提供一次性筷子责任］ 违反本条例规定，餐饮业经营者提供一次性筷子的，由食品药品监督管理部门责令限期改正，逾期不改正的，对餐饮企业处五百元以上二千元以下罚款；对餐饮个体经营者处五十元以上二百元以下罚款。

第六十五条［公职人员责任］ 负有循环经济管理职责的部门及其工作人员违反本条例规定，违法审批、核准项目，或者应当作为不作为造成严重后果的，由所属单位或者行政监察部门给予行政处分；构成犯罪的，依法追究刑事责任。

第六十六条［听证规定］ 行政机关依照本条例对单位处五万元以上罚款，对个人处五千元以上罚款，应当告知当事人有要求听证的权利。

第六十七条［援引条款］ 违反本条例规定的其他行为，法律、法规有处罚规定的，从其规定。

第七章　附　则

第六十八条［施行日期］ 本条例自2011年12月1日起施行。

江苏省餐厨废弃物管理办法

（江苏省人民政府二〇一一年三月三十日发布，自二〇一一年六月一日起施行）

第一章　总　则

第一条 为了加强餐厨废弃物管理，保障食品安全，促进资源循环利用，维护城乡面貌和环境卫生，根据有关法律、法规，结合本省实际，制定本办法。

第二条 本办法所称餐厨废弃物，是指除居民日常生活以外的食品加工、餐饮服务、集体供餐等活动中产生的食物残余和废弃食用油脂等废弃物。

前款所称的废弃食用油脂，是指不可再食用的动植物油脂和各类油水混合物。

第三条 本办法适用于本省行政区域内餐厨废弃物的产生、收集、运输、处置及其相关的管理活动。

第四条 餐厨废弃物的治理，遵循减量化、资源化、无害化的原则。

推进餐厨废弃物收集、运输和处置一体化运营。

第五条 省人民政府住房城乡建设主管部门负责全省餐厨废弃物的监督管理工作。

市、县(市、区)人民政府市容环境卫生主管部门负责本行政区域内餐厨废弃物的监督管理工作。

县级以上地方人民政府发展改革、公安、环保、农业、商务、卫生、工商、质监、价格、食品药品监管等有关部门按照各自职责，做好餐厨废弃物的监督管理工作。

第六条 县级以上地方人民政府应当按照国民经济和社会发展规划，保障餐厨废弃物治理资金的投入。采取措施，鼓励通过净菜上市、改进食品加工工艺、节约用餐等方式，减少餐厨废弃物的产生；通过经济、技术等手段，促进餐厨废弃物资源化利用和无害化处理。

第七条 餐厨废弃物收集、运输和处置费用在城市生活垃圾处理费中列支，不足部分由当地人民政府适当补贴，并组织制定统筹解决措施。

第八条 餐饮行业协会应当发挥行业自律作用，参与制定有关标准，规范行业行为；推广减少餐厨废弃物的方法，将餐厨废弃物的管理工作纳入餐饮企业等级评定范围。

第九条 任何单位和个人有权对违反餐厨废弃物管理规定的行为进行举报和投诉。

第二章　治理规划和设施建设

第十条 市、县(市)人民政府市容环境卫生主管部门应当会同有关部门，依据国民经济和社会发展规划、城市总体规划等，编制环境卫生专项规划。

环境卫生专项规划应当包含餐厨废弃物治理的内容，统筹安排餐厨废弃物收集、运输、处置设施的布局、用地和规模。

有条件的地区，可以按照区域统筹的模式，规划建设区域性餐厨废弃物处置设施。

第十一条 餐厨废弃物处置设施用地应当作为环境卫生设施用地纳入城乡规划，任何单位和个人不得擅自占用或者改变用途。

第十二条 餐厨废弃物收集、处置设施建设，应当符合环境卫生专项规划。

餐厨废弃物处置设施规模达到100吨/日以上的建设项目，由省人民政府投资主管部门审批或者核准。省人民政府投资主管部门在审批或者核准项目时，应当征求省人民政府住房城乡建设主管部门的意见。

跨行政区域范围服务的餐厨废弃物处置设施建设项目，由上级人民政府投资主管部门审批或者核准。上级人民政府投资主管部门在审批或者核准项目时，应当征求同级人民政府市容环境卫生主管部门的意见。

第十三条 餐厨废弃物收集、处置设施工程建设的勘察、设计、施工和监理，应当严格执行有关法律、法规和技术标准。

第十四条 餐厨废弃物收集、处置设施工程竣工后，建设单位应当依法组织竣工验收，向当地人民政府建设主管部门办理竣工验收备案并报送建设工程项目档案；同时告知当地人民政府市容环境卫生主管部门。未经验收或者验收不合格的，不得交付使用。

对已经建成运行的餐厨废弃物处置设施，由省人民政府住房城乡建设主管部门会同有关部门制定无害化等级评定标准。无害化等级评定由省人民政府住房城乡建设主管部门组织实施。

第三章　餐厨废弃物申报、收集和运输

第十五条 餐厨废弃物实行分类投放、专业收集和运输。

第十六条 餐厨废弃物产生单位应当与餐厨废弃物收集、运输服务企业签订协议，并报当地人民政府市容环境卫生主管部门备案；在向环保、食品药品监管等部门办理有关登记或者许可申请时，应当主动出示协议。

第十七条 餐厨废弃物产生单位应当每年定期向当地人民政府市容环境卫生主管部门申报下一年度餐厨废弃物产生情况。

新设立的餐厨废弃物产生单位应当自餐厨废弃物首次产生之日起10日内向当地人民政府市容环境卫生主管部门申报餐厨废弃物产生情况。

办理餐厨废弃物产生情况申报时，餐厨废弃物产生单位应当提交其与餐厨废弃物收集、运输服务企业签订的协议复印件。

餐厨废弃物产生单位经营场所发生变更或者餐厨废弃物产生量发生较大变化时，应当及时报告当地人民政府市容环境卫生主管部门。

第十八条 餐厨废弃物产生单位应当遵守下列规定：

(一)设置符合标准的餐厨废弃物收集容器；

(二)将餐厨废弃物与非餐厨废弃物分类收集、单独存放，并按照环境保护的有关规定，设置油水分离器或者隔油池等污染防治设施；

(三)保证餐厨废弃物收集容器、污染防治设施完好、密闭和整洁，并保持周边环境干净、整洁；

(四)在餐厨废弃物产生后24小时内将餐厨废弃物交给与其签订协议的餐厨废弃物收集、运输服务企业；

(五)不得将餐厨废弃物排入雨水管道、污水管道、河道、湖泊、水库、沟渠和公共厕所。

第十九条 市、县(市)人民政府市容环境卫生主管部门应当通过招标等公平竞争的方式作出餐厨废弃物收集、运输服务许可决定，向中标企业颁发餐厨废弃物收集、运输服务许可证，并与中标企业签订餐厨废弃物收集、运输经营协议。餐厨废弃物收集、运输经营协议应当明确约定经营期限、服务标准、违约责任等内容，并作为餐厨废弃物收集、运输服务许可证的附件。

未取得餐厨废弃物收集、运输服务许可证的单位，不得从事餐厨废弃物经营性收集、运输活动。

第二十条 从事餐厨废弃物经营性收集、运输服务，应当具备下列条件：

(一)具备企业法人资格，注册资金不少于人民币300万元；

(二)餐厨废弃物收集应当采用全密闭专用收集容器，并具有分类收集功能；

(三)餐厨废弃物运输应当采用全密闭自动卸载车辆，具有防臭味扩散、防遗撒、防滴漏功能；

(四)具有健全的技术、质量、安全和监测管理制度并得到有效执行；

(五)具有合法的道路运输经营许可证、车辆行驶证；

(六)具有固定的办公及机械、设备、车辆停放场所；

(七)法律、法规规定的其他条件。

第二十一条 从事餐厨废弃物收集、运输服务的企业应当遵守下列规定：

(一)按照环境卫生作业标准和规范，在规定的时间内及时收集、运输餐厨废弃物。每天到餐厨废弃物产生单位清运餐厨废弃物不得少于一次；

(二)将收集的餐厨废弃物运到符合本办法规定的餐厨废弃物处置场所；

(三)用于收集、运输餐厨废弃物的车辆，应当为全密闭自动卸载车辆，确保密封、完好和整洁，并喷涂规定的标识标志；

(四)餐厨废弃物产生、收集、运输和处置实行联单制度；

(五)建立餐厨废弃物收集、运输台账制度，收集、运输台账应当每月向当地人民政府市容环境卫生主管部门报送一次；

(六)未经当地人民政府市容环境卫生主管部门批准，不得擅自停业、歇业。

第二十二条 将餐厨废弃物运往行政区域外处置的，餐厨废弃物收集、运输企业应当报本地人民政府市容环境卫生主管部门备案，并提供下列材料：

(一)处置单位营业执照复印件、处置许可文件复印件；

(二)处置单位生产的产品符合产品质量标准或者进行无害化处理的证明材料；

(三)处置单位当地人民政府市容环境卫生主管部门同意接收处置的证明。

未提供前款规定材料且未经备案的，不得将餐厨废弃物运往行政区域外处置。

第四章　餐厨废弃物处置

第二十三条 餐厨废弃物实行集中处置，任何单位和个人不得随意处置餐厨废弃物。

禁止以餐厨废弃物为原料生产加工食品，禁止使用未经无害化处理的餐厨废弃物喂养畜禽。

第二十四条 餐厨废弃物处置所采用的技术、设备，应当符合国家和省有关餐厨废弃物处置技术标准，防止对环境造成污染。采用新技术、新设备的，由省人民政府住房城乡建设主管部门组织技术论证。

第二十五条 市、县(市)人民政府市容环境卫生主管部门应当通过招标等公平竞争的方式作出餐厨废弃物处置许可决定，向中标企业颁发餐厨废弃物处置服务许可证，并与中标企业签订餐厨废弃物处置经营协议。餐厨废弃物处置经营协议应当明确约定经营期限、服务标准、违约责任等内容，并作为餐厨废弃物处置服务许可证的附件。

未取得餐厨废弃物处置服务许可证的单位，不得从事餐厨废弃物经营性处置活动。

第二十六条 从事餐厨废弃物经营性处置服务，应当具备下列条件：

(一)具备企业法人资格，规模小于100吨/日的，注册资金不少于人民币500万元；规模大于100吨/日的，注册资金不少于人民币5000万元；

(二)选址符合城乡规划，并取得相应的规划许可文件；

(三)采用的技术、工艺符合有关标准；

(四)具有健全的工艺运行、设备管理、环境监测与保护、财务管理、生产安全、计量统计等方面的管理制度并得到有效执行；

(五)具有可行的餐厨废弃物废水、废气、废渣处理技术方案和达标排放方案；

(六)法律、法规规定的其他条件。

第二十七条 从事餐厨废弃物处置服务的企业应当遵守下列规定：

(一)严格按照相关规定和技术标准，处置餐厨废弃物；

(二)处置过程中产生的废水、废气、废渣等符合环保标准，防止二次污染；

(三)使用微生物菌剂处理餐厨废弃物的，应当符合国家有关规定并采取相应的安全控制措施；

(四)生产的产品应当符合相关质量标准；

(五)按照规定的时间和要求接收餐厨废弃物；

(六)按照要求配备餐厨废弃物处置设施、设备，并保证其运行良好；

(七)在餐厨废弃物处置场(厂)设置餐厨废弃物贮存设施，并符合环境标准；

(八)按照要求进行环境影响监测，对餐厨废弃物处置设施的性能和环保指标进行检测、评价，并向当地人民政府市容环境卫生主管部门和环境保护主管部门报告检测、评价结果；

(九)餐厨废弃物处置与产生、收集、运输实行联单制度；

(十)建立餐厨废弃物处置台账制度；

(十一)未经当地人民政府市容环境卫生主管部门批准，不得擅自停业、歇业。

第五章　监督管理

第二十八条 地方各级人民政府应当建立健全食用油和食品市场监督管理制度和体系，防止以餐厨废弃物作为原料生产加工的产品进入食品生产经营环节。

第二十九条 市容环境卫生主管部门应当建立健全监督管理制度，建立餐厨废弃物产生、收集、运输、处置通用的信息平台，对餐厨废弃物产生单位和收集、运输、处置服务企业执行本办法的情况进行监督检查。

第三十条 发展改革主管部门应当加强研究完善相关政策和措施，推进餐厨废弃物资源化利用和无害化处理，积极扶持相关企业发展。

财政主管部门应当加强对纳入城市公用事业管理的餐厨废弃物收集、运输、无害化处理和资源化利用设施运行与建设的资金进行监督管理。

价格主管部门应当合理制定城市生活垃圾处理费及其相关的排污费收费政策，并做好餐厨废弃物收集、运输和处置价格成本监测工作。

第三十一条 农业主管部门应当加强对以餐厨废弃物为原料加工成的肥料产品的监督管理，依法查处使用未经无害化处理的餐厨废弃物喂养畜禽的行为。

商务主管部门应当加强餐饮业行业管理，督促餐饮服务企业将餐厨废弃物交给取得收集、运输和处置许可的企业收集、运输和处置；引导餐饮服务企业诚信经营，并将餐厨废弃物的处理情况与企业的等级评定挂钩；加强对生猪屠宰过程中产生的不可食用的牲畜残渣油脂的监督管理。

第三十二条 环境保护主管部门应当加强对餐厨废弃物产生、收集、运输、贮存、处置利用等相关活动中的环境污染防治工作，实施统一监督管理。

第三十三条 卫生主管部门应当加强食品安全综合协调工作，加强食用油安全的风险监测，完善相关检测方法。

食品药品监督主管部门应当加强对餐饮服务企业的监督管理。监督餐饮服务企业建立并执行食用油采购查验和索证索票制度；依法查处非法购买、使用以餐厨废弃物为原料加工的食品油的行为。

第三十四条 质量技术监督主管部门应当加强对以餐厨废弃物为原料加工企业的产品质量、标准的监督管理；依法查处食品生产、加工单位使用利用餐厨废弃物加工的油脂制作食品的违法行为。

工商行政主管部门应当加强对流通环节经营食用油的监督，依法查处经营不符合国家食品安全标准食用油的行为。

公安机关应当加强对餐厨废弃物收集运输车辆的道路交通安全管理，依法查处各种无证无照收集、运输、处置餐厨废弃物以及生产经营利用餐厨废弃物加工的油脂危害环境与人身健康的犯罪行为。

第三十五条 市容环境卫生主管部门和其他有关部门实施监督检查时，有权采取下列措施：

(一)查阅、复制有关文件和资料；

(二)要求被检查的单位和个人就有关问题作出说明；

(三)进入现场开展检查；

(四)责令有关单位和个人改正违法行为。

有关单位和个人应当支持配合监督检查并提供工作方便，不得妨碍与阻挠监督检查人员依法执行公务。

第三十六条 餐厨废弃物收集、运输和处置中标企业由市、县(市)人民政府市容环境卫生主管部门列入餐厨废弃物收集、运输和处置企业目录，并向社会公布。

市、县(市)人民政府市容环境卫生主管部门应当委托具有计量认证资格的机构，定期对餐厨废弃物处置场(厂)的餐厨废弃物处置数量、质量和环境影响进行监测。

第三十七条 餐厨废弃物收集、运输和处置服务许可有效期届满，需要继续从事餐厨废弃物收集、运输和处置活动的，应当在有效期届满30日前向当地人民政府市容环境卫生主管部门申请办理延续手续。准予延续的，当地人民政府市容环境卫生主管部门应当与餐厨废弃物收集、运输和处置服务企业重新订立经营协议。

第三十八条 餐厨废弃物收集、运输和处置服务企业确需停业或者歇业的，应当提前6个月向市、县(市)人民政府市容环境卫生主管部门报告，经同意后方可停业或者歇业。

市、县(市)人民政府市容环境卫生主管部门应当在餐厨废弃物收集、运输和处置服务企业停业或者歇业前，落实保障及时收集、运输和处置餐厨废弃物的措施。

第三十九条 市、县(市)人民政府市容环境卫生主管部门应当会同有关部门制定餐厨废弃物收集、运输和处置应急预案，建立餐厨废弃物应急处理系统，确保紧急或者特殊情况下餐厨废弃物的正常收集、运输和处置。

餐厨废弃物收集、运输和处置服务企业应当制定餐厨废弃物污染突发事件防范的应急方案，并报市、县(市)人民政府市容环境卫生主管部门备案。

第六章　法律责任

第四十条 违反本办法规定的行为，法律、法规已有法律责任规定的，从其规定。

第四十一条 餐厨废弃物产生单位有下列行为之一的，由县级以上地方人民政府市容环境卫生主管部门责令限期改正，并处5000元以上30000元以下罚款：

(一)未使用符合标准的收集容器存放餐厨废弃物；

(二)未将餐厨废弃物与非餐厨废弃物分类存放；

(三)将餐厨废弃物排入雨水管道、污水排水管道和公共厕所；

(四)将餐厨废弃物交给不符合本办法规定的单位或者个人收集、运输、处置。

餐厨废弃物产生单位将餐厨废弃物排入河道、湖泊、水库、沟渠的，由县级以上地方人民政府市容环境卫生主管部门或者有关部门依法查处。

第四十二条 餐厨废弃物产生单位未依法向当地人民政府市容环境卫生行政主管部门备案餐厨废弃物收集运输协议的，由县级以上地方人民政府市容环境卫生主管部门责令其备案；拒不备案的，可以处10000元以上30000元以下罚款。

第四十三条 使用未经无害化处理的餐厨废弃物喂养畜禽的，由县级以上地方人民政府农业主管部门责令停止违法行为；情节严重的，对单位处10000元以上30000元以下罚款；对个人处200元以上1000元以下罚款。

第四十四条 未经许可从事餐厨废弃物经营性收集、运输活动的，由县级以上地方人民政府市容环境卫生主管部门责令停止违法行为，没收违法所得，对单位处10000元以上30000元以下罚款；对个人处200元以上1000元以下罚款。

未经许可从事餐厨废弃物经营性处置活动的，由县级以上地方人民政府市容环境卫生主管部门责令停止违法行为，没收违法所得，对单位处10000元以上30000元以下罚款；对个人处200元以上1000元以下罚款。

第四十五条 从事餐厨废弃物收集、运输服务的企业，在运输过程中随意倾倒、遗洒、丢弃餐厨废弃物的，由县级以上地方人民政府市容环境卫生主管部门责令限期清除，并处5000元以上10000元以下罚款。

第四十六条 从事餐厨废弃物收集、运输服务的企业有违反本办法第二十一条第(一)项至第(五)项情形之一的，由县级以上地方人民政府市容环境卫生主管部门责令限期改正，并处5000元以上10000元以下罚款。

从事餐厨废弃物处置服务的企业有违反本办法第二十七条第(一)项至第(十)项情形之一的，由县级以上地方人民政府市容环境卫生主管部门责令限期改正，并处10000元以上20000元以下罚款；造成损失的，依法承担赔偿责任。

第四十七条 从事餐厨废弃物收集、运输、处置服务的企业，未经批准擅自停业或者歇业的，由县级以上地方人民政府市容环境卫生主管部门责令限期改正，并处20000元以上30000元以下罚款；造成损失的，依法承担赔偿责任。

第四十八条 县级以上地方人民政府市容环境卫生主管部门和其他有关部门及其工作人员有下列行为之一的，由其主管部门或者上级机关责令改正，对其主管人员和直接责任人员依法给予行政处分；构成犯罪的，由司法机关依法追究刑事责任：

(一)违反规定的职权和程序，核发餐厨废弃物收集、运输和处置服务许可证的；

(二)未依法履行监督管理职责的；

(三)发现违法行为或者接到违法行为举报，未依法查处的；

(四)有其他滥用职权、玩忽职守、徇私舞弊行为的。

第七章　附　则

第四十九条 本办法自2011年6月1日起施行。

政策文件

国务院政策文件

国务院批转住房城乡建设部等部门
关于进一步加强城市生活垃圾处理工作意见的通知

国发〔2011〕9号

各省、自治区、直辖市人民政府，国务院各部委、各直属机构：

国务院同意住房城乡建设部、环境保护部、发展改革委、教育部、科技部、工业和信息化部监部、财政部、人力资源社会保障部、国土资源部、农业部、商务部、卫生部、税务总局、广电总局中央宣传部《关于进一步加强城市生活垃圾处理工作的意见》，现转发给你们，请认真贯彻执行。

国务院

二〇一一年四月十九日

关于进一步加强城市生活垃圾处理工作的意见

住房城乡建设部　环境保护部　发展改革委　教育部
科技部　工业和信息化部　监察部　财政部
人力资源社会保障部　国土资源部　农业部　商务部
卫生部　税务总局　广电总局　中央宣传部

为切实加大城市生活垃圾处理工作力度，提高城市生活垃圾处理减量化、资源化和无害化水平，改善城市人居环境，现提出以下意见：

一、深刻认识城市生活垃圾处理工作的重要意义

城市生活垃圾处理是城市管理和环境保护的重要内容，是社会文明程度的重要标志,关系人民群众的切身利益。近年来，我国城市生活垃圾收运网络日趋完善，垃圾处理能力不断提高，城市环境总体上有了较大改善。但也要看到，由于城镇化快速发展，城市生活垃圾激增，垃圾处理能力相对不足，一些城节面临“垃圾围城”的困境，严重影响城市环境和社会稳定。各地区、各有关部门要充分认识加强城市生活垃圾处理的重要性和紧迫性，进一步统一思想，提高认识，全面落实各项政策措施，推进城市生活垃圾处理工作，创造良好的人居环境，促进城市可持续发展。

二、指导思想、基本原则和发展目标

（一）指导思想。以科学发展观为指导，按照全面建设小康社会和构建社会主义和谐社会的总体要求，把城市生活垃圾处理作为维护群众利益的重要工作和城市管理的重要内容，作为政府公共服务的一项重要职责，切实加强全过程控制和管理，突出重点工作环节，综合运用法律、行政、经济和技术等手段，不断提高城市生活垃圾处理水平。

（二）基本原则。全民动员，科学引导。在切实提高生活垃圾无害化处理能力的基础上，加强产品生产和流通过程管理，减少过度包装，倡导节约和低碳的消费模式，从源头控制生活垃圾产生。

综合利用，变废为宝。坚持发展循环经济，推动生活垃圾分类工作，提高生活垃圾中废纸、废塑料、废金属等材料回收利用率，提高生活垃圾中有机成分和热能的利用水平，全面提升生活垃圾资源化利用工作。

统筹规划，合理布局。城市生活垃圾处理要与经济社会发展水平相协调，注重城乡统筹、区域规划、设施共享，集中处理与分散处理相结合，提高设施利用效率，扩大服务覆盖面。要科学制定标准，注重技术创新，因地制宜地选择先进适用的生活垃圾处理技术。

政府主导，社会参与。明确城市人民政府责任，在加大公共财政对城市生活垃圾处理投入的同时，采取有效的支持政策，引入市场机制，充分调动社会资金参与城市生活垃圾处理设施建设和运营的积极性。

（三）发展目标。到2015年，全国城市生活垃圾无害化处理率达到80%以上，直辖市、省会城市和计划单列市生活垃圾全部实现无害化处理。每个省（区）建成一个以上生活垃圾分类示范城市。50%的设区城市初步实现餐厨垃圾分类收运处理。城市生活垃圾资源化利用比例达到30%，直辖市、省会城市和计划单列市达到50%。建立完善的城市生活垃圾处理监管体制机制。到2030年，全国城市生活垃圾基本实现无害化处理，全面实行生活垃圾分类收集、处置。城市生活垃圾处理设施和服务向小城镇和乡村延伸，城乡生活垃圾处理接近发达国家平均水平。

三、切实控制城市生活垃圾产生

（四）促进源头减量。通过使用清洁能源和原料、开展资源综合利用等措施，在产品生产、流通和使用等全生命周期促进生活垃圾减量。限制包装材料过度使用，减少包装性废物产生，探索建立包装物强制回收制度，促进包装物回收再利用。组织净菜和洁净农副产品进城，推广使用菜篮子、布袋子。有计划地改进燃料结构，推广使用城市燃气、太阳能等清洁能源，减少灰渣产生。在宾馆、餐饮等服务性行业，推广使用可循环利用物品，限制使用一次性用品。

（五）推进垃圾分类。城市人民政府要根据当地的生活垃圾特性、处理方式和管理水平，科学制定生活垃圾分类办法，明确工作目标、实施步骤和政策措施，动员社区及家庭积极参与，逐步推行垃圾分类。当前重点要稳步推进废弃含汞荧光灯、废温度计等有害垃圾单独收运和处理工作，鼓励居民分开盛放和投放厨余垃圾，建立高水分有机生活垃圾收运系统，实现厨余垃圾单独收集循环利用。进一步加强餐饮业和单位餐厨垃圾分类收集管理，建立餐厨垃圾排放登记制度。

（六）加强资源利用。全面推广废旧商品回收利用、焚烧发电、生物处理等生活垃圾资源化利用方式。加强可降解有机垃圾资源化利用工作，组织开展城市餐厨垃圾资源化利用试点，统筹餐厨垃圾、园林垃圾、粪便等无害化处理和资源化利用，确保工业油脂、生物柴油、肥料等资源化利用产品的质量和使用安全。加快生物质能源回收利用工作，提高生活垃圾焚烧发电和填埋气体发电的能源利用效率。

四、全面提高城市生活垃圾处理能力和水平

（七）强化规划引导。要抓紧编制全国和各省（区、市）“十二五”生活垃圾处理设施建设规划，推进城市生活垃圾处理设施一体化建设和网络化发展，基本实现县县建有生活垃圾处理设施。各城市要编制生活垃圾处理设施规划，统筹安排城市生活垃圾收集、处置设施的布局、用地和规模，并纳入土地利用总体规划、城市总体规划和近期建设规划。编制城市生活垃圾处理设施规划，应当广泛征求公众意见，健全设施周边居民诉求表达机制。生活垃圾处理设施用地纳入城市黄线保护范围，禁止擅自占用或者改变用途，同时要严格控制设施周边的开发建设活动。

（八）完善收运网络。建立与垃圾分类、资源化利用以及无害化处理相衔接的生活垃圾收运网络，加大生活垃圾收集力度，扩大收集覆盖面。推广密闭、环保、高效的生活垃圾收集、中转和运输系统，逐步淘汰敞开式收运方式。要对现有生活垃圾收运设施实施升级改造，推广压缩式收运设备，解决垃圾收集、中转和运输过程中的脏、臭、噪声和遗洒等问题。研究运用物联网技术，探索线路优化、成本合理、高效环保的收运新模式。

（九）选择适用技术。建立生活垃圾处理技术评估制度，新的生活垃圾处理技术经评估后方可推广使用。城市人民政府要按照生活垃圾处理技术指南，因地制宜地选择先进适用、符合节约集约用地要求的无害化生活垃圾处理技术。土地资源紧缺、人口密度高的城市要优先采用焚烧处理技术，生活垃圾管理水平较高的城市可采用生物处理技术，土地资源和污染控制条件较好的城市可采用填埋处理技术。鼓励有条件的城市集成多种处理技术，统筹解决生活垃圾处理问题。

（十）加快设施建设。城市人民政府要把生活垃圾处理设施作为基础设施建设的重点，切实加大组织协调力度，确保有关设施建设顺利进行。要简化程序，加快生活垃圾处理设施立项、建设用地、环境影响评价、可行性研究、初步设计等环节的审批速度。已经开工建设的项目要抓紧施工，保证进度，争取早日发挥效用。要进一步加强监管，切实落实项目法人制、招投标制、质量监督制、合同管理制、工程监理制、工程竣工验收制等管理制度，确保工程质量安全。

（十一）提高运行水平。生活垃圾处理设施运营单位要严格执行各项工程技术规范和操作规程，切实提高设施运行水平。填埋设施运营单位要制定作业计划和方案，实行分区域逐层填埋作业，缩小作业面，控制设施周边的垃

圾异味，防止废液渗漏和填埋气体无序排放。焚烧设施运营单位要足额使用石灰、活性炭等辅助材料，去除烟气中的酸性物质、重金属离子、二噁英等污染物，保证达标排放。新建生活垃圾焚烧设施，应安装排放自动监测系统和超标报警装置。运营单位要制订应急预案，有效应对设施故障、事故、进场垃圾量剧增等突发事件。切实加大人力财力物力的投入，解决设施设备长期超负荷运行问题，确保安全、高质量运行。建立污染物排放日常监测制度，按月向所在地住房城乡建设（市容环卫）和环境保护主管部门报告监测结果。

（十二）加快存量治理。各省（区、市）要开展非正规生活垃圾堆放点和不达标生活垃圾处理设施排查和环境风险评估，并制定治理计划。要优先开展水源地等重点区域生活垃圾堆放场所的生态修复工作，加快对城乡结合部等卫生死角长期积存生活垃圾的清理，限期改造不达标生活垃圾处理设施。

五、强化监督管理

（十三）完善法规标准。研究修订《城市市容和环境卫生管理条例》，加强生活垃圾全过程管理。建立健全生活垃圾处理标准规范体系，制定和完善生活垃圾分类、回收利用、工程验收、污染防治和评价等标准。进一步完善生活垃圾分类标识，使群众易于识别、便于投放。改进城市生活垃圾处理统计指标体系，做好与废旧商品回收利用指标体系的衔接。

（十四）严格准入制度。加强市场准入管理，严格设定城市生活垃圾处理企业资金、技术、人员、业绩等准入条件，建立和完善市场退出机制，进一步规范城市生活垃圾处理特许经营权招标投标管理。具体办法由住房城乡建设部会同有关部门制定。

（十五）建立评价制度。加强对全国已建成运行的生活垃圾处理设施运营状况和处理效果的监管，开展年度考核评价，公开评价结果，接受社会监督。对未通过考核评价的生活垃圾处理设施，要责成运营单位限期整改。要加快信用体系建设，建立城市生活垃圾处理运营单位失信惩戒机制和黑名单制度，坚决将不能合格运营以及不能履行特许经营合同的企业清出市场。

（十六）加大监管力度。切实加强各级住房城乡建设（市容环卫）和环境保护部门生活垃圾处理监管队伍建设。研究建立城市生活垃圾处理工作督察巡视制度，加强对地方政府生活垃圾处理工作以及设施建设和运营的监管。建立城市生活垃圾处理节能减排量化指标，落实节能减排目标责任。探索引入第三方专业机构实施监管，提高监管的科学水平。完善全国生活垃圾处理设施建设和运营监控系统，定期开展生活垃圾处理设施排放物监测，常规污染物排放情况每季度至少监测一次，二英排放情况每年至少监测一次，必要时加密监测，主要监测数据和结果向社会公示。

六、加大政策支持力度

（十七）拓宽投入渠道。城市生活垃圾处理投入以地方为主，中央以适当方式给予支持。地方政府要加大投入力度，加快生活垃圾分类体系、处理设施和监管能力建设。鼓励社会资金参与生活垃圾处理设施建设和运营。开展生活垃圾管理示范城市和生活垃圾处理设施示范项目活动，支持北京等城市先行先试。改善工作环境，完善环卫用工制度和保险救助制度，落实环卫职工的工资和福利待遇，保障职工合法权益。

（十八）建立激励机制。严格执行并不断完善城市生活垃圾处理税收优惠政策。研究制定生活垃圾分类收集和减量激励政策，建立利益导向机制，引导群众分类盛放和投放生活垃圾，鼓励对生活垃圾实行就地、就近充分回收和合理利用。研究建立有机垃圾资源化处理推进机制和废品回收补贴机制。

（十九）健全收费制度。按照“谁产生、谁付费”的原则，推行城市生活垃圾处理收费制度。产生生活垃圾的单位和个人应当按规定缴纳垃圾处理费，具体收费标准由城市人民政府根据城市生活垃圾处理成本和居民收入水平等因素合理确定。探索改进城市生活垃圾处理收费方式，降低收费成本。城市生活垃圾处理费应当用于城市生活垃圾处理，不得挪作他用。

（二十）保障设施建设。在城市新区建设和旧城区改造中要优先配套建设生活垃圾处理设施，确保建设用地供应，并纳入土地利用年度计划和建设用地供应计划。符合《划拨用地目录》的项目，应当以划拨方式供应建设用地。城市生活垃圾处理设施建设前要严格执行建设项目环境影响评价制度。

（二十一）提高创新能力。加大对生活垃圾处理技术研发的支持力度，加快国家级和区域性生活垃圾处理技术研究中心建设，加强生活垃圾处理基础性技术研究，重点突破清洁焚烧、二英控制、飞灰无害化处置、填埋气收集利用、渗沥液处理、臭气控制、非正规生活垃圾堆放点治理等关键性技术，鼓励地方采用低碳技术处理生活垃圾。重点支持生活垃圾生物质燃气利用成套技术装备和大型生活垃圾焚烧设备研发，努力实现生活垃圾处理装备自主化。开展城市生活垃圾处理技术应用示范工程和资源化利用产业基地建设，带动市场需求，促进先进适用技术推广应用和装备自主化。

（二十二）实施人才计划。在高校设立城市生活垃圾处理相关专业，大力发展职业教育，建立从业人员职业资

格制度，加强岗前和岗中职业培训，提高从业人员的文化水平和专业技能。

七、加强组织领导

（二十三）落实地方责任。城市生活垃圾处理工作实行省（区、市）人民政府负总责、城市人民政府抓落实的工作责任制。省（区、市）人民政府要对所属城市人民政府实行目标责任制管理，加强监督指导。城市人民政府要把城市生活垃圾处理纳入重要议事日程，加强领导，切实抓好各项工作。住房城乡建设部、发展改革委、环境保护部、监察部等部门要对省（区、市）人民政府的相关工作加强指导和监督检查。对推进生活垃圾处理工作不力，影响社会发展和稳定的，要追究责任。

（二十四）明确部门分工。住房城乡建设部负责城市生活垃圾处理行业管理，牵头建立城市生活垃圾处理部际联席会议制度，协调解决工作中的重大问题，健全监管考核指标体系，并纳入节能减排考核工作。环境保护部负责生活垃圾处理设施环境影响评价，制定污染控制标准，监管污染物排放和有害垃圾处理处置。发展改革委会同住房城乡建设部、环境保护部编制全国性规划，协调综合性政策。科技部会同有关部门负责生活垃圾处理技术创新工作。工业和信息化部负责生活垃圾处理装备自主化工作。财政部负责研究支持城市生活垃圾处理的财税政策。国土资源部负责制定生活垃圾处理设施用地标准，保障建设用地供应。农业部负责生活垃圾肥料资源化处理利用标准制定和肥料登记工作。商务部负责生活垃圾中可再生资源回收管理工作。

（二十五）加强宣传教育。要开展多种形式的主题宣传活动，倡导绿色健康的生活方式，促进垃圾源头减量和回收利用。要将生活垃圾处理知识纳入中小学教材和课外读物，引导全民树立“垃圾减量和垃圾管理从我做起、人人有责”的观念。新闻媒体要加强正面引导，大力宣传城市生活垃圾处理的各项政策措施及其成效，全面客观报道有关信息，形成有利于推进城市生活垃圾处理工作的舆论氛围。

各省（区、市）人民政府要在2011年8月底前将落实本意见情况报国务院，同时抄送住房城乡建设部。

国务院关于印发“十二五”节能减排综合性工作方案的通知

国发〔2011〕26号

各省、自治区、直辖市人民政府，国务院各部委、各直属机构：

现将《“十二五”节能减排综合性工作方案》印发给你们，请结合本地区、本部门实际，认真贯彻执行。

一、“十一五”时期，各地区、各部门认真贯彻落实党中央、国务院的决策部署，把节能减排作为调整经济结构、转变经济发展方式、推动科学发展的重要抓手和突破口，取得了显著成效。全国单位国内生产总值能耗降低19.1%，二氧化硫、化学需氧量排放总量分别下降14.29%和12.45%，基本实现了“十一五”规划纲要确定的约束性目标，扭转了“十五”后期单位国内生产总值能耗和主要污染物排放总量大幅上升的趋势，为保持经济平稳较快发展提供了有力支撑，为应对全球气候变化作出了重要贡献，也为实现“十二五”节能减排目标奠定了坚实基础。

二、充分认识做好“十二五”节能减排工作的重要性、紧迫性和艰巨性。“十二五”时期，我国发展仍处于可以大有作为的重要战略机遇期。随着工业化、城镇化进程加快和消费结构持续升级，我国能源需求呈刚性增长，受国内资源保障能力和环境容量制约以及全球性能源安全和应对气候变化影响，资源环境约束日趋强化，“十二五”时期节能减排形势仍然十分严峻，任务十分艰巨。特别是我国节能减排工作还存在责任落实不到位、推进难度增大、激励约束机制不健全、基础工作薄弱、能力建设滞后、监管不力等问题。这种状况如不及时改变，不但“十二五”节能减排目标难以实现，还将严重影响经济结构调整和经济发展方式转变。

各地区、各部门要真正把思想和行动统一到中央的决策部署上来，切实增强全局意识、危机意识和责任意识，树立绿色、低碳发展理念，进一步把节能减排作为落实科学发展观、加快转变经济发展方式的重要抓手，作为检验经济是否实现又好又快发展的重要标准，下更大决心，用更大气力，采取更加有力的政策措施，大力推进节能减排，加快形成资源节约、环境友好的生产方式和消费模式，增强可持续发展能力。

三、严格落实节能减排目标责任，进一步形成政府为主导、企业为主体、市场有效驱动、全社会共同参与的推进节能减排工作格局。要切实发挥政府主导作用，综合运用经济、法律、技术和必要的行政手段，加强节能减排统计、监测和考核体系建设，着力健全激励和约束机制，进一步落实地方各级人民政府对本行政区域节能减排负总责、政府主要领导是第一责任人的工作要求。要进一步明确企业的节能减排主体责任，严格执行节能环保法律法规

和标准，细化和完善管理措施，落实目标任务。要进一步发挥市场机制作用，加大节能减排市场化机制推广力度，真正把节能减排转化为企业和各类社会主体的内在要求。要进一步增强全体公民的资源节约和环境保护意识，深入推进节能减排全民行动，形成全社会共同参与、共同促进节能减排的良好氛围。

四、要全面加强对节能减排工作的组织领导，狠抓监督检查，严格考核问责。发展改革委负责承担国务院节能减排工作领导小组的具体工作，切实加强节能减排工作的综合协调，组织推动节能降耗工作；环境保护部为主承担污染减排方面的工作；统计局负责加强能源统计和监测工作；其他各有关部门要切实履行职责，密切协调配合。各省级人民政府要立即部署本地区“十二五”节能减排工作，进一步明确相关部门责任、分工和进度要求。

各地区、各部门和中央企业要按照本通知的要求，结合实际抓紧制定具体实施方案，明确目标责任，狠抓贯彻落实，坚决防止出现节能减排工作前松后紧的问题，确保实现“十二五”节能减排目标。

国务院

二〇一一年八月三十一日

“十二五”节能减排综合性工作方案

一、节能减排总体要求和主要目标

（一）总体要求。以邓小平理论和“三个代表”重要思想为指导，深入贯彻落实科学发展观，坚持降低能源消耗强度、减少主要污染物排放总量、合理控制能源消费总量相结合，形成加快转变经济发展方式的倒逼机制；坚持强化责任、健全法制、完善政策、加强监管相结合，建立健全激励和约束机制；坚持优化产业结构、推动技术进步、强化工程措施、加强管理引导相结合，大幅度提高能源利用效率，显著减少污染物排放；进一步形成政府为主导、企业为主体、市场有效驱动、全社会共同参与的推进节能减排工作格局，确保实现“十二五”节能减排约束性目标，加快建设资源节约型、环境友好型社会。

（二）主要目标。到2015年，全国万元国内生产总值能耗下降到0.869吨标准煤（按2005年价格计算），比2010年的1.034吨标准煤下降16%，比2005年的1.276吨标准煤下降32%；“十二五”期间，实现节约能源6.7亿吨标准煤。2015年，全国化学需氧量和二氧化硫排放总量分别控制在2347.6万吨、2086.4万吨，比2010年的2551.7万吨、2267.8万吨分别下降8%；全国氨氮和氮氧化物排放总量分别控制在238.0万吨、2046.2万吨，比2010年的264.4万吨、2273.6万吨分别下降10%。

二、强化节能减排目标责任

（三）合理分解节能减排指标。综合考虑经济发展水平、产业结构、节能潜力、环境容量及国家产业布局等因素，将全国节能减排目标合理分解到各地区、各行业。各地区要将国家下达的节能减排指标层层分解落实，明确下一级政府、有关部门、重点用能单位和重点排污单位的责任。

（四）健全节能减排统计、监测和考核体系。加强能源生产、流通、消费统计，建立和完善建筑、交通运输、公共机构能耗统计制度以及分地区单位国内生产总值能耗指标季度统计制度，完善统计核算与监测方法，提高能源统计的准确性和及时性。修订完善减排统计监测和核查核算办法，统一标准和分析方法，实现监测数据共享。加强氨氮、氮氧化物排放统计监测，建立农业源和机动车排放统计监测指标体系。完善节能减排考核办法，继续做好全国和各地区单位国内生产总值能耗、主要污染物排放指标公报工作。

（五）加强目标责任评价考核。把地区目标考核与行业目标评价相结合，把落实五年目标与完成年度目标相结合，把年度目标考核与进度跟踪相结合。省级人民政府每年要向国务院报告节能减排目标完成情况。有关部门每年要向国务院报告节能减排措施落实情况。国务院每年组织开展省级人民政府节能减排目标责任评价考核，考核结果向社会公告。强化考核结果运用，将节能减排目标完成情况和政策措施落实情况作为领导班子和领导干部综合考核评价的重要内容，纳入政府绩效和国有企业业绩管理，实行问责制和“一票否决”制，并对成绩突出的地区、单位和个人给予表彰奖励。

三、调整优化产业结构

（六）抑制高耗能、高排放行业过快增长。严格控制高耗能、高排放和产能过剩行业新上项目，进一步提高行业准入门槛，强化节能、环保、土地、安全等指标约束，依法严格节能评估审查、环境影响评价、建设用地审查，严格贷款审批。建立健全项目审批、核准、备案责任制，严肃查处越权审批、分拆审批、未批先建、边批边建等行为，依法追究有关人员责任。严格控制高耗能、高排放产品出口。中西部地区承接产业转移必须坚持高标准，严禁污染产业和落后生产能力转入。

（七）加快淘汰落后产能。抓紧制定重点行业“十二五”淘汰落后产能实施方案，将任务按年度分解落实到各地区。完善落后产能退出机制，指导、督促淘汰落后产能企业做好职工安置工作。地方各级人民政府要积极安排资金，支持淘汰落后产能工作。中央财政统筹支持各地区淘汰落后产能工作，对经济欠发达地区通过增加转移支付加大支持和奖励力度。完善淘汰落后产能公告制度，对未按期完成淘汰任务的地区，严格控制国家安排的投资项目，暂停对该地区重点行业建设项目办理核准、审批和备案手续；对未按期淘汰的企业，依法吊销排污许可证、生产许可证和安全生产许可证；对虚假淘汰行为，依法追究企业负责人和地方政府有关人员的责任。

（八）推动传统产业改造升级。严格落实《产业结构调整指导目录》。加快运用高新技术和先进适用技术改造提升传统产业，促进信息化和工业化深度融合，重点支持对产业升级带动作用大的重点项目和重污染企业搬迁改造。调整《加工贸易禁止类商品目录》，提高加工贸易准入门槛，促进加工贸易转型升级。合理引导企业兼并重组，提高产业集中度。

（九）调整能源结构。在做好生态保护和移民安置的基础上发展水电，在确保安全的基础上发展核电，加快发展天然气，因地制宜大力发展风能、太阳能、生物质能、地热能等可再生能源。到2015年，非化石能源占一次能源消费总量比重达到11.4%。

（十）提高服务业和战略性新兴产业在国民经济中的比重。到2015年，服务业增加值和战略性新兴产业增加值占国内生产总值比重分别达到47%和8%左右。

四、实施节能减排重点工程

（十一）实施节能重点工程。实施锅炉窑炉改造、电机系统节能、能量系统优化、余热余压利用、节约替代石油、建筑节能、绿色照明等节能改造工程，以及节能技术产业化示范工程、节能产品惠民工程、合同能源管理推广工程和节能能力建设工程。到2015年，工业锅炉、窑炉平均运行效率比2010年分别提高5个和2个百分点，电机系统运行效率提高2-3个百分点，新增余热余压发电能力2000万千瓦，北方采暖地区既有居住建筑供热计量和节能改造4亿平方米以上，夏热冬冷地区既有居住建筑节能改造5000万平方米，公共建筑节能改造6000万平方米，高效节能产品市场份额大幅度提高。“十二五”时期，形成3亿吨标准煤的节能能力。

（十二）实施污染物减排重点工程。推进城镇污水处理设施及配套管网建设，改造提升现有设施，强化脱氮除磷，大力推进污泥处理处置，加强重点流域区域污染综合治理。到2015年，基本实现所有县和重点建制镇具备污水处理能力，全国新增污水日处理能力4200万吨，新建配套管网约16万公里，城市污水处理率达到85%，形成化学需氧量和氨氮削减能力280万吨、30万吨。实施规模化畜禽养殖场污染治理工程，形成化学需氧量和氨氮削减能力140万吨、10万吨。实施脱硫脱硝工程，推动燃煤电厂、钢铁行业烧结机脱硫，形成二氧化硫削减能力277万吨；推动燃煤电厂、水泥等行业脱硝，形成氮氧化物削减能力358万吨。

（十三）实施循环经济重点工程。实施资源综合利用、废旧商品回收体系、“城市矿产”示范基地、再制造产业化、餐厨废弃物资源化、产业园区循环化改造、资源循环利用技术示范推广等循环经济重点工程，建设100个资源综合利用示范基地、80个废旧商品回收体系示范城市、50个“城市矿产”示范基地、5个再制造产业集聚区、100个城市餐厨废弃物资源化利用和无害化处理示范工程。

（十四）多渠道筹措节能减排资金。节能减排重点工程所需资金主要由项目实施主体通过自有资金、金融机构贷款、社会资金解决，各级人民政府应安排一定的资金予以支持和引导。地方各级人民政府要切实承担城镇污水处理设施和配套管网建设的主体责任，严格城镇污水处理费征收和管理，国家对重点建设项目给予适当支持。

五、加强节能减排管理

（十五）合理控制能源消费总量。建立能源消费总量控制目标分解落实机制，制订实施方案，把总量控制目标分解落实到地方政府，实行目标责任管理，加大考核和监督力度。将固定资产投资项目节能评估审查作为控制地区能源消费增量和总量的重要措施。建立能源消费总量预测预警机制，跟踪监测各地区能源消费总量和高耗能行业用电量等指标，对能源消费总量增长过快的地区及时预警调控。在工业、建筑、交通运输、公共机构以及城乡建设和消费领域全面加强用能管理，切实改变敞开口子供应能源、无节制使用能源的现象。在大气联防联控重点区域开展煤炭消费总量控制试点。

（十六）强化重点用能单位节能管理。依法加强年耗能万吨标准煤以上用能单位节能管理，开展万家企业节能低碳行动，实现节能2.5亿吨标准煤。落实目标责任，实行能源审计制度，开展能效水平对标活动，建立健全企业能源管理体系，扩大能源管理师试点；实行能源利用状况报告制度，加快实施节能改造，提高能源管理水平。地方节能主管部门每年组织对进入万家企业节能低碳行动的企业节能目标完成情况进行考核，公告考核结果。对未完成年度节能任务的企业，强制进行能源审计，限期整改。中央企业要接受所在地区节能主管部门的监管，争当行业节能减排的排头兵。

（十七）加强工业节能减排。重点推进电力、煤炭、钢铁、有色金属、石油石化、化工、建材、造纸、纺织、印染、食品加工等行业节能减排，明确目标任务，加强行业指导，推动技术进步，强化监督管理。发展热电联产，推广分布式能源。开展智能电网试点。推广煤炭清洁利用，提高原煤入洗比例，加快煤层气开发利用。实施工业和信息产业能效提升计划。推动信息数据中心、通信机房和基站节能改造。实行电力、钢铁、造纸、印染等行业主要污染物排放总量控制。新建燃煤机组全部安装脱硫脱硝设施，现役燃煤机组必须安装脱硫设施，不能稳定达标排放的要进行更新改造，烟气脱硫设施要按照规定取消烟气旁路。单机容量30万千瓦及以上燃煤机组全部加装脱硝设施。钢铁行业全面实施烧结机烟气脱硫，新建烧结机配套安装脱硫脱硝设施。石油石化、有色金属、建材等重点行业实施脱硫改造。新型干法水泥窑实施低氮燃烧技术改造，配套建设脱硝设施。加强重点区域、重点行业和重点企业重金属污染防治，以湘江流域为重点开展重金属污染治理与修复试点示范。

（十八）推动建筑节能。制定并实施绿色建筑行动方案，从规划、法规、技术、标准、设计等方面全面推进建筑节能。新建建筑严格执行建筑节能标准，提高标准执行率。推进北方采暖地区既有建筑供热计量和节能改造，实施"节能暖房"工程，改造供热老旧管网，实行供热计量收费和能耗定额管理。做好夏热冬冷地区建筑节能改造。推动可再生能源与建筑一体化应用，推广使用新型节能建材和再生建材，继续推广散装水泥。加强公共建筑节能监管体系建设，完善能源审计、能效公示，推动节能改造与运行管理。研究建立建筑使用全寿命周期管理制度，严格建筑拆除管理。加强城市照明管理，严格防止和纠正过度装饰和亮化。

（十九）推进交通运输节能减排。加快构建综合交通运输体系，优化交通运输结构。积极发展城市公共交通，科学合理配置城市各种交通资源，有序推进城市轨道交通建设。提高铁路电气化比重。实施低碳交通运输体系建设城市试点，深入开展"车船路港"千家企业低碳交通运输专项行动，推广公路甩挂运输，全面推行不停车收费系统，实施内河船型标准化，优化航路航线，推进航空、远洋运输业节能减排。开展机场、码头、车站节能改造。加速淘汰老旧汽车、机车、船舶，基本淘汰2005年以前注册运营的"黄标车"，加快提升车用燃油品质。实施第四阶段机动车排放标准，在有条件的重点城市和地区逐步实施第五阶段排放标准。全面推行机动车环保标志管理，探索城市调控机动车保有总量，积极推广节能与新能源汽车。

（二十）促进农业和农村节能减排。加快淘汰老旧农用机具，推广农用节能机械、设备和渔船。推进节能型住宅建设，推动省柴节煤灶更新换代，开展农村水电增效扩容改造。发展户用沼气和大中型沼气，加强运行管理和维护服务。治理农业面源污染，加强农村环境综合整治，实施农村清洁工程，规模化养殖场和养殖小区配套建设废弃物处理设施的比例达到50%以上，鼓励污染物统一收集、集中处理。因地制宜推进农村分布式、低成本、易维护的污水处理设施建设。推广测土配方施肥，鼓励使用高效、安全、低毒农药，推动有机农业发展。

（二十一）推动商业和民用节能。在零售业等商贸服务和旅游业开展节能减排行动，加快设施节能改造，严格用能管理，引导消费行为。宾馆、商厦、写字楼、机场、车站等要严格执行夏季、冬季空调温度设置标准。在居民中推广使用高效节能家电、照明产品，鼓励购买节能环保型汽车，支持乘用公共交通，提倡绿色出行。减少一次性用品使用，限制过度包装，抑制不合理消费。

（二十二）加强公共机构节能减排。公共机构新建建筑实行更加严格的建筑节能标准。加快公共机构办公区节能改造，完成办公建筑节能改造6000万平方米。国家机关供热实行按热量收费。开展节约型公共机构示范单位创建活动，创建2000家示范单位。推进公务用车制度改革，严格用车油耗定额管理，提高节能与新能源汽车比例。建立完善公共机构能源审计、能效公示和能耗定额管理制度，加强能耗监测平台和节能监管体系建设。支持军队重点用能设施设备节能改造。

六、大力发展循环经济

（二十三）加强对发展循环经济的宏观指导。研究提出进一步加快发展循环经济的意见。编制全国循环经济发展规划和重点领域专项规划，指导各地做好规划编制和实施工作。研究制定循环经济发展的指导目录。制定循环经济专项资金使用管理办法及实施方案。深化循环经济示范试点，推广循环经济典型模式。建立完善循环经济统计评价制度。

（二十四）全面推行清洁生产。编制清洁生产推行规划，制（修）订清洁生产评价指标体系，发布重点行业清洁生产推行方案。重点围绕主要污染物减排和重金属污染治理，全面推进农业、工业、建筑、商贸服务等领域清洁生产示范，从源头和全过程控制污染物产生和排放，降低资源消耗。发布清洁生产审核方案，公布清洁生产强制审核企业名单。实施清洁生产示范工程，推广应用清洁生产技术。

（二十五）推进资源综合利用。加强共伴生矿产资源及尾矿综合利用，建设绿色矿山。推动煤矸石、粉煤灰、工业副产石膏、冶炼和化工废渣、建筑和道路废弃物以及农作物秸秆综合利用、农林废物资源化利用，大力发展利废新型建筑材料。废弃物实现就地消化，减少转移。到2015年，工业固体废物综合利用率达到72%以上。

（二十六）加快资源再生利用产业化。加快“城市矿产”示范基地建设，推进再生资源规模化利用。培育一批汽车零部件、工程机械、矿山机械、办公用品等再制造示范企业，发布再制造产品目录，完善再制造旧件回收体系和再制造产品标准体系，推动再制造的规模化、产业化发展。加快建设城市社区和乡村回收站点、分拣中心、集散市场“三位一体”的再生资源回收体系。

（二十七）促进垃圾资源化利用。健全城市生活垃圾分类回收制度，完善分类回收、密闭运输、集中处理体系。鼓励开展垃圾焚烧发电和供热、填埋气体发电、餐厨废弃物资源化利用。鼓励在工业生产过程中协同处理城市生活垃圾和污泥。

（二十八）推进节水型社会建设。确立用水效率控制红线，实施用水总量控制和定额管理，制定区域、行业和产品用水效率指标体系。推广普及高效节水灌溉技术。加快重点用水行业节水技术改造，提高工业用水循环利用率。加强城乡生活节水，推广应用节水器具。推进再生水、矿井水、海水等非传统水资源利用。建设海水淡化及综合利用示范工程，创建示范城市。到2015年，实现单位工业增加值用水量下降30%。

七、加快节能减排技术开发和推广应用

（二十九）加快节能减排共性和关键技术研发。在国家、部门和地方相关科技计划和专项中，加大对节能减排科技研发的支持力度，完善技术创新体系。继续推进节能减排科技专项行动，组织高效节能、废物资源化以及小型分散污水处理、农业面源污染治理等共性、关键和前沿技术攻关。组建一批国家级节能减排工程实验室及专家队伍。推动组建节能减排技术与装备产业联盟，继续通过国家工程（技术）研究中心加大节能减排科技研发力度。加强资源环境高技术领域创新团队和研发基地建设。

（三十）加大节能减排技术产业化示范。实施节能减排重大技术与装备产业化工程，重点支持稀土永磁无铁芯电机、半导体照明、低品位余热利用、地热和浅层地温能应用、生物脱氮除磷、烧结机烟气脱硫脱硝一体化、高浓度有机废水处理、污泥和垃圾渗滤液处理处置、废弃电器电子产品资源化、金属无害化处理等关键技术与设备产业化，加快产业化基地建设。

（三十一）加快节能减排技术推广应用。编制节能减排技术政策大纲。继续发布国家重点节能技术推广目录、国家鼓励发展的重大环保技术装备目录，建立节能减排技术遴选、评定及推广机制。重点推广能量梯级利用、低温余热发电、先进煤气化、高压变频调速、干熄焦、蓄热式加热炉、吸收式热泵供暖、冰蓄冷、高效换热器，以及干法和半干法烟气脱硫、膜生物反应器、选择性催化还原氮氧化物控制等节能减排技术。加强与有关国际组织、政府在节能环保领域的交流与合作，积极引进、消化、吸收国外先进节能环保技术，加大推广力度。

八、完善节能减排经济政策

（三十二）推进价格和环保收费改革。深化资源性产品价格改革，理顺煤、电、油、气、水、矿产等资源性产品价格关系。推行居民用电、用水阶梯价格。完善电力峰谷分时电价政策。深化供热体制改革，全面推行供热计量收费。对能源消耗超过国家和地区规定的单位产品能耗（电耗）限额标准的企业和产品，实行惩罚性电价。各地可在国家规定基础上，按程序加大差别电价、惩罚性电价实施力度。严格落实脱硫电价，研究制定燃煤电厂烟气脱硝电价政策。进一步完善污水处理费政策，研究将污泥处理费用逐步纳入污水处理成本问题。改革垃圾处理收费方式，加大征收力度，降低征收成本。

（三十三）完善财政激励政策。加大中央预算内投资和中央财政节能减排专项资金的投入力度，加快节能减排重点工程实施和能力建设。深化“以奖代补”、“以奖促治”以及采用财政补贴方式推广高效节能家用电器、照明产品、节能汽车、高效电机产品等支持机制，强化财政资金的引导作用。国有资本经营预算要继续支持企业实施节能减排项目。地方各级人民政府要加大对节能减排的投入。推行政府绿色采购，完善强制采购和优先采购制度，逐步提高节能环保产品比重，研究实行节能环保服务政府采购。

（三十四）健全税收支持政策。落实国家支持节能减排所得税、增值税等优惠政策。积极推进资源税费改革，将原油、天然气和煤炭资源税计征办法由从量征收改为从价征收并适当提高税负水平，依法清理取消涉及矿产资源的不合理收费基金项目。积极推进环境税费改革，选择防治任务重、技术标准成熟的税目开征环境保护税，逐步扩大征收范围。完善和落实资源综合利用和可再生能源发展的税收优惠政策。调整进出口税收政策，遏制高耗能、高

排放产品出口。对用于制造大型环保及资源综合利用设备确有必要进口的关键零部件及原材料，抓紧研究制定税收优惠政策。

（三十五）强化金融支持力度。加大各类金融机构对节能减排项目的信贷支持力度，鼓励金融机构创新适合节能减排项目特点的信贷管理模式。引导各类创业投资企业、股权投资企业、社会捐赠资金和国际援助资金增加对节能减排领域的投入。提高高耗能、高排放行业贷款门槛，将企业环境违法信息纳入人民银行企业征信系统和银监会信息披露系统，与企业信用等级评定、贷款及证券融资联动。推行环境污染责任保险，重点区域涉重金属企业应当购买环境污染责任保险。建立银行绿色评级制度，将绿色信贷成效与银行机构高管人员履职评价、机构准入、业务发展相挂钩。

九、强化节能减排监督检查

（三十六）健全节能环保法律法规。推进环境保护法、大气污染防治法、清洁生产促进法、建设项目环境保护管理条例的修订工作，加快制定城镇排水与污水处理条例、排污许可证管理条例、畜禽养殖污染防治条例、机动车污染防治条例等行政法规。修订重点用能单位节能管理办法、能效标识管理办法、节能产品认证管理办法等部门规章。

（三十七）严格节能评估审查和环境影响评价制度。把污染物排放总量指标作为环评审批的前置条件，对年度减排目标未完成、重点减排项目未按目标责任书落实的地区和企业，实行阶段性环评限批。对未通过能评、环评审查的投资项目，有关部门不得审批、核准、批准开工建设，不得发放生产许可证、安全生产许可证、排污许可证，金融机构不得发放贷款，有关单位不得供水、供电。加强能评和环评审查的监督管理，严肃查处各种违规审批行为。能评费用由节能审查机关同级财政部门安排。

（三十八）加强重点污染源和治理设施运行监管。严格排污许可证管理。强化重点流域、重点地区、重点行业污染源监管，适时发布主要污染物超标严重的国家重点环境监控企业名单。列入国家重点环境监控范围的电力、钢铁、造纸、印染等重点行业的企业，要安装运行管理监控平台和污染物排放自动监控系统，定期报告运行情况及污染物排放信息，推动污染源自动监控数据联网共享。加强城市污水处理厂监控平台建设，提高污水收集率，做好运行和污染物削减评估考核，考核结果作为核拨污水处理费的重要依据。对城市污水处理设施建设严重滞后、收费政策不落实、污水处理厂建成后一年内实际处理水量达不到设计能力60%，以及已建成污水处理设施但无故不运行的地区，暂缓审批该城市项目环评，暂缓下达有关项目的国家建设资金。

（三十九）加强节能减排执法监督。各级人民政府要组织开展节能减排专项检查，督促各项措施落实，严肃查处违法违规行为。加大对重点用能单位和重点污染源的执法检查力度，加大对高耗能特种设备节能标准和建筑施工阶段标准执行情况、国家机关办公建筑和大型公共建筑节能监管体系建设情况，以及节能环保产品质量和能效标识的监督检查力度。对严重违反节能环保法律法规，未按要求淘汰落后产能、违规使用明令淘汰用能设备、虚标产品能效标识、减排设施未按要求运行等行为，公开通报或挂牌督办，限期整改，对有关责任人进行严肃处理。实行节能减排执法责任制，对行政不作为、执法不严等行为，严肃追究有关主管部门和执法机构负责人的责任。

十、推广节能减排市场化机制

（四十）加大能效标识和节能环保产品认证实施力度。扩大终端用能产品能效标识实施范围，加强宣传和政策激励，引导消费者购买高效节能产品。继续推进节能产品、环境标志产品、环保装备认证，规范认证行为，扩展认证范围，建立有效的国际协调互认机制。加强标识、认证质量的监管。

（四十一）建立"领跑者"标准制度。研究确定高耗能产品和终端用能产品的能效先进水平，制定"领跑者"能效标准，明确实施时限。将"领跑者"能效标准与新上项目能评审查、节能产品推广应用相结合，推动企业技术进步，加快标准的更新换代，促进能效水平快速提升。

（四十二）加强节能发电调度和电力需求侧管理。改革发电调度方式，电网企业要按照节能、经济的原则，优先调度水电、风电、太阳能发电、核电以及余热余压、煤层气、填埋气、煤矸石和垃圾等发电上网，优先安排节能、环保、高效火电机组发电上网。研究推行发电权交易。电网企业要及时、真实、准确、完整地公布节能发电调度信息，电力监管部门要加强对节能发电调度工作的监督。落实电力需求侧管理办法，制定配套政策，规范有序用电。以建设技术支撑平台为基础，开展城市综合试点，推广能效电厂。

（四十三）加快推行合同能源管理。落实财政、税收和金融等扶持政策，引导专业化节能服务公司采用合同能源管理方式为用能单位实施节能改造，扶持壮大节能服务产业。研究建立合同能源管理项目节能量审核和交易制度，培育第三方审核评估机构。鼓励大型重点用能单位利用自身技术优势和管理经验，组建专业化节能服务公司。引导和支持各类融资担保机构提供风险分担服务。

（四十四）推进排污权和碳排放权交易试点。完善主要污染物排污权有偿使用和交易试点，建立健全排污权交易市场，研究制定排污权有偿使用和交易试点的指导意见。开展碳排放交易试点，建立自愿减排机制，推进碳排放权交易市场建设。

（四十五）推行污染治理设施建设运行特许经营。总结燃煤电厂烟气脱硫特许经营试点经验，完善相关政策措施。鼓励采用多种建设运营模式开展城镇污水垃圾处理、工业园区污染物集中治理，确保处理设施稳定高效运行。实行环保设施运营资质许可制度，推进环保设施的专业化、社会化运营服务。完善市场准入机制，规范市场行为，打破地方保护，为企业创造公平竞争的市场环境。

十一、加强节能减排基础工作和能力建设

（四十六）加快节能环保标准体系建设。加快制（修）订重点行业单位产品能耗限额、产品能效和污染物排放等强制性国家标准，以及建筑节能标准和设计规范，提高准入门槛。制定和完善环保产品及装备标准。完善机动车燃油消耗量限值标准、低速汽车排放标准。制（修）订轻型汽车第五阶段排放标准，颁布实施第四、第五阶段车用燃油国家标准。建立满足氨氮、氮氧化物控制目标要求的排放标准。鼓励地方依法制定更加严格的节能环保地方标准。

（四十七）强化节能减排管理能力建设。建立健全节能管理、监察、服务“三位一体”的节能管理体系，加强政府节能管理能力建设，完善机构，充实人员。加强节能监察机构能力建设，配备监测和检测设备，加强人员培训，提高执法能力，完善覆盖全国的省、市、县三级节能监察体系。继续推进能源统计能力建设。推动重点用能单位按要求配备计量器具，推行能源计量数据在线采集、实时监测。开展城市能源计量建设示范。加强减排监管能力建设，推进环境监管机构标准化，提高污染源监测、机动车污染监控、农业源污染检测和减排管理能力，建立健全国家、省、市三级减排监控体系，加强人员培训和队伍建设。

十二、动员全社会参与节能减排

（四十八）加强节能减排宣传教育。把节能减排纳入社会主义核心价值观宣传教育体系以及基础教育、高等教育、职业教育体系。组织好全国节能宣传周、世界环境日等主题宣传活动，加强日常性节能减排宣传教育。新闻媒体要积极宣传节能减排的重要性、紧迫性以及国家采取的政策措施和取得的成效，宣传先进典型，普及节能减排知识和方法，加强舆论监督和对外宣传，积极为节能减排营造良好的国内和国际环境。

（四十九）深入开展节能减排全民行动。抓好家庭社区、青少年、企业、学校、军营、农村、政府机构、科技、科普和媒体等十个节能减排专项行动，通过典型示范、专题活动、展览展示、岗位创建、合理化建议等多种形式，广泛动员全社会参与节能减排，发挥职工节能减排义务监督员队伍作用，倡导文明、节约、绿色、低碳的生产方式、消费模式和生活习惯。

（五十）政府机关带头节能减排。各级人民政府机关要将节能减排作为机关工作的一项重要任务来抓，健全规章制度，落实岗位责任，细化管理措施，树立节约意识，践行节约行动，作节能减排的表率。

附件：1.“十二五”各地区节能目标（略）

2.“十二五”各地区化学需氧量排放总量控（略）

国务院关于加强环境保护重点工作的意见（节录）

国发〔2011〕35号

各省、自治区、直辖市人民政府，国务院各部委、各直属机构：

多年来，我国积极实施可持续发展战略，将环境保护放在重要的战略位置，不断加大解决环境问题的力度，取得了明显成效。但由于产业结构和布局仍不尽合理，污染防治水平仍然较低，环境监管制度尚不完善等原因，环境保护形势依然十分严峻。为深入贯彻落实科学发展观，加快推动经济发展方式转变，提高生态文明建设水平，现就加强环境保护重点工作提出如下意见：

一、全面提高环境保护监督管理水平

（一）严格执行环境影响评价制度。凡依法应当进行环境影响评价的重点流域、区域开发和行业发展规划以及建设项目，必须严格履行环境影响评价程序，并把主要污染物排放总量控制指标作为新改扩建项目环境影响评价审批的前置条件。环境影响评价过程要公开透明，充分征求社会公众意见。建立健全规划环境影响评价和建设项目环

境影响评价的联动机制。对环境影响评价文件未经批准即擅自开工建设、建设过程中擅自作出重大变更、未经环境保护验收即擅自投产等违法行为，要依法追究管理部门、相关企业和人员的责任。

（二）继续加强主要污染物总量减排。完善减排统计、监测和考核体系，鼓励各地区实施特征污染物排放总量控制。对造纸、印染和化工行业实行化学需氧量和氨氮排放总量控制。加强污水处理设施、污泥处理处置设施、污水再生利用设施和垃圾渗滤液处理设施建设。对现有污水处理厂进行升级改造。完善城镇污水收集管网，推进雨、污分流改造。强化城镇污水、垃圾处理设施运行监管。对电力行业实行二氧化硫和氮氧化物排放总量控制，继续加强燃煤电厂脱硫，全面推行燃煤电厂脱硝，新建燃煤机组应同步建设脱硫脱硝设施。对钢铁行业实行二氧化硫排放总量控制，强化水泥、石化、煤化工等行业二氧化硫和氮氧化物治理。在大气污染联防联控重点区域开展煤炭消费总量控制试点。开展机动车船尾气氮氧化物治理。提高重点行业环境准入和排放标准。促进农业和农村污染减排，着力抓好规模化畜禽养殖污染防治。

（三）强化环境执法监管。抓紧推动制定和修订相关法律法规，为环境保护提供更加完备、有效的法制保障。健全执法程序，规范执法行为，建立执法责任制。加强环境保护日常监管和执法检查。继续开展整治违法排污企业保障群众健康环保专项行动，对环境法律法规执行和环境问题整改情况进行后督察。建立建设项目全过程环境监管制度以及农村和生态环境监察制度。完善跨行政区域环境执法合作机制和部门联动执法机制。依法处置环境污染和生态破坏事件。执行流域、区域、行业限批和挂牌督办等督查制度。对未完成环保目标任务或发生重特大突发环境事件负有责任的地方政府领导进行约谈，落实整改措施。推行生产者责任延伸制度。深化企业环境监督员制度，实行资格化管理。建立健全环境保护举报制度，广泛实行信息公开，加强环境保护的社会监督。

（四）有效防范环境风险和妥善处置突发环境事件。完善以预防为主的环境风险管理制度，实行环境应急分级、动态和全过程管理，依法科学妥善处置突发环境事件。建设更加高效的环境风险管理和应急救援体系，提高环境应急监测处置能力。制定切实可行的环境应急预案，配备必要的应急救援物资和装备，加强环境应急管理、技术支撑和处置救援队伍建设，定期组织培训和演练。开展重点流域、区域环境与健康调查研究。全力做好污染事件应急处置工作，及时准确发布信息，减少人民群众生命财产损失和生态环境损害。健全责任追究制度，严格落实企业环境安全主体责任，强化地方政府环境安全监管责任。

二、着力解决影响科学发展和损害群众健康的突出环境问题

（五）切实加强重金属污染防治。对重点防控的重金属污染地区、行业和企业进行集中治理。合理调整涉重金属企业布局，严格落实卫生防护距离，坚决禁止在重点防控区域新改扩建增加重金属污染物排放总量的项目。加强重金属相关企业的环境监管，确保达标排放。对造成污染的重金属污染企业，加大处罚力度，采取限期整治措施，仍然达不到要求的，依法关停取缔。规范废弃电器电子产品的回收处理活动，建设废旧物品回收体系和集中加工处理园区。积极妥善处理重金属污染历史遗留问题。

（六）严格化学品环境管理。

（七）确保核与辐射安全。

（八）深化重点领域污染综合防治。严格饮用水水源保护区划分与管理，定期开展水质全分析，实施水源地环境整治、恢复和建设工程，提高水质达标率。开展地下水污染状况调查、风险评估、修复示范。继续推进重点流域水污染防治，完善考核机制。加强鄱阳湖、洞庭湖、洪泽湖等湖泊污染治理。加大对水质良好或生态脆弱湖泊的保护力度。禁止在可能造成生态严重失衡的地方进行围填海活动，加强入海河流污染治理与入海排污口监督管理，重点改善渤海和长江、黄河、珠江等河口海域环境质量。修订环境空气质量标准，增加大气污染物监测指标，改进环境质量评价方法。健全重点区域大气污染联防联控机制，实施多种污染物协同控制，严格控制挥发性有机污染物排放。加强恶臭、噪声和餐饮油烟污染控制。加大城市生活垃圾无害化处理力度。加强工业固体废物污染防治，强化危险废物和医疗废物管理。被污染场地再次进行开发利用的，应进行环境评估和无害化治理。推行重点企业强制性清洁生产审核。推进污染企业环境绩效评估，严格上市企业环保核查。深入开展城市环境综合整治和环境保护模范城市创建活动。

（九）大力发展环保产业。加大政策扶持力度，扩大环保产业市场需求。鼓励多渠道建立环保产业发展基金，拓宽环保产业发展融资渠道。实施环保先进适用技术研发应用、重大环保技术装备及产品产业化示范工程。着重发展环保设施社会化运营、环境咨询、环境监理、工程技术设计、认证评估等环境服务业。鼓励使用环境标志、环保认证和绿色印刷产品。开展污染减排技术攻关，实施水体污染控制与治理等科技重大专项。制定环保产业统计标准。加强环境基准研究，推进国家环境保护重点实验室、工程技术中心建设。加强高等院校环境学科和专业建设。

（十）加快推进农村环境保护。实行农村环境综合整治目标责任制。深化“以奖促治”和“以奖代补”政策，扩大连片整治范围，集中整治存在突出环境问题的村庄和集镇，重点治理农村土壤和饮用水水源地污染。继续开展土壤环境调查，进行土壤污染治理与修复试点示范。推动环境保护基础设施和服务向农村延伸，加强农村生活垃圾和污水处理设施建设。发展生态农业和有机农业，科学使用化肥、农药和农膜，切实减少面源污染。严格农作物秸秆禁烧管理，推进农业生产废弃物资源化利用。加强农村人畜粪便和农药包装无害化处理。加大农村地区工矿企业污染防治力度，防止污染向农村转移。开展农业和农村环境统计。

（十一）加大生态保护力度。国家编制环境功能区划，在重要生态功能区、陆地和海洋生态环境敏感区、脆弱区等区域划定生态红线，对各类主体功能区分别制定相应的环境标准和环境政策。加强青藏高原生态屏障、黄土高原—川滇生态屏障、东北森林带、北方防沙带和南方丘陵山地带以及大江大河重要水系的生态环境保护。推进生态修复，让江河湖泊等重要生态系统休养生息。强化生物多样性保护，建立生物多样性监测、评估与预警体系以及生物遗传资源获取与惠益共享制度，有效防范物种资源丧失和流失。加强自然保护区综合管理。开展生态系统状况评估。加强矿产、水电、旅游资源开发和交通基础设施建设中的生态保护。推进生态文明建设试点，进一步开展生态示范创建活动。

三、改革创新环境保护体制机制

（十二）继续推进环境保护历史性转变。坚持在发展中保护，在保护中发展，不断强化并综合运用法律、经济、技术和必要的行政手段，以改革创新为动力，积极探索代价小、效益好、排放低、可持续的环境保护新道路，建立与我国国情相适应的环境保护宏观战略体系、全面高效的污染防治体系、健全的环境质量评价体系、完善的环境保护法规政策和科技标准体系、完备的环境管理和执法监督体系、全民参与的社会行动体系。

（十三）实施有利于环境保护的经济政策。把环境保护列入各级财政年度预算并逐步增加投入。适时增加同级环保能力建设经费安排。加大对重点流域水污染防治的投入力度，完善重点流域水污染防治专项资金管理办法。完善中央财政转移支付制度，加大对中西部地区、民族自治地方和重点生态功能区环境保护的转移支付力度。加快建立生态补偿机制和国家生态补偿专项资金，扩大生态补偿范围。积极推进环境税费改革，研究开征环境保护税。对生产符合下一阶段标准车用燃油的企业，在消费税政策上予以优惠。制定和完善环境保护综合名录。对“高污染、高环境风险”产品，研究调整进出口关税政策。支持符合条件的企业发行债券用于环境保护项目。加大对符合环保要求和信贷原则的企业和项目的信贷支持。建立企业环境行为信用评价制度。健全环境污染责任保险制度，开展环境污染强制责任保险试点。严格落实燃煤电厂烟气脱硫电价政策，制定脱硝电价政策。对可再生能源发电、余热发电和垃圾焚烧发电实行优先上网等政策支持。对高耗能、高污染行业实行差别电价，对污水处理、污泥无害化处理设施、非电力行业脱硫脱硝和垃圾处理设施等鼓励类企业实行政策优惠。按照污泥、垃圾和医疗废物无害化处置的要求，完善收费标准，推进征收方式改革。推行排污许可证制度，开展排污权有偿使用和交易试点，建立国家排污权交易中心，发展排污权交易市场。

（十四）不断增强环境保护能力。全面推进监测、监察、宣教、信息等环境保护能力标准化建设。完善地级以上城市空气质量、重点流域、地下水、农产品产地国家重点监控点位和自动监测网络，扩大监测范围，建设国家环境监测网。推进环境专用卫星建设及其应用，提高遥感监测能力。加强污染源自动监控系统建设、监督管理和运行维护。开展全民环境宣传教育行动计划，培育壮大环保志愿者队伍，引导和支持公众及社会组织开展环保活动。增强环境信息基础能力、统计能力和业务应用能力。建设环境信息资源中心，加强物联网在污染源自动监控、环境质量实时监测、危险化学品运输等领域的研发应用，推动信息资源共享。

（十五）健全环境管理体制和工作机制。构建环境保护工作综合决策机制。完善环境监测和督查体制机制，加强国家环境监察职能。继续实行环境保护部门领导干部双重管理体制。鼓励有条件的地区开展环境保护体制综合改革试点。结合地方人民政府机构改革和乡镇机构改革，探索实行设区城市环境保护派出机构监管模式，完善基层环境管理体制。加强核与辐射安全监管职能和队伍建设。实施生态环境保护人才发展中长期规划。

（十六）强化对环境保护工作的领导和考核。地方各级人民政府要切实把环境保护放在全局工作的突出位置，列入重要议事日程，明确目标任务，完善政策措施，组织实施国家重点环保工程。制定生态文明建设的目标指标体系，纳入地方各级人民政府绩效考核，考核结果作为领导班子和领导干部综合考核评价的重要内容，作为干部选拔任用、管理监督的重要依据，实行环境保护一票否决制。对未完成目标任务考核的地方实施区域限批，暂停审批该地区除民生工程、节能减排、生态环境保护和基础设施建设以外的项目，并追究有关领导责任。

国务院

二〇一一年十月十七日

国务院办公厅关于建立完整的先进的废旧商品回收体系的意见

国办发 〔2011〕49号

各省、自治区、直辖市人民政府，国务院各部委、各直属机构：

随着我国工业化、城镇化进程加速和人民生活水平不断提高，产品更新换代周期缩短，废旧商品数量增长加快。由于我国废旧商品回收体系很不完善，不仅影响废物利用，而且极易造成环境污染，建立完整的先进的回收、运输、处理、利用废旧商品回收体系已刻不容缓。经国务院同意，现提出如下意见：

一、指导思想、基本原则和主要目标

（一）指导思想。贯彻落实科学发展观，以节约资源、保护环境为目的，充分发挥市场机制作用，完善法规和政策配套措施，推广应用先进适用技术，健全废旧商品回收网络，提高废旧商品回收率，加快建设完整的先进的回收、运输、处理、利用废旧商品回收体系。

（二）基本原则。坚持市场主导与政府引导相结合，逐步形成政府推动、市场调节、企业运作、社会参与的废旧商品回收机制；坚持循环发展与科技创新相结合，提高废旧商品回收产业整体技术水平；坚持多渠道回收与集中分拣处理相结合，提高废旧商品回收率；坚持全面推进与因地制宜相结合，有重点、有步骤地推进废旧商品回收体系建设。

（三）主要目标。到2015年，初步建立起网络完善、技术先进、分拣处理良好、管理规范的现代废旧商品回收体系，各主要品种废旧商品回收率达到70%。

二、重点任务

（四）抓好重点废旧商品回收。充分发挥市场机制作用，提高废金属、废纸、废塑料、报废汽车及废旧机电设备、废轮胎、废弃电器电子产品、废玻璃、废铅酸电池、废弃节能灯等主要废旧商品的回收率。加强政策引导和支持力度，进一步明确生产者、销售者、消费者责任，通过垃圾分类回收等途径，切实做好重点废旧商品的有效回收。加强报废汽车回收拆解管理，加快回收拆解企业升级改造，提高回收拆解水平。

（五）提高分拣水平。加快废旧商品分拣处理企业技术升级改造，鼓励采用现代分拣分选设备，提升废旧商品分拣处理能力。建设符合环保要求的专业分拣中心，实现精细化分拣处理。不断完善废旧商品集散市场的分拣和集散功能，提高专业分拣能力，促进产需有效衔接，促进废旧商品回收加工一体化发展。

（六）强化科技支撑。在国家相关科技计划中进一步加大对废旧商品回收分拣处理技术研发的支持力度。建立健全产、学、研衔接互动机制，加强废旧商品回收分拣处理技术攻关，集中力量开发大宗废弃物、易污染环境的重点废旧商品回收分拣处理技术。鼓励研发先进的废旧商品回收分拣处理设备，提高回收分拣处理企业的技术装备水平。通过推广应用新技术、新工艺、新设备，加快提高废旧商品回收的现代化水平。加强国际合作与交流，借鉴国外废旧商品回收分拣处理的管理经验，积极引进国外先进技术设备，提高消化、吸收和创新能力。

（七）发挥大型企业带动作用。加大政策引导和支持力度，鼓励废旧商品回收企业联合、重组，做大做强，逐步培育形成一批组织规模大、经济效益好、研发能力强、技术装备先进的大型企业。充分发挥大型企业的示范和带动效应，提高废旧商品回收企业的组织化和规模化程度。鼓励外资参与废旧商品回收体系建设。

（八）推进废旧商品回收分拣集约化、规模化发展。按照布局合理、产业集聚、土地集约、生态环保的原则，在基础较好、需求迫切的地区先行试点，建设分拣技术先进、环保处理设施完备、劳动保护措施健全的废旧商品回收分拣集聚区，促进回收分拣集聚区与国家“城市矿产”示范基地等规模化利用基地的有效衔接。通过配套建设物流、信息、技术、环保设施等公共服务平台，吸引企业集群式发展，促进大企业和中小企业合作，形成企业间分工协作的完整产业链条。

（九）完善回收处理网络。鼓励各类投资主体积极参与建设、改造标准化居民固定或流动式废旧商品回收网点，发挥中小企业的优势，整合提升传统回收网络，对拾荒人员实行规范化管理。结合城市生活垃圾收运体系建设，加快建立居民废旧商品分类收集制度。畅通生产企业间直接回收大宗废旧商品和边角余料的渠道。鼓励生产企业、流通企业积极参与废旧商品回收，逐步实行生产者、销售者责任延伸制。明确生产企业回收废旧商品的责任，督促企业在设计和制造环节充分考虑产品废旧回收时的便利性和可回收率。鼓励党政机关、企事业单位以及居民社区与回收企业建立废旧商品定点定期回收机制。支持利用多种方式开展预约回收和交易，鼓励尝试押金回收、以旧换新、设置自动有偿回收机等灵活多样的回收方式，实现回收途径多元化。进一步做好废旧商品回收体系建设试点工作。

（十）加强行业监管。加强对回收企业站点、回收加工经营行为和市场秩序的监督管理，进一步健全行业管理制度和监督机制，营造统一规范、竞争有序的市场环境，建立和维护良好的废旧商品回收秩序。完善废旧商品回收经营者登记管理相关制度，加强对废旧商品交易市场经营行为的监管。强化对回收站点的治安管理，依法查处收购国家禁止收购物品、收赃销赃等违法犯罪行为。严厉打击利用废旧商品制假、造假行为，规范市场秩序。保护废旧商品回收和加工劳动者的合法权益，严格落实国家关于劳动保障的有关法规和制度。落实国家固体废物进口管理有关规定，加大预防和打击废物非法进口力度，加强对进口固体废物和旧商品的监管，鼓励进口再利用价值高、对原生资源替代性强、可直接用作原料的固体废物。

（十一）加强环境保护。强化废旧商品回收各环节的污染防治工作，完善污染防治设施，对废水、废气和固体废物实行严格收集和处理，严禁产生二次污染。制定和完善相应的环保法规、标准，加强回收、运输、处理、利用各环节的环境监管，加大环保执法力度，依法查处污染环境的企业并向社会公布。建立以环保指标为主要依据之一的市场准入和退出机制。积极推动企业开展质量管理体系和环境管理体系认证及清洁生产审核。对未达到质量和环保要求的废旧商品回收、运输、处理、利用企业，要切实加强督查、限期整改。

三、保障措施

（十二）加大财税金融支持力度。进一步研究完善支持废旧商品回收体系建设的财政政策。建立废弃电器电子产品处理基金，用于废弃电器电子产品回收处理费用补贴。通过国家科技计划（基金）等渠道，加强废旧商品回收处理有关技术设备的研发与示范。研究制定并完善促进废旧商品回收体系建设的税收政策。创新金融产品和服务方式，加大金融机构支持废旧商品回收体系建设的服务力度。鼓励并引导社会资金参与废旧商品回收体系建设。地方各级人民政府要相应加大财政投入，同时抓紧清理废旧商品回收领域存在的不合法、不合理收费项目。

（十三）完善土地支持政策。在提高土地节约集约利用水平的基础上，加大对废旧商品回收体系项目的土地政策支持。对列入各地废旧商品回收体系建设规划的重点项目，在符合土地利用总体规划前提下布局和选址，需要进行土地征收和农用地转用的，在土地利用年度计划内优先安排。积极支持利用工业企业存量土地建设废旧商品回收体系项目。

（十四）修订完善相关制度和标准。加快废旧商品回收法规建设，将废旧商品回收处理纳入法制化轨道，明确相关主体责任。完善促进和规范废旧商品回收的相关制度，建立废旧商品回收统计体系，加强考核和评价。加快废旧商品回收行业标准和规范的制修订工作，制定相关技术规范和重点废旧商品回收目录。修订《报废汽车回收管理办法》。编制“十二五”废旧商品回收体系建设规划并纳入国家“十二五”发展规划和循环经济发展规划。各地区在编制和调整城市规划、土地利用总体规划、基础设施规划、村镇规划时，应充分考虑废旧商品回收体系建设的需要，合理布局回收网点、分拣中心和区域性回收分拣基地。

四、组织协调

（十五）建立统筹协调指导机制。成立由商务部牵头、有关部门参与的废旧商品回收体系建设部际协调机制，指导废旧商品回收体系建设工作，协调解决工作中的重大问题，研究提出政策建议和工作思路，促进废旧商品回收体系建设工作制度化。有关部门按照职能分工，加强协调，密切配合，共同推进。各地要将废旧商品回收体系建设纳入当地政府工作目标和考核内容，并建立相应的工作协调机制。充分发挥行业协会作用，强化企业与政府沟通，提高行业自律和组织水平。

（十六）深入开展宣传教育。利用多种形式，广泛进行废旧商品回收利用宣传教育，积极倡导环保健康、循环利用的生产生活方式，在全社会推动形成加强环境保护、注重资源回收的良好氛围，树立全民节约环保意识。在中小学教育和职业技能培训中，加强勤俭节约品德和废旧商品回收知识普及教育。

国务院办公厅

二〇一一年十月三十一日

国家发展和改革委员会政策文件

关于2011年全国节能宣传周活动安排意见的通知

发改环资[2011]911号

各省、自治区、直辖市及计划单列市、副省级省会城市、新疆生产建设兵团发展改革委、教育厅（教委、教育局）、科技厅（科委）、工业和信息化主管部门、环保厅（局）、住房和城乡建设厅（建委、建设交通委、建设局）、交通运输厅（局）、农业厅（委、办、局）、商务主管部门、国资委、广播影视局、机关事务管理部门、总工会、团委，国务院有关部门，解放军总后勤部：

今年是“十二五”开局之年，要充分总结和宣传“十一五”节能减排成就，为“十二王”节能减排工作营造良好社会氛围，加快构建资源节约、环境友好的生产方式和消费模式，增强可持续发展能力。经研究，定于今年6月11至17日，由国家发展改革委等14部门联合举办2011年全国节能宣传周活动。现将有关事项通知如下：

一、今年全国节能宣传周活动的主题是“节能我行动 低碳新生活”。

二、各地区、各部门要认真贯彻落实党的十七届五中全会、中央经济工作会议和十一届全国人大四次会议审议通过的“十二五”规划《纲要》精神，坚持以科学发展为主题，以加快转变经济发展方式为主线，坚持把建设资源节约型、环境友好型社会作为加快转变经济发展方式的重要着力点，大力推进节能减排工作。节能宣传周期间，企业、机关、学校、农村、社区、军营等要把倡导节能低碳的生产方式、消费模式和生活习惯作为宣传重点，发挥广播、电视、报刊等传统媒体优势，积极运用手机、网络等新兴媒体，在全社会强化能源资源国情宣传教育，普及合理用能、提高能效、减少浪费的节能理念，进一步提高全民节能意识。

三、各地区节能主管部门要会同联合主办单位抓好本地区的节能宣传周活动，加强组织协调，制定社会影响力大、预期效果较好的实施方案，安排节能宣传专项经费。国家节能中心、中国节能协会、中国质量认证中心、各级节能监察机构和节能技术服务中心等单位要积极配合开展宣传活动，持续推动节能减排全民行动。要通过举办展览展示会、技术交流会、现场体验活动，建立节能科普基地，印制宣传海报、宣传手册，深入开展能源资源和生态环境国情宣传教育，倡导全社会进一步把节能理念转化为全民行动。要会同有关部门积极倡导低碳消费，组织好节能产品惠民工程，利用宣传周大力推广高效照明产品、节能空调、节能汽车、高效电机等。

四、各部门要围绕“节能我行动

低碳新生活”举办政府行动、企业行动、农村行动、社区行动等针对不同群体的宣传活动。节能宣传周期间，各级发展改革、节能主管部门要大张旗鼓的宣传“十一五”节能减排的成果和经验，广泛宣传限制使用塑料购物袋、资源循环利用、“禁实”等方面工作成效，积极推广绿色、低碳发展理念；要结合夏季用电高峰形势，加强有序用电，鼓励节约用电，倡导绿色消费，践行节约行动。各级机关事务管理部门要继续组织公共机构能源紧缺体验、使用环保再生纸和抵制商品过度包装等专项活动，积极推进公共机构厉行节约工作，发挥示范带头作用。各级教育行政部门要在各类学校广泛开展能源资源国情教育，通过实地体验等多种方式强化学生的资源忧患意识和节约意识，培养学生珍惜资源、合理用能的行为习惯。各级科技部门要积极宣传节能新技术，运用多种方式在全社会推广普及节能、低碳技术。各级工业和信息化管理部门要组织工业企业总结和推广节能增效的经验和成效，继续开展“我为节能减排献一策”等活动，组织电信运营商发送倡议节能减排的公益短信。各级环保部门要通过典型案例宣传资源节约和环境保护的必要性和重要性，强化全民环保意识。各级住房城乡建设部门要大力宣传绿色建筑行动和北方采暖地区集中供热计量收费改革成效等。各级交通运输部门要积极宣传交通节能成效，推行节能驾驶和操作，倡导公众绿色出行。各级农业部门要继续深入开展节能减排农村行活动，大力宣传推广农业和农村节能减排技术与产品。各级商务部门要加强绿色饭店、绿色宾馆建设，倡导公众减少一次性用品使用。各级国资委要组织国有大中型企业开展企业节能成效展，倡导企业优化产业结构，普及节能技术，降低能耗、提高能效，调动相关行业协会积极配合开展节能宣传活动。各级广播影视部门要组织电视台、广播电台等媒体以新闻、专题等多种形式集中宣传节能成就，播出倡导节能生活的公益广告等。各级工会要继续深入开展“我为节能减排做贡献”活动，加强职工节能减排义务监督员队伍建设，动员和组织职工为节能减排献计献策。各级共青团组织要积极开展以“四个一”（节约一滴水、节约一度电、节约一张纸、节约一粒米）为主要内容的主体实践和宣传活动，引导青少年增强资源节约意识，强化青少年节能减排实践。

活动结束后，国务院有关部门、各省级节能主管部门要会同联合主办单位对节能宣传周活动情况进行认真总结，表扬奖励先进，并对今后的活动提出意见，并于7月31日前将书

面总结材料报送国家发展改革委（环资司），抄送其他主办单位。

国家发展改革委 教育部 科技部 工业和信息化部
环境保护部 住房城乡建设部 交通运输部 农业部
商务部 国资委 国家广电总局 国务院机关事务管理局
中华全国总工会 共青团中央
二〇一一年五月三日

关于印发循环经济发展专项资金支持餐厨废弃物资源化利用和无害化处理试点城市建设实施方案的通知

发改办环资[2011]1111号

各省、自治区、直辖市及计划单列市、新疆生产建设兵团发展改革委（经委、经信委、经贸委）、财政厅（局）：

为推动餐厨废弃物资源化利用和无害化处理，变废为宝，化害为利，促进循环经济发展，加快建设资源节约型和环境友好型社会，提高生态文明水平，根据《循环经济促进法》和国务院领导批示精神及有关文件要求，利用循环经济发展专项资金支持餐厨废弃物资源化利用和无害化处理试点城市建设工作。为加强资金管理，提高资金使用效益，

按照国家有关法律法规规定及预算管理要求，我们制定了《循环经济发展专项资金支持餐厨废弃物资源化利用和无害化处理试点城市建设实施方案》，现印发你们，请遵照执行。已列入初选名单的试点城市（区）（发改办环资[2010]3312号）也按此执行。工作中的有关问题及建议，请及时反馈国家发展改革委（环资司）、财政部（经建司）。

附件：循环经济发展专项资金支持餐厨废弃物资源化利用和无害化处理试点城市建设实施方案

国家发展改革委办公厅
财政部办公厅
二〇一一年五月十七日

附件：

循环经济发展专项资金支持餐厨废弃物资源化利用和无害化处理试点城市建设实施方案

一、政策背景

当前，由“地沟油”、“垃圾猪”等餐厨废弃物引发的食品安全问题备受社会关注。推进餐厨废弃物资源化利用，有助于从源头解决食品安全、生态安全和环境卫生等问题，实现社会效益、环境效益和经济效益的统一，这是发展循环经济的要求，也是建设生态文明城市的重要内容。为此，中央财政安排循环经济发展专项资金支持餐厨废弃物资源化利用和无害化处理试点城市建设。

二、支持内容

以城市为单位，支持试点城市餐厨废弃物收集、运输、利用和处理体系建设和改造升级，以及法规、标准、管

理体系等能力建设。主要支持内容如下：

（一）餐厨废弃物收运体系建设。包括餐饮单位、集体食堂油水分离装置、收集装置配置，收运车辆和工具配置，餐厨废弃物成分检测装备配置等。

（二）资源化利用和无害化处理项目建设。包括基础设施建设、厂房建设、主要生产设备购置以及环保配套设施、辅助生产设施建设等。

（三）能力建设。包括收运台账、处理监控等电子信息管理平台建设，生产过程及产品监测系统，技术研发平台建设，法规、标准体系建设等。

三、支持方式与测算标准

对于餐厨废弃物资源化利用和无害化处理试点城市建设，中央财政采取预拨与清算相结合的综合财政补助方式予以支持（具体方式详见组织实施程序），补助资金由地方政府根据有关建设方案统筹使用，专项用于餐厨废弃物收运和利用体系建设。

补助资金根据有关建设方案，以城市新增餐厨废弃物资源化利用和无害化处理总量为算账依据，参考餐厨废弃物资源化利用和无害化处理成本，按新增总投资额的一定比例核定。

四、组织实施程序

（一）试点申报。国家发展改革委、财政部、住房城乡建设部等部门联合下发推荐试点城市的通知，各省（区、市）循环经济发展综合管理部门、财政部门、住房城乡建设部门根据通知要求联合推荐。计划单列市直接申报。

（二）联合初审。国家发展改革委、财政部、住房城乡建设部会同环境保护部、农业部等部门组织专家对各地申报材料进行评审筛选，确定初选名单并下发通知，提出编报试点实施方案的要求。

（三）编制实施方案。进入初选名单的城市所在地人民政府根据试点城市建设的任务和要求，结合本地区餐厨废弃物产生和利用现状，在所在地省级循环经济发展综合管理部门、财政部门、住房城乡建设部门的指导下，制定并上报具体的实施方案。实施方案要突出本地政府配套制度和支持措施、新增餐厨废弃物资源化利用和无害化处理量、收运体系建设和具体项目建设等内容，以及达产达效进度表，详细说明有关技术先进性、餐厨废弃物收运及利用处理措施等，实施期原则上不超过5年。

（四）联合评审。国家发展改革委、财政部、住房城乡建设部会同有关部门组织专家对地方所报实施方案进行评审，批复评审通过的实施方案并确定为试点城市，向社会公布。

（五）签订承诺书。试点城市人民政府与国家发展改革委、财政部、住房城乡建设部签订《推进餐厨废弃物资源化利用和无害化处理试点工作承诺书》，明确试点城市餐厨废弃物回收利用体系建设内容和主要目标，并对社会公布。试点城市人民政府要建立健全有关法规制度，健全机制，保障试点工作的顺利开展。

（六）资金拨付。财政部、国家发展改革委根据试点城市实施方案，综合考虑当地餐厨废弃物现状和年度项目投资计划，共同确定给予试点城市的中央财政补助资金额，并按照补助金额的50%向地方政府下拨启动资金。

（七）实施建设任务。试点城市政府按照批复的实施方案，推进餐厨废弃物资源化利用和无害化处理，并将每年建设进度情况报送国家发展改革委、财政部、住房城乡建设部。试点城市政府统筹使用补助资金，专项用于构建餐厨废弃物收运和利用体系，每年年底前将资金使用情况报送财政部、国家发展改革委备案。项目建设要严格按照国家项目管理的有关规定执行，项目有调整的，要及时报国家发展改革委、财政部批准。

（八）考核验收。5年内，城市新增餐厨废弃物资源化利用和无害化处理总量超过考核方案中设定目标90%以上的，由地方政府提出考核和余款拨付申请，国家发展改革委、财政部、住房城乡建设部组织力量进行考核。考核重点是方案实施情况是否达到预期效果，城市绝大部分餐厨废弃物是否得到有效回收、利用和处理，餐厨废弃物回收、资源化利用和无害化处理能力建设是否发挥应有的作用，其中资源化利用和无害化能力建设主要考核新增餐厨废弃物资源化利用和无害化处理总量是否达到预期目标。对考核合格的，财政部、国家发展改革委拨付剩余资金，不合格的不再拨付资金并收回已拨付资金的80%。3年内工作无实质进展的，将已拨付补助资金扣回。具体考核办法由国家发展改革委、财政部、住房城乡建设部另行制定。

五、其他要求

（一）试点城市人民政府要高度重视，加强领导、明确职责、落实分工，履行承诺内容，采取必要措施、落实相关政策，促进餐厨废弃物回收利用体系建设，确保试点目标的实现。

（二）试点城市要按照国家发展改革委、财政部、住房城乡建设部批复的实施方案开展建设工作。

（三）试点城市所在地省级循环经济发展综合管理部门、财政部门、住房城乡建设部门要会同环保、农业等有关

部门，加强对试点工作的日常指导和监督管理。财政部门会同循环经济发展综合管理部门加强对资金使用的监管。

（四）国家发展改革委、财政部、住房城乡建设部将不定期组织抽查，对达不到要求的，责令限期整改，经整改仍达不到要求的，取消试点称号，并将已拨付资金扣回。

当前优先发展的高技术产业化重点领域指南（2011年度）(节录)

（国家发展改革委、科技部、工业和信息化部、商务部、知识产权局二〇一一年六月二十三日印发）

八、节能环保和资源综合利用

115、先进节能技术

燃煤工业炉窑改造技术，节约和替代石油技术，流程工业能量系统优化技术与装备，工业余热余压利用技术，能量转换系统效能提高及改造技术，能量梯级利用技术，仿真节能控制技术，半导体照明与照明节能控制技术，建筑节能及节能改造技术，电机系统节能控制及改造技术，热电冷等联产联供技术。

116、饮用水安全保障技术

灵敏、快速的水源地水质自动监测技术，水质在线检测和预警技术，饮用水强化处理技术，高效安全消毒技术，微污染净化技术，高效控藻、除藻和藻毒素去除技术，管网水质在线检测技术，多功能自动化捞藻船及二次污染控制技术，多物种智能生物预警仪，管网水质稳定技术和直饮水净化技术，农村饮用水除氟、除砷技术与装置。

117、工业和城市节水、废水处理

洗涤等废水循环利用技术及装备，供水管网防漏技术，高浓度有毒工业废水处理技术和设备，石油废水处理与分质回用技术，高效水处理药剂的研制与开发，工业、污泥安全处置与资源化技术，高含盐废水处理工艺与技术，城市污水、工业废水深度处理及资源化再生利用技术。

118、雨水、海水、苦咸水利用

雨水收集利用与回渗技术与装置，海水、苦咸水淡化技术与装备，海水膜法低成本淡化技术及关键材料，规模化海水淡化热能设备和海水淡化设备，海水、卤水直接利用及综合利用技术与装备，耦合海水淡化技术，浓盐水浓缩结晶零排放技术与装备。

119、大气污染与温室气体排放控制

机动车尾气排放控制用高性能蜂窝载体、满足国IV、国V标准汽车净化器，

高性能除尘滤料和高性能电、袋组合式除尘技术与设备，燃煤烟气脱硫、脱硝、

脱汞或一体化的高效技术和装备，工业排放有毒废气控制技术与设备，选择性催化还原法（SCR）烟气脱硝催化剂及再生技术，室内空气污染物控制与削减技术，挥发性有机化合物（VOC）的控制技术，油库、加油站油气回收技术与设备，碳减排及碳转化利用技术，消耗臭氧层物质的低温室潜能替代技术及产品。

120、固体废弃物的资源综合利用

垃圾分选、破碎、生化脱水等预处理和综合处理技术与装备，城市及农林固体废弃物处置及能源利用技术，厨余垃圾处理技术与配套设备，利用工业固体废弃物生产复合材料、工程结构制品等技术及设备，电厂粉煤灰及煤矿矸石、冶金废渣、低品位矿及尾矿废渣、建筑废弃物等资源回收与综合利用技术，废旧家电与电子产品、汽车等拆解、废弃物资源化处理成套设备，矿山尾矿资源生态型管理与综合利用技术，贵金属资源二次高效回收利用技术。

121、危险固体废弃物处置技术及设备

危险废物高效、安全、可靠的收集、存储、运输与焚烧技术及设备，焚烧渣、飞灰熔融无害化等处置技术和设备，危险废物安全填埋处置技术及设备，危险废物固化技术、设备和固化药剂，医疗废物收运、高温消毒处理技术与设备，有害化学品处理技术，放射性废物处理与整备技术与装备，危险废物污染事故应急处理设备，电池回收和再利用技术及设备，废旧荧光灯管汞回收处理技术（MRT)及装备，利用水泥窑处置危险废弃物技术及装备。

122、环境自动监测系统

水质及污染源在线监测系统备，水中微量有机污染物富集装置，持久性有机污染物采样、分析系统，环境遥感监测系统和量值溯源标准设备，空气质量及污染源在线监测系统，温室气体（GHG）排放监测技术与设备，污染事故应急监测等便携式现场快速测定仪及预警、警报仪器，大气中污染物在线检测系统，矿山安全监测、预警与防治

技术，滑坡、崩塌、泥石流等地质灾害监控预警设备及系统。

123、生态环境建设与保护

环保基础材料制备及其应用技术，水土流失及荒漠化防治技术，湿地恢复与利用技术，污染土壤修复、污染水体修复、衬泥治理及富营养化防治技术，面源污染控制技术，持久性有机污染物（POPs）替代技术及替代产品，重金属污染物农田治理改造技术与产品，垃圾填埋防渗材料、渗滤液处理、填埋气回收技术和设备，高效、节能、环保和可循环的新型制造工艺及装备，机电产品表面修复和再制造技术。

关于组织开展循环经济教育示范基地建设的通知

发改办环资[2011]1552号

各省、自治区、直辖市及计划单列市、新疆生产建设兵团发展改革委、经贸委（经信委），教育厅（委、局），财政厅（局），旅游局：

为贯彻落实《循环经济促进法》，加强循环经济宣传、教育和科学知识普及，国家发展改革委、教育部、财政部、国家旅游局决定组织开展国家循环经济教育示范基地建设工作，现将有关事项通知如下：

一、充分认识建设循环经济教育示范基地的意义

近年来，在党中央、国务院的正确领导下，在各地各部门的共同努力下，我国循环经济发展取得积极进展。短短几年时间，循环经济从理念变为行动，在全国范围内得到迅速发展，在理论上、实践上、政策体系和制度创新上都取得了重要突破，初步形成了循环经济发展的政策环境和社会氛围，凝练出了一批各具特色的循环经济典型和模式。但同时也应看到，我国循环经济发展还处于初级阶段，发展循环经济还没有成为社会各界的自觉行动，循环经济模式和典型还需要进一步推广。通过建设循环经济教育示范基地，加强对典型循环经济企业或园区的宣传，广泛开展循环经济教育和知识普及活动，提升全社会对发展循环经济的感性认识和参与程度，将有利于提高社会公众、特别是广大青少年学生对发展循环经济重要性、紧迫性的认识，推动相关企业了解借鉴本行业发展循环经济的有效路径，是实现循环经济形成较大规模的重要保障。

二、建设目标和主要内容

（一）建设目标

通过循环经济教育示范基地建设，搭建循环经济的宣传、交流平台和教育培训基地，推广循环经济典型模式，宣传循环经济理念，引导社会公众广泛参与循环经济发展。

（二）主要内容

“十二五”期间，在全国建设一批技术先进、管理规范、循环经济特征明显、教育示范作用强的循环经济教育示范基地。建设完善的循环经济教育和展示场地及设施，拍摄循环经济专题教育片，设置专用参观通道、安全保障设施，配备必要的交通工具和专业讲解人员。根据学生和社会公众人群的参观实践活动，设计有针对性的教育及活动形式。

三、组织实施

（一）各地组织推荐

各地循环经济发展综合管理部门、教育部门要认真总结近年来循环经济发展典型，并在征求同级财政部门、旅游部门意见的基础上，联合向国家发展改革委、教育部推荐1-2个企业（园区）。被推荐单位应满足以下条件：

1.被列为国家循环经济（含再制造）试点示范单位或国家循环经济试点省市的省级试点单位；

2.循环经济特征明显，具有相对完整的产业链条；

3.具备一定的教育、参观和展示设施，安全保障措施，有一定的面向公众特别是中小学生的开放时间，并相对固定；

4.接近大中城市或人口密集区，交通便利，方便参观，2010年各类参观人数不少于1000人；

5.社会形象良好，5年内没有违法违规记录。

推荐材料包括以下内容：

1.推荐文件：各地循环经济综合管理部门、教育部门的联合推荐文件。

2.申报材料：开展循环经济教育示范活动的现有基础，已开展的相关工作和下一步工作计划。已经被列为国家各类校外教育基地和工业旅游示范点的企业（园区）可以优先推荐，并附相关证明文件。

（二）联合评审

国家发展改革委、教育部会同财政部、国家旅游局等部门共同组织专家，对各地推荐材料进行初审，并指导通过初审的单位编制循环经济教育示范基地建设实施方案。实施方案最终评审通过的单位，将被国家发展改革委、教育部、财政部、国家旅游局联合确定为国家循环经济教育示范基地，并可在适当位置标注“国家循环经济教育示范基地”标志。标志式样由国家发展改革委、教育部、财政部、国家旅游局另行发布。

各地要高度重视循环经济教育示范基地建设，加强组织领导和统筹协调，认真做好推荐工作，并于2011年7月30日前将首批推荐材料报送国家发展改革委（环资司）、教育部（基础教育一司）。

国家发展改革委办公厅
教育部办公厅
财政部办公厅
国家旅游局办公室
二〇一一年六月二十九日

关于集中开展限制生产销售使用塑料购物袋专项行动的通知

发改环资[2011]1399号

各省、自治区、直辖市及计划单列市、副省级省会城市、新疆生产建设兵团发展改革委、物价局、工信厅、环保厅（局）、商务厅、工商局、质量技术监督局，深圳市市场监督管理局：

《国务院办公厅关于限制生产销售使用塑料购物袋的通知》（国办发[2007]72号）被国内外媒体称为中国的“限塑令”，自2008年6月1日起实施。三年来，各地各部门积极贯彻落实，加强组织协调，出台配套政策，广泛开展宣传，部署专项检查，确保“限塑令”实施取得阶段性成果。为全面总结“限塑令”实施情况，深入推动限塑工作，重点解决突出问题，进一步巩固限塑成果，定于7月至8月在全国集中开展限制生产销售使用塑料购物袋专项行动，现就有关事项通知如下：

一、高度重视，认真总结“限塑令”实施的良好效果

（一）“限塑令”的实施既有利于节约资源，又有利于治理白色污染，各地各部门要充分认识“限塑令”的重要意义，把限制生产销售使用塑料购物袋工作作为“节能减排 全民行动”的一项重要内容，认真抓好落实。

（二）各地发展改革部门要切实承担牵头责任，协调有关部门对本地区执行“限塑令”取得的积极成效进行认真调查分析，全面总结本地区“限塑令”实施在减少塑料消耗、节约石油资源、减少环境污染，促进节能减排及改变社会消费习惯等方面的积极作用。

二、加大宣传教育力度，营造良好限塑氛围

（一）各地商务部门会同发展改革、工商等部门加大在商品零售场所特别是集贸市场的宣传力度，通过电子展板、公告栏、横幅等多种形式，提示经营者和消费者有偿提供、合理使用合格塑料购物袋，引导市场开办者在市场内设立专营（或兼营）塑料购物袋经营摊位，实行塑料购物袋统一采购、销售。

（二）各地环保部门要会同有关部门大力宣传超薄塑料袋带来的环境问题，使消费者认清超薄塑料购物袋的危害，自觉少用、不用塑料袋。

三、加强联动执法，强化源头治理

（一）各地质监部门要在专项行动期间，在塑料购物袋生产集中的重点地区，加大执法人力和物力的投入，进行专项执法检查。对生产塑料购物袋及同类产品的企业和场所进行认真排查，依照法律法规和GB21660-2008《塑料购物袋的环保、安全和标识通用技术要求》等标准规定，对生产超薄等不合格塑料购物袋的违法行为进行严厉查处。

（二）各地工商、价格部门要继续加大对集贸市场的检查力度，严厉查处屡禁不止、不履行管理责任的市场开办者，督促落实集贸市场开办者管理责任。

（三）各地工信部门要加强对生产企业的引导，督促企业严格按照国家标准组织生产，保证塑料购物袋的质量，杜绝超薄塑料购物袋的生产，积极支持塑料生产企业进行技术升级改造，生产高附加值产品。

四、加大处罚力度，严格落实《商品零售场所塑料购物袋有偿使用管理办法》

（一）各地价格、工商部门要依照《商品零售场所塑料购物袋有偿使用管理办法》（以下简称《办法》）对违反规定的商品零售场所经营者，特别是集贸市场开办者给予严厉处罚，禁止无偿或变相无偿提供塑料购物袋，在专项行动期间集中查处一批违规案件，形成震慑和警示作用。

（二）对于集贸市场经营户销售超薄塑料购物袋的，由工商部门依据《办法》第十三条、第十七条以及《中华人民共和国产品质量法》的有关规定，对市场开办者予以处罚。

（三）对于集贸市场经营户不标明价格或不按规定的内容和方式标明价格销售塑料购物袋的，由价格部门依据《办法》第十三条、第十四条，责令市场开办者改正，并视情节依法予以处罚。

五、有关要求

（一）各地要高度重视此项工作，要密切配合、明确分工，形成发展改革部门牵头、工信、环保、商务、价格、工商、质监等各部门各司其职、各负其责的长效机制。要借本次专项行动契机，不断加大监督检查和宣传教育力度，切实推进集贸市场限塑工作，使“限塑令”的积极效果得到全面体现。

（二）各地发展改革部门要会同有关部门认真总结此次专项行动中好的经验做法、取得的成效以及存在的突出问题，于8月底前将专项行动情况总结连同附表一、附表二，联合上报国家发展改革委（资源节约和环境保护司）、工业和信息化部（节能司）、环境保护部（污防司）、商务部（流通业发展司）、工商总局（市场司）、质检总局（执法督查司）。

（三）结合各地工作情况，国家有关部门将组成联合检查组，对各地限制生产销售使用塑料购物袋工作进行重点督查，具体事项另行通知。

国家发展改革委 工业和信息化部
环境保护部 商务部
工商总局 质检总局
二〇一一年七月六日

关于率先在甘肃、青海省开展园区循环化改造示范试点有关事项的通知

发改办环资[2011]1239号

甘肃省、青海省发展改革委（工信委）、财政厅：

为贯彻落实国务院关于甘肃省循环经济总体规划、青海省柴达木循环经济示范区总体规划的批复精神，推进甘肃省、青海柴达木循环经济示范区循环经济发展，加快转变经济发展方式，建设资源节约型和环境友好型社会，国家发展改革委、财政部决定2011年率先在甘肃省、青海省柴达木循环经济试验区选择部分园区进行循环化改造示范试点。现将有关事项通知如下。

一、资金支持

产业园区是我国经济发展的重要支撑，对产业园区进行循环化改造是我国发展循环经济的重点。《循环经济促进法》规定“国家鼓励各类产业园区的企业进行废物交换利用、能量梯级利用、土地集约利用、水的分类利用和循环使用，共同使用基础设施和其他有关设施”。产业园区循环化改造是列入国家“十二五”规划纲要的循环经济重点工程之一，中央财政安排循环经济发展专项资金支持园区循环化改造示范试点，率先支持你省符合条件（具体条件详见程序安排）的园区按照循环经济理念进行改造，建设废物交换利用、能量梯级利用、水的分类利用和循环使用等重大项目，以及公共服务平台等基础设施项目。支持内容如下：

（一）园区循环化改造的关键补链项目。包括循环经济产业链链接或延伸的关键项目，资源共享设施建设项目、物料闭路循环利用项目，副产物交换利用、能量梯级利用、水的分类利用和循环使用项目，污染物“零排放”

或系统构建项目。

（二）公共服务设施建设。包括园区内污染集中防治设施建设及升级改造项目、废物交换平台项目、循环经济技术研发及孵化器项目、循环经济统计信息化项目及监测体系建设项目、生产型服务业循环化改造项目等基础设施和公共服务平台项目。

中央财政采取预拨与清算相结合的综合财政补助方式对园区循环化改造予以支持（具体方式详见程序安排）。补助资金由地方政府根据园区循环化改造方案统筹使用，专项用于园区循环化改造。补助资金根据园区循环化改造实施方案，按照改造项目新增投资额的一定比例进行补助。

二、程序安排

（一）推荐园区。甘肃、青海省循环经济发展综合管理部门、财政厅联合向国家发展改革委、财政部推荐具备循环化改造基础的园区。甘肃省推荐园区数量不超过5家，青海省推荐的园区仅限于柴达木循环经济示范区内的园区，推荐数量不超过3家。推荐的园区应具备以下基本条件：

1、属于国家或省级经济技术开发区、高新技术产业开发区、重点专业园区或产业集聚区（工业、农业、工矿区），且为国务院批复的《甘肃省循环经济总体规划》和《青海省柴达木循环经济示范区总体规划》中的园区；

2、符合城市总体规划和土地利用总体规划，有明确的园区边界；

3、园区内产业符合国家产业政策，具备一定的产业基础和产业规模；

4、已完成“十一五”节能减排目标；

5、具备明确的园区组织管理机构或投资运营主体；

6、基础设施较为完善，具备符合国家标准的各项环保设施，近三年未出现重大环境污染等事件。

（二）编报实施方案。园区所在地政府要结合本地区资源环境、产业发展现状及园区特点，参照《园区循环化改造示范试点实施方案编制指南》（见附件），组织编写园区循环化改造示范试点实施方案，并报省循环经济发展综合管理部门、财政部门。省级循环经济发展综合管理部门、财政部门共同组织专家对实施方案联合审核后报国家发展改革委、财政部。

（三）评审实施方案。国家发展改革委、财政部会同有关部门组织专家对实施方案进行评审。方案通过评审的，由国家发展改革委、财政部联合批复。对实施方案获得批复的园区，可在适当位置标示“国家循环化改造示范试点园区”标志。标志式样由国家发展改革委、财政部另行发布。

（四）签订承诺书。园区所在地省级政府与国家发展改革委、财政部签订承诺书，确定园区循环化改造的目标任务、重点项目，落实相关配套措施和优惠政策。

（五）拨付资金。财政部、国家发展改革委根据园区循环化改造实施方案，综合考虑园区循环化改造项目投资计划，共同确定给予园区循环化改造的中央财政补助资金额，财政部、国家发展改革委按照补助金额的50%下拨启动资金。

（六）实施改造。园区按照国家发展改革委、财政部批复的实施方案进行循环化改造，每年年底前将实施进展情况报国家发展改革委、财政部。地方政府根据园区循环化改造实施方案统筹使用补助资金，专项用于园区循环化改造，并于每年底前将资金使用情况报送财政部、国家发展改革委备案。项目建设严格按照国家项目管理的有关程序和规定执行，项目有调整的要及时报国家发展改革委、财政部批准。

（七）考核验收。自今年起5年内，园区配套基础设施和关键补链项目建设进度完成实施方案设定目标，且资源环境指标达到实施方案预期目标90%以上的，由地方政府提出考核和余款拨付申请，国家发展改革委、财政部组织力量进行考核。考核重点是实施方案是否完成，实施情况是否达到预期效果，园区配套基础设施和关键补链项目建设是否发挥应有作用，其中对关键补链项目建设，主要考核补链后资源节约和环境污染减少是否达到预期目标。考核合格的，财政部、国家发展改革委拨付剩余资金，并命名为“国家循环化改造示范园区”，不合格的不再拨付。3年内工作无实质性进展的，将已拨付补助资金扣回。具体考核办法由国家发展改革委、财政部另行制定。

三、有关要求

（一）充分认识园区循环化改造的重要意义。实施园区循环化改造是转变经济发展方式，实现园区可持续发展的内在要求；是提高资源产出率，提升园区综合竞争力的有效途径；是加强园区环境保护，改进区域生态环境的重要措施。要高度重视园区循环化改造工作，加强统筹协调，全面推进产业园区循环经济发展。

（二）明确园区循环化改造的主要任务和目标。要坚持循环经济“减量化、再利用、资源化”和“减量化优先”原则，按照可复制、可推广、可借鉴的要求，从优化园区空间布局、调整产业结构、盘活资源要素存量、突破循环经济关键链接技术、企业清洁生产、生态建设、环境保护、搭建公共基础设施和公共服务平台、创新园区管理

机制等多方面推进产业园区节能、节水、节地、节材、能源资源梯级利用和循环利用，实现园区的资源产出率、土地产出率大幅度上升，产业链关联度进一步提升，二氧化硫、化学需氧量、氨氮、氮氧化物等污染物排放量大幅度降低。

（三）加强对园区循环化改造的指导和监督检查。被确定为循环化改造示范试点的园区要按照国家发展改革委、财政部批复的实施方案开展工作。省级循环经济发展综合管理部门、财政部门要加强跟踪，督促落实，帮助协调解决循环化改造中的问题。国家发展改革委、财政部将不定期组织抽查，对达不到要求的，责令限期整改，经整改仍达不到要求的，取消示范试点园区称号，并扣回已拨付资金。

四、报送时间

请将推荐材料和联合审核通过的园区循环化改造示范试点实施方案于6月13日前，报送至国家发展改革委（环资司）、财政部（经建司）。

附件：园区循环化改造示范试点实施方案编制指南

二〇一一年五月二十四日

附件：

园区循环化改造示范试点实施方案编制指南

为推动园区循环化改造示范试点工作的顺利开展，指导地方编制园区循环化改造示范试点实施方案，我们制定了本编制指南。各地编制时应与本地区产业发展、资源禀赋、环境状况相结合，在发展目标、发展重点等方面要充分体现本地特色，在主要任务、政策措施等方面要有所创新和突破。

一、总体要求

（一）坚持落实科学发展观，以循环经济“减量化、再利用、资源化”和“减量化优先”为原则，以转变经济发展方式为主线，把园区改造为“经济持续发展、资源高效利用、环境优美清洁、生态良性循环”的循环化改造示范园区。

（二）紧密结合当地产业基础、资源禀赋和环境状况，统筹规划园区空间布局和产业布局，突出构建清晰的循环经济产业链，具有现实可操作性。

（三）以表格形式细化年度投资计划、具体项目实施期限和达产年限、规模，清晰界定年度实施范围和进度，便于进行年度评价和验收。

（四）清晰列明园区各类污染物的排放和处理情况，便于环境保护部门监督检查。

（五）以2010年为实施方案编制的基准年，实施期限原则上为2011年—2015年。

二、实施方案的主要内容

（一）园区现状和发展基础

1、当地经济社会发展情况及本地区资源禀赋、环境状况简述；

2、园区概况。主要包括园区地理位置、交通条件、占地面积、自然条件、功能区划等内容。要附园区区位图和园区功能区化图。

3、经济发展和产业基础。描述园区经济、产业发展水平以及园区主导行业、重点企业及其发展状况。

4、社会发展和基础设施。描述园区内人口状况，科、教、文、卫状况，基础设施状况、道路交通状况等。

5、园区与周边区域的产业关联、基础设施和服务平台共享等情况。

6、资源环境现状。园区主要能源和资源的消耗水平及其与国内外的比较；资源产出率情况，“十一五”节能减排目标完成情况；污染源数量和分布；主要污染物特征和产排污量；重点污染源排放达标情况；潜在的环境风险和应急方案；园区建址的环境敏感性分析；区域环境质量；区域环境容量和环境承载力；环境法律法规的贯彻执行；环保投入；环境管理等。对一些资源环境指标要用表格形式列出“十一五”期间五年的指标值。

（二）园区发展面临问题和循环化改造的重要意义

1、目前园区发展面临的主要问题。

2、园区循环化改造的意义。从促进产业结构合理调整、园区综合竞争力提高、资源约束改善、资源产出率提高、环境质量改善、区域生态环境优化等方面分析循环化改造对当地经济社会发展和园区的影响和意义。

（三）循环化改造的有利条件和制约因素

1、有利条件分析。从产业基础、资源环境、基础设施、科技创新、公共服务、人才培养、政策机制、园区管理、周边产业配套等方面分析园区循环化改造的有利条件。

2、制约因素分析。要深入分析制约园区循环化改造和园区发展的制约因素。

（四）总体思路、原则和目标

1、总体思路。

2、基本原则。

3、主要目标

（1）总体目标：从园区空间布局、产业结构调整、循环经济产业链构建、资源利用效率提高、环境保护、基础设施、科技创新、管理机制等方面，提出园区5年改造的总体目标。

（2）阶段性目标：分为2011-2013年和2014-2015年两个阶段。

（3）主要指标。在开展物质流分析的基础上，合理设定体现园区循环化改造成效、可量化的指标。指标应包括园区经济发展、产业结构调整、产业关联度、能源资源节约与循环利用、污染控制和管理、环境质量改善等方面。国家“十二五”规划纲要中的有关约束性指标要进行科学测算。具体指标体系可参考附表。

（4）目标可达性分析。根据园区发展趋势，结合园区循环化改造中重点支撑项目的引进和保障体系的建设，分析主要目标的可达性。

（五）主要任务

按照可复制、可推广、可借鉴的要求，对园区循环化改造进行总体框架设计，从空间布局、产业结构调整、生态建设、公共基础设施、组织管理等多方面，提出切实可行的任务，推进循环化改造。要附园区循环化改造总体框架图。

1、空间布局方面。根据物质流和产业关联性，对园区现有的空间布局进行分析，评估其是否合理，是否能够体现产业集聚和循环链接效应、实现土地的集约高效利用，并据此提出园区优化布局的具体任务。（要附园区空间优化布局图）

2、产业结构调整方面。结合本区域的产业和资源的比较优势，考虑园区环境承载力和地方发展需求，围绕提高资源产出率和提高园区综合竞争力，提出传统产业改造升级、培育和发展战略性新兴产业等方面的主要任务。

3、循环经济产业链构建方面。围绕实现项目间、企业间、产业间首尾相连、环环相扣、物料闭路循环，促进原料投入和废物排放的减量化、再利用和资源化，提出建设和引进产业链接或延伸的关键项目等方面的主要任务。（要附循环经济产业链图和物质循环利用图）

4、能源资源利用高效化方面。按照循环经济减量化优先的原则，从推进资源能源的清洁高效利用、清洁生产、清洁能源替代改造，可再生能源利用、企业间余热余压利用、水资源减量化和替代、再生水利用和企业间水的梯级利用等方面提出主要任务。

5、环境保护方面。围绕构建园区、企业和产品等不同层次的环境治理和管理体系，从园区的生态建设、环境综合管理、污染集中防治设施建设及升级改造等方面提出切实可行的任务。

6、基础设施方面。围绕园区各类基础设施的共建共享、集成优化，提出对园区内运输、供水、供电、照明、通讯、建筑和环保等基础设施的改造任务。

7、运行管理方面。要突出管理体制机制创新，明确园区循环化改造管理机构，建设园区废物交换平台，以及循环经济技术研发及孵化中心等公共服务设施，建立园区循环化改造的统计评价和考核制度，制定并实施循环经济相关技术研发和应用的激励政策、招商引资指导目录和监管制度，进行物质流分析和管理，开展宣传教育。

（六）重点支撑项目

针对园区循环化改造的目标和任务，提出拟建设的重点支撑项目：

1、项目建设总表。分别筛选和提出循环经济产业链构建体系和公共服务设施保障体系的重点支撑项目,具体见正文中支持内容所列的项目种类。重点支撑项目表中应包括：项目名称、建设内容（包括分年度建设内容）、投资额、主要工艺技术、实施期限、实施主体、实施条件（立项、环评、土地）、实施主体已获得或将获得中央财政其他补助资金情况等相关内容。项目建设内容注意要满足园区循环化改造的总体设计的具体要求。

2、各项目情况。每个项目建设的背景、必要性以及与园区循环化改造的关系、详细建设内容、产能、工艺流程及先进性分析、主要技术设备及先进性分析、投资估算表，资金筹措方案，成本及经济效益分析。分年度说明建设安排及投资计划。

（七）园区循环化改造效益分析

重点对园区循环化改造的综合效益进行分析评价，对园区循环化改造的各项成本及收益进行初步的全面系统地核算，评估园区循环化改造的成效。

1、经济效益分析。包括物质减量、循环利用的直接经济效益；污染减排带来的间接经济效益；促进园区本身经济总量稳定增长，同时带动园区所在地区经济增长；增强园区活力，提高园区综合竞争能力等方面。

2、环境效益分析。园区及周边地区水、大气和土壤环境质量的改善；废弃物资源化利用率的提高；降低对自然资源的需求，减少能源消耗；污染物排放量的减少。

3、社会效益分析。包括扩大社会就业，促进居民生活质量的全面提高，促进当地社会和谐等方面。

以上分析应重点说明实施园区循环化改造对国务院批复的循环经济总体规划中目标、任务完成的贡献。

（八）保障措施

围绕目标的实现、主要任务的落实以及重点项目的建设，提出有针对性的保障措施，主要包括：组织保障体系、政策保障体系、技术支撑体系、公共服务平台建设、统计评价考核体系、污染防治监督管理体制、产业链接的风险分担和保障体系、公众参与、宣传教育与交流以及能够保障园区循环化改造顺利开展的其他措施。

附表：园区循环化改造参考指标(略)

关于同意北京市朝阳区等33个城市（区）餐厨废弃物资源化利用和无害化处理试点实施方案并确定为试点城市（区）的通知

发改办环资[2011]1669号

有关省、自治区、直辖市及计划单列市发展改革委（经贸委、经信委）、财政厅（局）、住房城乡建设厅（委），北京市市政市容委、上海市绿化和市容局、天津市市容和园林委、重庆市市政管委：

根据《关于印发餐厨废弃物资源化利用和无害化处理试点城市（区）初选名单及编报实施方案的通知》（发改办环资[2010]3312号）和《国家发展改革委办公厅 财政部办公厅关于印发循环经济发展专项资金支持餐厨废弃物资源化利用和无害化处理试点城市建设实施方案的通知》（发改办环资[2011]1111号，以下简称《通知》）精神，国家发展改革委、财政部、住房城乡建设部会同相关部门组织专家，对你们报送的餐厨废弃物资源化利用和无害化处理试点城市实施方案（以下简称实施方案）进行了评审。现函复如下：

一、原则通过北京市朝阳区等33个城市（区）实施方案并确定为餐厨废弃物资源化利用和无害化处理试点城市（区）（第一批）（见附件一）。请你们根据中国国际工程咨询公司出具的评审报告（见附件二）修改完善实施方案，并于7月30日前将修改完善后的实施方案（需附修改情况说明）一式二份分别报送国家发展改革委（环资司）、财政部（经建司）、住房城乡建设部（城建司）备案。各地在修改实施方案时，要明确餐厨废油脂（包括“地沟油”）的回收渠道和资源化处理方式，要强化对“地沟油”整治的具体措施。

二、根据《通知》，试点城市（区）人民政府要与国家发展改革委、财政部、住房城乡建设部签订承诺书。我们根据各城市（区）的实施方案和报送的《试点基本情况表》，制订了《××市（区）关于推进餐厨废弃物资源化利用和无害化处理试点工作的承诺书》样式（见附件三），请各试点城市（区）以附件三内容为基础，结合本地具体情况，在吸纳专家评审意见基础上，增加相关内容（不得减少相关条款），认真起草承诺书并加盖政府公章后，于2011年7月25日前分别寄至国家发展改革委（环资司）、财政部（经建司）、住房城乡建设部（城建司）。我们将适时召开试点城市工作会议，指导试点工作的实施。

三、各城市（区）人民政府要把餐厨废弃物资源化利用和无害化处理作为发展循环经济，建设资源节约型和环境友好型社会，保障食品安全，提高城市生态文明水平的重要内容，切实加强组织领导、落实相关政策，按照批复的实施方案认真组织实施，保证实施进度，确保试点目标如期完成，并于每年年底前将工作进展情况报送国家发展改革委（环资司）、财政部（经建司）、住房城乡建设部（城建司），同时要按要求及时提出考核验收申请。

四、各地要按照《通知》要求，切实加强对中央财政餐厨废弃物资源化利用和无害化处理试点城市补助资金的管理，确保中央财政补助资金专项用于构建餐厨废弃物收运和利用体系建设，并于每年年底前将资金使用情况报财政部、国家发展改革委备案。

五、有关省（市）循环经济发展综合管理部门、财政部门、住房城乡建设（市容环卫）部门要会同有关部门加强对试点实施情况的跟踪，加强指导，确保通过试点实现餐厨废弃物变废为宝、化害为利，切实解决餐厨废弃物引发的食品安全和生态安全问题。试点过程中要严格执行国家的相关政策、法规和标准。国家发展改革委、财政部、住房城乡建设部将会同有关部门不定期组织抽查，对存在问题的，责令限期整改，经整改仍达不到要求的，取消试点资格。

六、国家发展改革委、财政部、住房城乡建设部将会同有关部门根据试点城市（区）提出的考核申请，按照《通知》规定，对实施方案实施情况进行考核验收。

七、各地要及时发现试点过程中出现的新情况、新问题，并进行认真研究，妥善解决，及时将试点过程中的有关问题向国家发展改革委（环资司）、财政部（经建司）、住房城乡建设部（城建司）反馈。

附件：一、餐厨废弃物资源化利用和无害化处理试点城市（区）名单（第一批）

国家发展改革委办公厅
财政部办公厅
住房城乡建设部办公厅
二〇一一年七月十二日

附件一：

餐厨废弃物资源化利用和无害化处理试点城市（区）名单（第一批）

北京市（朝阳区）　天津市（津南区）　河北省石家庄市　山西省太原市
内蒙古自治区鄂尔多斯市　辽宁省沈阳市　吉林省白山市　黑龙江省哈尔滨市
上海市（闵行区）　江苏省苏州市　浙江省嘉兴市　安徽省合肥市
福建省三明市　江西省南昌市　山东省潍坊市　河南省郑州市
湖北省武汉市　湖南省衡阳市　广西壮族自治区南宁市　海南省三亚市
四川省成都市　重庆市（主城区）　云南省昆明市　贵州省贵阳市
陕西省宝鸡市　甘肃省兰州市　宁夏回族自治区银川市　青海省西宁市
新疆维吾尔自治区乌鲁木齐市　大连市　宁波市　青岛市　深圳市

关于将上海燕龙基再生资源利用示范基地等15个园区确定为国家“城市矿产”示范基地的复函

发改办环资[2011]2223号

有关省、自治区、直辖市及计划单列市发展改革委、经贸委（经信委）、财政厅（局）：

根据《国家发展改革委办公厅 财政部办公厅关于确定第二批国家“城市矿产”示范基地初选名单及有关事项的通知》（发改办环资[2011]1116号，以下简称《通知》），国家发展改革委、财政部会同有关部门委托中国国际工程咨询公司对你们报送的建设国家“城市矿产”示范基地（以下简称示范基地）实施方案进行了评审。现函复如下：

一、原则同意上海燕龙基再生资源利用示范基地等15个园区的实施方案，并确定为国家“城市矿产”示范基地（具体见附件一）。请你们根据中国国际工程咨询公司出具的评审报告（见附件二）修改完善实施方案，并于9月26日前将修改完善后的实施方案一式二份分送国家发展改革委（环资司）、财政部（经建司）备案。各示范基地可在适当位置标注“国家‘城市矿产’示范基地”标志（标志式样可从国家发展改革委网站下载，网址：www.ndrc.gov.cn）。

二、示范基地所在地省级（自治区、直辖市、计划单列市）人民政府要与国家发展改革委、财政部签订承诺书。请你们将《××建设国家“城市矿产”示范基地承诺书》（见附件三）报省级人民政府加盖公章后，于9月26日前分别提交国家发展改革委（环资司）、财政部（经建司）。各地如对承诺书进行修改，请与两部门沟通确认。

三、有关地方要把“城市矿产”示范基地建设作为发展循环经济的重要内容，作为破解资源环境约束、加快建设资源节约型和环境友好型社会的重要途径，科学规划本省、本地区资源再生利用行业发展，制定相应政策，引导相关企业进入示范基地，加强再生资源回收体系与示范基地的衔接，完善配套基础设施，确保如期实现示范基地建设目标。

四、各示范基地要严格按照批复的实施方案和国家有关法律法规规定开展建设工作，并于每年年底前将进展情况报送国家发展改革委（环资司）、财政部（经建司）。项目建设要严格按照国家项目管理的有关规定执行，项目有调整的，要及时报国家发展改革委、财政部批准。

五、省级循环经济发展综合管理部门、财政部门要加强对实施方案实施情况的跟踪监督，确保各示范基地、项目承担单位严格执行国家产业政策，环保法规和职业安全标准等。

六、各示范基地所在地政府要按照《通知》要求，根据批复的实施方案，统筹使用中央财政补助资金，专项用于“城市矿产”示范基地建设。要切实加强资金监督和管理，中央财政补助资金不得用于实施方案之外的内容。省级循环经济发展综合管理部门、财政部门要制定“城市矿产”示范基地建设管理办法，规范项目管理、严格资金拨付、加强考核验收等。各地要于每年年底前将资金使用情况报送至财政部（经建司）、国家发展改革委（环资司）。

七、国家发展改革委、财政部将会同有关部门对示范基地建设情况不定期组织抽查，对达不到要求的，责令限期整改，经整改仍达不到要求的，取消示范基地称号，并将已拨付补助资金扣回。两部门将组织专家，按照《通知》规定，对实施方案实施情况进行考核验收。各地要根据示范基地建设进展情况及时提出考核验收申请。

八、各地要高度重视“城市矿产”示范基地建设，加强组织领导，明确部门分工，形成协调统一、共同推进的工作机制。对实施过程中出现的新情况、新问题要高度重视，认真研究，妥善解决，并及时向国家发展改革委（环资司）、财政部（经建司）反馈。

附件：一、国家“城市矿产”示范基地名单（第二批）

国家发展改革委　财政部

二C一一年九月 十三日

附件一：

国家“城市矿产”示范基地名单（第二批）

1.上海燕龙基再生资源利用示范基地

2. 广西梧州再生资源循环利用园区

3. 江苏邳州市循环经济产业园再生铅产业集聚区

4. 山东临沂金升有色金属产业基地

5. 重庆永川工业园区港桥工业园

6. 浙江桐庐大地循环经济产业园

7. 湖北谷城再生资源园区

8. 大连国家生态工业示范园区

9. 江西新余钢铁再生资源产业基地

10. 河北唐山再生资源循环利用科技产业园

11. 河南大周镇再生金属回收加工区

12. 福建华闽再生资源产业园

13. 宁夏灵武市再生资源循环经济示范区

14. 北京市绿盟再生资源产业基地

15. 辽宁东港再生资源产业园

关于同意白银高新技术产业开发区等8个园区的循环化改造示范试点实施方案并确定为国家循环化改造示范试点园区的通知

发改办环资[2011]2938号

甘肃、青海省发展改革委（工信委）、财政厅：

根据《国家发展改革委办公厅、财政部办公厅关于率先在甘肃、青海省开展园区循环化改造示范试点有关事项的通知》（发改办环资[2011]1239号，以下简称《通知》），国家发展改革委、财政部会同有关部门组织专家对你们报送的园区循环化改造示范试点实施方案进行了评审。现函复如下：

一、原则同意白银高新技术产业开发区等8个园区的循环化改造示范试点实施方案（具体见附件一）。请你们根据专家评审意见（见附件二）修改完善实施方案，并于12月10日前将修改完善后的实施方案一式二份分送国家发展改革委（环资司）、财政部（经建司）备案。各园区可在适当位置标注“国家循环化改造示范试点园区”标志（标志式样另发）。

二、按照《通知》要求，园区所在省级人民政府要与国家发展改革委、财政部签订承诺书。请你们将《园区循环化改造示范试点承诺书》（见附件三）报省级人民政府加盖公章后，于12月10日前分别提交国家发展改革委（环资司）、财政部（经建司）。

三、园区循环化改造是列入国家“十二五”规划纲要的循环经济重点工程之一。率先在甘肃、青海两省开展园区循环化改造是推动国务院批复的甘肃省循环经济总体规划、青海省柴达木循环经济总体规划落实的具体举措。要充分认识园区循环化改造示范试点工作的重要意义，将其作为全省转变经济发展方式、实现科学发展的重要内容，作为提高园区资源产出率、加强园区环境保护、提升园区综合竞争力的重要抓手，加强统筹协调，制定相应政策，确保园区循环化改造目标任务如期完成。

四、加强对实施方案实施情况的跟踪监督，督促园区严格按照批复的实施方案和国家有关法律法规规定开展建设工作。要加强园区循环化改造项目的管理，严格按照国家项目管理的有关规定执行，确保各园区、项目承担单位严格执行国家产业政策、环保法规和职业安全标准等。园区循环化改造项目如需调整，要及时报国家发展改革委、财政部批准。请于实施期内每年年底前将园区循环化改造进展情况分别报送国家发展改革委（环资司）、财政部（经建司）。

五、按照《通知》要求，根据批复的实施方案，统筹使用中央财政补助资金，专项用于园区循环化改造。省级循环经济发展改革部门、财政部门要制定园区循环化改造管理办法，规范项目管理、严格资金拨付、加强考核验收等。要切实加强资金监督和管理，中央财政补助资金只能用于实施方案中确定的拟申请中央财政资金支持的项目建设。请于实施期内每年年底前将中央补助资金使用情况分别报送财政部（经建司）、国家发展改革委（环资司）。

六、国家发展改革委、财政部将会同有关部门对园区循环化改造进展情况不定期组织抽查，对达不到要求的，责令限期整改，经整改仍达不到要求的，取消示范试点园区称号，并扣回已拨付中央财政补助资金。两部门将组织专家，按照《通知》规定，对实施方案实施情况进行考核验收。地方政府要根据园区循环化改造进展情况及时提出考核验收申请。

七、要高度重视园区循环化改造示范试点工作，加强组织领导，明确部门分工，形成协调统一、共同推进的工作机制。对实施过程中出现的新情况、新问题要高度重视，认真研究，妥善解决，并及时向国家发展改革委（环资司）、财政部（经建司）反馈。

附件：一、园区循环化改造示范试点名单

国家发展改革委办公厅　财政部办公厅

二〇一一年十一月二十九日

附件：

一、园区循环化改造示范试点名单

甘肃白银高新技术产业开发区　甘肃金昌经济技术开发区
甘肃陇西经济开发区　甘肃华亭工业园区
甘肃武威黄羊工业园区　青海柴达木格尔木工业园
青海柴达木德令哈工业园　青海柴达木柴旦工业园

关于深化再制造试点工作的通知

发改办环资[2011]2170号

各省、自治区、直辖市及计划单列市、副省级省会城市、新疆生产建设兵团发展改革委（经委、经贸委、经信委），各有关单位：

为贯彻落实科学发展观，推进循环经济发展，加快建设资源节约型、环境友好型社会。2008年，我委启动了汽车零部件再制造试点工作。目前，试点工作进展顺利，取得了一定成效，在全国范围内受到了广泛关注。2010年，国家发展改革委等11部门联合印发了《关于推进再制造产业发展的意见》（以下简称《意见》），明确了我国未来一段时期再制造产业发展的指导思想、重点领域和主要任务。2011年，全国人大审议通过的“十二五”规划纲要明确把“再制造产业化”作为循环经济的重点工程之一。为落实“十二五”规划纲要精神及《意见》提出的各项工作要求和任务，我委决定深化再制造试点工作，现就有关要求通知如下：

一、确保汽车零部件再制造试点取得实效

（一）加快落实建设任务。按照《国家发展改革委办公厅关于组织开展汽车零部件再制造试点工作的通知》（发改办环资[2008]523号）要求，再制造试点期为2－3年，今年5月份试点到期。各试点单位要按照批复的实施方案，积极落实各项条件，加快推进重点项目建设，确保如期达产达效。中央预算内投资支持项目应尽快建成验收，切实发挥中央资金的带动效益。

（二）组织评估验收。已完成实施方案各项目标的试点单位，应当于9月20日前，向省级循环经济发展综合管理部门提出验收申请，经审核后向我委申请。我委将会同有关部门组织专家进行评估验收（评估验收工作程序见附件一）。对尚未实现方案目标的试点单位，可适当延长试点期，但最迟应于2011年年底前申请验收，对无特殊原因且逾期未申请的试点单位，将取消试点资格。

（三）加强跟踪指导。国家将公布通过评估验收的单位名单，将合格的产品纳入《再制造产品目录》，宣传介绍试点成果和工作经验，采取制作模式案例、召开现场会等方式进行宣传推广。各地循环经济发展综合管理部门要加强对通过评估验收单位的跟踪，对有关情况及时报我委（环资司）。

二、适当扩大再制造试点范围

为进一步探索适合国情的再制造发展道路，我委决定扩大再制造试点范围，包括再制造产品种类和范围，继续组织开展再制造试点。试点工作将在全国选择部分有代表性、具备再制造基础的企业，继续探索再制造产业发展的政策、管理制度和监管体系，为建立再制造相关技术标准、市场准入条件、流通监管体系等提供经验。

（一）扩展试点内容和范围。一是适当扩大汽车零部件再制造产品范围。继续开展发动机、变速器等产品再制造，增加传动轴、机油泵、水泵、助力泵等部件开展再制造。

二是开展拖拉机、联合收割机等农业机械再制造试点。

三是鼓励再制造技术公司为冶金、矿山、化工等行业提供整体解决方案和相关服务，开展专业化再制造服务试点。

四是探索完善可再制造旧件回收和再制造产品销售渠道，开展相关网络建设试点。

五是加强再制造相关专业化国产装备生产和产业化应用。

（二）抓紧组织申报。满足申报条件（见附件二）的单位，按属地关系向所在地省级循环经济发展综合管理部门提出申请，并编写试点申请报告。申请报告包括试点单位的基本情况（现有生产规模、产品保有量）和再制造工作基础（产品授权、旧件来源、再制造产品销售渠道），再制造发展目标（原则上为3年）等。同时提供企业营业执照副本、法人登记证书（申请开展发动机、变速箱再制造的单位应提供再制造授权委托书）。中外合资、外商独资企业或企业以集团形式申报的，向具体项目所在地省级部门申报。

各省级循环经济发展综合管理部门要在征求相关部门意见的基础上，对申报单位的条件和材料进行认真审核，于11月15日前将申请报告和推荐材料报我委（环资司），每个省推荐总数不超过3家。

（三）评审确定名单。我委将会同有关部门组织专家对被推荐单位报送的申请报告进行审查，确定纳入再制造试点单位的初选名单，并指导试点单位编制实施方案。对实施方案获得专家评审通过的单位，我委将正式复函确认为再制造试点单位。

三、加大支持力度

（一）落实支持政策。我委利用中央预算内投资对试点单位的重点工程、技术研发、旧件逆向回收体系和资源循环利用项目建设给予必要的资金支持。积极落实支持循环经济发展的投融资政策措施，按照我委等部门印发的《关于支持循环经济发展的投融资政策措施意见的通知》（发改环资[2010]801号）要求，对纳入国家试点单位的再制造企业，给予包括信用贷款在内的多元化信贷支持。优先将成熟的再制造技术、工艺、设备和产品纳入国家鼓励的相关名录。

（二）完善优惠政策。我委、财政部已会同有关部门组成《再制造产品目录》编制小组，将根据试点情况，把符合新品标准、规模化生产的再制造产品纳入目录，享受相应的优惠政策。鼓励政府机关、事业单位优先采用再制造产品。

（三）鼓励技术研发。鼓励科研院所和企业开展联合攻关和产业化示范。支持生产企业、研究设计单位开展有利于再制造的环境友好设计。加强再制造产品设计技术和产品剩余寿命评估、经济环保的拆解和清洗、无损检测等技术的研发，做好国外先进技术与国内成熟适用技术的衔接，尽快形成再制造关键技术设备研发生产体系。

（四）推广先进适用技术。推广成熟适用的具有中国特色的再制造技术，如自动化纳米颗粒复合电刷镀技术、等离子熔覆技术等。国家拟研究设立的再制造领域的国家工程研究中心（工程实验室），将对通过验收评估的企业和再制造试点单位给予技术支持。

（五）完善服务体系。推动在部分维修网点（含汽车“4S”店）设立再制造产品专柜，建立再制造产品连锁示范店和售后服务点。加快建立再制造产品信息检索系统。

（六）加大宣传推广。国家将通过举办再制造技术、产品、工艺设备展览会，设立再制造产品体验馆和再制造产业发展论坛等多种形式，普及再制造知识，引导用户和消费者使用再制造产品。

四、切实加强监督管理

以报废汽车零部件为原料的再制造，应符合国家相关法律法规。再制造产品必须按照法律规定在显著位置标识为再制造产品，对不张贴标识的产品将依法处罚。对我委新确定和通过试点验收的汽车零部件企业，可标识我委、国家工商总局发布的标志。我委将会同国家工商总局不定期组织抽查，对达不到要求的，责令限期整改，经整改仍达不到要求的，取消再制造试点资格。

各级循环经济发展综合管理部门要会同有关部门加强对再制造试点单位的监督管理，确保试点单位严格执行国家产业政策，环保法规和标准。

附件：一、汽车零部件再制造试点评估验收工作程序（略）

二、再制造试点单位申报条件（略）

国家发展改革委办公厅

二〇一一年九月六日

关于印发“十二五”墙体材料革新指导意见的通知

发改环资[2011]2437号

各省、自治区、直辖市发展改革委、经贸委（经信委、工信委）、墙体材料革新主管部门：

为贯彻《国民经济和社会发展第十二个五年规划纲要》，落实节约资源和保护环境基本国策，深入开展“十二五”时期墙体材料革新工作，有效保护耕地和环境、节约能源，提高资源利用效率，促进经济发展方式转变，缓解经济社会发展与资源环境矛盾，增强可持续发展能力。我委组织编制了《“十二五”墙体材料革新指导意见》，研究提出了“十二五”墙体材料革新的指导思想、基本原则、主要目标、重点工作以及政策措施。现印发你们，请认真贯彻执行。

国家发展改革委

二〇一一年十一月十五日

附件：

“十二五”墙体材料革新指导意见

“十二五”时期，是我国工业化、城镇化进程加快的关键时期，一方面固体废弃物大量排放和堆存占用宝贵土地，污染环境和危害人体健康，另一方面城乡建设发展对建材产品需求急剧增加，资源环境的约束矛盾日益突出。进一步推进墙体材料革新是保护耕地，节约能源，提高资源利用效率、转变经济发展方式，维护人民群众权益，缓解经济社会发展与资源环境矛盾，增强可持续发展能力的重要措施。为了深入推进墙体材料革新，制订本指导意见。

一、“十一五”墙体材料革新取得显著成效

（一）城市城区“禁实”任务基本完成。截至2010年底，全国600多个城市已基本实现城市（城区）禁止使用实心黏土砖（以下简称“禁实”）。部分地区在完成城市“禁实”的基础上，开始向县城推进，已有16省（区、市）的487个县城实现“禁实”。部分地区已经开展禁止生产和限制使用黏土制品（以下简称“禁粘”）工作。

（二）新型墙体材料快速发展。2010年全国新型墙体材料产量已占墙体材料总量的55%，比2005年提高11个百分点，以新型墙体材料为主的生产和应用格局基本形成。应用新型墙体材料新建节能建筑累计面积48亿平方米，比“十五”末增加3倍多。新型墙体材料年产能6000万块标砖以上的企业达到5000多家，比“十五”末增加50%以上，改变了传统墙体材料企业以砖瓦窑为主小而散的局面。

（三）技术水平大幅提升。新型墙体材料装备产业得到壮大，全国年产值过亿的新型墙体材料装备企业从无到有发展到30多家。新型墙体材料的产品质量和应用水平明显提高，呈现出系列化、标准化、规范化生产和应用，满足了城乡建设对墙体材料日益增长的需求。一批拥有自主知识产权、技术先进、自动化程度高的成套技术装备已达国际先进水平，目前已出口到80多个国家。

（四）节能减排成效明显。通过淘汰落后产能、企业技术改造、建筑应用，共实现节约标准煤约2500万吨，减少二氧化碳排放约5500万吨，减少二氧化硫排放约50万吨。全国共关停黏土砖瓦企业1.4万家，淘汰落后产能1000多亿块标砖。

（五）利废节地效果突出。新型墙体材料发展消纳煤矸石、粉煤灰、尾矿等大宗固体废弃物约15亿吨，减少毁田烧砖、堆存占地、关停企业腾退、淘汰黏土砖产能，合计节约耕地300多万亩，为守住18亿亩耕地红线作出了积极贡献。

“十一五”期间墙体材料革新工作虽然取得显著成效，但实心黏土砖在城镇和农村居民建房中仍有较大市场；新型墙体材料品质需进一步提高；墙体材料革新推进能力有待加强。随着“十二五”时期工业化、城镇化进程加快，大宗固体废弃物产生和堆存占用大量土地，污染环境的问题仍相当严重。同时随着城乡建设的快速发展，人民生活居住水平的不断提高，迫切需要大量品质优良的新型墙体材料，满足绿色节能建筑发展的需求，墙体材料革新面临着新形势和新挑战。

二、指导思想、基本原则、发展目标

（一）指导思想

全面贯彻落实科学发展观，树立绿色、低碳发展理念，以推进节能减排、促进循环经济发展为重心，以技术创新和制度创新为动力，以服务建筑、保护耕地、资源综合利用为目标，强化政策调控，发挥市场导向，深入推进“城市限粘、县城禁实”工作，大力发展节能、节地、利废的新型墙体材料，推动产业优化升级，促进资源节约型、环境友好型社会建设，实现经济效益、社会效益和环境效益的有机统一。

（二）基本原则

坚持政府主导与市场调节结合。充分发挥政府宏观调控作用，加强部门协调配合，完善法规政策，依法推进；发挥企业的主动性和创造性，满足经济社会发展对新型墙体材料的市场需求。

坚持因地制宜与区域特色相结合。统筹兼顾各地资源状况、气候条件以及建筑结构等因素，积极发展适合当地实际的新型墙体材料；综合考虑区域经济水平、文化风俗，打造不同区域、不同民族独具特色的建筑文化。

坚持技术创新与节能环保相结合。加强共性和关键性技术的研发，引进、吸收、推广先进实用技术，促进先进装备生产的国产化；适应建筑使用功能和绿色节能建筑的新要求，不断提升新型墙体材料节能环保等性能。

（三）发展目标

到2015年，全国30%以上的城市实现“限粘”、50%以上县城实现“禁实”；全国实心黏土砖产量控制在3000亿块标准砖（折合）以下，新型墙体材料产量所占比重达65%以上，建筑应用比例达75%以上；新型墙体材料产品生产能耗下降20%；新型墙体材料技术装备整体水平显著提升，产品质量明显提高，产品结构进一步优化。

三、“十二五”墙体材料革新重点工作

（一）深入推进“禁实”工作

在巩固城市城区“禁实”成果基础上，向广度和深度推进。新型墙体材料能够满足工程建设需要的地区开展城市城区限制使用黏土制品（以下简称：“限粘”）工作，限制使用黏土成分在20%以上的墙体材料，分批发布“限粘”城市名单；推动县城“禁实”，分批发布“禁实”县城名单，确保2015年全国半数以上县城实现“禁实”目标；有条件的地区开展“禁粘”，有序推进乡镇、农村“禁实”工作。

（二）加快新型墙体材料发展步伐

鼓励新型墙体材料向轻质化、高强化、复合化发展，重点推进节能保温、高强防火、利废环保的多功能复合一体化新型墙体材料生产应用。大力发展以煤矸石、粉煤灰、脱硫石膏等为主要原料的新型墙体材料产品。在大宗固体废弃物产生和堆存量大的地区优先发展高档次、高掺量的利废新型墙体材料产品；在人均耕地少、沙石资源比较丰富地区优先发展混凝土制品；在自然资源匮乏、黏土资源比较丰富地区适当发展空心化、多功能的黏土砌块制品。各地区要根据当地实际情况，进一步明确区域主导产品，提高产品档次，促进新型墙体材料产业又好又快发展。

（三）推动新型墙体材料产业升级

认真贯彻执行国家产业政策，适时调整发布鼓励、限制、淘汰的墙体材料生产技术、工艺、设备及产品目录。提高行业准入门槛，建立墙体材料落后产能退出机制，加快落后产品、技术和设备的淘汰，推进结构调整，转变发展方式，重点做好烧结制品企业的整合改造提升。实施节能技术改造，大力推广大断面隧道窑、节能变频技术、窑炉余热利用等先进生产工艺技术，提高企业节能减排水平。开展清洁生产审核，从源头减少污染排放。积极推进品牌战略，引导企业争创品牌产品，鼓励规模企业、优质产品走品牌经营之路。鼓励企业多元化发展，支持各种形式的重组联合，提高产业集中度，推动新型墙体材料产业规模化、管理现代化、装备自动化、生产标准化。

（四）组织新型墙体材料示范

组织实施示范工程，强化生产和应用示范，提升新型墙体材料整体水平。一是实施利废新型墙体材料示范工程，推进大宗固体废弃物综合利用示范基地建设，通过技术研发，支持企业利用建筑废弃物、城市污泥、尾矿、磷石膏等固体废弃物生产新型墙体材料，提高综合利用效率。二是实施新型墙体材料推广示范工程，在县城及周边加大新型墙体材料推广力度，结合安居工程、保障房建设和新农村建设，大力发展节能环保、阻燃防火的新型墙体材料；在有条件的乡镇农村，引导农村自建房使用节能环保的新型墙体材料，加大在新农村示范工程的应用。三是实施多功能复合一体化新型墙体材料示范工程，选择若干中心城市，有重点、有目标地培育建设多功能复合一体化新

型墙体材料生产基地，推动多功能复合一体化新型墙体材料在城市建筑中的应用示范。四是实施龙头企业示范工程，选择骨干企业和规模以上企业，采取扶优扶强政策，增强企业核心竞争力，培育具有技术优势、品牌优势、管理优势、文化优势的10家装备制造、100家生产示范龙头企业。

（五）强化基金和税收政策引导

充分发挥专项基金和税收政策的引导作用。严格执行财政部、国家发展改革委《关于印发新型墙体材料专项基金征收使用管理办法的通知》(财综[2007]77号)规定，进一步加强专项基金征缴工作管理，确保应缴尽缴，不得随意减免，杜绝挤占、挪用专项基金。加大专项基金对新型墙体材料发展的支持力度，提高专项基金投入新型墙体材料生产和科研开发的比例。进一步研究完善和落实有关税收政策，引导企业，引导社会资金投入新型墙体材料发展领域。

（六）增强能力建设

健全墙体材料革新工作管理机制，形成管理、监察、服务“三位一体”的管理体系，加强行业管理能力建设，强化基础管理。加强墙体材料革新工作队伍建设，确保机构稳定，人员充实，完善目标管理机制。强化人员培训，培养一批高水平墙体材料革新专业人才和管理人才，提高执法能力，增强服务意识，提升技术、管理和服务水平。建立健全统计制度，完善统计体系。构建墙体材料革新工作信息化平台，提升管理水平。建立科学规范的墙体材料革新工作评价机制。

四、政策措施

（一）加强组织领导

完善由国家发展改革委牵头，各有关部门密切配合的墙体材料革新工作协调机制，指导和推进墙体材料革新工作。各级地方人民政府要将墙体材料革新工作列入政府工作的议事日程，制定发展规划，并结合本地区的实际情况，研究制定墙体材料革新的发展目标、政策措施等，抓好各项工作的落实。各地墙体材料革新主管部门要加强对墙体材料革新工作的组织领导，健全机构，落实责任，建立健全目标管理责任制，完善考核机制。

（二）完善政策措施

贯彻落实《循环经济促进法》的有关要求，研究制定促进新型墙体材料发展的法规政策，加快依法“禁实”，依法“推新”的步伐，依法推进墙体材料革新工作。适时修订《新型墙体材料目录》，促进优化产业结构。制定和完善新型墙体材料产业发展的有关财税激励政策，研究出台取用黏土资源烧砖课以较高资源税的限制性政策。逐步拓宽财政、金融、投资支持渠道，加大对新型墙体材料发展的支持力度。各地要完善墙体材料革新的相关配套政策。

（三）强化技术支撑

鼓励产学研、生产应用的结合，加强共性和关键性技术的研发，组织引进、消化、吸收国外先进技术，研究、开发科技含量高、利废效果好、节能效果显著、拥有自主知识产权的优质新型墙体材料生产技术和装备。加大科技研发投入，支持骨干企业设立技术研发中心，提高科技创新能力，促进先进装备生产的国产化。

（四）健全标准体系

进一步加强新型墙体材料产品标准体系建设，完善新型墙体材料产品标准，提高标准的技术水平，研究制定多功能复合一体化新型墙体材料技术标准。加快完善新型墙体材料产品应用的技术标准、规程和图集，满足绿色节能建筑设计、施工对新型墙体材料提出的更高要求，促进新材料、新技术、新工艺的推广应用，拓宽新型墙体材料应用范围。

（五）加强监督管理

加强对黏土砖生产用地的监督管理，要依照《中华人民共和国土地管理法》、《循环经济促进法》等有关法律法规的规定和土地利用总体规划的要求，严格控制黏土砖生产企业取土范围和规模，严禁占用耕地建窑或擅自在耕地上取土；加强对墙体材料生产企业的监管，规范新型墙体材料的认定管理，加大监督检查力度，对无照生产经营、销售使用国家明令淘汰产品的行为，要坚决依法严肃处理；加强对墙体材料生产企业的环境监督执法，依法处罚污染环境的违法违规行为；依据有关国家标准或行业标准，严格监督墙体材料生产企业的销售行为，禁止质量未达标的墙体材料产品出厂销售。

（六）加强交流合作

研究出台相关措施，加快各地墙体材料革新工作在管理、标准、检测、应用等领域的交流与合作，充分发挥协会的作用。开展新型墙体材料国际技术交流，与相关国际组织和国家建立合作机制，引进国外的先进技术和管理经验，不断拓展新型墙体材料国际合作的领域和范围。

（七）加大宣传力度

进一步加大对墙体材料革新的宣传力度，充分发挥广播、电视、报刊等新闻媒体的舆论导向作用，大力宣传墙体材料革新有关的政策、法规和措施，普及新型墙体材料相关知识，宣传新型墙体材料节约能源资源，保护耕地和环境，维护人民权益的重要性和迫切性，宣传新型墙体材料优越性能、种类、标准、特点和正确的使用方法。推动全社会都来关心、关注和支持墙体材料革新工作，努力营造墙体材料革新工作良好的社会舆论氛围。

关于印发“十二五”资源综合利用指导意见和大宗固体废物综合利用实施方案的通知

发改环资〔2011〕2919号

各省、自治区、直辖市及计划单列市、副省级省会城市、新疆生产建设兵团发展改革委、资源综合利用管理部门：

为贯彻《国民经济和社会发展第十二个五年规划纲要》，落实节约资源和保护环境基本国策，深入推进“十二五”时期的资源综合利用工作，促进循环经济发展，我委组织编制了《“十二五”资源综合利用指导意见》和《大宗固体废物综合利用实施方案》，研究提出了“十二五”资源综合利用工作的指导思想、基本原则、主要目标、重点领域以及政策措施，同时提出了在工业、建筑业和农林业等领域选择产生堆存量大、资源化利用潜力大、环境影响广泛的固体废物编制实施方案。现将两份文件印发你们，请认真贯彻执行。

附件：一、《“十二五”资源综合利用指导意见》
二、《大宗固体废物综合利用实施方案》

国家发展改革委
二〇一一年十二月十日

附件一：

“十二五”资源综合利用指导意见

开展资源综合利用是国民经济和社会发展中一项长远的战略方针，对于贯彻落实节约资源和保护环境基本国策，缓解工业化和城镇化进程中日趋强化的资源环境约束，提高资源利用效率，加快经济发展方式转变，增强可持续发展能力都具有重要意义。根据《国民经济和社会发展第十二个五年规划纲要》关于“提高资源综合利用水平”的总体要求，特提出“十二五”资源综合利用指导意见。

一、资源综合利用现状

“十一五”期间，资源综合利用推进力度不断增强，利用规模日益扩大，技术装备水平不断提升，政策措施逐步完善，实现了经济效益、社会效益和环境效益的有机统一，资源综合利用取得了积极进展。

（一）利用规模不断扩大。全国共伴生金属矿产约70%的品种得到了综合开发，矿产资源总回收率和共伴生矿产综合利用率分别提高到35%和40%，煤层伴生的油母页岩、高岭土等矿产进入大规模利用阶段。工业固体废物综合利用率达69%，超额完成规划目标9个百分点。累计利用粉煤灰超过10亿吨、煤矸石约11亿吨、冶炼渣约5亿吨，回收利用废钢铁、废有色金属、废纸、废塑料等再生资源9亿吨，农作物秸秆综合利用率超过70%，年利用量达5亿吨。

（二）利用水平明显提升。钒钛资源、镍矿伴生资源实现综合开发，稀土等元素得到高效利用，高铝粉煤灰提取氧化铝技术研发成功并逐步产业化，废旧家电的全密闭快速拆解和高效率物料分离等资源化利用技术装备实现国产化，废旧纺织品再生利用技术中试成功。年产5000万平方米全脱硫石膏大型纸面石膏板生产线投产，利用煤矸石、煤泥混烧发电的大型机组装备投入运行，全煤矸石烧结砖技术装备达到国际先进水平。

（三）法规政策日趋完善。《循环经济促进法》、《废弃电器电子产品回收处理管理条例》、《再生资源回收

管理办法》等法律法规规章陆续颁布实施。国家发展改革委、国土资源部、财政部等部门发布了《中国资源综合利用技术政策大纲》、《矿产资源节约与综合利用鼓励、限制和淘汰技术目录》、《资源综合利用企业所得税优惠目录（2008年版）》、《关于资源综合利用及其他产品增值税政策的通知》、《新型墙体材料专项基金征收使用管理办法》等政策措施，初步形成了资源综合利用的法规政策体系。

（四）综合效益日益显现。资源综合利用已经成为煤炭、电力、钢铁、建材等资源型行业调整结构、改善环境、创造就业机会的重要途径。2010年，全国煤矸石、煤泥发电装机容量达2100万千瓦，相当于减少原煤开采4000多万吨，综合利用发电企业达400多家，带动就业人数近10万人；从钢渣中提取出约650万吨废钢铁，相当于减少铁矿石开采近2800万吨；通过综合利用各类固体废物累计减少堆存占地约16万亩；资源综合利用产业年产值超过1万亿元，就业人数超过2000万人。

虽然“十一五”期间资源综合利用取得了积极成效，但与加快转变经济发展方式，建设资源节约型、环境友好型社会的要求还有很大差距，存在的问题仍较为突出。一是发展不平衡，资源综合利用往往受到区域经济实力、资源禀赋差异等因素的制约；二是综合利用企业普遍小而散，缺乏具有市场竞争力的大型骨干企业；三是综合利用产品技术含量和应用水平不高，部分共性关键技术亟待突破；四是支撑体系急需完善，资源综合利用管理、培训、标准、信息、技术推广和服务等能力建设有待加强，回收体系亟待规范和完善；五是激励政策有待进一步加强和落实，现有资源综合利用鼓励和扶持政策有待完善。

二、面临的形势

我国自然资源禀赋较差，人均占有量少，45种主要矿产资源中，有19种已出现不同程度的短缺，其中11种国民经济支柱性矿产缺口尤为突出；重要资源自给能力不足，石油、铁矿石、铜等对外依存度逐年提高；主要污染物排放量大大超过环境容量，一些地方生态环境承载能力已近极限。“十二五”时期是我国全面建设小康社会的关键时期，随着人口增加，工业化、城镇化进程加快，经济总量不断扩大，资源环境约束将更加突出，气候变化和能源资源安全等全球性问题加剧。

资源综合利用是解决可持续发展道路中合理利用资源和减轻环境污染两个核心问题的有效途径，既有利于缓解资源匮乏和短缺问题，又有利于减少废物排放。资源综合利用产业作为发展循环经济的重要载体和有效支撑，是战略性新兴产业的重要组成部分，具有广阔的发展前景，有利于加快构建资源节约、环境友好的生产方式和消费模式，增强可持续发展能力。

三、指导思想、基本原则和主要目标

（一）指导思想

以邓小平理论和“三个代表”重要思想为指导，深入贯彻落实科学发展观，坚持节约资源和保护环境基本国策，按照“十二五”规划《纲要》提高资源综合利用水平的总体要求，强化宏观指导，完善政策措施，加快技术创新和制度创新，加强能力建设，以大宗固体废物综合利用为核心，大力实施重点工程，发展资源综合利用产业，大幅度提高资源利用效率，加快资源节约型、环境友好型社会建设。

（二）基本原则

坚持宏观调控与市场机制相结合，发挥市场配置资源的基础性作用，完善政策体系，建立有利于促进资源综合利用的长效机制；坚持技术创新与高效利用相结合，强化科技创新能力建设，重点研发共性关键技术，推动资源综合利用规模化、清洁化、专业化发展；坚持因地制宜与重点推进相结合，根据资源禀赋和产业构成特点，培育综合利用示范基地和骨干企业，形成资源综合利用产业集群。

（三）主要目标

到2015年，矿产资源总回收率与共伴生矿产综合利用率提高到40%和45%；大宗固体废物综合利用率达到50%；工业固体废物综合利用率达到72%；主要再生资源回收利用率提高到70%，再生铜、铝、铅占当年总产量的比例分别达到40%、30%、40%；农作物秸秆综合利用率力争超过80%。资源综合利用政策措施进一步完善，技术装备水平显著提升，综合利用企业竞争力普遍提高，产品市场份额逐步扩大，产业发展长效机制基本形成。

四、重点领域

（一）矿产资源的综合开发利用

1.能源矿产

（1）煤炭：推进煤层气、矿井瓦斯、煤系油母页岩以及伴生高岭土、残矿的开发利用。

（2）石油天然气：推进油田伴生气、酸性气体等回收利用；

逐步推动油砂、油页岩利用产业化；推动高含硫化氢天然气中硫黄的综合利用；开展页岩气、致密砂岩气等综合开发利用。

2.金属矿产

（3）黑色金属矿产：继续推进多金属钒钛磁铁矿、含稀土型铁矿的深度开发利用；加大中低品位铁矿、弱磁性铁矿、低品位锰矿、硼镁铁矿、锡铁矿等难选资源的综合利用技术研发力度。

（4）有色金属矿产：综合开发利用铝、铜、镍、铅、锌、锡、锑、钽、钛、钼等有色金属共伴生矿产资源，实现有用组分梯级回收。

（5）贵金属矿产：加强铂系金属矿、金矿和银矿等贵金属共伴生矿产资源的综合开发利用。

（6）稀有、稀土金属矿产：开展复杂难处理稀有金属共生矿在选矿和冶炼过程中的综合回收利用，加强稀土金属矿资源综合利用。

3.非金属矿产

（7）化工非金属矿产：加强磷矿、硫铁矿和硼铁矿的综合利用。

（8）建材非金属矿产：发展石墨、高岭土、膨润土、滑石、硅灰石、石英、萤石、石灰石、花岗石、瓷土矿、珍珠岩等综合利用和深加工。

（二）产业“三废”综合利用

（9）尾矿：大力推进尾矿伴生有用组分高效分离提取和高附加值利用、低成本生产建材以及胶凝回填利用，开展尾矿在农业领域的利用和生态环境治理。

（10）煤矸石：继续扩大煤矸石发电及生产建材、复垦绿化、井下充填等利用规模；鼓励利用煤矸石提取有用矿物元素制造化工产品和有机矿物肥料等新型利用。

（11）工业副产石膏：继续推广工业副产石膏替代天然石膏的资源化利用，重点发展脱硫石膏、磷石膏生产建材制品和化工原料以及在水泥行业的应用，加快化学法处理磷石膏制备相关产品的研究和应用。

（12）粉煤灰：加强大掺量和高附加值产品技术研发和推广应用，继续推进粉煤灰用于建材生产、建筑和道路工程建设、农业应用、有用组分提取等。

（13）赤泥：加快共性关键技术研发，实现赤泥科学、高效利用，重点发展赤泥提取有用组分、生产建材产品、用作脱硫剂等。

（14）冶炼渣：进一步推广高炉渣和钢渣在生产建材、回收有用组分等综合利用，鼓励有色金属冶炼渣资源化利用以及重金属冶炼渣的无害化处理。

（15）化工废渣：鼓励电石渣生产水泥，氨碱废渣用于锅炉烟气湿法脱硫，硫铁矿制酸废渣用于钢铁、水泥生产，合成氨造气炉渣热能的回收利用；鼓励化工废渣与下游建材产业结合，提高综合利用水平。

（16）建筑和道路废物：推广建筑和道路废物生产建材制品、筑路材料和回填利用，建立完善建筑和道路废物回收利用体系。

（17）生活垃圾：推进垃圾分类，重点开展废弃包装物、餐厨垃圾、园林垃圾、粪便无害化处理和资源化利用，鼓励生活垃圾焚烧发电和填埋气体提纯制燃气或发电等多途径利用，鼓励利用水泥窑协同处置城市生活垃圾。

（18）污水处理厂污泥：推进污泥无害化、资源化处理处置，鼓励采用污泥好氧堆肥、厌氧消化等技术，推动污泥处理处置技术装备产业化，鼓励利用水泥窑协同处置污泥。

（19）农林废物：建设秸秆收储运体系，推广秸秆肥料化、饲料化、基料化、原料化、燃料化利用；鼓励林业“三剩物”、次小薪材、制糖蔗渣及其他林业废弃物的资源化利用；推进畜禽养殖废弃物的综合利用。

（20）海洋与水产品加工废物：开展甲壳质、甲壳素等海洋与水产品加工废物的综合利用。

（21）废水（液）：进一步提高工业废水循环利用和城镇污水再生利用水平；继续推进矿井水资源化利用；鼓励重点行业开展废旧机油、采油废水、废植物油、废酸、废碱、废液等回收和资源化利用。

（22）废气：基本实现焦炉、高炉、转炉煤气资源化利用；鼓励电力、石油、化工等行业对废气中有用组分进行回收和综合利用；以工业窑炉余热余压发电和低温废水余热开发利用为重点，实现余热余压的梯级利用。

（三）再生资源回收利用

（23）废旧金属：推广采用机械化手段对废旧汽车、废旧船舶、废旧农业和工程机械的拆解、破碎和处理，提

高回收利用水平；提高废旧动力电池和废铅酸电池拆解、破碎、分选以及废液的回收处理水平；推进汽车零部件、工程机械机床等再制造。

（24）废旧电器电子产品：继续推进废旧电器电子产品回收、分拣、拆解、高值利用及无害化处理，推动整机拆解和电路板资源化技术的产业化。

（25）废纸：完善废纸回收、分拣、脱墨、加工回收利用体系，鼓励大型废纸制浆技术及成套设备研发。

（26）废塑料：重点开发废塑料回收、分拣、清洗和分离等预处理技术和设备，鼓励废旧塑料瓶、废旧地膜高值利用，推广废塑料再生造粒和改性以及生产木塑制品。

（27）废旧轮胎：规范废旧轮胎回收利用，加快推进废旧轮胎综合利用技术研发和产业升级，提高旧轮胎翻新率，鼓励胶粉生产改性沥青等直接应用，推广环保型再生胶等清洁生产工艺，提升无害化利用水平。

（28）废旧木材：开展废旧木材及木制品回收再利用，加大共性关键技术装备的研发力度。

（29）废旧纺织品：建立废旧纺织品回收体系，开展废旧纺织品综合利用共性关键技术研发，拓展再生纺织品市场，初步形成回收、分类、加工、利用的产业链。

（30）废玻璃：鼓励建立废玻璃回收体系，推广废玻璃作为原料生产平板玻璃等直接应用及生产建筑保温材料等间接利用。

（31）废陶瓷：加强废陶瓷综合利用技术研发和推广应用，鼓励废陶瓷用于生产陶瓷建材产品以及建筑工程等。

五、政策措施

（一）强化宏观引导和政策扶持

各地区、各部门、各行业要根据实际情况，认真落实本指导意见，组织编制地区和行业资源综合利用专项规划。国家发展改革委将继续会同有关部门发挥并完善资源综合利用工作机制作用，分工负责，形成合力，引导资金、政策、人才、技术等资源向综合利用薄弱地区倾斜，推动资源综合利用工作全面、协调发展。

建立和完善鼓励资源综合利用的投资、价格、财税、信贷、政府采购等激励措施，强化资源综合利用认定管理，落实资源综合利用优惠政策，进一步调动企业综合利用资源的积极性，各级政府要优先采购符合相关要求的综合利用产品，为企业融资拓宽途径，有条件的地区设立资源综合利用专项资金。推进资源税改革，加大自然资源的开发成本，研究对产生量大、难处理的固体废物开征环境税，推动建立资源综合利用的倒逼机制。

（二）加强资源综合利用制度建设

以《循环经济促进法》为核心，逐步建立完善资源综合利用法律法规体系，修订和发布粉煤灰、煤矸石等重点产业废物综合利用管理办法，制定和完善再生资源回收管理的相关规定；推行生产者责任延伸制，落实《废弃电器电子产品回收处理管理条例》，适时调整《废弃电器电子产品处理目录》范围。

推行资源综合利用认定企业管理信息化，逐步建立起资源综合利用数据收集、整理和统计体系，构建废物排放、贮存及综合利用数据统计平台，为宏观调控和制定政策提供科学决策依据。

加快推进标准化进程，逐步建立完善矿产资源、产业废物和再生资源综合利用标准体系，重点加强技术标准和管理标准的制修订工作，建立涵盖产生、堆存、检测、原料、生产、使用、产品及应用等多领域的各类标准体系，强化标准宣贯、执行和监督。

（三）实施资源综合利用重点工程

实施资源综合利用“双百”工程，建设共伴生矿产及尾矿、煤矸石、粉煤灰、工业副产石膏、冶炼渣、建筑垃圾、农作物秸秆、废旧轮胎、包装废弃物、废旧纺织品综合利用等重点工程，增强技术支撑能力，加快构建服务体系，建设示范项目，鼓励产业集聚，培育百个示范基地和百家骨干企业。继续推进共伴生矿产及尾矿资源综合利用示范基地建设；加快培育一批产业废物高附加值综合利用示范基地；开展废旧纺织品、废旧轮胎、包装废弃物等再生资源综合利用试点示范，建设一批废旧商品回收体系示范城市。在煤炭、电力、石油石化、钢铁、有色、化工、建材、轻工等行业中选取利用量大、产值高、技术装备先进、引领示范作用突出的资源综合利用骨干企业，予以重点扶持和培育。

（四）加快技术装备创新和成果转化

加快资源综合利用前沿技术的研发与集成，推动科技成果转化为现实生产力，提高资源综合利用技术装备标准化、系列化、成套化和国产化水平。适时修订完善《中国资源综合利用技术政策大纲》，发布和实施《废物资源化科技工程"十二五"专项规划》，引导关键、共性重点综合利用技术的开发，推进高新技术产业示范，推广应用成熟、先进适用的技术与工艺，淘汰落后的生产工艺和装备。加强资源综合利用领域的国际合作，引进国外先进技术，并组织消化吸收和再创新。

（五）营造全社会参与的良好氛围

资源综合利用是一项涉及多个领域、多个行业、多个环节的综合性系统工程。"十二五"期间，要大力倡导文明、节约、绿色、低碳理念，充分发挥各相关行业协会、中介机构作用，通过各种渠道开展政策宣贯、人才培训和技术推广，提高资源节约和环境保护意识，鼓励使用资源综合利用产品，减少一次性用品生产和消费，限制商品过度包装，推广可持续的生产方式和绿色生活模式，营造全社会共同参与的良好氛围。

附件二：

大宗固体废物综合利用实施方案

为贯彻《国民经济和社会发展第十二个五年规划纲要》，提高资源综合利用水平，根据《"十二五"资源综合利用指导意见》，制订本实施方案。

一、充分认识大宗固体废物综合利用的重要意义

大宗固体废物产生量大、资源化利用前景好，对环境影响广泛。实施大宗固体废物综合利用对推动循环经济发展，促进节能减排，加快构建可持续的生产方式，具有重要意义。"十一五"时期，在各项政策措施推动下，大宗固体废物综合利用取得积极进展，利用规模、水平均有较大提升。

（一）有利于节约和替代原生资源

大宗固体废物综合利用，有利于减少原生资源消耗，实现资源可持续利用。我国煤矸石发电机组装机规模已达2100万千瓦，年可减少原煤开采4000万吨。天然石膏资源虽然丰富，但品质较低且集中在少数几个地区，燃煤电厂排放的脱硫石膏、湿法磷酸中产生的磷石膏如全部得到利用，年可节约天然石膏1亿吨。

（二）有利于缓解突出环境问题

大宗固体废物综合利用，是解决固体废物污染环境、造成安全隐患的有效途径。粉煤灰排放量大、占地多，如果得到合理利用将有效减少由于堆存造成对土壤、大气、水质等环境的影响和对人体健康的危害；农作物秸秆综合利用可以有效解决随意焚烧污染环境，造成交通安全隐患等突出问题；城镇化进程中产生的大量建筑废物的综合利用将减轻"垃圾围城"问题。

（三）有利于促进循环经济发展

大宗固体废物既包括粉煤灰、煤矸石等工业废弃物，也包括秸秆等农林废弃物以及建筑废物，大力推动大宗固体废物综合利用，将在电力、煤炭、矿产、冶炼、建筑、农业等多个行业探索形成"资源—产品—废弃物—再生资源"的发展模式，延伸和拓宽生产链条，促进产业间的共生耦合，推动循环经济形成较大规模。

二、指导思想、基本原则、总体目标

（一）指导思想

深入贯彻科学发展观，认真落实节约资源和保护环境基本国策，以提高综合利用率为核心，以重点工程为着力点，完善政策措施，加强技术研发和推广，推动大宗固体废物由"低效、分散利用"向"高效、规模利用"转变，形成稳定的利废和资源再生能力，发挥资源综合利用对于保障资源安全和防治环境污染的作用，带动资源综合利用水平的全面提升。

（二）基本原则

坚持政府引导原则。发挥政府的宏观引导作用和市场配置资源的基础性作用，使大宗固体废物综合利用成为企业降成本、提效益、持续发展的内生动力。

坚持规模发展原则。鼓励大掺量、规模化利用，扶持大型骨干企业，积极拓展综合利用方式，通过多渠道、多途径利用，力争做到"吃干榨尽"。

坚持因地制宜原则。充分考虑各地区、各行业资源禀赋和综合利用水平的差异，采用切合实际的技术和模式，分类、有序推进。

坚持技术促进原则。加快先进、适用技术工艺装备的推广应用，提高利用效率，从源头减少废物产生，防止二次污染。

（三）总体目标

到2015年，大宗固体废物综合利用率达到50%，其中工业固体废物综合利用率达到72%，通过实施本方案中的重点工程，新增3亿吨的年利废能力。基本形成技术先进、集约高效、链条衔接、布局合理的大宗固体废物综合利用体系。

表　大宗固体废物综合利用目标（2015年）

大宗固废种类	产生量（亿吨）	利用率（%）
尾矿	13	20
煤矸石	7.76	75
粉煤灰	5.8	70
工业副产石膏	1.65	50
冶炼渣	4	70
建筑废物	8	30*
农作物秸秆	7	80
合计	47.21	50

注：*指大中城市综合利用率。

三、实施内容

（一）尾矿

现状

尾矿是目前我国产生量最大的固体废物，主要包括黑色金属尾矿、有色金属尾矿、稀贵金属尾矿和非金属尾矿。2010年，我国尾矿产生量约12.3亿吨，其中主要为铁尾矿和铜尾矿，分别占到40%和20%左右。2010年，尾矿综合利用量为1.72亿吨，利用率约14%，利用途径主要有再选、生产建筑材料、回填、复垦等。受资源品位低、利用成本高、经济效益差、利用技术缺乏等问题制约，目前尾矿仍以堆存为主，尾矿库安全隐患问题突出。

目标

到2015年，尾矿综合利用率提高到20%，通过实施重点工程新增3000万吨的年利用能力。

主要任务

推进绿色矿山建设，提高矿产资源综合利用率。开展铁矿、铜矿、铝土矿、铅锌矿、钨矿、锡矿、锑矿等尾矿再选、生产建材等资源化利用，重点推动有色金属尾矿资源的高效利用技术发展和工程示范。攻克铁尾矿伴生多金属及有色金属尾矿中残余有用组分的高效提取、非金属矿物高值利用、低成本高效胶结填充等一批尾矿综合利用重大共性关键技术，开发成套装备。完善尾矿整体利用技术的系统化、配套化和工程化。在资源枯竭矿区重点鼓励尾矿回填和尾矿库复垦。

重点工程

1.在重点地区建设10个技术成熟、工艺装备先进的尾矿提取有价元素示范基地；

2.建设若干尾矿整体开发利用示范基地，支持一批技术创新工程及产业化推广。

（二）煤矸石

现状

煤矸石是煤炭开采和洗选加工过程中产生的固体废弃物，占当年煤炭产量的18%左右。2010年，我国煤矸石产生量约5.94亿吨，综合利用率约61.4%，年利用煤矸石近3.65亿吨，主要利用方式为煤矸石发电、生产建材产品、筑基铺路、土地复垦、塌陷区治理和井下充填换煤等，煤矸石井下充填置换煤技术实现了矸石不升井、不占地。目前，受运输、市场环境、发电装机容量限制等因素影响，部分地区煤矸石综合利用率仍不高，相关优惠政策在个别地区难以得到落实。

目标

到2015年，煤矸石综合利用率提高到75%，通过实施重点工程新增9000万吨的年利用能力。

主要任务

在大中型矿区，稳步推进煤矸石综合利用发电。扩大煤矸石制砖、水泥等新型建材和筑基铺路的利用规模。探索煤矸石生产增白和超细高岭土、膨润土、聚合氧化铝、陶粒、无机复合肥、特种硅铝铁合金等高附加值利用途径。加大煤矸石用于采空区回填、土地复垦、沉陷区治理力度。鼓励引导大型矿业集团研发适合不同地质条件和矿井开拓方式的井下充填置换煤技术并推广应用。

重点工程

1.在有条件的矿区建设4-5个煤矸石生产铝、硅系精细化工产品，增白和超细高岭土、无机复合肥等示范基地；

2.建设15-20个煤矸石生产砖、砌块等新型建筑材料示范基地；

3.在稀缺煤种矿区及资源枯竭矿区，扶持建设一批煤矸石井下充填绿色开采示范工程项目。

（三）粉煤灰

现状

近年来，随着我国燃煤电厂快速发展，粉煤灰产生量逐年增加，2010年产生量达到4.8亿吨，利用量达到3.26亿吨，综合利用率约68%，主要利用方式有生产水泥、混凝土及其他建材产品和筑路回填、提取矿物高值化利用等，高铝粉煤灰提取氧化铝技术研发成功并逐步产业化，涌现出一批专业化粉煤灰综合利用企业，粉煤灰“以用为主”的格局基本形成。但从整体看，东西部发展不平衡的问题较为突出，中西部电力输出省份受市场和技术经济条件等因素限制，粉煤灰综合利用水平偏低。

目标

到2015年，粉煤灰综合利用率提高到70%，通过实施重点工程新增6000万吨的年利用能力。东部地区继续巩固现有成效，中西部地区扩大利用规模和水平。

主要任务

鼓励电厂完善除灰系统，基本实现粉煤灰干排。推广粉煤灰分选和粉磨等精细加工，提高粉煤灰利用附加值，开发大掺量粉煤灰混凝土技术，提升粉煤灰规模化利用能力。继续推进粉煤灰加气混凝土及其制品、陶粒等利废建材生产应用，大幅提高利用量和利用比例。有序推进高铝粉煤灰提取氧化铝及其配套项目建设。推动煤电基地将粉煤灰用于煤矿井下防治煤自燃、防治水患安全工程，鼓励粉煤灰复垦、回填造地和生态利用。

重点工程

1.建设5-6个粉煤灰大掺量、高附加值综合利用基地，形成若干煤-电-建材梯级利用产业集群；

2.支持技术先进、经济实力强的大中型企业，建设一批利用粉煤灰生产加气混凝土制品、轻质墙板、陶粒等新型建材项目；

3.有序推进内蒙古、山西等地高铝粉煤灰综合利用示范项目建设，重点支持3-4条技术先进、副产物处理能力相配套的生产线；

4.扶持50家粉煤灰专业化综合利用骨干企业。

（四）工业副产石膏

现状

工业副产石膏包括脱硫石膏、磷石膏、氟石膏、钛石膏、盐石膏等，2010年产生量约1.37亿吨，其中脱硫石膏5200多万吨，磷石膏约6000万吨，综合利用率分别为69%和20%左右，

主要利用途径是用作水泥缓凝剂和用于生产纸面石膏板、石膏砌块等石膏建材。随着工业副产石膏产生量的逐年增加，品质不稳定、标准体系不完善、关键技术缺乏、地区差异较大等因素成为影响其利用的主要障碍。

目标

到2015年，工业副产石膏综合利用率提高到50%以上，其中脱硫石膏、磷石膏综合利用率分别达到80%和30%，通过实施重点工程新增2000万吨的年利用能力。

主要任务

大力推进大掺量利用工业副产石膏技术产业化，鼓励水泥企业改造现有给料系统，推广脱硫石膏、磷石膏用作水泥缓凝剂以及生产纸面石膏板、石膏砌块、石膏商品砂浆等新型建筑材料。

利用工业副产石膏开发混凝土复合材料，开展化学法处理磷石膏的技术攻关，推进磷石膏制硫酸联产水泥、磷石膏制硫铵、碳酸钙等先进技术产业化。推动工业副产石膏制备高强石膏及相关产品的研发和应用。进一步完善工

业副产石膏综合利用标准体系，加快工业副产石膏及相关产品和应用标准的制修订。积极探索农业领域应用，加快利用工业副产石膏改良盐碱地技术研究。

重点工程

1.在全国建设20-30个脱硫石膏、磷石膏替代天然石膏生产新型建筑材料综合利用基地；

2.建设一批利用工业副产石膏直接用作水泥缓凝剂示范项目；

3.在贵州、云南、湖北、四川等磷石膏产生量集中地区建设4-5个磷石膏化学法综合利用基地。

4.在宁夏、甘肃、云南、吉林等地建设4-5个脱硫石膏、磷石膏改良土壤试点示范项目；

5.组织工业副产石膏综合利用技术装备研发及产业化示范，形成一批具有自主知识产权的共性关键技术和装备。

（五）冶炼渣

现状

冶炼渣主要包括钢铁冶金渣和有色金属冶金渣两大类。2010年，我国冶炼渣产生量约为3.15亿吨，其中钢渣0.8亿吨、铁渣1.9亿吨、赤泥3000万吨、铜渣850万吨、铅锌渣430万吨。

目前，主要利用途径有再选回收有价元素、生产渣粉用于水泥和混凝土、建筑和道路材料等，综合利用率约55%，利用量约为1.74亿吨，由于资金投入和技术装备滞后等问题，利用率仍然偏低。

目标

到2015年，冶炼渣综合利用率提高到70%，通过实施重点工程新增4000万吨的年利用能力。

主要任务

鼓励钢厂推广应用钢渣“零排放”技术。推动建立技术创新体系，加大钢渣处理、渣钢提纯磁选等先进技术研发力度，突破制约冶炼渣利用的技术瓶颈，重点解决赤泥综合利用等技术难题。大力发展钢渣余热自解稳定化处理，提高金属回收率，推广生产钢铁渣复合粉作水泥和混凝土掺合料，鼓励有色金属冶炼渣在生产建筑、道路材料方面的利用。加快制定冶炼渣综合利用的技术、产品和应用标准，拓宽综合利用产品市场。

重点工程

1.在重点地区建设10个冶炼渣提取有价元素联产新型建材示范基地；

2.建设一批钢渣预处理和“零排放”示范项目；

3.建设10个利用高炉渣、钢渣复合粉生产水泥和混凝土掺合料示范项目；

4.建设一批赤泥综合利用示范项目。

（六）建筑废物

现状

我国正处于城镇化加速发展阶段，城镇房屋年竣工面积约15亿平方米，城镇改造扩建所产生的建筑废物数量巨大，2010年，建筑废物产生量约为8亿吨。由于技术装备研发推广缓慢、激励政策措施不配套、产品和应用标准缺失等原因，导致资源化利用水平很低，仅有少量用作生产再生建筑骨料制备建材等，基本以填埋和堆放为主，大量占用土地，给周边环境造成很大危害。

目标

到2015年，全国大中城市建筑废物利用率提高到30%，通过实施重点工程新增4000万吨的年利用能力。

主要任务

推进建筑废物生产再生骨料并应用于道路基层、建筑基层，生产路面透水砖、再生混凝土、市政设施制品等建材产品。鼓励先进技术装备研发和工程化应用，重点研发再生骨料强化技术、再生骨料系列建材生产关键技术、再生细粉料活化技术、专用添加剂制备工艺技术等以及建筑废物破碎、分选、分类装备，推动建筑废物收集、清运、分拣、利用、市场推广的回收利用一体化及规模化发展。完善建筑废物及其综合利用产品标准和应用技术规范，扩大在工程建设领域的应用规模。

重点工程

1.在全国大中城市建设5-10个百万吨以上的建筑废物生产再生骨料及资源化产品示范基地；

2.在有条件的地区建设5-10个建筑废物综合利用装备生产线示范项目。

（七）农作物秸秆

现状

我国农作物秸秆数量大、种类多、分布广。2010年秸秆可收集量约为7亿吨，综合利用率70.6%，其中十三个粮食主产区约为5亿吨，约占全国总量的73%。目前已基本形成了秸秆肥料化、饲料化、基料化、原料化、燃料化多元利用的格局，相关利用技术水平已经达到国际先进水平。但秸秆资源化程度低，综合利用企业规模小，缺乏骨干企业带动，产业化发展缓慢。

目标

到2015年，秸秆综合利用率力争超过80%，通过实施重点工程形成6000万吨的年利用能力。

主要任务

进一步扩大机械化秸秆还田和秸秆养畜规模，开展以秸秆综合利用为核心的循环型农业示范，继续推广企业加农户的基料化利用经营模式。科学利用秸秆制浆造纸，积极发展秸秆生产板材、木塑和制作工艺品等代木产品。积极发展秸秆沼气工程、有序发展秸秆固化成型燃料等能源化利用。开发适合农户应用的小型化、简单化装备。加快建立以企业为龙头，专业合作组织为骨干，农户参与，政府推动，市场化运作，多模式互为补充的秸秆收储运体系。

重点工程

1.在十三个粮食主产省建设千个年利用万吨以上的秸秆循环农业生态工程；

2.推进秸秆固化成型、秸秆气化等可再生能源发展，加快秸秆纤维乙醇关键技术研发；

3.建立若干木塑产业示范基地，扶持4-5家秸秆人造板、木塑装备生产企业，100-150家秸秆人造板、木塑生产企业；

4.在棉花主产区组织开展棉秆综合利用产业化试点建设；

5.依托现有造纸生产企业，加快推进秸秆清洁制浆项目示范。

四、保障措施

“十二五”期间，国家发展改革委将继续会同有关部门加强宏观指导，从政策、资金、技术、管理等方面多管齐下、多措并举，保障方案的顺利实施。

（一）加强组织实施。各地资源综合利用主管部门要按照《“十二五”资源综合利用指导意见》要求，结合本实施方案的主要任务和重点工程，根据本地区资源禀赋和废物产生情况，选择重点废物，编制专项实施方案，协调有关部门推动落实。

（二）落实激励政策。配合财税部门完善《资源综合利用企业所得税优惠目录》和资源综合利用增值税优惠政策。强化《资源综合利用认定管理办法》和《资源综合利用电厂认定暂行规定》执行，加强认定管理，落实资源综合利用电厂电量上网等相关鼓励政策。鼓励将资源综合利用产品优先纳入政府采购目录。

（三）加大资金支持。国家发展改革委将会同有关部门，结合实施方案，利用中央预算内投资加大对示范基地和骨干企业的支持力度，推动“十二五”期间大宗固体废物综合利用工作。充分利用支持循环经济的投融资政策，积极拓宽资源综合利用融资渠道，鼓励资源综合利用企业上市融资。

（四）推动技术创新。推进粉煤灰提取氧化铝及相关产品，煤矸石制取超细纤维，尾矿、冶炼渣提取有价元素等先进适用技术的研发和产业化；组织对秸秆收储运装备、建筑废物综合利用设备等重大关键共性技术设备进行攻关，增强自主创新能力，提高重大装备的国产化水平。

（五）完善管理体系。适时修订发布《粉煤灰综合利用管理办法》、《煤矸石综合利用管理办法》。探索建立生产者责任延伸制，加快建立相关行业标准和重要产品技术标准体系。积极发挥行业协会和中介组织作用，建立大宗固体废物数据统计平台，及时掌握和分析大宗固体废物综合利用产生和利用趋势。

关于请组织推荐全国循环经济工作先进单位的通知

发改办环资[2011]3171号

各省、自治区、直辖市及计划单列市、新疆生产建设兵团发展改革委（经委、经贸委、经信委）：

“十一五”以来，国家有关部门和地方把发展循环经济作为转变经济发展方式，建设资源节约型环境友好型社

会的重要措施，推动循环经济从理念变为行动，在全国范围内得到迅速发展，在理论上、实践上、政策扶持和制度创新上都取得了重要突破，初步形成了政府推动、企业实施、公众参与的良好局面。

五年来，各地区和有关单位开拓创新，涌现出一批循环经济的典型单位。为表扬先进，树立典型，促进循环经济形成较大规模，根据《循环经济促进法》、《国务院关于加快发展循环经济的若干意见》的有关要求，我委拟对“十一五”期间发展循环经济取得突出成效的单位进行表彰。现将有关事项通知如下：

一、推荐范围

（一）两批国家循环经济试点示范企业或园区（含再制造试点单位）；

（二）首批国家循环经济模式案例单位；

（三）各省级循环经济发展综合管理部门确认的在发展循环经济工作取得突出成效的企业或园区。

二、推荐条件

遵守《循环经济促进法》等法律法规，循环经济规章制度健全，管理体系完善，技术研发和改造投入大，社会公众形象良好，可为同类型单位发展循环经济提供有益借鉴，资源循环利用水平在同行业中达到国内领先水平或国际先进水平（具体要求见附件1）。

三、工作程序

（一）地方推荐。请各省级循环经济发展综合管理部门组织做好本地区推荐工作，并于12月31日前将推荐表（见附件2），加盖推荐单位公章后上报国家发展改革委。每个省级单位推荐的总数不超过三家，推荐范围中每类不超过一家，并请按推荐顺序排列。

（二）组织评审。我委（环资司）首先对各省推荐的候选单位的资格、事迹材料等进行审查，并组织专家进行评审，筛选产生“全国循环经济工作先进单位”初选名单。

（三）社会公示。我委将评审结果在国家发展改革委网站及相关媒体向社会进行公示。公示期无异议的，确定为“全国循环经济工作先进单位”。

（四）公开表彰。本次表彰活动拟在全国循环经济大会上举行，由国家发展改革委向“全国循环经济工作先进单位”颁发荣誉证书。

四、有关要求

（一）高度重视。开展循环经济工作先进单位的评选表彰涉及面广，各级循环经济发展综合管理部门要高度重视，切实加强领导，精心组织，坚持面向基层，广泛深入地挖掘本地循环经济发展的先进典型。

（二）严格标准。推荐工作要坚持公开、公正、公平的原则。严格按照条件和程序进行推荐，对推荐材料认真调查核实，对推荐材料的真实性负责，做到好中选优，确保先进性、典型性。

（三）严肃纪律。对于编造事迹，未严格按照条件和程序推荐的单位，经查实后给予通报批评，已经获奖的，撤销已获奖项，且五年内不得再次参加评选。各地不得以委托评审或其他方式向参评单位收取费用或者变相收费。

联系人：发展改革委环资司循环经济发展处

附件：一、全国循环经济工作先进单位应符合的基本条件（略）

二、全国循环经济工作先进单位推荐表（略）

国家发展改革委

二〇一一年十二月二十一日

工业和信息化部政策文件

关于组织推荐工业循环经济重大技术示范工程的通知

工信厅节函［2011］1号

各省、自治区、直辖市及计划单列市、新疆生产建设兵团经（工）信委（厅），有关中央企业：

为加快推动工业企业和园区树立循环经济发展理念，推进循环经济重大关键技术推广应用，形成资源循环利用产业模式，促进工业节约清洁和高效循环发展，我部决定组织实施一批循环经济重大技术示范工程。为充分发挥技术示范和典型带动作用，请各地区、有关中央企业，结合实际情况，做好示范工程的组织推荐工作。现将有关要求通知如下：

一、基本条件和推荐原则

（一）企业和投资项目符合国家产业政策相关要求；

（二）示范工程核心技术成熟可靠，工艺路线清晰，经济上可行，已进行产业化生产，产品得到市场认可；

（三）示范工程或项目资源产出率、单位产品资源消耗（能耗、水耗、主要原材料消耗）、资源综合利用、废物循环利用等方面的指标达到国际或国内先进水平；

（四）示范工程循环经济产业链建设具有标志性目标和突出的实际效果；形成循环经济产业链关键链接技术获得突破或者有创新性发展应用；

（五）在相关行业和重点领域有重大示范、推广作用，有助于提高该行业、领域循环经济整体技术水平。

二、主要领域和内容

（一）钢铁、石化、化工、建材、有色金属、能源等相关行业企业间或企业集团内部实现资源共享、废物互为利用。

（二）工业园区通过上下游产业联合、优化整合，实现区域内物质循环利用、废物综合利用，形成循环经济典型产业链。

（三）利用钢铁、水泥等企业高炉、焦炉高温冶炼环境条件，对工业废物、社会废弃产品、生活垃圾、污泥、污水等进行规模化处理，实现废物资源化利用和无害化消纳。

三、相关要求

（一）示范工程申报单位认真组织编写循环经济重大技术示范工程申报材料（相关要求见附件1），按照隶属关系，相关材料（一式三份）报所在地省级工业和信息化主管部门或中央企业（集团）。

（二）各省级工业和信息化主管部门和中央企业（集团）对申报材料进行评审汇总后提出推荐意见（见附件2），报送工业和信息化部（节能与综合利用司）。

（三）工业和信息化部组织专家对申报资料和推荐意见进行审核，评选出一批重大技术示范工程。

（四）请各省级工业和信息化主管部门于2011年2月28日前，将申报资料和推荐意见报送工业和信息化部（节能与综合利用司），同时提供相应材料的电子版文件。

附件：1.循环经济重大技术示范工程申报材料要求（略）
2.循环经济重大技术示范工程推荐表（略）

工信部办公厅
二〇一一年一月十四日

关于工业副产石膏综合利用的指导意见

工信部节[2011]73号

各省、自治区、直辖市及计划单列市、新疆生产建设兵团工业和信息化主管部门，相关行业协会，中央企业：

为贯彻十七届五中全会精神，落实节约资源和保护环境基本国策，加快发展循环经济，提高工业副产石膏综合利用水平，促进工业副产石膏综合利用产业发展，提出如下指导意见：

一、充分认识工业副产石膏综合利用的重要意义

工业副产石膏是指工业生产中因化学反应生成的以硫酸钙为主要成分的副产品或废渣，也称化学石膏或工业废石膏。主要包括脱硫石膏、磷石膏、柠檬酸石膏、氟石膏、盐石膏、味精石膏、铜石膏、钛石膏等，其中脱硫石膏和磷石膏的产生量约占全部工业副产石膏总量的85%。

2009年，我国工业副产石膏产生量约1.18亿吨，综合利用率仅为38%。其中，脱硫石膏约4300万吨，综合利用率约56%；磷石膏约5000万吨，综合利用率约20%；其他副产石膏约2500万吨，综合利用率约40%。目前工业副产石膏累积堆存量已超过3亿吨，其中，脱硫石膏5000万吨以上，磷石膏2亿吨以上。工业副产石膏大量堆存，既占用土地，又浪费资源，含有的酸性及其他有害物质容易对周边环境造成污染，已经成为制约我国燃煤机组烟气脱硫和磷肥企业可持续发展的重要因素。

工业副产石膏经过适当处理，完全可以替代天然石膏。当前，工业副产石膏综合利用主要有两个途径：一是用作水泥缓（调）凝剂，约占工业副产石膏综合利用量的70%；二是生产石膏建材制品，包括纸面石膏板、石膏砌块、石膏空心条板、干混砂浆、石膏砖等。

近年来，尽管我国工业副产石膏的利用途径不断拓宽、规模不断扩大、技术水平不断提高，但随着工业副产石膏产生量的逐年增大，综合利用仍存在一些问题。

一是区域之间不平衡。受地域资源禀赋和经济发展水平影响，不同地区工业副产石膏产生、堆存及综合利用情况差异较大。北京、河北、珠三角及长三角等地区脱硫石膏产生量小、综合利用率高；而山西、内蒙古等燃煤电厂集中的地区脱硫石膏产生量大、综合利用率较低。我国磷矿资源主要集中在云南、贵州、四川、湖北、安徽等地区，决定了我国磷肥工业布局及磷石膏的产生、堆存主要集中在这些地区。受运输半径影响，磷石膏综合利用长期处于较低水平。使用量大的地区供不应求，而产生量集中的地区却大量堆存。

二是工业副产石膏品质不稳定。尽管理论上工业副产石膏品质要高于天然石膏，但由于我国部分燃煤电厂除尘脱硫装置运行效率不高，加之电煤的来源不固定，导致脱硫石膏品质不稳定；由于磷矿资源不同，导致磷石膏含有不同的杂质，品质差异较大。因此，石膏制品企业更愿意使用品质稳定的天然石膏。同时，由于当前我国天然石膏开采成本（包括资源成本和开采成本）较低，也不利于工业副产石膏替代天然石膏。

三是标准体系不完善。一方面缺乏用于生产不同建材的工业副产石膏标准，不利于工业副产石膏在不同建材领域的应用。另一方面缺乏工业副产石膏综合利用产品相关标准，只能参照其他同类标准，市场认可度低，造成工业副产石膏难以被大规模利用。

四是缺乏共性关键技术。由于缺乏先进的在线质量控制技术、低成本预处理技术及大规模、高附加值利用关键共性技术，制约了工业副产石膏综合利用产业发展。现有的一些成熟的先进适用技术，如副产石膏生产纸面石膏板、石膏砖、石膏砌块、水泥缓凝剂技术等，在部分地区也没有得到很好的推广应用。

开展工业副产石膏综合利用，是落实科学发展观，转变工业经济发展方式，构建资源节约型和环境友好型工业体系的重要措施，也是解决工业副产石膏堆存造成的环境污染和安全隐患的治本之策，各级工业和信息化主管部门和相关企业必须充分认识工业副产石膏综合利用的重要意义，大力推进工业副产石膏综合利用工作。

二、指导思想和目标

（一）指导思想

深入贯彻落实科学发展观，坚持节约资源和保护环境基本国策，以工业副产石膏大规模利用和高附加值利用为方向，以工业副产石膏资源综合利用产业链上下游相关企业为实施主体，健全政策机制，提升技术水平，完善标准体系，提高资源综合利用水平和效率，促进工业副产石膏综合利用产业化发展。

（二）发展目标

到2015年底，磷石膏综合利用率由2009年的20%提高到40%；脱硫石膏综合利用率由2009年的56%提高到80%；攻克一批具有自主知识产权的重大关键共性技术；建成一批大规模、高附加值利用的产业化示范项目；形成较为完整的工业副产石膏综合利用产品标准体系；引导工业副产石膏综合利用企业向多途径、大规模、高附加值综合利用方向发展。

三、工业副产石膏综合利用重点任务

（一）加快先进适用技术推广应用

鼓励大掺量利用工业副产石膏技术产业化，包括纸面石膏板、石膏基干混砂浆、石膏砌块、石膏砖等。大力推进工业副产石膏用作水泥缓凝剂，鼓励工业副产石膏产生企业对石膏进行预加工。支持改造现有水泥生产喂料系统，推进水泥生产直接利用原状散料工业副产石膏。加快工业副产石膏生产胶凝材料产业化，包括粉刷石膏、腻子石膏、模具石膏和高强石膏粉等。加快磷石膏制硫酸铵技术推广应用。

（二）大力推进先进产能建设

重点鼓励符合以下条件的工业副产石膏综合利用项目建设，包括：全部使用工业副产石膏作为原料，单线能力在3000万平方米及以上的纸面石膏板生产线项目，单线能力在30万平方米及以上的石膏砌块生产线建设或者改造项目，单线能力在10万吨及以上的粉刷石膏、粘接石膏等石膏干混建材生产线建设或者改造项目，单线生产能力在5万吨及以上的高强石膏粉生产线建设项目，单线生产能力在100万吨及以上的建筑石膏粉生产线建设项目；采用经济适用的化学法处理磷石膏，生产其他产品（如硫酸联产水泥、硫酸铵、硫酸钾副产氯化铵等）的建设项目；采用磷石膏作为主要填充材料的井下采空区充填项目。

（三）加快推进集约经营模式

根据工业副产石膏分布和堆存情况，结合工业副产石膏综合利用示范企业和基地建设试点工作，通过政策引导，培育一批工业副产石膏综合利用骨干企业。鼓励专业性的工业副产石膏综合利用企业通过兼并重组等措施，形成工业副产石膏综合利用集约化生产模式。促进建材生产企业与工业副产石膏产生企业合作，重点扶持消纳工业副产石膏能力强、潜力大、见效快的项目，形成若干个在国际上具有市场竞争力的产品品牌和企业品牌。

（四）加强关键共性技术研发

研发脱硫石膏质量在线监测技术和低成本在线调整技术，改进、优化操作工艺，提高脱硫石膏品质的稳定性；加快利用余热余压对工业副产石膏进行烘干、煅烧的先进工艺及大型成套装备的科技攻关；开发超高强α石膏粉、石膏晶须、预铸式玻璃纤维增强石膏成型品、高档模具石膏粉等高附加值产品生产技术及装备；开发低能耗磷石膏制硫酸联产水泥、制硫酸钾副产氯化铵等技术；开发低成本、高性能、环保型磷石膏净化技术；加快研发磷石膏转化法生产硫酸钾技术工艺；研发利用低品质磷石膏生产低成本高性能的矿井充填专用胶凝材料；开发利用工业副产石膏改良土壤的关键技术。

四、保障措施

（一）加强组织领导

各级工业和信息化主管部门要切实加强工业副产石膏综合利用工作的组织领导，严格执行国家有关政策措施，加强部门间的协调、配合，落实好国家对工业副产石膏综合利用的鼓励和扶持政策。工业副产石膏集中地区的各级工业和信息化主管部门应在本行政区域经济发展规划的基础上，编制工业副产石膏综合利用专项规划，或在有关规划中对工业副产石膏综合利用提出明确要求，并认真抓好落实，促进工业副产石膏综合利用。

（二）健全标准体系

进一步完善工业副产石膏综合利用标准体系，加快工业副产石膏综合利用产品标准和应用标准制修订工作。充分发挥行业协会、科研院所和专业标准化机构的作用，适时制修订生产建材的脱硫石膏、磷石膏标准；加快工业副产石膏综合利用相关产品标准、检测标准、应用标准制修订，推进建立工业副产石膏综合利用产品检测中心；会同建设主管部门研究制定工业副产石膏综合利用建材产品施工标准或规范；强化标准实施，引导建筑行业提高使用工业副产石膏综合利用产品比重。

（三）加强技术改造

把工业副产石膏综合利用列为企业技术改造项目重点支持范围，加大中央和地方财政资金对工业副产石膏综合利用技术改造支持力度，提升工业副产石膏综合利用技术水平。从源头控制脱硫石膏的产生与排放，加强脱硫装置运行的可靠性管理，强化脱硫系统优化调整，确保脱硫石膏品质的稳定性，为下游综合利用提供保障。

（四）完善配套政策

工业副产石膏产生量集中地区应依法限制天然石膏的开采，提高天然石膏的开采成本和工业副产石膏的堆存处

置成本。促进工业副产石膏产生企业与利用企业上下游之间的衔接，保障工业副产石膏利用企业的质量要求。在石膏资源短缺的地区，本着利于综合利用的原则，控制好工业副产石膏价格。完善工业副产石膏用于水泥缓凝剂生产水泥的税收优惠政策，引导企业将工业副产石膏用于水泥缓凝剂。积极制定引导、扩大工业副产石膏应用市场的鼓励政策。有条件的地区应对工业副产石膏综合利用产品使用单位给予适当补贴，引导人们利用和消费工业副产石膏综合利用产品。

（五）建设示范基地

选择工业副产石膏集中的区域建设工业副产石膏综合利用示范基地，探索工业副产石膏综合利用管理模式和有效途径，支持一批工业副产石膏综合利用重点工程项目。推进工业副产石膏综合利用技术进步，提高工业副产石膏综合利用产品附加值，扩大工业副产石膏综合利用产品运输半径，解决工业副产石膏产生、堆存区域集中和综合利用不平衡问题。引导石膏建材企业与工业副产石膏产生企业密切合作，培育一批工业副产石膏综合利用规模化、集约化的龙头企业。充分发挥基地的示范和辐射效应，带动和促进工业副产石膏综合利用。

工业和信息化部办公厅

二〇一一年二月二十一日

关于开展工业固体废物综合利用基地建设试点工作的通知

工信厅节〔2011〕32号

河北省、山西省、内蒙古自治区、辽宁省、江西省、山东省、河南省、广西壮族自治区、四川省、贵州省、云南省、甘肃省工业和信息化主管部门：

为深入贯彻十七届五中全会精神，落实科学发展观，发展循环经济，我部决定开展工业固体废物综合利用基地建设试点工作,推动重点地区综合利用产业发展，进一步提高工业固体废物综合利用水平。现将有关要求通知如下：

一、试点工作目标和主要内容

目标：到“十二五”末，各试点地区工业固体废物综合利用率在2010年基础上提高10-12个百分点，建设一批各具特色的工业固体废物综合利用基地，形成一套完善的工业固体废物综合利用政策体系和推广机制，促进全国工业固体废物综合利用跨越式发展。

主要内容：选择一批工业固体废物产生量大、堆存集中且综合利用具有一定基础的地区，通过重点工程、重点项目建设，推广一批工业固体废物综合利用先进适用技术，打造较为完整的工业固体废物综合利用产业链；探索建立符合国情、适合不同行业的工业固体废物综合利用体制机制；培育一批具有较强竞争力的工业固体废物综合利用企业，促进综合利用产业较快发展。

二、试点工作要求

（一）编制实施方案

各试点地区应在前期工作基础上，按照实施方案编制要求进一步完善基地建设实施方案，于2011年4月底前通过省级工业和信息化主管部门报我部（节能与综合利用司），我部将组织专家对实施方案进行论证。各试点地区应将试点工作纳入本地区“十二五”经济和社会发展规划，并做好与地区相关规划的衔接。

（二）推进技术进步

各试点地区应结合本地区工业固体废物特点，加强综合利用共性、关键技术研发，重点开发产品附加值高、固体废物利用量大的技术，努力在试点地区示范和应用一类或多类工业固体废物综合利用关键技术，突破工业固体废物综合利用技术瓶颈制约。提高工业固体废物综合利用装备水平，加强国外先进设备的引进消化吸收，重点提升国产装备的稳定性和耐用性。加快工业固体废物综合利用新技术、先进适用技术的应用和推广示范，提升试点地区工业固体废物综合利用整体技术水平。

（三）扩大利用规模

各试点地区要在现有产业布局的基础上，规划建设一批工业固体废物综合利用重点工程项目，利用先进技术，对现有综合利用企业进行提升改造，促进区域内工业固体废物综合利用，建设符合循环经济要求的资源循环利用典型模式。各地应将此类项目纳入技术改造项目计划，给予优先支持。通过项目建设，培育一批具有较强竞争力的工业固体废物综合利用企业，发挥示范和带动效应，以重点项目为核心，以企业为依托，扩大工业固废综合利用规模。

（四）加大政策支持

各试点地区应把工业固体废物综合利用基地建设作为推进节能环保、发展战略性新兴产业、转变发展方式的重要内容和举措，加大相关政策支持力度。积极落实国家资源综合利用税收优惠政策，充分调动工业固体废物综合利用企业的积极性。有条件的地区应设立资源综合利用专项资金，支持工业固体废物综合利用重点工程项目建设。探索一套行之有效的扶持政策和实施模式，为建立和完善工业固体废物综合利用政策体系和推进机制积累经验。

（五）加强组织领导

各试点地区要高度重视基地建设试点工作，加强组织领导，明确任务分工，落实工作责任，采取综合措施，确保试点工作圆满完成。试点地区工业和信息化主管部门每年6月底和12月底前分别将上半年和全年工作进展情况通过省级工业和信息化主管部门报我部（节能与综合利用司）。省级工业和信息化主管部门应认真梳理试点工作的成功做法，加大试点经验推广力度。

附件：1.工业固体废物综合利用基地建设试点地区名单（第一批）

2.工业固体废物综合利用基地建设实施方案编制要点（略）

工业和信息化部办公厅

二〇一一年二月二十五日

附件1

工业固体废物综合利用基地建设试点地区名单（第一批）

序号	试点地区	主要领域	备注
1	河北省承德市	铁尾矿综合利用	
2	山西省朔州市	煤矸石、粉煤灰、脱硫石膏综合利用	
3	内蒙古自治区鄂尔多斯市	煤矸石、粉煤灰综合利用	
4	辽宁省本溪市	尾矿、煤矸石和冶炼渣综合利用	
5	江西省丰城市	煤矸石、粉煤灰、副产脱硫石膏等综合利用	
6	山东省招远市	黄金尾矿综合利用	
7	河南省平顶山市	粉煤灰和煤矸石综合利用	
8	广西壮族自治区河池市	有色金属尾矿综合利用	
9	四川省攀枝花市	钒钛磁铁矿尾矿综合利用	
10	贵州省贵阳市	磷石膏、粉煤灰、赤泥综合利用	
11	云南省个旧市	锡尾矿和有色金属冶炼废渣综合利用	
12	甘肃省金昌市	有色冶炼渣、尾矿、粉煤灰、磷石膏和煤矸石等综合利用	

附件2

工业固体废物综合利用基地建设实施方案编制要点

一、试点地区基本情况

（一）工业固体废物产出与综合利用总体情况

1.本地区主要工业固体废物种类、年产生量、年综合利用量、历史堆存量；

2.工业固体废物综合利用方式和途径、具有代表性的技术及大规模利用的成熟技术；

3.工业固体废物综合利用产品的产量、产值、利润及就业人数等；

4.开展工业固体废物综合利用企业享受国家税收优惠政策的情况；

5.工业固体废物综合利用社会效益和环境效益分析。

（二）主要工业固体废物综合利用企业（园区）情况

1.本地区工业固体废物综合利用企业（园区）名称、所有制性质、所在地、主要利用的工业固体废物的种类；

2.企业（园区）的工业固体废物综合利用产品销售收入、年利用工业固体废物的总量、综合利用产值占总产值的比例；

3.企业（园区）拥有或使用的工业固体废物综合利用先进技术和关键技术，下一步发展的目标和方向。

存在的主要问题

本地区在开展工业固体废物综合利用过程中所面临的各种主要问题及原因分析。

二、总体思路和建设目标

（一）总体思路

本地区开展工业固体废物综合利用基地建设的总体思路和基本原则。

（二）建设目标

“十二五”末，本地区工业固体废物年综合利用量、综合利用率、综合利用产值、利润，培养的重点企业及重点项目建设，技术研发和推广成果等。

三、主要任务和重点工作

结合基地建设的总体思路和目标，提出本地区在工业固体废物综合利用企业（园区）建设、重点示范项目建设、技术研发、先进适用技术推广应用、打造完整产业链等方面的具体安排。

重点项目规划和投资

提出对完成基地建设目标具有重要支撑作用的工业企业（园区）及重点项目规划。对重点项目每年可利用工业固体废物的量、综合利用产品的市场情况、项目主要技术路线及经济可行性分析等进行重点说明。

对规划的重点项目要做出投资估算，说明投资来源和资金安排计划。

四、保障措施

提出基地建设在管理制度、组织保障、资金支持、队伍建设、技术支撑、配套政策等方面的措施。确定试点工作组织领导机构、相关负责人和联络人。

废旧轮胎综合利用指导意见（节录）

（工业和信息化部 二〇一一年十二月三十一日公告）

为贯彻落实《循环经济促进法》，引导、规范废旧轮胎综合利用工作，提高废旧轮胎综合利用水平，建设资源节约型、环境友好型废旧轮胎综合利用产业，推动橡胶工业可持续发展，特制定本指导意见。

一、充分认识废旧轮胎综合利用的重要意义

随着国民经济的快速发展和人民生活水平逐步提高，我国已成为橡胶资源消费大国。目前，我国年均橡胶消耗量占世界橡胶消费总量的30%，每年我国橡胶制品工业所需70%以上的天然橡胶、40%以上的合成橡胶需要进口，供需矛盾十分突出，橡胶资源短缺对国民经济发展的影响日益显现。

轮胎是我国最主要的橡胶制品。2009年，我国生产轮胎消耗橡胶已占全国橡胶资源消耗总量的70%左右，年产生废轮胎2.33亿条，重量约合860万吨，折合橡胶资源约300多万吨，若能全部回收再利用，相当于我国5年的天然橡胶产量。

在废旧轮胎综合利用方面，我国已初步形成旧轮胎翻新再制造，废轮胎生产再生橡胶、橡胶粉和热解四大业务板块。现有轮胎翻新企业约1000家、再生橡胶企业约1500家、橡胶粉和热解企业约100家。2009年，我国轮胎翻新产量仅为1300万条，翻新率不足5%，而发达国家轮胎翻新比例在45%以上；再生橡胶产量约270万吨，橡胶粉产量约20万吨，废旧轮胎的翻新率、回收率和利用率都处于较低水平。我国废旧轮胎综合利用产业发展远不能适应当前严峻的资源环境形势的要求。

废旧轮胎综合利用产业发展面临的问题：一是从事废旧轮胎综合利用的企业大都规模小、装备落后、企业综合实力不强，特别是再生橡胶企业二次污染问题没有得到解决；二是行业管理相对薄弱，尚未建立起运转规范的回收体系，技术水平相对较高的企业很难拿到生产所需的废旧轮胎资源；三是产品技术、质量标准规范不完善，导致产品质量参差不齐，影响了市场开拓；四是普遍缺乏技术研发手段和力量，科技创新能力不足。

大力开展废旧轮胎综合利用，发展橡胶工业循环经济，既可缓解我国橡胶资源短缺局面，减少对进口橡胶资源的依赖，也是促进我国橡胶工业节能减排的重要举措，具有重要的战略和现实意义。

二、指导思想、基本原则和发展目标

（一）指导思想

以科学发展观为指导，贯彻落实《循环经济促进法》；以提高废旧轮胎资源化、无害化、产业化利用水平为核心；以促进节能减排、调整产业和产品结构为重点；以科技进步推进再生资源利用和环境保护为手段，推动废旧轮胎综合利用行业健康、有序和可持续发展。

（二）基本原则

一是坚持政府引导、企业主体的原则。发挥政府对产业发展的引导作用，规范轮胎生产者、使用者、回收者和加工再利用者的行为，建立健全法律法规、标准、监管体系，鼓励轮胎生产企业开展废旧轮胎综合利用。废旧轮胎综合利用企业作为产业发展的主体，应严格遵守国家相关法律法规，不断提升企业竞争力和综合实力。

二是坚持加强节能环保和提高产品质量并重的原则。废旧轮胎综合利用企业在推进生产工艺和装备技术创新过程中，应把节能减排作为重点任务，大力解决再生橡胶生产环节能耗高、污染重等问题，加大污染预防力度，不断提高废旧轮胎综合利用产品质量。

三是坚持拓展产品市场和构建合理产业布局相结合的原则。走发展中国特色废旧轮胎综合利用产业道路，重点发展旧轮胎翻新，适当发展废轮胎生产再生橡胶，加快发展橡胶粉产业，推进热解产业化，逐步扩大产品应用范围。实施行业市场准入，调整产业布局，优化市场结构。

（三）发展目标

到2015年，国内旧轮胎翻新水平有较大提高。载重轮胎翻新率提高到25%，巨型工程轮胎翻新率提高到30%，轿车轮胎翻新实现零的突破。废轮胎资源加工环保达标率达到80%。稳定发展再生橡胶产品，年产量达到300万吨；橡胶粉年产量达到100万吨；热解达到12万吨。培育10家左右废旧轮胎综合利用知名企业。

三、重点任务

（一）提高轮胎翻新率，优化产品结构。加强源头治理，提高新轮胎出厂质量，严格执行轮胎质量“三包”制度，推动贯彻磨耗极限标准，解决可翻新轮胎胎源严重不足问题。推广预硫化轮胎翻新技术，适时提高翻新次数，强化轮胎使用、检测环节的磨耗极限控制。优化产品结构，提高预硫化胎面翻新比例，发展全钢无内胎、载重子午胎及工程巨型轮胎翻新。提高产业装备水平，广泛应用充压检测和激光、X光无损检测等先进设备。

（二）加强再生橡胶产业节能减排。改进再生橡胶生产工艺，研发高温常压再生工艺、复原橡胶再生工艺及装备。发展特级再生橡胶、特种再生橡胶，开发无臭味、无迁移污染新型再生活化剂和再生软化剂。提高产业集中度和企业环保净化装备水平，逐步淘汰能耗高、污染重的“小再生橡胶”企业和再生橡胶动态脱硫罐化学脱硫生产工艺。

（三）逐步扩大橡胶粉直接应用范围。促进橡胶粉下游新产品的直接应用，推广常温橡胶粉生产技术，开展橡胶粉改性沥青技术、橡胶粉与废塑料并用技术研究及加大橡塑共混材料在建筑、橡塑包复式铁道枕木、防水、隔音产品、民用橡胶制品等领域的推广应用力度。

（四）促进热解技术不断优化。推进热解过程降温微负压技术应用，提高热解炉自控稳定性和降温负压反应效率及热解回收产品附加值。确保运行系统密闭性，有效降低污染物排放，实现热解生产规范化、科学化、环保化、产业化。严禁利用废轮胎“土法炼油”。

四、政策措施

（一）提高认识，加强组织领导。各级工业和信息化主管部门应高度重视废旧轮胎综合利用工作，加强组织领导，重点地区应开展规划编制工作，明确发展目标，优化产业布局，支持建设废旧轮胎综合利用集聚区。推进《废旧轮胎回收利用管理条例》立法工作，建立生产者责任延伸制度。制定、完善翻新轮胎国家标准和橡胶粉下游产品行业标准，积极推进翻新轮胎“3C”认证工作，加快废旧轮胎综合利用标准化和质量管理进程。加强政策引导和市场监管，规范废旧轮胎综合利用企业发展。

（二）建设和规范废旧轮胎回收体系。各地工业和信息化主管部门要协调有关部门将废旧轮胎回收体系建设纳入公共服务业发展规划，鼓励轮胎生产企业利用新品销售网络建立废旧轮胎回收渠道，加强与废旧轮胎再利用环节的衔接配套；工商联手，禁止废轮胎流入“土法炼油”和“小再生橡胶”生产企业。严禁变相违规进口废旧轮胎。

（三）严格行业市场准入制度。出台轮胎翻新、废轮胎加工利用企业市场准入条件及企业名录公告制度，淘汰工艺落后生产企业；对达不到国家强制性质量、环保、能耗标准的企业，应当限期整改，对逾期仍达不到要求的，将依法给予处罚和采取强制性淘汰措施，强化磨耗极限标准的贯彻执行。

（四）加强企业技术进步。支持鼓励轮胎翻新和再生橡胶生产采用新工艺、新技术，实施技术改造项目。加快橡胶粉直接应用、再生橡胶尾气净化、环保型负压热解等技术研发。鼓励和支持有条件的企业与大专院校、科研院（所）开展技术合作，组建产学研联合体，建设废旧轮胎综合利用示范基地。

（五）发挥行业协会作用。行业协会应积极协助政府部门加强行业管理与服务工作，建立和完善废旧轮胎加工处理的各项基础管理工作，强化统计分析制度，加强行业自律，建立能耗与回收利用率计算方法等标准体系，开展废旧轮胎综合利用从业人员在职教育和培训。

财政部政策文件

关于2011年开展再生资源回收利用体系建设有关问题的通知

财办建[2011]8号

河北、山西、辽宁、大连、吉林、黑龙江、上海、江苏、安徽、江西、山东、河南、湖北、湖南、广东、四川、重庆、贵州、云南、宁夏、新疆、陕西省（自治区、直辖市、计划单列市）财政厅（局）、商务主管部门，新疆生产建设兵团财务局、商务主管部门：

为促进再生资源回收利用，推动循环经济发展和环境保护，根据《财政部、商务部关于做好支持搞活流通扩大消费有关资金管理的通知》(财建[2009]16号)、《财政部关于印发<中央财政促进服务业发展专项资金管理办法>的通知》(财建[2009]227号)、以及有关业务指导文件规定，2011年财政部、商务部决定继续支持部分城市开展城市再生资源回收利用体系建设，并支持部分省份（含计划单列市、新疆生产建设兵团，下同）区域性大型再生资源回收利用基地建设。现将有关事项通知如下：

一、城市再生资源回收利用体系建设

（一）支持内容及标准。

支持大同、哈尔滨、南京、马鞍山、南昌、潍坊、烟台、漯河、武汉、玉溪10个城市的城市再生资源回收利用体系建设。重点支持试点城市以龙头企业为实施载体，建设标准化社区回收点、分拣加工中心、拆解中心(包括报废汽车回收拆解企业拆解中心)等，打造稳定、高效、环保的城市再生资源回收利用体系，并鼓励试点城市结合地方实际，探索城市再生资源回收利用的新型模式。支持标准原则上每个城市不超过总投资额的50%。

（二）组织实施程序。

1、财政部会同商务部综合考虑城市规模、工作基础等因素，将资金按因素法切块拨付试点地区。

2、试点城市所在地省级（含计划单列市、新疆生产建设兵团，下同）财政、商务部门根据中央财政下达的资金规模，结合地方配套等实际情况，以城市为单位制定城市再生资源回收利用体系建设实施方案，于2011年6月30日前报送财政部(经济建设司)、商务部(财务司)备案。试点方案应包括以下内容：项目实施工作的总体思路、具体目标，体系建设的具体内容和模式，方案可行性分析，操作办法及实施步骤，项目安排及实施企业，投资总额、分项目投资额、已落实和拟落实的地方资金配套情况、资金管理办法及其他。

3、试点城市财政、商务部门会同有关部门根据实施方案组织实施。省级商务等部门要会同财政部门监督项目实施，在项目完成后及时组织验收。省级财政部门要制定资金管理办法，根据项目实施情况和进度拨付资金，确保专款专用。财政部、商务部将适时对项目实施情况进行抽查。

（三）工作要求。

1、各试点省市要高度重视试点工作，完善工作机制，加强组织领导。试点城市所在地省级财政、商务部门要结合地方实际，尽快研究制定实施方案。实施方案要科学规划，统筹布局，突出重点，并落实地方相关支持政策，着力打造立足长远、布局合理、运行高效的现代城市再生资源回收利用网络。

2、试点工作要坚持市场化运作，以企业为主体，充分发挥龙头企业的带动作用。试点城市财政、商务等部门要按照公开、公正、透明原则，积极引导优秀企业参与试点。项目安排要集中资金，突出重点，具体安排情况必须向社会公示，公示无异议后方可组织实施。

3、有关省份及城市财政、商务部门要切实加强对试点项目和资金的监管。试点城市所在省份财政、商务部门要制定详细的操作办法和项目验收标准，做到制度健全，目标明确、管理规范、落实到位。要制定绩效评价办法，强化追踪问效。财政部、商务部将适时组织对试点情况进行抽查，对没有达到预期目标，效果不明显的试点地区，将减少支持或取消试点；对工作扎实、效果明显的地区，将加大支持力度。

二、区域性大型再生资源回收利用基地建设

（一）支持内容及标准。

支持河北、山西、辽宁、大连、吉林、黑龙江、上海、江苏、江西、河南、湖南、广东、重庆、四川、贵州、云南、陕西、宁夏、新疆、新疆生产建设兵团等20个省份的区域性大型再生资源回收利用基地建设。重点支持试点省份区域性大型再生资源回收利用基地(园区、企业)建设和升级改造，主要包括：基地内道路、物流、供水供电、货场、仓储等基础设施建设及信息化公共服务平台的软件开发、运行维护、设备购置、设施建设等。项目资金采取贷款贴息和财政补助的方式：对于投资规模较大、能够获取银行贷款的新建项目及年度贷款额度较大的更新改造项目，采取贷款贴息方式予以支持；对于盈利性弱、公益性强的改、扩建项目，采取财政补助方式予以支持。支持标准每个项目原则上不超过总投资额的50%。中央财政已支持项目原则上不再支持。

（二）管理程序。

1、试点省份财政、商务部门应严格按照区域性大型再生资源回收利用基地申报条件（见附件），核实本地区项目情况，提出中央补助申请，于2011年3月1日前报财政部(经济建设司)、商务部(财务司)。申请应包括本地区符合条件的项目总数、投资总额、申请中央支持额度等内容。

2、财政部会同商务部根据试点省份申报情况，将符合条件的项目资金按因素法切块拨付试点地区。

3、试点省份财政、商务部门按照下达的资金额度及相关规定，制订本地区资金使用管理的具体操作办法，提出本地区项目安排的具体意见，于2011年6月30日前报财政部(经济建设司)、商务部(财务司)备案。其中，操作办法应明确本地资金申报、审核、拨付等具体程序、所需材料等方面的详细要求；项目安排意见应包括项目安排的原则和标准、项目名称、所在地、实施企业等。项目安排意见应按照有关规定公示，公示无异议后方可上报。

4、试点省份商务部门要会同财政部门监督项目实施，在项目完成后及时进行验收。对验收不达标或检查发现存在弄虚作假行为的。将收回财政资金，同时将项目承办单位列入“黑名单”，取消以后年度申请此类专项资金的资格。

各省份要按照本通知要求，抓紧做好方案制定及项目申报工作，对工作中发现的问题可与财政部、商务部联系。

附件：区域性大型再生资源回收利用基地申报条件（略）

财政部办公厅　商务部办公厅

二〇一一年一月二十日

关于开展节能减排财政政策综合示范工作的通知

北京市、吉林省、浙江省、江西省、湖南省、深圳市、重庆市、贵州省财政厅（局）、发展改革委：

根据《国民经济和社会发展第十二个五年规划纲要》，为进一步推动节能减排工作，促进经济结构调整和经济发展方式转变，"十二五"期间，财政部、国家发展改革委决定在部分城市开展节能减排财政政策综合示范，通过整合财政政策，加大资金投入力度，力争取得节能减排工作新突破。为做好相关工作，我们选定了北京市、深圳市、重庆市、浙江省杭州市、湖南省长沙市、贵州省贵阳市、吉林省吉林市、江西省新余市等8个第一批示范城市，并研究制定了《节能减排财政政策综合示范指导意见》，现印发给你们。请你们加强组织领导，按指导意见要求抓紧制定具体实施方案，上报财政部和国家发展改革委。

附件：节能减排财政政策综合示范指导意见

财政部　国家发展改革委

二〇一一年六月二十二日

附件：

节能减排财政政策综合示范指导意见

一、指导思想和基本原则

（一）指导思想。

以邓小平理论和"三个代表"重要思想为指导，深入贯彻落实科学发展观，以城市为平台，以整合财政政策为手段，以加快体制机制创新为动力，从产业低碳化、交通清洁化、建筑绿色化、服务集约化、主要污染物减量化、可再生能源利用规模化等方面全面开展城市节能减排综合示范，发挥示范带动作用，促进发展方式转变，推动"十二五"节能减排目标实现，加快建设资源节约型、环境友好型社会。

（二）基本原则。

一是坚持节能减排与发展经济相结合。以节能减排为抓手，大力淘汰落后产能，严控高耗能、高排放行业过快增长，推广先进节能环保技术产品，改造提升传统产业，发展现代服务业和战略性新兴产业，促进产业结构优化升级和人居环境改善，增强可持续发展能力。

二是坚持政府推动与机制创新相结合。加强政府对节能减排工作的组织领导，创新工作体制，充分发挥财政资金的引领带动作用；完善有利于节能减排的市场机制，吸引社会资金加大节能减排投入，加快构建节能减排长效机制。

三是坚持重点突破与整体推进相结合。优先选择节能减排潜力大、投入少、见效快的重点行业、重点企业进行突破，同时要统筹规划，全面推进工业、建筑、交通运输和全社会的节能减排工作。

四是坚持政策激励与目标约束相结合。加强对试点城市的财政支持，积极引导试点城市深入推进节能减排工作；同时要强化责任目标考核，加强监督检查，促进试点城市为完成全国节能减排目标多做贡献。

二、总体目标和主要任务

（一）总体目标。

在示范城市树立绿色、循环、低碳发展理念，加快构建政府为主导、企业为主体、市场有效驱动、全社会共同参与的推进节能减排工作格局，实现工业、建筑、交通运输等领域能效水平大幅提高、低碳技术广泛推广、可再生能源规模化应用、主要污染物排放量显著减少、服务业加快发展、合同能源管理等市场化机制逐步健全，使试点城市节能减排工作走在全社会前列，可持续发展能力显著增强。

（二）主要任务。

围绕产业低碳化加大产业结构调整力度。坚决淘汰落后产能和设备，支持重点企业实施节能技术改造，大力推广应用先进节能环保技术和设备，提高重点行业产业集中度和先进生产能力比重。提高高耗能、高排放行业准入门槛和主要耗能产品能耗限额水平，强化节能、环保、土地、安全等指标约束。加快发展战略性新兴产业和服务业，提升优化产业结构。

围绕交通清洁化改造城市交通体系。在城市公共服务领域大力推广使用节能与新能源汽车，鼓励私人购买低排放和新能源汽车，配套建设新能源汽车充电站等基础设施。大力发展公共交通运输体系，倡导绿色出行，鼓励公交优先和各种公交便利化。

围绕建筑绿色化推动建筑节能。积极发展绿色建筑，政府办公建筑、学校、医院、大型公共建筑、保障性住房、棚户区改造等逐步强制执行绿色建筑标准。新建建筑严格执行节能强制性标准。北方采暖区城市全面推进既有居住建筑供热计量及节能改造，实施"节能暖房"工程；推动夏热冬冷、夏热冬暖地区既有居住建筑，以及公共建筑节能改造。达到节能50%强制性标准的既有建筑基本完成供热计量改造，并同步实行按用热量计价收费。推进公共建筑节能，加强节能监管体系建设，深入推进建筑能耗统计、能源审计、能效公示及能耗监测。

围绕集约化加快发展服务业。支持现代物流以及金融、科技、咨询、信息、服务外包等高端生产性服务业发展，着力打造服务业聚集圈（带）或聚集园区，促进现代服务业功能聚集，形成辐射广、功能强的现代服务业空间布局，实现规模化、产业化发展。围绕居民消费结构升级以及城镇化要求，大力发展社区服务、家政服务、再生资源回收利用等面向民生的服务业；规范提升传统服务业，拓展传统服务业的发展空间和专业门类。

围绕主要污染物减量化促进城市环境质量改善。建设完善的城镇污水处理设施配套管网，改造污水治理设施，提高污水收集率、处理率和回用率。科学制定生活垃圾分类办法，建设完善的垃圾收运处理体系，全面实现生活垃

圾无害化处理。大力推进电力、钢铁、水泥等行业的脱硫脱硝。大力发展循环经济，引导和支持生产、流通和消费等领域废弃物减量化、资源化和再利用，形成循环经济的生产生活模式。

围绕可再生能源利用规模化优化城市能源结构。采取综合配套措施，推进太阳能、风能、生物质能、地热能等可再生能源的综合应用示范。充分利用公共建筑和开发区、工业园区屋顶，集中建设太阳能发电系统；大力推广太阳能热水、地热能在建筑上规模化应用，积极推进光电建筑一体化应用。有条件的区域建设以智能电网为载体、“发输用”一体化、可再生能源为主的分布式电力系统。

三、组织实施和政策保障

（一）组织实施。

1．示范城市政府要高度重视，加强领导，成立专门领导机构。示范城市财政部门、节能减排主管部门要明确职责，密切配合，及时跟踪掌握试点情况，扎实推进相关工作。

2．示范城市要按照指导意见的要求，在深入调研、科学论证的基础上，编制执行期为三年的综合示范总体实施方案和产业低碳化、交通清洁化、建筑绿色化、服务集约化、主要污染物减量化和资源化、可再生能源利用规模化六个方面的具体实施方案。总体实施方案应包括示范城市经济社会发展基本情况、能源消费和主要污染物排放情况、节能减排总体及分阶段量化目标（单位GDP能耗、碳排放强度和主要污染物减排等）、主要措施、管理体系、资金概算和政策保障等内容。具体实施方案的编制提纲详见附1-6。

3．示范城市要将实施方案及相关材料报送财政部和国家发展改革委，财政部、国家发展改革委会同有关部门组织专家进行评审后批复实施。

4．财政部、国家发展改革委与示范城市所在省（自治区、直辖市）政府、示范城市政府签署示范协议，明确目标，落实责任。

5．示范城市根据实施方案将年度实施项目报财政部、国家发展改革委等相关部门备案，国家发展改革委等相关部门根据现有制度办法对项目进行审核。财政部根据批复的实施方案、项目审核情况、工作进展情况，分类、分批、分次拨付资金。

6．示范期结束后，财政部、国家发展改革委等部门组织对试点效果进行评估和验收。

（二）政策保障。

1．现有支持节能减排和可再生能源发展的各项政策优先向试点城市倾斜，对符合条件并列入实施方案的项目按现有政策给予支持。

2．对列入实施方案但现有政策没有覆盖的项目，中央财政根据项目投资、地方投入和节能减排效果等情况给予综合奖励。已经享受政策支持的项目，综合奖励不再重复安排。

3．示范城市所在省级政府和本级政府要安排一定资金，专项用于城市节能减排综合示范。

附：1．产业低碳化实施方案编写提纲（略）
　　2．交通清洁化实施方案编写提纲（略）
　　3．建筑绿色化实施方案编写提纲（略）
　　4．服务业集约化实施方案编写提纲（略）
　　5．主要污染物减量化实施方案编写提纲（略）
　　6．可再生能源和新能源利用规模化实施方案编写提纲（略）

农业部政策文件

关于进一步加强农业和农村节能减排工作的意见

农科教发〔2011〕12号

（二〇一一年十二月二日）

为深入贯彻科学发展观，落实《“十二五”节能减排综合性工作方案》，治理农业面源污染，加强农村环境整治，推进农业和农村节能减排，促进农业农村经济又好又快发展。现就农业和农村节能减排工作提出以下意见。

一、进一步明确农业和农村节能减排指导思想和目标任务

（一）指导思想。“十二五”期间，农业和农村节能减排工作要按照建设资源节约型、环境友好型社会的总体要求，在保证粮食安全和主要农产品有效供给的同时，把农业和农村节能减排作为转变农业生产与农民生活方式的重要抓手，大力发展生态农业、循环农业，以提高农业资源利用率为关键环节，以节肥、节药、节水、节能和农村废弃物资源化利用技术推广为工作重点，通过减量化、再利用、资源化等方式，降低能源消耗，减少污染排放，提升农业可持续发展能力，实现农业和农村经济又好又快发展。

（二）目标任务。力争到2015年，农业源化学需氧量排放总量比2010年降低8%，氨氮排放总量比2010年降低10%；测土配方施肥覆盖率达到60%，化肥利用率提高3个百分点；大力推进病虫害专业化统防统治，力争主要粮食作物病虫害统防统治率达到30%；推进病虫害绿色防控，淘汰一批高毒、高残留农药；推广节能减排型种植制度，减少高耗能低效率的种植环节；50%以上的规模化畜禽养殖场配套建设废弃物处理利用设施；农村沼气用户达到5500万户，年用沼气216亿立方米，形成年开发3400万吨标准煤的能力；淘汰一批高能耗高污染的老旧农机和渔船，对乡镇企业进行节能改造，农村生产用能效率得到提高。

二、深入开展农村生产生活节能

（三）推进农业机械和渔船节能。加强节能农业机械和农产品加工设备的推广应用，强化农业机械设备的能耗检测，设计研发节能型渔船，发展玻璃钢渔船，加快落后农业机械和渔船及其装备的更新换代，研究淘汰高耗能、高排放农机、渔船的经济补偿方式。推广节能型船用柴油机和余热利用、燃用重油、柴油机喷油泵校准等节能产品和技术。推广应用复式联合作业农业机械，减少作业环节和次数，推进农机标准化、规模化作业，降低农业机械单位能耗。

（四）推进种植制度高产节能。加强农作物高产种植措施的集成配套，减少高能耗、低效率的种植环节，建立节能型高产种植制度。加强种植模式标准化的研究，建立并推广区域性农作物种植标准模式，促进农艺与农机的配套节能。优化农作物布局，调整种植制度，推进农作物生产区域优势布局和标准化种植，促进农作的增产和节能。

（五）推进乡镇企业节能。加强乡镇企业能源消耗管理和节能设备更新改造，配合有关部门和当地政府，依法关闭高耗、低质，污染严重、不具备安全生产条件的乡镇企业，进一步更新淘汰土焦、小立窑水泥、黏土实心砖、小冲天炉等落后的技术、工艺和设备。引导和督促乡镇企业严格遵守资源利用标准和能源消耗标准，推广立窑水泥节能节电技术，炼焦清洁型回收余热发电、炉门密封技术，新型铸造熔炼技术，空心砖、新型节能型转窑、窑炉密封制砖技术等。在中西部地区重点推广太阳能果蔬干燥技术。

（六）推进农村生活节能。加快省柴灶、节能炕升级换代，推广高效低排省柴节煤炉具（炕）。加强对农村节能炉灶检测，推行民用省柴节煤炉灶、炕和生物质炉技术标准。组织标准化生产，实现省柴节能炉灶商品化生产。在农村地区推广应用太阳能、风能、微水电等可再生能源和产品，鼓励农民使用太阳热水器、太阳灶，因地制宜发展光伏发电。在适宜地区，积极发展利用风能。在微水电资源丰富的山区，大力发展微水电。推广应用保温、省地、隔热新型建筑材料，引导农民建设节能型住房。

三、积极防治农业面源污染

（七）推广节肥节药节水技术。调整优化农业产业结构，大力发展生态农业、循环农业和精准农业，适度发

展有机农业。推广测土配方施肥、减排种植制度和节水农业技术，实施保护性耕作，鼓励农民增施有机肥、种植绿肥，科学施用化肥，提高肥料利用率。科学合理使用高效、低毒、低残留农药和先进施药机械，建立多元化、社会化病虫害防治专业服务组织，实行统防统治，大力推广物理防治、生物防治技术，提高综合防治水平。大力发展滴灌、喷灌等节水灌溉技术，推广水肥一体化技术，提高水肥利用率。

（八）推广畜禽生态养殖技术。加快畜牧业生产方式转变，推行农牧结合和生态养殖模式。推广集约、高效、生态畜禽养殖技术，发展草食畜牧业，大力推进秸秆养畜。加快品种改良，提高饲料和能源利用效率。积极推进畜禽适度规模养殖，加强畜禽养殖排泄物治理，在粪污相对集中的规模化养殖场或养殖小区，补贴养殖企业（户）建设粪污处理利用设施，推广雨污分流、干湿分离和设施化处理技术，减少化学需氧量和氮、磷排放。

（九）推广水产健康养殖技术。加强养殖水域滩涂规划和养殖证核发工作，根据环境容量，合理调整养殖布局，科学确定养殖密度，优化养殖生产结构。加快推进养殖池塘标准化改造，改进进排水系统，配备水质净化设备，改善养殖环境和生产条件。加强标准化水产示范场（区）建设，积极发展生态健康养殖。推广应用节水、节能、减排型水产养殖技术和模式，大力发展工厂化循环水养殖，推广高效安全配合饲料，减少养殖污染排放。

四、大力推进农村废弃物资源化利用

（十）大力开展农村沼气建设。充分发挥农村沼气处理利用人畜粪便、生产清洁能源和优质肥料方面的作用，在适宜地区加大户用沼气建设力度，推广“四位一体”和“猪－沼－果”等能源生态模式；在集约化养殖场和养殖小区以及秸秆资源丰富的地区，建设大中型沼气集中供气工程，实现畜禽养殖废弃物资源化利用和环境治理的双重目标。采取沼气提纯罐装、专用燃料、发电上网等方式，实现沼气高值利用。

（十一）大力开展农村清洁工程建设。针对农村生活垃圾、污水、农作物秸秆和人畜粪便造成的污染问题，扩大农村清洁工程建设规模和范围。以村为基本单元，集成配套推广节水、节肥、节能等实用技术，建设农田氮磷生态拦截工程，因地制宜建设秸秆、粪便、生活垃圾、污水等有机废弃物处理利用设施，鼓励农民积造农家肥，建立物业化服务体系，推进人畜粪便、生活垃圾、污水的资源化利用。

（十二）大力开展秸秆综合利用。大力推广秸秆粉碎还田、快速腐熟还田、过腹还田、覆盖免耕等技术，推进秸秆肥料化利用，因地制宜建设一批秸秆沼气集中供气工程、秸秆固化成型和秸秆生物炭生产技术示范点，为农村居民提供生物质商品燃料，推进农作物秸秆能源化利用。发展秸秆青贮、氨化，推进秸秆饲料化利用。发展以秸秆为原料的食用菌产业，推进秸秆基料化利用。

（十三）大力开展废旧地膜回收利用。采取政府引导，企业带动、市场运作的方式，推广应用厚度不低于0.008mm的地膜，严格限制使用超薄地膜。加快废旧地膜捡拾技术装备的推广应用，对农民回收利用废旧地膜进行补贴，鼓励和引导农民回收利用地膜，扶持建设一批废旧地膜回收加工网点，建立健全废旧地膜回收加工网络，逐步建立地膜使用、回收、再利用等环节相互衔接的废旧地膜回收利用机制。同时，争取财政支持，积极会同有关部门建立农药废弃包装物回收、处理机制。

五、强化农业和农村节能减排工作的保障措施

（十四）提高认识，加强领导。各级农业行政主管部门要认真贯彻落实全国节能减排电视电话会议精神，从全局和战略的高度充分认识农业和农村节能减排工作的重要性、紧迫性，把农业和农村节能减排作为转变农业发展方式的重要抓手，加强组织领导，狠抓工作落实。要建立目标责任制，把农业和农村节能减排目标分解到各层级、各单位，确保各项任务落到实处。

（十五）制定完善相关政策法规。加快研究制定农业和农村节能减排的相关政策，建立农业生态补偿机制，进一步完善农业和农村节能减排政策法规体系，修订和完善农业各产业节能规范，制定和完善农业节能减排标准体系。研究制定农业和农村节能减排的统计指标体系、监测体系、考核体系，建立完善农业和农村节能减排监管考核机制。

（十六）加大资金投入力度。继续安排农村沼气、测土配方施肥、土壤有机质提升、养殖场标准化改造、保护性耕作等项目资金，不断增加资金总量，扩大实施范围。争取发改、财政等部门的支持，加大对农业面源污染防治、农村生产生活节能、农村清洁工程、老旧及高耗能农机报废更新等方面资金投入力度，把农业清洁生产列入农业生态环境保护专项资金支持范围，逐步形成农业和农村节能减排稳定的资金来源。

（十七）强化科技支撑。整合优势科技力量，强化农业节能减排高新技术的研究开发与转化，努力攻克节能减排的关键性技术，打破农业和农村节能减排的技术瓶颈。重点在农业面源污染防治、农业清洁生产、农村废弃物资源化利用等方面取得突破，尽快形成一整套适合国情的发展模式和技术体系。

（十八）广泛开展宣传培训。利用广播、电视、报纸、网络等媒体，加大宣传力度，在农村大力倡导节约资源、保护环境的良好风尚，提高农民节约资源、保护环境的自觉性和主动性，为实现农业和农村节能减排的目标创造良好的社会环境。把节能减排技术列入“阳光工程”培训的重要内容，加强对农民的节能减排技术培训。

关于加快推进农业清洁生产的意见

农科教发[2011]11号

（二〇一一年十二月二日）

为贯彻落实《中华人民共和国清洁生产促进法》，进一步推进农业清洁生产，转变农业发展方式，建设现代农业，促进农业农村经济又好又快发展，现就加快推进农业清洁生产有关工作提出以下意见。

一、进一步增强推进农业清洁生产的责任感和紧迫感

长期以来，我国依赖于资源高强度开发、生产要素高度集中的农业生产方式，导致环境污染和资源利用效率不高，制约农业农村经济的持续稳定发展。推进农业清洁生产，转变农业增长方式，不仅是防治农业环境污染和保障农产品质量安全的需要，也是降低农业生产成本、保障农民收入持续增长的迫切任务。

（一）农业清洁生产是建设现代农业的重要保证。我国人口多，资源约束性强，农业农村经济发展方式相对粗放，资源浪费严重、环境污染加剧的问题日益突出，农业农村经济持续健康发展越来越受到资源环境的制约，农业综合生产能力和生产水平登上新台阶的难度加大。农业清洁生产改变以往农业发展过度依赖大量外部物质投入的生产方式，用循环经济的理念发展农业生产，实现资源利用节约化、生产过程清洁化、废物循环再生化，有利于缓解我国农业农村经济发展资源环境约束，是推进现代农业建设的重要途径。

（二）农业清洁生产是农产品质量安全的源头保障。工业“三废”造成的农业环境污染正在由局部向整体蔓延，污水灌溉农田面积不断增加，农村每天产生的生活垃圾、生活污水，大部分随意丢弃和排放，农产品产地环境污染加剧，严重威胁着农产品质量安全。部分地区农业自身造成的面源污染日趋严重，成为水体富营养化的重要原因之一，集约化农区地下水硝酸盐污染也呈上升趋势。农业清洁生产通过源头预防、过程控制和末端治理，严格控制外源污染，减少农业自身污染物排放，对防治农产品产地环境污染、保障农产品质量安全具有重要作用。

（三）农业清洁生产是促进农业增效和农民增收的有效途径。农业清洁生产实行生产过程清洁化，大力推广应用低污染的环境友好型种植养殖技术，合理使用化肥、农药、饲料等投入品，节约了生产成本。通过资源的梯级利用，建立多层次、多功能的综合生产体系，充分挖掘农业内部增值潜力，增加附加值，提高农业的质量和效益，为农业增效、农民增收提供有效途径。

二、加强农产品产地污染源头预防

（四）控制城市和工业“三废”污染。各级农业行政主管部门要配合环境保护行政主管部门，加强对本辖区内农产品产地周边污染源的监管，严禁向农产品产地排放或倾倒废气、废水、废油、固体废物，严禁直接把城镇垃圾、污泥直接用作肥料，严禁在农产品产地堆放、贮存、处理固体废弃物。在农产品产地周边堆放、贮存、处理固体废弃物的，必须采取切实有效措施，防止造成农产品产地污染。引导乡镇企业聚集发展，完善排污综合治理设施。加大对污染企业的整治力度，依法“取缔关停一批、淘汰退出一批、限期治理一批”，严格控制新上污染企业，加强对重金属污染源的监管。

（五）加强农业生产投入品管理。加强对化肥、农药、农膜、饵料、饲料添加剂等农业投入品的监管，健全化肥、农药销售登记备案制度，禁止将有毒、有害废物用于肥料或造田。实施水产苗种生产许可制度，加强水产苗种监督管理，科学投饵，合理用药。加大对违法违禁生产、销售和使用高毒、高残留、有害农业投入品的处罚力度，营造生产、销售和使用安全农业投入品的良好氛围与环境。

三、推进农业生产过程清洁化

（六）推广节肥节药节水技术。深入开展测土配方施肥、精准农业技术，鼓励农民开展秸秆还田、种植绿肥、增施有机肥。优化配置肥料资源，合理调整施肥结构，改进施肥方式，提高肥料利用率。科学合理使用高效、低毒、低残留农药和先进施药机械，配置杀虫灯，建立多元化、社会化病虫害防治专业服务组织，大力推进专业化统防统治，推广绿色植保技术，进行病虫抗药性监测与治理，提高防治效果和农药利用率，减少农药用量。大力推广节水农业技术，不断提高水资源利用率，缓解水资源供给矛盾。

（七）发展畜禽清洁养殖。加快畜牧业生产方式转变，合理布局畜禽养殖场（小区），推行农牧结合和生态养殖模式，实现畜牧业与种植业协调发展。科学配制饲料，规范饲料添加剂使用，提高饲料利用率，减少氮、磷等排放。制定畜禽养殖废弃物综合利用规划，推广雨污分流、干湿分离和设施化处理等先进适用的污染防治技术，以生猪、奶牛等标准化规模养殖场（小区）建设项目和大中型畜禽养殖场沼气工程为重点，加强粪污处理设施建设，推进畜禽废弃物的无害化治理和利用。

（八）推进水产健康养殖。制定和完善水产养殖环境技术标准，加强养殖水域滩涂规划和养殖证核发工作，加强水域环境监测力度，合理调整养殖布局，科学确定养殖密度。加快推进养殖池塘标准化、改造，改善养殖环境和生产条件。建立标准化水产健康养殖示范场（区），普及推广生态健康水产养殖方式。积极推广安全高效人工配合饲料、工厂化循环水产养殖、水质调控技术和环保装备，减少污染排放。

四、加大农业面源污染治理力度

（九）实施农田氮磷拦截。在现有农田排灌渠道基础上，通过生物措施和工程措施相结合，改造修建生态拦截沟，吸附降解农田退水中的营养元素，改善净化水质，促其循环再利用，减少农田氮磷流失。

（十）推进农村废弃物资源化利用。以村为单位，因地制宜建设秸秆、粪便、生活垃圾、污水等废弃物处理利用设施，大力发展农村沼气，推进人畜粪便、生活垃圾、污水、秸秆的资源化利用。制定相关政策措施，加快农膜技术装备的推广应用，鼓励引导农民使用厚度大于0.008mm的地膜，回收利用废旧地膜，解决农田“白色污染”。

五、保障措施

（十一）强化组织领导。各级农业部门要高度重视，由主管领导牵头负责本地区农业清洁生产工作，真正把农业清洁生产工作列入重要议事日程。建立农业清洁生产工作责任制，把目标和工作任务分解到各层级、各单位，强化监督管理和服务，严格绩效考核。

（十二）完善政策法规。要研究制定农业清洁生产的相关政策法规和管理制度，建立完善农业清洁生产标准规范。积极争取资金投入，加大对农业清洁生产重点项目、重大工程、技术推广的支持力度。结合本地实际，把农业清洁生产作为当地制定产业发展规划的重要内容，调整产业结构。

（十三）加强科技支撑。整合优势科技力量，集中开展农业清洁生产关键技术研发，尽快取得一批新成果、新技术、新工艺和新设备。同时，对现有的单项成熟技术进行集成配套，形成适宜于不同地区的技术模式，进一步扩大推广应用规模和范围。大力推进国际交流与合作，引进发达国家的先进技术和成功经验。

（十四）强化宣传培训。利用广播、电视、报纸、网络等新闻媒体，广泛开展农业清洁生产宣传活动，提高广大农民群众的意识。把农业清洁生产作为农民培训的重要内容，加强对农民清洁生产技术培训，逐步使农业清洁生产变成广大农民的自觉行动。

关于推进渔业节能减排工作的指导意见（节录）

农渔发[2011]34号

（二〇一一年十二月十九日）

为了深入贯彻科学发展观，落实国务院《关于加强节能工作的决定》、《“十二五”节能减排综合性工作方案》和农业部《全国渔业发展第十二个五年规划》有关要求，充分发挥节能减排在调整渔业产业结构、转变渔业发展方式、促进渔业可持续发展中的重要作用，加快实现资源节约、环境友好型现代渔业建设目标，现就推进渔业节能减排工作提出如下指导意见。

一、推进渔业节能减排工作的重要性和紧迫性

改革开放以来，我国渔业经济实现了快速增长，水产品产量持续增加，连续21年位居世界第一，水产养殖产量已占到全球养殖产量的70%。渔业的快速发展为调整农业经济结构、促进农民增收、丰富农产品市场供应、改善消费者膳食结构做出了重要贡献。但渔业在快速发展的同时，能耗大、排放多、资源利用不合理等问题逐步显现：渔船数量庞大，到2010年末机动渔船达到67.5万艘，作业结构不尽合理，渔船装备水平落后，能源消耗不断增加，柴油消耗占捕捞生产成本已达70%；养殖生产方式落后，水资源利用效率低，池塘老化，净化设施设备配备不足，配合饲料使用率低，投喂冻鲜小杂鱼养殖现象普遍，局部地区养殖排放污染问题突出；水产品加工综合利用水平低，部分加工企业存在用水量大、废弃物多、综合能耗高问题；等等。这些问题已经成为制约渔业可持续发展和渔民持续增收的重要因素，成为建设资源节约、环境友好型现代渔业的主要障碍。推进渔业节能减排是解决这些问题的重要抓手，是实施国家节能减排战略的重要方面，是实现渔业节本增效、增加渔民收入、增强渔业可持续发展能力的现实需要，是推进渔业发展方式转变的有效途径。

近年来，按照国家关于节能减排工作的总体部署，渔业系统在推进节能减排方面开展了一些工作，取得了一定成效，积累了一些经验。但是，从总体上讲，这项工作潜力大、难度也大，面临着重视程度不够、发展不平衡、缺乏必要的政策支持、监督考核机制不健全、科技支撑不足和法规标准体系滞后等问题，渔业节能减排形势严峻，任务相当繁重。渔业系统各有关单位要切实增强推进渔业节能减排工作的责任感和紧迫感，把渔业节能减排作为一项重要的战略任务，放在突出的位置，树立绿色经济、低碳经济、循环经济理念，坚持节约发展、清洁发展、安全发展，采取更加有力的措施全力推进，促进渔业经济又好又快发展。

二、渔业节能减排工作指导思想、基本原则和主要目标

（一）指导思想

当前和今后一个时期，渔业节能减排工作要以科学发展观为指导，围绕建设资源节约、环境友好型现代渔业目标，以渔船节能为重点，逐步推进捕捞、养殖、加工、渔港各领域节能、节水、减排以及循环综合利用，采取政策、经济、技术、管理等措施，提高全行业节能减排意识，建立节能减排管理机制，降低能源消耗，减少污染排放，提高资源利用率，提升渔业可持续发展能力，实现渔业经济又好又快发展。

（二）基本原则

——坚持统筹规划，协调发展。推进渔业节能减排是一项长期的系统工程，涉及渔业生产各个环节，也涉及到管理、企业、生产者和科研推广各个方面，必须科学谋划，积极推进。要统筹规划节能减排与渔业发展各环节之间的关系，做到相互促进、协调发展。

——坚持因地制宜，分类指导。各地区、各单位的耗能与节能减排状况不同，应结合实际，分析潜力，抓住重点，分类指导，典型示范，逐步推进。沿海地区以渔船节能、养殖减排、加工降耗、渔港防污为重点，内陆地区以养殖、加工节能减排为重点。

——坚持注重效果，节本降耗。倡导发展节能减排新模式和新技术，鼓励渔民使用性能好、见效快的渔船、渔机节能产品和高效、安全、环保型饲料及其他养殖投入品。更新淘汰落后的高耗能、高污染、高排放渔船及技术装备，改变粗放型捕捞、养殖和加工生产方式，促进渔业节本增效。

——坚持政府主导，广泛参与。

（三）主要目标

力争到2015年，渔业单位产值能耗明显下降；更新淘汰一批老旧、高耗能渔船，建造一批节能型、标准化玻璃钢和钢质渔船，渔船节能技术与节能产品得到推广应用，新船综合节能效率达15%以上；循环水养殖技术、生态健康养殖技术日益完善，综合节水达50%以上；水产品加工综合利用水平有所提高；初步建立比较完善的渔业节能减排法规和标准体系、政策保障体系、技术支撑体系、监督管理体系；形成政府主导、市场驱动、科技支撑、协会推动、渔民参与的节能减排工作格局，全行业节能减排意识有较大提升，能源利用水平有较大提高，渔业污染排放得到有效控制。

三、着力抓好重点领域节能减排

（一）加快捕捞业节能技术改造

根据我国渔船作业需求，研发设计系列节能型渔船，优化船机桨匹配，提高渔船综合节能效率。逐步推行渔船标准化改造，研发设计节能环保型渔船，以远洋渔船、外海渔船更新改造和中小型渔船玻璃钢化为重点，加快淘汰高耗能老旧渔船和木质渔船。积极推广节能船型、机型和渔船节能技术与产品，加快太阳能、风能在渔船上的应用，示范推广渔船余热利用装置和电力推进、柴油天燃气混燃装置、渔船排污、垃圾回收装置，提高渔船节能减排效果。积极推进捕捞作业结构调整，压减底拖网作业方式，研发并推广节能型渔具渔法。开展渔港防污措施研究，配备渔港油污水回收设施，开展文明渔港创建活动，改善渔港卫生环境。

（二）大力推进养殖业节水减排

科学规划养殖布局，合理控制养殖密度，减少养殖水域富营养化现象发生。全面推进养殖池塘标准化改造，改进进排水设施，配备水质净化和环保设备。研发并推广高效配合饲料，减少鲜活小杂鱼投喂。推进构建精准化养殖技术体系，提高养殖经济效益，减少养殖对环境的影响。发挥渔业碳汇功能，大力发展贝藻类养殖、多营养层次综合养殖和大水面鲢鳙等滤食性鱼类增养殖，改善养殖生态环境。加大增殖放流力度，加快人工鱼礁、海洋牧场建

设。大力推广循环水养殖和稻田综合种养技术，应用生态环保先进技术和装备，提高水资源利用效率。完善养殖设施风能、太阳能、地热利用技术，扩大新能源在水产养殖业上的应用。

（三）积极推进水产品加工业节能减排

开展水产品加工综合利用技术研究，提高产品附加值，推进加工副产品、废弃物的资源化利用。加快水产品加工企业节能技术改造，大力推广节电、节水技术，降低冷冻冷藏电耗。研发并推广加工清洁生产技术，减少废气、废水、废渣排放。

四、加快构建渔业节能减排工作机制

五、保障措施

（一）提高认识，加强领导。

（二）研究政策，争取支持。在总结近年来渔业节能减排工作的基础上，推动建立高耗能老旧渔船和木质渔船更新淘汰制度。同时，利用好现有的农机购置补贴政策，鼓励渔民购置适宜的节能渔业机械，惠及广大渔民。研究提出财政、信贷、税收等鼓励和引导性政策建议，积极争取发改、财政、科技部门支持，力争在渔船标准化改造、渔船装备节能升级改造、循环水养殖、水产品加工节能改造、清洁生产、低碳渔业等方面得到支持，实施渔业节能减排示范工程。

（三）突出科技，强化支撑。开展渔业节能减排技术与装备研究，尽快在节能环保型渔船、玻璃钢渔船、节能型网具研究与设计、节能产品和技术评价方法，以及池塘工程化改造技术、高效环保饲料研发与精准投喂技术和水产品加工综合利用技术研究等方面取得突破。加快渔船、渔机、网具、养殖水质及废水排放标准体系建设。通过开展渔业节能减排示范，凝练技术、形成规范、扩大推广。鼓励和支持社会和其他行业的科研单位及企业积极参与渔业节能减排技术研发。

（四）加强宣传，营造氛围。

商务部政策文件

关于开展第三批再生资源回收体系建设试点工作的通知

商办流通函[2011]693号

各省、自治区、直辖市、计划单列市及新疆生产建设兵团商务主管部门：

自2006年起，我部开展了两批再生资源回收体系建设试点工作，促进了再生资源回收行业发展。为贯彻落实“十二五”规划纲要，进一步推进再生资源回收体系建设，在总结前两批试点经验的基础上，商务部决定在“十二五”时期开展第三批再生资源回收体系建设试点工作。现将有关事项通知如下：

一、试点城市范围

本次试点以具有较好工作基础的省会城市、计划单列市和地级城市为主，适当考虑部分基础较好、具备条件的县级城市，已列入前两批试点的城市不在本次试点范围。

二、试点城市认定程序

（一）各地推荐。省级商务主管部门负责推荐第三批再生资源回收体系建设试点城市，每省（自治区、直辖市）限推荐2个城市，计划单列市和新疆生产建设兵团可单独报送。

（二）专家论证。按照试点城市确定条件组织相关专家进行论证，研究确定第三批试点城市。

（三）结果公示。确定的第三批试点城市将在商务部网站公示。

（四）发文公布。2011年9月底前公布第三批再生资源回收体系建设试点城市。

三、被推荐城市的条件

（一）当地政府重视，将推进再生资源回收体系建设作为近期一项重点工作。具有市人民政府批准出台的再生资源回收体系建设规划，城市回收体系建设总体思路、工作目标和实施步骤明确具体。

（二）具有由市人民政府牵头或商务主管部门牵头，发展改革、国土资源、环境保护等相关部门共同参与的再生资源回收体系建设试点工作领导小组或协调机制。

（三）具有不少于2家能够承担再生资源回收体系建设任务的再生资源回收龙头企业。

（四）具有规范和促进再生资源回收行业发展的地方法律法规及配套政策。包括资金支持、用地安排、税收优惠等方面政策。

四、推荐材料要求（略）

五、认真总结评估前两批试点

为及时总结前两批试点城市经验，了解试点工作取得的成效，请各地督促前两批试点城市对照试点实施方案，认真总结评估，完成总结或阶段性评估报告，并认真填写城市再生资源回收体系建设基本情况表（附件2）以及承担城市体系建设项目的城市再生资源回收龙头企业经营情况表（附件3）。

同时，为做好再生资源龙头企业培育工作和有关项目储备，请各地商务主管部门组织调查了解有关情况，认真填报本地区城市再生资源回收龙头企业经营情况表（附件3）和区域性大型再生资源回收利用基地情况表（附件4），由省级商务主管部门将上述材料于7月31日前上报商务部。

各地商务主管部门要高度重视再生资源回收体系建设试点工作，切实加强领导，认真组织实施，按时报送有关材料。工作中的有关问题请及时与商务部沟通。

附件：（略）

商务部办公厅

二〇一一年六月二十一日

国家标准化管理委员会政策文件

国家循环经济标准化试点考核评估方案（试行）

国家标准化管理委员会、国家发展和改革委员会
二〇一一年三月二日

为指导和推动国家循环经济标准化试点（以下简称试点）工作，确保试点工作取得成效，根据《国家标准化管理委员会、国家发展改革委员会关于印发<循环经济标准化试点工作指导意见>的通知》，制定本方案。

一、考核评估对象

国家标准化管理委员会、国家发展和改革委员会确定的国家循环经济标准化试点单位。

二、考核评估工作的组织和内容

（一）国家标准化管理委员会（以下简称“国家标准委”）会同国家发展和改革委员会（以下简称“国家发展改革委”）组织试点考核评估工作，也可委托地方标准化主管部门会同循环经济发展综合管理部门组织试点考核评估工作。

（二）考核评估工作应以国家标准委、国家发展改革委批复的总体要求为依据。考核评估内容分为四个方面：

1．循环经济标准化工作模式；

2．循环经济标准化基础性工作；

3．循环经济标准的宣传及贯彻应用；

4．循环经济标准信息平台建设。

具体考核评估指标见“循环经济标准化试点考核评估计分表”（附件1，以下简称“考核评估计分表”）。

三、考核评估工作的程序

（一）试点单位在试点期内发生过重大质量、安全、环保等事故的，国家标准委商国家发展改革委撤销其试点资格。在试点期内如发生重大自然灾害并影响试点工作开展的，国家标准委商国家发展改革委延期试点时间或者撤销其试点资格。

（二）试点期满后，试点承担单位应按照考核评估计分表进行自查，自查合格的，在二个月之内向试点所在省、自治区、直辖市质量技术监督局提交考核评估申请表（考核评估申请表见附件2）和试点工作总结报告。试点工作总结报告应包括如下内容（也可单独形成文件提交）：

1．工作实施方案；

2．循环经济标准化工作模式描述；

3．标准体系构建及标准明细表；

4．标准化宣传工作及培训相关情况介绍；

5．试点工作所取得的社会、经济和环境效益分析；

6．试点工作中发现的问题和经验推广计划；

7．标准信息平台建设相关内容；

8．试点年度工作总结；

9．试点工作期内，承担或参加国际、国内标准化技术委员会、分会、工作组活动和进展情况，承担或参与国际标准、国家标准、行业标准制修订情况及相应证明材料；

10．试点单位认为有必要提交的其它证明材料。

（三）试点单位所在省、自治区、直辖市质量技术监督局会同循环经济发展综合管理部门组织材料初审工作，

初审合格后，由质量技术监督局向国家标准委提出书面申请，并附初审合格的相关材料（考核评估申请表和试点工作总结报告等）。

（四）国家标准委在收到申请后，会同国家发展改革委确定考核评估时间，成立考核评估工作组。

（五）考核评估工作组实行组长负责制，一般由5-7人组成。考核评估工作组由相关部门、行业协会、科研机构、大专院校等单位具有中高级职称的人员组成。

（六）考核评估工作组具体实施考核评估工作。考核评估一般采取现场调研形式，考核评估程序包括：

1．宣布考核评估工作组成员、考核评估程序及有关事宜；

2．听取试点工作汇报；

3．查验反映试点工作情况的文件、记录、标准文本等资料；

4．试点单位现场考察，并随机进行试点单位员工标准化意识调查；

5．依据考核评估计分表进行测评，形成考核评估结论；

6．向试点单位通报考核评估情况，并提出改进意见和建议。

四、考核评估的结论和后续要求

（一）考核评估采取综合评分的办法，最终得分为考核评估组所有成员的算术平均分。考核评估结论分为合格和不合格两个等级。

1．合格：得分在80分以上（含80分）；

2．不合格：得分在80分以下。

（二）试点通过考核评估后，由试点单位向国家标准委报送三套试点工作总结报告。

（三）国家标准委商国家发展改革委，依据考核评估结论和上报材料，向通过考核评估的试点单位颁发“循环经济标准化试点考核评估合格”证书。

（四）对考核评估结论定为“不合格”的试点项目，国家标准委商国家发展改革委确定整改期限，一般为3个月，并重新组织考核评估，仍未通过考核评估的，撤销试点资格。

（五）考核评估合格的试点单位，一经发现申报材料与实际情况不符或给社会造成不良影响的，国家标准委商国家发展改革委后，可视情节做出书面警告、通报批评、限期整改、直至撤销证书的处理。

五、附则

本规定自印发之日起施行。

规划方案

国家环境保护"十二五"规划

（国务院二〇一一年十二月十五日印发）

保护环境是我国的基本国策。为推进"十二五"期间环境保护事业的科学发展，加快资源节约型、环境友好型社会建设，制定本规划。

一、环境形势

党中央、国务院高度重视环境保护工作，将其作为贯彻落实科学发展观的重要内容，作为转变经济发展方式的重要手段，作为推进生态文明建设的根本措施。"十一五"期间，国家将主要污染物排放总量显著减少作为经济社会发展的约束性指标，着力解决突出环境问题，在认识、政策、体制和能力等方面取得重要进展。化学需氧量、二氧化硫排放总量比2005年分别下降12.45%、14.29%，超额完成减排任务。污染治理设施快速发展，设市城市污水处理率由2005年的52%提高到72%，火电脱硫装机比重由12%提高到82.6%。让江河湖泊休养生息全面推进，重点流域、区域污染防治不断深化，环境质量有所改善，全国地表水国控断面水质优于Ⅲ类的比重提高到51.9%，全国城市空气二氧化硫平均浓度下降26.3%。环境执法监管力度不断加大，农村环境综合整治成效明显，生态保护切实加强，核与辐射安全可控，全社会环境意识不断增强，人民群众参与程度进一步提高，"十一五"环境保护目标和重点任务全面完成。

当前，我国环境状况总体恶化的趋势尚未得到根本遏制，环境矛盾凸显，压力继续加大。一些重点流域、海域水污染严重，部分区域和城市大气灰霾现象突出，许多地区主要污染物排放量超过环境容量。农村环境污染加剧，重金属、化学品、持久性有机污染物以及土壤、地下水等污染显现。部分地区生态损害严重，生态系统功能退化，生态环境比较脆弱。核与辐射安全风险增加。人民群众环境诉求不断提高，突发环境事件的数量居高不下，环境问题已成为威胁人体健康、公共安全和社会稳定的重要因素之一。生物多样性保护等全球性环境问题的压力不断加大。环境保护法制尚不完善，投入仍然不足，执法力量薄弱，监管能力相对滞后。同时，随着人口总量持续增长，工业化、城镇化快速推进，能源消费总量不断上升，污染物产生量将继续增加，经济增长的环境约束日趋强化。

二、指导思想、基本原则和主要目标

（一）指导思想。

以邓小平理论和"三个代表"重要思想为指导，深入贯彻落实科学发展观，努力提高生态文明水平，切实解决影响科学发展和损害群众健康的突出环境问题，加强体制机制创新和能力建设，深化主要污染物总量减排，努力改善环境质量，防范环境风险，全面推进环境保护历史性转变，积极探索代价小、效益好、排放低、可持续的环境保护新道路，加快建设资源节约型、环境友好型社会。

（二）基本原则。

——科学发展，强化保护。坚持科学发展，加快转变经济发展方式，以资源环境承载力为基础，在保护中发展，在发展中保护，促进经济社会与资源环境协调发展。

——环保惠民，促进和谐。坚持以人为本，将喝上干净水、呼吸清洁空气、吃上放心食物等摆上更加突出的战略位置，切实解决关系民生的突出环境问题。逐步实现环境保护基本公共服务均等化，维护人民群众环境权益，促进社会和谐稳定。

——预防为主，防治结合。坚持从源头预防，把环境保护贯穿于规划、建设、生产、流通、消费各环节，提升可持续发展能力。提高治污设施建设和运行水平，加强生态保护与修复。

——全面推进，重点突破。坚持将解决全局性、普遍性环境问题与集中力量解决重点流域、区域、行业环境问题相结合，建立与我国国情相适应的环境保护战略体系、全面高效的污染防治体系、健全的环境质量评价体系、完善的环境保护法规政策和科技标准体系、完备的环境管理和执法监督体系、全民参与的社会行动体系。

——分类指导，分级管理。坚持因地制宜，在不同地区和行业实施有差别的环境政策。鼓励有条件的地区采取更加积极的环境保护措施。健全国家监察、地方监管、单位负责的环境监管体制，落实环境保护目标责任制。

——政府引导，协力推进。坚持政府引导，明确企业主体责任，加强部门协调配合。加强环境信息公开和舆论

监督，动员全社会参与环境保护。探索以市场化手段推进环境保护。

（三）主要目标。

到2015年，主要污染物排放总量显著减少；城乡饮用水水源地环境安全得到有效保障，水质大幅提高；重金属污染得到有效控制，持久性有机污染物、危险化学品、危险废物等污染防治成效明显；城镇环境基础设施建设和运行水平得到提升；生态环境恶化趋势得到扭转；核与辐射安全监管能力明显增强，核与辐射安全水平进一步提高；环境监管体系得到健全。

专栏1：“十二五”环境保护主要指标

序号	指 标	2010年	2015年	2015年比2010年增长
1	化学需氧量排放总量（万吨）	2551.7	2347.6	-8%
2	氨氮排放总量（万吨）	264.4	238.0	-10%
3	二氧化硫排放总量（万吨）	2267.8	2086.4	-8%
4	氮氧化物排放总量（万吨）	2273.6	2046.2	-10%
5	地表水国控断面劣Ⅴ类水质的比例（%）	17.7	<15	-2.7个百分点
	七大水系国控断面水质好于Ⅲ类的比例（%）	55	>60	5个百分点
6	地级以上城市空气质量达到二级标准以上的比例（%）	72	≥80	8个百分点

注：1.化学需氧量和氨氮排放总量包括工业、城镇生活和农业源排放总量，依据2010年污染源普查动态更新结果核定。

2.“十二五”期间，地表水国控断面个数由759个增加到970个，其中七大水系国控断面个数由419个增加到574个；同时，将评价因子由12项增加到21项。据此测算，2010年全国地表水国控断面劣Ⅴ类水质比例为17.7%，七大水系国控断面好于Ⅲ类水质的比例为55%。

3.“十二五”期间，空气环境质量评价范围由113个重点城市增加到333个全国地级以上城市，按照可吸入颗粒物、二氧化硫、二氧化氮的年均值测算，2010年地级以上城市空气质量达到二级标准以上的比例为72%。

三、推进主要污染物减排

（一）加大结构调整力度。

加快淘汰落后产能。严格执行《产业结构调整指导目录》、《部分工业行业淘汰落后生产工艺装备和产品指导目录》。加大钢铁、有色、建材、化工、电力、煤炭、造纸、印染、制革等行业落后产能淘汰力度。制定年度实施方案，将任务分解落实到地方、企业，并向社会公告淘汰落后产能企业名单。建立新建项目与污染减排、淘汰落后产能相衔接的审批机制，落实产能等量或减量置换制度。重点行业新建、扩建项目环境影响审批要将主要污染物排放总量指标作为前置条件。

着力减少新增污染物排放量。合理控制能源消费总量，促进非化石能源发展，到2015年，非化石能源占一次能源消费比重达到11.4%。提高煤炭洗选加工水平。增加天然气、煤层气供给，降低煤炭在一次能源消费中的比重。在大气联防联控重点区域开展煤炭消费总量控制试点。进一步提高高耗能、高排放和产能过剩行业准入门槛。探索建立单位产品污染物产生强度评价制度。积极培育节能环保、新能源等战略性新兴产业，鼓励发展节能环保型交通运输方式。

大力推行清洁生产和发展循环经济。提高造纸、印染、化工、冶金、建材、有色、制革等行业污染物排放标准和清洁生产评价指标，鼓励各地制定更加严格的污染物排放标准。全面推行排污许可证制度。推进农业、工业、建筑、商贸服务等领域清洁生产示范。深化循环经济示范试点，加快资源再生利用产业化，推进生产、流通、消费各环节循环经济发展，构建覆盖全社会的资源循环利用体系。

（二）着力削减化学需氧量和氨氮排放量。

加大重点地区、行业水污染物减排力度。在已富营养化的湖泊水库和东海、渤海等易发生赤潮的沿海地区实施总氮或总磷排放总量控制。在重金属污染综合防治重点区域实施重点重金属污染物排放总量控制。推进造纸、印染和化工等行业化学需氧量和氨氮排放总量控制，削减比例较2010年不低于10%。严格控制长三角、珠三角等区域的

造纸、印染、制革、农药、氮肥等行业新建单纯扩大产能项目。禁止在重点流域江河源头新建有色、造纸、印染、化工、制革等项目。

提升城镇污水处理水平。加大污水管网建设力度，推进雨、污分流改造，加快县城和重点建制镇污水处理厂建设，到2015年，全国新增城镇污水管网约16万公里，新增污水日处理能力4200万吨，基本实现所有县和重点建制镇具备污水处理能力，污水处理设施负荷率提高到80%以上，城市污水处理率达到85%。推进污泥无害化处理处置和污水再生利用。加强污水处理设施运行和污染物削减评估考核，推进城市污水处理厂监控平台建设。滇池、巢湖、太湖等重点流域和沿海地区城镇污水处理厂要提高脱氮除磷水平。

推动规模化畜禽养殖污染防治。优化养殖场布局，合理确定养殖规模，改进养殖方式，推行清洁养殖，推进养殖废弃物资源化利用。严格执行畜禽养殖业污染物排放标准，对养殖小区、散养密集区污染物实行统一收集和治理。到2015年，全国规模化畜禽养殖场和养殖小区配套建设固体废物和污水贮存处理设施的比例达到50%以上。

（三）加大二氧化硫和氮氧化物减排力度。

持续推进电力行业污染减排。新建燃煤机组要同步建设脱硫脱硝设施，未安装脱硫设施的现役燃煤机组要加快淘汰或建设脱硫设施，烟气脱硫设施要按照规定取消烟气旁路。加快燃煤机组低氮燃烧技术改造和烟气脱硝设施建设，单机容量30万千瓦以上（含）的燃煤机组要全部加装脱硝设施。加强对脱硫脱硝设施运行的监管，对不能稳定达标排放的，要限期进行改造。

加快其他行业脱硫脱硝步伐。推进钢铁行业二氧化硫排放总量控制，全面实施烧结机烟气脱硫，新建烧结机应配套建设脱硫脱硝设施。加强水泥、石油石化、煤化工等行业二氧化硫和氮氧化物治理。石油石化、有色、建材等行业的工业窑炉要进行脱硫改造。新型干法水泥窑要进行低氮燃烧技术改造，新建水泥生产线要安装效率不低于60%的脱硝设施。因地制宜开展燃煤锅炉烟气治理，新建燃煤锅炉要安装脱硫脱硝设施，现有燃煤锅炉要实施烟气脱硫，东部地区的现有燃煤锅炉还应安装低氮燃烧装置。

开展机动车船氮氧化物控制。实施机动车环境保护标志管理。加速淘汰老旧汽车、机车、船舶，到2015年，基本淘汰2005年以前注册运营的“黄标车”。提高机动车环境准入要求，加强生产一致性检查，禁止不符合排放标准的车辆生产、销售和注册登记。鼓励使用新能源车。全面实施国家第四阶段机动车排放标准，在有条件的地区实施更严格的排放标准。提升车用燃油品质，鼓励使用新型清洁燃料，在全国范围供应符合国家第四阶段标准的车用燃油。积极发展城市公共交通，探索调控特大型和大型城市机动车保有总量。

四、切实解决突出环境问题

（一）改善水环境质量。

严格保护饮用水水源地。全面完成城市集中式饮用水水源保护区审批工作，取缔水源保护区内违法建设项目和排污口。推进水源地环境整治、恢复和规范化建设。加强对水源保护区外汇水区有毒有害物质的监管。地级以上城市集中式饮用水水源地要定期开展水质全分析。健全饮用水水源环境信息公开制度，加强风险防范和应急预警。

深化重点流域水污染防治。明确各重点流域的优先控制单元，实行分区控制。淮河流域要突出抓好氨氮控制，重点推进淮河干流及郑州、开封、淮北、淮南、蚌埠、亳州、菏泽、济宁、枣庄、临沂、徐州等城市水污染防治，干流水质基本达到III类。海河流域要加强水资源利用与水污染防治统筹，以饮用水安全保障、城市水环境改善和跨界水污染协同治理为重点，大幅减少污染负荷，实现劣Ⅴ类水质断面比重明显下降。辽河流域要加强城市水系环境综合整治，推进辽河保护区建设，实现辽河干流以及招苏台河、条子河、大辽河等支流水质明显好转。三峡库区及其上游要加强污染治理、水生态保护及水源涵养，确保上游及库区水质保持优良。松花江流域要加强城市水系环境综合整治和面源污染治理，国控断面水质基本消除劣Ⅴ类。黄河中上游要重点推进渭河、汾河、湟水河等支流水污染防治，加强宁东、鄂尔多斯和陕北等能源化工基地的环境风险防控，加强河套灌区农业面源污染防治，实现支流水质大幅改善，干流稳定达到使用功能要求。太湖流域要着力降低入湖总氮、总磷等污染负荷，湖体水质由劣Ⅴ类提高到Ⅴ类，富营养化趋势得到遏制。巢湖流域要加强养殖和入湖污染控制，削减氨氮、总氮和总磷污染负荷，加强湖区生态修复，遏制湖体富营养化趋势，主要入湖支流基本消除劣Ⅴ类水质。滇池流域要综合推进湖体、生态防护区域、引导利用区域和水源涵养区域的水污染防治，改善入湖河流和湖体水质。南水北调中线丹江口库区及上游要加强水污染防治和水土流失治理，推进农业面源污染治理，实现水质全面达标；东线水源区及沿线要进一步深化污染治理，确保调水水质。

抓好其他流域水污染防治。加大长江中下游、珠江流域污染防治力度，实现水质稳定并有所好转。将西南诸河、西北内陆诸河、东南诸河，鄱阳湖、洞庭湖、洪泽湖、抚仙湖、梁子湖、博斯腾湖、艾比湖、微山湖、青海湖和洱海等作为保障和提升水生态安全的重点地区，探索建立水生态环境质量评价指标体系，开展水生态安全综合评估，落实水污染防治和水生态安全保障措施。加强湖北省长湖、三湖、白露湖、洪湖和云南省异龙湖等综合治理。加大对黑龙江、乌苏里江、图们江、额尔齐斯河、伊犁河等河流的环境监管和污染防治力度。加大对水质良好或生态脆弱湖泊的保护力度。

综合防控海洋环境污染和生态破坏。坚持陆海统筹、河海兼顾，推进渤海等重点海域综合治理。落实重点海域排污总量控制制度。加强近岸海域与流域污染防治的衔接。加强对海岸工程、海洋工程、海洋倾废和船舶污染的环境监管，在生态敏感地区严格控制围填海活动。降低海水养殖污染物排放强度。加强海岸防护林建设，保护和恢复滨海湿地、红树林、珊瑚礁等典型海洋生态系统。加强海洋生物多样性保护。在重点海域逐步增加生物、赤潮和溢油监测项目，强化海上溢油等事故应急处置。建立海洋环境监测数据共享机制。到2015年，近岸海域水质总体保持稳定，长江、黄河、珠江等河口和渤海等重点海湾的水质有所改善。

推进地下水污染防控。开展地下水污染状况调查和评估，划定地下水污染治理区、防控区和一般保护区。加强重点行业地下水环境监管。取缔渗井、渗坑等地下水污染源,切断废弃钻井、矿井等污染途径。防范地下工程设施、地下勘探、采矿活动污染地下水。控制危险废物、城镇污染、农业面源污染对地下水的影响。严格防控污染土壤和污水灌溉对地下水的污染。在地下水污染突出区域进行修复试点，重点加强华北地区地下水污染防治。开展海水入侵综合防治示范。

（二）实施多种大气污染物综合控制。

深化颗粒物污染控制。加强工业烟粉尘控制，推进燃煤电厂、水泥厂除尘设施改造，钢铁行业现役烧结（球团）设备要全部采用高效除尘器，加强工艺过程除尘设施建设。20蒸吨（含）以上的燃煤锅炉要安装高效除尘器，鼓励其他中小型燃煤工业锅炉使用低灰分煤或清洁能源。加强施工工地、渣土运输及道路等扬尘控制。

加强挥发性有机污染物和有毒废气控制。加强石化行业生产、输送和存储过程挥发性有机污染物排放控制。鼓励使用水性、低毒或低挥发性的有机溶剂，推进精细化工行业有机废气污染治理，加强有机废气回收利用。实施加油站、油库和油罐车的油气回收综合治理工程。开展挥发性有机污染物和有毒废气监测，完善重点行业污染物排放标准。严格污染源监管，减少含汞、铅和二口恶英等有毒有害废气排放。

推进城市大气污染防治。在大气污染联防联控重点区域，建立区域空气环境质量评价体系，开展多种污染物协同控制，实施区域大气污染物特别排放限值，对火电、钢铁、有色、石化、建材、化工等行业进行重点防控。在京津冀、长三角和珠三角等区域开展臭氧、细颗粒物（PM2.5）等污染物监测，开展区域联合执法检查，到2015年，上述区域复合型大气污染得到控制，所有城市空气环境质量达到或好于国家二级标准，酸雨、灰霾和光化学烟雾污染明显减少。实施城市清洁空气行动，加强乌鲁木齐等城市大气污染防治。实行城市空气质量分级管理，尚未达到标准的城市要制定并实施达标方案。加强餐饮油烟污染控制和恶臭污染治理。

加强城乡声环境质量管理。加大交通、施工、工业、社会生活等领域噪声污染防治力度。划定或调整声环境功能区，强化城市声环境达标管理，扩大达标功能区面积。做好重点噪声源控制，解决噪声扰民问题。强化噪声监管能力建设。

（三）加强土壤环境保护。

加强土壤环境保护制度建设。完善土壤环境质量标准，制定农产品产地土壤环境保护监督管理办法和技术规范。研究建立建设项目用地土壤环境质量评估与备案制度及污染土壤调查、评估和修复制度，明确治理、修复的责任主体和要求。

强化土壤环境监管。深化土壤环境调查，对粮食、蔬菜基地等敏感区和矿产资源开发影响区进行重点调查。开展农产品产地土壤污染评估与安全等级划分试点。加强城市和工矿企业污染场地环境监管，开展污染场地再利用的环境风险评估，将场地环境风险评估纳入建设项目环境影响评价，禁止未经评估和无害化治理的污染场地进行土地流转和开发利用。经评估认定对人体健康有严重影响的污染场地，应采取措施防止污染扩散，且不得用于住宅开发，对已有居民要实施搬迁。

推进重点地区污染场地和土壤修复。以大中城市周边、重污染工矿企业、集中治污设施周边、重金属污染防治重点区域、饮用水水源地周边、废弃物堆存场地等典型污染场地和受污染农田为重点，开展污染场地、土壤污染治理与修复试点示范。对责任主体灭失等历史遗留场地土壤污染要加大治理修复的投入力度。

（四）强化生态保护和监管。

强化生态功能区保护和建设。加强大小兴安岭森林、长白山森林等25个国家重点生态功能区的保护和管理，制定管理办法，完善管理机制。加强生态环境监测与评估体系建设，开展生态系统结构和功能的连续监测和定期评估。实施生态保护和修复工程。严格控制重点生态功能区污染物排放总量和产业准入环境标准。

提升自然保护区建设与监管水平。开展自然保护区基础调查与评估，统筹完善全国自然保护区发展规划。加强自然保护区建设和管理，严格控制自然保护区范围和功能分区的调整，严格限制涉及自然保护区的开发建设活动，规范自然保护区内土地和海域管理。加强国家级自然保护区规范化建设。优化自然保护区空间结构和布局，重点加强西南高山峡谷区、中南西部山地丘陵区、近岸海域等区域和河流水生生态系统自然保护区建设力度。抢救性保护中东部地区人类活动稠密区域残存的自然生境。到2015年，陆地自然保护区面积占国土面积的比重稳定在15%。

加强生物多样性保护。继续实施《中国生物多样性保护战略与行动计划（2011-2030年）》，加大生物多样性保护优先区域的保护力度，完成8至10个优先区域生物多样性本底调查与评估。开展生物多样性监测试点以及生物多样性保护示范区、恢复示范区等建设。推动重点地区和行业的种质资源库建设。加强生物物种资源出入境监管。研究建立生物遗传资源获取与惠益共享制度。研究制定防止外来物种入侵和加强转基因生物安全管理的法规。强化对转基因生物体环境释放和环境改善用途微生物利用的监管，开展外来有害物种防治。发布受威胁动植物和外来入侵物种名录。到2015年，90%的国家重点保护物种和典型生态系统得到保护。

推进资源开发生态环境监管。落实生态功能区划，规范资源开发利用活动。加强矿产、水电、旅游资源开发和交通基础设施建设中的生态监管，落实相关企业在生态保护与恢复中的责任。实施矿山环境治理和生态恢复保证金制度。

五、加强重点领域环境风险防控

（一）推进环境风险全过程管理。

（二）加强核与辐射安全管理。

（三）遏制重金属污染事件高发态势。

（四）推进固体废物安全处理处置。

加强危险废物污染防治。落实危险废物全过程管理制度，确定重点监管的危险废物产生单位清单，加强危险废物产生单位和经营单位规范化管理，杜绝危险废物非法转移。对企业自建的利用处置设施进行排查、评估，促进危险废物利用和处置产业化、专业化和规模化发展。控制危险废物填埋量。取缔废弃铅酸蓄电池非法加工利用设施。规范实验室等非工业源危险废物管理。加快推进历史堆存铬渣的安全处置，确保新增铬渣得到无害化利用处置。加强医疗废物全过程管理和无害化处置设施建设，因地制宜推进农村、乡镇和偏远地区医疗废物无害化管理，到2015年，基本实现地级以上城市医疗废物得到无害化处置。

加大工业固体废物污染防治力度。完善鼓励工业固体废物利用和处置的优惠政策，强化工业固体废物综合利用和处置技术开发，加强煤矸石、粉煤灰、工业副产石膏、冶炼和化工废渣等大宗工业固体废物的污染防治，到2015年，工业固体废物综合利用率达到72%。推行生产者责任延伸制度，规范废弃电器电子产品的回收处理活动，建设废旧物品回收体系和集中加工处理园区，推进资源综合利用。加强进口废物圈区管理。

提高生活垃圾处理水平。加快城镇生活垃圾处理设施建设，到2015年，全国城市生活垃圾无害化处理率达到80%，所有县具有生活垃圾无害化处理能力。健全生活垃圾分类回收制度，完善分类回收、密闭运输、集中处理体系，加强设施运行监管。对垃圾简易处理或堆放设施和场所进行整治，对已封场的垃圾填埋场和旧垃圾场要进行生态修复、改造。鼓励垃圾厌氧制气、焚烧发电和供热、填埋气发电、餐厨废弃物资源化利用。推进垃圾渗滤液和垃圾焚烧飞灰处置工程建设。开展工业生产过程协同处理生活垃圾和污泥试点。

（五）健全化学品环境风险防控体系。

六、完善环境保护基本公共服务体系

（一）推进环境保护基本公共服务均等化。

（二）提高农村环境保护工作水平。

保障农村饮用水安全。

提高农村生活污水和垃圾处理水平。鼓励乡镇和规模较大村庄建设集中式污水处理设施，将城市周边村镇的污水纳入城市污水收集管网统一处理，居住分散的村庄要推进分散式、低成本、易维护的污水处理设施建设。加强农村生活垃圾的收集、转运、处置设施建设，统筹建设城市和县城周边的村镇无害化处理设施和收运系统；交通不便的地区要探索就地处理模式，引导农村生活垃圾实现源头分类、就地减量、资源化利用。

提高农村种植、养殖业污染防治水平。引导农民使用生物农药或高效、低毒、低残留农药，农药包装应进行无害化处理。大力推进测土配方施肥。推动生态农业和有机农业发展。加强废弃农膜、秸秆等农业生产废弃物资源化利用。开展水产养殖污染调查，减少太湖、巢湖、洪泽湖等湖泊的水产养殖面积和投饵数量。

改善重点区域农村环境质量。

（三）加强环境监管体系建设。

以基础、保障、人才等工程为重点，推进环境监管基本公共服务均等化建设，到2015年，基本形成污染源与总量减排监管体系、环境质量监测与评估考核体系、环境预警与应急体系，初步建成环境监管基本公共服务体系。

完善污染减排统计、监测、考核体系。

推进环境质量监测与评估考核体系建设。

加强环境预警与应急体系建设。

提高环境监管基本公共服务保障能力。

七、实施重大环保工程

为把“十二五”环境保护目标和任务落到实处，要积极实施各项环境保护工程（全社会环保投资需求约3.4万亿元），其中，优先实施8项环境保护重点工程，开展一批环境基础调查与试点示范，投资需求约1.5万亿元。要充分利用市场机制，形成多元化的投入格局，确保工程投资到位。工程投入以企业和地方各级人民政府为主，中央政府区别不同情况给予支持。要定期开展工程项目绩效评价，提高投资效益。

专栏2：“十二五”环境保护重点工程

主要污染物减排工程。包括城镇生活污水处理设施及配套管网、污泥处理处置、工业水污染防治、畜禽养殖污染防治等水污染物减排工程，电力行业脱硫脱硝、钢铁烧结机脱硫脱硝、其他非电力重点行业脱硫、水泥行业与工业锅炉脱硝等大气污染物减排工程。

改善民生环境保障工程。包括重点流域水污染防治及水生态修复、地下水污染防治、重点区域大气污染联防联控、受污染场地和土壤污染治理与修复等工程。

农村环保惠民工程。包括农村环境综合整治、农业面源污染防治等工程。

生态环境保护工程。包括重点生态功能区和自然保护区建设、生物多样性保护等工程。

重点领域环境风险防范工程。包括重金属污染防治、持久性有机污染物和危险化学品污染防治、危险废物和医疗废物无害化处置等工程。

核与辐射安全保障工程。

环境基础设施公共服务工程。包括城镇生活污染、危险废物处理处置设施建设，城乡饮用水水源地安全保障等工程。

环境监管能力基础保障及人才队伍建设工程。

八、完善政策措施

（一）落实环境目标责任制。

制定生态文明建设指标体系，纳入地方各级人民政府政绩考核。实行环境保护一票否决制。继续推进主要污染物总量减排考核，探索开展环境质量监督考核。落实环境目标责任制，定期发布主要污染物减排、环境质量、重点流域污染防治规划实施情况等考核结果，对未完成环保目标任务或对发生重特大突发环境事件负有责任的地方政府要进行约谈，实施区域限批，并追究有关领导责任。

（二）完善综合决策机制。

完善政府负责、环保部门统一监督管理、有关部门协调配合、全社会共同参与的环境管理体系。充分发挥环境保护部际联席会议的作用，促进部门间协同联动与信息共享。把主要污染物总量控制要求、环境容量、环境功能区划和环境风险评估等作为区域和产业发展的决策依据。依法对重点流域、区域开发和行业发展规划以及建设项目开

展环境影响评价。健全规划环境影响评价和建设项目环境影响评价的联动机制。完善建设项目环境保护验收制度。加强对环境影响评价审查的监督管理。对环境保护重点城市的城市总体规划进行环境影响评估，探索编制城市环境保护总体规划。

（三）加强法规体系建设。

加强环境保护法、大气污染防治法、清洁生产促进法、固体废物污染环境防治法、环境噪声污染防治法、环境影响评价法等法律修订的基础研究工作，研究拟订污染物总量控制、饮用水水源保护、土壤环境保护、排污许可证管理、畜禽养殖污染防治、机动车污染防治、有毒有害化学品管理、核安全与放射性污染防治、环境污染损害赔偿等法律法规。

统筹开展环境质量标准、污染物排放标准、核电标准、民用核安全设备标准、环境监测规范、环境基础标准制修订规范、管理规范类环境保护标准等制（修）订工作。完善大气、水、海洋、土壤等环境质量标准，完善污染物排放标准中常规污染物和有毒有害污染物排放控制要求，加强水污染物间接排放控制和企业周围环境质量监控要求。推进环境风险源识别、环境风险评估和突发环境事件应急环境保护标准建设。鼓励地方制订并实施地方污染物排放标准。

（四）完善环境经济政策。

落实燃煤电厂烟气脱硫电价政策，研究制定脱硝电价政策，对污水处理、污泥无害化处理设施、非电力行业脱硫脱硝和垃圾处理设施等企业实行政策优惠。对非居民用水要逐步实行超额累进加价制度，对高耗水行业实行差别水价政策。研究鼓励企业废水“零排放”的政策措施。健全排污权有偿取得和使用制度，发展排污权交易市场。

推进环境税费改革，完善排污收费制度。全面落实污染者付费原则，完善污水处理收费制度，收费标准要逐步满足污水处理设施稳定运行和污泥无害化处置需求。改革垃圾处理费征收方式，加大征收力度，适度提高垃圾处理收费标准和财政补贴水平。

建立企业环境行为信用评价制度，加大对符合环保要求和信贷原则企业和项目的信贷支持。建立银行绿色评级制度，将绿色信贷成效与银行工作人员履职评价、机构准入、业务发展相挂钩。推行政府绿色采购，逐步提高环保产品比重，研究推行环保服务政府采购。制定和完善环境保护综合名录。

探索建立国家生态补偿专项资金。研究制定实施生态补偿条例。建立流域、重点生态功能区等生态补偿机制。推行资源型企业可持续发展准备金制度。

（五）加强科技支撑。

提升环境科技基础研究和应用能力。夯实环境基准、标准制订的科学基础，完善环境调查评估、监测预警、风险防范等环境管理技术体系。推进国家环境保护重点实验室、工程技术中心、野外观测研究站等建设。组织实施好水体污染控制与治理等国家科技重大专项，大力研发污染控制、生态保护和环境风险防范的高新技术、关键技术、共性技术。研发氮氧化物、重金属、持久性有机污染物、危险化学品等控制技术和适合我国国情的土壤修复、农业面源污染治理等技术。大力推动脱硫脱硝一体化、除磷脱氮一体化以及脱除重金属等综合控制技术研发。强化先进技术示范与推广。

（六）发展环保产业。

围绕重点工程需求，强化政策驱动，大力推动以污水处理、垃圾处理、脱硫脱硝、土壤修复和环境监测为重点的装备制造业发展，研发和示范一批新型环保材料、药剂和环境友好型产品。推动跨行业、跨企业循环利用联合体建设。实行环保设施运营资质许可制度，推进烟气脱硫脱硝、城镇污水垃圾处理、危险废物处理处置等污染设施建设和运营的专业化、社会化、市场化进程，推行烟气脱硫设施特许经营。制定环保产业统计标准。研究制定提升工程投融资、设计和建设、设施运营和维护、技术咨询、清洁生产审核、产品认证和人才培训等环境服务业水平的政策措施。

（七）加大投入力度。

把环境保护列入各级财政年度预算并逐步增加投入。适时增加同级环境保护能力建设经费安排。加大对中西部地区环境保护的支持力度。围绕推进环境基本公共服务均等化和改善环境质量状况，完善一般性转移支付制度，加大对国家重点生态功能区、中西部地区和民族自治地方环境保护的转移支付力度。深化“以奖促防”、“以奖促治”、“以奖代补”等政策，强化各级财政资金的引导作用。

推进环境金融产品创新，完善市场化融资机制。

（八）严格执法监管。

完善环境监察体制机制，明确执法责任和程序，提高执法效率。

（九）发挥地方人民政府积极性。

（十）部门协同推进环境保护。

环境保护部门要加强环境保护的指导、协调、监督和综合管理。发展改革、财政等综合部门要制定有利于环境保护的财税、产业、价格和投资政策。科技部门要加强对控制污染物排放、改善环境质量等关键技术的研发与示范支持。工业部门要加大企业技术改造力度，严格行业准入，完善落后产能退出机制，加强工业污染防治。国土资源部门要控制生态用地的开发，加强矿产资源开发的环境治理恢复，保障环境保护重点工程建设用地。住房城乡建设部门要加强城乡污水、垃圾处理设施的建设和运营管理。交通运输、铁道等部门要加强公路、铁路、港口、航道建设与运输中的生态环境保护。水利部门要优化水资源利用和调配，统筹协调生活、生产经营和生态环境用水，严格入河排污口管理，加强水资源管理和保护，强化水土流失治理。农业部门要加强对科学施用肥料、农药的指导和引导，加强畜禽养殖污染防治、农业节水、农业物种资源、水生生物资源、渔业水域和草地生态保护，加强外来物种管理。商务部门要严格宾馆、饭店污染控制，推动开展绿色贸易，应对贸易环境壁垒。卫生部门要积极推进环境与健康相关工作，加大重金属诊疗系统建设力度。海关部门要加强废物进出境监管，加大对走私废物等危害环境安全行为的查处力度，阻断危险废物非法跨境转移。林业部门要加强林业生态建设力度。旅游部门要合理开发旅游资源，加强旅游区的环境保护。能源部门要合理调控能源消费总量，实施能源结构战略调整，提高能源利用效率。气象部门要加强大气污染防治和水环境综合治理气象监测预警服务以及核安全与放射性污染气象应急响应服务。海洋部门要加强海洋生态保护，推进海洋保护区建设，强化对海洋工程、海洋倾废等的环境监管。

（十一）积极引导全民参与。

实施全民环境教育行动计划，动员全社会参与环境保护。推进绿色创建活动，倡导绿色生产、生活方式。完善新闻发布和重大环境信息披露制度。推进城镇环境质量、重点污染源、重点城市饮用水水质、企业环境和核电厂安全信息公开，建立涉及有毒有害物质排放企业的环境信息强制披露制度。引导企业进一步增强社会责任感。建立健全环境保护举报制度，畅通环境信访、12369环保热线、网络邮箱等信访投诉渠道，鼓励实行有奖举报。支持环境公益诉讼。

（十二）加强国际环境合作。

九、加强组织领导和评估考核

地方人民政府是规划实施的责任主体，要把规划目标、任务、措施和重点工程纳入本地区国民经济和社会发展总体规划，把规划执行情况作为地方政府领导干部综合考核评价的重要内容。国务院各有关部门要各司其责，密切配合，完善体制机制，加大资金投入，推进规划实施。要在2013年年底和2015年年底，分别对规划执行情况进行中期评估和终期考核，评估和考核结果向国务院报告，向社会公布，并作为对地方人民政府政绩考核的重要内容。

再生有色金属产业发展推进计划

（工业和信息化部、科学技术部、财政部二〇一一年一月二十四日印发）

为加快再生有色金属利用步伐,进一步优化再生有色金属产能布局,加快结构调整,实现产业升级,推动产业规范、健康和可持续发展,特制定本推进计划。

一、产业发展现状及面临的形势

有色金属是国民经济的重要基础原材料产业,在经济建设、国防建设和社会发展中发挥着重要作用。有色金属具有良好的循环再生利用性能,有色金属再生利用节能减排效果显著,是有色金属工业发展的重要趋势。发展再生有色金属产业,多次循环利用有色金属,既保护原生矿产资源,又节约能源、减少污染。据测算,与原生金属生产相比,每吨再生铜、再生铝、再生铅分别相当于节能1054千克、3443千克、659千克标煤,节水395立方米、22立方米、235立方米,减少固体废物排放380吨、20吨、128吨,每吨再生铜、再生铅分别相当于少排放二氧化硫0.137吨、0.03吨。

(一)产业发展现状和存在的主要问题

近年来,有色金属再生利用得到快速发展,生产和消费规模不断扩大,产业比重逐步提高,技术装备水平不断提升,再生有色金属产业已成为我国有色金属工业的重要组成部分。

产业规模快速扩大。本世纪以来,再生有色金属产量连续10年保持快速增长,再生铜、再生铝、再生铅等主要再生有色金属产量年均增长27%,从2000年的72万吨增加到2009年的633万吨。2009年主要再生有色金属产量占当年十种有色金属产量的24.3%,相当于10年前全国十种有色金属总产量,再生有色金属产业已形成一定规模。

产业集中度逐步提高。已建成一批年产5万吨以上再生有色金属企业,其中最大的再生铝企业产能达65万吨,再生铜企业产能超过40万吨,再生铅企业产能超过20万吨。珠江三角洲、长江三角洲、环渤海经济圈和成渝经济区等逐步形成再生有色金属产业集群,一批进口再生资源加工园区和国内回收交易市场,以及规模化再生有色金属利用工程正在建设。

技术水平不断提升。再生有色金属技术装备和清洁生产水平持续进步,金属熔炼回收率不断提高,产品结构不断优化。一批原生矿产冶炼龙头企业加快进入再生有色金属领域,快速拉升产业整体发展水平。

社会效益日益显现。再生有色金属产业是典型的劳动密集型产业,其回收、分类、拆解、冶炼各环节需要大量劳动力资源,目前,行业从业人员达到150万人以上,为缓解就业压力、促进社会稳定发挥了重要作用。

当前,我国再生有色金属产业发展仍然面临突出的矛盾和问题。

产业集中度低,亟待建立行业准入制度。多数企业生产规模小,全行业产业集中度普遍较低。据不完全统计,全国有300多家再生铅企业,2009年平均产能仅为4100吨;年产量超过10万吨的再生铜企业只有2家,多数企业年产量低于3万吨;大型再生铝企业年产量达到30万吨以上,小企业年产量仅有几百吨。目前,行业缺乏准入管理,发展水平参差不齐,市场竞争无序,亟待加以规范。

技术装备水平落后,环保形势严峻。综合能耗、污染物排放、资源回收利用率等关键指标与发达国家差距明显。再生铜行业,大部分中小企业仍采用落后的传统固定式阳极炉;再生铅行业,小企业产能占50%,大多采用人工拆解废铅酸蓄电池,废铅酸液随意倾倒,冶炼工艺及设备落后,铅膏、铅栅未实现分类熔炼,带来极大环境污染隐患。

标准政策体系有待完善,先进产能竞争力弱。我国废旧有色金属回收、拆解及利用环节标准规范较为薄弱,政策法规体系不完善,不利于形成公平的行业竞争环境。规模化、规范化企业节能环保投入大,生产成本相对较高,在废旧有色金属原料采购竞争中处于劣势地位,生产经营困难,产能开工不足。整个行业呈现出

“规模经济不出效益”、“环保科技不出效益”、“先进产能吃不饱”等不正常状态。

加工园区和交易市场有待进一步规范。许多地方未充分结合资源条件、环境形势和供需市场,纷纷投资建设进口再生资源加工园区、交易市场或产业集群(以下简称“加工园区”)。加工园区建设缺乏科学规划,造成无序竞争和资源浪费,不利于产业健康发展。加工园区内部尚未形成覆盖回收、拆解和深加工的产业链。

废旧金属原料供应紧张。我国有色金属消费量居全球领先地位,但由于工业化、城镇化进程较为短暂,废旧有色金属资源蓄积量相对不足,废旧有色金属原料主要依靠国外进口。2009年,我国进口废旧有色金属原料达665万吨(实物量)。随着国际再生资源产业发展,废旧有色金属资源竞争日趋激烈。废旧有色金属原料日益紧缺成为制约我国再生有色金属产业快速发展的重要因素。

(二)面临的形势

有色金属需求持续增长。我国是近年来全球有色金属需求增长最快的国家,但人均消费量与发达国家相比还有很大增长空间,经济发展对有色金属的需求仍将处于增长阶段。不断增加的社会蓄积量为有色金属循环利用奠定了良好基础。截至2009年底,消费领域蓄积有色金属资源超过2亿吨。

有色金属原生矿产资源约束不断加剧。我国有色金属矿产资源相对短缺,资源消耗量持续增加,重要资源对外依存度逐年攀升,目前铜原料约65%、铝原料约55%、铅锌原料约30%以上依靠进口,并且还有进一步扩大的趋势。大力发展再生有色金属产业是缓解资源约束的有效途径,有利于解决国内自然矿产资源不足与有色金属需求增长之间的突出矛盾。

有色金属产业面临的节能环保压力日益加大。有色金属作为传统高耗能行业,节能减排任务艰巨。充分利用废旧有色金属是有色金属工业实现节能减排目标的有效手段。“十一五”前四年,我国再生有色金属产业与生产等量原生金属相比,相当于节能4650万吨标煤,节水18.8亿立方米,减少固废排放34.5亿吨,减少二氧化硫排放112万吨。

我国仍处于工业化、城镇化加速发展阶段,随着经济社会快速发展,已逐步进入资源循环大周期,大量汽车、家电

等机电产品面临淘汰或报废,为加快发展再生有色金属产业提供了基础条件。目前,发达国家再生有色金属产量占有色金属总产量平均超过50%,与之相比,我国差距明显,再生有色金属利用前景广阔,潜力巨大。面对我国不断加剧的资源环境双重约束,不管是从节能减排还是从有色金属产业自身发展需要出发,都要求提升再生有色金属利用的战略地位,大力推进再生有色金属产业加快发展。

二、指导思想、基本原则和目标

(一)指导思想

全面贯彻科学发展观和党的十七大、十七届五中全会精神,落实节约资源和保护环境基本国策,认真实施《有色金属产业调整和振兴规划》,加快推进节能减排,切实加强行业准入,加快淘汰落后产能,强化技术改造,优化产业布局,提高产业集中度,促进结构调整和产业升级,推动再生有色金属产业规范、健康和可持续发展。

(二)基本原则

强化行业准入,优化产业布局。按照国家产业政策要求,建立健全再生有色金属行业准入条件,遏制再生有色金属低水平产能扩张,加快淘汰不符合产业政策的落后生产能力,优化产业布局,提高行业集中度。

加快科技创新,推进产业升级。提高企业自主创新能力,鼓励产学研结合,着力突破制约产业转型升级的关键共性技术,加大技术改造力度,提高工艺装备水平,提升产品档次和质量,实现产业调整升级。

实施示范工程,发挥引导作用。加快行业示范工程和产业集群建设,支持重点再生有色金属企业建设试点示范项目,充分发挥典型示范引领行业发展的作用,逐步提高行业综合竞争力。

鼓励兼并重组,培育优势企业。推动企业兼并重组,优化资源配置,促进产业集中布局、集约发展。支持产品质量好、市场竞争力强的骨干企业发展壮大。增强具有良好业绩和发展潜质的中小企业抵御风险的能力。

(三)主要目标

到2015年,再生有色金属产业规模和产量比重明显提高,预处理拆解、熔炼、节能环保技术装备水平大幅提升,产业布局和产品结构进一步优化,节能减排和综合利用水平显著提高。

1．产业规模和产量。到2015年,主要再生有色金属产量达到1200万吨,其中再生铜、再生铝、再生铅占当年铜、铝、铅产量的比例分别达到40％、30％、40％左右。

2．产业集中度和布局。到2015年,再生铜、再生铝行业形成一批年产10万吨以上规模化企业,再生铅行业形成一批年产5万吨以上规模化企业。前10位企业产业集中度达到50%以上;培育形成若干产业集聚发展的重点地区,其产能比重超过80％。

3．技术装备水平。到2015年,产业整体技术装备水平明显提高。废旧有色金属机械化拆解预处理技术普遍应用,分级利用水平进一步提升。再生铜新型强化熔炼炉向设施完整化和配套化方向发展。再生铝双室反射炉、铝液搅拌技术、铝液直供、蓄热式燃烧等技术装备广泛应用。再生铅企业采用预处理破碎分选、铅膏铅栅分类熔炼、低温连续熔炼、回转短窑熔炼等先进技术的产能达到80%以上。

4．节能减排及资源综合利用。到2015年,再生铜熔炼(杂铜-阴极铜)能耗低于290千克标煤/吨,再生铜熔炼金属回收率达到96%以上;再生铝熔炼能耗低于140千克标准煤/吨,再生铝熔炼金属回收率达到95％以上;再生铅熔炼能耗低于130千克标准煤/吨,废铅渣100％无害化处置,再生铅熔炼金属回收率达到95％以上。

三、主要任务

(一)优化产业布局,提高产业集中度

根据我国废旧有色金属资源及加工园区分布情况,以现有骨干企业为基础,统筹规划,进一步优化再生有色金属产业布局。重点支持浙江、广东、山东、天津、江西等地区发展再生铜,支持广东、浙江、重庆、上海、河南等地区发展再生铝,支持安徽、河南、山东、江苏、湖北等地区发展再生铅。

在具有产业基础以及资源优势的地区培育形成若干年利用废旧有色金属5万吨以上生产企业,促进规模化和集约化发展。鼓励东部沿海地区充分利用技术、资金、品牌和营销渠道等优势,重点发展技术含量和附加值高的再生有色金属产品;支持中西部地区发挥区位优势,积极承接产业转移。鼓励和支持大型龙头企业建立长期稳定的原料来源渠道,逐步构建上下游紧密联系、跨区域协同发展的产业链。

(二)促进技术进步,实现产业转型升级

加快关键共性技术及新兴先进技术的研发、推广和产业化步伐,重点突破废旧有色金属预处理、熔炼、节能环保领域技术和装备,加强有毒有害物质生成机理、快速检测和治理技术研究(详见附件)。鼓励企业采用先进检测技术和

设备,强化再生有色金属产品质量过程控制。鼓励研发推广在原生金属生产工艺过程中合理利用废旧有色金属的技术装备。积极研究新型电子设备及电子消费品中有色金属、稀贵金属回收利用技术。

(三)支持重点项目,提升整体发展水平

支持再生有色金属优势项目,发挥典型示范作用,引导行业规范发展,逐步提升发展质量水平。在珠江三角洲、长江三角洲、环渤海和成渝经济区等具备一定产业基础的区域支持改扩建20万吨再生铜项目6～8个,20万吨再生铝项目8～10个。在华北、华中、东北、黄河三角洲等地区支持改扩建5～10万吨再生铜项目10个,5～10万吨再生铝项目15个,5万吨以上再生铅项目10个。在西北地区支持改扩建5万吨再生铜项目2个,5万吨再生铝项目3个。支持在具备产业基础的地区培育形成一批锌、钴、镍、锗、铟、贵金属等其它废旧有色金属回收利用项目。

(四)加强统筹规划,完善回收利用体系

以国内再生资源回收体系试点建设为基础,结合我国废旧有色金属资源回收特点,充分利用、规范和整合现有废旧有色金属回收渠道。统一规划、合理布局,选择具有一定规模和实力的企业建设再生有色金属回收示范工程。加快废旧有色金属规范化交易和集中处理,逐步在全国形成覆盖全社会的再生有色金属回收利用体系。支持利用境外可用做原料的废旧有色金属资源,提高我国采购国外高品质资源的市场竞争力。

进一步规范有色金属拆解加工和交易市场建设,合理布局加工园区和交易市场,除适当调整沿海地域分布外,原则上不再新建加工园区。在现有加工园区和交易市场基础上,支持形成5个技术先进、管理规范,年拆解能力达到100万吨的加工园区,10个年拆解能力达50万吨的加工园区。5个年交易量达到60万吨以上的回收交易市场,10个年交易量40万吨的回收交易市场。

四、保障措施

(一)加快建立行业准入制度

研究制定再生铜、再生铝和再生铅等行业准入条件,明确再生有色金属行业企业规模、技术装备、综合能耗、节能环保等准入指标,提高产业准入门槛,促进产业结构优化,规范行业秩序,提升资源综合利用率和节能环保水平,引导生产要素向优势企业集中。严格执行国家产业政策和项目审核管理规定,强化节能评估审查、环境影响评价和用地审查,重点推进现有企业技术改造和产业调整升级,从严控制总量,防止低水平重复建设和盲目扩张。

(二)加大技术研发推广力度

编制再生有色金属技术装备指导目录,支持研发新型再生有色金属预处理、熔炼、节能环保技术装备。鼓励引进和消化吸收国外先进技术,形成具有我国特色的再生有色金属技术体系。加强企业技术研发中心建设,鼓励构建以企业为主体、以市场为导向、产学研相结合的技术创新体系,全面提升企业自主创新能力。支持通过产业技术创新战略联盟等平台,联合攻关制约行业发展的关键共性技术,加快科研成果产业化。

(三)实施试点示范工程建设

依托基础条件好、技术装备先进的重点项目、企业,开展试点示范工程建设,支持建设产业化试点示范基地和产业集群。大力推广示范工程成果及经验,带动产业整体水平提升。充分利用现有资金渠道及政策措施,加大对再生有色金属产业的支持力度。支持产业相对薄弱的西北和东北地区高起点、高标准发展再生有色金属产业。

(四)加快淘汰落后生产能力

严格行业准入条件,对落后产能实行限期治理和整改,仍不达标的应予关停。对未完成淘汰落后产能任务的地区,暂停投资项目核准和审批。加大对限期淘汰装备的监管力度,防止擅自扩容改造和异地转移。

再生铜行业,淘汰无烟气治理设施的焚烧工艺和装备,以及鼓风炉、冲天炉、50吨以下的传统固定式反射炉。

再生铝行业,淘汰直接燃煤的反射炉和4吨以下的其他反射炉,禁止采用坩埚炉熔炼再生铝合金。

再生铅行业,淘汰土烧结盘、简易高炉、烧结锅、烧结盘以及直燃煤式反射炉、冲天炉、坩埚炉熔炼等落后炼铅工艺和设备。

(五)完善政策法规标准体系

充分发挥金融、财政、税收、环保、土地等政策手段作用,落实和完善促进再生有色金属产业发展的财税支持政策。制定鼓励实施并购重组的政策措施,鼓励对符合条件的骨干企业兼并重组给予融资支持,优先支持实施兼并重组企业符合条件的技术改造项目。根据产业发展变化,适时调整和制定促进产业可持续发展的政策措施。制定《再生有色金属回收利用管理办法》,鼓励各地结合实际出台促进再生有色金属回收利用体系建设的规章制度。推行再生有色金属复杂物料预处理拆解、熔炼、加工等关键岗位持证上岗制度。建立健全再生有色金属标准体系,加快制定、修订、宣贯相关技术和产品标准。研究建立再生有色金属回收利用评价指标和监测体系。

(六)加大行业监管指导力度

各级工业和信息化、科技、财政主管部门要加强配合,协调国土、环保、商务、工商、税务、金融等部门共同落实地方支持再生有色金属利用产业发展的具体政策措施,推进节能减排和技术进步,确保环境安全,维护市场竞争秩序,引导和推进再生有色金属产业可持续发展。要结合本地区实际,合理规划布局,严格准入条件,促进产业规范有序发展。

要进一步强化环保监管和治理。禁止采用露天焚烧方法去除废铜、铝芯电线电缆塑料、橡胶皮以及其它杂质。加工园区应建立“三废”实时监测系统,加强安全、劳动保护和环保设施建设,实现污染物集中处理。严格执行国务院《危险废物经营许可证管理办法》、《重金属污染综合防治规划》等政策规定。从事废铅酸蓄电池收集和处置单位,必须依法取得危险废物收集和处置经营许可资质。加强废铅酸蓄电池回收利用各阶段环境监管,严禁人工拆解预处理,回收、储运、拆解、熔炼加工企业“三废”必须达标排放。

(七)充分发挥行业协会作用

要充分发挥行业协会等社会中介组织的桥梁和纽带作用,及时反映行业情况和企业诉求,积极为企业提供信息咨询、培训等服务,引导企业落实国家产业政策。充分发挥行业协会在统计分析、技术装备推广、行业自律及维护市场秩序等方面的作用。鼓励行业协会积极参与有关政策法规、行业标准、发展规划、准入条件等制定工作,共同推动再生有色金属利用行业规范、健康发展。

附件：再生有色金属产业重点研发及推广的技术装备

领 域	研发及推广主要技术、装备
预处理领域	废旧有色金属机械化拆解预处理技术；废铅酸蓄电池无污染破碎分选机械化国产技术；废铝预处理技术；废旧有色金属与其他杂质高效分离预处理技术
熔炼领域	再生铜倾动式阳极炉；竖炉及其它新型强化熔炼炉；废杂铜分级直接利用技术；先进铝熔炼技术装备；蓄热式燃烧技术；废铝罐低烧损还原技术；废铅蓄电池铅膏、铅栅分类熔炼技术；废铅酸蓄电池湿法冶金清洁生产技术；鼓励开发在原生有色金属生产工艺过程中利用废旧有色金属的技术装备
节能环保领域	铝灰渣、铅渣高效无污染处理技术；节能型熔炼炉；节能环保型固废焚烧炉；余热回收利用技术设备；再生有色金属生产污染物治理技术和设备；加强对有毒有害物质生成机理、治理技术和快速监测技术的研究
其它技术	再生有色金属熔炼工艺智能化控制技术；再生有色金属物料自动配比设备；废旧有色金属成份快速检测设备；锌、镍、钴、锗、铟、贵金属等其它废旧有色金属循环利用技术、设备

电池行业清洁生产实施方案

（工信部二〇一一年八月十六日印发）

一、电池行业重金属使用和污染物产排现状

（一）基本情况。我国是电池生产大国，2010年电池总产量400多亿只，占全世界50%以上，其中出口量约300亿只。涉重金属的铅蓄电池产量约14417万千伏安时、普通锌锰电池240多亿只、镉镍电池约4亿只、扣式碱性锌锰电池约90亿只。

现有涉重金属电池生产企业约2400家。主要包括铅蓄电池企业近2000家；普通锌锰电池300家；镉镍电池80家；扣式碱锰电池20家。

（二）重金属使用情况。2010年我国电池行业耗铅约280万吨、镉7800吨、汞140吨，分别占全国总使用量的80%、72%和15%。

（三）重金属污染物产排情况与废电池回收情况。据测算，2010年电池企业排放含重金属废水总量1300多万吨，其中铅蓄电池企业排放废水1100多万吨；产生含重金属固体废物24万吨，其中含铅固体废物23万吨，含镉固体废物约4000吨；废铅蓄电池按规定有组织回收率不足30%。

二、实施清洁生产面临的主要问题

电池行业作为涉重金属的重点行业，实施清洁生产面临以下突出问题：一是电池生产企业对清洁生产重视不够，缺乏主动实施清洁生产的自觉性，突出表现在实施清洁生产审核的企业数量偏少，审核方案实施率不高。二是缺乏可有效减少重金属污染物产生及废旧电池回收再利用的关键共性清洁生产技术和装备，同时，已有先进适用清洁生产技术推广应用不够。三是通过原材料替代和减少产品中有毒有害物质含量等源头减量措施急需加强。

三、总体思路和主要目标

（一）总体思路。认真落实《重金属污染综合防治“十二五”规划》，以削减电池行业重金属污染物产生量为目标，对涉重金属电池企业全面实施清洁生产审核，加大关键共性技术的攻关力度，加快成熟适用技术的推广应用，积极推进源头减量替代，突出生产过程控制，强化再生利用规范，努力促进电池行业绿色发展。

（二）主要目标。到2015年，我国电池行业汞、镉耗用总量比2010年分别削减65%和70%，铅蓄电池单位容量（kVAh）耗铅量减少2%。

四、主要任务

（一）全面开展清洁生产审核。从事涉重金属电池，包括铅蓄电池、镉镍电池、含汞锌锰电池、含汞氧化银电池、含汞锌空气电池等的生产企业，应依法实施强制性清洁生产审核，到2012年底前完成一轮清洁生产审核，并认真实施审核报告中提出的技术改造方案。地方工业主管部门应及时组织专家或委托相关机构对审核及方案实施情况进行系统评估，公布通过清洁生产审核评估的企业名单，引导和推动清洁生产工作有针对性、高质量地开展。对于未审核或审核未通过的企业，按照《清洁生产审核暂行办法》的有关规定处罚。

（二）加强科技创新，推动电池行业清洁生产技术进步。按照源头预防急需、减量效果明显要求，加快攻关无汞氧化银电池、功率型铅蓄电池减铅技术、废电池规模化无害化再生关键技术与装备。重点支持卷绕式铅蓄电池，铅蓄电池扩展式、冲孔式、连铸连轧式板栅制造工艺，轨道交通车辆、工业机器人等领域用动力锂离子电池和氢镍电池技术与装备的应用示范。

（三）大力实施清洁生产技术改造工程。针对电池生产过程中重金属污染物产生的关键工艺环节，结合清洁生产审核报告要求，采用一批先进成熟适用的技术，实施清洁生产技术改造工程。积极推广铅蓄电池内化成工艺、扣式碱锰电池无汞化技术与装备、电动工具等民用动力锂离子电池与氢镍电池技术，减少生产过程中污染物产生量；加强涉重金属电池产品的原材料替代，大力支持纸板锌锰电池无汞无镉无铅技术和铅蓄电池无镉化技术的推广应用，从源头减少重金属使用量，大幅提升电池行业的清洁生产技术水平。

（四）建立废铅蓄电池再生利用技术装备示范工程。加快开发废旧铅蓄电池机械拆分技术与装备。鼓励铅蓄电池骨干企业和大型冶炼综合企业从事废铅蓄电池的再生利用，建立1-2个年生产能力5万吨以上，铅回收率大于98%的废铅蓄电池机械拆解、破碎、分选、再生利用集成技术与装备应用示范工程，提高废铅蓄电池的资源化利用技术水平，为建立规范废铅蓄电池回收再利用体系提供技术支撑。

五、保障措施

（一）加大资金支持力度。中央财政清洁生产专项资金优先支持电池行业重点清洁生产技术示范项目，加快科技成果产业化应用步伐。地方工业主管部门要充分利用地方技术改造、节能减排等财政资金渠道，加大对电池生产行业和废旧电池再生利用行业的清洁生产技术改造项目的支持力度；加强与各类科技计划的衔接和协调，加大财政科技经费对电池清洁生产技术开发的支持力度。

（二）完善政策标准。建立清洁生产审核的激励机制，对通过清洁生产评估的电池生产企业，特别是自愿开展清洁生产审核的企业，在地方主要媒体上给予通报表扬，在安排中央和地方节能减排资金时，对通过清洁生产审核评估的项目给予优先支持。加强与产业、环保等相关政策的衔接，把企业清洁生产水平作为行业准入、环境影响评价、上市融资审查等政策的重要内容，对技术普及率达到一定程度的行业，采取提高相应环保标准的措施，加快技术推广应用。

（三）明确管理部门和企业责任。国务院各有关部门按照中央编办确定的清洁生产职责分工，加强协调配合，督促和指导地方相关部门开展工作；各省、自治区、直辖市工业主管部门是实施的责任主体，要切实加强组织领导，确保按期完成目标和任务。电池生产和废旧电池再生利用企业是实施主体，要切实按照有关要求，积极推动自身清洁生产水平的提高，削减重金属污染物的排放，促进企业绿色发展。

（四）充分发挥行业协会、清洁生产中心桥梁作用。行业协会、清洁生产中心要充分发挥贴近企业、熟悉企业的优势，协助企业开展清洁生产审核，加强政策标准宣贯，推进电池企业清洁生产水平评价活动，提升企业清洁生产水平。要为企业提供信息咨询和技术服务，加强对行业清洁生产情况的分析，跟踪国内外技术发展动态，及时向政府部门提出意见和建议。

全国农业和农村经济发展第十二个五年规划（节录）

（农业部二〇一一年十二月三十日印发）

第二章　转变方式，确立发展新思路

三、发展目标

——农业资源利用与生态环境保护。化肥、农药的利用水平明显提高，农作物秸秆综合利用率力争达到80%以上，适宜农户沼气普及率达到50%以上；草原退化得到有效遏制；水生生物资源养护水平显著提高，累计放流各类水生生物苗种1500亿尾。

第三章　明确任务，推动发展新跨越

三、调整优化农业和农村经济结构

（五）培育农业农村新兴产业。加快生物技术产业发展，培育和生产动植物新品种、生物农药、兽药、疫苗、生物肥料和农用材料，扩大应用面积。加快发展以农作物秸秆等农林废弃物为主要原料的生物质能源，开发利用太阳能和风能等可再生能源。大力发展休闲农业，拓展农业功能，挖掘文化内涵，引领新型产业形态和新型消费业态形成。开拓农业农村新兴产业产品市场，引导商业模式创新，建立行业标准和重要产品技术标准体系，完善市场准入制度，营造良好市场环境，促进新兴产业快速健康发展。

七、加强农村生态环境保护

（一）坚决执行最严格的耕地保护制度。认真贯彻落实耕地保护和节约用地政策，完善耕地保护机制，确保基本农田总量不减少、用途不改变、质量有提高。深入开展测土配方施肥，提高化肥农药利用率，大力推广农机深松整地，提升土壤有机质，努力培肥地力，切实提高耕地质量。强化耕地用途管制，加快划定永久基本农田。加强设施农用地管理，防止以发展设施农业为名，擅自将农用地改为建设用地。严格执行耕地占补平衡制度，加大执法力度，加强补充耕地的质量建设和管理。

（二）加强草原保护。做好草原划定和功能区划工作，突出草原生态优先理念，加强分类指导和协调，加快重点地区草原生态保护建设。坚持草畜平衡，推行禁牧休牧轮牧和基本草原保护制度，全面落实草原生态保护补助奖励政策。强化草原监督管理，落实草原动态监测和资源调查制度，严格草原征占用管理，依法打击各种破坏草原的违法行为。完善退牧还草政策，加快重度退化草原补播改良。加强牧区畜牧业防灾减灾能力建设，加强草原防火基础设施建设，建设人工饲草料基地和棚圈设施，科学利用草原，转变草原畜牧业生产方式。

（三）强化水资源保护和农业生物资源养护。科学保护和合理利用水资源，进一步提高农业用水效率，保障农业用水需求。大力发展节水农业，建设旱作农业示范基地，推广喷灌、微灌等先进节水技术。继续执行休渔、禁渔

制度，扩大水生生物资源增殖放流，建设海洋牧场，加强水生生物自然保护区、水产种质资源保护区和水生生态修复示范区建设。加强养殖水域滩涂管理，稳定渔民水域滩涂养殖使用权。加强畜禽遗传资源保护。加大农业野生植物原生境保护区建设力度。建立农业植物遗传资源权属制度，加强植物新品种保护。建立外来入侵生物风险评估和监测体系，严格防范外来有害物种入侵。

（四）加快推进农业节能减排和农村环境治理。大力推进农业清洁生产，按照减量化、再利用、资源化的循环经济理念，大力推广节地、节水、节种、节肥、节药、节能等节约型农业技术和节能型农业装备，积极引导发展循环农业。强化农业生态保护和农业面源污染治理，加快开发以农作物秸秆为主要原料的肥料、饲料、工业原料和生物质燃料，推进畜禽粪便等农业废弃物无害化处理和资源化利用。开展农村易灾地区生态环境综合治理和山洪地质灾害防治。继续实施农村清洁工程，推进农村有机废弃物处理利用和无机废弃物收集转运。

第五章　加强建设，提升发展新水平

四、加快推动草原等农业生态建设

针对我国草原退化严重、农业生态脆弱和生物资源衰退的问题，坚持重点突破和面上治理相结合，以北方干旱半干旱草原、青藏高原草原等地区为重点，加大天然草原退牧还草工程、京津风沙源草地治理工程、三江源草地建设工程和牧区水利工程实施力度，启动实施沙化草原治理工程、草原自然保护区建设工程、南方草地保护与建设工程。加强草原防灾减灾基础设施建设，加大农业生物资源保护工程建设力度。到2015年，草原牧业和经济结构不断优化，水生生物资源得到有效养护，生态环境逐步改善，承载能力和可持续发展能力不断提高，生态屏障功能不断增强。

专栏10　“十二五”草原建设与农业资源保护工程

1.农业生物资源保护工程

建设农业生物资源保护区和水生生态修复示范区、加强农业生物资源监测和鉴定评价条件建设，强化农业生物资源保护科技支撑。

2．天然草原退牧还草工程

建设草原围栏、棚圈，补播改良退化草地，建植人工饲草料地，加强监理监测能力条件建设。

3．草原自然保护区建设工程

完善管护、办公和生活设施，配备交通、通讯、科研、监测、宣传与教育设备。

4．草原防灾减灾工程

加强草原灾害监测预警体系、防灾物资保障体系及指挥体系等基础设施建设，提高灾害防治应急反应能力。

5．牧区水利工程

建设牧区中小型水库、塘坝、自流引水渠、扬水站等地表水源工程，加强地下水源井建设；加强田间灌溉设施建设，着力改善牧民饮水点及配套设施。

6．沙化草原治理工程

建设草原围栏、小型牧区水利配套设施，推广飞播改良、人工种草、禁牧、休牧等措施。

7．京津风沙源治理工程

建设暖棚，实施草地围栏封育、人工种草、飞播种草，购置饲料机械等设备。

8．南方草地保护与建设工程

开展天然草地改良、人工种草等建设，保护生态环境，提高草地生产力。

9．岩溶地区石漠化草地治理工程

建设草地围栏，实施人工种草、草地改良，提高草地植被覆盖度。

10．三江源草地建设工程

实施退牧还草、已垦草原还草、生态恶化草原治理、草原防火、草地鼠害治理，建设保护管理设施。

11．青海湖流域生态保护与治理工程

治理沙化草地、黑土滩、毒杂草、鼠虫害，封山育草等。

六、积极促进农村废弃物资源化利用

针对秸秆资源浪费和污染严重、农村人居环境差、能源短缺等突出问题，按照“减量化、再利用、资源化”的循环经济理念，因地制宜开展农业废弃物循环利用，重点实施农村沼气工程、农村清洁工程、秸秆能源化利用等工程。到2015年，畜禽粪便、秸秆等农业废弃物资源化利用水平大幅提高；农村沼气、省柴节煤炉灶炕的普及率大幅提升，农村生活用能结构显著优化，促进农村人居环境有效改善。

专栏11 “十二五”农村废弃物资源利用工程

1．农村沼气工程

建设户用沼气、小型沼气工程、大中型沼气工程和沼气服务体系，加大集中供气力度，发展沼气提纯罐装，使50%以上的适宜农户用上沼气。

2．农村清洁工程

推进农村有机废弃物处理利用和无机废弃物收集转运，配套开展村庄硬化绿化。

3．秸秆能源化利用工程

推广高效低排放生物质炉，更新省柴节煤炉灶和高效架空炕，建设秸秆生物气化集中供气站、秸秆热解气化集中供气站、秸秆生物反应堆和秸秆固化成型燃料示范点。

综合编

完善政策法规 推进试点示范 健全体制机制 不断推动循环经济发展

环境保护部

进入“十二五”，我国迎来全面建设小康社会的关键时期，加快转变经济发展方式、提高经济发展质量、提升人民生活水平的要求日益迫切。坚持在发展中保护、在保护中发展，不断探索和创新破解资源环境约束、推动产业转型升级的途径和方法，既是发展经济的要求，也是改善民生的内容。大力发展循环经济，以资源的高效利用和循环利用为核心，坚持“减量化、再利用、资源化”的原则，把发展循环经济的理念贯穿到经济决策和经济发展规划之中，贯穿到生产、消费、贸易和投资等经济再生产的全过程，对于我国优化经济结构、推动节能减排、实现经济发展方式转变具有迫切的现实意义和积极的促进作用。环境保护部长期以来从完善政策法规、推进试点示范、健全体制机制等方面入手，不断推动循环经济发展，取得了良好的成效。

一、强化引导，科学推动循环经济健康发展

（一）积极参与《“十二五”循环经济规划》编制工作。根据《循环经济促进法》相关要求，2011年，国家发改委会同环境保护部等十余个部委启动《“十二五”循环经济发展规划》的编制工作。环境保护部组织开展了“‘十二五’园区循环经济发展规划”支撑课题研究，并从环境保护优化经济发展的角度对《规划》提出了诸多有针对性和建设性的意见，为《规划》的编制起到了重要而积极的作用。

（二）积极参与《清洁生产促进法》修订工作。2011年，全国人大常委会组织开展了《中华人民共和国清洁生产促进法》的修订工作。环境保护部总结多年来在推动清洁生产工作中积累的经验，多次从明确部门职责分工、规范标准体系、强化强制性清洁生产等方面对《清洁生产促进法》的修订工作提出建议，为该法的完善和发展提供了有力支持，为促进企业层面循环经济发展奠定了坚实的基础。

二、加强试点示范，全面推动循环经济实践

（一）推动生态工业园区试点

环境保护部将国家生态工业示范园区的建设作为在区域层面发展循环经济的具体实践形式，促进工业园区的生态化改造，以破解我国各类、各级工业园区和工业集中区经济发展与资源环境制约之间矛盾。2011年，由环境保护部、商务部和科技部组成的国家生态工业示范园区建设领导小组共批准山东阳谷祥光生态工业园、临沂经济技术开发区、武汉经济技术开发区、杭州经济技术开发区、贵阳经济技术开发区、南京高新技术产业开发区、徐州经济技术开发区、常熟经济技术开发区、常州国家高新技术产业开发区和广州南沙经济技术开发区等10个园区开展国家生态工业示范园区建设，批准广州开发区和南京经济技术开发区2个园区正式命名为国家生态工业示范园区。截止到2011年年底，共有15个园区被正式命名为国家生态工业示范园区，还有49个园区正在开展国家生态工业示范园区的建设。在这些园区中，行业类园区11个，综合类园区52个，静脉产业类园区1个；西部地区8个，中部地区12个，东部地区44个。

（二）深化生态建设示范区试点

生态建设示范区是实现环境保护进入经济建设、社会发展主战场的有效形式，是现阶段建设生态文明的基本目标模式，对于发展循环经济、建设资源节约型、环境友好型社会具有重要意义。2011年，环境保护部完成138个地区生态示范区申报材料审核、公示、公告，对沈阳沈北新区、天津西青区等27个地区的生态县（市、区）进行了命名，组织对19个生态县（市、区）创建工作进行了技术评估，对15个生态区（县）创建进行了考核验收，组织对山西生态省建设规划以及江苏苏州、浙江杭州、嘉善等九个地区的生态文明建设规划进行了专家论证。同时，积极探索跨行政区域和行业推进生态文明工作机制，批准第三批34个地区为生态文明建设试点。各地以生态建设示范区的创建工作为抓手，优化经济增长、调整产业结构、强化节能减排、加强城乡环境保护，提升了公众环保意识，生态文明理念日益深入人心。

三、多措并举，健全循环经济推进机制

（一）强化环保准入

严格淘汰落后技术、工艺和装备，提高节能环保市场准入门槛，结合环评审查，积极引导各类建设项目采用清洁生产工艺，加强资源综合利用，切实推进污染物的减量化、再利用和资源化。通过开展环保专项行动，对造纸等重污染行业开展后督察，淘汰落后产能，加快节能减排，促进产业结构调整和循环经济水平的提高。

（二）推进重点企业清洁生产审核

对重点企业实施清洁生产审核是在行业和企业层面发展循环经济的重要内容和有效工具。充分发挥重点企业清洁生产审核在节能减排工作中的作用，通过进行预防分析和评估活动，制定各种清洁生产方案，实现消除和削减污染，提高经济效益，是实现循环经济的主要方法和途径。2011年，环境保护部发布了两批“全国重点企业清洁生产公告”，向全社会公布了2005年以来实施清洁生产审核并通过评估验收的4692家重点企业名单。

（三）积极倡导可持续消费

随着我国经济的持续增长和人民生活水平的不断提高，消费结构进入到升级转型的新阶段，为此积极倡导绿色消费就显得重要而紧迫。环境保护部以环境标志产品认证为重要抓手，以政府绿色采购为重要平台，引导公众自觉选择可持续的消费模式。2011年，环境保护部与财政部共同发布了第七、八期《环境标志产品政府采购清单》，政府绿色采购产品种类达到24大类，700多家企业的20000多种规格型号的产品列入了《环境标志产品政府采购清单》。2011年，制定发布了6项环境标志标准，多年累计发布91类产品的环境标志标准，有1741多家企业，26470多种型号产品通过中国环境标志认证，环境标志产品产值达1000多亿元。为推进印刷行业的绿色增长，2011年，环境保护部与新闻出版总署共同发布了《关于实施绿色印刷公告》，将在“十二五”期间争取实现绿色印刷全覆盖。为此，环境保护部制定发布了《环境标志产品技术要求 印刷第一部分:平版印刷》标准，组织对全国各地主管部门、行业协会和100多家企业的300多人进行培训，有66家企业通过了绿色印刷认证。

（四）构建交流宣教平台

为进一步推动国家生态工业示范园区的发展，2011年12月，环境保护部会同商务部和科技部在苏州召开了第二次国家生态工业示范园区建设工作会议，并发布《关于加强国家生态工业示范园区建设的指导意见》。会议总结了“十一五”期间国家生态工业示范园区建设工作进展，并对“十二五”期间国家生态工业示范园区建设工作进行了部署。三部门领导出席会议并发表重要讲话，部分省市和园区的代表作了经验交流发言。各省、自治区、直辖市及新疆生产建设兵团环境保护厅（局）、商务厅（委）和科学技术厅（委），以及全国60余家国家生态工业示范园区的负责同志共约300人参加了会议。此次会议的召开标志着国家生态工业示范园区的建设工作进入了新的发展阶段。

（五）加强循环经济领域国际合作

组织召开并参加第六次中日韩三国循环经济研讨会，就推动循环经济的国家政策、汽车拆解再循环体系建立及信息沟通与进出口废物管理等议题与日韩两国开展交流。继续推进“中日技术合作推进循环经济”国际合作项目，为我国的循环经济发展提供国际经验与技术支持。

（撰稿：刘 婷，环境保护部科技标准司技术处）

大力发展农业循环经济 促进农村社会和谐发展

农业部

2011年，农业部认真贯彻落实科学发展观，加强农业资源环境保护工作，采取切实有效措施，大力发展循环农业、生态农业、现代农业，推广应用农业清洁生产技术，资源化利用农村废弃物，防治农业面源污染，通过多项措施，发展农业循环经济，缓解资源约束和确保农产品有效供给，降低农业生产成本，保障农民收入持续增长，促进农村社会和谐发展。

一、促进农业清洁生产，推进农业废弃物资源化利用

（一）继续开展农村清洁工程试点建设

遵循“减量化、资源化、再利用”的循环经济理念，按照建设资源节约型、环境友好型新农村的要求，2011年，农业部选择北京、天津、河北、辽宁、安徽、江西、山东、河南、湖北、湖南、重庆、四川、贵州、云南、甘肃、宁夏、大连等省（区、市）的133个村开展农村清洁工程建设。在建设过程中，我们多次举办培训班，优化工程方案，并发动地方农业部门不断创新工作方法，推动农村清洁工作向纵深发展，高质量地完成了133个试点村的工程建设，超额完成了绩效管理100处农村清洁工程试点的任务。在试点村中，积极推广畜禽粪便、生活污水、生活垃圾、秸秆等生产、生活废弃物资源化利用技术，变废为宝，化害为利，实现了村容整洁；同时，通过推广节水、节肥、节药等节约型技术，推进农业生产方式转变；构建了农村清洁长效机制，用经济的手段、市场的机制，建立以村为单元的农村物业化管理模式。基本实现了家园清洁、田园清洁、水源清洁。

（二）扩大规模建设农村沼气

2011年中央投资43亿元,引导地方政府加大沼气补助资金力度，建设户用沼气140多万户、大中型沼气570多处、小型沼气4200多处、服务网点近1.3万处。在中央投资带动下，2011年新增沼气用户300万户、大中型沼气工程1000多处。东、中、西部地区农村户用沼气中央补助标准分别提高到1300元、1600元、2000元。截至2011年底，中国沼气用户已达4100万户，受益人口达到1.6亿，沼气年产量可达150亿立方米，可实现CO2年减排6000多万吨，生产有机沼肥4亿吨。中国沼气已经进入了建管并重、多元发展的新阶段，成为重要的民生工程和新农村建设的亮点，在改善农村生产生活条件，促进农业发展方式转变，推进农业农村节能减排以及保护生态环境等方面发挥了重要作用。

（三）继续开展秸秆养畜项目建设

2011年中央财政用于支持秸秆养畜项目建设的资金1.4亿元，立项建设示范项目136个。项目支持重点也根据养殖业结构调整和规模化标准化的发展趋势，向规模化养殖场、适度规模化养殖户和秸秆饲料专业加工厂倾斜，项目引导带动秸秆饲料加工由分散的一家一户自产自用向工业化生产、商品化流通、产业化经营转变。2011年，全国秸秆饲用量达2.1亿吨，其中经青贮、氨化处理的秸秆达9700万吨，饲用率和处理利用率分别达到30.1%和46.2%，按营养价值折算，处理和未处理直接饲喂的秸秆相当于6000万吨饲料粮。

二、节约农业生产成本，减少农业生产污染

（一）大力推进测土配方施肥行动

2011年，中央财政投入8亿元，支持2489个项目县（场、单位）实施测土配方施肥补贴项目，项目覆盖到项目覆盖到80%的村、1.7亿农户，技术推广面积12亿亩以上。据统计，测土配方施肥示范区一般每亩减少不合理施肥量1-2公斤（折纯），全国减少不合理施肥120万吨，相当于节约燃煤310万吨、减少二氧化碳排放量约810万吨，节能减排效果明显。

（二）继续开展保护性耕作工程建设与技术推广

2011年中央财政安排保护性耕作示范推广资金3000万元、保护性耕作工程示范基地建设投资3亿元，新增保护性耕作1900多万亩，全国保护性耕作实施面积累计达到8500万亩。实施区域内保护性耕作与传统耕作相比，农田土壤含碳量增加20%，减少CO2排放345.7-719.8万吨，节省燃油9.6-19.2万吨，减少农田风蚀4250万吨，减少扬尘1020万吨以上，增加土壤有机质含量0.01-0.06个百分点。据统计，采用保护性耕作可降低作业成本30%以上。

三、保护农业资源，促进农业可持续发展

（一）农作物物种资源保护工作全面开展

2011年，农业部在全国24个省市组织开展了野生稻、野生茶树、野生苎麻和野生柑橘等野生植物的全面系统调查，对1326个分布点进行了GPS定位，抢救性收集各类农业野生植物资源1078份（次），调查发现了3个野生稻新分布点和2个野生苎麻新类型。选择一批野生稻和野生大豆资源，进行了遗传多样性研究；分别选择野生稻和野生苎麻资源，开展了多点抗病性和抗重金属性等优异性状鉴定与评价。新建13个农业野生植物原生境保护点，并组织省级农业环保部门从事农业野生植物原生境保护的工作人员，对安徽、重庆、湖南等9省市2006-2008年承担的农业野生植物原生境保护点建设项目进行了检查，综合评估了保护效果。

（二）水生生物资源保护成效显著

2011年，农业部共与16个省（区、市）联合开展了17次放流活动，各地举办的各类水生生物增殖放流活动达1700余次，投入增殖放流资金8.4亿元，放流重要水生生物苗种达296亿尾，对促进渔业资源恢复，实现渔业增效和渔民增收起到了积极作用。《水产种质资源保护区管理暂行办法》颁布实施，明确了水产种质资源保护区的设立条件、报批程序、主管部门、管理机构和主要职责，规定了保护区内禁止或限制从事的活动，进一步完善了涉及保护区工程建设项目的环境影响评价程序。2011年，审查公布了第五批国家级水产种质资源保护区62个。2011年，黄渤海区和东海区刺网渔船全部纳入休渔，近15万艘海洋捕捞渔船休渔；珠江禁渔首次实施取得成功，禁渔渔船28367艘、渔民114426人；长江禁渔实施已有十年，禁渔范围扩展至沿江11个省（市），禁捕渔船达5万艘，渔民18万人。目前，我国每年休渔禁渔渔船达20余万艘、渔民上百万人，涉及范围之大、渔民人数之多，举世瞩目，不仅在国内影响广泛，在国际上也产生了良好反响，展示了负责任渔业大国的良好风范。

（三）畜禽遗传资源得到有效保护

一是加强畜禽遗传资源鉴定审定。2011年，依据《畜禽新品种配套系审定和畜禽遗传资源鉴定办法》，组织国家畜禽遗传资源委员会鉴定通过畜禽遗传资源1个、审定新品种2个和配套系9个，丰富了我国畜禽遗传资源种类。二是加大畜禽遗传资源保护力度。农业部在北京、江苏等28个省（区、市）安排92个畜禽种质资源保护项目，投入3280万元加强德州驴、高邮鸭等地方畜禽种质资源的保护。认定了18个国家级畜禽遗传资源保种场。组织完成了138个国家级畜禽保护品种的保种方案，举办了绒山羊、牦牛、地方鸡种和猪种、中蜂和马（驴）等的保护与利用技术培训，提高了保种工作的科技水平。三是加强畜禽遗传资源进出口评审。起草《首次引进畜禽遗传资源技术要求（试行）》、《种猪及冷冻精液进口技术要求（试行）》和《肉用种牛及冷冻精液和胚胎进口技术要求（试行）》，进一步明确了畜禽遗传资源进口的技术要求，规范了技术评审程序。全年共完成282份畜禽遗传资源进口申请和1份出口申请的技术评审工作，涉及牛、猪、羊、马等15.3万头（只），牛冷冻精液72万剂，牛、羊的冷冻胚胎10167枚。完成了枫叶鸭、地中海水牛、诺维蛋鸡和澳洲白绵羊的首次引进技术评审。

（四）草原保护有序开展

2011年农业部继续组织实施退牧还草、京津风沙源草原治理等工程项目，集中治理严重退化沙化和生态脆弱草原。落实中央投资20亿元，在内蒙古、四川、云南、西藏、青海、甘肃、宁夏、新疆等省区和新疆生产建设兵团实施退牧还草工程，建设草原围栏450.4万公顷，对严重退化草原实施补播145.9万公顷，建植人工饲草地4.7万公顷，建设舍饲棚圈6.2万户。落实中央投资2.56亿元，在北京、河北、山西、内蒙古实施京津风沙源草原治理工程，治理草原9.1万公顷，建设牲畜棚圈116万平方米，为农牧民配置饲草料加工机械8330台套。落实中央投资17亿元，在内蒙古、四川、西藏、云南、甘肃、青海、新疆及新疆生产建设兵团实施游牧民定居工程，帮助6.8万户牧民实现定居。落实中央投资1.35亿元，在湖北、湖南、广西、重庆、四川、云南、贵州实施岩溶地区石漠化综合治理试点工程，治理草原1.86万公顷，建设棚圈38.8万平方米，建设青贮窖9.6万立方米，配置饲草料机械4010台套。落实中央投资900万元，在内蒙古、河北、山西、陕西、四川、甘肃、青海、贵州等省区飞播种草20万亩。开展草原灾害防控应急职守与督导检查，加强灾害的监测预警和防控指导。落实中央投资1900万元，在内蒙古、甘肃、新疆和新疆生产建设兵团边境草原建设防火隔离带3000公里。落实中央投资5100万元，在内蒙古、四川、甘肃、新疆、青海、宁夏、西藏等省区新建和续建草原防火物资站39个。落实中央投资1.05亿元，在内蒙古、四川、西藏、陕西、青海、甘肃、新疆等省区和新疆生产建设兵团防治草原虫害8106万亩。落实中央投资3000万元，在内蒙古、四川、西藏、陕西、青海、甘肃、新疆等省区和新疆生产建设兵团防治草原鼠害1.05亿亩。2011年，中央财政安排草原生态保护补助奖励资金136亿元，对内蒙古等8省区11.7亿亩严重退化草原实行禁牧补助，对禁牧区域以外的26亿亩可利用草原实行草畜平衡奖励，对牧民发放生产资料综合补贴。目前，8省区各项补奖政策任务基本完成，政策落实工作进展顺利，牧区生态、牧业生产和牧民生活发生了可喜的变化。

（撰稿：韩允垒，农业部科技教育司环境资源处）

继续深入推进回收体系建设取得积极成效

商务部

一、回收体系情况

2011年是“十二五”的开局之年，商务部在连续两年争取中央财政资金的基础上，2011年会同财政部继续安排中央财政专项资金支持再生资源回收体系建设，继续深入推进回收体系建设，取得了积极的成效。

2011年1月，财政部会同商务部联合下发了《关于2011年开展再生资源回收利用体系建设有关问题的通知》（财办建[2011]8号，以下简称“8号文件”），明确了2011年继续支持部分试点城市开展再生资源回收体系建设，并支持部分省份区域性大型再生资源回收利用基地建设。

《通知》提出了支持部分城市再生资源回收利用体系建设的支持内容及标准。支持大同、哈尔滨、南京、马鞍山、南昌、潍坊、烟台、漯河、武汉、玉溪10个城市的城市再生资源回收利用体系建设。重点支持试点城市以龙头企业为实施载体，建设标准化社区回收点、分拣加工中心、拆解中心(包括报废汽车回收拆解企业拆解中心)等，打造稳定、高效、环保的城市再生资源回收利用体系，并鼓励试点城市结合地方实际，探索城市再生资源回收利用的新型模式。支持标准原则上每个城市不超过总投资额的50%。 要求各试点省市要高度重视试点工作，完善工作机制，加强组织领导。试点工作要坚持市场化运作，以企业为主体，充分发挥龙头企业的带动作用。

《通知》提出了支持区域性大型再生资源回收利用基地建设的支持内容及标准。 支持河北、山西、辽宁、大连、吉林、黑龙江、上海、江苏、江西、河南、湖南、广东、重庆、四川、贵州、云南、陕西、宁夏、新疆、新疆生产建设兵团等20个省份的区域性大型再生资源回收利用基地建设。重点支持试点省份区域性大型再生资源回收利用基地(园区、企业)建设和升级改造，主要包括：基地内道路、物流、供水供电、货场、仓储等基础设施建设及信息化公共服务平台的软件开发、运行维护、设备购置、设施建设等。项目资金采取贷款贴息和财政补助的方式：对于投资规模较大、能够获取银行贷款的新建项目及年度贷款额度较大的更新改造项目，采取贷款贴息方式予以支持；对于盈利性弱、公益性强的改、扩建项目，采取财政补助方式予以支持。支持标准每个项目原则上不超过总投资额的50%。中央财政已支持项目原则上不再支持。

国家共计安排中央财政资金7.3亿元，支持大同、哈尔滨等10个试点城市回收体系建设及河北省、山西省等20个省份的区域性大型回收利用基地建设。

为总结“十一五”时期再生资源回收体系建设经验，做好2011年再生资源回收体系建设工作，确保中央财政资金安全有效使用。2011年4月，商务部在上海召开了全国再生资源回收体系建设工作现场会，财政部、发展改革委、环境保护部有关部门负责同志参加了会议，商务部姜增伟副部长到会并做了重要讲话。姜增伟副部长指出，自2009年以来，中央财政已经连续三年对再生资源回收体系建设工作进行支持。对中央财政资金的使用，各地商务部门要高度重视，对项目进行全程监管。在上报城市和项目时要深入调查研究，真正把一批条件较好的城市和市场项目推荐上来；在项目实施过程中，要配合财政部门把资金管好用好，保证效果。对于2011年的财政支持项目，商务部门要加强与财政部门的协调，统筹安排资金的使用和管理，提高资金使用效率，建立有效的监督检查和绩效评估机制，确保财政资金使用安全到位，并根据各地实际，积极争取地方配套资金。对以往实施的财政支持项目，各地商务主管部门要继续加强对项目执行和资金落实情况的检查监督，保证资金使用效果，及时总结资金使用中的经验、做法，并将有关情况

2011年4月，商务部在上海召开全国再生资源回收体系建设工作现场会

反馈上报。为切实加强资金使用监管，会上，商务部代表与试点城市领导和有关地区的商务主管部门负责同志还签订了中央财政资金使用责任书，确保中央资金用好、用对、用出实效，做到安全有效使用。

财政部、商务部8号文件下发后，各地按照文件要求积极开展工作，相继制定了试点项目资金使用实施方案、当地资金使用管理操作办法以及本地区项目安排具体意见。截至2011年底，10个试点城市已完成了项目实施方案，20个省份共计安排56个区域性大型再生资源回收利用基地项目。部分地区还相继出台了配套政策措施，与中央财政资金支持形成合力，对推动当地乃至全国再生资源回收体系建设全面发展起到了积极作用，取得了显著成效：

（一）经济效益明显，带动经济发展

南京市2011年建设完成回收网点337个，华东再生资源回收利用产业基地项目建成后废旧塑料回收量达200余万吨，再生塑料交易量超过150万吨，实际成交额超过30亿元，带动就业人数1.5万人，实现税收4.5亿元。并起到了示范引领作用。项目实施以来累计回收量290万吨、利税1.4亿元，带动从业人员1万余人。2011年的回收量、回收额、从业人数均比2010年增长10%。

贵阳市自试点工作开展以来，累计回收再生资源60.3万吨，实现回收额20亿元，累计上缴税收8504万元。遵义市回收交易额3.2亿元，上缴税收5600万元。

湖北兴业废钢加工配送中心成立以来，每年缴纳的利税不断增加，2010年销售废钢50.42万吨，实现销售收入15.09亿元，上缴利税2.49亿元。即使在2011年对废钢增值税停止退税的情况下，再加上下半年各钢厂纷纷限产停产，国外铁矿石降价等，各钢厂降低了废钢的采购量，仍实现产值 17亿元，被当地政府部门授予“纳税大户”的荣誉称号，为当地经济的发展增添了活力和动力，促进了当地经济社会快速发展。

（二）提高资源利用率，创造良好效益

试点地区以项目建设作为平台和载体，使得再生资源得到充分有效的回收和利用，交易更活跃。哈尔滨市、南京市再生资源回收率由试点前的60%提高到70%~80%；武汉市、贵阳市再生资源回收利用率则由试点工作开展前的40%左右提高到80%左右。

试点地区通过开展再生资源回收体系建设，一方面有效减轻了再生资源对城市环境的二次污染，脏乱差现象得到进一步治理，城市形象得到提升，居民交废更方便省心。与此同时扩大了社会的就业层面，促进了行业的联合，扩大了试点工作基础。2011年，湖北省襄阳市全市再生资源回收从业人员达4600多人，湖南怀化回收利用基地新增就业岗位1500个，同时带动餐饮、娱乐、运输等行业新增就业2500个；湖北兴业废钢加工配送中心仅2011年为全市新增就业岗位200余个，并带动下游从事废钢铁加工收购从业人员达3000人以上；通过试点项目的实施，贵阳市已解决进城务工人员和下岗职工4000余人的就业问题，遵义市回收网点建设带动就业3000余人，对促进社会和谐起到了促进作用。

（三）培育龙头企业，加快建设力度

在中央财政和地方财政的共同支持下，各地纷纷培育出一批龙头骨干企业，纷纷加大对当地再生资源回收体系建设项目的投入力度，一方面提升了企业形象和影响力；另一方面加速了试点地区再生资源项目的建设。如四川省成都、内江两市在回收体系建设过程中配套了相应的扶持政策，取得了明显成效：

成都市再生资源回收市场用地均由各县（市、区）政府统征后优惠租赁给投资建设业主，并建立了再生资源回收体系建设专项促进资金，对建成并投入使用的再生资源市场一次性给予50万元奖励，对回收网点分别按中心城区、近郊区县、远郊区县给予500、400、300元补贴，目前财政奖励和补贴已投入了近700万元。

内江市为西南再生资源回收产业基地建设直接投入近3亿元，用于征地拆迁、道路铺设、场地平整等，为企业发展营造了良好的环境。

湖南怀化市金泰再生资源专业市场升级扩改项目，被怀化市委、市政府确定为2011年全市重点项目之一，于2011年5月完成土地挂牌，共计征用土地144.1亩，2011年8月底开工建设，截止2011年12月，已累计完成投资3280万元左右，占总投资额7800万元的42%。怀化市再生资源回收利用形成了规模，可对目前在怀化市城区从事废旧物资经营的500多家小企业整合成186家规模化企业，逐步实现分散经营向集中经营转变，由无序经营向有序经营转变，由散乱管理向规范管理转变，大力推动怀化再生资源产业规模发展。

二、财政资金支持成效

为贯彻落实国务院关于做好建设两型社会和加快发展循环经济精神，2006年商务部启动了再生资源回收体系建设工作，经过5年的发展，初步形成了社区回收站、分拣中心和集散市场“三位一体”的再生资源回收网络体系。

2006年和2009年启动了两批再生资源回收体系建设试点，共确定了4个直辖市（北京市、天津市、上海市、重庆市）、2个计划单列市（宁波市、青岛市）、26个省会城市、20个地级市和3个县级市（永康市、汨罗市、库尔勒市），共计确定了55个试点城市和11个区域性回收基地。

自2009年开始，商务部、财政部安排中央财政资金对工作基础较好的试点城市和区域性回收利用基地项目进行了支持。其中2009年，中央财政安排4亿元支持了4个直辖市、6个省会城市、2个地级市和2个县级市，共14个试点城市和8个集散市场。2010年，中央财政安排13.5亿元支持了4个直辖市的分拣中心、2个计划单列市、16个省会城市和10个地级市，共32个试点城市和26个回收利用基地。2011年中央财政安排8.3亿元支持了4个省会城市和6个地级市，共10个试点城市和19个省市的回收利用基地。由于中央财政的支持，再生资源回收体系建设取得了较好的成绩。

（一）支持力度不断加大

三年来，商务部、财政部已对50个城市的近4万个网点、200多个分拣中心、100多个集散市场，以及城市再生资源回收信息平台和人员培训经费等项目进行了支持，此外，还对92个回收加工利用基地（包括区域性集散市场）的基础和环保设施进行了支持。2011年，中央财政对试点城市的支持资金为2.56亿元，10个试点城市再生资源回收值为100多亿元；中央财政对回收利用基地的支持资金为4.74亿元，回收利用基地再生资源回收值为500多亿元，真正起到了四两拨千斤的作用，效果非常明显。

（二）回收量和回收率不断提高

试点城市和回收利用基地在回收体系建设中，对各类再生资源做到集中收集、封闭运输、环保处理，2011年仅中央财政支持的10个试点城市再生资源回收量就达到了1600多万吨，回收总值800多亿元，回收率达到70%。

（三）节能减排成果不断提升

2011年国内再生资源回收总量约1.65亿吨，节能1.6亿吨标准煤，占全国总能耗量34.8亿吨标准煤的4.7%，减排139.2亿吨。其中财政支持的试点城市和回收利用基地回收量约为8500万吨，节能8000多万吨标准煤，占全国总能耗量的2.3%，减排约为70亿吨。为实现“十二五”期间国内生产总值能耗降低16%、主要污染物排放总量减少10%，起到了积极的促进作用。

（四）新增就业岗位不断增加

2011年国内再生资源回收总量约1.65亿吨，回收总值达5763.9亿元，从业人员为1800多万人。试点城市和回收利用基地通过建设再生资源回收体系，大量吸纳下岗人员和农村富余劳动力。据不完全统计，通过回收体系建设，试点地区新增加50万个就业岗位。同时，再生资源回收已经成为带动城乡发展的重要途径。

（五）区域经济不断发展

以再生资源交易比较活跃的浙江省为例，从资源小省到经济强省的发展过程，再生资源回收利用对全省经济发展起着不可磨灭的作用。近几年，通过再生资源回收体系建设，中央财政支持资金8740万元，再生资源产业迅速发展，目前全省再生资源回收利用企业已达5500家，回收站点2万多个，交易集散市场100多家。2011年，全省回收再生资源2000多万吨，销售额约1000多亿元。

（六）回收模式不断创新

自开展试点以来，各试点地区按照“便于交投”的原则积极推进社区回收站、分拣中心和集散市场“三位一体”的再生资源回收网络。同时，一些试点城市依托“在线收废”开通回收热线，在全市各个区县建立了分中心，实现了收废方式从街头摇铃到鼠标点击、电话连线的转变。家电以旧换新政策实施后，顺应循环消费模式发展，又建立了专业的电子废弃物的回收网络。上海市重点支持新金桥再生资源回收服务平台项目，该项目其运用物联网技术，推出“阿拉环保卡”，使居民体验积分交投；应用红外满箱报警技术，设立智能回收箱，实现了回收过程透明化、指挥调度智能化、居民交投便捷化、回收管理现代化。

（七）龙头企业不断涌现

随着再生资源回收体系建设的不断深入，各地抓住产业转型契机，如上海市积极支持燕龙基公司投资8300多万元改扩建废玻璃分拣加工基地，引进国外先进的加工设备和技术，上游与城市垃圾减量对接，使上海废玻璃年回收规模翻番，下游与光伏太阳能玻璃、玻璃微珠和玻璃拉丝等制造项目对接，加快构建玻璃循环产业链。

（撰稿：杜 博，商务部商贸服务管理司资源处　崔 燕，中国物资再生协会）

煤炭行业循环经济

中国煤炭加工利用协会

一、2011年煤炭行业发展概况

2011年是实施煤炭行业“十二五”规划的第一年，也是煤炭循环经济持续发展的一年。在国家促进煤炭工业健康可持续发展相关政策的引导下，煤炭工业在保障国家经济社会发展对煤炭需求的同时，行业发展面貌也发生了较大变化，在涉及煤炭行业发展的几个重点领域实现了突破。

（一）煤炭供给能力不断增强，满足了国民经济持续快速发展的需要。2011年全国煤炭产量35.2亿吨，比2010年增长8.6%，比“十一五”第一年2006年的23.73亿吨增加11.47亿吨，增长48.3%。煤炭作为我国的主体能源，有力地支撑了国民经济又好又快地发展。

（二）煤炭市场化改革取得了突破性进展。结束了长期以来政府主导的年度煤炭订货制度，形成了煤炭供需双方自主衔接、自主订货、协商定价机制，初步建立了反映资源稀缺程度、市场供求关系、煤矿安全和环境保护成本的市场价格机制，促进了我国煤炭与国际市场价格基本接轨。

（三）大型煤炭基地建设取得重大进展。在国家发展改革委、国家能源局等有关部门的大力推动下，14个大型煤炭基地建设工程稳步推进，我国已建成了神东、平朔、陕北、蒙东等一批亿吨级矿区，一些大型矿区已经成为国家综合能源基地的主体。

（四）大型煤炭企业集团快速发展。煤炭企业基本建立了现代企业制度和与之相适应的法人治理结构，企业兼并重组取得成效，以煤为主、多元产业共融发展格局基本形成。到2011年底，我国已经组建形成了7个亿吨级企业，特别是神华集团的煤炭产销量居世界第一，产量超过4亿吨；有6家煤炭企业进入世界500强。建成年产120万吨以上的大型现代化煤矿661处；年产量千万吨级的特大型矿井（坑）40处，产量5.6亿吨；建成安全高效矿井359处，产量10.2亿吨。大型煤炭企业集团快速发展壮大。

（五）煤炭科技创新能力大幅增强。在国家重大科技支撑项目的引导下，煤炭企业加大科技投入，建立和完善产学研相结合的科技创新体系，一批重大基础理论、关键技术和成套装备研制攻关取得突破。晋城矿区煤层气立体抽采关键技术与产业化示范和神华集团特大型矿井群资源与环境协调开发技术取得了重大突破；年产600万吨和1米以下含坚硬夹矸薄煤层安全高效综采成套设备研制成功，千万吨工作面成套技术装备研制进展顺利；综采放顶煤理论与厚煤层开采围岩控制技术取得新成果；华北型煤田隐伏含水陷落柱预探评价与快速治理理论及关键技术、生态脆弱区煤炭开采与生态环境保护关键技术取得重要进展；煤矿监测监控、应急救援技术装备水平不断提高，煤矿瓦斯治理与水害防治关键技术装备攻关取得突破；煤制油、煤制烯烃等重大工程示范取得成功。

（六）推进绿色开采，建设生态矿山，节能减排取得积极进展。2011年以来，国土资源部先后公布了两批220家国家级绿色矿山试点企业，其中煤炭行业中的同煤集团塔山煤矿、北京昊华能源公司大安山煤矿等72家煤矿先后成为国家级绿色矿山试点单位。以最小的生态扰动获取最大的资源回收的绿色开采技术在多个矿区试生产并取得成功。煤炭入选能力大幅度提高；一些煤矿充分利用地热资源，实现了夏季制冷、冬季供暖；多数煤矿加大煤矸石的综合利用，减少了固体废弃物排放，初步探索出了以煤为主、多元发展、节能减排的发展道路。

2011年10月，《全国大型现代化选煤厂建设现场会》在宁夏银川召开

（七）和谐矿区建设取得成效。矿区生态环境恢复与治理成效明显，采煤沉陷区治理与棚户区改造取得较大进展，职工收入增加。2011年，全行业职工年平均收入5.4万元，比2010年的4.6万元又有增长。一些大型煤炭企业矿区棚户区改造

工程稳步推进，一大批煤矿工人喜迁新居，职工居住条件改善。如，淮南矿业集团规划新建住房900万平方米，大同煤矿集团已经完成改造面积700多万平方米，阜新矿区已完成600多万平方米，徐州矿物集团已经完成300万平方米。

二、煤炭行业循环经济开展情况

（一） 编制完成了《煤炭循环经济“十二五”发展规划》。2011年8月，由中国煤炭加工利用协会承担完成的《煤炭循环经济“十二五”发展规划研究》课题，通过了中国煤炭工业协会组织的结题评审。该课题对煤炭行业“十一五”以来循环经济发展作了系统总结，分析了煤炭行业循环经济发展现状，存在的主要问题，提出了煤炭行业循环经济发展“十二五”规划的指导思想、基本原则、发展路径、发展目标、重点任务、基本技术路线、重点领域、重点工程、支撑技术和保障措施，是煤炭行业第一个循环经济发展规划。

（二）完成了国家发展和改革委员会等部门组织制定的《全国循环经济“十二五”发展规划》中煤炭行业循环经济有关内容的起草工作。“十二五”期间，通过继续开展循环经济园区建设，进一步推动煤炭循环经济发展。在新疆、内蒙古等新兴煤炭产业基地及山西、山东、安徽、河南、陕西等老煤炭工业基地，根据资源禀赋、生产条件、发展状况等选择具有代表性的地区建设若干循环经济园区示范工程和园区循环化改造示范工程，不断提升园区的管理水平。

（三）由中国煤炭工业协会和中国煤炭加工利用协会起草的《关于推进煤炭行业发展循环经济，促进节能减排工作的指导意见》，提出了煤炭循环经济发展的指导思想、工作原则、工作目标、重点工作任务以及充分发挥行业协会作用等。经过进一步修改完善，该指导意见作为《煤炭工业发展“十二五”规划》的配套内容，编入《煤炭工业“十二五”相关领域发展指导意见》一书，成为其中16个相关专业领域的指导意见之一，对推动煤炭行业循环经济发展，提高节能减排和综合利用水平具有指导意义。

（四）2011年1月6日，“中华环境友好企业”授牌仪式在北京人民大会堂隆重举行。煤炭行业有2家企业荣获“中华环境友好煤炭示范矿区”称号，18家煤炭企业和单位荣获“中华环境友好企业（单位）”称号。

（五）2011年2月25日，工业和信息化部办公厅印发《关于开展工业固体废物综合利用基地建设试点工作的通知》（工信厅节〔2011〕32号），确定开展工业固体废物综合利用基地建设试点地区名单（第一批），其中包括：山西省朔州市、内蒙古自治区鄂尔多斯市、辽宁省本溪市、江西省丰城市、河南省平顶山市等5个地区开展煤矸石、粉煤灰综合利用试点工作。

（六）2011年4月22日，由国土资源部组织的矿产资源节约与综合利用经验交流会在北京召开。会议表彰了全国矿产资源节约与综合利用专项优秀矿山企业98家，其中煤炭企业23家；发布了矿产资源节约与综合利用技术（第一批）68项，其中煤炭行业18项。新汶矿业集团公司的代表在会上介绍了发展循环经济，对煤矿产生的煤矸石等废弃物综合利用，实行以矸换煤，绿色开采，提高煤炭资源回收率的经验。冀中能源股份有限公司代表矿山企业在会上宣读了《节约与综合利用矿产资源倡议书》。

（七）2011年9月28日，《全国煤炭工业绿色开采生态矿山建设现场会》在河北邢台冀中能源股份有限公司举行。冀中能源集团、淮南矿业集团、新汶矿业集团、兖矿集团、中国矿业大学等分别在以矸换煤、绿色开采、和谐矿区建设、生态环境保护等方面进行了发言和经验介绍，与会代表参观了冀中能源股份公司以矸换煤现场。会议就煤炭绿色开采的内涵进行了探讨和交流，提出实行绿色开采重点要解决好四个方面的问题，一煤矸石等固体废弃物的减排和综合利用；二是煤矿瓦斯的排放和利用，三是矿井水综合利用；四是解决地表沉陷和对农田的破坏问题。

（八）2011年10月12—13日，《全国大型现代化选煤厂建设现场会》在宁夏银川召开。来自全国选煤厂、选煤厂设计及制造企业的代表360多人出席了会议。会议对“关于加快推进大型现代化选煤厂建设的指导意见”作了说明；介绍了《煤炭工业选煤“十二五”规划》编制情况；对优质高效选煤厂、厂长和行业级质量标准化选煤厂进行了表彰并颁发奖牌；有关集团公司、选煤设计单位或生产企业在会上交流了经验，参观了太西洗煤厂、大武口洗煤厂金能分厂、宁东洗煤厂梅花井分厂等三个花园式选煤厂。

（九）2011年10月14日，工业和信息化部办公厅印发《关于公布首批两化融合促进节能减排重点推进项目的通知》（工信厅信〔2011〕164号），全国首批两化融合促进节能减排重点推进项目名单80项中，煤炭行业2项：分别是淮北矿业集团有限责任公司的“多产业多区域型节能减排信息化监控平台”，淮南矿业集团的“瓦斯综合利用”项目。

（十）2011年11月22日，由国家发改委环资司组织，中国煤炭加工利用协会承担完成的《“十二五”矿井水利用发展规划》研究课题，通过了发改委环资司在北京组织的课题评议。

（十一）2011年12月14日，在云南省昆明市召开《中国煤炭加工利用协会五届四次理事扩大会议暨煤炭工业节能减排高新技术交流推广会议》。中青国能（集团）公司等单位在会上就有关节能减排高新技术进行了交流。会议表彰了2011年度煤炭行业能源统计先进单位。

三、循环经济、节能减排方面开展的主要工作

1、2011年4月8日，在福建省厦门市组织召开煤炭行业节能环保处长座谈会。会议围绕煤炭行业“十二五”循环经济规划、绿色矿山建设、生态环境保护恢复、矿井水处理利用、能效对标等工作进行了座谈讨论。

2、2011年5月12—13日，中国煤炭加工利用协会组织有关人员到山西大同煤矿集团公司就发展循环经济与节能减排进行专题调研。调研组就编制煤炭行业循环经济“十二五”发展规划征求了企业意见，深入现场考察了同煤集团塔山循环经济园区建设及相关煤矿、电厂、高岭土深加工厂、煤矸石、粉煤灰建材厂生产经营情况。

3、2011年5月23日，在北京召开了《煤炭行业节能标准制修订研究》研讨会；5月24日召开了“煤炭行业能源管理师培训教材编制研讨会”研讨会。

4、2011年6月，在呼伦贝尔市联合举办了“全国低阶煤加工利用技术及产业化发展论坛”。交流褐煤提质、干燥、成型、化工利用等先进技术和经验，传递了业内相关产品和技术的最新动态，对于了解我国低阶煤开发利用情况，推动褐煤提质加工起到了积极作用。

5、2011年8月，在北京召开了煤矸石综合利用电厂认定及燃料监控工作座谈会，听取了参会的电厂代表关于建设煤矸石资源综合利用电厂远程燃料在线监测系统的相关意见和建议。对即将执行的《火电厂大气污染物排放标准》（13223-2011征求意见稿）征求了企业意见和建议。

6、2011年10月，在冀中能源峰峰集团梧桐庄矿组织举办了煤炭行业节能减排技术培训班。来自企业从事节能环保技术及管理人员近百人参加了节能减排新技术讲座和培训。培训班重点讲解了“十二五”期间煤炭行业节能减排的主要任务，碳交易、碳减排面临的国际、国内形势及相关技术手段，国家对四大污染物质（SO2、COD、NH3、NOX）减排总量、减排目标的有关要求及计算方法；生态恢复及土地复垦相关政策、技术及措施等方面的内容。参观了梧桐庄矿绿色矿山建设成果——煤矿井下模拟培训基地、矿井水回灌系统、生活污水处理系统、水源热泵系统、空气源热泵系统等。

7、2011年11月19-20日，在海口市举办了第六届中国煤化工产业发展论坛暨“十二五”煤化工产业优化升级及技术发展研讨会。论坛就煤制甲醇、二甲醚、煤制烯烃、煤制乙二醇、煤制天然气等新型煤化工领域以及传统煤化工领域的炼焦、合成氨、电石和高炉喷吹、低阶煤提质加工等相关领域的最新情况和技术进展、产业政策走向等做了专题演讲。

8、2011年12月2日，在海口召开中国煤炭加工利用协会油母页岩分会2011年会。来自国内外55家会员单位的120多位代表参加了会议。国家发改委环资司副司长李静、中国煤炭加工利用协会理事长吕英出席会议并分别在会上作了重要讲话；油母页岩分会理事长、抚矿集团公司董事长、党委书记尹亮代表分会理事会作2011年度工作报告；会议选举产生了新任分会秘书长，新增会员单位15家。

9、2011年12月6-9日，中国煤炭加工利用协会低热值燃料发电分会在海口市组织召开了“资源综合利用电厂认定申报材料编写规范培训暨低热值燃料发电分会四届三次年会”。

10、开展了煤炭行业循环经济、综合利用、节能减排等多项课题研究工作，为国家相关部门制定政策提供参考。

（1）受国家能源局委托，编制完成了《“十二五”煤炭工业环境保护、洗选加工与资源综合利用发展规划战略研究》。该规划获得国家能源局2011年度软科学研究优秀成果二等奖。

（2）受国家发改委环资司委托，编制完成了《“十二五”矿井水利用发展规划》课题。该规划阐述了我国矿井水资源化利用的重要意义，根据不同矿区和矿井水特点，分别提出了矿井水利用的发展目标、应用途径、创新技术以及示范工程等，具有较强的针对性和可操作性。

（3）为积极应对气候变化，减少碳排放，承担了财政部、工信部、国资委委托的《煤炭矿区生态环境保护与再造机制的政策研究》课题。课题从采用碳汇机制角度，以发展采煤沉陷区植被绿化为主要途径，提高矿区环境容量，开辟造林绿化的资金渠道和新机制，提出了相应的财税政策和建议。

（4）受工信部产业司和中国煤炭工业协会委托，承担了《煤炭开采对环境影响评价体系研究》课题。该课题研究提出了环境影响评价体系框架，用实际案例进行了环境影响评价指标和效果评价。

（5）为推进“以矸换煤，绿色开采”技术，在冀中能源股份有限公司的大力支持下，中国煤炭加工利用协会与财政部财政科学研究所联合开展了《鼓励充填开采、以矸换煤、提高煤矸石综合利用水平的财税政策研究》课题。课题从充填开采对提高煤炭资源利用率和煤矿安全保障能力出发，深入分析了“以矸换煤”等绿色开采技术带

来的巨大宏观综合效益，在考虑煤炭成本增加因素的基础上，全方位提出了给予财政奖励、置换呆滞煤免征资源税等一系列财税扶持政策。

（6）开展了《煤炭企业推进绿色矿山建设、推行低碳运行模式研究》课题。课题为从根本上解决资源开采与环境保护之间的矛盾，创建一条节能、环保，绿色、低碳发展的新型矿山模式，总结了梧桐庄矿保水开采的经验和绿色矿山、低碳发展的新型矿山模式。该课题获得国家能源局2011年度软科学研究优秀成果三等奖、煤炭工业协会科技进步二等奖两个奖项。

（7）开展了低热值燃料发电循环经济模式研究与实践课题。编写完成了《山西兴能发电有限责任公司循环经济规划》研究报告。总结了以煤矸石电厂为龙头的循环经济发展模式。

（8）开展节能示范企业试点验收评估准备工作。经国家能源局同意，2009年协会和山东省煤炭工业局选择基础条件较好的兖矿集团、新汶矿业集团的4家煤矿开展节能示范企业试点工作。经过两年时间，2011年进行了节能示范试点企业验收准备工作，编写了验收大纲，试点企业对试点情况进行了认真的总结。结合试点工作，为加强行业节能管理和标准化建设，开展《煤炭行业节能示范企业评估办法》、《煤炭行业能源管理体系要求》和《煤炭行业能效对标指南》三个课题研究工作。

四、煤炭行业“十二五”循环经济、节能减排任重道远

《关于推进煤炭行业发展循环经济，促进节能减排工作的指导意见》中提出，“十二五”期间，煤炭行业将构建起较为完善的煤炭行业循环经济、节能减排、低碳运行的标准体系和技术创新体系；大型煤炭企业基本做到全部污染物达标排放，完成国家下达的节能减排目标任务，矿区生态环境明显改善，建成一批清洁生产示范企业。主要指标是：到2015年，全国原煤入选率达到65%；煤矸石等固体废弃物综合利用率达到75%，瓦斯抽采利用率达到60%，矿井水综合利用率达到75%，土地复垦率超过60%。

“十二五”期间，煤炭行业在努力实现煤炭供需总量基本平衡的基础上，将继续加快循环经济发展，推动全行业安全、健康、可持续发展。主要任务：一是提高煤炭利用效率。以资源利用效率最大化为目标,保护特殊和稀缺煤种。推动大型坑口电厂建设和煤焦化工产业延伸发展，推动煤炭上下游产业合理布局和有效衔接，促进煤炭就地高效转化。二是推动企业自主创新。为煤矿提高开采效率、安全保障程度和发展循环经济、保护生态环境、促进节能减排提供地质技术保障。三是推动企业多元化发展。鼓励企业根据区域资源条件、区域经济特点，科学制定发展战略和规划，积极发展具有较强生命力的循环经济产业，推动多元产业协调发展，推动大型矿区或煤炭集中开采地区循环经济产业园区建设，发展产业集群，实现集聚生产、集约发展，促进园区物流、能流、技术集成，实现信息与基础设施共享，集中治污，提高煤炭资源、能源、水资源和废弃物的循环利用率。适度发展现代煤化工产业，支持大型企业瞄准现代煤化工发展前沿，鼓励企业通过自主研发、引进消化再创新，发展现代化煤化工技术和工艺，建设科技含量高、市场前景好、具有规模效益的现代煤化工和循环经济骨干项目，推进煤炭产业和产品结构调整与优化。鼓励企业综合开发利用油母页岩、煤系高岭土等与煤共伴生资源，支持高瓦斯和煤与瓦斯突出危险煤矿实现煤与瓦斯共采，支持低浓度瓦斯综合利用，支持企业发展煤矸石发电、煤矸石制建材（矸石砖、矸石水泥），及其他高附加值的煤矸石、煤泥、粉煤灰综合利用技术和产品，支持企业以净化处理和达标排放为重点，实现矿井水资源化利用。四是突出抓好节能降耗工作。开展节能监测和能源审计，推进企业能源管理体系建设，推广合同能源管理、自愿节能协议、节能设备融资租赁。加强节能监测和节能技术服务体系建设。鼓励企业按照发展循环经济、节能减排的要求，做好新建、改扩建煤矿设计、施工和设备选型工作。引导企业加强工序能耗管理，推广矿井中央泵房排水集中自动控制技术，实现主排水设施及相关系统“避峰填谷”、分时用电。制定新建（改扩建）选煤厂能耗标准，强化选煤能耗管理。推动燃煤工业锅炉（窑炉）改造、区域热电联产、余热余压利用、电机系统节能、能量系统优化、矿井地热利用、矿井水综合利用、绿色照明等煤炭重点节能工程建设。五是保护矿区生态环境。引导和鼓励企业因地制宜选择适合的技术、方法和工艺，实现煤炭资源控制开采；发展以矸石换煤和矸石充填绿色开采技术，减少矸石排放量，推行煤矿绿色开采。大力推行煤层气（瓦斯）综合利用，减少矿井瓦斯排空量。鼓励煤矸石、煤泥综合利用电厂采用高效洁净燃煤发电技术和装备，降低发、供电标煤耗和厂用电率，有效控制废弃物排放。鼓励企业充分利用矿井水，合理保护和利用矿区水资源，实现矿井水达标排放。鼓励企业编制复垦规划，开展复垦技术攻关、开展复垦国际合作与交流。支持企业利用煤矸石充填采空区、采煤沉降区和露天矿坑开展复垦造地，利用工业广场、职工居住区、废弃土地开展植树造林，美化绿化环境。六是增强企业主体责任。建立和完善企业节能减排与循环经济专职管理、节能计量、环境能源检测机构，配齐专职工作人员，明确责任和任务，健全发展循环经济、节能减排管理制度，规范管理。

（撰稿：朱建荣，中国煤炭加工利用协会节能综合利用部）

石油化工行业循环经济

中国石油和化学工业联合会

一、“十一五”期间石油化工行业发展概况

“十一五”时期，是我国石油和化学工业发展历史上极不平凡的五年。在党中央、国务院的正确领导下，我国石油和化工行业成功应对国际金融危机的巨大冲击和特大地震等自然灾害带来的严重挑战，实现了全行业平稳较快发展，全面完成了“十一五”规划的各项主要经济指标。

（一）经济规模跃上新台阶

2010年，全行业规模以上企业达3.66万家，从业人员约690万人，实现总产值8.88万亿元（现行价格），仅次于美国，位居世界第二。其中，化学工业产值达5.23万亿元，超越美国，跃居世界第一。“十一五”时期，石油和化工行业总产值、利润、销售收入和资产年均增长率分别为21.3%、13.2%、21.5%和21.4%，是历史发展最快的时期之一。2010年，全行业有20多种大宗产品产量位居世界前列。

（二）能源保障开创新局面

“十一五”时期，国内新增石油地质探明储量42亿吨，新增天然气地质探明储量2.5万亿立方米。原油一次加工能力达到5.1亿吨。油气管网建设飞速发展。截至2010年底，我国油气管道总长达约7.8万千米。

（三）结构调整迈出新步伐

一是产业结构明显优化。传统高能耗行业比重下降，精细化工、专用化学品比重上升。二是产品结构向功能化、差异化和高端化方向发展。三是企业组织结构继续改善，产业集中度进一步提高。一批企业通过兼并重组，资产得到优化，整体实力大大增强。

（四）科技创新实现新突破

“十一五”石化行业共获得国家技术发明奖48项，国家科技进步奖104项；取得行业技术发明奖114项，科技进步奖1159项，是行业科技成果最为丰富的时期。

（五）节能减排取得新进展

“十一五”，通过大力推广先进煤气化、干法乙炔、溴化锂吸收式制冷机组、大型密闭式电石炉、新型膜极距离子膜电解槽、电石和黄磷炉气综合利用等先进工艺技术装备，有效实施清洁生产和循环经济，行业节能减排取得显著成效。2009年，全国石油和化学工业万元增加值能耗为3.65吨标准煤，比2005年下降13.5%，重点耗能产品单耗明显下降。2009年，全行业化学需氧量排放量65.2万吨，比2005年下降16.4%；氨氮排放量10.1万吨，下降58.1%；二氧化硫排放量177.7万吨，下降14.1%；主要污染物排放量均提前完成了“十一五”国家规划目标。行业推行“责任关怀”取得明显成效，“责任关怀”理念普遍树立，实施“责任关怀”的企业越来越多，日益受到政府、社会的关注和支持。

（六）园区建设成为新亮点

“十一五”我国化工园区建设继续向纵深推进，大型综合性化工园区和专业特色型园区成为发展重点，各地在园区发展实践中大胆探索，在引进项目、物流运输、环境保护、管理服务等方面，创造出许多好的发展模式和建设经验。截至2010年，全国已建成60多家具有先进管理水平和地区产业特色的化工园区。

（七）对外开放提高到新水平

坚持实施“引进来、走出去”战略，在更大范围、更广领域、更高层次上推进对外开放，取得了丰硕成果。2010年，全行业进出口总额达到4587.81亿美元，比2005年增加1.3倍。

二、“十一五”期间石油化工行业循环经济主要措施

“十一五”期间，为了推动石油和化工行业循环经济的发展，各级政府部门、行业组织和企业采取了多种措施，开展了大量卓有成效的工作。

（一）制定法律法规，贯彻落实循环经济政策

2006年，中国石油和化学工业联合会制订了《石油和化学工业加快发展循环经济的若干意见》，提出了行业发

展循环经济的指导思想、总体目标、重点工作和主要措施。中国石油和化学工业联合会配合相关政府部门，组织编制了《“十一五”化学工业循环经济发展规划》，并先后主持编制了行业节能、节水和污染防治等三个规划意见，提出了建立化工行业污染物排放标准体系的建议，并编制了纯碱、农药、铬盐等行业污染物排放标准，以及纯碱、氯碱、铬盐等行业清洁生产指标体系，指导行业实施循环经济。

（二）调整产业产品结构，提高资源综合利用水平

“十一五”以来，石油和化学工业结合开展清洁生产与发展循环经济工作，大力推行产业结构调整，通过参与制订《产业结构调整指导目录（2011）》，明确行业准入条件，淘汰落后产能，提高新建企业规模等措施，使我国石油和化学工业产业集中度有较大提高。目前，总体来看，我国石油和化学工业达到经济规模的大、中型企业的产能约占总产能的70%，新建装置基本达到了国际先进水平。行业淘汰落后的步伐加快，到2010年底，全国累计淘汰电石落后产能300多万吨，超额完成了“十一五”淘汰落后产能200万吨的目标。

（三）加强行业经验交流，宣传贯彻循环经济理念

“十一五”期间，国家发改委、工信部和中国石油和化学工业联合会多次组织行业力量，开展行业发展循环经济经验交流活动。2006年5月，国家发改委与中国石油和化学工业联合会在贵阳联合召开了化工行业循环经济现场交流会，中国石油和化学工业联合会与各专业协会合作，先后召开了氯碱、磷肥、硫酸、橡胶、电石等行业循环经济工作会议，推进重点行业循环经济工作的开展。通过上述会议，石油和化工行业总结不同领域36家典型企业做法及成效，形成循环经济经验汇编，在全行业进行推广，发挥典型引路作用。2008年5月，中国石油和化学工业联合会在宁波召开了石油和化工行业节水现场交流会，200余名企业、地方政府、协会的代表与会，交流了节约用水、废水处理回用的经验，并现场参观了中石化镇海炼化公司。2011年8月，中国石油和化学工业联合会在北京召开了全国石油和化学工业节能减排工作会议，近300名代表参会，交流了节能减排经验。

（四）组织开展专题研究，制订循环经济发展规划

“十一五”期间，中国石油和化学工业联合会组织开展了《石油和化工行业发展循环经济的技术方向和政策研究》、《高能耗产业节能潜力分析与措施研究》、《化工行业发展循环经济的途径与方法研究》。石油和化工行业还开展了化工行业节能、节水与废水再生利用、危险废物管理等专题研究。这些研究成果为相关政府部门、企业发展循环经济提供了科学依据。为了推动行业的循环经济工作，中国石油和化学工业协会组织石油和化学工业规划院编制了《石油和化工行业“十一五”循环经济发展规划》，同时各主要行业、重点企业也编制了各自的“十一五”循环经济发展规划。例如，中国石油天然气集团公司把发展循环经济作为实现公司持续有效较快协调发展的动力，制订了立足生态设计、着力清洁生产、倡导绿色消费的循环经济技术政策体系，采用系统工程的思想和方法，制订了发展循环经济的相关技术政策和发展规划，建立了激励约束机制，完善内部优惠政策，为循环经济的推行创造良好条件。

（五）发挥化工园区作用，推进循环经济试点示范

“十一五”期间，按照《国务院关于做好建设节约型社会近期重点工作的通知》、《国务院关于加快发展循环经济的若干意见》(国发[2005]21、22号)要求，国家发展改革委会同国家环保总局等有关部门和省级人民政府，在重点行业、重点领域、产业园区和省市组织开展循环经济试点工作，先后2批将19家石油和化工企业及园区列入循环经济试点单位。第一批试点化工企业和园区有14家，第二批试点化工企业有5家。

（六）积极推动循环经济技术创新和应用工作

科技创新和技术进步对于石油和化学工业实施循环经济有着巨大的推动作用。近年来，大量的节能减排、循环经济技术被开发和推广。例如，中海油加紧风能、液化天然气冷能利用、环保船、水处理等项目的研究和建设，2007年建成我国首座海上风力发电站，在可再生能源的开发利用上实现了历史性突破。中国中化集团十分重视节能减排先进技术的推广应用。山东肥业实现了产量增加29%而生产过程无废水排放，中化涪陵在产量大幅增加的同时，COD排放量降低17.5%。氯碱行业推广的干法乙炔技术，有效地解决了电石渣浆污染、占地问题，实现了乙炔的连续生产，提高了装置的自动化和安全性，该项技术已在全国推广38套。低汞触媒技术是氯碱行业污染减排的重大突破，使触媒氯化汞含量由原来的10%以上降到6%以下，汞的消耗量和排放量也大幅度下降。此外，盐酸合成炉尾气回收、氯资源二次利用等一系列创新技术的应用，使氯碱行业的能源消耗和污染物排放都有显著下降，促进了行业的可持续发展。

三、“十一五”期间石油化工行业循环经济政策体系建设

2008年4月，国家发改委和国家标准委公布了合成氨、烧碱、电石、黄磷等四个化工产品主要耗能产品的能耗

限额标准，2009-2010年间，中国石油和化学工业联合会配合国家发改委和标准委，提出了包括41项能耗限额标准在内的标准体系，并开展了相关编制工作。"十一五"时期，国家发改委和工信部还制订了石油天然气开采、PTA、氯碱、纯碱、氮肥、硫酸、磷肥等行业的清洁生产评价指标体系，以及20余项清洁生产标准及审核指南。此外，中国石油和化学工业联合会还研究制定了氯碱、氮肥、农药等16个重点行业的清洁生产技术推行方案，其中氯碱、氮肥等8个行业的方案已由工信部发布。

四、"十一五"期间石油化工行业循环经济技术创新

"十一五"期间，石油和化工行业在节能减排、废弃物回收利用、废旧资源再生利用等循环经济相关领域突破了一批重点技术，开展了相关示范应用工作。例如，乙烯裂解炉空气预热技术、扭曲片强化传热技术、高效膜级距离子膜电解槽技术、大型密闭式电石炉技术、干法乙炔技术、大中型硫黄制酸低温位热能回收技术、清洁高效的先进煤气化技术、低汞触媒技术、氮肥行业污水零排放技术等一大批具有显著的节能减排效果的技术得到了开发和推广。到2010年底，硫酸行业已经有12套装置应用了低温位热能回收技术，每年副产蒸汽约500万吨；氯碱行业推广了干法乙炔技术，有效地解决了电石渣浆污染、占地问题，实现了乙炔的连续生产，提高了装置的自动化和安全性，该项技术已在全国推广38套；氮肥行业通过积极推广污水零排放技术，70余家企业实施了技术改造工程，使吨氨废水排放量减少至5吨以下，先进企业达到2吨以下，全行业废水排放量下降25%，氨氮排放量下降29%，化学需氧量排放量下降28%。

五、"十一五"期间石油化工行业循环经济评价

经过全行业的努力，"十一五"期间行业节能减排和发展循环经济的工作取得了较好的成绩。

一是全行业以能耗总量年均2.5%的增速，支撑了行业总产值年均21%的增长率。2010年万元工业增加值能耗为1.89吨标煤，与2005年3.35吨标煤相比，累计下降43.6%。石油和化工行业节能工作有力地促进了行业结构调整和转型升级，为国家完成"十一五"节能目标做出了重要贡献。

二是行业节水工作取得了一定成绩。根据国家环保部统计，从2008年至2010年，全行业重点监测的一万余家企业的水重复利用率保持在90%左右，高于全国4-5个百分点；工业废水排放达标率保持在95%左右，高于全国约2个百分点。

三是行业污染物减排工作全部完成任务。2010年与2005年相比废水排放总量减少10.4%,COD、氨氮、二氧化硫等主要污染物分别比2005年减排11.0%、63.1%、10.2%，全面完成了国家"十一五"减排任务。工业固体废物处置量6687吨, 工业固体废物综合利用率80%。全行业三废综合利用产值147.4亿元。

"十一五"期间，石油和化工行业在发展循环经济方面还形成了一些有效的模式，主要有三种模式，一是生态化学工业园模式，二是现有企业为基础的产业接续或产业延伸模式。三是区域内多个产业组团联合共生模式。

六、2011年石油化工行业循环经济主要进展与评价

2011年，石油和化工行业节能减排和发展循环经济工作有一定进展，但速度放缓。石油和化工行业能源消耗总量为44514.95万吨标准煤，同比增长8.1%，约占全国能源消费总量的12.9%，仅次于电力和冶金行业，位居工业部门第三位。2011年全行业工业增加值总量为24077.99亿元，同比增长10.1%。全行业万元工业增加值能耗为1.849吨标准煤，同比下降1.80%，没有完成当年万元工业增加值能耗同比下降3.5%的目标。而且能耗下降趋势放缓。部分重点产品，如电石、30%离子膜烧碱等，单位综合能耗不降反升。行业节能工作进展放缓主要原因是各地上马了不少新项目，使得整体能耗量增长较快，而且为了完成2010年"十一五"规划确定的能耗指标，各地一些项目都延迟到2011年上马。

2011年，石油和化工行业主要耗能产品能源消耗有升有降，单位油气产量综合能耗92.81千克标准煤/吨，同比下降0.99%；原油加工单位综合能耗67.26千克标准煤/吨，同比下降0.60%；单位乙烯生产综合能耗850.75千克标准煤/吨，同比下降3.26%；单位合成氨生产综合能耗1371.91千克标准煤/吨，同比下降0.40%；单位电石生产综合能耗1051.58千克标准煤/吨，同比上升1.05%；单位烧碱生产综合能耗433.51千克标准煤/吨，同比下降4.70%，其中单位烧碱生产综合能耗(离子膜法30%)337.88千克标准煤/吨，同比上升0.52%；单位纯碱生产综合能耗300.58千克标准煤/吨，同比下降2.00%；单位黄磷生产综合能耗3252.34千克标准煤/吨，同比下降1.30%。

2011年，石油和化工行业开展了重点耗能产品能效领跑者发布、重点耗能产品能源消耗限额强制性国家标准制定，重点耗能企业能源管理中心建设等工作，有力地推动了节能减排和发展循环经济的工作。

石油化工行业循环经济发展中所存在的突出问题一是石油和化工行业发展循环经济需求急迫、任务艰巨，我国

石油和化工行业整体工艺技术水平落后，产业和产品结构不尽合理，行业发展与资源、环境的矛盾十分突出。二是循环经济关键支撑技术需要突破。三是鼓励企业发展循环经济的长效机制尚未建立。

七、“十二五”石油化工行业循环经济发展目标及发展重点

（一）主要目标

2015年，石油和化学工业重点行业资源利用效率有较大幅度提高，形成一批具有较高资源利用率、较低污染物排放的清洁生产企业。形成若干符合循环经济发展模式的生态工业园区。万元工业增加值能源消耗比“十一五”末下降15%，二氧化碳排放量比“十一五”末下降15%。工业用新鲜水取水量比“十一五”末下降15%，工业用水的循环利用率达到95%。化工COD、氨氮排放总量减少12%，氮氧化物排放总量减少10%，二氧化硫排放总量减少7%，工业废水基本达标排放。化工固体废物综合利用率达到75%，无害化处置率达到90%以上。全行业清洁生产创造历史最好水平。

（二）发展重点

“十二五”期间，要加强石油和化工矿产资源和可再生资源的综合开发，降低石油和化工产品制造的资源消耗，提高重点子行业“三废”综合利用率，实施重点循环经济工程。

一是煤—盐—电—产品—废弃物及余能资源化利用一体化工程。二是磷资源综合利用工程。三是煤—电—重（煤）化工—精细化工一体化工程。四是硫资源—废弃物及能量综合利用工程。五是石油和化工行业循环经济示范园区建设工程。

（撰稿：李永亮，中国石油和化学工业协会产业发展部）

废钢铁产业循环利用

中国废钢铁应用协会

废钢铁的循环利用在国家政策的惠顾下不断取得新进展。

2011年在全球经济增长乏力，欧债危机持续震荡，国内经济增长速度放缓，调控力度加大，市场需求萎缩的不利形势下，废钢铁产业立足于服务钢铁工业，寻求同步发展的定位，在钢铁工业链的大循环中，经过全行业员工的积极努力，收获了艰辛付出的成果，废钢铁产业的发展又向前跨出一大步。

一、2011年钢铁工业废钢铁循环利用持续增长

（一）2011年废钢铁市场运行情况

1、2011年我国钢铁生产实现平稳发展

2011年我国钢铁工业在国内外严峻的经济形势面前，积极应对外部条件的不利影响，战胜诸多困难，保持了平稳发展的态势。

2011年我国钢铁企业生产粗钢68327万吨，同比增加4457万吨，增幅7%；生产生铁62696万吨，同比增加4894万吨，增幅8.4%；生产钢材88131万吨，同比增加9650万吨，增幅12.3%。

表1 2006—2011年中国粗钢产量统计表 单位：万吨

年份	2006	2007	2008	2009	2010	2011
产量	42102	48971	51234	57707	63874	68327
增长量	6523	6869	2263	6473	6167	4453
（%）	18.3	16.3	4.6	12.6	10.7	7.0

2、2011年废钢铁循环利用继续保持增长态势

根据中国废钢铁应用协会统计资料，2011年全国炼钢废钢铁消耗9100万吨，比2010年增加430万吨，同比增长5%。全国炼钢废钢综合单耗133公斤/吨钢，比2010年的138公斤/吨钢下降5公斤/吨钢。其中：全国转炉废钢平均单耗80公斤/吨钢，比2010的81公斤/吨钢降低1公斤/吨钢；全国电炉废钢平均单耗623公斤/吨钢，比2010年的640公斤/吨钢降低17公斤/吨钢。

据中国钢铁工业协会统计资料，2011年全国重点钢铁企业电炉热铁水平均单耗499公斤/吨钢，同比增加1公斤/吨钢。

表2 2006—2011年我国炼钢废钢铁消耗情况

年份	2006	2007	2008	2009	2010	2011
综合单耗（公斤/吨钢）	160	140	144	146	138	133
环比增减量（公斤/吨钢）	-18	-20	+4	+2	-8	-5
炼钢废钢比（%）	16	14	14.4	14.6	13.8	13.3
转炉单耗（公斤/吨钢）	79	75	82	76	81	80
环比增减量 （公斤/吨钢）	-12	-4	+7	-6	+5	-1
电炉单耗（公斤/吨钢）	548	549	546	658	640	623
环比增减量 （公斤/吨钢）	-108	+1	-3	+112	-18	-17

全国炼钢废钢铁消耗继续延续“总量增长，单耗下降”走势，粗钢产量的增加，保持了消耗总量的增长，钢铁企业社会废钢铁采购应用量的减少，造成废钢铁单耗的下降。2011年取消增值税返税政策后，废钢铁市场价格上

涨，生产成本加大，企业消化能力有限，加上资金运转困难，钢材销售不景气等方面的困扰，严重影响了企业在废钢铁市场的竞争力，一些企业只能采取加大内部回收力度，多吃库存等措施，减少社会废钢铁的采购，缓解废钢铁市场价格的冲击，电炉钢生产企业则采取多吃热铁水，弥补废钢铁资源的不足。

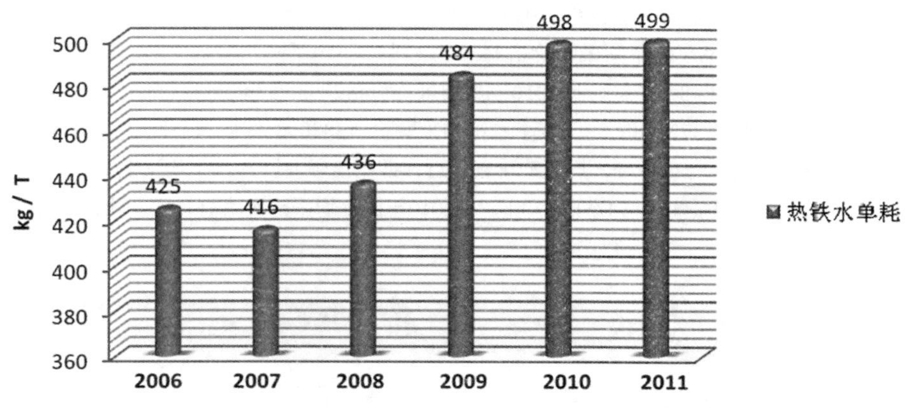

2006—2011年重点钢铁企业电炉热铁水消耗情况

3、2011年废钢铁资源增长不同步

2011年废钢铁资源中，钢铁企业自产废钢铁3560 万吨，比2010年的3300万吨增加260万吨，同比增长7.9%；社会采购废钢铁5080万吨，比2010年的5190万吨减少110万吨，同比降低2.1%。2011年进口废钢677万吨，同比增加92万吨，增长15.7%，其中用于钢铁企业炼钢用的进口废钢510万吨，同比增加70万吨，增长15.9%。钢铁企业全年多吃库存150万吨，维持了企业生产的运行。

表3 2006—2011年废钢铁资源平衡情况表　单位：万吨

年份	废钢铁消耗量	废钢铁资源构成				
		企业自产量	社会采购量	进口补充量	废次材调出量	库存变化量
2006	6720	2750	3800	440	310	-40
2007	6850	2680	4330	120	270	10
2008	7200	2860	4200	260	220	-100
2009	8310	3040	4580	1020	200	130
2010	8670	3300	5190	440	160	100
2011	9100	3560	5080	510	200	-150

2011年钢铁企业自产废钢铁和社会采购废钢铁数量的增减变化，反映出国内废钢铁市场的运行态势。停止返税导致废钢铁价格上升，成本升高导致企业效益下滑，企业只能审时度势，减少社会废钢铁的采购量，造成外部资源供给量的下降，依靠内部挖潜，增加自产废钢铁的回收利用量，用于生产的需要。

4、2011年我国进口废钢增加

据海关统计资料， 2011年我国进口废钢677万吨，比2010年的585万吨增加92万吨，增长15.7%。进口废钢作为补充国内废钢铁资源不足的渠道，价格曲线的起伏左右进口数量的增减。在世界大宗钢铁原料价格不断攀升的情况下，进口废钢的价格逐年上涨。2011年一些企业在国内废钢铁价格高位运行的态势下，权衡多方位的利弊，抓住时机，精心运作，使废钢进口量有所增加，但与每年约1000吨的补充量还相差甚远。

2011年进口废钢的特点，前四个月与同期比呈下降趋势，后八个月同比基本保持增长态势。2011年中国从美国进口废钢278万吨，进口量增加106.6万吨，同比增长62.2/%；从日本进口废钢233万吨，与2010年相比，进口量减少35.3万吨，下降13.7%。美、日两国之和511万吨，占中国进口总量的75.5%。

（二）2011年废钢铁市场价格情况

1、2011年国内废钢铁价格情况

2011年国内废钢铁市场的变化，与钢材市场的震荡息息相关，前三个季度保持持续小幅上涨。根据中国废钢铁应用协会统计资料，以重型废钢为例，一季度平均采购价格3426元／吨，二季度平均采购价格3617元／吨，环比上涨191元／吨，涨幅5.6%；三季度平均采购价格3701元／吨，环比上涨84元／吨，涨幅2.3%。四季度受钢材价格下滑的影响，废钢铁价格回落。重型废钢平均采购价格3434元／吨，环比下降267元／吨，降幅7%，与一季度平均采购价格相近。全年平均采购价格3548元／吨，比2010年平均采购价格2893元／吨，上涨655元／吨，涨幅22.6%。

炼钢生铁一季度平均采购价格3726元／吨，二季度平均采购价格3830元／吨，环比上涨104元／吨，涨幅2.8%；三季度平均采购价格3838元／吨，与二季度平均采购价格相近；四季度逐月回落，平均采购价格3600元／吨，环比下降238元／吨，降幅6%，全年平均采购价格3751元／吨，比2010年的平均采购价格3171元／吨，上涨580元／吨，涨幅18.3%。

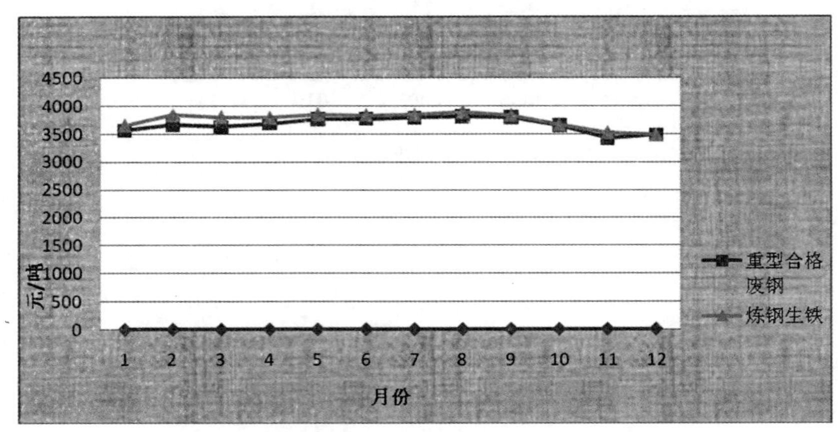

2011年重点品种废钢铁价格运行图

2011年废钢铁价格同比保持了两位数的增长率，反映出取消返税政策后，供需双方利益空间的转移，是市场运行规则的体现。同时需求和钢材价格上行的拉动，促使废钢铁价位在震荡中缓步上升。

2、2011年进口废钢价格情况

2011年进口废钢总体呈上涨态势，个别月份与同期持平或略有下降。据海关数据统计，以进口普通废钢到岸价为例，全年各月小幅震荡，最高到岸价为4月份的626美元/T，最低到岸价为7月份的551美元/吨，1—4月与同期对比，每月价格上涨都超过100美元/吨； 9—12月环比下降，全年平均到岸价580美元/吨，比2010年的496美元/T上涨84美元/吨，涨幅16.9%。

表4 2011年进口废钢情况表

月份	进口数量（万吨）			其中：普通废钢进口数量（万吨）			普通废钢价格（美元）		
	2010	2011	比较	2010	2011	比较	2010	2011	比较
1	61.2	45.9	-15.3	59.3	45	-14.3	413	552	139
2	46.5	24.9	-21.6	44.6	24.4	-20.2	436	621	185
3	73.9	61.2	-12.7	70.6	59.6	-11	438	575	137
4	55.8	31.2	-24.6	53.4	28.9	-24.5	517	626	109
5	36.0	62.8	26.8	33.4	60.6	27.2	568	567	-1
6	32.3	51.8	19.5	30.0	50.5	20.5	567	575	8
7	50.6	78.1	27.5	48.2	76	27.8	504	551	47
8	53.1	51.7	-1.4	51.5	50.1	-1.4	474	599	125

9	48.7	69.8	21.1	47.4	67.6	20.2	503	608	105
10	25.8	56	30.2	24.6	52.1	27.5	604	592	-12
11	43.1	63.1	20	41.2	59.8	18.6	545	582	37
12	57.7	80.2	22.5	55.6	77.1	21.5	527	563	36
合计	584.8	676.7	91.9	559.8	651.7	91.9	496	580	84

表5 2006～2011年我国进口铁矿石价格统计表

年 份	2006	2007	2008	2009	2010	2011
数 量（万吨）	32632	28309	44366	62778	61864	68608
均 价（美元/吨）	64.12	88.22	136.21	79.87	123.38	163.84

进口废钢价格的上涨，一是由于在世界经济不景气的情况下，全球粗钢产量同比增长6.8%，对钢铁原料的需求有增无减，推动废钢价格继续攀升；二是铁矿石等其他冶金原燃料价格居高不下，整体行情同时上涨；三是钢材价格呈震荡上行态势，废钢铁价格同步上涨。

（三）2011年废钢铁循环利用存在的主要问题

1、税赋过重，不利于废钢铁产业的发展

2011年废钢铁销售停止返税后，给废钢铁回收加工配送企业和钢铁企业都带来很大影响。废钢铁加工配送企业销售经营中，销项抵扣几乎为零，增值税基本全额上缴，加大了运营成本和资金的投入。钢铁企业则要接受转嫁升高的价格，致使企业生产成本上升，利润减少。目前的税收政策，既打击了钢铁企业多吃废钢铁的积极性，又增加废钢铁加工配送企业的负担。国家应尽快出台相关财税政策，支持废钢铁产业的发展。

2、部分废钢铁资源流向不符合国家产业政策

目前，废钢铁市场运营中，一个比较突出的问题，就是部分废钢铁资源的流向。由于管理的缺失和地方保护，国家明令禁止和淘汰的不规范钢铁企业，在采购废钢铁时采取不开增值税发票，提高市场价格，现款收购废钢铁的方式，与国家支持的大中型钢铁企业争夺优质的废钢铁资源。在我国废钢铁资源比较短缺的状况下，初步估算每年约有3000万吨的废钢铁流向地方的不规范钢铁企业。不仅扰乱了废钢铁市场，更严重的是造成国家税源的损失。使那些合法经营、照章纳税的钢铁企业和废钢铁加工配送企业在市场上与其无法公平竞争。各级执法部门要加强市场监管，采取有效措施保护规范企业的合法权益，杜绝国家税源流失。

3、废钢铁加工配送企业的发展，需要国家加大扶持力度

废钢铁加工配送基地的生产经营方式，代表了废钢铁产业发展方向。目前，在建设中只有少数企业获得国家的投资，多数企业靠自身解决建设资金，一些企业负担过重，不利于后期发展。在资金投入上，国家应给予倾斜。另外，已被协会授牌的废钢铁加工配送企业，多数没有废钢进口权。许多企业急待解决废钢进口问题。有关部门应尽快研究，帮助企业排忧解难。

二、中国废钢铁产业迎来发展的新时期

废钢铁是世界公认的节能降碳的绿色环保钢铁原料，是再生资源循环利用中数量最多，价值最高的重点品类。也是目前唯一可代替铁矿石炼钢的大宗冶金炉料。从不被关注的拾荒者个体回收，逐步发展为一个规范的产业，走过了一个漫长的发展历程，目前已进入持续健康发展时期。

（一）国家的支持，为废钢铁产业的发展带来机遇

各级政府对废钢铁循环利用的支持，各项政策的惠顾，是废钢铁产业得以提升发展的决定因素。

国务院领导对提高废钢铁回收循环利用多次做出重要批示，提高了废钢铁回收利用行业的地位。

政府相关部门陆续出台政策，从商业回收网点的建设，增值税的多次调整，各类园区和"城市矿产"示范基地的建立，都为废钢铁产业提供了发展的时机。

国务院关于加快培育和发展战略性新兴产业的决定要求：加快资源循环利用关键共性技术研发和产业化示范，提高综合利用水平和再制造产业化水平。建立废钢铁加工配送示范基地完全符合国务院决定的要求，推动了废钢铁产业的发展。

国家钢铁工业“十二五”发展规划提出：加快建立适应钢铁工业发展要求的废钢循环利用体系。依托符合环保要求的国内废钢加工配送企业，重点建设一批废钢加工示范基地，完善加工回收配送产业链，提高废钢加工技术装备水平和废钢产品质量。积极研究制定进口废钢的优惠政策措施，鼓励在海外建立废钢回收加工配送基地。规划为废钢铁产业的发展指出了明确的方向，是全行业“十二五”工作的着力点。

国家工信部组织制定《废钢铁加工行业准入条件》，规范废钢铁加工企业健康发展，废钢铁加工配送体系建设日趋完善。

（二）协会科学引导，推动废钢铁产业深入发展

“十五”期间，国内废钢铁回收利用借鉴国外管理模式，结合中国的实际，会员企业出现了“大批量采购，机械化集中加工，按需求统一配送”的发展方式，并得到了下游产业的认可和欢迎。协会抓住时机，及时制定了《中国废钢铁应用协会废钢铁加工配送中心示范基地准入标准》，积极引导废钢铁加工配送企业规范健康发展，也为“十一五”废钢铁加工配送体系建设快步发展奠定了良好的基础。

2005年8月，协会首批授予丰立集团“废钢铁加工配送中心示范基地”称号。到“十一五”末期，又有湖北兴业炉料钢铁公司等两家进入“废钢铁加工配送中心示范基地”的行列，辽宁朝阳议通金属资源公司等五家企业，被协会授予“废钢铁加工配送中心”称号。2011年被协会授牌的企业又新增华城金属资源（马鞍山）有限公司等五家企业，年底共有17家废钢铁加工配送企业被协会授牌。目前，向协会申报和正在筹建的废钢铁加工配送企业还有几十家，呈现出企业建设规范，数量不断增加的良好态势。

2011年，中国废钢铁应用协会会同其他三个相关协会，在武汉成立了“全国废钢铁产业培训中心”，对业内人员进行了专业培训，已有100多人获得由工信部相关部门颁发的证书。建立行业培训的长效机制，推动培训工作的常态化，对全行业素质的提高提供了良好的条件。

（三）产业链逐步延伸，为相关行业带来新的商机

废钢铁加工配送企业的发展，为国内外相关设备制造企业带来市场商机。湖北力帝、江苏华宏、四川邦力、沈阳隆基等国内企业的专业设备，已成为废钢铁加工配送基地的主体设备。美国纽维尔等外企的设备在中国市场逐步增加份额，德国、日本、法国等相关企业正在积极开发中国市场。目前，已有50多台大型液压门式剪切机和约90条废钢破碎线安装在废钢铁加工配送企业的场地，为钢铁企业生产不同标准的废钢铁产品，扩大“精品废钢”的比例。

国产大型剪切机

废钢破碎生产线

中国废钢铁产业的发展，引起国外同行的关注。德国已在上海建立合资的不锈废钢加工配送企业，日本一些财团正在探讨同中国企业合作，建立废钢铁加工配送基地废钢铁产业的兴起，也吸引投资机构和银行业的目光。多家金融企业到协会咨询废钢铁产业发展前景和加工配送企业情况，寻找投资的机会和可靠的合作伙伴。

（四）中国废钢铁产业发展空间广阔

“十二五”是我国由钢铁大国向钢铁强国加快转变的好时机，钢铁工业技术水平、产品质量水平的不断提升和清洁生产的要求，对“精品废钢”的需求量会越来越多。

中国的废钢铁产业刚刚起步，废钢铁产品的数量和质量还不能完全满足钢铁工业发展的需要，与发达国家相比，我国废钢铁的应用还处于低水平。

根据国际回收局（BIR）有关资料，2011年世界废钢的消耗量为5.7亿吨，创历史新高。2011年美国、欧盟、日本的废钢比分别为64.8%、56.9%、34.6%，土耳其的废钢比高达90.3%，我国2011年的废钢比仅达到13.3%。2011年

世界的废钢比37.7%（含中国），如果中国不计算在内，2011年世界的废钢比54.5%。

表6 2006—2011年世界炼钢废钢比

年份	2006	2007	2008	2009	2010	2011
废钢比（%）	40.1	40.1	39.9	37.6	37.5	37.7

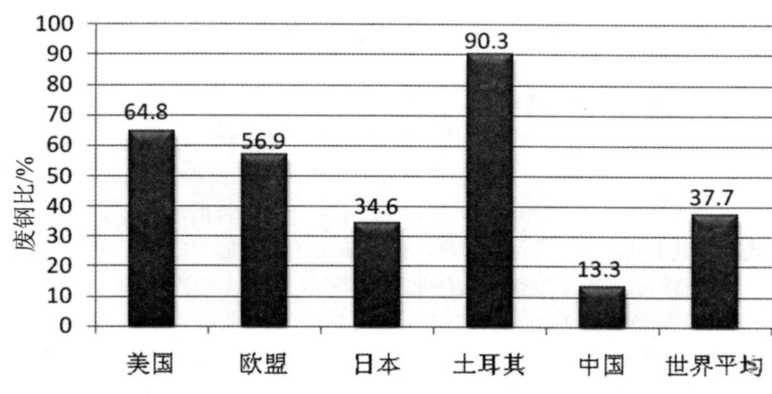

2011年主要国家和地区炼钢废钢比情况

与世界的差距，不可能短时间拉平。目前的废钢比与废钢铁产业“十二五”发展规划20%的目标，也存在一定的差距，后四年全行业要付出很大的努力。

中国与世界的差距，是发展时代的差距。显示出中国废钢铁产业的未来蕴含着巨大的潜力，废钢铁产业与钢铁工业同步发展是理想的目标，废钢铁的循环利用有着无限广阔的空间，行业的企业家和从业者任重道远。

（撰稿：刘树洲，中国废钢铁应用协会）

轻工行业循环经济

中国轻工业联合会

2011年，中国轻工业联合会和各行业协会认真贯彻中央决策部署，紧紧围绕轻工业结构调整和转型升级，履行行业组织职能，大力推进循环经济发展。全行业共同努力，克服外部环境复杂、生产经营成本上升等多重困难，实现了“十二五”良好开局。

一、循环经济推动我国轻工业进一步发展

“十一五”期间以来，我国轻工业发展循环经济、节能减排取得积极进展。通过不断完善相关政策措施，在高排放的造纸、皮革、发酵等行业，加强专项治理和环保核查，淘汰了环保难达标的落后生产能力。通过采用新技术、新工艺、新材料，提高能源利用率和水的循环利用效率，重点行业综合消耗明显下降。

“十一五”期间，我国造纸工业加大环境治理力度，扎实推进节能减排，重点对草浆生产企业和较大污染源点和重点流域造纸企业进行了综合整治。关停了制浆造纸企业2000 多家，淘汰落后产能1000 余万吨。2010 年，造纸废水中主要污染物化学需氧量（COD）排放95.2 万吨，比2005年的159.6 万吨降低40.4%，排放强度由万元产值0.069 吨降至0.018吨，降幅为73.9%。“十一五”期间，吨纸浆平均综合能耗（标准煤）由0.55 吨降至0.45 吨；吨纸及纸板平均综合能耗（标准煤）由0.83吨降至0.68 吨；吨纸浆、纸及纸板平均取水量由103m^3 降至85m^3；吨纸及纸板平均消耗原生纸浆由427 千克降至340 千克。已建成的先进产能的质量、消耗定额、污染物排放负荷达到国际先进水平。

皮革行业从2003年推出“生态皮革”到现在，由最初的12家生态皮革企业发展到现在的49家，生态皮革企业的产能达到我国制革行业总产能的1/8左右。这些企业在节能减排和生态环保方面起到了示范效应，它们的产品满足了消费者绿色消费需求，赢得了市场的认可，达到了环境效应和经济效应的双赢。根据生态皮革年度统计，2011年生态皮革企业节能减排成效显著，在产量与上年持平的情况下，废水排放量减少3.7%，氨氮减排9.6%，化学需氧量（COD）减排7%。

发酵行业积极推动企业节能减排技术创新，并结合环保核查，使得行业节能减排取得了突出成效。2006年～2011年，味精行业吨产品水耗平均每年降低5.9%，能耗下降2.2%；柠檬酸行业吨产品水耗平均每年降低13.2%，能耗下降6.8%；淀粉糖行业吨产品水耗平均每年降低8.6%，能耗下降6.3%；酶制剂行业吨产品水耗平均每年降低5.6%，能耗下降1.8%；酵母行业吨产品水耗平均每年降低4.9%，能耗下降1.3%。发酵行业除在节能减排方面做出了巨大贡献外，资源综合利用方面也成绩斐然。发酵行业的主要原料80%是玉米，玉米中淀粉做葡萄糖（发酵），玉米芯可以提取多功能糖醇，并可以做纤维素乙醇，胚芽饼粕可以提取食品级胚芽蛋白粉，玉米纤维提取含甾醇玉米纤维油，基本上将玉米“吃干榨尽”，原料副产物综合利用率高达90%以上；工业用水采用阶梯式循环利用技术，水循环利用率≥75%；工业废水通过厌氧好氧+深度处理技术，废水综合利用率在80%以上；固体废弃物包括活性炭、硫酸钙等综合利用率超过90%。

二、进一步推进重点行业清洁生产、节能减排工作

（一）参与组织制订《轻工业“十二五”发展规划》，突出循环经济。2011年工业和信息化部印发轻工业联合会参与编制的《轻工业“十二五”发展规划》。《规划》提出，“十二五”期间，轻工业将坚持节能减排，增强可持续发展能力。加强资源节约和综合利用，提高能源资源利用效率。大力发展循环经济，积极推广先进节能减排技术，加快推行清洁生产，促进行业发展与资源环境相协调。到“十二五”末，单位工业增加值能源消耗较“十一五”末降低20%，单位工业增加值用水降低30%。主要污染物排放总量减少，化学需氧量和氨氮分别减少10%。一是推广节能减排新技术。利用新技术、新工艺、新材料、新设备和认证等手段推动企业节能减排。加快推进造纸、发酵、制糖等行业清洁生产审核。加强家电、皮革、日用化学制品等行业挥发性有机物控制。推动浓缩型洗涤剂等低碳、节能、减排产品的生产，促进轻工行业绿色发展。加强重点领域清洁生产技术开发和推广应用，制定和发布重点行业清洁生产评价指标体系。积极推广应用先进的污染防治技术。二是加强资源综合利用与废旧产品回收。加强水资源综合利用，建立和推行用水定额管理制度，大力提高废水、污水处理回用率。在造纸、制革等行业采用清污分流、闭路循环、一水多用等措施，提高水的重复利用率。实施节水技术改造，组织轻工业废水处理回用成套装置技术设备的研发。对生产过程中产生的废液、余热余压实施综合利用处理。加强塑料、皮革、造纸等行业生产过程中边角料的综合利用，最大限度实现资源化。推广利用钾盐生产剩余物制作鲜皮处理剂技术。加强废弃物综合利用技术的推广应用，实现废纸、废塑料、废玻璃、皮革废弃物等大宗工业固体废弃物的规模化增值利用。提高废旧家电等产品的回收利用水平。加大废旧铅蓄电池等含重金属产品的回收处理力度。三是加快淘汰落后产能。

（二）受工信部委托组织编制饮料、罐头、人造革合成革、酿酒（白酒）、发酵（淀粉糖和酶制剂）、照明

电器（荧光灯）6个行业的清洁生产技术推行方案，目前已完成上报饮料和发酵（淀粉糖和酶制剂）2个行业推行方案，其余4个行业已完成了初稿。

（三） 受工信部委托对各省市上报的58个2011年轻工业清洁生产示范项目组织了行业专家评审，并推荐了22个重点示范项目，涉及发酵、酿酒、制糖、造纸、皮革、电池、制盐等重点行业，其中18个项目得到了落实。示范项目的实施将为相关行业树立典范，对推动行业清洁生产的深入开展将产生积极的影响，我们将及时跟踪项目实施情况，总结经验适时在行业中全面推广这些先进技术。

（四）受工信部节能司委托，按照《“十二五”国家鼓励发展的工业和通信业清洁生产技术评审要求》的有关规定，分行业组织专家对各地报送的轻工类清洁生产技术进行了评审，重点推荐技术共计11项，推荐技术17项。

（五）参与工信部节能司组织编制的《工业清洁生产推行“十二五”规划》、《工业节能“十二五”规划》中轻工行业部分的编写工作。

（六）中国饮料工业协会连续多年开展节水、节能优秀企业评价考核工作，2011年优秀节水企业46家，优秀节能企业32家。

（七）受国家发改委委托，参与完成重点节能改造工程专题研究轻工行业报告；

（八）中国照明协会组织完成《中国逐步淘汰白炽灯的建议方案》，配合发改委制定中国逐步淘汰白炽灯路线图。

（九）受工信部委托组织专家对第一批“资源节约型环境友好型”企业建设实施方案进行评审，并提出修改完善意见。

（十）组织向工信部节能司推荐10项两化融合促进节能减排重点推进项目，其中广西都安永鑫糖业有限公司、广州造纸集团有限公司、山东华泰纸业股份有限公司、青岛啤酒股份有限公司、广州珠江啤酒股份有限公司和浙江天能电源材料有限公司的6个项目通过专家评审列入首批重点推进项目。

（十一）受工信部委托完成了工业转型升级重点技术改造投资指南轻工行业部分的内容。

（十二）组织向国家发改委环资司推荐14项重点节能技术（第四批），其中3项最终入选。

（十三） 向工信部节能司组织推荐“十二五”工业节水重大工艺、技术及装备”相关技术16项。

（十四）组织编制“制浆造纸企业能源管理中心建设试点实施方案指南”，并得到工信部采纳。

三、积极开展节能减排相关课题的研究工作

（一）积极开展由工信部组织的“重点行业节能减排技术评估与应用研究”科技支撑项目中的“轻工行业节能减排技术筛选与评估”课题，包括了造纸、发酵、酿酒、制糖、皮革、电池、制盐等7个行业，目前我们为第一批完成了《轻工重点行业节能减排先进适用技术目录》和《轻工重点行业节能减排技术指南》及《轻工重点行业节能减排技术案例》的行业，现正准备验收。通过此项课题的研究，将摸清相关行业节能、清洁生产、减排、废弃物利用等各方面的现状与节能减排潜力，为行业清洁生产审计、能源审计、工程设计、技术推广、政策制定等提供依据。

（二）积极开展“GDP二氧化碳排放强度下降40%-45%目标的分解与实施方案”课题轻工部分的研究工作，该课题的完成将对工业领域“十二五”节能规划的制定和应对气候变化政策的制定提供重要依据。

（三）完成了环保部2010年“轻工行业环境经济政策配套综合名录编制”工作，该课题的研究将摸清重点行业主要产品的产排污情况及减排潜力，并将为国家制定环保、绿色信贷、出口退税、税收、加工贸易等相关政策提供依据，并完成了2011年的课题合同书的签订。

（四）完成了工信部委托的“轻工业淘汰落后产能问题研究”课题。

四、发挥舆论导向作用，加强行业节能减排宣传

（一）2011年6月26日，中国轻工业联合会与中国自行车协会等联合举办“低碳行动骑行中国”2011大学生红色之旅骑行活动，是为纪念中国共产党建党90周年而组织的一次特别活动。骑行队员由北京大学、复旦大学、北京交通大学等12所知名高校的100多名在校大学生代表组成。骑行队沿着红色之路一路前行，足迹遍及西柏坡、一大会址、嘉兴、南昌、井冈山、遵义、西安、延安等红色圣地。活动历时32天，行程1288公里，途径22个县市，广为宣传低碳减排政策，推广低碳生活理念，产生了良好的社会效果，直接和间接影响（数百）万民众。

（二）2011年7月25日在内蒙通辽梅花生物科技有限公司召开发酵行业清洁生产典型企业现场经验交流会，大力推动清洁生产先进技术、工艺和装备的推广，我会钱桂敬副会长出席了会议并做了重要讲话。通辽梅花公司“十一五”以来，投入3亿多元用于清洁生产，发展循环经济，通过产学研合作实现产酸率平均18%左右、糖酸转化率平均68%左右，吨产品水耗、综合能耗已分别下降到10吨、1.2吨标煤左右，处于行业领先水平，同时攻克了一直以来普遍困扰谷氨酸发酵行业以及整个氨基酸发酵行业的喷浆造粒烟气异味难题。梅花公司取得的成绩从根本上改变了味精生产的面貌，对发酵企业具有积极的参考和借鉴意义。

（撰稿：于学军，中国轻工业联合会科技环保部）

造纸行业循环经济

中国造纸协会

2011年造纸行业是中国造纸行业实现战略转型目标的关键一年，2011年国家发展和改革委员会、工业和信息化部、国家林业局联合发布了《造纸工业发展“十二五”规划》，提出造纸行业发展的指导思想 “按照《国民经济和社会发展第十二个五年规划纲要》的要求，深入贯彻落实科学发展观，走新型工业化道路，加快转变发展方式。以结构调整为主线，以建设科技创新型、资源节约型、环境友好型现代造纸工业为目标，充分发挥造纸工业绿色、低碳、循环的特点，提升自主创新能力，节约资源，保护环境，提高增长的质量和效益，推动产业优化升级，增强国际竞争力，在造纸大国向现代造纸强国转变中迈出实质性步伐。”并提出了一系列力争达到和约束性目标，其中明确了行业发展目标，“建设科技创新型、资源节约型、环境友好型现代造纸工业”，并要求行业“充分发挥造纸工业绿色、低碳、循环的特点”为造纸行业下一步推进绿色、低碳及循环经济发展指明了方向。

一、已初步成为具有绿色、低碳和可循环特点的工业

我国造纸工业经过几代人的努力已初步成为具有绿色、低碳和可循环特点的工业。造纸原料作为再生资源可通过大规模生产实现永续利用，纸、纸板、纸制品使用后可通过回收实现再利用。同时造纸行业具有化学品回收和水循环利用等方面的成熟技术，已普遍成功应用在生产过程中，造纸工业可实现对资源的高效利用、循环利用，是可持续发展的绿色产业。同时，造纸工业是最具低碳发展条件的产业，原料生产过程聚碳作用非常明显，以及生产过程中利用废液、废渣、废料、污泥等生产大量生物质能源。

2005年至2011年是中国纸业发展的黄金时期，是中国造纸工业发展最好最快时期。生产消费稳定快速增长，经济效益显著提高，原料结构有所改善，技术装备水平大幅提升，产业结构趋于合理，结构调整力度加大，资源消耗水平大幅降低，污染防治成效显著。中国造纸工业已步入世界造纸先进大国行列，为纸业绿色发展打下了坚实的基础。

至2011年中国纸业纸和纸板产量和消费量已连续两年位居世界首位；经过十年发展，投资3700多亿元，新增先进产能3700万吨；具有一批国际先进水平生产线，已拥有年产100万吨/年化学木浆、20万吨/年竹浆、10-30万吨/年化机浆、废纸浆、废纸脱墨等生产线；拥有了大量世界先进水平的新闻、铜版、文化纸机等。造纸行业具有世界先进水平的装备产能已达40%，国际一般、国内先进水平产能达30%；新闻纸、高档文化纸、包装纸等产品质量已达到世界先进水平。

中国造纸工业正由造纸大国迈入世界造纸先进大国行列，是中国纸业质的飞跃。中国造纸工业已步入了低消耗、低污染、低排放的快车道。

2005年至2011年，造纸行业单位产品综合能耗降低18%以上，平均取水量降低17%，主要污染物COD排放量下降53%以上，吨纸及纸板原生纸浆消耗降低20.4%，实现了增产减污的目标，为国家节能减排做出了突出的贡献。

二、造纸原料结构进一步优化

2011年造纸行业纸浆消费结构进一步优化，废纸回收率进一步提高。2011年全国纸浆消耗总量9044万吨，较上年8461万吨增长6.89％，其中木浆2144万吨，较上年增长15.33％，比例占24％；非木浆1240万吨，较上年增长-4.39％，比例占14％；废纸浆5660万吨，较上年增长6.69％，比例占62％。木浆中，进口木浆比例上升1个百分点；废纸浆中，进口废纸浆比例下降1个百分点，国产废纸浆比例与上年持平；非木浆中，稻麦草浆比例比上年下降2个百分点；竹浆比例与上年持平；苇（荻）浆比上年上升1个百分点、蔗渣浆比例比上年上升1个百分点。废纸回收率持续保持增长，2011年比2001年增长64％。废纸利用率2011年比2001年增长39％，自2009年连续三年保持在70%以上。

表1　纸浆消费结构（2000—2011年）　（万吨）

	2000年		2005年		2010年		2011年	
	量	比例/%	量	比例/%	量	比例/%	量	比例/%
纸浆总消费量	2790	100.0	5200	100.0	8461	100.0	9044	100.0
1、木浆消费量	535	19.2	1130	21.7	1859	22.0	2144	23.7
其中：国产木浆	200	7.2	371	7.1	716	8.5	823	9.1
进口木浆	132	4.7	754	14.5	1129	13.3	1435	15.9
2、非木浆	1115	40.0	1260	24.2	1297	15.3	1240	13.7
其中：苇（荻）浆	100	3.6	138	2.7	156	1.8	158	1.7
竹浆	30	1.1	86	1.7	194	2.3	192	2.1
蔗渣浆	30	1.1	63	1.2	117	1.4	121	1.3
禾草浆	862	30.9	929	17.9	719	8.5	660	7.3
其他浆	74	2.7	94	1.8	111	1.3	109	1.2
3、废纸浆	1140	40.9	2810	54.0	5305	62.7	5660	62.6
其中：进口废纸浆	297	10.6	1362	26.2	2092	24.7	2182	24.1
国产废纸浆	843	30.2	1448	27.8	3213	38.0	3478	38.5

注：数据来自中国造纸协会调查资料。

表2 2000～2011年我国废纸回收利用情况

万吨	2000年	2001年	2002年	2003年	2004年	2005年	2006年	2007年	2008年	2009年	2010年	2011年
国内回收量%	1055	1002	1339	1461	1654	1801	2263	2765	3128	3675	4017	4347
废纸进口量%	370	636	686	939	1228	1711	1962	2256	2421	2750	2435	2728
废纸回收率%	29.5	27.2	30.9	30.4	30.4	30.4	34.3	37.9	39.4	42.9	43.7	44.6
废纸利用率%	46.7	51.2	53.6	55.8	58.2	62.7	65.0	68.3	69.5	72.3	71.5	71.2
废纸浆比重%	40.2	44.0	46.7	49.1	51.7	54.0	56.4	59.3	60.3	62.6	62.7	62.6

注：数据来自中国造纸协会调查资料。

三、节水和环保工作取得新进展

2010年制浆造纸及纸制品产业（统计企业5570家，比上年减少201家）用水总量为123.39亿吨，其中新鲜水量为46.15亿吨，占工业总耗新鲜水量543.95亿吨的8.48%。重复用水量为77.24亿吨，水重复利用率为62.59%，比上年提高5.55个百分点。万元工业产值(现价)新鲜水用量为89.6吨，比上年减少18.2吨，降低16.9%。造纸工业2010年废水排放量为39.37亿吨，占全国工业废水总排放量211.86亿吨的18.58%，比上年降低0.2个百分点。造纸工业废水排放达标量为37.8亿吨，占造纸工业废水排放总量的96.01%，比上年提高2.48个百分点。排放废水中化学需氧量（COD）为95.2万吨，比上年109.7万吨减少14.5万吨，占全国工业COD总排放量365.6万吨的26.04%，比上年减少2.89个百分点。万元工业产值(现价)化学需氧量（COD）排放强度为18千克，比上年降低28%。排放废水中氨氮为2.50万吨，比上年2.74万吨减少0.24万吨，占全国工业氨氮总排放量24.54万吨的10.19%，比上年减少0.99个百分点。造纸工业废水处理设施年运行费用为64.9亿元，比上年增加13.9亿元，增长27.25%。

表3 造纸行业主要污染物排放情况

	2005	2006	2007	2008	2009	2010
汇总企业数	3911	4035	5818	5759	5771	5570
工业废水排放量（亿吨）	36.74	37.44	42.46	40.77	39.26	29.37
工业废水达标排放量（亿吨）	33.56	33.62	38.30	37.51	36.72	27.80
化学需氧量（万吨）	159.6	155.3	157.4	128.8	109.7	95.2
挥发酚（吨）	305.6	439.2	231.9	93.5	70.7	42.9
氨氮（万吨）	4.14	3.64	2.98	2.41	2.74	2.49
二氧化硫排放量（万吨）	43.1	42.8	49.2	46.3	45.7	50.8
工业用水总量（亿吨）	76.66	89.24	100.37	108.96	108.44	123.38
新鲜水用量（亿吨）	42.50	44.01	48.82	48.84	46.59	46.15

注：资料来源：《中国环境统计年报》。

表4 我国造纸及纸制品业用水量统计与万元工业产值取水量

年份	统计企业数量（家）	工业产值（元）	工业用水量（万m^3）			万元产值取水量（m^3）
			总用水量	其中取水量	重复用水量	
1999	3838	8923253	441648	292162	149486	327.2
2000	4119	11543246	530927	343438	187489	297.2
2001	4391	12070114	573679	355526	218153	294.9
2002	4338	13502011	602054	365503	236551	271.1
2003	4217	16679769	610900	364264	246636	218.2
2004	4174	17982798	687566	372609	314957	188.3
2005	3911	23225442	766593	424978	341615	182.9
2006	4035	28854042	892355	440076	452279	152.5
2007	5818	39340154	1003747	488216	515531	124.1
2008	5759	51958528	1089551	488440	601112	94.0
2009	5771	43227840	1084418	465933	618485	108
2010	5570	51494131	1233874	461485	772389	89.6

注：根据相关年份《中国环境统计年报》编制。

四、行业承诺进一步落实和推进造纸行业循环经济的发展

为了配合《造纸工业发展“十二五”规划》，进一步落实和推进造纸行业循环经济的发展，中国造纸协会组织了《第二届中国造纸工业绿色发展论坛》,在论坛上，100位国内大型制浆造纸企业领导人共同签署和发布了《自觉履行社会责任、推动造纸工业绿色发展倡议书》,向全行业庄严倡议：全体造纸界同仁共同传播绿色理念，实践绿色理想，为造纸工业的绿色发展贡献自身的力量。并作出如下承诺：

一是自觉履行社会责任和义务，严格贯彻执行国家有关法律法规，做到遵纪守法，诚实守信，推进行业健康发展。

二是坚决完成未来五年造纸工业发展在节能减排方面的约束性指标，为推动我国造纸工业优化产业结构，转变发展方式不懈努力，广泛实行信息公开，接受环境保护的社会监督。

三是以尽可能少的资源消耗取得最大经济产出和最少废弃物排放，实现造纸工业发展与社会环境、效益相统一。

五、面临的问题和挑战

在中国造纸协会2009年提出绿色发展概念后，促进纸业循环经济发展已为造纸行业所共识，迈出了可喜的步伐，取得了很大成绩，但还面临很多困难和挑战。

一是小企业多、工艺技术装备落后是纸业循环经济发展必须解决好的难题。

2011年国家统计局调整规模以上工业企业划分标准，由年主营业务收入500万元及以上提高到2000万元及以上。按此标准我国规模以上造纸企业2620家，大中型造纸企业435家占16.60%，小型企业2185家占83.40%；在纸及纸板产品主营业务收入中，大中型企业占64.25%，小型企业占35.75%；在利税总额中，大中型企业占62.66%，小型企业占37.34%；与世界发达国家相比，大企业数量和规模还存在相当大差距。但其产品质量、消耗定额、污染物排放负荷，可达到或接近国际先进水平。而比重偏大的落后产能其产品质量、物耗、污染负荷均与国际先进水平存在相当大差距。这部分产能约占总产能的35%，COD排放量约占行业排放总量的47%，是节能减排工作的重点。

二是原料结构不合理，增添了纸业循环经济发展工作的难度。

到2011年造纸工业对进口纤维原料的依存度仍保持在40%。世界可供出口的木浆和废纸资源有限，特别又面临森林化工、生物质化工兴起的挑战，未来造纸原料将是各国争夺的焦点。我国造纸工业原料对外依存度高，对行业持续发展存在着很大风险。非木纤维浆比例2011年比例为14%，而节能、低污染、高得率制浆技术还不能适应愈来愈高的环境要求。2011年我国自制木浆比例仅为9%，而原料基地建设迟缓，供材有限，《全国林纸一体化工程建设“十五”及2010年专项规划》自实施至2009年6月，据不完全统计，已建成制浆能力420万吨，仅占规划50.3%，在建158万吨，占规划18.9%。配套造纸林基地建成697万亩，占规划目标9.3%；在建原料林基地115万亩，占规划目标1.5%，合计812万亩，仅占规划目标比例为10.8%。国内废纸回收率偏低，造成纤维原料自给率难以提高。

三是创新能力不足，支撑纸业循环经济发展的工艺、技术、装备的保障能力不足。

纸产品和造纸装备自主创新的能力不强。制浆造纸设备，其设计、制造技术水平和产品质量与世界先进水平相比差距很大，大型先进制浆造纸成套技术装备及关键部件几乎完全依靠进口。国内科技成果对造纸企业改造升级支撑动力不足。

六、“十二五”纸业循环经济发展主要任务和展望

“十二五”是造纸工业承上启下、实现创新发展的关键时期，是转变发展方式、调整优化结构、提升发展质量、全面提升纸业发展整体水平，向价值链高端发展的关键阶段。“十二五”纸业循环经济发展任务艰巨，主要应做好以下各方面工作。

（一）“十二五”造纸工业要为全面建成现代产业体系打好基础。

“十一五”中国造纸工业大力推进技术进步，大力引进国外先进技术与装备，造纸工业面貌发生了巨大变化，已初步形成造纸工业现代产业体系，并进入世界先进造纸国家行列。但发展不平衡，大量中小企业工艺技术装备落后状况亟待改变，中低档产品比例高的结构亟待改变。创新能力不足亟待提高。为此必须在以下几方面下功夫并取得突破。

一是要大力提升创新能力，要加快形成以企业为主体，产、学、研紧密结合的创新体系建设，要推动人才、资金各种创新资源向优势企业聚集。要加快“十二五”造纸行业技术进步指南的制定，为形成造纸行业技术路线图打好基础，围绕造纸行业循环经济发展实际，力争在低消耗、高得率清洁制浆技术、高浓技术、生物质能源、节能减排、污染治理等方面取得突破，要加快非木纤维低温置换蒸煮技术，无元素氯和无氯漂白等技术的产业化进程，要围绕“低定量、功能化”目标加强纤维改性的研究，要加强清洁分离技术、生物技术与膜技术、新型涂布技术、废水回用、生物精炼技术的研究，要加快造纸企业能源管理系统的研究和制定。“十二五”造纸行业必须真正走依靠技术进步和创新驱动循环经济发展的路子。

二要加快技术改造步伐。目前造纸行业中小企业多，工艺、技术、装备落后，产品档次低，管理粗放，污染治理欠账多，必须下决心加快技术改造，要逐步形成装备精良，能灵活适应市场需求变化，能在批量小的新产品生产中发挥主体作用的中小企业群。同时加大兼并重组力度，进一步推动大型制浆造纸企业集团的建立，形成大、中、小企业分布合理的企业组织结构。

三要落实产业政策，加快淘汰落后产能，这是实施绿色循环经济发展战略必须采取的重要措施。要加快解决重点流域和重点区域的造纸工业结构调整和污染问题。现有制浆造纸企业要进一步加大力度淘汰污染严重的落后工艺与设备，抓紧技术改造，完善“三废”治理设施，以先进产能替代落后产能。严格控制污染物排放，对经限期治理仍不能达标的企业或生产线要依法整顿或关停。继续实行产业退出机制，调整和明确淘汰标准，量化淘汰指标，争取“十二五”期间淘汰落后造纸产能1000万吨以上，完成“十二五”期间的减排目标，加快产业升级步伐。

（二）要高度重视资源高效利用、结构调整和清洁生产，力争在环境、资源、结构上实现新的突破。

环境、资源、结构是制约中国造纸工业发展的三大瓶颈，是造纸工业实现可持续发展必须要解决好的难题。把“环境、资源、结构”作为造纸工业工作的主线，但任务还非常艰巨。

“十二五”期间造纸行业要努力实现天然纤维资源、化学品、能源、水资源的减量化、废纸分类回收再利用和生产废弃物的再利用。要紧紧围绕体现造纸行业特点的四个循环圈来开展工作，一是加强林纸一体化，实现绿色大循环；二是发展生产过程多渠道回收化学品、水和能源等，促进资源循环利用；三是废纸或废纸板回收再制浆，实现产业生产循环；四是污染物资源化再利用。

“十二五”，在加速技术进步、节能减碳、提高能源和资源利用率、废纸高效循环利用、淘汰落后产能、减少污染物排放等方面比“十一五”期间有明显进步，要初步建立全行业可持续发展模式，要在“资源、环境、结构”上实现新的突破。

（三）“十二五”要实现主要污染物排放得到有效控制的目标，为实现污染物排放全面控制打好基础。

“十一五”造纸工业实现了增产减污的目标，主要污染物排放量实现了大幅度下降。但要改变造纸行业污染大户的任务还非常繁重。

“十二五”国家对污染物排放实施行业总量控制政策，并提出了严格的指标和要求：单位产品平均综合能耗比“十一五”末降低18%，平均取水量降低18%，全行业化学需氧量排放总量下降10%，达到发达国家的先进水平，生物能源占行业全部能源消费比例达到20%左右。同时对氨氮指标也提出了严格要求。因此“十二五”依靠技术进步，加强环保污染治理，使主要污染物排放必须得到有效控制，并为实现污染物排放得到全面控制打好基础。

（四）基本形成合理的产业布局。

“十二五”期间，造纸产业要根据国家功能区规划的要求，遵循资源永续利用，保护生态环境的原则，统筹考虑不同区域资源环境承载能力及开发强度和发展潜力，加快产业布局调整。继续推进东南沿海地区、长江中下游地区、西南地区林纸一体化发展。在东北、黄淮海、西北地区要以现有骨干企业为依托，实现兼并重组，提高生产力水平。要通过调整，基本形成合理的产业布局，确保纸业实现绿色、可持续发展。

支撑了我国造纸工业30多年高速发展的增长模式以及资源和环境的巨大压力，正面临着严峻的挑战和考验，着力解决资源短缺和环境压力的制约，调整好产品结构和和发展速度，实施可持续发展战略势在必行。中国造纸工业正处在重要发展战略转型期，造纸产业原有的竞争优势、增长动力逐渐减弱，新优势尚未形成，要大力调整结构、转变发展方式，加快提升造纸行业整体素质，大力推进循环发展、低碳发展和清洁生产，实现可持续发展，为开创资源、环境、效益统一协调的绿色纸业新局面。

（撰稿：钱 毅，中国造纸工业协会）

拆船业循环经济

中国拆船协会

2011年拆船行业把发展循环经济、节约资源和环境保护相结合，认真贯彻实施《循环经济促进法》，围绕“减量化、再利用、资源化”的3R 原则，在绿色拆船、废钢船资源循环利用和节能环保等方面取得了较大成效，循环利用废钢等资源数量达到历史较高水平，为我国循环经济发展做出了贡献。

一、拆船业发展循环经济概况

2011年，受欧债危机爆发影响，全球实体经济继续受到冲击，航运市场需求低迷，与此同时，国际金融危机爆发前订造的大批船舶陆续交付，使得航运市场供大于求的局面更加严重。然而，我国与造船、航运市场逆周期发展的拆船市场却异常活跃，越来越多的船舶被送入拆船厂，船舶拆解量持续3年在高位运行。

2011年，我国拆船业面对国内外经济形势，在国家有关部门的指导下，在全行业职工的共同努力下，密切跟踪国际、国内经济发展的趋向，抓住老旧船舶加速淘汰的机遇，坚持绿色拆船理念，进一步开展废钢船资源的循环利用。2011年在拆解、循环利用废钢船的数量、经济效益等方面均超过上年，其中拆解废钢船吨位量仅次于最高的2009年和次高的2003年，达到历史较高水平。据统计，2011年各会员拆船企业（下称：拆船企业）共计采买各类废钢船316艘，计226万轻吨，其中：进口废船295艘218万轻吨，国内废船21艘8万轻吨，采买各类废钢船吨位同比增长20%。2011年拆船企业采买进口废钢船平均单价为447美元/轻吨，比2010年上涨23.8%。废钢船贸易额超过63亿元人民币，同比增长40%；上交关税和进口环节增值税合计超过12亿元人民币，同比增长33%。

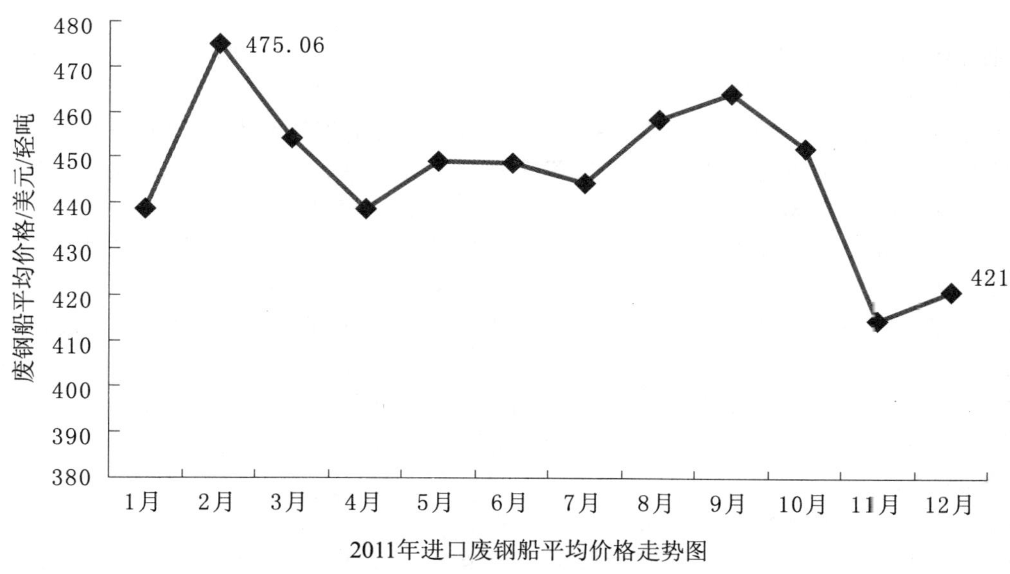

2011年进口废钢船平均价格走势图

2011年采买循环利用废钢船数量前十名企业

排名	企业名称
1	江阴市夏港长江拆船厂
2	江门市新会双水拆船钢铁有限公司
3	靖江市敦丰拆船有限公司
4	靖江市新民拆船有限公司

5	江门市中新拆船钢铁有限公司
6	江门市银湖拆船有限公司
7	泰州市伟业拆船轧钢有限公司
8	张家港市五友拆船再生利用有限公司
9	靖江市泰和船舶有限公司
10	江苏长荣钢铁有限公司

（一）拆解废钢船循环利用大量金属资源

据测算，2011年拆船企业回收并循环利用金属资源预计206万吨。其中，回收利用拆船板材100.9万吨；型材及废钢92.7万吨；各类机电设备10.3万吨；有色金属2.1万吨。

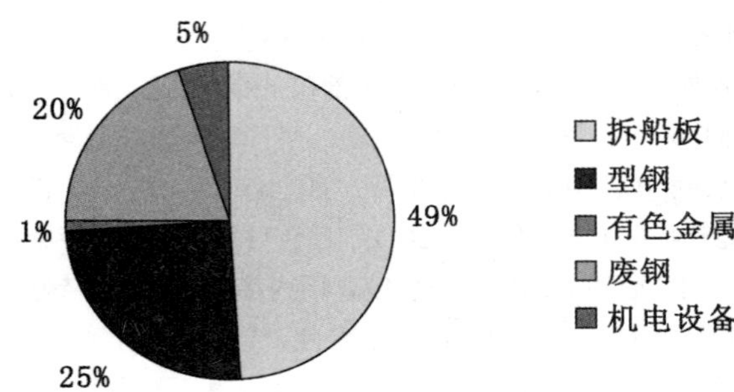

废钢船资源循环利用回收品种比例图

（二）拆船行业为节能减排做出贡献

拆解废钢船可获得大量废钢等资源，而废钢是铁矿石唯一可替代的优质钢铁原料。钢铁企业多用废钢，少用铁水，既有利于保护资源，又有利于节约能源、减少环境污染、促进资源的可持续发展。以转炉炼钢法为主的炼钢厂，努力降低铁钢比，提高转炉炉料中的废钢比，是降低铁矿石消耗的有效途径。据测算，与使用铁矿石相比，用废钢炼钢可节约能源60%、节水40%，减少排放废水76%、废气86%、废渣72%。换算成实物量每用1吨废钢可减少炼铁渣0.35吨，尾矿2.6吨，加上烧结焦化产生的粉尘，约减少3吨固体废物的排放。多“吃”废钢，具有巨大的节能减排效益。

2011年，我国拆船行业回收循环利用了大量废钢等资源，弥补了国内废钢缺口，并为国家节能减排做出了贡献。据测算，2011年拆船业回收的各类废钢等资源约200万吨。由于拆船废钢规格整齐且无杂质和放射性物质，受到国内钢铁企业的好评。2011年拆船废钢如全部用于钢厂回炉炼钢，预计可为国家节约铁矿石601万吨，节约201万吨焦炭，减少2327万吨废水排放，减少1139万吨固体废弃物排放和4.5万吨二氧化硫排放。拆船业发展对我国环境保护和社会经济效益明显。

（三）拆船行业加大环保投入和规范管理

2011年，中国拆船企业进一步加大环保安全投入，健全安全环保设施，避免拆解废钢船过程中可能发生对环境的污染，不断提高了员工的健康水平。据统计，2011年中国拆船企业在环保安全方面投入的资金约2000万元人民币，为保持国内外环保绿色拆船的领先地位而不懈努力。

2011年，中国拆船行业继续认真贯彻落实国务院《船舶工业调整和振兴规划》和商务部等八部委《关于规范发展拆船业的若干意见》，倡导会员拆船企业建立规范的管理体系，加强安全环保和职工健康工作。截至年底，通过ISO9001质量管理体系、ISO14001环境管理体系和OHSMS18001职业健康与安全管理体系三项认证有9家；通过ISO14001环境管理体系和OHSMS18001职业健康与安全管理体系两项认证有10家。另有数家企业在办理管理体系认证过程中。

二、循环经济试点企业的发展状况

目前，国内拆船行业被列入第一批国家发展循环经济试点的企业是：江门市新会双水拆船钢铁有限公司。该公

司具有28年专业拆船历史，企业占地面积68万平方米，固定资产5.2亿元，职工近2000人。经过近30年的改革和创新发展，该公司的规模与生产经营项目日益扩大，从开始以拆解国内外各类报废船舶为主，到现在的拆解报废船舶、生产集装箱配件、型材、精密钢管制造、废钢铁加工配送等为一体的多元化综合企业。该公司在开展拆船、废钢回收、深加工高效利用以及推进再生资源循环利用、节能减排、环境保护等方面，取得了显著成绩。在拆船规模、机械设备、拆解技术和职业健康等方面，均位居国内外同行前列。

该公司自2005年作为国家首批循环经济试点企业以来，始终把拆解报废船舶作为循环经济产业链的重点，按照国家《循环经济试点工作实施方案》开展重点项目建设。

由于拆解废钢船所回收的物资品种较多，绝大部分可以通过加工回收循环利用，达到节约资源、变废为宝、造福人类的目的。目前该公司对拆船物资的循环再利用，主要表现在以下几个方面：

利用拆船废钢，通过电炉精炼、复膜砂造型、２４小时连铸、电脑控制热处理、专用机床铣面加工及连续防护处理等新技术、新工艺，生产集装箱箱角。该箱角已获得法国ＢＶ、英国ＬＲ、德国ＧＬ、美国ＡＢＳ、韩国ＫＲ和中国ＣＣＳ等船级社质量认证。目前公司拥有 8 条连注集装箱角铸造生产线及各种先进专用生产设备和检测仪器，可年产ISO国际标准集装箱角铸件 100 万套，年产值达 6 亿元，并成为全国最大的集装箱箱角生产企业。据测算，由拆船废钢到集装箱箱角，产品附加值提高近 3 倍。

利用拆船废钢，供应炼钢厂加工成优质钢坯，最终轧制成集装箱内角柱特种槽钢。该产品填补了广东省的生产空白，并替代了进口产品。自2000年以来，公司共轧制集装箱内角柱特种槽钢共 20 多万吨，产值 7 亿多元。

（三）每年销售5至6万吨厚废船钢板等钢材，为相关企业锻造各种法兰及模具等锻压件产品提供原料。

（四）利用拆船回收的铜、铝等有色金属，循环再生利用铸造船用螺旋桨、门锁、水暖器材、合金铝材等产品。

（五）利用船上各种机器设备及零配件，供应国内外修船厂用于修船；利用船上的薄钢板冲压五金配件，利用拆船、轧钢的氧化皮屑生成磁性材料，如压铸扬声器的磁铁等。

2011年，江门市新会双水拆船钢铁有限公司累计拆解废船41艘，共计43.6万轻吨，拆解废船吨位同比增长35%，预计回收废钢铁资源36万吨，有色金属0.4万吨，机电设备2万吨。利用废钢生产集装箱箱角、型材、法兰等产品约 10万吨。企业内循环利用废钢约占25%。拆船产业链的延伸和资源循环利用，提高了社会效益，同时也使企业经济效益得到进一步提高。2011年企业仅拆船业务产值约13亿元，缴纳税费近亿元。

三、拆船业发展循环经济的展望

我国拆船行业要继续根据国内外经济形势变化，密切研究分析与拆船业相关领域的发展动态。抓住机遇，提高抵御风险的意识和能力，积极应对政策和环境的新变化、新要求，努力推动拆船行业发展循环经济再上新台阶。

（一）加强行业建设,实现规范发展

认真组织贯彻落实国家商务部等八部委《关于规范发展拆船业的若干意见》，协助制订拆船业准入条件，实行定点拆解；规范废船拆解安全环保要求，制订行业标准和规范；抓好产业定位，提升产业进步。

（二）强化行业自律，提高企业管理水平

倡导绿色拆船，开展清洁生产；提高拆船业节能减排贡献能力；引导拆船企业建立质量管理、环境管理和职业安全健康管理体系；制定《拆船业行规公约》，推进履行社会责任，逐步建立行业诚信信用体系；确立考核拆船企业发展循环经济的指标评价等行业标准；继续组织推动创建“绿色拆船企业”活动，继续做好绿色拆船企业评审认定工作。

（三）研究拆船业的可持续发展

坚持发展循环经济理念，研讨拆船业发展循环经济的基本模式；研究报废钢船定点拆解政策，运用经济手段引导废钢船的绿色拆解；鼓励拆船企业加大对下游产品的开发力度。

（四）积极推动拆船业发展循环经济

根据国家发改委《产业结构调整指导目录（2011年）》要求，研究开发拆船物资设备及零部件的深加工和再制造；建设有利于拆船业发展的平台和网络体系；加大国内外废船拆解物资的循环利用力度，提高废船资源的高值利用水平。

总之，中国拆船行业要按照发展循环经济的原则和绿色发展要求，积极应对世界经济和国内经济建设形势的新变化、新特点，抓住新机遇，迎接新挑战，开创规范、科学和可持续发展的新局面。

（撰稿：管建军，中国拆船协会）

2011年中国循环经济综述

《中国低碳年鉴》编辑部

中国循环经济从本世纪的曙色中起步，经过“十五”、“十一五”，已经从理念发展到建立法规政策、规划与实践行动。在2011年中，在已取得坚实进展与重大成效的基础上，党和国家一如既往大力倡导和推进；从企业小循环走向产业化、规模化、园区、基地的社会大循环；从试点走向示范，涌现出一批典型模式和先进示范单位。同时，循环经济的领域和路径得到不断拓展。

一、党和国家一如既往大力倡导和推进

（一）党和国家高度重视

中共中央总书记、国家主席胡锦涛在2011年4月15日在博鳌亚洲论坛2011年年会开幕式上的演讲中明确宣布：“未来5年，中国将着力建设资源节约型、环境友好型社会，深入贯彻节约资源和保护环境基本国策。节约能源，降低温室气体排放强度，发展循环经济，推广低碳技术，积极应对气候变化，促进经济社会发展与人口资源环境相协调，走可持续发展之路。”

中共中央政治局常委、全国人大常委会委员长吴邦国3月8日在参加十一届全国人大四次会议河北代表团审议时讲话强调：“要针对影响和制约经济社会协调发展的重大结构性问题，着力增强自主创新能力，积极推行低碳技术，大力发展循环经济，努力构建现代产业体系，切实做好推动科学发展和加快转变经济发展方式这篇大文章。”

中共中央政治局常委、国务院总理温家宝2011年3月5日在全国人大十一届四次会议上的《政府工作报告》中全面部署了大力发展循环经济和绿色低碳发展。《报告》强调，“加强节能环保和生态建设，积极应对气候变化。突出抓好工业、建筑、交通运输、公共机构等领域节能。继续实施重点节能工程。大力开展工业节能，推广节能技术，运用节能设备，提高能源利用效率。加大既有建筑节能改造投入，积极推进新建建筑节能。大力发展循环经济。推进低碳城市试点。加强适应气候变化特别是应对极端气候事件能力建设。建立完善温室气体排放和节能减排统计监测制度。加快城镇污水管网、垃圾处理设施的规划和建设，推广污水处理回用。加强化学品环境管理。启动燃煤电厂脱硝工作，深化颗粒物污染防治。加强海洋污染治理。加快重点流域水污染治理、大气污染治理、重点地区重金属污染治理和农村环境综合整治，控制农村面源污染。继续实施重大生态修复工程，加强重点生态功能区保护和管理，实施天然林资源保护二期工程，落实草原生态保护补助奖励政策，巩固退耕还林还草、退牧还草等成果，大力开展植树造林，加强湿地保护与恢复，推进荒漠化、石漠化综合治理。完善防灾减灾应急预案，加快山洪地质灾害易发区调查评价、监测预警、防治应急等体制建设。

温家宝总理研制成功《政府工作报告》中指出，我们要扎实推进资源节约和环境保护。积极应对气候变化。加强资源节约和管理，提高资源保障能力，加大耕地保护、环境保护力度，加强生态建设和防灾减灾体系建设，全面增强可持续发展能力。非化石能源占一次能源消费比重提高到11.4%，单位国内生产总值能耗和二氧化碳排放分别降低16%和17%，主要污染物排放总量减少8%至10%，森林蓄积量增加6亿立方米，森林覆盖率达到21.66%。切实加强水利基础设施建设，推进大江大河重要支流、湖泊和中小河流治理，明显提高基本农田灌溉、水资源有效利用水平和防洪能力。”中共中央政治局常委、国务院副总理李克强6月10-11日在山西考察时强调，“十二五”期间，中国发展面临的能源资源矛盾仍十分突出，加快转变经济发展方式、实现可持续发展，必须破解能源资源瓶颈制约，发展循环经济是一条势在必行、行之有效的出路。当前正值迎峰度夏的关键时刻，缓解煤电油运压力，促进经济平稳运行，既要保障有效供应，也要注重节能增效，提高能源资源使用效率。我们正在抓紧编制“十二五”国家能源专项规划，这也是重点专项规划，要把推动循环发展放在重要位置。

（二）国家“十二五”规划纲要专章规划“大力发展循环经济”，首次提出“提高资源产出效率提高15%”的目标

2011年3月14日，全国人大十一届四次会议通过的《中华人民共和国国民经济和社会发展第十二个五年规划纲要》单列“大力发展循环经济”一章。

《纲要》提出，按照减量化、再利用、资源化的原则，减量化优先，以提高资源产出效率为目标，推进生产、流通、消费各环节循环经济发展，加快构建覆盖全社会的资源循环利用体系。推行循环型生产方式；健全资源循环

利用回收体系；推广绿色消费模式；强化政策和技术支撑。“纲要”着重提出了循环经济七大重点工程，并首次提出将资源产出率作为循环经济重要评价指标，并明确到“十二五”末提高15%的目标。

与此同时，我国第一部循环经济“十二五”规划编制工作也全面启动。1月28日，国家发展改革委印发《关于印发<循环经济“十二五”规划编制指南>的通知》，要求各地要全面贯彻落实循环经济促进法，科学编制本地区的循环经济发展规划。全国循环经济发展规划的编制工作启动。2月16日，国家发展改革委副主任解振华主持召开《全国循环经济“十二五”规划（2011-2015）》编制工作会议，研究编制我国首部循环经济发展规划的工作方案。国家发展改革委、科技部、工信部、财政部、环保部、住建部、商务部、农业部等16个部门以及煤炭、钢铁等12个协会的负责人和专家参加了会议。

（三）国务院印发《“十二五”节能减排综合性工作方案》，要求循环经济从六个方面突破

2011年8月31日，国务院印发《“十二五”节能减排综合性工作方案的通知》，要求加强对发展循环经济的宏观指导，全面推行清洁生产，推进资源综合利用，加快资源再生利用产业化，促进垃圾资源化利用，推进节水型社会建设。“通知”提出了编制全国循环经济发展规划、清洁生产推行等规划，深化、实施各项示范试点等具体政策措施，并提出了两个数字目标：到2015年，工业固体废物综合利用率达到72%以上，实现单位工业增加值用水量下降30%。

（四）《中国应对气候变化政策与行动》白皮书突出循环经济在应对气候变化中的作用

2011年11月22日，国务院新闻办公室发表《中国应对气候变化的政策与行动（2011）》白皮书，中国将重点从十一个方面推进应对气候变化相关工作，“大力发展循环经济”其中之一。

“白皮书”提出，要大力发展循环经济。进一步统筹协调低碳发展战略与其他资源环境政策，支持循环经济技术研发、示范推广和能力建设，努力提高资源产出率。编制全国循环经济发展总体规划，深化循环经济示范试点工作，加快建立反映循环经济发展的评价指标和统计制度，通过循环经济技术和市场机制使重点企业、园区、城市生态化。

（五）《“十二五”资源综合利用指导意见》出台，政策进一步完善

2011年12月10日，国家发展改革委印发《“十二五”资源综合利用指导意见》和《大宗固体废物综合利用实施方案的通知》，提出了“十二五”资源综合利用工作的指导思想、基本原则、主要目标、重点领域以及政策措施，同时提出了在工业、建筑业和农林业等领域选择产生堆存量大、资源化利用潜力大、环境影响广泛的固体废物编制实施方案。在此之前，财政部公布资源综合利用产品的增值税优惠政策的调整方案，大幅度扩大增值税优惠行业范围，增加十余类增值税减免行业。

（六）各省市自治区把发展循环经济作为加快转变经济发展方式、实现可持续发展的重要战略，各呈风采

“十一五”以来，国家循环经济试点省甘肃省共组织申报节能技术改造财政奖励项目、资源节约和环境保护中央预算内项目651项，总投资649.1亿元，其中有269项循环经济和节能减排重点项目得到了国家资金支持，到位支持资金达到14.3亿元。2011年9月，根据国务院批复的《甘肃省循环经济总体规划》，甘肃省公布将投资2133亿元，兴建省级循环经济示范区，打造16条产业链(精细化工、有色冶金、新型材料、石油化工、煤电建材、装备制造、清洁能源、生态农业等等)，培育100家循环经济示范企业，建设七大产业基地(兰白石油化工、有色冶金基地；平凉、庆阳煤电化工、石油化工基地；金昌有色金属新材料基地；酒泉、嘉峪关清洁能源、冶金新材料基地；天水装备制造业基地；张掖、武威、定西特色农副产品加工基地；临夏、甘南、陇南生态循环经济基地)。这16条产业链包括精细化工、新型材料、石油化工、煤电建材、清洁能源等。到“十二五”末，这些项目预计可实现销售收入1634亿元，利税317亿元，提供就业岗位15万～20万个。2011年开局良好，甘肃循环经济项目建设取得突破。利用省级节能和循环经济专项资金，支持了近200户重点企业总投资为248亿元的项目，全省综合利用各类废渣达3500余万吨，实现资源综合利用产品产值186亿元。2011年节能减排和淘汰落后任务全面完成。圆满完成了“十一五”节能降耗约束性指标，以年均6%的能耗增速支持了11%的经济增长。万元工业增加值能耗连续五年降幅保持在7%以上，万元工业增加值用水量下降59.13%，工业固体废弃物综合利用率提高17%。

在煤炭能源大省，山西省省委书记袁纯清提出，发展循环经济是山西实现转型跨越式发展的基本路径。山西省每年因煤炭开采排放的6亿多吨矿井水，可供10000万KW新式发电机组使用；每年炼焦排放的150亿立方米煤气和挖煤排放的13万亿立方米煤层气，相当于一个“西气东输”工程；现存的10多亿吨煤矸石，可产生等同于3亿多吨优质动力煤的热能。从省情出发，山西省提出，循环经济是资源型地区转型发展的基本路径。山西要以全局循环、高端循环为着力点，着力推进工业新型化、农业现代化、市域城镇化和城乡生态化，探索一条资源型地区绿色发展、

清洁发展、低碳发展的转型跨越之路。为此，2011年9月23日，山西省质量监察局发布实施山西省工业企业循环经济评价标准，包括《工业企业循环经济评价导则》、《钢铁行业循环经济评价实施指南》和《焦化行业循环经济评价实施指南》三个标准。这是我国首个全面系统地评价企业层面循环经济发展水平的地方标准，填补了企业层面循环经济评价方法的空白。

河北省加大循环经济推进力度，实施“3255循环经济示范工程”。2011年5月，河北省发展和改革委员会发出《关于组织推荐循环经济示范市县、园区（企业）和项目的通知》，决定在全省组织实施“3255循环经济示范工程”。即从2011年到2015年5年内，在不同类型设区市和县（市），构建各具特色的循环经济发展的基本模式。力争到“十二五”末，全省建设3个循环经济示范市、20个示范县（市）、50个示范园区和企业，滚动实施50个示范项目，为各地建设资源节约型和环境友好型社会提供借鉴和示范。并把列入“3255循环经济示范工程”的项目纳入省“十二五”循环经济发展规划，并将示范工程有关指标纳入全省节能减排考核体系。

山东省制定循环经济“十二五”规划基本原则与发展目标。山东省明确在“十二五”期间以“转方式、调结构”为主线，突出“高效、生态”两大主题，建立发展循环经济长效机制，培育循环经济发展模式，并在此基础上制定和明确了“十二五”期间循环经济发展规划的基本原则和发展目标。包括：坚持减量化、再利用、资源化原则；坚持统筹规划、重点突出、整体推进原则；坚持政府推动、市场调节、公众参与原则；坚持理念引导、科技创新、制度创新原则。同时山东省在坚持原则的基础上，对“十二五”发展目标进行了量化，明确指出该省到2015年，能源产出率达到1.18亿元/万吨标煤，比2010年提高20.41%；水资源产出率达到154.6元/吨，比2010年提高1.24%；主要再生资源回收率达到68%，比2010年提高2.8个百分点；城市建筑废物综合利用率达到80%，比2010年提高20个百分点；农业秸秆综合利用率达到85%，比2010年提高9.9个百分点。

陕西省于2011年12月1日颁布实施了全国第一部省级循环经济地方性法规《陕西省循环经济促进条例》。该“条例”于2011年7月22日陕西省省人大常委会审议通过，标志着陕西省循环经济工作步入新的发展阶段。“条例”明确要求各级循环经济行政主管部门严格实行总量控制制度，废弃物排放限额制度和节能总量交易制度等，运用严格的奖惩机制，从源头上控制资源消耗，从总体上消减污染物排放，调动社会各界节能减排的积极性。

二、从企业小循环走向园区、基地、产业化、规模化的社会大循环

中国循环经济的发展路径是从一个个企业小循环开局，逐步发展为园区、基地的中循环和区域社会大循环，打造产业化、规模化的大气候。“十一五”期间，全国带动就业2800万人。其中资源循环利用产业总产值超过1万亿元，资源循环利用产值超过5000万元的企业超过了2800家，其规模在世界上处于领先地位，2011年又有新的增长。

浙江省越来越多的企业运用先进技术，从工业和生活产生的大量废弃物中提取当地乃至全国紧缺的资源与能源，取得了可观的经济效益和环保效益。全省节能环保产业年销售3000多亿元，再生资源回收利用和废弃物资源化利用体系从业人员约100万人，年回收产值约590亿元。浙江富伦公司是国内第一个将纸塑铝复合包装还原成纸、塑、铝的企业。这家公司拥有年处理废弃塑铝复合包装13万吨的生产线，在全国17个省市建立了60个回收点。年回收20多亿个牛奶饮料纸包装。

社会化大循环的突出标志是园区循环经济产业取得较大进展。在“十一五”期间，国家和各省市区的都很重视园区和基地循环经济，被列入试点的重要组成部分。2011年结合推进节能减排和“城市矿山”，又取得了新的进展。2月25日，工信部发出《关于开展工业固体废物综合利用基地建设试点工作的通知》（工信厅节［2011］32号），启动工业固体废物综合利用基地建设试点工作。工业固体废物综合利用基地包括山西朔州、内蒙古鄂尔多斯、四川攀枝花、甘肃金昌等12个工业固体废物产生、堆存集中的地区，开展工业固体废物综合利用基地建设。试点地区主要是针对粉煤灰、煤矸石、尾矿和冶炼渣等工业固体废弃物的全部或大部分进行综合利用，其综合利用后的产品为建筑材料、环保材料以及建筑工程回填物等。试点目标：到“十二五”末，各试点地区工业固体废物综合利用率在2010年基础上提高10~12个百分点，建设一批各具特色的工业固体废物综合利用基地，形成一套完善的工业固体废物综合利用政策体系和推广机制，促进全国工业固体废物综合利用跨越式发展。6月，国家发展改革委办公厅、财政部办公厅下发了《关于率先在甘肃、青海省开展园区循环化改造示范试点有关事项的通知》（发改办环资［2011］1239号），决定在甘肃省、青海省柴达木循环经济试验区选择部分园区率先进行循环化改造示范试点，推进甘肃省、青海省循环经济发展，为在全国范围内进行园区循环化改造总结经验，促进经济发展方式加速转变。

青海省柴达木循环经济试验区进展喜人。2011年6月12日 ，在“2011中国青海绿色经济投资贸易洽谈会海西蒙古族藏族自治州柴达木循环经济试验区项目专场签约仪式”上，共签约26个项目，签约金额329.19亿元。海西蒙古族藏族自治州人民政府、柴达木循环经济试验区管委会项目筹备领导小组与青海庆华集团签订的煤基多联产项目

一期投资额100亿元，建设内容包括400万吨煤焦化、120万吨焦炉煤气制甲醇、60万吨烯烃及烯烃下游产品。7月30日，柴达木循环经济试验区总体规划中的重点项目“低碳循环经济产业园氯碱及热电联产项目”奠基。该项目在德令哈工业园占地面积4000亩，项目规划建设年产120万吨PVC、100万吨烧碱、180万吨电石、200万吨焦化、18万吨合成氨、30万吨尿素以及2×30万千瓦热电联产项目，项目总投资172亿元。海西州围绕柴达木循环经济试验区6大产业体系和4个重点工业园区建设，先后确定和实施的70个重点循环经济项目，完成投资274.4亿元。2011年全州规模以上工业企业实现主营业务收入425.9亿元，实现利润139亿元。2012年，围绕柴达木循环经济试验区和全省统筹城乡一体化发展示范区建设,海西州将实施139个重点项目，当年完成投资439亿元，项目涉及农业、工业、服务业等领域。

山西循环经济园区带动了煤化工产业转型，目前，山西省煤炭行业已投资640亿元，建设了循环经济园区20个。到“十二五”末，山西省现代煤化工产业产值占全省化工产值的比重将达80%以上，形成以“苯、油、烯、气、醇”为主链的现代煤化工产业链，煤化工产业年产值将达到2000亿元。

三、再生资源回收利用体系建设稳步推进

从2006年开始，我国建立由商务部和发展改革委、公安部、建设部、工商总局、环保总局等部门有关司局参加的协调机制，推进再生资源回收体系建设试点工作。近两年，商务部、财政部已支持建设了44个城市的33075个网点、181个分拣中心、22个集散市场，以及36个区域性大型再生资源集散市场，安排金额共计17.5亿元。2011年安排资金，支持10个试点城市的回收体系建设和20个省份的区域性回收基地建设。以“三位一体”建设为核心，试点城市回收网络已初具雏形。商务部已启动了两批再生资源回收体系建设试点，共确定了55个试点城市和11个区域性回收基地，其中试点城市已初步形成了社区回收网点、分拣加工中心、集散市场三位一体的回收发展模式，再生资源的回收率由原来的40%提高到70%左右。同时，商务部还从规划和法规入手，不断加强行业管理基础工作，会同发改委等五部门颁布了《再生资源回收管理办法》，开通了回收经营者网上备案系统。一批龙头企业迅速发展壮大，行业集中度逐步提高。以家电、汽车以旧换新为切入点，在全国范围内初步建立起规范的废旧家电回收处理体系，目前已回收旧家电4386万台，拆解旧家电3226.5万台，有效回收利用钢铁、塑料、有色金属等资源近50万吨。截至2011年底，我国再生资源回收企业10万余家，从业人员1800万人，年再生资源回收量1.4亿吨以上，年回收总值接近5000亿元。据统计，再生资源每增加1000亿元产值，可以安排就业50万至100万人。2011年，全国回收再生资源1.62亿吨，进口4726万吨再生资源，与利用原生资源相比，相当于减少开采4.5亿吨矿石、6000万吨石油以及砍伐3亿立方米树木，节约2.83亿吨的标准煤，同时减少二氧化碳排放量3.86亿吨，减少固体废弃物的产生量9.14亿吨，减少二氧化硫排放量370万吨，占同年全国二氧化硫排放量的四分之一。

2011年4月7日，商务部在上海召开全国再生资源回收体系建设现场会议，会上，商务部与2011年10个获得资金支持的试点城市政府主管领导及20个获得资金支持的回收利用基地所在地省级商务主管部门主管领导签订了责任书。商务部副部长姜增伟在会上提出，力争在“十二五”期末，初步建立拥有现代回收方式、先进的技术设备、完善的回收网络、良好的分拣与处理、规范化管理的废旧商品回收体系，使得全国主要品种再生资源回收率达到70%。今后五年，在进一步完善城市回收体系的基础上，逐步向有条件的农村地区推开，使试点城市90%以上回收人员纳入规范化管理，90%以上的社区设立规范的回收站点，90%以上的再生资源进入指定市场进行规范化的交易和集中处理。目前，商务部正在研究完善再生资源回收行业的统计制度，以全面掌握行业发展情况。

2011年4月11日，为加强对再生资源回收体系建设项目监管，确保试点项目顺利推进并达到预期成效，商务部办公厅印发了《关于开展再生资源回收体系建设项目督查工作的通知》，决定自2012年4月中旬起，组织对再生资源回收体系建设项目进行督查。主要开展项目自查和组织第三方督查，建立定期督查制度，每半年报送一次督查报告。

商务部办公厅 6月28日发出《关于开展第三批再生资源回收体系建设试点工作的通知 》，启动第三批再生资源回收体系建设试点工作。2012年3月，商务部第三批35个再生资源回收体系建设试点城市公布。

2011年11月30日，国务院办公厅颁布《关于建立完整的先进的废旧商品回收体系的意见》，提出了抓好重点废旧商品回收、提高分拣水平、强化科技支撑、发挥大型企业带动作用、推进废旧商品回收分拣集约化、规模化发展、完善回收处理网络、加强行业监管、加强环境保护十大重点任务。作为“十二五”期间废旧商品回收体系建设试点纲领性文件，必将促进回收行业的进一步发展，回收体系的建设必将为我国循环经济发展提供强大的推动力，促进“十二五”期间环境、资源和经济的协调、持续和快速发展。

各省、区、市在国家政策推动的指导下，紧密结合本地实际，积极探索再生资源回收体系建设的新模式，取得

了新进展和新经验。

上海市作为推进再生资源回收体系建设的第一批试点城市，先后将再生资源回收体系建设列入上海市政府实事工程、上海市环保三年行动计划、上海市城市垃圾减量的重点工作，加快回收网络建设，健全法律法规，各方面工作都取得初步成效。2011年4月8日，商务部在上海召开全国再生资源回收体系建设现场会议，推广上海的做法和经验。

上海市的再生资源回收模式已从传统的“街头摇铃”转变为“鼠标点击”、“电话连线”等新方式，实现了回收品种和总量的增加。目前，上海已初步建成“点、站、场”的三级回收网络建设，在全市210个街道、乡镇设立了3453个回收网点，配置了311个交投站。同时，全市规划建设了7个分拣加工中心、9个拆解中心及2个区域性回收利用基地，并规划设置了900多家生产性废旧金属收购点。新锦华“在线收废”网络、上海962300回收热线等在18个区县建立了分中心，基本实现了新型废品交投方式的全覆盖。“阿拉环保”再生资源公共服务平台立足于打造上海品牌，辐射周边，在全国首先尝试将物联网技术运用于再生资源回收体系，已建立遍布全市近1300个回收点，以改变回收行业现状。市民通过金桥再生资源回收服务平台，可以在全市近700个自助回收箱完成废弃物的自助交售，小到一只塑料瓶也会由“阿拉环保卡”累积奖励积分，然后让市民兑换自己所需的奖品或服务。随着家电以旧换新政策的实施，越来越多的废旧家电也纳入到再生资源回收体系中。燕龙基公司改扩建了原先的废玻璃分拣加工基地，如今该基地上游与城市垃圾减量对接，促成上海废玻璃年回收规模翻番；下游与光伏太阳能玻璃、玻璃微珠和玻璃拉丝等制造项目对接，构建玻璃循环产业链。上海还将把回收源头管理与推进城市垃圾减量相结合，一边减少垃圾的产生，一边增加再生资源的利用量，在资源再利用上做好“加减法”。2011年11月，《上海再生资源回收管理办法（草案）》公开征求意见，并于12月召开了立法听证会。

北京市经过四年多的努力，已初步形成了回收、配送、分拣、加工处理完整的可再生资源回收产业体系。到2011年，北京市已建成近4000多个回收站点，初步形成社区回收站点、电话预约回收和网上收废相结合的再生资源回收服务体系。预计到2015年直接经济效益将突破百亿元。从2011年2月至11月，北京市走进社区、进农村、进学校、进商场，重点推进在1200个垃圾分类、垃圾减量试点小区新建规范的再生资源回收站点或建立定时定点回收机制，实现垃圾分类试点小区再生资源回收的全覆盖。2011年8月22日，北京市市委副书记、市长郭金龙主持专题会议，研究加快推进本市再生资源回收体系建设、促进产业化发展等事项。2011年12月，北京市人民政府 印发《北京市加快再生资源回收体系建设促进产业化发展的意见》强调深入贯彻落实科学发展观，紧紧围绕“人文北京、科技北京、绿色北京”发展战略，坚持政府推动与市场机制相结合、控制总量和优化存量相结合的原则，不断加强科技和管理创新，促进规范发展，理顺产业链条，推动产业升级，打造便民、规范、安全和可持续发展的再生资源回收体系。到2015年，全市将形成以5000个回收站点为主、定时定点和网上预约交售废品相结合的再生资源回收网络体系，实现城市社区和农村千人以上大村回收功能全覆盖。采用连锁经营方式发展的直营或加盟再生资源回收网点达到3500个，再生资源回收网点连锁化率从现有的50%提高到70%。

天津市再生资源回收体系建设取得显著成效。到2011年，天津再生资源回收总量达650多万吨，销售收入达200多亿元，经济和社会效益凸显。目前，天津再生资源试点企业35家，经营单位2000余家，回收站点5100多个。为加快推动再生资源回收体系建设，特设专项资金及优惠政策开展再生资源体系建设项目支持工作。商务部门和财政部门开展再生资源企业退税工作，过去两年退税户数共计429户，退税额达2亿元。天津还筛选了35个有规模、有实力的企业作为项目主体，集中政策资金使用，按照专业化分工的要求，建设专业特色突出、集约化程度高的再生资源产业链，起到了良好的示范作用。

四、“城市矿产”试点示范提速

“城市矿产”是对废弃资源再生利用的形象比喻，是指工业化和城镇化过程中产生和蕴藏于废旧机电设备、电线电缆、通讯工具、汽车、家电、电子产品、金属和塑料包装物以及废料中，可循环利用的钢铁、有色金属、贵金属、塑料、橡胶等资源，其利用量相当于原生矿产资源。国家发展改革委副主任解振华在题为《积极开发城市矿产，大力发展循环经济》的讲话中指出，有效利用“城市矿产”资源，可替代部分原生矿产资源，弥补我国资源不足，是实现经济发展与环境保护双赢的重要途径，对我国经济安全具有重要的战略意义。

2010年7月，国家发展改革委、财政部联合发文，在全国组织开展“城市矿产”示范基地建设。同年，天津子牙循环经济产业区等7个示范基地已率先开始建设，成效比较显著。2011年 6 月30日 全国第一家专业从事城市矿产交易的交易所——武汉城市矿产交易所在武汉揭牌。交易所初期将重点服务企业、服务武汉“1＋8”城市圈两型社会建设，逐步向全国发展。2011年交易10万～20万吨城市矿产资源，交易额可达 5 亿～10亿元。三年内，其交易

量将力争达到100万吨以上，交易值达50亿元以上。

国家发展改革委会同财政部组织开展“城市矿产”示范基地建设，提出了“回收体系网络化、产业链条合理化、资源利用规模化、技术装备领先化、基础设施共享化、环保处理集中化、运营管理规范化”的要求，从而实现资源循环利用产业的集聚发展。2011年10月，国家发展改革委、财政部将上海燕龙基再生资源利用示范基地等15个园区确定为第二批国家“城市矿产”示范基地，批复了其建设国家“城市矿产”示范基地实施方案。至此，两部委已确定了两批共22个国家“城市矿产”示范基地。两部委计划通过5年的努力，在全国建成50个左右技术先进、环保达标、管理规范、利用规模化、辐射作用强的“城市矿产”示范基地，促进资源循环利用产业的集聚发展，开发、示范、推广一批先进适用技术和国际领先技术，探索形成适合我国国情的“城市矿产”资源化利用的管理模式和政策机制。

五、资源化、再利用的领域和路径不断拓展

（一）对餐厨废弃物尤其是“地沟油”资源化利用和无害化处理备受关注，力度加大

2010年以来，由“地沟油”、“垃圾猪”等餐厨废弃物引发的各类食品安全问题备受社会关注，成为影响人民群众生命健康的一大难题。推动餐厨废弃物资源化利用和无害化处理作为发展循环经济，建设资源节约型和环境友好型社会，保障食品安全，提高城市生态文明水平的重要内容，有利于从源头斩断“地沟油”回流餐桌和餐厨废弃物直接饲养畜禽等非法利益链，变废为宝、化害为利，实现社会效益、环境效益和经济效益的统一。

为引导社会资金投入，国家发展改革委办公厅、财政部办公厅2011年5月17日发出《关于印发循环经济发展专项资金支持餐厨废弃物资源化利用和无害化处理试点城市建设实施方案的通知》(发改办环资[2011]1111号)，决定选择具备开展餐厨废弃物资源化利用和无害化处理条件的设区的城市或直辖市市辖区进行试点，并对首批33个试点城市（区）给予了6.3亿元循环经济发展专项资金支持。《实施方案》提出，以城市为单位，支持试点城市餐厨废弃物收集、运输、利用和处理体系建设和改造升级，以及法规、标准、管理体系等能力建设。《实施方案》要求各省份的相关部门联合推荐试点城市，由发改委、财政部、住房和城乡建设部会同有关部门进行评审，确定试点城市。8月，国家发展改革委、财政部、住房城乡建设部联合印发《关于同意北京市朝阳区等33个城市（区）餐厨废弃物资源化利用和无害化处理试点实施方案并确定为试点城市（区）的通知》，批复了北京市朝阳区等33个城市（区）的实施方案并确定为试点城市（区）。《通知》还特别强调各地要强化对“地沟油”整治的具体措施，各试点城市（区）人民政府要承诺统筹餐厨废弃物和废油脂的一体化处理，规范“地沟油”的收运、处理和利用，坚决防止“地沟油”回流餐桌，保障食品安全。

北京市朝阳区率先试点居民小区垃圾分类，普通家庭的厨余垃圾已经得到有效回收。朝阳区的餐厨垃圾收运体系以环卫部门为主导，免费清运。高安屯餐厨垃圾处理厂已经试运营，每天可“吃”进200吨餐厨垃圾，二期工程完工后，每天处理能力可提升至400吨，而整个朝阳区一天的餐厨垃圾总量也就是500吨左右。在此基础上，朝阳区还在建设一批5吨至20吨级的相对集中型餐厨处理中心，主要分布在餐饮发达地区，并辐射周边区域。有条件的大型机关、院校，还建设分散型的餐厨处理设施，日处理量在数百公斤至1吨。计划到2015年将餐厨垃圾回收体系覆盖到全区95%的餐饮单位。

国家试点城市之一重庆市每天收集和处理餐厨垃圾量为700吨，属全国首位。到2015年，重庆主城区餐厨垃圾收运处理率85%，郊区小城镇50%；到2020年，主城区餐厨垃圾收运处理率90%，郊区小城镇70%。重庆市餐厨垃圾处理的基本做法是：一是统一规划，分级实施，责任主体明确。市级负责制定全市餐厨垃圾收运处理规划和集中处理工作，并实行考核通报制度；区级负责本行政区域内餐厨垃圾收运系统建设和运营管理。主城各区环卫部门与7000余户餐饮企业、单位食堂签订餐厨垃圾收运协议书，明确双方权利和义务；市政管委将餐厨垃圾收运纳入城管目标考核，向各区下达日均收运量指标，每月通报各区实际收运量，并运用科技手段抽样调查餐厨垃圾含固率，确保餐厨垃圾收运数量和质量大幅提高。二是先建应急处理工程，市餐厨垃圾全部由应急处理工程进行无害化处理，日均处理由当初的9吨提升到960吨，已累计处理45万吨。餐厨垃圾处理环节产生的废水经处理后达到国家三级排放标准进入市政管网。应急处理工程为优化设计方案、积累运营经验打下基础。三是新建项目工艺技术先进，综合效益显著。重庆市餐厨垃圾处理工程位于黑石子生活垃圾填埋场内，占地50亩，估算投资2.7亿元，处理规模500吨/日。该项目引进瑞典普拉克有机垃圾高温湿式厌氧消化技术，采用粉碎分离、提取油脂加工生物柴油、高温厌氧发酵产沼发电上网、残渣压滤脱水制肥、污水处理等主要工艺流程。该项目预计年产沼气1400万立方米、发电3300万千瓦时，年产生物柴油7300吨、有机肥料12000吨，年减排二氧化碳11万吨。该项目被国家发改委等5部门列入全国第一批试点工程，被科技部列入“科技支撑计划”，2011年8月正式启动，2012年年底前投入使用。届时，重

庆市将建成一个日处理能力为250吨的餐厨垃圾处理示范工程，实现年处理餐厨垃圾20万吨，年产沼气1400万立方米，年产有机肥1.2万吨，年减排二氧化碳11万吨。若将沼气用于发电，可年发电3300万千瓦时。若按我国年产9000万吨餐厨垃圾进行估算，该项目研发成果在全国实施和推广应用，可形成年产值达数千亿元的产业。 四是国企建设运营，财政保障经费，保证处理设施正常运转。重庆市授权大型国有独资企业——市环卫控股（集团）有限公司负责餐厨垃圾处理工程投资建设和运营管理。市环卫集团亏损由财政弥补。市级财政暂按108元/吨标准向黑石子餐厨垃圾处理厂划拨运行经费，不足部分另行追加，保证处理设施正常运转。区级财政投入专项资金，建设收运系统，支付收运费用，保证收运系统正常运行。

青海省西宁市餐厨垃圾处理模式处全国领先水平，实现分类收集、无害化处理和资源化利用，先后被国家发改委、国家住房和城乡建设部等部委誉为餐厨垃圾管理的“西宁模式”，并授予中国人居环境范例奖。主要做法：一是对餐厨垃圾实行统一收运处置服务。自2008年实施了日处理能力200吨的餐厨垃圾处理中心项目，将市区内每天产生的120多吨餐厨垃圾经过固液分离、破碎、消毒等程序，生产出高蛋白饲料母料和高洁净的再生能源?生物柴油，此项目获得7项国家专利，基本实现了全市餐厨垃圾的无害化处理，餐厨垃圾资源化利用率达到99%，处于全国领先水平。二是加大餐厨垃圾监管力度。出台并实施国家首部餐厨垃圾管理方面的地方性法规——《西宁市餐厨垃圾管理条例》。市城管局组建4支专项执法队伍，联合工商、公安、卫生等部门重点对非法买卖和随意倾倒餐厨垃圾等行为进行查处，对餐厨垃圾流向实行24小时不间断监控，严防餐厨垃圾非法流失。同时，餐厨垃圾处理厂和市近3000家餐厨垃圾产生单位签订了收用合同，签订率达95%以上，基本保证了餐厨垃圾不从源头上流失。三是扩大餐厨垃圾回收范围。将辐射面延伸至乡镇、社区、家属院，深入到各户，把各家各户、家属院、社区的残羹剩饭通过容器收集到一起和其他生活垃圾分开，再统一回收。容量为2吨至3吨的300多辆餐厨垃圾车已遍及四区三县。四是做大做强餐厨垃圾处理产业。餐厨垃圾的转化和利用，已成为现代工业和城市发展中的朝阳产业。西宁市餐厨垃圾有效转化技术逐渐趋于稳定和成熟。这种“政府主导、市场参与、法制化管理”的餐厨垃圾处理模式逐步得到了普遍赞同，为青海全省乃至全国餐厨垃圾处置产业的发挥了示范、带动作用。

（二）海水淡化取得新进展

海水是海洋中最大的资源，其中约97%是淡水，海水的总体积约13.7×10⁹进制 km³，可以说是取之不尽，用之不竭的水资源。世界上最大的资源危机是水资源危机。已知有100多个国家缺水，严重缺水的国家约26个。我国是淡水资源较为贫乏的国家。世界人均淡水总量约12 000 m^3，而我国淡水资源总量虽有2.8×1012m^3，但人均水资源量只有约2300m^3，人均淡水资源占有量仅为世界人均占有量的1/4，位居世界各国排名的第88位。全球海水淡化日产量3年前即达3250万立方米，解决了1亿多人的用水问题，迄今仍在以每年10%～30%的速度增长。

海水淡化是解决我国水资源短缺的重要途径和战略选择。“十一五”时期，我国的海水淡化能力以每年近70%的速度增长，为海水淡化发展奠定了基础条件。2011年3月10日，国家发展改革委组织召开海水淡化及综合利用工作座谈会，研究推动我国海水淡化及综合利用产业发展的政策措施。会议就开展海水淡化及综合利用的重要性和紧迫性、提高技术工艺与装备水平、强化示范试点、加强政策引导、制定法规标准等方面进行了深入讨论。同月，国家首批循环经济试点项目——国投天津北疆电厂海水淡化一期工程首批10万吨海水淡化工程竣工投产。淡水资源将与水厂自来水掺混后进入市政管网，成为滨海新区市民的生活用水。这是我国第一个向社会供水的大型海水淡化项目。项目首创“发电—海水淡化—浓海水制盐—土地节约整理—废物资源化再利用”的“五位一体”循环经济模式。截止2011年9月，全国海水淡化总规模已达日产66万吨规模。据统计，2011年我国已经建成16个万吨级以上的海水淡化工程。预计到2015年，我国海水淡化能力达到220万～260万立方米/日，对海岛新增供水量的贡献率达到50%以上，较2011年增加3～4倍，对沿海缺水地区新增工业供水量的贡献率达到15%以上；海水淡化原材料、装备制造自主创新率达到70%以上；建立较为完善的海水淡化产业链，关键技术、装备、材料的研发和制造能力达到国际先进水平。随着淡化能力的增加，“十二五”期间，海水淡化装备制造的产值将达到每年75～100亿元，将淡化工程运营、供水管网建设等相关产值一并计算，总产值还将成倍增加，产业规模十分显著。

六、从试点走向示范，涌现了一批典型模式和先进单位

“循环经济典型模式案例”是近几年循环经济发展取得的一个重要成果，标志着我国循环经济从节约环保手段上升为经济发展模式，由试点探路向示范推广转变。国家发展改革委2011年组织从地域、行业、重点领域等层面，对区域、园区、煤炭、电力、钢铁、有色、化工、建材、轻工、资源循环利用、再制造、农业林业、餐厨废弃物资源化利用、服务业14类典型循环经济发展模式进行了总结，并于2011年10月18日，印发了《关于印发循环经济典型模式案例的（简本）的通知》，60个中国循环经济典型模式案例出炉。该《通知》要求，各地发展改革部门要充分

认识模式推广的意义，通过召开现场推广会、经验交流会、行业研讨会等多种形式，加大循环经济典型模式推广力度，通过加强区域交流、行业交流、跟踪指导案例单位的方式，继续培育典型经验、凝练新模式，促进循环经济不断提高发展水平；各模式案例单位要立足现有基础，不断完善提高，继续探索循环经济发展的新方式、新途径，进一步解决循环经济发展中的困难与问题。

近几年来，甘肃省在推进循环经济试点省实践中，探索总结出了不同领域、不同层次的循环经济发展模式，主要有区域发展循环经济的金昌模式，农业园区发展循环经济的天水高新农业模式，工业企业发展循环经济的白银公司模式，农副产品加工企业发展循环经济的张掖有年模式，节水型工农业复合循环经济的定西模式。山西省实行以试点带动方式，按照“一市一园”“一县一企”的原则，先后确定120个省级循环经济试点单位。重点推进项目集聚园区化、产品生产循环化、增长模式集约化、产业发展规模化进程，着力推动产业纵向循环式组合，企业横向循环式生产，初步形成“资源互用、产业联结、首尾相顾、变废为宝、利益互动”的循环经济园区发展模式。甘肃金昌模式和山西煤炭的晋城、同煤塔山、潞安都名列国家发改委的60个中国循环经济典型模式案例。

在循环经济试点和循环经济发展过程中，全国各地表现突出、成效显著的先进单位也在不断涌现。为了表彰先进，树立典型，推动循环经济形成较大规模，国家发展改革委2011年决定在全国遴选一批循环经济工作先进单位,对其在“十一五”期间发展循环经济取得的突出成效进行表彰。各省、直辖市、自治区及计划单列市有关部门积极开展推荐工作。国家发展改革委委托有关单位制定了评选标准，对各省、直辖市、自治区及计划单列市有关部门推荐的候选单位的资格、事迹材料等进行审查，组织有关专家进行了评选、筛选，初步确定77个拟表彰的单位，并在国家发展改革委网站及相关媒体向社会进行公示。公示名单显示，77家拟表彰单位较为平均地分配到全国各个地区，以广泛树立典型，以点带面，促进全国循环经济规模化发展。

七、生物质能亮点频现

生物质能源被称为全球一次能源中的第四大能源。美国2003年可再生能源占能源消费总量的6%，其中近一半是生物质能源，约1亿吨标煤，占能源消费总量的3%。2010年度美国能源展望中提到，到2035年非水电可再生能源发电将占发电增量的41%，其中生物质发电占49.3%，风电占37%；燃料乙醇的消费量将占石油的17%。目前，全球生物质能发电装机容量已超过5000万千瓦，可替代9000多万吨标准煤。在生物质发电居世界领先地位的美国，生物质能发电总装机容量超过1万兆瓦，占美国可再生能源发电装机的40%以上。有资料显示，到2020年，西方工业国家15%的电力将来自生物质发电，而目前生物质发电只占整个电力生产的1%。届时，西方将有1亿个家庭使用的电力来自生物质发电，生物质发电产业还将为社会提供40万个就业机会。

据测算，我国不含太阳能的清洁能源的年开采资源量为21.48亿吨标煤，其中生物质占54.5%，大水电、小水电和风电分别占18.5%、8.7%和15.5%，核电为2.8%，生物质能源的资源量是水能的2倍和风能的3.5倍。《可再生能源发展“十二五”规划》明确要大幅度提高生物质能源发展目标，“到2015年年底，生物质发电装机将达1300万千瓦”，具体包括农林生物质发电将达800万千瓦，沼气发电将达200万千瓦，垃圾焚烧发电将达300万千瓦。在庞大的装机目标引导下，未来5年我国将兴起建设生物质发电厂的高潮。据推算，1300万千瓦的生物质发电装机容量意味着要增加500~700个生物质发电厂。为避免低水平重复开发浪费资源，《规划》拟定，“十二五”期间，在提高行业技术标准后，全国将形成约300个生物质发电厂的格局。

同时，有效地开发利用生物质能对农村地区更具有特殊的意义。我国大多数人口生活在农村，秸秆和薪柴等生物质能是农村的主要生活燃料，约占农村生活用能总量的一半以上。1998年至2008年的10年间，我国农村能源消费总量从7.68亿吨标准煤增加到11.42亿吨标准煤，增加了48.7%，年均增长4.9%。如果使每年可用于能源的4亿吨秸秆得到开发，转化为电力相当于8座三峡发电站，农民每年增收800~1000亿元。因此，发展生物质能产业与技术，为广大的农村地区提供生活和生产用能，是促进农村工业化、城镇化，农村剩余劳动力就近转移，缩小城乡差距，实现小康目标的一条重要途径。

（一）沼气开辟了农村发展新途径

农村沼气建设既是农业生产方式的变革，也是农民生活方式的革新，更是炊事能源方式的转变，这项工程被广大干部群众誉为民心工程、致富工程、生态工程。2008年底，农村沼气列入国家应对国际金融危机、扩大内需、振兴经济的一揽子计划，随着国家新能源发展战略的实施和应对气候变化措施的强化，农村的沼气发展空间更加广阔。为了拉动内需，中央下达的农业拉动内需新增投资项目中，第一批于2008年年底下拨515亿元，其中沼气占到60%～70%，共30亿元；2009年下拨第二批，共1847亿元，其中沼气占50亿元。新增50亿元沼气项目的实施，带动地方和企业自筹175亿元进行沼气项目建设，对拉动内需发挥积极和应有的作用。从2009年开始，为了加强沼气服务体系建设、强化其服务功能，农业部科教司与计划司会同国家发展与改革委员会共同将服务网点项目中央补助标准由原来的东中西09万、15万、19万提高到25万、25万、45万，东中西中央补贴标准分别提高了278%、233%、237%，平均提高246%，各地反映中央投资标准提高幅度大，满足了本地的沼气建设需要，对发挥好村级服务网点意义重大。2011年3月17日，国家发展和改革委员会发布第9号令《产业结构调整指导目录（2011年本）》。沼气产业及装备多项反复被列入了该目录。在该《目录》第一类鼓励类中，有7处直接提到了沼气和多处涉及沼气的条目。在农林业中，有秸秆沼气和农村可再生能源综合利用开发工程（沼气工程、“三沼”综合利用、沼气灌装提纯等）。在新能源业中，有以畜禽养殖场废弃物、城市填埋垃圾、工业有限废水等为原料的大型沼气生产成套设备，沼气发电机组、沼气净化设备、沼气管道供气、装罐成套设备制造。在机械业中，有沼气发生设备、沼气发酵及储气一体化（储气容积300~2000立方米系列产品）、沼气抽渣设备（抽吸量1立方米/分钟以上）等。在环境保护与资源节约综合利用中，有涉及沼气的城镇垃圾与其他固体废弃物减量化、资源化、无害化处理和综合利用工程，餐厨废弃物资源化利用技术开发及设施建设等。该“目录”的发布施行，充分表明了国家更加重视沼气产业化发展工作，由此可以预见我国沼气产业化将会呈现出更加光辉的发展前景。2011年8月9日，国家发展改革委与农业部联合印发文件（发改投资【2011】1694号），下达了2011年第一批农村沼气项目中央预算内投资计划。2011年，中央安排预算内投资33.2055亿元，用于该年度第一批农村沼气项目建设。其中277625万元用于建设户用沼气池，计划发展项目户441364家，余下的54430万元用于建设农村沼气服务网点13847个。文件称，为促进农村沼气事业又好又快发展，考虑到建设成本大幅上升等因素，决定从2011年开始，适当提高户用沼气中央补助标准。具体标准是：东、中、西部地区（东北比照西部地区标准）中央补助标准分别为1300元、1600元和2000元，西藏自治区中央补助标准为3500元，四川、云南、甘肃、青海四省藏区和新疆南疆三地州中央补助标准为3000元。9月1日(12月1日实施),《沼气工程规模分类》行标发布实施。为适应我国沼气工程的发展，促进我国沼气工程上规模、上水平、上档次，该“标准”不只是重新划分了沼气工程规模，还对配套系统根据规模的不同做出了不同的配置要求。该标准的划分由日产沼气量、厌氧消化装置的单体容积和厌氧消化装置总体容积三个主要指标组成，把日产沼气量作为一项划分指标，规范了沼气工程的关键性约束指标，给沼气工程验收提供了重要的性能依据。2011年12月15日，全国沼气标准化技术委员会暨国际标准化组织沼气技术委员会秘书处在北京成立，挂靠于农业部科技发展中心。成立全国沼气标准化技术委员会有利于加强沼气行业标准化工作，提高沼气技术水平。有利于规范沼气行业发展，提高沼气工程建设质量。有利于沼气产业健康发展，创沼气产业名牌。

在国家的大力倡导和支持下，经过多年的建设与发展，我国农村沼气实现了历史性跨越，取得举世瞩目的成就。2011年11月22日，国务院新闻办公室发表《中国应对气候变化的政策与行动（2011）》白皮书。文中公布：截至2010年底，全国沼气年利用量约140亿立方米，户用沼气达到4000万户左右。据《2011中国沼气市场趋势观察研究预测报告》预测2010年全国沼气用户累计达到4000万户，受益人口达1.55亿以上，沼气年利用量达到190亿立方米，生物固体成型燃料达到100万吨，建设了200万千瓦农林剩余物直燃发电厂，年发电量超过100亿千瓦时，消耗农林剩余物约1000万吨，增加农民收入约30亿元，从而开辟了农村经济发展新途径。甘肃省5年来，甘肃省累计投资15亿元建设农村户用沼气，建成户用沼气75.2万户，累计达到110万户，全省四分之一的农户用上了沼气，已形成以户用沼气为主体、各类沼气工程为补充的多元化发展格局，建成养殖小区和联户沼气工程130个、大中型沼气工程36个。110万户农村户用用沼气池年生产沼气3.52亿立方米，相当于替代生活用能55万吨标煤，年可减排二氧化碳145万吨以上，有效推进了农业农村节能减排。

同时，户用沼气“一气独大”的局面也在改变。全国沼气用户稳步跨上1000万、2000万、3000万三个台阶。《2011中国沼气市场趋势观察研究预测报告》中数据表明：当前，迫于形势的需要，同时为了提高农村沼气池的使用率，农村沼气投资格局发生了重大变化，过去以户用为主转向现在以多元发展为主，改变过去户用沼气“一气独大”的局面，从而带动投资结构发生变化，户用沼气由2008年的816%下降到2009年的476%，大中型沼气和服务网点分别由2008年的3%和112%提高到2009年的351%和141%。2011年3月5日，中国首座日产万方车用生物天然气工程在南宁正式汽车对加气站供气。南宁的生物燃气项目，将突破国内使用沼气的“瓶颈”，改变沼气直接用于锅炉燃烧发电等传统利用方式，把沼气通过净化压缩后变成生物燃气，替代天然气。南宁正在开展新燃料汽车运输工程，主要是发展生物气体出租车和公共汽车项目，利用产业化沼气工程提供的压缩气体原料，将全市城区内60%的出租车和公共汽车改造成使用生物气体燃料车。2012年后让30%城区出租车和公共汽车使用生物气体燃料，2015年完成60%的改造目标。2011年4月，河南天冠集团建设完成了日产50万立方米的沼气工程，成功向南阳市城区居民供气。该工程是南阳市利用日元贷款城市环境综合治理项目的子项目之一，工程总投资4.3亿元，共计利用日元贷款资金

1.6亿元。根据天冠沼气利用规划，整个项目达产后，每天所产沼气10万立方米用于城市居民用气，10万立方米脱碳提纯制取车用天然气，30万立方米用于沼气发电。可确保满足中心城区30万居民的生活用气和1000辆出租车、部分公交车加气。预计年新增销售收入1亿元，年利润总额3150万元，年减少二氧化碳排放85万吨，年节约标煤12万吨，节约清水300万吨。2011年8月22日，全球首个户用沼气碳基金减排收入发放仪式在湖北恩施举行。恩施市50位项目农户代表领取了第一个监测期（2009年2~8月）的减排收入。全州3.3万个产生减排的项目农户共获得第一期减排净收益204.9万元人民币。湖北省户用沼气碳基金减排项目2006年开始申报，2009年正式获联合国清洁发展机制执行理事会批准，是全球第一个在联合国成功注册并顺利实现交易的户用沼气减排项目。项目最大的亮点是让农户在使用沼气的同时获得减排收益。10年内项目农户每户每年可获得近百元的项目现金收入。这一项目的成功实施，可以有效地调动农户建好、管好、用好沼气池的积极性，进一步完善沼气产业链条，推动户用沼气步入“建设有补贴、服务有保障、使用有收益”的良性发展轨道。也证明中国完全可以通过开发户用沼气CDM项目，来增加农民收入，推进户用沼气发展

（二）生物质发电和生物产业展示了广阔前景

生物质发电主要是利用农业、林业和工业废弃物为原料，也可以将城市垃圾为原料，采取直接燃烧或气化的发电方式。

世界生物质发电起源于20世纪70年代，当时，世界性的石油危机爆发后，丹麦开始积极开发清洁的可再生能源，大力推行秸秆等生物质发电。自1990年以来，生物质发电在欧美许多国家开始大发展。

中国是一个农业大国，生物质资源十分丰富。中国拥有充足的可发展能源作物，同时还包括各种荒地、荒草地、盐碱地、沼泽地等。我国年产秸秆8.2亿吨左右(风干、含水量15%)，居世界之首。约有70%秸秆存在回收的经济性，可以作为能源加以利用。以此计算，折合可利用的秸秆总量约为5.7亿吨/年。生物质电厂普遍较小，装机容量多为25兆瓦左右，按照单个电厂年消耗20万吨燃料计算，全国可建电厂2850座，生物质发电具有较大发展空间。

为推动生物质发电技术的发展，2003年以来，国家先后核准批复了河北晋州、山东单县和江苏如东3个秸秆发电示范项目，并实施了生物质发电优惠上网电价等有关配套政策，从而使生物质发电，特别是秸秆发电的不断发展。

在生物质一代燃料走出“与民争粮，与粮争地”的困境之后，我国生物质能产业界已经认清并调整了生物质能产业的发展方向，即利用非粮原料生产生物燃料。当前，在全世界范围内，第二代生物质燃料技术研发及产业化的发展已渐入佳境。我国对于二代生物燃料利用的途径正在向多元化方向发展，这也对生物质原料供应的多元化提出要求。国家发展改革委能源研究所完成的研究报告显示，我国以非食用粮、糖类农作物为原料的燃料乙醇生产潜力近、中期约为1500万吨；以废油为原料的生物柴油生产潜力近、中期约为200万吨；以油料林为原料的生物柴油生产潜力在中、长期约为数百万吨；以纤维素和藻类生物质为原料的先进生物燃料生产潜力在长期可达每年数千万吨。由此看来，以非粮作物或植物生产生物燃料的潜力越来越大，生物质原料的供应将继续朝多元化的方向发展。

1.在中国生物质发电的道路上，国家政策和规划“很给力”

2010年7月，国家发改委发布《关于完善农林生物质发电价格政策的通知》，明确生物质发电统一执行标杆上网电价为0.75元/千瓦时，而政府对企业的补贴则是0.3元/千瓦时。这不仅有效缓解了生物质发电的成本压力，还解决了燃料争夺的问题，为生物质发电产业在“十二五”期间大规模发展扫清了一个障碍。

2011年，生物质能产业受到了前所未有的青睐。从年初至年末，多项政策接踵而至。5月26日，国家发展改革委、财政部联合发布《循环经济发展专项资金支持餐厨废弃物资源化利用和无害化处理试点城市建设实施方案》，明确设专项资金重点支持试点城市餐厨废弃物的收集、运输、利用和处理体系的建设和改造升级，以及法规、标准、管理体系等能力建设。回收的废弃油脂将用于炼化生物柴油和化工产品，以及一些低碳环保的装修材料。6月30日，财政部、国家税务总局联合发布通知，划定了废弃动植物油生产纯生物柴油免征消费税的适用范围，详细列出四种免征消费税的生物柴油原料。此前，国家曾发布过生物柴油免征消费税的政策，但并没有明确免征范围。出台这个措施是为了防止地沟油、潲水油流入食品行业，鼓励企业将这些废弃动植物油转化为工业用油。生物柴油作为一种绿色能源，对柴油是一个补充。生物质能的相关扶持政策日益指向“货币化”。未来5年，多项税费减免等实质性支持也有望陆续落地。

2011年10月，财政部下发《关于开展第一批绿色低碳重点小城镇试点示范工作的通知》，并配有《推广应用可再生能源和新能源专项实施方案》。同时，《全国林业生物质能源发展规划（2011~2020年）》通过专家评审，再为生物质能产业发展“添砖加瓦”。财政部、农业部和国家能源局等多部门合力推进绿色能源示范县工作，计划

"十二五"期间兴建200个绿色能源示范县，目前首批绿色能源示范县已达108个。仅以绿色能源示范县的补贴为例，中央财政对生物质能发展的直接补贴就将达到47.5亿元。这种"毫不吝啬"的重金扶持，无疑将对生物质能产业化形成有力推动。

2011年11月，《可再生能源"十二五"发展规划》中附有《生物质能源专项发展规划》。《规划》提出的"十二五"期间生物质能源发展目标是：到2015年年底，生物质发电装机容量将达1300万千瓦，到2020年将达3000万千瓦，在2010年年底550万千瓦的基础上分别增长1.36倍和4.45倍。其中"十二五"末，农林生物质发电将达800万千瓦，沼气发电将达200万千瓦，垃圾焚烧发电将达300万千瓦。生物质固体成型燃料利用量将达1000万吨，生物质乙醇利用量将达350万到400万吨，生物柴油利用量将达100万吨，航空生物燃料利用量将达10万吨。在庞大的装机目标引导下，未来5年我国将兴起建设生物质发电厂的高潮。据推算，1300万千瓦的生物质发电装机容量意味着要增加500~700个生物质发电厂。为避免低水平重复开发浪费资源，《规划》拟定，"十二五"期间，在提高行业技术标准后，全国将形成约300个生物质发电厂的格局。

"十二五"生物质能源规划除明确具体的生物质发电装机容量目标外，还划定了各子产业的相关目标。这一系列目标将发挥较强的政策引导作用，并为涉足生物质发电、垃圾焚烧发电以及生物燃料领域的相关企业带来积极影响。

科技部发布《"十二五"生物技术发展规划》明确"十二五"期间生物能源技术主攻方向：大力发展非粮生物乙醇、生物柴油等生物能源产品相关关键技术和专用设备，研究开发微藻生物固碳核心关键技术，建立年固定二氧化碳总量超过万吨的工业化示范系统，率先在国际上首次实现微藻固碳的产业化，在"十二五"期间获得突破性进展，并促使相关技术形成在全球范围内的领先地位。《规划》还提出，要"研究开发非粮生物乙醇、生物柴油、生物燃气、生物制氢等生物能源产品制造过程的共性关键技术和专用设备，以工业和城市生活废弃物为原料，建立生物能源产品的规模化生产技术示范"。

国家政策和规划的阳光，照亮了中国生物质能产业。"十一五"期间，国家电网公司、五大发电集团等大型国有、民营以及外资企业纷纷投资参与中国生物质发电产业的建设运营。截至2009年底，全国投产、在建和开展前期工作的生物质发电项目有170多个，装机容量460多万千瓦，其中已投产50多个，装机容量100多万千瓦。根据国家能源局的数据，"十一五期间，我国已建设了200万千瓦农林剩余物直燃发电厂，年发电量超过100亿度电。

2.中国生物质能产业，亮点凸显

民航客机加载生物燃料，一飞冲天，夺人眼球。生物航空煤油是以可再生资源为原料生产的航空煤油，与传统航空煤油相比，具有较好的降低二氧化碳排放的作用。为了减少碳排放，多个国家的航空公司正在尝试生物航空煤油的商业飞行。中石油采用非粮作物小桐子油脂为原料研制生产的15吨航空生物燃料，2011年10月28日，中国国际航空公司使用现役波音747-400型客机加载由中石油与霍尼韦尔旗下UOP公司合作生产的航空生物燃料，在首都国际机场执行了验证飞行，并取得成功。在我国首次航空生物燃料验证飞行中应用成功，标志着我国航空生物燃料产业发展的关键技术瓶颈已得到解决，集原料种植、采集加工、储运加注、安全飞行于一体的上下游产业链初步形成，并有助于削减运营成本并降低飞机温室气体排放量，在中国航空发展史上具有重要里程碑意义。该生物燃料由小桐子油脂和航空煤油按照1:1的比例混合制成，可替代传统航空煤油，减少二氧化碳排放量60～70%。目前，中石油已在四川和云南省利用荒坡林地建成小桐子能源林120万亩，还将利用成熟技术建设一套年产3万吨航空生物燃料的示范装置。

2012年2月28日，中国民用航空局正式受理了中国石化提出的生物航空煤油适航审定申请。中国石化介绍说，此次向中国民用航空局提出适航审定申请的产品——1号生物航空煤油，是中国首个自主开发成功的生物航空动力新产品，并具有批量生产能力的企业。包括中国石化在内，中国能源公司近年来对生物航空煤油研发也表现出了较大兴趣。中国石化研发的生物航煤，以多种动植物油脂为原料。目前，该公司还在研发以餐饮废油和海藻为原料的生物航煤技术。

接受中国石化提出的适航审定申请后，中国民用航空局将根据国际通行的检测标准，进行一系列审定，确保航煤的安全。适航审定通过后，生物航空煤油方可获准用于商业飞行。中国民用航空局副局长李健2012年2月28日在北京表示，中国已成为年消费量近2000万吨的航空燃料消费大国。预计，2020年中国航空燃料消费量将超过4000万吨。届时，预计生物航煤将占航油总量的30%。按照每吨一万元的价格计算，2020年中国生物航煤市场容量将达到1200亿元。

世界最大生物质发电厂在广东运营。2011年10月18日，由广东省粤电集团投资的目前世界上单机容量及总装机

容量最大的生物质发电厂正式投入商业运营。广东粤电湛江生物质发电项目为2台5万千瓦机组，其中1号机组已于2011年8月底投运；2号机组现已顺利通过96小时满负荷试运行，试运期间，机组平均负荷率达100.6%，各项技术参数指标优良。该生物质发电项目每年可替代约10万吨标煤，减少二氧化碳排放约30万吨，减少二氧化硫排放近2000吨。该项目在纯生物质燃料前提下，采用具有自主知识产权的循环流化床技术，进一步提升发电机组的效率，成本和污染物排放更低、燃料适应性强，燃烧温度低有效抑制结渣、腐蚀令灰渣综合利用价值提高，更为节能环保。

国内首个生物质炉VER自愿减排项目在河北启动。2011年12月10日，由河北光磊炉业有限公司实施的。“30万台生物质炉具VER自愿减排项目”在河北省故城县启动。项目第一期于2011年底前在故城县推广5000台生物质炉具，配套建设30个秸秆成型燃料厂，年产秸秆成型燃料1.5万吨，替代标准煤7500吨，年减排二氧化碳近2万吨。这是国内首个在生物质炉具行业实施的VER自愿减排项目。生物质炉具是一种新型高效低排放炉具，燃料以生物质为主，采用半气化燃料方式，节能减排效果明显。

中科院西双版纳植物园生物能源组从造纸厂“黑水”中提取木质素为原料合成的碳质固体酸催化剂，并用于生产生物柴油。所制备的催化剂用于催化油酸与甲醇的酯化反应，在80℃反应5小时，酯化率可达97%；用于催化高酸值小桐子油与甲醇的转酯化反应，在120℃反应5小时，生物柴油率可达96%。

3.垃圾焚烧发电在争议中前行

目前，中国每年生活垃圾产生量超过3.6亿吨，其中城市生活垃圾1.5亿至1.6亿吨，约占世界总量的三分之一，并且以年均8%的速度增长。在垃圾处理方式上，中国以填埋、焚烧和堆肥为主。填埋是目前主要方式，占比近一半;焚烧占比12%左右;堆肥不到10%;仍有30%的生活垃圾未能处理。

垃圾填埋是主要方式，但处理比较初级，而且有占地多、臭气不易控制、稳定周期长、存在污染风险等问题。与之相比，焚烧方式占地小，稳定化速度快，减量效果好，臭气容易控制。对于人口密度大、土地紧缺的大城市来说是一个理性的选择。中国的垃圾焚烧项目，绝大多数为垃圾焚烧发电项目，特点是前期投入大、运营成本低，且收益稳定丰厚。其收入来源，不仅包括垃圾处理补贴和售电收入，还包括税收优惠、供热收入、售渣收入等。据业内估算，垃圾焚烧厂项目投资回收期为8至12年。目前中国垃圾焚烧项目主要采用BOT(建设-经营-转让)和BOO(建设-拥有-运营)两种模式。两模式对投资方的特许经营期一般均为25至30年。这相当于投资方最多可以净赚22年。以北京市朝阳区高安屯垃圾焚烧厂为例，其处理垃圾量为1600吨/日，全年53万吨，年发电2亿度，上网电量1.6亿度，售电收入为1.04亿元，折合每吨垃圾发电收入195元。经济效益不仅比卫生填埋和堆肥高，和许多其他行业相比利润也非常丰厚。

然而，选择的这条路，注定不会平坦。一直面临两方面的夹击：一边是城市周边堆积如山的垃圾，另一边是居民对于垃圾焚烧的反对声。

从2007年6月北京由于居民反对而叫停六里屯垃圾焚烧厂建设起，到2011年1月，全国至少发生了十次因为垃圾焚烧选址引发的群体事件，其中北京市三次，江苏省三次，广东省三次，上海市一次。

中国因垃圾焚烧项目引发群体性事件的根本原因在于：原有垃圾焚烧厂标准偏低，管理力度不够，造成烟气超标、臭气扰民的现象，如何管理、如何避免各种污染还没有一个明确标准，由环保部牵头修订、原定在2011年内出台的《生活垃圾焚烧污染控制标准》，已经失约；土地价格、房产价格持续推高，加重了居民对于环境质量的要求;二噁英的污染引起居民的恐慌。

国家环保部门内部对于垃圾处理的方向也一直持有两派意见。一为主烧派，一为反烧派，双方一直僵持不下。这种局面在2011年4月发生了变化。国务院印发《关于进一步加强城市生活垃圾处理工作的意见》，明确指出，土地资源紧缺、人口密度高的城市，要优先采用焚烧处理技术。此后，各地垃圾焚烧项目纷纷上马，但均低调推进。山东省、浙江省各自规划了20座;福建省规划了17座;江苏省、广东省分别规划了14座和13座。2011年9月30日，由重钢三峰环境产业集团公司联合美国卡万塔控股集团共同建设的成都九江环保发电厂正式投入试运行。该项目占地约90亩，共配置了3台垃圾焚化炉，是目前西部规模最大、工艺最先进的垃圾焚烧发电厂。该发电厂每天处理城市生活垃圾约2000余吨，平均每日发电74.7万千瓦时。除电厂自用外，剩余的电全部送至九江变电站，可供8万户居民使用。到2011年底，中国建成和在建的垃圾焚烧厂，总数超过160座。

“十二五”期间，全国将新增处理能力约40万吨/日，新增投资约1400亿元。此外还有一些续建项目需要追加投资，续建投资约300亿元。收运转运约360亿元，存量治理约200亿元，餐厨垃圾约90亿元，垃圾分类约200亿元，监管能力约50亿元。“十二五”期间中国在垃圾处理上的投资高达2600亿元。业内人士透露，2600亿元大蛋糕中，超千亿元将切给垃圾焚烧发电。按照相关规划，到“十二五”末，中国的垃圾焚烧厂总数将超过300座，日处理能力将达到30万吨，占垃圾处理总量的30%。

八、国家循环经济标准化试点进展顺利

为促进循环经济发展，国家标准化管理委员会（以下简称“国家标准委”）与国家发展和改革委员会（以下简称“国家发展改革委”）共同组织实施国家循环经济标准化试点工作，联合出台了《国家循环经济标准化试点工作指导意见》（国标委工一联[2009]48号）和《国家循环经济标准化试点考核评估方案（试行）》（国标委工一联[2011]12号）。国家标准委组织编写了《国家循环经济标准化试点工作指南》。

2007年，国家标准委批准了浙江蓝天、三峡库区、大连经济开发区、东北制药、广东清远、苏州高新区、金江化工和河南鹤壁8家试点单位，启动循环经济标准化试点。目前国家级循环经济标准化试点已达33家，覆盖了辽宁、河南、湖南、山东、山西、广东、广西、江苏、浙江、重庆、福建11个省市区，内容包括了工业废弃物的回收利用、畜禽养殖废弃物的循环利用、再生资源回收利用等。截至今年8月，已有浙江蓝天等11家试点完成了验收工作。试点工作在循环经济标准化的工作模式和运行机制、标准体系的建立和标准制修订、标准的贯彻执行以及信息化的发展等方面取得了丰硕的成果，为循环经济标准化发展做出了突出的贡献，社会、环境和经济效益显著。

2011年3 月，国家标准委同意浙江省巨化集团公司、江苏省南京化学工业园区、广西壮族自治区北海市合浦东园家酒厂、河南省渑池县、湖南省汨罗工业园区、湖南省永兴县6家单位开展国家循环经济标准化试点工作。

2011年3月，国家标准委印发《国家循环经济标准化试点考核评估方案（试行）》。考核评估内容为：循环经济标准化工作模式、循环经济标准化基础性工作、循环经济标准的宣传及贯彻应用、循环经济标准信息平台建设。

国家循环经济标准化试点明显进展，有力地推动循环经济的发展。

2010年11月，山西省太原、长治、晋城、运城四市成为全省国家级循环经济标准化试点建设城市。太原市出台了《太原市建设国家循环经济标准化试点市实施方案》，确立总体目标，着力强化规划引导、园区承载、项目带动、政策创新和科技进步等几个重要环节，形成政府推动、企业实施、全社会共同参与的循环经济发展的格局。4个试点领域的循环经济标准化工作已经全面铺开，成效初显。农业领域，以沼气开发利用为轴心，积极构建林－草－粮－果－畜－渔等为主要内容的复合农业生产结构系统，培育养殖业－蔬菜业－粮食种植业－林果业－农产品加工业——各类沼气原料与沼气－生活能源与有机肥料－粮菜林果－养殖业的生态经济循环系统。工业领域，全市坚持将循环经济作为项目建设的第一道门槛，不上不符合循环经济要求的传统产业项目。积极引导工业领域的项目承担单位在建立健全循环经济标准体系的工程中，优先采用国际标准或国外先进标准。按照循环经济模式对工业园区进行规划、建设和改造，提出进园区的土地、能源、水资源利用及污染物排放等综合控制要求。服务业领域，重点发展以信息技术为核心，以运输、配送、自动化仓储、库存控制等专业技术为支撑的现代化物流。严格各环节节能审查，推行各种有效的节能改造措施。积极发展绿色酒店，开展绿色旅游服务。社会领域，抓好已发布实施的绿色学校、绿色医院、绿色影院、绿色网吧等标准的宣传贯彻和实施工作，进一步制定社会关注度高的绿色标准。

全国千家耗能大户之一的江苏索普集团积以醋酸为核心的产业链和以氯碱为源头的产业链实现了循环经济标准体系全覆盖。通过试点项目的实施，索普集团发展全产业链的循环经济，每年可减少焦炭用量1.1万吨，减少电消耗量540万千瓦时。

南通回力橡胶有限公司再生橡胶循环经济标准化试点项目的实施，确保了废橡胶利用率稳定在较高水平、产品质量水平不断提高，也提升了企业的标准化水平，各类废橡胶回收利用率均在99%以上，项目实施后年节电7%。重庆市三峡库区柑橘、生猪、沼气三大特色优势产业循环经济标准化试点项目以“猪-沼-果”循环经济关键技术成果为基础，制定了农用沼液无害化处理与利用工程技术规范等10项技术标准，率先在全国建立了较为完整的“猪-沼-果”特色产业园区循环经济标准体系和工作体系，创造性地研发出橘渣有机配方肥和沼液肥水一体灌溉成套设备装置等两项高新技术产品，并申报10项国家发明专利，其中有7项已获得授权。

国家“十二五”规划《纲要》明确提出，通过循环经济关键技术的开发应用、法律法规和标准的完善以及循环经济典型模式的推广，促进循环经济的发展。“十二五”期间，我国将进一步扩大循环经济标准化试点范围，开展30个国家循环经济标准化试点示范建设，将以企业园区和区域的循环化改造、再制造、矿产资源综合利用、再生资源回收利用等作为未来几年循环经济标准化试点的重点领域，争取力争取得更大的试点成效。

总的看来，“十一五”时期和2011年，中国循环经济发展较快，但仍处于起步阶段。按照国家“十二五”规划，同时节能环保产业已列入战略性新兴产业予以重点扶持，在国家的强力推动下，循环经济大有可为，已迎来了新的发展机遇期。

地方循环经济

北京市循环经济

北京市发展和改革委员会

2011年是“十二五”开局之年，我市加快实施“绿色北京”发展战略，继续将加快发展循环经济作为调整经济结构，转变发展方式和建设资源节约型、环境友好型社会的重要举措，循环经济各项工作深入推进。

一、2011年北京市循环经济工作成效

（一）资源综合利用水平进一步上升

2011年，北京市生活垃圾资源化率达到44%，同比提高3个百分点。2011年全市生活垃圾日处理能力达到16680吨，焚烧、生化和填埋处理比例优化为15：15：70。垃圾分类进一步推广，完成1200个居住小区和1200个行政村垃圾分类试点建设，新增再生资源回收站点300个，生活垃圾产生量保持负增长。全市资源综合利用认定企业达到266家，利用各种固体废弃物4644万吨、市政污水15785万吨。

（二）能源和水资源利用效率进一步提高

2011年，全市能源消费总量增长2%，煤炭占全市能源消费总量的比重下降到26.5%左右，天然气等优质能源占能源消费总量的比重达到72%，新能源和可再生能源开发利用总量约280万吨标煤，万元GDP能耗降低6.5%左右，能耗水平继续在全国保持领先。万元GDP耗水量超额完成下降5.4%的年度目标，再生水利用量达到7.1亿立方米，占全市用水总量约19%。

（三）环境污染防治压力有所缓解

四类主要污染物排放量下降率均大幅超额完成年度目标，大气主要污染物浓度稳步下降。空气质量二级和好于二级天数达到286天，一级天数占比达到20.3%，创下13年来最好水平。全市污水处理率达到82%。森林覆盖率达到37.6%，林木绿化率达到54%，城市绿化覆盖率达到45.6%，人均公共绿地面积达到15.3平方米。

二、2011年推进循环经济工作的具体措施

（一）进一步完善政策规章，健全体制机制建设

在原有法规政策基础上，编制《北京市“十二五”循环经济发展规划》、《北京市循环经济统计指标体系研究》、《北京“城市矿产”示范基地实施方案》、《朝阳区餐厨垃圾资源综合利用和无害化处理实施方案》，修订完善《北京市清洁生产管理办法》、《北京市<贯彻落实国家鼓励的资源综合利用管理办法>实施细则》等促进循环经济建设的规章制度，保障了循环经济的有序发展。

北京“城市矿产”示范基地建设以华星环保、盈创等再生资源利用龙头企业为主体，成立北京市再生资源绿色产业联盟，探索建设“政府指导、企业主导、分散布点、联盟协作”的虚拟型“城市矿产”示范基地。示范基地建设投资估算约10亿元，新建一个废饮料瓶分拣中心及一级回收网络，完善废旧家电长效回收体系，新建废塑料与废钢回收处理中心，并建设七大加工处理项目，其中包括3.5万吨废塑料再利用项目、新增10万台废旧家电拆解项目和12.5万辆报废汽车拆解项目。预计到2015年，北京将实现回收利用再生资源90万吨，比2010年增加50万吨；产值将达50亿元以上，比2010年增加44亿元以上。

（二）积极开展循环经济试点示范，探索发展模式

组织本市绿盟再生资源产业基地申报并成功获批国家级“城市矿产”示范基地。推进再生资源分类收集和利用体系建设，调动“回收→分拣→利用→再生”产业链各环节共同参与。产业基地内共有北京盈创再生资源有限公司、华新绿源环保产业发展有限公司、北京市华京源再生资源回收市场有限公司、北京首特钢报废机动车综合利用有限公司、北京博瑞联通汽车循环利用科技有限公司等5家企业。在全国率先探索建设“政府指导、企业主导、分散布点、联盟协作”的“虚拟型城市矿产”示范基地。通过加强对本市废弃资源的管理，推进再生资源回收处理项目，提高资源产出率。到2015年，示范基地可实现回收利用各类再生资源90万吨，产值50亿元以上的目标。

（三）深入挖掘推广循环经济模式

以国家循环经济试点省市为契机，积极推广适合市情的循环经济发展模式，促进企业开展余温余压利用、污泥协同处置、废弃物综合利用等工作，提高资源综合利用水平。其中，北京水泥厂有限责任公司协同处置废弃物循环

经济发展模式、德青源农业科技股份有限公司生态农业循环经济发展模式、神华国华北京热电分公司冷热电三联供循环经济发展模式入选中国循环经济典型模式案例。

（四）持续推进资源综合利用工作

公开选聘扩大资源综合利用认定专业监测机构规模，遴选聘请北京节能环保中心为本市资源综合利用认定工作的服务平台，积极推进资源综合利用工作，促进企业对废渣、废水、余热、余压等废弃资源进行回收和综合利用。全年开展2批资源综合利用认定，共有136家企业通过审核认定，资源综合利用产值182.3亿元，减免税额12.4亿元。大力推进再生资源回收再利用工程，实现年处置废旧家电170万台、电子废弃物200万台、报废汽车5.5万辆、废塑料9.8万吨，废钢材25万吨，相当于节约铁矿石75万吨，节约原油58.8万吨，取得较好的经济社会效应。

（五）加大固废资源化处置工作力度

加强对首钢生物质能源项目、朝阳生活垃圾综合处理厂焚烧中心、阿苏卫循环经济园区等项目前期工作进行调度，鲁家山垃圾分类焚烧发电项目主体厂房完工，高安屯餐厨垃圾处理厂（二期）建成。积极推广餐厨垃圾资源化处置，朝阳区获批全国餐厨废弃物资源化利用和无害化处理试点城区，通过微生物菌群将餐厨垃圾制成生物肥料菌剂和生物蛋白质饲料等产品，无害化处理率达到100%，资源化率达到95%以上。基本解决了朝阳区餐厨垃圾处理问题，对加快全市餐厨垃圾收运体系和设施能力建设，破解垃圾处理难题具有重要意义。

（六）深入推进节能降耗工作

狠抓建筑、工业等重点领域节能降耗，完成324万平方米既有建筑和210万平方米公建节能改造，节能建筑占民用建筑的比例达到60%，提前完成三年目标。北新建材完成整体搬迁，淘汰退出45家“三高”小企业，全面关停年产能20万吨以下水泥生产企业，组织近70家企业开展清洁生产审核，万元工业增加值能耗同比下降15.8%。进一步完善节能减排管理体系，建立重点用能单位管理岗位备案和能源利用状况报告制度，率先将非工业企业纳入能源利用报告范围；，培训首批136名能源管理师，强化企业节能管理能力；完成295个项目节能评估和审查，净核减5.4万吨标准煤，实施规划环评制度；推进“1+4+N”节能监测平台建设。

（七）持续调整优化产业结构

通过进退并举的调整措施，着力推动经济发展高端化。发布《北京市关于加快培育和发展战略性新兴产业的实施意见》，大力发展节能环保、新能源等产业，全市节能环保和新能源产业年销售收入总额超过1600亿元。努力提升服务业发展水平，中关村国家自主创新示范区获批国家首个现代服务业综合试点，石景山区成为国家首批服务业综合改革试点区。节能服务业快速发展，全市节能服务公司在国家发展改革委备案总数达329家，数量居各省市首位。2011年，全市服务业增加值占地区生产总值比重达到75.7%，比2005年提高6.1个百分点。

（八）积极开展循环经济宣传教育

广泛开展循环经济教育和知识普及活动，提升全社会对发展循环经济的感性认识和参与程度，倡导绿色消费。编制发布《“十二五”节能减排全民行动计划》，举办“绿色消费日”等节能宣传周7大“主题日”系列活动。德青源农业科技股份有限公司初选为国家循环经济教育示范基地，年接待各类参观人员近2万人。抵制过度包装等浪费资源的行为，“限塑”成效进一步突出，商场超市购物袋销售量同比减少5%以上。系统开展食品、化妆品的过度包装限制工作，推进产品包装物的标准化设计生产，试点推行绿色账户制度。

2012年，北京市将进一步贯彻落实科学发展观，按照“减量化、再利用、资源化”的总体原则，强化循环经济发展基础，构建覆盖各领域的资源循环利用体系，推进生产、流通、消费各环节循环经济发展，积极培育壮大循环经济产业，提高资源产出率。进一步抓好完善循环经济工作基础、推进循环经济试点、加快“城市矿产”示范基地建设、大力开展固废资源综合利用等工作。

（撰稿：蒋海峰、林 淦，北京市发展和改革委员会资源节约和环境保护处）

天津市循环经济

天津市发展和改革委员会

2011年，在市委、市政府的领导下，天津市按照国家发展改革委的部署和要求，把发展循环经济作为推进生态文明建设、实现可持续发展的重要手段，进一步加大工作力度，推动国家循环经济试点城市建设取得新成果。一年来，“城市矿产”示范基地建设积极推进，循环经济示范试点规模发展扩大，政策资金支持力度继续加强，循环型社会体系扎实构建，为全面完成国家循环经济试点城市建设任务奠定了基础。

一、加快国家“城市矿产”示范基地建设，推进资源循环利用产业发展

天津子牙循环经济产业区（以下简称园区）是国家发展改革委等部委批准的国家循环经济试点园区、国家“城市矿产”示范基地、国家循环经济教育示范基地、国家新型工业化产业示范基地、国家级废旧电子信息产品回收拆解处理示范基地、国家进口废物“圈区管理”园区及中国国际青少年交流中心（天津）。园区总体规划面积135平方公里，近期开发建设50平方公里，以废旧机电产品拆解处理业、废旧电子电器产品处理业、报废汽车拆解处理业、废旧橡塑加工业、精深加工再制造业、节能环保新能源产业等为主导产业。近年来，在国家发展改革委、财政部等部委的大力帮助和指导下，园区经济总量不断提升，基础设施日臻完备，产业链条日益完善，循环特色更加明显，示范效应日益突出。

2011年，园区各项开发建设工作取得了积极进展。基础设施方面，以道路及附属工程、市政公用设施、标准示范厂房、服务大厦、示范小城镇、林下经济带等为重点的基础设施工程全面推进；项目建设方面，入驻各类企业160家。TCL奥博（天津）环保发展有限公司、天津同和绿天使顶峰资源再生有限公司废旧家电处理等17个项目投产，天津钱塘飞跃再生资源有限公司、新能再生资源有限公司废旧五金拆解及深加工等项目开工。园区按照产业链关联程度，合理规划、科学安排各产业功能区的空间关系，经过几年努力，基本形成了废旧物资回收、拆解、初加工、深加工、再制造等产业链条较为完整的产业发展体系。园区内还建有循环经济科技研发中心、再生资源研究中心、资源再生利用与再制造研究中心等产学研合作机构，汇集了中科院、北京化工大学、四川大学、南开大学、天津大学等知名科研院所的研发力量，为园区发展提供技术支撑。

二、天津子牙循环经济产业区、北疆电厂入选国家发展改革委重点推介的循环经济典型模式案例

按照国家发展改革委2011年发布的《中国循环经济典型模式案例》，“子牙模式”代表的是以实施进口废物联合监管、搭建公共平台为特点的再生资源加工园区循环经济发展模式。子牙园区在拆解、加工进口废有色金属、废钢铁的基础上，从产业链构建、园区管理、污染控制等方面入手，建设现代循环经济产业园区。产业链构建方面，形成了废旧机电、废旧电子电器、报废汽车拆解加工，废旧轮胎及橡塑再生利用等循环产业链；园区管理方面，建立了海关、检验检疫、环保、园区“四位一体”的联合监管体制，对废弃机电产品从拆解加工到拆解后各种材料去向进行全程监管；污染控制方面，园区统一建设污水处理、中水回用、雨水收集、废弃物处理等公共服务平台，实现基础设施共享。

“北疆模式”代表的是全新规划的“电水盐化材”多产业共生的沿海电厂循环经济发展模式。天津北疆电厂在建厂之初就按照循环经济理念进行规划设计，构建了“发电-海水淡化-浓海水制盐-盐化工-新型建材”的产业链，实现了煤炭资源的节约利用、淡水资源零开采、废水和固体废物的零排放、废气的低排放。一是遵循减量化优先原则，采用超超临界机组进行发电，大大降低了发电煤耗；二是利用发电余热和低品位蒸汽进行海水淡化，年淡化能力达7200万吨，其中90%供入城市水网，为解决北方地区缺水问题提供了一条新的有效途径；三是海水淡化副产的浓海水进入汉沽盐场制盐，每年增加盐产量45万吨，并可节约22.5平方公里的盐田占地；四是利用制盐产生的苦卤生产化工产品；五是发电产生的粉煤灰和脱硫石膏用于生产新型建材。

三、津南区被列为国家餐厨废弃物资源化利用和无害化处理试点

2011年，我市津南区被列为国家首批餐厨废弃物资源化利用和无害化处理试点城区。我们采取多项措施推动试点工作：一是建立工作机制。市政府高度重视，责成市发展改革委牵头，组织市容园林、财政、食药监督、环保、质监、工商等有关部门及津南区政府成立综合协调组。津南区成立了区政府主要领导任组长的领导小组。二是制定工作方案。市发展改革委多次召开推动会，按国家批复试点实施方案的目标任务，明确了部门分工和职责，组织有关单位制定专项工作方案和年度实施计划。津南区积极推动落实，将试点工作目标、任务按年度分解落实到责任单位，确保试点工作目标按年度落实。三是加强标本兼治。加强宣传和政策引导，组织执法人员对全区的饭店、酒店、食堂餐厨废弃物产生量、隔油池及油水分离器等进行核查，依法取缔炼制地沟油和饲养垃圾猪的黑窝点。市生活垃圾管理部门强化餐厨废弃物处置企业的日常监管，责成专人进驻现场核实餐厨废弃物进厂量，监督处理设施运行，对处置企业收运、处置等实行全程控制。四是落实重点任务。调研起草了关于加强餐饮废弃油脂整治和餐饮废弃物管理方面的法规、暂行办法、实施方案等；加快签订餐饮废弃物无害化收运处理协议，如区内120家较大的饭店、单位食堂全部签订了协议；配置收运车66辆，各类餐厨垃圾收集容器1500余套，为扩大收运范围做了充实准备；提升改造了原有厂房、处置设备和配套设施焚烧炉、污水处理、电力系统等设施，并配套了固液分离系统和燃气管道等装置，全区已形成日处理能力100吨。目前，我们正按照国家发展改革委、财政部、住建部批复的实施方案，加快推动试点建设，各项工作取得一定进展。

四、深化示范试点建设，壮大循环经济发展规模

按照天津建设国家循环经济试点城市工作的总体部署，到2012年，我市要培育建设100个国家级、市级循环经济试点。经市政府批准，分别于2008年、2009年公布了前二批市级循环经济示范试点，培育了一批资源再生和循环利用水平较高的循环型企业、园区和小城镇。

作为对前二批示范试点的补充和深化，2011年开展的第三批试点工作除继续从重点企业、产业园区和小城镇三个方面开展外，还增加了再生资源领域和服务业领域。其中，重点企业涉及冶金、建筑等行业中发展循环经济有代表性、工作基础较好的单位；产业园区包括节能减排任务较重的重化工业集聚区、产业关联度高的工业园区和集约型农产品加工、农业废弃物综合利用一体化的农业园区，还筛选了一批各具特色的区县示范工业园区，按循环经济发展理念进行规划、建设和改造；再生资源、环保领域选择再生资源拆解加工利用集散市场、废旧金属再生利用、废旧家电拆解处理、报废汽车拆解处理及生活垃圾资源化等有示范意义的企业；服务业选择了景区旅游、大型超市等行业中工作基础较好、节能减排潜力较大的单位；试点小城镇选择了“以宅基地换房”建设的示范小城镇中按照循环经济理念开发建设的示范项目。2011年，经市政府同意，天津华明工业园区等37个单位被列为第三批市级循环经济示范试点单位。我市的市级循环经济示范试点达到76个，对于加快实现三产互动、动静结合的循环经济发展格局具有十分积极的意义。

五、加大政策资金支持力度，增添循环经济发展动力

2011年，我市继续发挥市级发展循环经济专项资金的支持引导作用，对技术、工艺先进，利用各类废弃物延伸循环经济产业链，具有显著节能、节水、节材效果的循环经济项目，给予资金支持。2011年支持了子牙园区有色金属、废塑料深加工项目，天津天合绿天使再生资源回收利用有限公司、天津市花苗木工程有限公司园林废弃物综合利用项目等14个循环经济重点项目，建成达产后可节约原油10万吨、节标煤178万吨、节水2430万吨，废弃物资源化利用195万吨，减少二氧化硫排放18万吨。我市已累计下达循环经济专项资金1亿元，带动投资45亿元，推动形成了显著的经济社会和环境效益。此外，2011年我市有金三农农业科技开发有限公司以食用菌种植为核心的农业资源循环利用产业化项目、同生化工厂铬渣治理项目以及津南区餐厨废弃物资源化利用和无害化处理试点等4个项目列入国家投资计划，对促进我市循环经济发展发挥了良好的推动作用。

六、推进资源再生和综合利用，加快完善社会循环体系

作为商务部确定的首批再生资源回收体系试点城市，近年来，我市结合自身实际，在统筹行业规划布局、强化组织领导、健全工作机制、完善法规制度、推进科技进步、创新发展模式等方面进行了有益探索。

我市按照城市空间布局，在环城区、涉农区县及滨海新区建立了8座综合分拣中心，按照产业布局，在东丽区、滨海新区等地分别建立了废旧钢铁、废旧电器电子产品、报废机动车、工业固体废弃物专业化分拣中心。11个分拣中心累计投资2.4亿元，安置就业岗位4000余个。多个跨地区龙头企业在全国形成了品牌效应，海泰公司将建起国内最大的废旧轮胎胶粉研磨基地，年产改性沥青10万吨；英驰集团建起了华北最大的废不锈钢集散基地，成为“太钢”、“天钢”重要的原料供应商；佛强公司在开发区建起了工业固体废弃物逆向物流回收处理基地，并与三星、丰田、奥的斯、渤海石油等多家大型企业签订了长期合作协议。我市还组织建成了市、区县、企业三级网络信息系统，搭建起物流、商流、信息流及技术交流的平台，连接产废—收废—利废三大环节，同时提供市场信息和业务咨询、员工培训等服务，促进了废旧商品流通现代化发展。目前，全市已初步形成了以回收网点为基础、分拣中

心为枢纽、再利用园区为依托、网络信息系统为平台的回收体系架构，一个辐射周边、联通国际的现代高效的产业联动模式初步显现。

七、以发展循环经济为重要抓手，推进生态环境建设

2011年，我市按照《2011-2013年天津生态市建设行动计划》（第二轮行动计划），加快推进节能降耗，污染减排，水环境治理，绿化，固废和噪声治理，农村环境防治，循环经济等七个方面重点工程项目。综合治理河道38条，新建污水处理厂14座、铺设配套管网397公里，第一热电厂关停、供热转换工作圆满完成，陈塘庄热电厂搬迁改燃工程启动。全年植树造林27.3万亩。开展了京津冀地区大气污染区域联防联控工作，全年环境空气质量二级以上良好天数达到320天。城镇污水、垃圾无害化处理率分别达到87%和94%。工业固体废物综合利用率保持在98%以上。

八、加强国际间交流合作，提高循环经济发展水平

我市与日本北九州市从2008年起的两年间，围绕子牙循环经济产业区开展了循环型城市合作。为进一步发展两市间的循环经济，促进低碳社会建设，2011年新签署了“天津市与北九州市关于建设低碳社会合作备忘录”及“天津市发展改革委及环保局与北九州市环境局关于循环经济及建设低碳社会合作备忘录”。此外，天津市经济技术开发区管委会与日本株式会社安川电机《推动天津经济技术开发区工业企业节能技术应用试点项目》在第六届中日节能环保论坛上交换了合作备忘录文本。

九、编制完成天津市循环经济发展“十二五”规划

按照《循环经济促进法》有关规定和我市开展“十二五”重点专项规划的统一部署，我市全面启动了天津市循环经济发展“十二五”规划的编制工作，组建了规划起草小组，开展了分析调研，进行了多方衔接论证，编制完成了天津市循环经济发展“十二五”规划。

规划提出了“十二五”期间实现循环经济深入发展的总体目标，即到2015年，率先把天津市建设成为资源高效利用、三次产业互动、动静脉产业结合、生活方式文明、生态环境优良的国家循环经济示范城市。规划还提出了“十二五”期间实现循环经济深入发展的主要任务：一是推进两个循环经济重点区域建设。以滨海新区为重点，建设现代制造业循环经济产业聚集区。以子牙园区为依托，建成国家“城市矿产”示范基地。二是推进循环经济产业体系建设。围绕三次产业互动的发展格局，大力推进循环经济示范企业和园区建设；继续优化各产业或企业间的产业关联度或潜在关联度，培育打造25条较大规模、较高水平、特色鲜明的循环经济产业链。三是推进循环型社会建设。以节水、节地、节材和资源综合利用为核心，推进资源的节约和高效利用；规范完善我市再生资源回收体系，形成覆盖全市、辐射周边、连通国际的再生资源回收体系；积极推广垃圾分类和处理；探索适宜的餐厨废弃物资源化利用和无害化处理模式；发展绿色建筑，提升建筑垃圾综合利用水平；倡导绿色消费模式和生活方式。四是实施一批循环经济重大示范项目。五是从组织管理、政策法规、科技人才、资金支持、宣传教育等方面完善政策措施，助推循环经济深入发展。

（撰稿：唐 弢，天津市发展和改革委员会环资气候处）

河北省循环经济

河北省发展和改革委员会

2011年，在中共河北省省委、省政府的领导下，各地各部门认真落实发展循环经济的决策部署，把发展循环经济作为推动经济结构调整、实现绿色发展的根本路径，作为建设和谐河北、经济强省的重大举措，不断创新载体、完善政策、健全制度，循环经济规模不断扩大，循环经济实践取得积极成效。

一、主要做法及成效

河北省重化产业特征突出，能源资源消耗量位居全国前列，循环经济发展潜力较大。我们紧紧围绕提高资源产出率这一目标，通过生产过程抓节能、生产源头调结构、生产末端促循环，强化资源利用全过程监管，努力实现资源集约节约利用，推动资源节约、环境保护、经济增长有机统一。

（一）狠抓节能降耗，提高能源利用效率

坚持以硬化目标责任为关键，实行单位GDP能耗降低率及其累计进度、能源消费增量三重控制，严格考核并兑现奖惩办法。坚持以重点突破为着力点，实施“双三十”节能减排示范工程，狠抓“双百”企业节能降耗，着力推进建筑、交通、公共机构节能减排。坚持以加快项目建设为支撑，按照“前期抓申报、开工抓进度、竣工抓运行”的原则，每年筛选一批节能提效工程作为省节能减排重点项目，按月调度，强力推进。坚持以强化激励约束为动力，健全依法监管机制，在全国率先执行惩罚性电价政策，健全价格调节机制，定期开展节能专项监察和环境治理专项行动。坚持以科学预警调控为保证，实行用能动态管理，坚持目标完成情况季度通报制度，对完成任务难度较大的地区、企业早预警、早调控，确保完成节能目标任务。2011年，全省单位GDP能耗为1.30吨标准煤，同比下降3.69%，超额完成年度计划目标；全省供电煤耗、吨钢综合能耗、吨水泥综合能耗分别比2005年下降8.4%、13.2%和32.9%。

（二）主攻结构调整，减少能源资源消耗

坚持把调整产业结构作为从源头减少能源资源消耗的根本措施。围绕做强传统产业，全面推进工业提升计划，组织实施对标行动，加快技术改造、兼并重组，促进信息化与工业化深度融合，积极稳妥地淘汰落后产能。围绕发展战略性新兴产业，实施优势领域战略性新兴产业重大工程，支持新能源、电子信息、生物医药、新材料等产业扩规模、上档次。围绕建立现代服务业体系，优先拓展生产性服务业，做大做强做精生活性服务业，大力发展高端服务业。2011年，全省三次产业结构比为11.9：53.5：34.6，第三产业比重比2005年提高1.3个百分点；装备制造业和高新技术产业较快发展，分别完成增加值1906.3亿元和1416.5亿元，占规模以上工业的18.1%和13.5%，比2005年分别提高5.8个和6个百分点；共淘汰炼铁落后产能936万吨、炼钢1608万吨、焦炭293万吨、水泥2697万吨、平板玻璃1197万重量箱、造纸112万吨、制革58.2万标张、酒精3万吨、铁合金1万吨、锌冶炼2.3万吨，关停小火电机组15.06万千瓦，均完成或超额完成了国家下达的淘汰任务。

河北物流集团再生资源利用有限公司汽车回收区

（三）发展静脉产业，推动资源综合利用

坚持把发展静脉产业作为实现废弃物资源化、再利用的重要途径。着力推进再生资源回收体系建设，合理布局设置废旧物资交易市场，规范市场建设标准，建立和完善废弃物分类、收集和处理系统，构建覆盖城市、城镇、乡村的再生资源回收体系。着力推进试点示范，加快建设唐山再生资源循环利用科技产业园国家“城市矿产”示范基地，推进基地内加工处理、回收体系、公共服务平台等重点工程进度，全面实施家电以旧换新，严格落实补贴标准。着力推进大宗

固废综合利用，组织开展资源综合利用认定工作，全面落实资源综合利用税收优惠政策，资源综合利用企业享受税收优惠近10亿元。实施资源综合利用“双百”工程，提升矿产资源、产业废弃物和废旧资源的综合利用水平。2011年，唐山再生资源循环利用科技产业园国家“城市矿产”示范基地累计完成投资5.5亿元，完成总投资40%以上；全省回收旧家电228万台，拆解报废汽车超10万辆；承德市列入国家第三批再生资源回收体系建设试点城市。

（四）完善政策机制，健全宏观调控体系

坚持把健全宏观调控体系作为发展循环经济的重要保障。在激励政策方面，不断加大财政支持力度。全年争取国家节能、节水、循环经济、综合利用、污水垃圾处理专项资金10.78亿元，有力地支持了118个项目建设。省级节能专项资金比上年增加1400万元，总量突破亿元。在市场机制方面，不断强化价格调节作用。严格执行超限额标准用能惩罚性电价政策，在开展专项节能监察行动的基础上，对查出的10家超限额标准用能企业执行惩罚性电价政策，对查出的违规使用国家明令淘汰机电设备的企业责令限期淘汰，逾期未淘汰的实行惩罚性电价政策。在监督管理方面，不断完善标准体系。在认真调研分析能耗限额标准现状的基础上，组织制修订主要耗能产品单位产品能耗（工序）限额，2011年完成了8个地方标准、40个能耗限额的编制工作。

二、循环经济发展典型

“十二五”期间，我省将大力实施3255循环经济示范工程，力争在5年期间培育3个循环经济示范市、20个示范县、50家示范园区和企业，每年滚动实施50个示范项目。2011年，在指导各单位编制循环经济规划的基础上，在市、县、园区（企业）等不同层面筛选了一批具有循环经济基础和典型示范意义的单位开展创建活动。

（一）示范市

承德市，依托循环型钒钛产业基地和国际生态旅游城市，加快构建经济与环境相协调、人与生态相和谐的循环经济发展模式。唐山市，依托钢铁、石化等重化产业耦合共生的产业基础，以及唐山再生资源循环利用科技产业园“城市矿产”示范基地，加快构建动脉产业与静脉产业协调发展的循环经济发展模式。邯郸市，依托装备制造、煤化工等产业高端化发展和农业循环经济基础，加快构建新型工业化、农业生态化复合型循环经济发展模式。

（二）示范县

在吴桥、邱县等县，依托其现代农业、农副产品加工业、农业废弃物资源化产业，加快建立种养加一体化、农工业复合型循环经济模式。在内丘、磁县等县，依托煤化工、钢铁等优势产业，加快构建上下游产业纵向成链、多产业关联共生的循环经济模式。在迁安、遵化等市，依托钢铁产业能源梯级利用和废弃物综合利用技术，加快构建资源梯级利用、废弃物有效利用的循环经济模式。在玉田县和安新县，依托再生资源集散地的优势，培育“城市矿

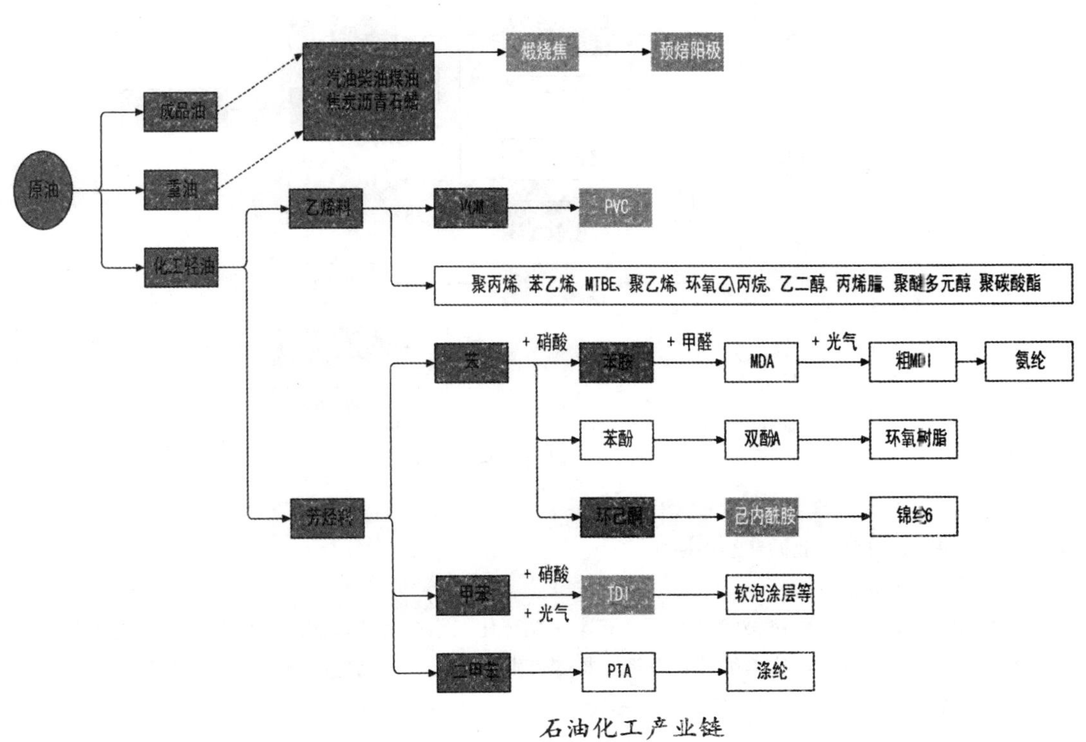

石油化工产业链

盐化工产业链

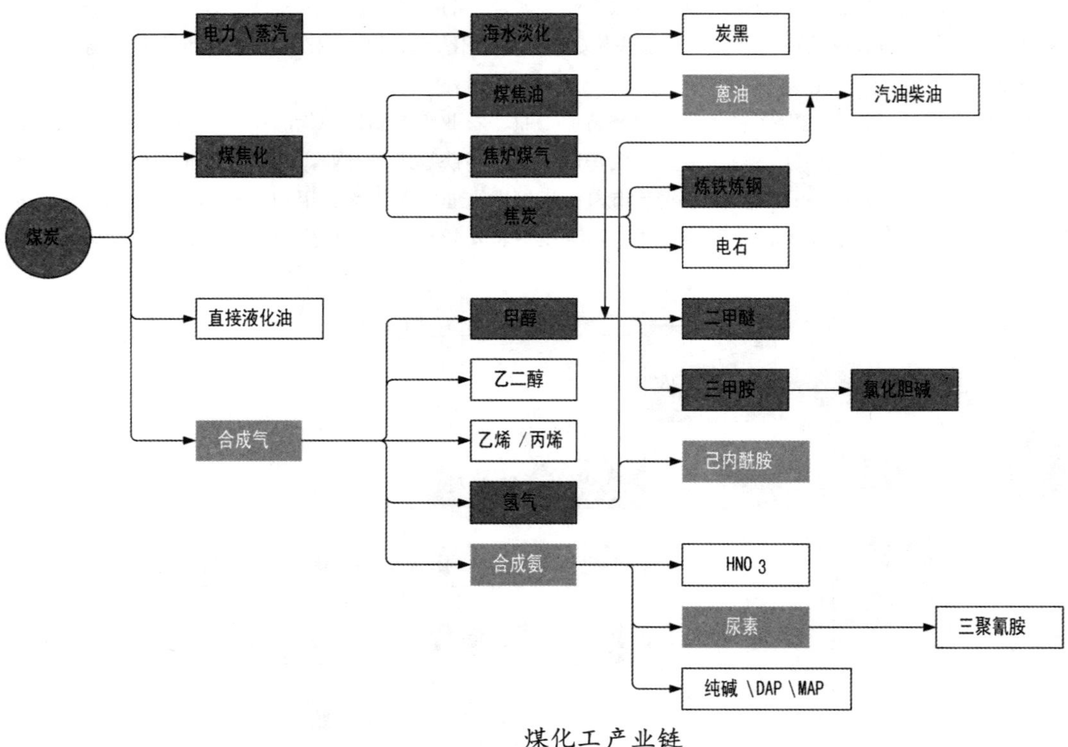

煤化工产业链

产”示范基地，加快构建静脉产业循环经济模式。

（三）示范园区（企业）

在曹妃甸工业区、沧州临港经济技术开发区、石家庄循环化工示范基地等园区，按照产业结构和发展特点，着力优化产业布局，加速产业聚集，实施循环化改造，构建产业网络化、产品生产链式化、废物利用循环化、运营管理专业化的循环经济模式。在示范企全面推行清洁生产。

三、重点工程

（一）沧州临港经济技术开发区园区循环化改造工程

沧州临港经济技术开发区重化工业特征突出，产业集中度高，循环经济发展基础较好，在全省具有一定典型性和代表性。截止2011年底，开发区工业企业实现产值453亿元，实现销售收入438亿元，初步形成了以中海油中捷石化、河北金牛公司PVC、沧州大化TDI为主体的石化产业，以国华电厂为龙头的电力能源产业，以及煤化工、盐化工、精细化工等小型化工产业集群。目前，该园区已被列为国家园区循环化改造试点，并谋划了一批园区循环化改造项目，总投资达434.7亿元。通过实施园区循环化改造项目，着力打造石油化工产业链、盐化工产业链和煤化工产业链等。

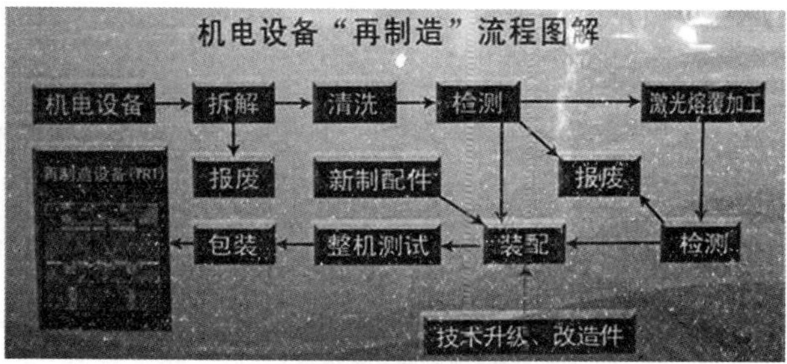

机电设备再制造流程

长城汽车发动机生产线

（二）再制造工程

1.河北瑞兆激光再制造技术有限公司（原唐山瑞兆激光技术机械修复有限公司），是集技术研发、设备再制造服务为一体的高新技术企业，工艺以激光再制造为技术核心，通过激光熔覆进行对废旧零部件进行再制造加工，恢复或提升其原有功能。2011年，企业再制造规模达到15600吨，年营业收入达8023万元。“十二五”期间，企业规划建设技术研发与检验检测中心、机械再制造和电机再制造生产线，力争到2015年，年营业收入达到3亿元。

2.长城汽车股份有限公司，是中国最大的SUV、皮卡制造企业，在保定基地、天津基地共拥有80万辆整车及零部件生产能力，具备发动机、变速器等核心零部件的自主配套能力，具备完善的产品性能分析与评价技术体系和再制造产品检测与验证技术体系。“十二五”期间，公司规划实施发动机再制造工程，力争到2015年实现发动机再制造产能10万台。

3.河北省物流产业集团有限公司，是河北省物流行业领军企业，主要从事物流配送、加二、仓储、运输、贸易、报废汽车回收拆解、报业、酒店等业务，2011年营业收入达到262亿元。“十二五”期间，集团将通过资源整合、企业联合、市场实体网络和信息网络建设等方式，建立覆盖华北等地的再制造旧件逆向物流回收体系。

（撰稿：黄建梅，河北省发展和改革委员会资源节约和环境保护处）

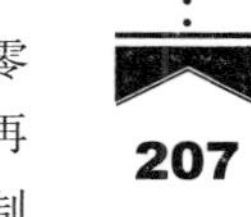

山西省循环经济

山西省发展和改革委员会

山西省是典型的资源型地区，发展循环经济具有战略性、全局性、根本性意义。省委、省政府高度重视循环经济推进工作，省政府及各市政府相继成立了发展循环经济工作领导组及办公室，近年来始终坚持以科学发展观为统领，把推进循环经济作为资源型地区转型发展的基本路径、转变经济发展方式的必由之路、推进转型综改试验区建设的重要抓手，全方位大力推进循环经济各项工作。2011年是“十二五”规划开局之年，也是山西省全面启动国家资源型经济转型综合配套改革试验区各项工作的关键之年，按照省委、省政府的“多联产、全循环、抓高端”的思路，以国家和省循环经济试点企业、园区建设为重点，全面推进各类产业特别是传统产业循环化发展，各项工作取得了积极的进展，为全省“十二五”期间壮大循环经济规模提供了广阔的发展空间。

一、2011年主要工作情况

（一）领导高度重视 规划目标明确

2011年6月10日至11日，中共中央政治局常委、国务院副总理李克强在山西进行考察时强调，要按照加快转变经济发展方式的要求，以更有力的举措，全面落实好“十二五”规划纲要，推动转型发展、创新发展、和谐发展。李克强来到山西潞安集团考察煤炭综合利用情况。对企业把资源“吃干榨尽”的做法表示肯定。他指出，你们通过努力把老百姓俗称的“臭煤”变成了“香煤”，使以前弃之不用的高硫高灰矿石转化为多用途的工业产品，展示了循环经济发展的巨大效益和潜力。“十二五”期间，中国发展面临的能源资源矛盾仍十分突出。加快转变经济发展方式、实现可持续发展，必须破解能源资源瓶颈制约，发展循环经济是一条势在必行、行之有效的出路。当前正值迎峰度夏的关键时刻，缓解煤电油运压力，促进经济平稳运行，既要保障有效供应，也要注重节能增效，提高能源资源使用效率。我们正在抓紧编制“十二五”国家能源专项规划，这也是重点专项规划，要把推动循环发展放在重要位置。希望山西进一步发挥比较优势，推进太原城市群建设，加快资源型经济优化升级，在中部崛起中实现发展的转型跨越。

在中央指引下，山西省委、省政府高度重视循环经济发展。袁纯清书记在《人民日报》发表文章指出：“循环经济是资源的高端利用形式，也是资源资本在更高层次融合互动的有效载体。循环经济的过程就是节能减排的过程，降低成本的过程，产业升级的过程，效益升值的过程，也是一个衍生新兴产业的过程。要把循环经济作为转型试验区推进的重点工作，贯穿到跨越发展的全过程，实现能源原材料基地向循环经济大省的跨越。”全省上下，牢牢抓住保增长、调结构、促转型的战略目标，把发展循环经济，推进节能减排工作作为调整经济结构、转变发展方式的重要抓手，制定规划，强化顶层设计。2008年根据国家发改委对我省发展循环经济重点工作的要求，编制完成了《山西省循环经济发展总体规(2008-2012)，该规划是国家批复的第一个省级循环经济发展规划。山西省委关于制定国民经济和社会发展第十二个五年规划的纲要（草案）也提出，进一步加大对循环经济发展的政策支持和投入力度，把循环经济作为改造提升传统产业的重要手段。2011年，按照规划，山西省以循环经济试点省建设为契机，大力发展循环型农业、循环型工业、循环型服务业，建设循环型社会，使循环经济成为基本经济形态和产业发展模式。按照“多联产、全循环、抓高端”的思路，全面推进各类产业特别是传统产业循环化发展，延长煤焦化、煤电材、煤电铝等资源循环产业链，提高煤矸石、粉煤灰、工业废渣、矿井水、中水等废弃物综合利用水平。

从省情出发，为了摸清全省范围内现有煤矸石堆存及利用状况，根据煤炭工业发展规划科学预测规划内煤矸石产生的数质量，依照国家产业政策，确立全省煤矸石综合利用的总体发展思路、发展目标、重点项目及产业布局。山西省发改委还专门组织编制《山西省煤矸石综合利用实施方案》。《方案》将作为山西省煤矸石资源综合利用的

指导性文件，对山西省现有煤矸石和规划期内预计产出的煤矸石资源化利用进行总体安排，并为国家核准全省范围内煤矸石综合利用项目提供基础支持。通过该方案的实施，将为山西实现跨越式发展，建设好山西省国家资源型经济转型综合配套改革试验区提供有力支撑。推进山西经济结构调整和发展方式转变，消除煤矸石危害，促进煤矿区资源的综合开发和合理利用，发展矿区循环经济，建设环境友好型矿区，促进全省煤炭工业实现经济效益、社会效益和环境效益协调统一发展。“十二五”末，实现年产煤矸石资源化利用率50%以上，生态处置率100%。

2011年山西省资源节约和环境保护工作目标是：万元生产总值能耗累计下降3.5%左右，万元生产总值二氧化碳下降3.5%，万元生产总值二氧化硫排放量下降1.5%，化学需氧量排放量下降2%，氨氮排放量下降1.5%，氮氧化物排放量下降1.5%，烟尘(工业)排放量下降2%，粉尘(工业)排放量下降2%，万元工业增加值用水量下降5%。

（二）立法执法 构建循环经济法律保障

《山西省循环经济促进条例》列入省人大常委会2011年立法计划正式项目。省发展和改革委代起草了《山西省循环经济促进条例（草案）》。在起草过程中，紧密结合我省建设国家资源型经济转型综合配套改革试验区的要求，着重解决我省循环经济发展过程中存在的制度建设、产业循环和资源综合利用等重点问题，确立了适应我省促进循环经济发展的体系制度，以生产、流通和消费活动环节为切入点，建立推进循环经济发展制度和措施的立法框架。同时根据我省实际，将重点废弃物资源化利用问题在《条例（草案）》中单独成章，对煤矸石、粉煤灰、矿井水、焦炉煤气、脱硫石膏以及镁渣、电石渣、赤泥等重点废弃物的资源综合利用进行了立法规范。《条例（草案）》，经过省内外调研、广泛征求了40多个省直有关部门和11个市人民政府以及部分企业的意见，召开了数次论证会和协调会。2011年10月16日，我省对《山西省循环经济促进条例》进行了立法论证。论证会邀请了全国人大常委会、国家发改委等专家学者参加。专家学者一致认为，《条例 （草案）》坚持以科学发展观为指导，紧密结合我省建设国家资源型经济转型综合配套改革试验区的要求，从山西省产业特点出发，坚持减量化、再利用、资源化的原则，对行政管理部门、企事业单位以及普通公民在循环经济中的权利和义务都进行了规范，力求重点解决我省循环经济发展过程中存在的制度建设、产业循环和资源综合利用等重点问题，确立了适应我省促进循环经济发展的体系制度。省人民政府[2011]96次常务会议审议通过，省人大常委会第26次会议初审通过。省人民政府常务会议已审议通过，省人大常委会第26次会议初审通过。随后将通过第二次审议通过后颁布实施，该《条例》颁布实施，必将推动我省循环经济发展走上制度化、法治化轨道。2012年5月28日，山西省第十一届人民代表大会常务委员会第二十九次会议审议通过了《山西省循环经济促进条例》，于2012年10月1日实施。《条例》的出台标志着全省循环经济工作步入新的发展阶段。

2011年5月至6月，省人大常委会对我省大同、朔州、阳泉、长治、临汾、运城6个市及15个县（市、区），40余个企业和基层单位，就贯彻实施《中华人民共和国循环经济促进法》情况进行检查。通过检查，我省贯彻循环经济促进法、大力推动循环经济发展，做了大量卓有成效的工作，取得了较为明显的进展，基本形成了企业、区域、社会多层面整体推进循环经济的发展格局。7月6日至7月22日，省发展循环经济情况监督检查工作组，赴11个市进行了循环经济发展情况的监督检查。工作组采取召开专题汇报会、走访重点园区企业和实地调研项目、填报“发展循环经济项目情况调查表”和“循环经济发展情况监督检查表”、反馈意见、注重把握四个环节等形式进行了监督检查。通过对全省循环经济发展政策措施落实情况的全面监督检查，进一步加快推进了全省循环经济的发展步伐，为全省转型跨越发展起到了积极促进作用。其间，省发展改革委配合人大制定执法检查方案，历时两周时间，检查组分赴吕梁、阳泉、大同、临汾、长治、运城6个地市，深入当地企业、社区、农村，重点对《循环经济法促进法》中“减量化、资源化、再利用”的贯彻落实情况进行检查。

（三）逐步扩大循环经济试点范围 注重发挥试点示范作用

2007年国家发改委把我省列入第二批循环经济试点省，我省的循环经济工作在试点基础上得到较大发展，形成了浓厚的发展氛围，成为全国发展循环经济的先进省份。在循环经济的发展过程中，我省还被国家有关部门列为全国唯一的省域循环经济统计试点省和开展循环经济认证试点省，且太原、长治、晋城、运城等4市列入循环经济标准化建设试点市。2010年12月1日，经国务院同意，国家发改委正式批复设立“山西省国家资源型经济综合配套改革试验区”。循环经济事关我省转变发展方式、实现可持续发展，是建设国家资源型经济综合配套改革试验区的基本路径，发展循环经济具有战略性、全局性、根本性意义。

2011年根据省循环经济工作领导组会议决定，为了进一步全面推进循环经济，在全省范围内从企业、园区、区域几个层面共同推动循环经济发展，在原有69个循环经济试点的基础上，实现省级循环经济试点单位数量翻番，开展“一市一园”、“一县一企”循环经济试点工作，经过专家两次遴选，本着成熟一批、发展一批、动态调整的原则，新增加的试点单位要紧紧围绕本地区经济和社会发展规划，结合本地区产业发展状况，统筹安排，突出重点。突出在行业或区域内发展循环经济方面有一定的代表性。试点企业开展能流、物流集成和废物循环利用，试点园区基本完成循环经济基础设施功能建设，试点区域建立起循环经济基本框架。同时增加循环经济试点企业要采用高新技术和先进适用的环保和资源节约综合利用技术，对现有项目进行提升改造，在行业内或某一地区具有较好的示范意义。被推荐的企业必须达到资源的有效和高效利用，且废水零排放、固废零处理、废气全达标的要求。经济效益、环境效益和社会效益显著。经过认真审查筛选，共有52户成为我省第二批循环经济入选园区及企业。

经过几年来的不懈的推进，试点单位涵已盖了企业、行业、园区、社区、区域5个层面，试点示范作用逐渐显现，初步形成了具有山西产业特色的以企业为主体，企业与企业、产业与产业之间有机耦合的循环经济发展模式。

同时，引导循环经济先进单位由试点走向示范。作为投资170亿元，全国首个、全省最大的产业链条规划最完整的煤炭循环经济示范园区同煤塔山循环经济园区，各个生产单位首尾相接，环环紧扣，上一个生产单位产生的废料正好是下一个生产单位的原料，逐层减量利用。目前，矿井产生的煤矸石一部分经过煤矸石砖厂及资源综合利用电厂利用，剩余部分初期进行填埋、覆盖、绿化处理，随着市场的需求逐步扩建二期、三期煤矸石砖厂及资源综合利用电厂；同时与科研院校共同研究煤矸石回填采空区技术，提出了把矸石经过处理细化，利用地面充填钻孔对塔山矿回采采空区域进行充填，最终实现煤矸石的全部利用。园区废水基本做到“零排放”。园区内项目的生活污水和工业废水排放至污水处理厂，经过处理后用于工业场地的喷洒及绿化，矿井水通过矿井水处理厂处理后用于井下喷淋。园区以实施大面积、广覆盖、全方位的绿化工程为主线，建设园林式的新矿区。目前，防风固沙、水土保持、防洪护矿、绿化美化及周边环境治理的基础性工作已经完成，园区绿化率达到97%。天更蓝了，水更清了，挖煤不见煤，发电不冒烟，一个环境优美的绿色园区，已经矗立在晋北大地上，展现在世人面前。2011年塔山园区总资产256亿元，销售收入162亿元，实现利润54亿元，上缴税金35亿元，主要矿产资源产出率0.415万元/吨，能源产出率1.123万元/吨标准煤，单位生产总值能耗0.891吨标准煤/万元，工业废水排放量0吨，COD排放量0吨。

（四）积极建立循环经济评价制度

2009年1月15日，国家认证认可监督管理委员会(国认可函〔2009〕13号)批复了“关于同意山西省质量技术监督局开展循环经济相关领域认证试点工作的批复”。2010年3月17日，循环经济认证项目工作组在山西省质监局成立，项目工作组办公室设在山西省质量认证审核中心。省委省政府结合我省实际，将传统产业循环率、资源就地转化率、新兴产业占有率纳入经济发展统计指标体系，逐步建立循环经济目标管理考核评价机制，将循环经济推进工作切实纳入到各级政府领导干部的政绩考核范畴；省发展改革委与省统计局共同积极推进全省范围主要资源消耗量统计调查试点工作，探索在区域层面核算综合反映循环经济发展的资源产出指标、资源消耗指标、资源综合利用指标、再生资源回收利用指标和废物处置降低指标。

1.国家级循环经济标准化试点城市建设工作启动。根据国家标准化管理委员会和国家发改委正式批复我省太原、长治、晋城、运城4市被确定为首批国家级循环经济标准化试点城市。省发改委和省质监局联合制定出台了《山西省国家级循环经济标准化试点城市建设管理办法》。该“办法”，试点建设任务主要是建立并完善以技术标准为主体，包含管理标准、工作标准在内的循环经济标准体系；要注重循环经济标准的实施，重点抓好节能、节水、节材和废物再利用、资源化等方面标准的贯彻应用；要加强循环经济标准信息平台建设，构建循环经济标准化信息网络。试点建设分为三个阶段，其中2011年6月30日以前为第一阶段，2011年6月30日至2012年6月30日为第二

阶段，2012年6月30日至2013年6月30日为第三阶段。这四个城市，将建立和完善以国家标准为基础，行业标准和企业标准为补充，内容覆盖多个循环经济产业链的循环经济标准体系。

2.山西省工业企业循环经济评价标准发布。长期以来，由于缺少循环经济评价方面的科学标准，地方政府和企业往往难以准确掌握自身循环经济发展基本状况，无法做到科学决策，有效提升经营管理水平。2011年9月23日，省质监局正式发布了山西省工业企业循环经济评价标准，包括《工业企业循环经济评价导则》、《钢铁行业循环经济评价实施指南》和《焦化行业循环经济评价实施指南》三个标准。这是我国首个全面系统地评价企业层面循环经济发展水平的标准，填补了企业层面循环经济评价方法的空白。这套标准的出台，初步构建了循环经济评价标准体系，完善了循环经济理论体系。为实现循环经济"可操作、可考核、可评价"的目标提供了重要的技术保障。

截至目前，已有3个山西省地方标准予以发布，4个山西省地方标准通过审核，其中部分地方标准有望升级成国家标准、全国首创、山西独创的循环经济认证标准体系正在一步步成型。到2015年，全部25项认证标准完成之际，循环经济认证标准体系将全面架构起来。可以说，这是一套独具特色、自主创新的标准，也是涵盖全面、内容科学的体系。

（五）开展宣传活动 进一步使循环经济理念深入人心

2011年山西省节能宣传周活动在太原举行。由山西省节能减排办公室、山西省发展和改革委员会主办的，2011年山西省节能宣传周广场活动于6月13日在太原滨河体育中心广场举行，现场进行了发放宣传资料、节能购物袋和节能灯等活动。6月17日是2011年山西省节能宣传周的最后一天，省发改委在太原市又举行节能低碳送光明行动。他们先后到太原市第二人民医院、桃园北路东社区向医护人员、老红军、低保户、军烈属发放了节能宣传手册和节能灯，参加了新建路小学召开的主题班会，观看了学生们创作的反映节能低碳生活的小品、作文朗读等节目。与山西广播电视台综合广播联合，在迎泽街办事处解放南路二社区，进行一个小时的"节能宣传进社区"现场直播活动，社区的老少居民和收音机旁的听众踊跃参加节能知识竞答。同时，组织开展了"太钢杯循环经济知识有奖竞赛问答"活动，由省人大常委会主办，省委宣传部、省人大财经委、省人大常委会研究室和省发改委承办，太原钢铁（集团）有限公司和《山西日报》报业集团、《人民代表报》协办了"太钢杯"循环经济知识有奖竞答活动。活动于4月中旬启动，5月下旬竞答题分别在《山西日报》、《人民代表报》、《山西经济日报》和省人大网站、省政府网站、山西新闻网、黄河新闻网上登载。由于各级部门领导重视，组织有序，工作得力，广大干部职工热情参与，取得了圆满成功。全省近17万干部职工进行了答题。共收到答题卡12万余张，经过公平抽奖，共产生了一等奖20名、二等奖50名、三等奖80名、优秀奖100名，同时，评选出优秀组织奖45个。

经过全省上下的共同努力，我省循环经济工作取得了显著的成效。"十一五"期间，我省循环经济工作取得了显著成效，单位生产总值能耗、二氧化硫排放量和化学需氧量排放量等指标分别下降22．66%、17．6%和13．9%，超额完成了国家下达的分别下降22%、14%和13%的约束性目标任务。截至2011年底，全省资源综合利用率由2005年的不足20%提高到了50%左右。其中，洗中煤、煤泥利用率达到95%以上，焦炉煤气利用率提高到90%以上，矿井瓦斯综合利用率达到55%左右，焦油、粗苯加工回收率达到100%，每年可减少煤矸石、粉煤灰、冶金渣等固体废弃物排放量2700万吨以上，减少焦炉煤气等余热资源排放8亿立方米以上，矸石砖、粉煤灰砌块等利废建材生产能力达到150亿块标砖。

二、2012年循环经济工作计划

一是进一步提升完成循环经济发展规划。我省于2008年编制完成的《山西省循环经济发展总体规划（2008～2012）》到2012年为规划截止期，需要结合"十二五"规划加以提升，进行再认识、再深化、再设计；有些新技术、新工艺及装备未能体现到当年的规划中去；在产业布局上需要按照新规划重新设计产业链。省政府正在组织修订循环经济发展规划，使规划提升到以资源型产业转型发展、循环经济路径设计、模式设计和关键技术选择等重大发展战略上，建立起以工业走廊、园区和产业链为承载的循环经济规划体系，用循环经济理念和模式对各类园区进行再规划、再改造，形成以园区带动企业、辐射区域，逐步形成小循环-中循环-大循环互动格局，将山西循环经济发展成为国内一流、世界领先的水平。

二是代省政府起草循环经济实施意见。根据《国务院关于加快发展循环经济的若干意见》（国发[2005]22号），我省于2006年曾以晋政发〔2006〕49号文出台了《山西省加快发展循环经济实施意见》，总体目标和主要指标均截止到2010年，重点任务也是明确在“十一五”期间。为了进一步做好新形势下的循环经济工作，建议省政府围绕《山西省“十二五”循环经济发展规划》确定的目标任务，并结合《山西省循环经济促进条例》，组织编制《山西省关于进一步加快推进循环经济发展的意见》（以下简称《意见》），作为“十二五”期间指导全省循环经济健康稳步发展的纲领性文件之一，细化《规划》的工作方案，完善《条例》的工作制度和有关政策措施，使循环经济规划、条例以及配套的政策能够全面起到指导和规范全省循环经济发展的作用，全面推进我省循环经济建设。目前我委已开始研究该《意见》方案。

三是继续扩大循环经济试点范围。在现有76个循环经济试点企业和20个试点园区的基础上，没有试点企业的县继续组织申报，实现“一县一企”的循环经济试点目标。

四是细化循环经济发展的相关政策。在国家发改委和统计局的指导下，继续在全省范围内开展资源产出率试统计工作，建立完善循环经济统计评价制度。同时，要加大政府资金支持力度，对循环经济重点项目，不再以入股方式投入，而是由政府给予直接投资或资金补助、贷款贴息等方式支持，引导各类金融机构给予信贷支持。探索建立由环保政策、土地政策、信贷政策、税费政策、价格政策等组成的综合政策保障体系。

五是继续加强宣传。重点抓好循环经济促进条例的宣传普及工作，通过《山西经济日报》循环经济专版、《山西循环经济》双月刊、“山西循环经济”网站等形式，抓宣传、抓认识，加强循环经济的宣传力度，不断提升全社会对循环经济的认识，营造出有利于发展循环经济的浓厚氛围。

（撰稿：赵 义、魏 巍，山西省发展和改革委员会资源节约和环境保护处）

内蒙古循环经济

内蒙古自治区发展和改革委员会

内蒙古自治区以科学发展观为指导，认真贯彻落实《中华人民共和国循环经济促进法》、《中华人民共和国清洁生产促进法》、《中华人民共和国节约能源法》和《国务关于加快发展循环经济的若干意见》等法规文件精神，以节能减排、清洁生产、资源综合利用工作为核心的循环经济工作得到进一步深化，资源节约型和环境友好型社会建设得到全面推进，全面完成了2011年节能目标任务。2011年3月21日，中共中央政治局常委、国务院副总理李克强在内蒙古自治区调研时强调，对内蒙古推进技术进步、集约开发、高效利用、循环发展的做法表示肯定。

一、大力倡导，积极推动

（一）强化政策推动，加快产业延伸与产业升级

2011年6月，《国务院关于进一步促进内蒙古经济社会又好又快发展的若干意见》要求，坚持节约资源保护环境。树立绿色发展理念，加强生态建设和环境保护，开发利用低碳技术，落实节能减排措施，大力发展循环经济，提高资源综合利用水平，促进经济社会发展与人口资源环境相协调，不断提高可持续发展能力。

2011年1月，内蒙古自治区第十一届人民代表大会第四次会议政府工作报告强调，强化资源保障和综合利用。通过制度规范、监管约束和科技创新等方式，切实推进能源、材料和水资源的节约利用。严格土地资源管理，节约集约利用土地。加强矿产资源勘查和管理，提高有序开发和综合利用水平，增强对发展的支撑和保障能力。加快资源循环利用产业发展，建设循环经济园区，推广循环利用技术，构建循环型农牧业体系和循环型城市与社区。积极应对气候变化，加快培育以低碳排放为特征的工业、建筑和交通体系。增加森林和草原碳汇，建立固碳标准体系，探索开展碳汇交易。加强防灾减灾体系建设。

（二）加强规划引导，推动绿色、循环、低碳发展

《内蒙古自治区国民经济和社会发展第十二个五年规划纲要》提出，把建设环境友好型、资源节约型社会作为加快转变经济发展方式的重要着力点，大力发展循环经济，强化资源节约集约利用，发展循环经济，逐步建立低投入、高产出、低消耗、少排放、能循环、可持续的绿色经济发展体系。一是推进循环型工业体系建设。按照大型、高端、循环发展的方向，以煤炭、电力、化工、冶金、建材等行业为重点，抓好煤炭、稀土、有色金属共伴生矿产资源综合利用，推进粉煤灰、煤矸石、冶金和化工废渣及尾矿等工业废物利用。在主要工业行业重点形成一批循环经济产业链。二是推进循环型农牧业体系建设。发挥农牧业生态系统的整体功能，提高集约化水平，大力推广保护性耕作、合理施肥(药)、节水灌溉、旱作农业、集约化生态养殖、沼气与秸秆综合利用等循环利用技术。以农村牧区沼气建设为依托，推动规模养殖、特色种植、无公害、绿色、有机农畜产品的发展，提升农村牧区经济发展水平。三是推进循环型城市与社区建设。以推进城市、社区再生资源回收利用、可持续消费体系为重点，鼓励循环型社会实践，建设再生资源回收利用系统，推广车载桶装密闭式垃圾收运模式和密闭式垃圾自动收集系统，社区生活垃圾全部分类收集。

（三）严格项目准入，优化产业结构

认真贯彻落实国家发展改革委颁布实施的《固定资产投资项目节能评估和审查暂行办法》，加强固定资产投资项目节能评估和审查工作。研究制定了《内蒙古自治区固定资产投资项目节能评估和审查实施办法（暂行）》、《内蒙古自治区固定资产投资项目节能评估申报审查程序》、《内蒙古自治区固定资产投资项目节能评估专家库管理和考核办法》等相关配套文件。并严格按照国家发改委6号令要求，对不符产业政策、达不到国家行业准入、不采用先进技术设备或高于全国平均能耗水平的项目坚决不予审批。有效遏制了高耗能、高污染行业项目的不合理增长。通过综合运用行政、经济、工程、技术等政策措施，促进我区产业结构进一步优化，加快了产业结构调整步伐。

二、扎实推进，成效显著

（一）循环经济规划编制工作全面启动

为加强对循环经济发展的宏观指导，按照国家发展改革委《循环经济发展规划编制指南》的要求，2011年3月，内蒙古自治区发展改革委与规划编制单位中国国际工程咨询公司召开了内蒙古循环经济发展规划编制座谈会。

通过会议讨论研究，确定了内蒙古循环经济发展规划编制的方向，研究确定了内蒙古循环经济发展规划编制的框架基本内容。

（二）循环经济试点示范稳步推进

紧紧抓住国家开展循环经济试点的有利时机，立足于能矿资源丰富，环境容量空间广阔，资源型产业基础雄厚，水煤组合条件好等综合比较优势，积极推进循环经济试点示范工作。一是扩大循环经济试点范围，选取典型模式在全区推广。2011年2月，内蒙古自治区政府将乌海经济技术开发区海南园区、内蒙古宜化化工有限责任公司、乌海黑猫炭黑有限责任公司、内蒙古克什克腾煤化工园区、赤峰市固体废物加工利用园区、内蒙古乌拉山化工有限责任公司6家园区（企业）列为自治区第五批工业循环经济试点示范园区（企业）。截至2011年底，全区共有62个工业循环经济试点示范园区，其中，国家级循环经济试点单位7个，自治区级循环经济试点单位55个，涵盖煤炭、电力、钢铁等多个资源型产业，循环经济产业发展势头良好，经济增长的质量和效益不断提高。二是加快资源再生利用产业化。推动"矿产城市"示范基地建设，推进再生资源规模化利用。加快建设城市社区和乡村回收站点、分拣中心、集散市场"三位一体"的再生资源回收体系。三是促进垃圾资源化利用。建立健全城市垃圾分类回收制度，鼓励城市开展垃圾焚烧发电和供热、填埋气体发电、餐厨废弃物资源化利用。2011年底，鄂尔多斯市列入第一批全国餐厨垃圾资源化利用和无害化处理示范城市。四推进园区循环化改造。推进园区循环化改造是转变经济发展方式，实现园区可持续发展的内在要求，是提升园区综合竞争力的有效途径，是改善区域生态环境的重要措施。从空间布局优化、产业结构调整、企业清洁生产、公共基础设施建设、环境保护、组织管理等方面推进园区循环化改造。

（三）循环经济模式初步形成

近年来，国家和自治区不断加大对发展循环经济的投入，内蒙古煤炭深加工产业循环经济链条不断延伸，循环经济发展模式初步形成。内蒙古是我国最重要的能源战略基地。2002年－2011年，自治区原煤产量由1.15亿吨增加到9.84亿吨，总量居全国第一位。自治区"依托资源、但不依赖资源"，以煤为基，努力提高煤炭附加值，大力发展以煤为主的循环经济，以"煤-电-用"一体化为方向的煤炭深加工产业链条不断向下游延伸。初步形成了"企业发展、园区建设和整体经济"（点-线-面）循环经济发展模式、"煤炭—电力—化工、煤炭—炼焦—化工、煤炭—电力—特色冶金"一体化煤炭循环经济发展模式、"煤炭—电力—铝及铝后加工"循环经济发展模式"的有色循环经济发展模式和"稀土采选—冶炼分离—新材料及应用"的稀土循环经济发展模式。为内蒙古发展循环经济奠定了坚实的基础。

（四）绿色低碳发展取得新突破

内蒙古自治区依托丰富的风能资源，临近大电网、开发成本低等优势，调整优化能源消费结构，大力发展可再生能源。至2011年底，内蒙古并网大型风力发电装机容量已突破1337万千瓦，居全国第一。同时，内蒙古以风能为重点，积极推进清洁发展机制项目工作，推进绿色低碳循环发展。截止2011年底，内蒙古有285个清洁发展机制(CDM)项目获得批准，预计年减排量达4447万吨二氧化碳当量，其中有182个在联合国注册，73个获得签发"经核证的减排量"(CER)。

三、立足当前，科学发展

循环发展是节约发展、清洁发展、可持续发展的重要途径，是内蒙古自治区工业经济结构调整、向低碳转型升级的重要举措。2012年是"十二五"承上启下的关键年，一要继续推进实施节能降耗工程，确保完成节能目标任务。二要推进实施循环经济示范工程，从区域、园区、企业等层面完善循环经济总体布局，抓好重化工业集聚区和工业园区发展循环经济，推进产业链横向耦合，纵向延伸，实现能源、资源循环利用，推动相关产业在现有循环经济试点示范单位中建设一批既有行业代表性又有地区特点的循环经济示范工程。三要推进实施资源综合利用工程。着重推进工业固体废物资源综合利用。在煤矿集中的地区重点推进矸石综合利用项目建设;在火电厂集中的地区重点推进粉煤灰、脱硫石膏综合利用项目建设;在金属、非金属矿区集中的地区重点推进尾矿综合利用项目建设。四要培育"再制造"试点工程。"再制造产业化"是循环经济的重点工程之一，加大宣传、引导、培育和完善服务体系等前期工作。

发展循环经济是建设资源节约型、环境友好型社会的内在要求，是缓解资源环境约束日益强化的有效途径。加强政策引导和优化资源配置，大力支持循环经济发展，实现内蒙古自治区经济社会又好又快发展。

（撰稿：迟瑞平、马国爱、陈大岭，内蒙古发展和改革委员会资源节约和环境保护处）

辽宁省循环经济

辽宁省发展和改革委员会

2011年是十二五计划的开局之年，也是我国转变经济发展方式，实行跨越发展的重要一年。在省委、省政府的正确领导下，在国家发展改革委及有关部门的大力支持下，我们深入贯彻落实科学发展观，牢固树立循环经济理念，按照“减量化、再利用、资源化”的原则，加强组织协调，以扩内需、保增长、促民生为举措，在推进园区及企业循环经济试点、资源综合开发利用、开展节能减排等方面积极开展工作，取得一定成效。

一、循环经济示范试点，取得新的进展

在国家发展改革委的大力支持下，通过积极争取，我省丹东市东港再生资源产业园和大连国家生态工业示范园区被批准为国家第二批“城市矿产”示范基地，由此带动了一大批循环经济企业的发展。

（一）国家“城市矿产”示范基地建设进展迅速

辽宁东港再生资源产业园区总规划面积8.23平方公里，项目总投资60亿元，项目全部竣工投产后可实现年拆解能力达到300万吨，实现主营业收入200亿元，实现税收15亿元。2011年，园区的主干路网、电力、给排水、污水处理等配备设施都已具备使用功能。园区拆解区建成面积已达到1000亩。其中，拆解区建成标准厂房30栋12万平方米，已有20多家企业入驻并进行拆解加工；深加工区已有10多家企业建成投产。占地面积125亩的海关国检监管区土建已完工。

2011年，大连市积极推进大连国家生态工业示范园区（静脉产业类）开发建设。大连市人民政府出台《大连市人民政府关于支持大连国家生态工业示范园区（静脉产业类）开发建设的若干意见》。至年末，园区起步区按“进口圈区”管理的要求完成基础设施及配套设施建设，建成海关区和检验检疫区，并通过省级相关部门联合组织的预验收。当年，签约入住园区的国内外知名企业22家。为加快建设再生资源回收体系。市政府出台《大连市人民政府办公厅关于推进大连市再生资源回收体系建设的实施意见》，并积极申报国家再生资源回收体系建设试点城市。

（二）国家和省级循环经济试点稳步推进，成效显著

1.阜新市

阜新市是国家第二批循环经济试点城市。该市以创建国家循环经济试点市为契机，把发展循环经济作为调整经济结构、转变发展方式的重要抓手，通过加强规划指导、完善政策措施、加大资金投入、加快技术研发、强化宣传培训等一系列措施，循环经济已从理念逐步变为行动，取得了积极成效，资源产出率稳步提高，单位产品能耗物耗明显降低，废物循环利用水平取得较大提高，污染物排放得到一定程度的控制，形成了一批循环经济的典型企业和产业园区，

从2011年上半年开始，装备制造业产值超过煤炭采掘业，成为阜新工业中的第一大产业。农产品加工业十年来以20%以上的速度增长，成为阜新工业的第二大产业，以能源为主的产业结构正在得到改善。风力发电项目每年新增并网超过50万千瓦。目前，阜新风电并网数量已占全省的40%以上。与此同时，2011年，六大高耗能行业增加值占地区工业增加值比重同比下降3.6个百分点。

在开展循环经济工作过程中，根据自身情况和发展趋势，该市的工业循环经济体系进行了系统的规划，以“点（企业）、线（园区）、面（社会）”全面推进循环经济发展。

首先以重点企业为突破口，推出20家重点循环经济企业。这些企业具有一定规模、节能审计和节能减排工作能够具体落实执行到位，企业具有较好的发展潜力，并在国家技术发展政策鼓励范畴之内。同时，还需要取得较好的经济、环境和社会效益，能够带动全市循环经济的发展。如阜新市美中鹅业工贸有限公司主要经营鹅等家禽收购、屠宰加工及产品销售、熟食产品加工，以“公司+基地+农户”的经营模式，形成了以市场牵龙头、以龙头带基地、以基地连农户的产供销一条龙、农工贸一体化的产业化格局，实现了鹅业废弃物的高附加值利用。

其次通过发展循环经济，实施传统产业技术升级和发展接续产业。完善煤电建、煤电化、煤化工、装备制造和农业产品深加工5条产业链。通过延伸主导产业链，形成以农业和农产品加工、煤炭深加工和高新技术产业为主导的接续产业格局，推动工业体系向循环型产业转型，实现地区经济跨越式发展。

该市非常重视产业合理的空间布局。根据当地的资源条件、环境容量、自然条件、交通状况和基础设施特点，以产业链为基础，形成8个特定产业类型的各具特色的工业园区，使企业共生发展，形成区域循环经济产业带。如提出建设的阜新市再生资源循环经济产业基地。在建设阜新市再生资源循环经济产业基地的过程中，按照国家印发的《大宗固体废弃物综合利用实施方案》，在“十二五”期间，国家重点支持矿产资源和产业废物两领域资源综合利用产业发展。2011年，该市进一步明确了基地的发展方向，以煤矸石、粉煤灰为主要资源，重点发展这一产业，延长产业链，突显循环经济概念，进而带动相关产业的发展。

2.沈阳市

沈阳市不断探索循环经济发展的有效模式，对辽中近海经济区、法库陶瓷工业园、大东欧盟工业园、沈北新区、沈阳经济技术开发区等产业基地的循环经济发展情况深入调研，对存在的问题和遇到的困难进行了认真剖析，研究国家的方针政策，探索循环经济发展的有效模式。

围绕循环经济主线，发挥主观能动性，开展了《沈阳市循环经济发展对策研究》等重大课题调研，推出了适应该市经济发展需要的77个重大循环经济项目。新市镇建设关键水环境技术联合研发与示范项目获省科学技术厅和德国特里尔应用科技大学物质流管理研究所支持，解决城市化进程中的水环境建设问题，推进和加深中德在水环境领域及其他环境工作的合作度，实现技术的引进、消化、吸收、集成和在创新。沈阳大陆激光等一批重点项目获得了中央、省的资金支持。

3.辽阳市

辽阳市的灯塔市、弓长岭区和辽阳石化分公司是省级循环经济试点单位。试点中，灯塔市积极探索发展循环经济新路子，形成了企业自身的小循环、企业间的中循环和社会的大循环。热电厂煤泥综合利用、新型干法水泥低温余热发电、煤矸石烧结制砖、煤矿瓦斯气利用等一批循环经济项目均已达产见效，取得良好的经济效益和社会效益。沈煤集团煤矸石热电厂2台30万千瓦煤矸石发电机组项目已完成，每年可消耗煤矸石140万吨，节约原煤45万吨，同时该项目生产用水全部由城市污水处理厂的中水回用来解决。昌隆生物质颗粒燃烧厂生物质颗粒燃料代替煤炭，使再生新能源的综合利用得到推广；弓长岭区是国务院批准的资源枯竭型城区，在全力创建国家级生态区工作的同时，大力发展循环经济工作。金浓农副产品有限公司等一批300立方米的中型沼气工程已全部建成投入使用。望宝农业示范园区依靠科技农业，发展生态养殖和秸杆沼气工程；辽阳石化分公司在大芳烃基地建设中，严把资源循环利用关，通过自研与合作等途径，利用“三废”研制开发出双环戊二烯、改性沥青、环烷酸等近百个产品。采用结晶蒸发工艺从二元酸废液中成功回收己二酸和二羧酸，实现“三废”有效再利用。

随着循环经济工作的稳步推进，该市农村秸杆固化和沼气工程全面发展。全年共建生物质固化生产企业2家，户用沼气池2000个，大中型沼气池5处。辽阳县新风牧业有限公司利用鸡粪生产有机肥，即减少了环境污染，也带来了一定的经济效益。以沼气工程为纽带的种、养、加工、沼气、沼肥“五环”产业链基本形成。林源林蛙产业发展有限公司林蛙双饱菇循环示范项目，高效利用循环主体的副产品和剩余物进行养殖生产，既降低了成本，又利用了废弃物。循环农业示范区基本建立，农村节能项目建设的综合效益得到彰显。

二、以节能减排为重点，积极发展循环经济

（一）节能减排目标责任全面落实

按照国务院印发的《“十二五”节能减排综合性工作方案》确定的工作目标和任务，省节能减排工作领导小组办公室印发了《辽宁省“十二五”节能减排综合性工作方案》和《2011年全省节能减排工作实施方案》，全面部署了“十二五”和今年的全省节能减排工作任务，并逐一分解落实到各市和省直23个部门，将节能减排目标完成情况纳入对各市政府绩效考评指标体系，按年度实施考核评价。各市政府和省直各部门及时召开有关会议，研究制定“十二五”和2011年节能减排工作的具体实施方案，将节能减排目标责任层层分解落实，由于措施得力，绝大多数市完成了省政府下达的节能减排计划目标。

（二）重点领域的节能减排取得新成效

一是重点抓好工业节能。加强对年耗能5000吨标煤以上和“万家企业节能行动”单位的节能监管，开展能源利用状况监督检查，对未完成节能任务的企业，强制进行能源审计，限期整改，确保完成万元工业增加值能耗降低5%；加大产业结构调整力度，坚持把节能评估审查和环境影响评价作为新建项目的前置条件，坚决杜绝“两高一资”项目盲目上马；加快淘汰落后产能，确保全年完成淘汰落后钢铁能力6万吨、水泥1630万吨、铁合金5.26万吨、造纸22.54万吨、有色9.2万吨、印染1.014亿米、电力26.3万千瓦的目标任务。

二是大力推进建筑节能改造。严格贯彻执行建筑节能设计标准，新建建筑节能标准执行率设计阶段达到100%，施工阶段达到99%；积极推进既有建筑供热计量和节能改造，实际完成1293万平方米改造面积，超额完成国家下达的1200万平改造任务。加强公共建筑节能监管体系建设，完善能耗统计、能源审计、能效公示 推动节能改造与运行管理。改造供热老旧管线，推进供热计量改革，开展供热计量收费试点工作。推动可再生能源与建筑一体化应用，推广使用新型节能建材和再生建材，继续推广散装水泥。实行建筑使用全寿命周期管理制度，严格控制寿命期内建筑的拆迁。加强城市照明管理，严格控制过度装饰和亮化。

三是加强交通领域节能减排管理。严格推行营运车辆燃料消耗量准入制度，对于燃料消耗量不达标的562台车辆不予发放《道路运输证》，从源头上控制了高油耗车辆进入道路运输市场；强化对当年道路运输新增加班线和车辆的审批，凡实载率低于70%以上的线路坚决不投放新的班次和运力；道路运输行业积极推动甩挂运输发展，确定了盘锦恒泰利能源技术开发有限公司和辽河油田进出口公司两家企业，共64台车辆为甩挂运输试点车辆；进一步促进新能源车辆的推广应用，确定丹东市公交公司和辽宁城际客运公司作为全省推广LNG新能源汽车试点单位。目前，试点车辆生产任务已基本完成，加气站选址、建设等工作正在积极推进。

四是积极做好农业领域节能减排工作。大力推进农村节能减排技术，推广以“一池三改”、“四位一体”等为主要内容的农村户用沼气工程4.51万户、“高效预制组装架空炕连灶（吊炕）”11.9万铺、被动式太阳能房23.9万平方米、太阳能热水器6.72万平方米、“大中型畜禽养殖场能源环境工程”（大中型沼气池）109处；大力开展农村清洁工程示范村建设，推进农村生产生活节能。2011年建设农村清洁工程示范村6个。实施了田园清洁、水源清洁、家园清洁和农民文明提升工程，建设田间废弃物收集池58个，示范区田间农业投入品废弃物回收率达到90%以上；推广测土配方施肥技术减少农业面源污染。2011年在全省62个县推广测土配方施肥技术，免费为全省545万户农户提供了技术服务，在85个乡镇、4357个村开展“整建制”推进工作。推广测土配方施肥面积6007万亩，施用配方肥1097.7万吨、配方肥施用面积4804万亩，总计节肥10.2万吨（折纯）。

五是进一步加强公共机构节能管理。全省各级公共机构深入贯彻落实《公共机构节能条例》和《辽宁省公共机构节能管理办法》，通过搞培训、建制度、抓管理、上改造，节能意识进一步增强，节能效果逐步显现。

（三）节能减排重点工程建设扎实推进

推进全省重点节能工程、循环经济、资源综合利用、城镇污水处理设施及配套管网、生活垃圾无害化处理等重点工程建设，2011年共组织实施项目51项，总投资32.84亿元；组织环保、财政、住建等部门完成了沈阳市全国餐厨垃圾示范试点市和丹东东港市再生资源产业园国家“城市矿产”示范基地的申报工作，经过国家有关部委评审后均获得通过。着手实施“十二五”时期水、气、管理减排10项措施和水污染物减排1400项工程、大气污染物减排1000项工程、农村畜禽养殖治理1000项工程。

（四）重点项目争取和组织实施工作取得新进展

加强节能改造、节能产品惠民、合同能源管理推广工程、循环经济、资源综合利用、工业污染防治、城镇污水和垃圾处理以及推广节能环保技术等项目建设，会同建设、环保等部门做好乡镇污水和垃圾处理设施建设，一批重大项目取得积极进展。在争取节能减排中央预算内资金项目上，2011年我省争取国家节能减排专项资金超过20亿元，同时按照国家发展改革委要求，上报了37项资源节约与环境保护项目和42项垃圾与污水处理项目。

三、深入实施“三大战略”，推进循环经济发展

沈阳经济区、沿海经济带、辽西北地区是辽宁省委省政府在“十二五”时期重点发展的三大战略，2011年，通过全省上下积极努力，实施三大战略初见成效。

（一）沿海经济带开发建设取得了新的进展

沿海六市实现地区生产总值8002亿元，占全省50.9%，六市中除葫芦岛市外，其余五市增速均高于全省平均水平。沿海六市完成固定资产投资6689亿元，占全省比重44%，同比增长30.8%；实际利用外资99.3亿美元，占全省比重63%，同比增长31%；地方财政一般预算收入949亿元，占全省比重44%，同比增长32%；出口335.6亿美元，占全省比重78%，同比增长22.3%。在融资难度加大的形势下，42个重点园区发展势头不减，开发土地面积138平方公里；完成固定资产投资5227.6亿元，占全省比重34.7%；实际利用外资86.3亿美元，占全省比重54.8%；入区项目5129个，总投资6984.2亿元。

（二）沈阳经济区生态建设全面展开

2011年，沈阳经济区重点围绕创新新城建设理念、培育发展新兴产业、健全环境保护治理机制等方面积极开展工作，有力推进了沈阳经济区循环经济发展。

1.创新城镇发展理念，高标准推进38个新城建设

坚持把现代城镇体系建设作为发展现代产业体系的载体和引擎，在城际连接带上规划建设38个新城新镇，促进农村人口向新城新镇集中，工业向园区集中。新城新镇强调自然环境与经济、社会和生态的有机结合，注重运用低碳环保的新技术、新能源和新材料，并且统筹考虑了城镇发展与产业布局的经济性、实用性，注重城市特色塑造和生态环境保护，探索资源消耗低、环境污染少的可持续发展道路。一是休闲商务新城。鞍山汤岗新城、辽阳汤河新城、沈阳兴隆堡新镇等大力发展休闲、养生、度假等康体旅游产业，确立了辽宁“中国第一温泉大省”形象。二是滨水生态新城。铁岭凡河新城绿化覆盖率达到45%，打造独具特色的中国北方水城，成为唯一入选上海世博会主题馆的中国城市。三是科技创新新城。本溪沈溪新城吸引国内外科研类企业入驻新城，打造一座创新之城、开发之城、健康之城、医药之城。四是世界第三代生态城市。沈阳浑南新城、阜新沈彰新城秉承绿色、创新和谐的全新城市发展理念，打造世界第三代生态城市典范。

2.培育壮大新兴产业，加快循环经济产业体系建设

规划建设57个主导产业园区，重点发展高端装备制造、新一代信息技术、新能源、新材料、生物、节能环保等新兴产业。探索建立公司制园区运营模式，打造一批国际创新型的百亿元产业园区，培育一批具有较强国际竞争力的千亿元产业集群，为建立新型工业化发展模式、加快发展方式转变，发挥示范和带动作用。主导产业园区建设一方面打造创新环境与条件，集聚创新要素，另一方面以产学研合作为基础，搭建产业发展所需的创新平台，目前经济区范围内已共建省级工程技术研发中心213家。对沈阳经济区主导产业园区产业项目实施财政贴息政策，省政府每年安排2亿元重点支持新兴产业发展。加快推进沈阳、抚顺、阜新等国家循环经济试点市和海城、南芬、灯塔、调兵山、大石桥5个循环经济试点县区建设，鼓励发展一批循环经济示范园区建设。

3.开展水污染和大气污染联防联治，健全环境保护治理机制

一是以辽河治理为重点，推进经济区水污染防治工作。建立流域上下游联防联治和跨区域饮用水源地保护的协调机制。建立完善跨行政区交界断面水质达标管理、水环境安全保障和预警机制，以及跨行政区污染事故应急协调处理机制，协调解决跨地区、跨流域重大环境问题。推进区域联合执法，以共同检查、互相检查等形式，联合打击非法开采资源、污染环境、破坏生态等行为。二是联合开展流域水污染防治科技攻关。开展区域、流域环境科研、监测和污染控制技术攻关。协调编制辽河水污染防治“十二五”规划，采取共同标准、共同评价方法和共同措施，促进上下游环保协同一致。三是开展沈阳经济区大气污染联防联控工作。针对沈阳经济区的颗粒物、灰霾等污染问题，制定了科学、系统的联动的防控措施，以改善沈阳经济区大气环境质量。

（三）辽西北发展有了新的突破

1.大力加强基础设施建设

2011年，辽西北地区基础设施建设步伐明显加快。交通方面，大郑线铁路复线、彰武至通辽高速公路建成通车，朝阳机场扩建项目土建工程顺利完工。巴彦乌拉至新邱、锦州至赤峰等铁路项目进展顺利，铁岭至新民、开原至西丰、阜新至盘锦等高速公路项目正在抓紧施工，预计明年建成通车。能源方面，500千伏清河电厂送出工程顺利投产，中电投朝阳燕山湖发电厂项目、中电国际清河电厂“上大压小”二期工程投入试运行；阜新彰武变、朝阳何家变等9项220千伏输变电工程、阜矿集团内蒙白音华、铁煤长城窝堡煤矿等项目建设进展顺利；国电电力朝阳热电厂“上大压小”工程取得国家“路条”。辽西北地区新增风电装机43.5万千瓦，风电装机容量达到213.5万千瓦。辽西北地区农村电网改造升级工程全面实施。水利方面，凌源市应急供水工程进展顺利，滴灌节水农业工程项目全面启动，辽西北地区供水工程可研报告获得国家发展改革委批复。

2.全力推进生态环境建设

2011年，辽西北地区继续实施了造林绿化、草原沙化治理、重点河道生态建设和水土流失治理四大生态环境建设工程。在造林绿化工程建设方面，辽西北三市完成人工造林面积241.9万亩，完成工程封育面积62.8万亩、飞播造林23.5万亩，义务植树完成2759万株。在重点河流河道生态建设方面，朝阳市完成退田还河、自然封育面积3.5万亩，完成重点河道生态林建设示范区12处，造林6000亩，完成河道疏浚1106.5万立方米，均超额完成全年计划任务。

（撰稿：陶宪润，辽宁省发展和改革委员会资源节约与环境保护处）

吉林省循环经济

吉林省发展和改革委员会

发展循环经济，是建设资源节约型、环境友好型社会，提高生态文明水平，实现经济绿色转型和可持续发展的必由之路。在国家发展改革委的大力支持下，在省委、省政府的正确领导下，吉林省积极发展循环经济，在振兴东北老工业基地的过程中，全面融入循环经济理念，大力开展资源节约和综合利用，积极推行清洁生产，充分发挥资源优势和技术优势，优化产业结构和产业布局，改变传统的经济发展方式，有力地促进了全省经济、社会、环境的协调发展，使吉林经济步入又好又快的发展轨道。

一、循环经济工作开展情况

2011年以来，吉林省通过落实目标责任，强化监管、实施重点工程等手段，循环经济工作取得了积极进展，有效推进了全省资源节约和环境保护工作。2011年，通过全省上下的共同努力，全省单位GDP能耗同比下降3.59%；主要污染物化学需氧量、二氧化硫、氨氮排放量同比分别下降1.15%、0.88%、0.91%，氮氧化物同比上升3.84%，工业固体废弃物综合利用率达到66%，较好地完成了年度目标任务，实现了“十二五”良好开局。回顾2011年循环经济工作取得的成效，主要表现在六个方面：

（一）大力推进节能减排，推动循环经济工作

一是全面推进结构节能减排。以调整优化产业结构、转变经济发展方式为主线，实施了节能减排技术改造，重点支持现代服务业和战略性新兴产业发展。加快了淘汰落后产能步伐，目前，全省共淘汰水泥283.6万吨、火电机组4.2万千瓦、铁合金3万吨、焦化56万吨等落后产能。二是有效推进管理节能减排。以各市（州）经济发展水平、产业结构特点、节能潜力及环境容量等因素为基础，对“十二五”及2011年节能减排目标任务进行了分解落实，并实行严格的问责制。编制了《吉林省“十二五”节能减排综合性实施方案》。召开了全省“十一五”节能减排工作总结表彰大会，对节能减排工作成绩突出的地区、单位及个人给予表彰奖励。严格执行了固定资产投资项目节能评估和审查制度，对1663个项目进行了节能评估和审查，审核能源消费总量392.89万吨标煤，实现节约能源消耗30.95万吨标煤，合理控制了能源消费总量。积极开展能源审计、能耗“对标”工作，提高了全省重点用能企业整体能效管理水平。三是扎实推进工程节能减排。重点实施了锅炉窑炉改造、电机系统节能、能量系统优化、余热余压利用、节约替代石油、建筑节能、绿色照明等节能改造工程，以及节能产品惠民工程和节能能力建设工程，预计可形成100万吨左右的节能能力。同时，积极推行合同能源管理和电力需求侧等节能新机制，有序推进了节能服务产业快速发展，目前，我省已有3批39个节能服务公司通过了国家备案。四是着力促进重点领域节能减排。工业领域方面，在抓好“5个100”的基础上，积极开展了“两型”企业创建和加快推行清洁生产等工作，有效地推进了工业领域节能。建筑领域方面，通过加快实施既有建筑节能改造，推进了可再生能源在建筑领域应用。交通领域方面，优化了运输组织结构，提高了运输实载率。加速淘汰了高耗能的老旧车辆，严格执行道路运输车辆燃料消耗量限值标准。同时，也有效地推进了商务流通、农业及机关等领域的节能减排工作。

（二）推进试点建设，引导循环经济产业发展

深化循环经济试点示范，重点抓好了亚泰集团、吉林市再生资源有限责任公司等国家循环经济试点单位建设。通过积极争取，国家发改委将白山市列为了国家餐厨废弃物资源化利用和无害化处理试点城市。编制完成了《白山市餐厨废弃物资源化利用和无害化处理实施方案》，并已通过国家评审。开展了吉林化学工业循环经济示范区、前郭县长山循环经济工业集中区等省级循环经济试点工作。组织建立了不同层次、不同类型、不同规模的废旧物资回收集散地和规范化的废旧物资交易市场，有利推动了循环经济的发展。

（三）促进清洁生产，推进企业循环经济水平提升

全面贯彻落实《清洁生产促进法》、《吉林省关于加快推行清洁生产的意见》，引导鼓励企业采用先进的工艺、技术和设备，改善生产和管理，减少或避免废弃物的产生。实行强制性清洁生产审核，对列入“十一五”松花江流域、辽河流域水污染防治规划的重点企业，国家和省循环经济试点单位，超标准、超总量和使用及排放有毒有害物质的企业强制进行了清洁生产审核，有效地降低了能源消耗，减少了污染物排放。同时，采取“以奖代补”的

方式，安排专项资金，对开展清洁生产审核的重点企业予以支持，调动了企业积极性。2011年，我省共有65家企业进行了清洁生产审核，通过审核，共实施中低费方案970个，中高费方案262个，累计实现减排废水53359.3万吨，COD39.60吨，二氧化硫1554.26吨，固废3204.72吨，六价铬4.98千克，节煤11.51万吨，节电10732.42万度，节水568.69万吨的资源环境效益。

（四）积极开展废弃资源综合利用

积极开展资源综合利用产品认证工作，在建材、新型墙材、农林剩余物综合利用等领域，对全省符合条件的43户企业及54个产品进行了审批认定。扎实开展“限制生产销售使用塑料购物袋”工作，得到了国务院限塑督察组的充分肯定。印发了《关于农安县等25个县级城关镇限时禁止使用实心粘土砖的通知》，指导全省城关镇辖区内的“禁实”工作。开展了全省粉煤灰、煤矸石和林业“三剩物”等废弃资源的摸底调查工作。

（五）宣传工作得到有效加强

加强了发展循环经济工作的宣传力度。结合全国节能减排宣传周、世界节水日等契机，加大了发展循环经济的影响力。节能宣传周期间，省直有关部门分别组织开展了循环经济知识宣传、低碳体验日等主题宣传活动。同时，利用省内主流媒体，对我省推进节能减排及发展循环经济、建设节水型社会等工作进行了广泛的宣传。目前，《吉林日报》出刊20版，《吉林新闻联播》播出4期专题报道，《吉林省节能减排工作动态》出刊20期，营造了全民参与节能减排和循环经济工作的良好氛围。

二、推进循环经济的主要做法

（一）加强组织领导，为循环经济发展提供保障

省委、省政府把循环经济摆上重要的议事日程，切实加强对发展循环经济工作的组织领导，成立了吉林省应对气候变化及节能减排工作领导小组，办公室设在省发展改革委，负责综合、协调、调度节能减排，发展循环经济等日常工作。省政府每年年初召开节能减排，发展循环经济工作会议，落实任务，明确分工，强化责任。“十一五”以来，各市州、各部门协同一致，共同推进，确保了我省循环经济工作的顺利开展。

（二）落实目标责任制，实现循环经济有序发展

按照《国务院关于加快发展循环经济的若干意见》和《循环经济促进法》的要求，将发展循环经济，推进节能减排纳入到节能减排目标责任考核当中，并面向全省各市州进行了分解落实。同时，按照《吉林省“十二五”节能减排综合性实施方案》，出台了《吉林省“十二五”节能减排综合性实施方案部门分工》，明确了各部门在推进节能减排、发展循环经济工作的重要任务，形成了各部门、各地区协同工作、共同推进的工作局面，确保了我省循环工作的有序开展。

（三）坚持示范引领，加快循环经济发展进程

通过国家及省循环经济试点工作，推进一批循环经济试点示范工程建设，根据全省的资源和产业特点，以新能源、高新技术、装备制造、交通、建筑、农业等产业为重点，发展高技术含量、高效益、低消耗、低污染的产品和产业，提高资源产出率，提升市场竞争力，建成有效运行的绿色、低碳的循环型产业体系。以试点单位为基础，积极构建循环产业链条，围绕主导产业延伸发展相关产业和产品，实现产业链的横向耦和、纵向闭合和区域整合，提高经济效益和环境效益，提升产业发展水平。

（四）积极发展高新技术，提高循环经济的发展水平

我省依靠科技优势，人才优势，积极开展科技攻关、科技推广。重点研究开发适应市场需求的节能、节水、延长产业链条、清洁生产、废弃物再生利用等技术，并使众多节约资源、能源、环境治理的科技项目转化为生产力，推动了循环经济的发展。

三、2012年循环经济重点工作任务

2012年，将继续以科学发展观为统领，以转变经济发展方式为主线，坚持降低能源消耗强度与控制能源消费总量相结合，坚持加强环境保护与推进生态建设相结合，进一步落实目标责任、优化产业结构、推进技术进步、加强监督管理、实施重工程、加大宣传，逐步形成有效的激励和约束机制，提高资源利用效率，减少污染物排放，确保实现年度目标任务，努力实现全省科学发展、绿色发展、可持续发展。

（一）2012年目标安排

计划安排全省单位GDP能耗同比下降3.5%；全省主要污染物化学需氧量排放量同比下降1%，二氧化硫排放量控制在2011年排放水平（41.32万吨），氨氮排放量同比下降0.8%，氮氧化物排放量控制在62.79万吨以内；全省工

业增加值用水量指标计划安排为70立方米/万元，同比下降7.89%。

（二）循环经济重点工作

1.严格落实目标责任制，科学分解2012年节能减排目标任务。按照省政府要求，督促各市（州）贯彻落实好《吉林省“十二五”节能减排综合性实施方案》。做好形势预警预测。

2.加大结构调整力度，从源头上控制高耗能项目的建设，坚持“上大”和“压小”挂钩，“扶优”与“劣汰”结合，严格限制高耗能行业中限制类、淘汰类、产能过剩类、重复类项目建设。加快淘汰落后产能步伐，全面实施节能减排技术改造工程。加大节能减排新技术、新工艺、新设备的推广与应用力度。开展万家企业节能低碳行动。

3. 加强对各领域、各环节的节能监管，积极开展节能监察、能效“对标”工作。严格执行节能评估和审查制度，制定节能评估文件编制单位、评审专家评价考核办法，加强对市州节能评估和审查工作的监督和指导。积极推进合同能源管理、制定合同能源管理办法，落实合同能源管理税收政策，组织合同能源管理座谈会和对接会，加大合同能源管理制度推进力度。建立健全交通、建筑领域的节能标准、统计、监测、考核和评价体系，加强能源统计力量建设。

4.实施燃煤锅炉改造、余热余压利用等重点节能工程。加大既有建筑供热计量及节能改造力度，实施“暖房子”工程和绿色建筑示范工程。加快实施松花江、辽河等重点流域水污染防治工程，实施长吉一体化区域和重点流域农村环境集中连片治理。扎实推进城镇污水、垃圾处理设施建设，加快建设燃煤电厂脱硝设施，推进工业、农业等重点行业的清洁生产。

5.加强共伴生矿产及尾矿综合利用，大力推进工业固体废弃物和建筑、道路废物以及农林废弃物资源化利用。加快“城市矿产”示范基地建设，推动再制造产业化及餐厨废弃物资源化利用。深化试点示范，积极开展国家、省级循环经济试点建设。开展节水计量设施更新改造，对重点行业、重点企业进行水平衡测试，全面推进节水型社会建设。

6.围绕国家提出的“建设100个资源综合利用示范基地、80个废旧商品回收体系示范城市、50个城市矿产示范基地、5个再制造产业集聚区、100个城市餐厨废弃物资源化利用和无害化处理示范工程”等重点工程，坚持试点引领，示范带动的发展思路，积极推进白山市餐厨垃圾资源化利用和无害化处理、吉林高新循环经济产业园区创建国家“城市矿产”示范基地、吉林化工循环经济园区循环化改造等重点工作。

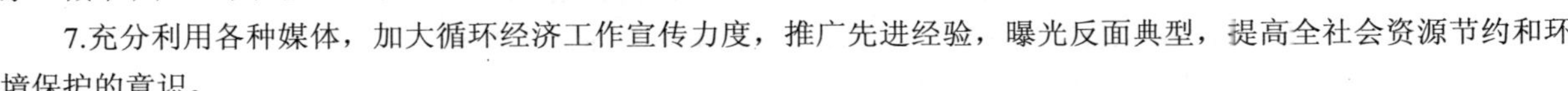

7.充分利用各种媒体，加大循环经济工作宣传力度，推广先进经验，曝光反面典型，提高全社会资源节约和环境保护的意识。

（撰稿：许 亮，吉林省发展和改革委员会资源节约和环境保护处）

黑龙江省循环经济

黑龙江省发展和改革委员会

黑龙江省资源相对富集，生态环境良好，地缘优势独特，农业基础雄厚，工业基础较好，基础设施已具规模，科技教育事业蓬勃发展，是黑龙江省循环经济快速发展的坚实基础。

近年来，黑龙江省围绕加快经济发展方式转变，以发展理念创新、科技创新、制度创新为动力，以经济全面转型为核心，以产业结构优化升级、加快资源型城市转型、缓解资源约束和保护生态环境为目标，以政策法规体系建设和加强监管为保障，把发展循环经济与推进自主创新、结构调整、节能减排、发展绿色经济有机结合起来，形成政府推动、市场主导、企业主体、全民参与的循环经济发展的有效体制和长效机制，为建设资源节约型和环境友好型社会打下坚实基础。

2011年，黑龙江省节能减排和循环经济发展取得重要成效。节能减排指标全面完成，万元GDP能耗下降3.5%左右，二氧化硫排放量和化学需氧量排放量分别下降0.4%和2%。松花江水污染防治规划增补项目全面开工建设，水环境质量持续改善。

一、发展循环经济的紧迫性及内在潜力

国家实施东北等老工业基地振兴战略以来，对黑龙江省发展现代装备制造业、资源型城市接续产业、现代农业和高科技产业以及推进产业结构优化升级等方面给予了重点支持，进一步优化了产业布局、拓展了发展空间。同时，黑龙江省发展循环经济潜力巨大，具体体现在：一是投入产出率仍有较大提升空间；二是全省再生资源和废弃物利用还处于初级阶段，发展空间较大；三是绿色产品如环境标志产品、绿色食品、有机食品等，具有巨大的市场需求潜力；四是我国循环经济发展涌现了一批可供借鉴的典型模式和工作经验。

二、2011年以来循环经济发展取得的成效

（一）组织编制循环经济发展规划，积极推进黑龙江省循环经济促进条例立法进程。

（二）探索不同类型的循环经济发展模式。全面推进5个国家级不同类型的试点建设，基本形成了以园区建设为主、产业链互补的牡丹江国家级经济试点园区模式，以农业循环经济为典型的望奎模式，以再生资源回收利用、循环经济为主体的七台河模式，以提高煤炭资源回收率、减少地表沉降和废物资源化利用为着力点的龙煤集团鸡西分公司模式，以“林木资源循环开发、木材加工业之间相互带动、林下资源循环利用、多种经营全面发展、生态旅游相互促进”的朗乡林业局模式。同时，在省内组织实施了100家省级循环经济示范试点，探索不同类型的循环经济发展模式，推动资源循环利用产业向前发展。

七台河市面对资源经济下滑与城市发展，资源型企业衰退与城市就业，资源开采对城市环境破坏与城市生态文明建设之间的矛盾，果断调整经济发展方式，大力推进循环经济，深入实施原煤稳产增效、焦炭产业提档升级、煤化产品精深加工和废弃物综合利用四大战略，构建了以二次资源加工为主体的循环经济框架。一是构建煤—焦—化、煤—电—化、煤—电—建三大循环产业链，大幅度提高资源综合利用率，使原煤每吨平均增加效益430元，企业也由数量扩张型转为质量提升型。二是建设循环经济工业园区，把同类企业集中在新兴、茄子河、东岗三个园区内，实现园区内企业间能源、资源梯级利用和链式共生关系，解决副产品规模效益临界点以及运输不便问题，加速二次资源开发及整合和综合利用，实现集约化发展。比如新兴园区内隆鹏、美华、万昌向宝泰隆提供制甲醇原料焦炉煤气，宝泰隆又向万昌提供粗苯。三是把煤炭循环经济模式延伸到社会，实施矿井水、洗煤水、熄焦水、冲灰水、冷却水及城市污水“六水”循环，煤矸石、劣质煤、煤泥、粉煤灰、炉渣、生活垃圾“六固”利用和煤层气发电、电厂蒸汽供热、甲醇驰放气制氢“三气”转化。通过发展循环经济，七台河市已形成煤焦油加工15万吨/年、焦炉煤气制甲醇28万吨/年、苯加氢10万吨/年、煤气制氮肥16万吨/年和4.3亿/年块煤矸石空心砖、24万立方米/年粉煤灰砌块、30万吨/年粉煤灰水泥的生产能力，从煤炭生产城市转向资源加工型城市。

（三）推进循环经济产业化项目建设。大力推进利用煤矸石、粉煤灰生产新型节能墙体材料，煤矸石、粉煤灰综合利用实现了产业化发展。双鸭山、鸡西、七台河、鹤岗、伊春等地已建成的16条煤矸石多孔砖生产线，形成年产7.85亿块标砖的生产能力，全年新增煤矸石利用量880余万吨、粉煤灰综合利用量320余万吨。此外，一批煤矿瓦

斯发电，焦炉煤气、焦油综合利用，生物质热电联产，风力发电等可再生能源资源循环利用项目陆续投入建设，循环经济各领域产业化项目得到快速推进。

鹤岗市以“依托大优势，培育大产业，实现大发展”为目标，把绿色循环经济产业项目建设作为全市经济发展重点来抓。鹤岗在绿色循环经济产业上以深加工为重点，以吃干榨净为主攻方向，在加工生产优质大米的同时，稻壳发电，稻壳加工硅，米糠变成油，油又变成药，碎米变成乳酸，油脚又变柴油，实现一业多兴。不但卖大米，还卖电、卖油、卖药、卖硅、卖乳酸，主辅换位，效益提高了26倍。其中，米糠油精炼规模居黑龙江省第一位；谷维素粗品产量居国内第一位；稻壳发电装机容量达到2.25万千瓦，位居全省前列，稻米加工企业135家，年稻谷加工能力达到400万吨。

哈尔滨市市列入国家“十一五”期间松花江流域治污规划项目有24个，概算总投资约23亿元。截至目前，这些项目全部建成投运或通水调试，开始有效发挥治污减排效益。“十一五”期间，共建设23个集中污水处理工程，全市污水处理能力达到150.8万吨/日，市区污水可全部进入污水处理厂处理后达标排放。截至2011年底，全市工业企业废水治理设施达到187台套，处理能力达到30万吨/日，运行费用达到2800余万元/年，工业废水处理量达到6000万吨/年，工业企业污水排放达标率达到98%以上，中水回用率95%以上。

2011年5月，哈尔滨市农业循环经济示范园区——双城市顺利村校企村共建农业循环经济示范园区动工，该示范园区总投资9020万元，建成后，可将一个村子年产生的各类废物5.3万吨，转化为3000吨有机肥、发电130万度，形成了新的能源和生产资料——沼气和生物肥，沼气和生物肥用于加工有机种植。

（四）积极推行清洁生产。我省以矿井水、煤层气净化利用，改造热电厂燃料结构，优质高效煤炭洗选工艺改造，锅炉改造等为突破点，在石化、煤炭、电力、建材、冶金、森工、医药等重点行业推行清洁生产，初步实现了能耗、物耗、水耗和污染物排放等的有效控制。大庆石化公司、大庆炼化公司等170家企业被列为实施强制性清洁生产审核的企业，全年共有30余家重点企业自愿开展了清洁生产审核，产生清洁生产方案1000余项，可实现减少废水排放量186万余吨，削减COD排放量1480余吨，削减SO2排放量2540余吨，削减粉尘量19700余吨。

（五）加强资源综合利用认定管理。严格执行国家资源综合利用税收优惠政策，由发改、财政、国税、地税等相关部门组成的省资源综合利用认定委员会定期召开会议，审议资源综合利用认定企业资格，研究建立资源综合利用企业的年检制度，确保国家税收优惠政策的真正贯彻落实。截至目前，黑龙江省已对400余家资源综合利用企业落实了增值税和所得税优惠政策，预计减免税金20余亿元，实现综合利用粉煤灰610余万吨、煤矸石1020余万吨、农作物秸秆280余万吨、林业三剩物110余万立方米、煤层气4.7亿立方米、焦炉煤气3000余万立方米、建筑垃圾140余万吨。

（六）实施循环经济重点工程建设。一是推进“城市矿产”示范基地建设，黑龙江中再生哈尔滨再生资源综合加工利用、中再生绥化再生资源加工园区及回收网络建设、七台河东部再生资源回收利用园区先后被列为国家级“城市矿产”示范基地，获得国家专项资金支持；二是推动再制造产业化发展，如哈飞工业集团汽车转向器有限责任公司汽车转向器再制造项目列入国家再制造试点；三是启动园区循环化改造，宾西经济技术开发区被列为国家园区循环化改造示范试点并获专项资金支持；四是推进餐厨废弃物资源化利用和无害化处理，哈尔滨、牡丹江等两市先后被列为国家级餐厨废弃物资源化利用和无害化处理试点城市，获专项资金支持。

（七）开展禁实，巩固“限塑”成果。继续推动墙体材料革新，全省基本实现了城市城区禁止使用实心粘土砖的目标；超市、商场塑料购物袋使用量减少67%，集贸市场塑料购物袋使用量减少45%。

三、黑龙江省发展循环经济的重点任务

（一）构建农业生物质资源循环利用生产体系。一是实施种养结合生物质资源循环利用；二是实施种菌结合生物质资源循环利用；三是实施种养菌结合生物质资源循环利用；四是实施种养沼结合生物质资源循环利用。

（二）开发利用可再生能源。开发利用风能。据测算，黑龙江省50米高度风能资源技术可开发量23亿千瓦。下阶段要利用丰富的风能资源，打造百万千瓦级以上规模的风电基地。

开发利用太阳能，包括：积极推广太阳能温室集热，发展蔬菜产业；大力发展太阳能光伏发电，优先使用清洁能源及节能灯具；普及太阳能热水器，推进太阳能住宅、太阳能学校建设。

（三）构建产业循环经济链，打造支柱产业循环体系，用循环经济模式改造和重塑传统产业。一是构建企业内部和企业之间的产业融合和产业网络化发展模式，以循环经济园区和生态产业园区为载体，推动产业内部结构升级和产业间共生耦合，从提高园区能源与资源的利用效率、优化园区的企业布局、对园区按照生态工业物质流动模式进行规划和完善；二是通过发展新兴工业园区的模式，推进企业内部和企业之间的物质流动、能量流动和信息流动。对于新建园区，要着重产业的循环化构建；三是对于已有园区，重点要放在循环化改造方面，采用高新技术改造传统生产方式，淘汰落后、节能减排、综合利用，构建企业内部的小循环，努力实现废弃物的“零”排放；四是重点开展大宗固体废弃物的综合利用以及共伴生矿产资源的综合利用，不断拓展延伸新型建材产业链。

（四）建立基于资源再利用的绿色循环经济体系。一是建立旧物调剂市场、大型再生资源和再生产品交易市场，促进可再生资源回收和产品的再制造；二是依托网络平台，建立再生资源和再生产品交易信息系统；三是加快哈尔滨、佳木斯、齐齐哈尔、牡丹江等地再生资源回收体系试点城市建设；四是加大对再生资源回收利用企业的支持力度，并以企业为节点加快构建再生资源回收利用网络。2011年7月，总投资超过6亿元的哈尔滨再生资源加工处理中心目前已部分建成并投产，该中心全部建成后将成为省内规模最大的综合性再生资源加工利用基地。项目计划总投资6.18亿元，占地7万余平方米，建筑面积1.82万平方米。该项目建成后，年可分拣加工废钢20万吨、废塑料5万吨、废纸10万吨，年回收旧家电30万台。该基地2010年被国家财政部和商务部遴选为区域性再生资源回收利用基地重点项目，并入选黑龙江省首批循环经济试点项目。哈尔滨市计划投资1.1亿元，利用两年时间，建成一处日处理300吨的无害化处理厂。届时，经过处理的餐厨垃圾将实现再利用。该项目建成后，按照日处理能力300吨计算，可实现年产车用燃气515万立方米，有机肥25900吨，生物柴油1642吨，达到无害化处理和资源化利用的目标，降低餐厨废弃物对环境造成的二次污染。《哈尔滨市餐厨垃圾管理办法》被列为2011年哈尔滨市政府立法项目。

（五）建设循环型城市发展体系。一是加强环境基础设施建设，建立生活污水处理及回用系统，改造城市污水处理配套管网系统，加快以城市垃圾为源头的回收利用和无害化处理系统，形成与城市发展相适应的污水与垃圾处理能力；二是建立以清洁能源为主体的城市能源体系，减少不可再生资源的消耗；三是大力发展公共交通，建立快捷便利、舒适清洁的城市交通体系；四是推进新型建材产业发展和建筑节能技术，扩大集中供热范围，建立节能和舒适的居住环境；五是发展以节能环保为核心的绿色交通，构建现代化物流体系，建成保障循环经济体系资源良性流动的物流体系。

四、继续实施循环经济重点工程

（一）实施绿色食品工程。实施产业集群发展、大企业带动和品牌战略，大力发展农产品精深加工，着力延长玉米、水稻、大豆、乳品、蔬菜和肉类加工等六大产业链条。

（二）实施矿产经济工程。支持重点矿山开发建设，重点发展钢铁、有色金属、石墨和水泥等产业，加快谋划建设矿产冶炼及延长产业链的高附加值深加工项目。

（三）实施煤化石化工程。建设东部煤电化基地重点园区，统筹煤炭资源，重点发展煤制烯烃、煤制乙二醇等现代煤化工，适度发展煤焦化、电石化工，整合焦炉煤气、煤焦油、粗苯等煤焦化副产品资源，规模化、集约化开展煤焦化副产品深加工，构建煤制化肥及下游产品基地，发展大型煤制化肥，发展以煤制烯烃为代表的现代煤化工。充分利用煤层气、油页岩等资源，建设发电项目。鼓励发展天然气分布式热电冷联供项目。

（四）实施林产品加工程。推进建设木材精深加工产业集群和园区，发展板材等木材中级产品加工产业，发展家具、地板和家装材料等木材终极产品加工产业，推动采伐机械和木材加工机械等林业机械制造产业发展，拓展与林产工业产品配套的制胶、包装及配套产业。

（五）实施节能环保工程。重点加快推进低温低压余热发电、焦炉煤气提氢、矿物分离、富集与综合利用、渗滤液处理技术、污泥干化、污水处理高效节能曝气设备、生物质能利用、节能电器、保温建材等节能、资源循环利用及环保装备研发和产业化示范。

五、大力打造的循环经济发展模式

主要包括：

宏观产业链循环模式。

工业行业循环模式。

煤电化产业循环模式。

煤电化产业循环模式。

石油化工产业循环模式。

矿产经济产业循环模式。

农林牧加工产业循环模式。

新材料、新能源、装备产业循环模式。

循环经济园区及区域循环模式。

六、发展循环经济的保障措施

（一）突出政府引导和监督的作用，切实做好组织保障。把发展循环经济作为实现黑龙江省“十二五”期间发展方式转变的根本途径，实行党政一把手亲自抓、负总责，做到责任、措施和投入“三到位”。

（二）加大人才引进与科技研发力度，完善科技服务。加强循环经济技术的推广应用，重视引进高层次的管理人才和技术人才。引进、消化、吸收国内外先进的循环经济技术，推广应用先进成熟的新技术、新工艺、新设备和新材料。开展工业型生态环境构建、生活污水控制与水环境治理等科技工程示范，培育和建设一批符合循环经济理念的示范区。

（三）加大资金投入力度，建立循环经济市场化、多元化的投融资机制。在安排省预算内基本建设资金、节能减排、环境保护、产业结构调整等专项资金时，优先支持列入省政府重点循环经济试点项目；各级政府集中资金重点支持循环经济发展。

（四）完善统计制度，建立规范的循环经济发展评价标准。省发改、财政、环保、住建、工信、农业等部门对企业及园区进行能耗标准跟踪，建立循环经济统计公报制度，确保循环经济统计工作的权威性、及时性、公正性。

（五）加强宣传教育，强化公众参与意识。组织开展多种多样的宣传培训活动，普及循环经济知识，宣传典型案例，引导建立循环经济的发展理念，培养良好的环保意识，积极倡导循环型、节约型的绿色生活方式和消费方式。

（撰稿：尹中华，黑龙江省发展和改革委员会资源节约和环境保护处）

上海市循环经济

上海市发展和改革委员会

2011年，在上海市委、市政府正确领导下，全市上下共同努力，紧紧围绕实现“十二五”规划确定的节能减排等目标，紧紧抓住“创新驱动，转型发展”给循环经济产业带来的机遇，着力推进能源资源节约和环境优化保护，全市循环经济工作向纵深稳步推进。

一、上海市2011年循环经济工作进展情况

（一）编制完成《上海市循环经济发展“十二五”规划》

根据《国家发展改革委办公厅关于印发〈循环经济发展规划编制指南〉的通知》和《上海市人民政府办公厅关于开展本市国民经济和社会发展“十二五”市级专项规划编制工作的通知》的精神要求，在深入调研、广泛听取各方面意见的基础上完成了《上海市循环经济发展“十二五”规划》（以下简称《规划》）编制工作。

《规划》全面回顾和总结了“十一五”以来上海市循环经济工作取得的成效，分析了“十二五”循环经济工作推进的面临形势和挑战，提出“十二五”期间上海市循环经济总体目标，要加快建设资源节约型和环境友好型城市，资源利用效率和废弃物资源化利用率保持国内领先水平，部分领域力争达到国际先进水平。《规划》明确以“提高废弃物综合利用水平”为主线，以提高资源产出效率为目标，加快推动重点领域突破，加强政府主导，强化市场主体，鼓励社会参与发展体系，构建了由资源节约、资源综合利用和无害化处置三个方面的循环经济发展指标体系。

《规划》突出项目和需求导向作用，提出了“十二五”期间本市循环经济发展需要破解的五大难题，将回收网络，价格机制，项目落地，技术推广，资质管理等五个方面作为重点解决的难题；在推进产业废弃物资源化利用方面，重点针对工业、城建、农业废弃物提出资源化利用的技术方向，提出措施和规划项目；在推进生活废弃物减量和资源化利用方面，重点针对生活垃圾收集、餐厨垃圾深度处置、电子废弃物优化布局，提出措施和规划项目；具体落实为实施325循环经济示范工程，形成绿色消费理念，金融、旅游、教育与循环经济的融合发展等措施。

《规划》布局了上海市循环经济发展空间，在谋划布局时应注重配合原有的产业基础，注重协调既有的区域差异，注重挖掘深藏的地域特色，注重发挥潜在的示范效应。通过“以点带面，以区带区”的形式，首次提出了在全市“东西南北中”的循环经济产业空间布局。重点发展崇明生态岛、上海化学工业区、老港循环经济产业集聚区、宝山工业园区、嘉定工业区、虹桥商务园区等园区。

（二）节能减排工作积极开展

2011年，全市单位生产总值综合能耗比2010年下降5.32%，超额完成年初确定的目标；累计降低进度为27.54%。本市化学需氧量、氨氮、二氧化硫和氮氧化物排放量在在2011年基础上分别削减了6.26%、3.4%、5.9%和1.67%，超额完成年度减排目标。主要体现在以下几个方面：

一是进一步完善相关规章制度。出台《上海市固定资产投资项目节能评估和审查暂行办法》，并组织制订了节能评审机构管理暂行办法、节能评估文件编制机构库管理暂行办法等相关配套政策，发挥能评的源头控制作用；加强建筑节能综合管理，出台了国家机关办公建筑和大型公共建筑分项计量管理、节能省地型住宅等规范性文件。研究制订了我市高效电机推广及电机高效再制造推广方案和财政补贴政策。

二是推进实施一批重点项目。工业领域推进重点节能技改项目146个，总投资9.5亿元，节能量25万吨标煤；完成310个节能技改项目节能量审核工作，核定节能量67万吨标煤；完成297家重点用电企业电能平衡验收，挖掘节电潜力5.96亿千瓦时；落实高效电机替代26.26万千瓦、推进变频技术改造4.1万千瓦；推进48台燃煤锅炉节能改造，开展100台轻质燃油、燃气锅炉节能诊断，实现节能1.1万吨标煤；推进高耗能变压器淘汰约2200台。建筑领域新建高标准节能建筑422万平方米，推广可再生能源与建筑一体化应用206万平方米，既有建筑节能改造150万平方米；交通领域推进老旧公交车提前报废更新1007辆，老旧船舶提前淘汰8艘（1564总吨）。减排工程方面，宝钢电厂脱硫工程、吴泾第二电厂脱硝示范工程建成投运，上海石化脱硫工程开工建设，奉贤西部污水厂二期扩建、金山新江污水处理厂扩建等工程建成投运。

三是加大落后产能淘汰力度。加快推进钢铁、石化行业调整，实施产业结构调整项目751项，统计节能能力56万吨标煤左右，推进危化企业调整项目88项，减少危险化学品生产、使用、储存当量34.3万吨。加快新能源开发利用和产业发展，进一步推进能源结构优化。落实国家有关部门下达的淘汰落后产能和“关小”任务，推进差别电价工作。经初步核算，六大高耗能行业产值占我市工业总产值的26.6 %，能耗占比下降0.9个百分点。

四是扎实推进各项基础性工作。制定实施高耗能产品能耗限额标准，2011年共立项玻璃钢板材、黑色铸件加工等26项产品能耗限额标准。遴选了70多种主要产品（工序）的国内外能效标杆值，梳理34个大类行业、169 个中类行业的能效平均水平，汇总200多个产品（工序）能耗限额值和准入值，涵盖44个能源品种的参考发热量和参考折标系数，编制发布《上海产业能效指南（2011版）》，为政府部门制定产业政策、企业能效对标提供标准和依据。加强重点企业能源计量工作，对210家（次）的重点用能单位的能源计量检查和评估。加强能源统计能力建设，健全完善能源统计制度和指标体系。加强和规范减排设施运行管理，组成污染减排工作跟踪评估小组，对重点减排企业进行检查和指导，确保污染减排设施高效运行。

（三）积极推进循环经济试点示范工作

一是推进国家餐厨废弃物无害化处置和资源化利用试点工作。2011年，上海市闵行区经国家评审通过，成为全国33个餐厨废弃物试点城区之一，该项目的建设推进将对上海乃至全国探索餐厨废弃物的收运、处置模式，处置和资源化利用技术的可行性、政府在此类项目运行管理中如何将市场机制、过程控制和长效管理有机结合等方面均具有重大实践意义。

二是推进国家“城市矿产”示范基地项目建设。2011年，上海燕龙基再生资源综合利用基地被列入第二批国家“城市矿产”示范基地，将建设以废旧玻璃回收利用为主的废弃物资源化回收利用基地，该基地是全国唯一一个以“废玻璃”回收处置为主的“城市矿产”示范基地。国家有关部委和上海市政府都相当重视基地建设，希望通过其建设运营，打造“样板工程”，对国内“废玻璃”处置利用行业的技术规范、标准制订、流程管理等提供范本。

三是继续推进汽车零部件再制造试点工作。一方面，我们积极推进第一批试点的上海幸福瑞贝德汽车动力总成有限公司积极推进试点项目建成和运行，要求项目单位按照国家要求，及时开展自查和自评工作，并向国家发展改革委申请了试点验收；另一方面积极申报国家组织的第二批试点工作，力争在“十二五”期间，上海的汽车零部件再制造工作取得新的发展和更大的进步。

与此同时，上海还积极推进国家和本市生态工业园区创建、再生资源回收体系建设试点城市建设等试点示范工作。

（四）不断强化循环经济管理能力

一是深化研究循环经济政策。研究制定农作物秸秆综合利用政策。2010年为保证世博会顺利召开，上海市政府对全市范围内秸秆进行全面禁烧，取得了良好的效果。为巩固秸秆禁烧取得的成效，借鉴世博会期间的成功做法，我们研究制定了《关于本市推进农作物秸秆综合利用实施方案》，确定了上好推进秸秆综合利用的发展目标和主要任务，并对秸秆还田作业给予作业补贴，对秸秆回收利用给予按量补贴，并对实施秸秆综合利用的项目给予项目建设固订资产补贴。政策的实施，有效防止了秸秆焚烧产生的环境污染、保护生态环境、有效推进了本市秸秆综合利用，促进了农业生产方式的转变。研究制定生活垃圾分类支持政策。为进一步推进本市循环经济发展，结合市政府今年实事项目，解决重点领域难点问题，我们结合生活垃圾分类工作，深入调研，研究制定了《上海市推进生活垃圾分类促进源头减量支持政策实施方案》，对全市生活垃圾分类工作的投入给予补贴，用于居住区内公共分类容器、分类收运车辆和机具和从事生活垃圾分类工作的保洁员、志愿者的工作补助等。

二是加大专项资金扶持力度。2011年，上海继续推进脱硫石膏和循环经济专项政策实施。两条电厂脱硫石膏煅烧示范线已完成建设并投入运行，煅烧线建设补贴和资源综合利用补贴逾1200万元，脱硫石膏综合利用率保持在98%以上；上海继续加大对循环经济和资源综合利用专项项目支持。今年共开展两批循环经济发展和资源综合利用补贴项目评审工作，二批共支持16个循环经济项目发展，下拨市级补贴资金近3000万元；秸秆综合利用补贴政策得到了广大农户及综合利用企业的认可，已下达市区二级共1.24亿元补贴资金。

三是积极争取国家资金支持。2011年，根据国家要求，上海积极组织申报国家资源节约和环境保护2011年中央预算内投资备选项目。经过政府部门初审、专业机构评估以及综合平衡和认真遴选，确定申报单位3家。项目总投资1.86亿元，其中拟申请2012年中央预算内投资近1500万元。

（五）推进环保三年行动计划实施

一是顺利完成了第四轮环保三年行动计划。2011年，上海全面完成了第四轮环保三年行动计划，环境基础设施进一步完善，青草沙水源地原水工程全面投入运行，西干线改造总管工程贯通并进入切换调试，外高桥第一电厂布袋除尘器改造项目完成环保验收，医疗废物处置完善工程建成投运，老港再生资源利用中心加快建设。重点地区环境综合整治取得明显成效。吴泾工业区和金山卫化工集中区域环境综合整治实施计划纲要的整治项目完成，宝山南大地区整治工作取得突破性进展，建立了市区联动的推进机制，出台了结构规划。污染防治工作进一步加强，大湖流域水环境综合治理项目进展顺利；完成了22座储油库、224辆油罐车、823座加油站油气回收处理装置改造工程；全市出租车和70%公交车达到国Ⅲ以上排放标准。生态保护与建设取得成效，完成了340村庄改造，崇明县生态环境预警监测评估体系建设全面开展，8个循环经济试点项目基本完成，脱硫废渣综合利用示范线建成。二是组织编制了第五轮环保三年行动计划。第五轮环保三年行动计划围绕本市“创新驱动，转型发展”主线，坚持生态文明引领和以环境保护优化发展理念，以“削减总量、改善质量、防范风险、优化发展”为重点任务，更加注重环境质量和环境安全，更加注重解决市民关心的环境问题，更加注重科技进步和结构优化，更加注重长效机制和创新管理。总体目标市基本完成污染减排等“十二五”规划明确的目标与任务，环保工作继续走在全国前列，为建设资源节约型、环境友好型城市奠定扎实基础。主要包括推进污染减排、强化环境风险防控、解决市民关心的环境问题，促进结构调整等四方面任务，分水环境保护、大气环境保护、固体废物处置和噪声污染控制、工业污染防治与产业机构调整、农业与农村环境保护、生态环境保护、循环经济和清洁生产等七大领域，共安排项目268个。

二、2012年工作打算

2012年，上海将在推进循环经济发展中做好以下几项工作：

一是发展循环农业。继续积极推进畜禽粪便资源化综合利用，着力提高养殖业废弃物资源利用效率和多途径利用能力，积极推广种养结合新模式，大力推广畜禽场沼气利用，有效提高资源化利用的经济产出价值和生态价值。推进循环型农业重点项目建设和技术应用在农业种植、养殖和加工过程中，加强农业资源的综合利用，加大降低排放、节能、节水和节材等先进技术标准的推广力度，建立相应的农业标准化示范试点项目，为大力发展和推广循环农业做好示范。

二是推进清洁生产和工业固体废弃物资源化利用。坚持“扩大利用、高效利用、清洁利用”的原则，实现工业废弃物源头减量。企业清洁生产审核实现行业全覆盖，并重点完成冶炼企业、电力企业、水泥建材企业的清洁生产工作。提升工业固体废弃物的综合利用能级。推进烟气脱硫废弃物建材产品开发及产业化、冶炼钢渣高效处理产业化、商品混凝土固体废弃物大掺量利用和超细复配技术制建材产品产业化，努力提高污泥和工业固体废弃物综合利用水平。

三是推进生活垃圾等分类收集和资源化利用进程。加速推进生活垃圾分类收集和处理处置体系建设。加强源头管理，实现生活垃圾减量化，促进社会源头减量，加大政府引导推进力度。出台上海市推进生活垃圾分类促进源头减量支持政策实施方案，以区县为主体，逐步建立健全生活垃圾分类收集、分类运输、分类处置体系，实现垃圾分类工作的全覆盖，逐步降低人均生活垃圾处理量，建立与发展循环经济、低碳经济相适应的，覆盖生产、流通、消费全过程的社会化源头建立工作机制，努力形成社会各界、市民群众广泛参与的社会氛围。

四是继续抓好节能减排。加大调整和淘汰落后产能力度，严控高耗能、高排放行业增长，完善落后产能退出机制，对未按期完成淘汰任务的区县和企业；加快实施节能重点工程和加强重点用能单位管理，抓紧实施锅炉窑炉改造、电机系统节能、能源系统优化等节能改造工程；建立健全企业能源管理体系，提高能源管理水平，不断完善能源利用状况报告制度，全面开展能源审计工作；深化资源性产品价格改革，将差别电价政策落实到位，完善财政激励政策，落实税收优惠政策，强化金融支持力度；做好合同能源管理的推进工作，促进本市节能服务产业健康快速发展；加快节能关键技术研发，完善技术创新体系；继续组织落实好高效电机补贴、节能汽车补贴等节能产品推广工作；开展低碳试点示范，推进低碳社会建设，深入推进虹桥商务区、崇明县、长宁虹桥地区、临港地区、原卢湾区中南部、徐汇滨江地区、金桥出口加工区、奉贤南桥新城等第一批低碳发展实践区开展试点工作。

五是继续做好循环经济试点及政策研究工作。继续推进闵行区餐厨废弃物试点区试点工作开展以及上海燕龙基再生资源利用公司“国家城市矿产示范基地”建设；研究进一步研究深化循环经济财政补贴政策，细化支持方式、补贴标准等；制定本市餐厨废弃物及废弃食用油脂处置及综合利用专项政策；开展本市资源综合利用统计、监测、评价平台的研究建立工作；继续扶持一批循环经济领域项目实施，争取国家对本市更大支持。

（撰稿：沈 洁，上海市发展和改革委员会资源节约和环境保护处）

江苏省循环经济

江苏省经济和信息化委员会

一、综述

（一）2011年循环经济成效

2011年，江苏省认真贯彻落实党中央、国务院关于节能减排和发展循环经济工作的一系列部署和要求，坚持把发展循环经济作为促进经济发展方式转变、推动产业转型升级的一项重要内容和抓手，从落实目标责任、优化产业结构、推动技术进步、完善体制机制、加强执法监管等方面，强化关键举措，加大工作推进力度，取得了积极成效。据初步核算，2011年全省单位地区生产总值能耗为0.6吨标准煤/万元，比2010年下降3.52%，完成了年初确定的下降3.5%的年度目标，全省规模以上工业单位增加值能耗为0.86吨标准煤/万元，比2010年下降5.41%。

墙体材料革新和发展散装水泥工作深入推进。新型墙材产量占墙材总产量的比例达80%，比上年提高8个百分点；粘土实心砖产量10亿块，比上年减少14亿块，全省关闭拆除砖窑142座，南京、无锡、苏州、淮安、盐城五市实现全区域禁产实心粘土砖；有11个列入“禁粘”创建的城区通过考核验收。2011年，全省累计完成散装水泥供应量1.16亿吨，散装率达78.12%，居全国省区第一；生产使用预拌混凝土2.1亿立方米，预拌砂浆实际使用量130多万吨，均居国内领先水平。

（二）加强制度建设

省政府多次召开专题会议研究“十二五”节能和发展循环经济重大问题，针对严峻的节能形势及节能工作面临的新情况，及时研究提出严控高耗能产业过快增长等6项刚性政策措施，出台《省政府关于进一步加强节能工作的意见》（苏政发〔2011〕99号）等文件。省政府分别于2011年5月、9月和10月召开全省节能工作会议、全省节能减排电视电话会议和节能工作推进会，部署推进节能工作。将节能降耗列入省政府年度54项重点工作，明确责任部门，定期开展督查，跟踪完成情况。综合考虑各地单位地区生产总值能耗、人均地区生产总值和能源消费总量等因素，将全省“十二五”和2011年度节能目标差别化地分解到省辖市，经省委常委会、省政府常务会审议后一次性下达到13个省辖市，并与各市政府签订目标责任书。将节能减排作为转变经济发展方式监督检查的重要内容，建立省政府统一领导、各相关部门参加的监督检查机制。印发《江苏省节能减排监督检查方案》和《2011年节能减排监督检查计划》，在各市全面开展自查的基础上，组织省经济和信息化委、环保厅等19个部门分4个督查小组，对8个市贯彻落实节能减排政策措施实施情况进行监督抽查。

（三）财政资金投入

2011年省级节能减排（节能与循环经济、建筑节能）专项引导资金规模由2010年的3亿元增加到2011年的4亿元，2011年实际安排达41130万元。2011年，用于工业领域节能减排技术研发的省拨经费共计为4.93亿元，比上年4.35亿元增长11.76%。其中，99项节能减排关键技术研发与产业化项目下达省拨经费4.1亿元，比上年分别增长7.6%。支持40个节能减排重大研发机构建设、科技公共服务平台以及重点实验室等科技基础设施建设项目，省拨款8300万元，比上年分别增长14.3%和52.3%。

二、工业节能

（一）实施节能改造工程

突出重点领域、重点行业和重点企业，组织实施锅炉（窑炉）节能改造、电机系统优化、余热余压利用、节约替代石油、能量系统优化、建筑节能等节能改造工程，以及节能开发和推广应用工程、节能服务体系建设工程、重点耗能企业能效提升工程和数字化能源管理工程。工业企业通过节能技术改造形成220多万吨标准煤直接节能能力，先进节能技术得到大面积推广应用，大型钢铁企业基本实现集中扁平化的动态监控和数字化管理，一大批既有公共建筑和住宅完成节能改造。

（二）加快淘汰落后产能

制定出台《江苏省淘汰落后产能专项奖励资金使用管理办法》，省财政安排资金3000万元，对承担2010年国家和省淘汰落后产能目标任务、在规定时限内关停落后产能、拆除相关设备或实施提升改造并经验收合格家企业给予奖励。2011年，将淘汰任务由国家下达的淘汰落后产能企业范围从22家扩大到66家，并提前1个月完成淘汰落后产能任务：炼钢5万吨、焦炭33.2万吨、铅冶炼3.5万吨、水泥585万吨、造纸27.3万吨、酒精5万吨、制革22万标张、印染3.63亿米、纺织2542万米、化工8.6万吨、白酒2万吨、铸造1.76万吨、金属制品2万吨。国家下达淘汰任务的6个行业中除酒精行业按国家要求完成外，其余焦炭、水泥、造纸、制革、印染5个行业均大幅超额完成国家下达的任务。此外，2011年，在没有国家淘汰任务的情况下，主动关停华能淮阴、板桥电厂等小火电机组125.3万千瓦。

（三）推进重点企业节能

建立健全能源利用状况报告制度，建立能源利用状况报告制度，实施重点用能单位能源管理岗位负责人备案管理，按照3年1次的周期对全省重点耗能企业能管人员实施岗位培训。加强能源计量管理，国家和省级重点用能单位全部通过了计量检测体系确认，年耗能5000吨标准煤以上企业全部建立了较为完善的计量管理制度。制定发布“能效之星”评价规范江苏省地方标准，从执行法律规范、建立能源管理制度、节能技术进步和节能绩效评价等4个方面对企业节能进行量化评估，确定综合等级。“能效之星”创建活动在苏州试点已取得初步成效，推动了重点耗能企业能效持续提升。按照国家发展改革委等12部门印发的《万家企业节能低碳行动实施方案》，选定1221个重点用能企业（单位）列入节能低碳行动万家企业名单，分解落实国家下达的2205万吨标准煤的“十二五”节能量目标任务。

三、交通节能

编制《江苏省“十二五”公路水路交通运输节能减排规划纲要》，印发实施《江苏省交通运输行业节能减排工作考核办法》，制定《江苏省甩挂运输试点工作实施方案》，组织开展甩挂运输试点。开展“船舶油污水的气凝胶复合材料再生技术应用研究”、“港口能源消耗智能监管平台的研究与应用”等课题研究，实施一批交通运输领域节能减排示范项目。严格营运车辆燃料消耗量准入制度，1300多辆由于油耗参数核查不合格而未予进入道路运输市场。优先发展公共交通，全省共新辟和优化调整公交线路308条，混合动力和纯电动公交车达到158辆，更新公交客运车辆3178辆，2011年全省城市居民每万人拥有公交车辆12标台以上。利用信息化手段新建高速公路ETC专用车道216条，新发展苏通卡客户10万个，推广应用车辆智能化运营管理系统（G－BOS）等信息化成果，引导道路运输企业建立针对车辆运行、驾驶行为、燃料消耗等的过程监控与评价体系，形成节能减排动态管理机制。

四、科技节能

继续围绕10大技术领域，推进节能减排科技支撑行动，提升科技创新对节能减排的先导和支撑作用。2011年，组织实施节能减排关键技术研发与产业化项目99项，支持了1000kW大型电机永磁调速节能技术、高亮度、高可靠性LED外延、芯片和集成封装的研发及产业化等一批节能减排技术的研发与产业化。

五、节能执法监督管理

在2010年对全省年耗能5000吨标煤以上的重点耗能企业实施专项节能监察审计的基础上，2011年又组织各级节能监察机构，在全省范围内开展为期3个月的节能专项执法行动，对年综合能源消费量3000吨标准煤以上的1366家企业2010年主要产品能源消耗情况进行监察审计，对其主要用能设备和工艺进行拉网式排查，并对重点用能单位执行能源利用状况报告制度、固定资产投资项目能评制度情况进行监督检查，对查出的5家超国家或省限额标准、127家违规使用淘汰类高耗能机电产品企业，责令限期整改，对逾期未能整改的3家产品能耗超限的企业实施惩罚性电价政策，对71家企业的334台（套）淘汰设备实行淘汰类差别电价政策。建立退出机制，对经整改合格的12家超限额标准企业、63家违规使用落后用能设备企业分别停止实施惩罚性电价和差别电价政策。

六、循环发展 绿色发展

编制完成《江苏省“十二五”工业循环经济发展规划》，制定颁布《江苏省“十二五”工业清洁生产行动纲要》，进一步明确“十二五”总体目标、工作重点和政策举措。大力推行清洁生产，2011年， 840多家企业完成自愿性清洁生产审核，“十一五”以来，全省共有6840多家企业通过审核验收，占规模以上工业企业10%，居全国前列。以提高“节能、降耗、减污、增效”绩效为目标，启动清洁生产先进企业创建活动。积极推进废弃物资源化，全省共有1400多家企业被认定为资源综合利用企业，2011年全省工业固体废弃物综合利用率约96%，远高于全国69%的平均水平。强化示范带动，组织开展循环经济示范企业、基地创建工作，经各地推荐申报、专家评审，首批命名中石化扬子石化等16家工业企业为循环经济示范企业，苏州工业园等3个园区为循环经济示范基地。组织申报国家机电产品包装节材代木试点单位，我省无锡前程木业有限公司被国家列为机电产品包装节材代木试点单位。深入推进循环经济标准化试点工作，对已完成试点任务的企业和园区进行评估考核，总结成功经验，不断扩大循环经

济标准化工作规模。

七、工业清洁生产

省经信委同省环保厅制定发布《江苏省工业清洁生产“十二五”行动纲要》，明确工业清洁生产重点、目标、时序进度和具体措施。积极培育清洁生产审核咨询机构，截止目前全省注册的服务机构已达100多家，从业人员近千人。公布第一批备案的11家清洁生产评估机构。培训全省各级经信部门、重点企业骨干和咨询机构审核人员6万人次，汇编国家和省清洁生产有关政策、技术标准和评价体系6000余册。结合我省产业特点，编制发布冶金、建材、石化、电力、纺织、食品、矿山等重点行业清洁生产典型案例70项。2011年，全省有4项拥有自主知识产权技术入选国家级清洁生产示范推广项目，并获得中央财政资金补助。围绕太湖、长江等重点流域和化工、印染、酿造、造纸、电镀、钢铁等重点行业，分批组织企业开展清洁生产审核。2011年，全省953家企业完成自愿性清洁生产审核，“十一五”以来，全省共有6800多家企业通过审核验收，占规模以上工业企业10%。2011年，全省通过实施清洁生产改造方案，实现节能量43万吨标准煤、节约新鲜水1.5亿立方米，减排COD 0.25万吨、二氧化硫3万吨，企业主要污染物平均削减20%。

（撰稿：韩兵祥，江苏省经济和信息化委员会节能与综合利用处）

浙江省循环经济

浙江在改善要素资源供给的同时，较早地选择了发展循环经济、建设节约型社会的载体，浙江注重在发展过程中节能、节材、节水和节地，提高单位产出的物资资源利用率，提高集约化发展水平的要求，实行建设项目用地投资强度和容积率“双控”制度，努力提高土地利用效率和产出率。按照“减量化、再利用、资源化”原则，将企业层面循环、产业层面循环和社会层面循环有机地结合起来，形成一套再生资源回收与产业利用体系，建设一批循环经济试点企业和试点园区，努力建设资源节约型和环境友好型社会。

2011年，浙江省循环经济、节能减排和环境保护取得新进展，实施节能降耗十大工程、污染减排六大工程，建筑、交通节能等专项行动进一步展开，重点流域、区域、行业和企业污染整治全面加强。2007-2011年全省以年均增长6.1%的能源消耗支撑了年均增长10.9%的经济发展；单位GDP能耗由2006年的0.87吨标准煤/万元降至2011年的0.7吨标准煤/万元（2005年价），降幅达19.7%，能耗水平居全国各省区第一位；同期的化学需氧量和二氧化硫排放量，也分别下降了20.2%和23.5%；促进了经济社会与人口资源环境的协调发展。

一、 大力发展循环经济成《十二五规划纲要》等规划重要内容

（一）2011年1月出台 的《浙江省国民经济和社会发展第十二个五年规划纲要(2011—2015年)》把大力发展循环经济作为重要内容：一是打造循环经济产业体系。围绕大型石化及精细化工、食品精深加工、现代医药、新型特种造纸、金属深加工及制品等产业集群，构建工业循环型产业链。加快农村沼气建设，促进生态循环农业发展。倡导绿色消费模式，发展循环型服务业。重点建成25个省级循环经济试点基地、30个工业循环经济示范园区、100个生态循环农业示范区，带动区域循环经济发展。二是完善循环经济的政策支撑机制。贯彻落实促进循环经济发展的政策措施，完善能源节约、资源综合利用、废弃电器电子产品回收处理等方面的法规，建立财政、金融、税收、价格等支持性政策，健全统计考核评价制度，为循环经济营造良好的发展环境。三是推进资源节约集约利用。建立完善城乡垃圾分类收集处置管理系统，支持废旧金属、废旧塑料、废旧家电等废旧物资回收利用，推广绿色再制造，着力构建以再生资源回收利用为特色的资源循环利用模式。工业固体废物综合利用率达到94%以上，规模化畜禽养殖场排泄物综合利用率达到97%以上，设区市城市生活垃圾无害化处理率达到97%。 四是建设节水型社会。推进工业、农业和城市节水示范工程；积极推广农业节水灌溉；降低供水管网漏损率，推广城市居住小区再生水利用和建筑中水处理回用技术；完善鼓励政策机制，加大雨水集蓄、海水利用、中水回用力度。五是强化土地节约集约利用，力争土地资源利用效率和综合利用水平继续保持全国领先，单位建设用地生产总值比2010年提高20%。

（三）2011年 8 月出台的《浙江省现代农业发展“十二五”规划》提出： 大力发展生态循环农业。加强农业资源永续利用。认真落实最严格的耕地保护措施，坚持用地和养地相结合，确保数量不减少、质量不下降。大力创新和利用“资源-废弃物-再生资源”的生态循环农业发展模式，积极推广农作物秸秆作畜禽饲料、还田肥料、食用菌基料、沼气能料利用，促进农业废弃物从污染治理向资源化利用转变。积极推广应用农作物高效节水微灌、肥水同灌、钢管大棚、避雨棚架和畜禽雨污分离、干湿分离工艺等设施及低耗能、高效率农机具，着力减少农业资源消耗。深入实施畜禽养殖排泄物资源化利用、畜牧业生态化建设和农村沼气工程，重点开展集中供气示范，培育农村沼气服务组织，健全沼气服务网点，多渠道扩大“三沼”综合利用。到2015年，农作物秸秆、规模畜禽养殖场排泄物、农村清洁能源利用率分别达80%、97%和70%以上。

(二)2011年 1 2 月出台的《浙江省中小企业“十二五”发展规划》提出：实施资源循环利用技术示范推广。大力推广资源循环利用的先进适用技术和方法，重点推动废家电拆解、废旧汽车拆解、污泥处理、生活垃圾、生物柴油等再生资源回收利用产业化。引导中小企业积极参与循环经济试点、工业生态园区建设，发展循环经济。积极探索中小企业再制造试点。“十二五”期间重点树立百家循环经济示范中小企业。

（三）2011年度《浙江省节能环保产业发展年度实施计划 》提出：以杭州、宁波、绍兴、台州、金华为中心，围绕废旧家电回收再利用、废旧金属拆解再利用等领域，建设2-3个资源循环利用产业基地。发挥废旧金属再生利用产业先发优势，改造和建设2-3个有色金属再生资源基地；建设1个废旧家电拆解利用示范项目和废旧铅酸电池回收处理示范项目；推进再生资源回收体系建设，再造多座“城市矿山”。在国家试点的基础上，进一步扩大再制造工程涉及领域，重点支持废旧汽车、工程机械、机床、办公设备等产品零部件再制造，建设1家国家级再制造产业集

聚区。清洁生产示范工程。在能源、工业、农业、交通、商贸、服务业等重点领域实施一批清洁生产示范工程，实施清洁生产的企业达200家以上，从源头和全过程提高资源利用效率，减少污染物排放。逐步推进各类园区开展清洁生产。加快实施重点污染源治污改造和提标深度治理、城镇污水处理设施建设和污水处理厂脱氮除磷、火电厂脱硫脱硝治理等工程。

二、《浙江省循环经济发展“十二五”规划》、《循环经济“991”行动计划》出台，标志强全省循环经济发展迈向亲阶段

（一）《浙江省循环经济发展“十二五”规划》出台

2011年12月，《浙江省循环经济发展“十二五”规划》出台。《规划》提出：大力发展循环经济，是我国实施科学发展、建设生态文明的重要举措。浙江作为人口密度高、环境容量小、经济总量大、资源自给率低的资源小省和经济大省，加快发展循环经济对于缓解资源环境瓶颈、推进发展方式转变和建设生态文明具有重要意义。

《循环经济发展“十二五”规划》主要内容包括：浙江省“十二五”循环经济发展的指导思想、基本原则、发展目标、重点领域、总体布局、主要载体、重大工程、保障措施等。到2015年，全省循环经济发展取得显著成效，循环型产业形成较大规模，资源利用效率和再生资源利用水平显著提高，主要污染物排放得到有效控制，绿色消费理念深入人心，发展环境进一步优化，基本形成具有浙江特色的循环经济发展模式，全面完成循环经济试点省建设，积极争创全国循环经济发展示范区。一是循环型产业形成较大规模。到2015年，全省再生资源回收企业销售收入达到1470亿元，节能环保产业和新能源产业分别实现年销售收入6500亿元和3500亿元。二是资源利用效率显著提高。到2015年，全省资源产出率比2010年提高15%。单位国内生产总值能耗比2010年降低18%，万元生产总值用水量下降到78立方米，单位建设用地生产总值比2010年提高20%。三是再生资源利用水平全国领先。到2015年，全省工业固体废弃物综合利用率达到94%，县以上城市生活垃圾无害化处理率达到95%，秸秆综合利用率达到80%，规模畜禽养殖场排泄物综合利用率达到97%。四是主要污染物排放得到有效控制。到2015年，全省非化石能源消费占一次能源消费总量比重达到15%，化学需氧量、氨氮、二氧化硫和氮氧化物的排放总量分别控制在74.6万吨、10.36万吨、59.3万吨和69.9万吨。五是绿色消费理念深入人心。基本形成节约能源资源和保护环境的生活方式和消费模式。六是发展环境进一步优化。

（二）实施《循环经济“991”行动计划》

2011年12月，浙江省经信委印发《浙江省循环经济“991”行动计划（2011—2015年）》，加大推进浙江省循环经济向纵深化、规模化发展力度。通过实施《行动计划》，在九大领域发展循环经济，打造循环经济九大载体，实施循环经济十大工程。到2015年，全省循环经济发展取得显著成效，循环型产业形成较大规模，资源利用效率和再生资源利用水平显著提高，主要污染物排放得到有效控制，绿色消费理念深入人心，发展环境进一步优化，基本形成具有浙江特色的循环经济发展模式，全面完成循环经济试点省建设，积极争创全国循环经济发展示范区。主要包括：一是循环型产业形成较大规模，形成各具特色的区域循环经济格局；二是资源利用效率显著提高；三是再生资源利用水平全国领先。九大领域包括着力发展循环型工业、加快发展生态农业、引导发展循环型服务业、积极培育支撑循环经济发展的新兴产业等。《行动计划》提出，加快推进生态旅游业发展，建立旅游企业清洁生产的监督及考核制度，合理确定旅游区环境容量；改造提升餐饮服务业，全面开展排污申报，推动餐厨废弃物资源化利用。打造循环经济九大载体的目标包括：打造一批循环经济示范城市和乡镇、建设一批示范基地和园区、培育一批示范企业、构建一批循环型产业链、创建一批“绿色系列”、认证一批循环经济产品、推行一批典型模式、推广一批适用技术、制定一批标准和规范。实施循环经济“十大工程”涵盖节能减碳工程、“城市矿产”开发工程、农业资源循环化利用工程、水资源综合利用工程、产业园区循环化改造工程、餐厨废弃物资源化利用工程、再制造产业化工程、污泥和垃圾资源化利用工程、关键技术突破工程、绿色消费促进工程等。

三、循环经济试点纵深推进

2011年12月，浙江经信委公布浙江省第二批工业循环经济示范园区和企业名单。第二批试点单位包括浙江衢州高新技术产业园区等5个园区、浙江新和成股份有限公司等76家企业为浙江省工业循环经济示范园区和企业。对列入示范的园区和企业，经信委将利用相关专项资金给予重点支持，加强动态评估管理，切实树立具有示范性、引领性的工业循环经济典型。

成为“千亿产业”的嘉兴化工新材料产业大力培育循环经济产业链，加快产业发展方式的转变。嘉化能源公司副产生的氢气、硫酸烟气，原本需要花钱处理的废气，现在德山化工、双氧水化工、赞宇科技等企业争着要，每年

增加2700多万元的额外收益。

蓝天农业生态园每利用农业循环经济模式，产生的猪粪就用于养殖蚯蚓，蚯蚓用于养鳖，年可利用猪粪1960吨，产蚯蚓活体39吨（10元/公斤），猪粪有机肥975吨（450元/吨），仅这一项就产生直接经济效益83万元/年。此外，猪粪还用于稻田、茶园、青草饲料基地等做化肥。养猪场90%左右的猪粪都内部消化掉。

四、加快建设循环经济产业集群

2011年2月18日，中共台州市印发《建设台州湾循环经济产业集聚区的若干意见》，打造以“循环型的发展模式、高新化的产业导向、生态式的环境品质”为特色的新型产业集聚区，努力将其建设成为中国循环经济发展示范区、新型城市化先行区、浙江海洋经济发展带重点区和台州转型发展核心引领区。

“十二五”期间，浙江省台州湾循环集聚区将重点实施三个十大工程，计划总投资2000多亿元，力争工业总产值达到2500亿元。台州湾循环经济产业集聚区战略定位上遵循“三型、三区”，坚持发展模式循环型、产业导向高新型、空间环境生态型，努力将台州湾集聚区建设成为国家级循环经济发展示范区、浙江省海洋经济发展重点区和台州市转型发展核心引领区。在发展思路上强化“循环引领”，构建小循环（企业层面）、中循环（园区层面）、大循环（社会层面）协调发展的循环经济体系。在产业导向上体现“优新特高”，围绕“构建大循环，发展大产业，提供大配套”的主线，重点构建大石化、大医化、物流增值加工等七大产业。对落户台州湾循环经济产业集聚区的企业，除享受《浙江省省级产业集聚区财政政策实施办法》规定的各项优惠政策外，台州还将给予多重支持政策。项目投产后三年内缴纳的增值税、营业税、企业所得税形成的地方财政收入集聚区留成部分，根据项目及投资额大小给予一定的奖励性补助，对入区企业产出销售和纳税贡献较大的给予相应奖励，对于大型企业和重大项目实施特殊优惠政策。

五、《浙江省资源综合利用促进条例》实施

2011年10月《浙江省资源综合利用促进条例》获省人大通过，于2012年1月1日起施行。

《条例》首次对餐厨垃圾的回收和处理等问题作出了明确规定，对于企业的废物综合利用也提出了明确要求，鼓励企业提高资源综合利用水平。

（《中国循环经济年鉴》编辑部编写）

福建省循环经济

福建省发展和改革委员会

福建省委、省政府坚持以科学发展观为指导，以优化资源利用方式为核心，以提高资源利用效率和降低废物排放量为目标，遵循统筹规划、合理布局，因地制宜、注重实效，政府推动、市场引导，企业实施、公众参与的方针，以打造循环型产业、循环型行业（企业）、示范性工程为抓手，通过强有力的政策保障，在资源节约、清洁生产、废物利用和环境保护等方面取得突破，不断提高资源与产品的循环利用和废物资源化水平，逐步建立具有福建特色的循环经济发展体系和运行机制，实现经济社会与资源、环境协调和可持续发展。

十一五期间，福建省循环经济体系初步建立，发展模式逐步形成　　　　　以建设资源节约型、环境友好型社会作为全省加快经济发展方式转变的方向和目标，贯彻落实《福建省人民政府关于加快循环经济发展的意见》，一批循环经济型示范城市、综合性示范区域、产业园区、试点示范企业以及资源再生基地、无公害农产品基地、生态旅游基地逐步建立，一批经济效益好、资源投入低、环境污染少的清洁生产企业相继建成，资源耦合共生的产业链逐步形成。全省共建立5家国家级循环经济试点单位和14个省级循环经济示范园区、94家循环经济示范企业，181家企业通过资源综合利用认定。已初步形成“资源－产品－再生资源”生态产业链、企业间资源共享、副产品互用和企业内部节约利废、循环利用等多种循环经济发展模式。

一、加强领导，制定和实施规划

2010年6月17日福建省人民政府颁发了《关于加快循环经济发展的意见》，，明确了指导思想、基本原则和发展目标，提出到2012年建立比较完善的发展循环经济的政策法规体系、技术创新体系、评价指标体系和激励约束机制；至2012年，建成9个资源节约型城市、5个再生资源回收体系建设示范市（县）、30个符合循环经济发展模式的园区和200家循环型企业，示范工程项目建设稳步推进；节能、节水、节地和资源综合利用等主要指标明显提高；再生资源回收利用体系更加完善，废物最终处置量明显减少；资源产出指标：能源产出率达到1.33亿元／万吨标煤，水资源产出率达到60元／立方米。资源消耗指标：单位国内生产总值综合能耗低于0.75吨标煤／万元，单位国内生产总值取水量低于165立方米／万元，其中单位工业增加值用水量低于130立方米／万元，农业灌溉水平均有效利用系数提高到0.52。资源综合利用指标：工业固体废物综合利用率提高到75%，工业用水重复利用率提高到60%。主要污染物排放控制指标：SO2排放总量、COD排放总量控制在国家限定的范围内。同时，明确了加快循环经济发展各部门工作任务分工、工 作 重 点工 作 内 容牵头单位配合单位。

2011年6月3日福建省人民政府关于印发《福建省“十二五”节能和循环经济发展专项规划的通知》（闽政〔2011〕54 号），着力构建循环型产业体系；鼓励企业建立循环经济联合体，实现内部生产工艺间节能和物料循环利用，重点在电力、交通、建筑、冶金、化工、石化等行业推行循环型产业链和共生产业模式；建设节能和循环经济示范城市、园区、企业；提升节能和循环经济管理服务能力等，并都提出目标、任务、落实举措。

二、坚持推进试点示范

“十一五”期间，福建省积极开展循环经济示范试点工作，2005年、2008年先后从化工、钢铁有色、建材、纺织等行业和领域遴选了一批企业、工业园区和城市，循环经济示范试点取得阶段性成果。福建省经济贸易委员会2011年11月14日印发了《关于组织申报福建省循环经济试点企业、产业园区和示范城市工作的通知》（闽经贸函环资〔2011〕119号），经各设区市经贸部门推荐申报和对原列入省级循环经济示范试点单位进行认真筛选和确认，确定福建省“十二五”循环经济示范试点单位（第一批）的15个城市、22个园区和205家企业。2012年12月28日，福建省经济贸易委员会发出《关于确定福建省“十二五”循环经济示范试点单位（第二批）及有关事项的通知 》，确定南安市福建海西再生资源产业园区、石狮市新型染整产业循环发展园列入创建福建省“十二五”循环经济示范试点园区（第二批）。要求各示范试点园区加强组织领导；编制实施方案，认真组织实施；切实加强管理，建立资源消耗统计制度，加强资源环境核算要准确统计，及时上报。强调开展循环经济试点，旨在转变经济增长方式，降低废物排放，提高资源利用率。对列入省循环经济试点的单位提出的发展循环经济重点项目，省政府将综合运用资源综合利用税收政策，给予税收优惠;国家和省级财政节能和循环经济专项资金优先给予支持。

德化县陶瓷产业园区作为全省唯一入选园区，顺利通过国家发展改革委组织的专家评审，被确定为国家循环化改造示范试点园区。该园区总面积8.98平方千米，于2006年被国家发展改革委命名为德化陶瓷产业园区。陶瓷产业园通过实施循环化改造，企业节能、节水、清洁生产、资源综合利用、环境保护等主要指标明显改善，资源利用率大幅度提高，再生资源回收利用体系得到完善，园区综合竞争能力明显提升，进一步完善了循环经济产业链，形成资源循环利用的产业链和企业共生发展的产业群。园区循环化改造项目合计43项，总投资46.36亿元，项目实施后，预计年新增产值100亿元，新增税收10亿元，年实现节能20万吨标准煤，节水100万吨。

三、拓展范围，垃圾餐厨处理取得明显成效

2011年9月5日省政府出台《关于进一步加强全省城市生活垃圾处理工作的实施意见》，要求控制城市生活垃圾的产生，并尽可能地加大垃圾的资源利用率，餐厨垃圾处理厂即是其中重要措施之一。到2015年，全省城市（含县城）生活垃圾无害化处理率要达到95%以上，福州、厦门生活垃圾全部实现无害化处理。所有设区市初步实现餐厨垃圾分类收运处理，福州、厦门建成生活垃圾分类示范城市。全省城市（含县城）生活垃圾资源化利用比例达到30%，福州、厦门达到50%。

此外，到2015年，全省城市（含县城）生活垃圾采用焚烧处理的比例力争达到70%。福州、厦门、泉州应在今年底前启动建设餐厨垃圾处理厂，并争取在明年底前建成；其他设区市要在2015年底前建成餐厨垃圾处理厂。同时，到2014年底前，全省所有城镇生活污水厂污泥实现安全处理处置。同时，福建省将全面推行城市生活垃圾处理收费制度。

全省2011年还新建成8座垃圾处理厂，市县垃圾无害化处理率达85%，比上年增长2个百分点。目前全省共建成垃圾无害化处理厂64座，日处理达到2.16万吨，7个设区市实现“县县有垃圾无害化处理厂”。目前已建成垃圾焚烧发电厂12座，处理能力约占全省垃圾处理能力的45%，处于全国前列。省各地餐厨垃圾处理项目前期工作也已陆续启动，福州市餐厨垃圾处理厂选址在红庙岭垃圾填埋场，已委托编制可研报告，近期工程规模将达300吨/日。

福州垃圾分类试点小区的垃圾按照餐厨垃圾、可回收垃圾、有害垃圾、其他垃圾等几种方式进行分类。根据部署，涉及餐厨垃圾处理厂建设的前期工作目前已经全面开展，《福州市餐厨废弃物和废弃食用油脂管理办法(试行)》已经起草，餐厨垃圾工程可行性报告也已经初步编制完成，环境影响评估工作已经启动。

泉州市已经就餐厨垃圾定点处理此召集多个部门开会，部署餐厨废弃物处理工作，初步想法是成立专门的处理厂，统一处理全市的餐厨废弃物，从源头上遏制地沟油的产生，加快餐厨废弃物集中处理设施的建设，逐步实现无害化处理和资源化利用。市区、晋江将作为首批试点。餐厨垃圾分类收集处理系统建成后，将加强对餐厨垃圾排放、收运、处置等各个环节的监督检查，杜绝餐厨垃圾流向不明的现象。

四、切实采取有效措施，推进工业行业淘汰落后产能工作

省经贸委、发展改革委、国土资源厅、省安监局、福建煤监局联合发出《关于福建省“十二五”期间进一步推进煤炭行业淘汰落后产能工作的通知》明确标准，完成淘汰落后目标任务；公布了福建省淘汰煤炭落后产能工作领导小组名单，并明确分工和职责。2011年福建省完成淘汰落后产能：炼铁40万吨、炼钢3.5万吨、铁合金3.14万吨、有色金属0.1万吨、水泥138.8万吨、造纸行业22.32万吨、制革行业65万标张、印染行业4150万米/2.1万吨、电力行业6.2万千瓦，淘汰落后产能项目已全部通过检查验收，完成或超额完成国家下达的淘汰落后产能目标任务。

（撰稿：福建省发展和改革委员会资源节约和环境保护处）

安徽省循环经济

安徽省发展和改革委员会

2011年，安徽省把发展循环经济作为调整经济结构、转变经济发展方式、推动科学发展的重要抓手和突破口，取得明显成效。全省单位GDP能耗下降4.06%，降幅比全国平均水平高2.05个百分点，完成“十二五”目标任务的23.77%，超出序时进度3.77个百分点；除氮氧化物外，化学需氧量、二氧化硫和氨氮排放量同比下降2.05 %、1.63% 和1.99 %，均超额完成年度目标任务，为保持经济平稳较快发展提供了有力支撑。

一、加强宏观引导

（一）发展循环经济作为安徽省建设生态强省的重要内容

2011年11月，省发展改革委组织召开“生态强省高层专家座谈会”，会议强调，要坚持实践创新，围绕发展生态经济、改善生态环境、建设生态文化、健全体制机制等重大问题进行深入研究，加大政策支持力度，建立有利于生态强省建设的长效机制。要坚持生态保护，大力发展生态经济、循环经济，培育绿色产品和生态产业，促进循环经济规模化发展，加快产业转型升级。

（二）2011年3月发布的《安徽省“十二五”规划纲要》

把加快发展循环经济列为重要内容。《纲要》提出：大力发展循环经济。全面推进循环经济示范城市、园区和企业建设。合理规划园区布局，鼓励企业通过共享资源、废弃物利用等途径发展循环经济，构建循环型产业体系。提高共伴生矿产资源、工业废弃物、农林废弃物、建筑垃圾和秸秆转化等综合利用水平。推进废旧汽车零部件、工程机械、机床、废旧轮胎、办公设备等再制造产业发展。积极推进“城市矿产”示范基地建设，打造铜陵矿山、滁州报废汽车循环经济示范园等。推进废旧家电、废杂金属及电子产品等再生资源的回收利用。提高餐厨废弃物资源化和无害化水平。加快推进铜陵有色、淮南矿业、马钢等重点行业企业循环经济示范项目建设。

（三）编制《安徽省循环经济发展“十二五”规划》，并经省政府印发实施。

《规划》提出，安徽省循环经济发展“十二五”时期总体发展目标是：到2015年，形成较为完善的循环经济发展法规政策体系、科技支撑体系和激励约束机制；深化循环经济示范工作，全面推进循环经济发展“百千万”示范工程，形成一批循环经济示范企业、园区、城镇及循环经济基地，以循环经济模式为核心的产业体系和消费模式加快形成；再生资源回收体系基本建成，静脉产业形成较大规模；低碳绿色发展理念在全社会牢固树立，资源产出效率大幅提升，生态环境明显改善，可持续发展能力显著增强，成为全国发展循环经济的省级示范区，为努力打造“三个强省”、加快建设美好安徽奠定坚实基础。

具体目标体现在五个方面。资源能源综合利用效率大幅提高。能源产出率比2010年提高20%，水资源产出率提高60%，开发区土地资源产出率提高44%；万元GDP能耗、单位工业增加值能耗分别下降到0.813吨标煤/万元和1.31吨标煤/万元，非化石能源消费占能源总消费的6%；万元GDP、万元工业增加值用水量分别下降到150立方米和118立方米，大型灌区灌溉水有效利用系数提高到0.53。

资源化利用水平显著提升。到2015年，工业固体废弃物综合利用率达到85%以上，工业用水重复利用率达到90%，城镇生活垃圾无害化处理率达到80%，餐厨垃圾无害化处理率达到58.4%，城市污水再生利用率达到30%，农作物秸秆综合利用率达到80%。

再生资源回收网络体系基本形成。建成以社区居民回收站点、分拣中心和集散市场为链条的再生资源回收网络。主要再生资源专业化分拣加工能力大幅提高，废塑料、废旧家电、废旧轮胎、废金属、废纸等废旧资源回收利用率达到70%以上。

生态环境质量明显改善。2015年，全省化学需氧量、氨氮、二氧化硫和氮氧化物排放总量分别比2010年减少7.2%、9.9%、6.1%、9.8%。集中式饮用水水源地水质达标率达到95%以上，省辖市城市空气质量优良的天数达到350天以上，森林覆盖率达到29%，自然保护区占国土面积达到5.6%。

循环经济形成较大规模。按照典型示范、分步实施的原则，重点在企业、园区、社会三个层面，全面推进循环经济发展“百千万”示范工程，即五年建设500个循环经济示范单位、实施1000个循环经济重点工程、创建10000个低碳生活家庭，推广循环经济典型模式，形成覆盖全社会的资源循环利用体系。建设一批循环经济技术创新、推广和服务平台，逐步完善循环经济科技支撑体系。

《规划》提出，循环经济发展主要任务是：把循环经济理念贯穿到农业、工业以及第三产业的发展过程中，根据我省经济发展状况、自然资源禀赋、区域地理条件以及生态环境状况等要素，全面建设循环经济产业、资源节约集约利用、资源综合利用、再生资源回收利用、循环经济支撑和循环型社会等六大体系。

（四）2011年7月，省发展改革委、财政厅等部门印发《关于加快推进循环经济示范工作有关问题的通知》，综合运用规划、投资、产业、价格、财税、金融等政策措施，加大对发展循环经济的政策扶持。

《通知》提出，推进循环经济示范工作的总体目标是：在冶金、煤炭、电力、建材、化工、轻工、机械等工业行业及农业、开发区、工业园区、零部件再制造、工业和城市废弃物回收利用等重点领域，围绕资源减量、回收、再生及综合利用，积极培育循环经济产业链和循环经济骨干企业，规划和建设循环经济产业园区，加大循环经济支撑技术的研发、推广力度。到2015年，省级示范单位达到500家，建立起循环型农业、工业、服务业产业体系，再生资源回收体系得到完善，生态环境得到明显改善，建成一批循环经济示范企业、园区和市（县、社区）。

（五）开展制定《安徽省循环经济条例》前期调研工作，建立循环经济地方性配套法规政策和标准体系。

二、加大要素支持

争取国家节能重点工程、循环经济和资源节约重大示范项目及重点工业污染治理工程147个，争取中央预算内投资12.25亿元。界首田营再生铅工业园争取中央预算内投资1.09亿元。合肥市列入国家首批餐厨废弃物资源化利用和无害化处理试点城市，争取中央预算内投资1600万元。

制订《安徽省循环经济发展专项资金暂行管理办法》，安排省级循环经济专项资金，强化重点扶持。积极落实国家对企业实施资源综合利用的鼓励政策，35家企业（产品）、5家电厂通过资源综合利用认定。

三、深化试点示范

安徽省在111个单位开展了循环经济试点，积极探索不同类型、不同层次的循环经济实践形式，初步形成了推进循环经济发展的工作机制、发展模式和资源循环利用体系。铜陵市、淮北市、马钢集团等10个城市、企业列入国家循环经济试点，江汽集团、奇瑞公司列入国家汽车零部件再制造试点，界首田营再生铅工业园列为国家首批7个“城市矿产”示范基地之一，铜陵市、宁国市列为国家循环经济统计试点地区。在深化试点工作的基础上，开展循环经济示范工作，确定了170家省级循环经济示范单位，推动循环经济发展由试点向示范升级，以试点促推广普及，以示范促深化发展。

铜陵市已实施循环经济项目224个，打造了初具规模的三大循环经济园区，形成了特色鲜明的产业循环链。其中，循环经济项目总投资413.6亿元，累计完成投资258.2亿元、占全市“十一五”固定资产投资总额的25.1%。市循环经济工业试验园累计完成固定资产投资96亿元，其中基础设施建设31亿元；入园项目协议总投资超过280亿元。铜陵市成为国家发展循环经济“双试点”单位以来，全市累计减排二氧化硫3.06万吨，累计综合利用工业固废3647万吨。不少企业着力打造特色鲜明的产业循环链，形成了企业内部、相关行业之间以及社会之间的循环，使全市循环经济城市品牌效应不断扩大。国家发改委认为，铜陵发展循环经济的模式特征是“以打造循环产业链为核心、构建区域大中小循环的资源型城市循环经济发展模式”，该模式对资源型城市通过发展循环经济实现转型升级具有借鉴意义，并将这一模式作为典型案例向全国推介。

在界首田营再生铅工业园，废旧涉铅产品回收量占全国近一半，铅锭占废旧电瓶回收量1/3，2010年区内龙头企业华鑫公司再生铅产量达到33万吨，占全国总量的1/4左右。田营园区内聚集着12家废旧铅冶炼、深加工企业和7家废旧塑料加工企业，进来一个旧电瓶、出去一个新电瓶的循环经济在田营早已实现。

2011年7月，国家发展改革委等有关部门组织专家对试点市实施方案进行了评审，合肥市确定为全国首批33个餐厨废弃物资源化利用和无害化处理试点城市（区）之一。中央财政将安排循环经济发展专项资金，重点支持试点城市餐厨废弃物的收集、运输、利用和处理体系的建设和改造升级，以及法规、标准、管理体系等能力建设。省发展改革委将会同省住房城乡建设厅等部门，加强对合肥市实施情况的跟踪指导，确保通过试点实现餐厨废弃物变废为宝，化害为利，形成示范效应，切实解决餐厨废弃物引发的食品安全和生态安全问题，为省内其他地区餐厨废弃物资源化利用和无害化处理提供借鉴经验。

四、强化科技创新

支持循环经济共性和关键技术的研究开发，加快循环经济适用技术推广应用，积极发展高效节能技术、先进环保技术装备和产品，加快把节能环保产业培育成新的支柱产业，力争形成千亿元产值规模。建立循环经济技术服务体系，成立省循环经济研究中心、省循环经济研究会，开展30多个国家和省级循环经济课题研究，建设奇瑞汽车节能环保国家工程实验室等一批创新和产业化平台，形成合肥、芜湖、蚌埠等循环经济科技研发、推广和服务产业基地，为发展循环经济提供人才和技术支撑。

（撰稿：李 兵，安徽省发展和改革委员会资源节约和环境保护处）

江西省循环经济

江西省发展和改革委员会

在“十二五”开局之年，继2010年人均GDP突破3000美元之后，江西省全省生产总值达11583.8亿元，豪迈跻身“万亿元俱乐部”。在新的发展阶段，江西资源环境约束日益强化、要素成本进入上升期，产业结构调整升级的内在要求更加迫切，面临着加快发展和加速转型的双重压力。江西紧紧围绕建设富裕和谐秀美江西的总体要求，以鄱阳湖生态经济区建设为龙头，把发展循环经济作为调整经济结构、转变发展方式的重要抓手，率先进行了许多富有开创性的探索，培育了一批循环经济的典型，积累了较为丰富的循环经济实践经验，有力推动了科学发展、进位赶超、绿色崛起进程。

在国家系列重大政策措施的支持、引导下，江西一批循环型园区、循环型企业脱颖而出，成为当前全省保增长的重要支撑、企业增效的重要来源、生态环境的有力保障。2011年，全省有循环经济示范试点城镇18个、循环经济示范试点园区22个、循环经济企业1200家，循环经济实现产值4000亿元，占全省生产总值的12%。

一、发展循环经济的主要措施

（一）加强组织领导和重点监督检查

一是在省市县三层面建立健全了循环经济组织机构，做好规划、指导、协调、评估、考核工作，明确分工及其责任，逐级抓好落实，形成合力强势推进。二是完成节能减排目标责任考评。上半年对全省11个设区市进行了节能减排目标责任考评，并公告了“十一五”时期各设区市节能目标完成情况。三是完成千家节能行动企业考评。强化了企业的主体责任意识，推进了重点项目建设，改进了节能减排工作措施，千家企业考评结果已报国家审定。四是配合做好加快转变经济发展方式监督检查工作。结合中央和省委关于加快转变经济发展方式监督检查工作的要求，对高耗能行业实施专项督查，针对短流程炼钢、陶瓷、水泥、玻璃、高纯硅料等高耗能行业中小企业，重点督查优惠电价是否取消、差别电价是否落实、惩罚性电价是否执行、建设用地是否符合规定、环评措施是否落实、落后生产能力是否列入淘汰计划等系列政策执行情况，发现问题及时整改，务求各项政策措施落实到位。

（二）突出抓好重点领域循环经济发展

启动了第三批21个生态工业园试点建设，重点督促鄱阳湖生态经济区内38个县工业园区开展生态园区建设。参照国家生态工业示范园区标准，结合我省实际，建立完善省级生态工业园区考核评价指标体系，着手开展第二批生态工业园区试点单位考核验收。同时，推进了南昌、九江、赣州等3个城市餐厨废弃物资源化利用和无害化处理试点工作，争取到南昌市列入国家首批餐厨废弃物资源化利用和无害化处理试点城市；进一步推进资源枯竭型城市转型工作，继续推进萍乡、景德镇积极开展资源型城市转型项目建设，争取到新余市、大余县列入第三批国家资源型城市转型试点单位。积极开展城市矿产示范基地建设，争取到新余钢铁再生资源产业基地被列入第二批国家城市矿产示范基地；推进园区循环经济发展，提高园区综合竞争力，实现园区绿色低碳循环发展，争取到江西鹰潭高新技术产业园区列为2012年园区循环化改造示范试点单位。

（三）推进重点循环经济工程建设

重点加快实施十大重点节能工程、重点行业烟气脱硫工程、节能环保能力建设工程。推进100个节能示范项目新开工建设，抓好150个已开工的国家重点节能项目尽快达产达标，充分发挥节能效益。大力推进污水管网建设，加快南昌市、九江市等设区市大型城镇污水处理厂收集管网建设，尽快实现达产达标；加紧推进县级污水处理厂及其配套管网建设运行。同时，推进了新钢股份公司烧结机烟气脱硫工程等非电行业脱硫示范项目建设。按照国家统一部署，推进中央财政补贴节能空调、节能汽车、高效照明产品等推广工作在我省全面铺开，促进江西昌河铃木汽车公司节能汽车、江西东元电机公司和江西特种电机公司高效电机、江西索普信公司节能灯等入围国家“节能产品惠民工程”推广目录，推广使用中央财政补贴节能灯300多万只。

（四）加大对循环经济的扶持与引导力度

抓好省级循环经济试点，大力支持新余市、景德镇市、丰城市、贵溪市、鹰潭（贵溪）铜产业循环经济基地、江西景德镇陶瓷工业园区、江西稀有金属钨业控股集团公司等103个市、县（市、区）、工业园区和企业开展了省

级循环经济试点工作，按照《循环经济试点实施方案》推进项目建设。继续推进江铜公司等4家国家循环经济试点单位发挥示范作用，加快推进重点项目建设。结合我省实际，制定出台了《关于加强江西省固定资产投资项目节能评估中介机构管理的通知》、《江西省进一步落实高耗能行业差别电价政策实施方案》和《关于2011年对我省部分高耗能企业（第一批）执行差别电价政策的通知》等。

二、循环经济发展的主要成效

（一）能源消耗明显降低

通过实施一批重大项目，推广使用节能降耗新工艺、新技术、新设备，全省产值能耗、产品能耗和建筑能耗明显降低，主要设备能源利用效率不断提高。2011年，江西省万元GDP能耗为0.652吨标准煤（2010年可比价），同比下降3.08%。

（二）污染物减排取得积极进展

全省化学需氧量、氨氮、二氧化硫排放量分别为76.79万吨、9.34万吨、58.41万吨，同比分别下降1.18%、1.13%、1.72%，三项指标均超额完成了省政府年初确定的比上年下降1%以上的目标；氮氧化物排放量为61.23万吨，同比上升5.17%，但升幅低于全国平均水平（5.73%）。全省地表水监测断面水质达标率达到80.6%，“五河”及东江源头保护区内监测断面水质保持在Ⅱ类水质，城市集中式饮用水源地水质达标率100%，所有设区城市空气质量全部达到二级标准。

（三）初步形成六大循环经济板块

1.“猪—沼—果（菜、茶）”农业循环经济。江西是农业大省，全省年出栏1万头以上的生猪规模养殖户有1100户，其中600多户发展了“猪—沼—果（菜、茶）”循环经济，不仅解决了1000万头生猪的面源污染问题，而且配套形成100万亩有机果蔬、油茶、苗木基地，每年减少COD排放5万吨，让20万户农户用上沼气，农民人均增收500元。

2.共伴生矿及尾矿综合利用循环经济。江西是有色金属大省，铜、金、银、钽等13种矿产资源储量居全国第一，发展循环经济为矿业经济带来出乎意料的效益。江铜集团是国内铜行业龙头，是国家循环经济第一批试点单位，阴极铜年产量达到100万吨，销售收入超过千亿元。通过发展循环经济，江铜集团从过去的单纯炼铜收益160元，增加到目前综合利用后的600元。通过技术创新，江铜集团将铜矿开采的边界品位由设计品位0.4%降至0.25%，新增矿铜170万吨，创造价值超过1000亿元，延长矿山服务年限10多年。通过推广综合回收利用技术，2010年江铜集团生产伴生金23吨、银630吨、冶炼烟气制酸186吨、渣选铜5000吨、钼铼硒锑碲铋等稀散金属及化合物5100吨，综合回收利用价值超过100亿元，相当于江铜集团的全部利润额。

3.工业园区循环经济。江西星火工业园是国家第二批循环经济试点单位，目前星火有机硅厂是亚洲最大的有机硅单体生产企业。近年，以星火有机硅厂为核心，以有机硅单体副产的甲基三氯硅烷(一甲)、共沸物、高沸物、低沸物、浆渣等废料为原料，引进培育了近50家“补链”、“增链”循环共生企业，同步建设了工业污水集中处理厂和集中供热、供气（氮气、氢气、氯化氢）设施。通过发展循环经济，有效解决了有机硅副产品的环境污染难题，推动有机硅单体产能从10万吨迅速提高到20万吨、30万吨，2015年计划达到60万吨，建成世界最大有机硅单体生产基地，同时发展了60多个有机硅深加工产品，2015年后续产品产能预计达到30万吨，星火有机硅循环经济工业园区产值达到200亿元。主要循环经济项目有，以主要副产物一甲为原料，美国卡博特公司建设了世界最大的年产2万吨的气相二氧化硅生产基地，年销售收入6亿元；以高沸物为原料，虹润化工等企业生产出有机硅原料，产值近亿元；以有机硅浆渣为原料，星火狮达等企业制出盐酸，剩余废渣用于制砖；以低浓度盐酸为原料，武汉嘉恒化工生产出氯化钡，氯化钡又用于有机硅厂离子膜烧碱装置的辅料。乐平精细化工、樟树盐化工等一批产业基地迅速了培育了一批循环经济补链项目，变废（污）为宝，经济效益和生态环境效益十分明显。

4.城市矿产循环经济。2006年以来，江西粗钢产量净增1000万吨、阴极铜产量净增50万吨、再生铝产量净增80万吨、再生橡胶产量净增30万吨，发展城市矿产经济成功地解决了这些产业的原料问题。据不完全统计，全省废旧物资回收企业3万多家、从业人员20多万人，废钢铁、废铜、废铝有色金属再利用率达到90%。形成了新余、鹰潭、丰城等一批城市矿产基地，引进了中再生、格林美等一批拆解加工龙头企业，产业集聚特征十分明显。江西新余钢铁再生资源产业基地被列为国家第二批“城市矿产”示范基地，预计到2015年，基地各类再生资源年回收能力达到329.7万吨，各类再生资源年加工处理能力达到280.55万吨，各类再生资源综合利用率达到85.1%以上，实现产值200亿元。力争到2020年，基地各类再生资源年回收能力达到600万吨，各类再生资源年加工处理能力达到500万吨，各

类再生资源综合利用率达到90%以上，实现产值400亿元。

5.森林工业循环经济。江西是林业大省，森林覆盖率（63.1%）列全国第二位，森林生态效益价值(8200亿元)居全国首位。近年，江西积极推广以竹代木和林业剩余物综合利用，以循环经济理念发展森工产业，实现森工产业持续发展和森林覆盖率持续提升。全省毛竹加工企业200多家，带动就业33万人，年加工毛竹近1.1亿根，节约木材150万立方米，竹地板、竹胶合板产量居全国第2位。全省以林业三剩物为原料的竹木加工企业达到100多家，实现了三剩物的吃干榨尽，年综合回收利用木材60万立方米。全省森林覆盖率由60.05%提高到63.1%（居全国第二位），活立木总蓄积量增加近1亿立方米。

6.再制造产业循环经济。江西通过加强政府引导和政策扶持，加大关键技术的创新力度，推进产业集聚发展，构建现代化的物流体系，加强宣传力度，提高社会对再制造产品的认知度，走出了一条具有特色的再制造产业发展路径。积极做大做强恒大高新、鑫通、赣州巨龙等条件较成熟的再制造企业，同时通过兼并重组、组合升级等方式，引导上规模的维修企业转化为再制造企业，鼓励企业通过引进技术、合作开发、联合制造等方式掌握核心技术和关键技术，在立足自主研发的基础上，实现消化吸收再创新，鼓励科研院所和企业在若干关键领域开展联合研发和产学研合作，提高科研成果转化效率。

未来一个时期，江西着力推进循环经济发展，不仅是加快转变经济发展方式、缓解资源环境瓶颈约束的转型之策，还是加快鄱阳湖生态经济区建设、率先探索生态与经济协调发展的题中之义，更是迈出科学发展、进位赶超、绿色崛起新步伐的必由之路。

（撰稿：洪小波、彭 地、杨 巍、刘建军、方 欣、王 锐、傅 静，江西省发展和改革委员会资源节约和环境保护处）

山东省循环经济

山东省经济和信息化委员会

2011年，我省按照省委、省政府决策部署，把发展循环经济作为实现转方式、调结构的重要抓手，破解资源环境瓶颈的重要措施，科学谋划，精心组织，扎实工作，全省循环经济取得了突破性进展，有效实现了经济发展模式由高耗能、高污染、低效益型向低耗能、低排放、高效益的转变，促进了全省经济又好又快发展。

一、取得成效

（一）减量化目标圆满实现

2011年，全省万元GDP能耗达到0.86吨标准煤，比2010年下降3.77%，降幅居全国第九位，高于全国平均水平；万元工业增加值能耗比2010年下降7.67%。全省化学需氧量（COD）排放总量198.2万吨，比2010年下降1.68%；二氧化硫排放总量182.7万吨，比2010年下降2.86%。主要工业固体废物综合利用率达到95.37%（老统计口径），比2010年提高0.27个百分点；主要再生资源回收利用率达到71.4%，比2010年提高5.6个百分点。

（二）再利用水平明显提高

我省先后有五家企业列入国家再制造试点。2011年，五家试点企业再制造汽车发动机21900台，再制造矿山液压支架立柱1万件，耐磨防腐油管6300吨，再制造抽油机1450台，再制造硒鼓260万支。与同等原新品相比，节约钢材6万吨，减排二氧化碳8.1万吨。五家试点企业完成再制造产品销售收入13.99亿元，同比增长20.40%；实现利润1.13亿万，同比增长23.76%。

（三）资源化水平大幅提升

2011年度，全省资源综合利用企业共利用工业固体废物6741.6万吨，同比增长27.19%；废气194.41亿立方米，增长7.95%；废水1368.91万吨，增长6.7%。全省重点统计的27类综合利用产品中，有20类产品产量保持增长。混凝土2741.7万吨，增长85.07%；细木工板6.92万立方米，增长55.81%；生物柴油6.45万吨，增长50.81%；干混砂浆10万吨，增长49.25%。全省资源综合利用产业实现销售收入421.4亿元，同比增长20.57%；税金29.7亿元，增长32.59%；利润38.33亿元，增长7.79%。

二、主要做法

（一）坚持总结提升，统筹规划，努力打造循环经济发展新优势

1.全面总结“十一五”经验，分解部署“十二五”工作

为确保“十二五”开好局、起好步，年初，我们对“十一五”期间发展循环经济和推行清洁生产取得的成绩、经验以及存在的问题进行全面回顾总结，并按照国家和省委、省政府的要求，积极研究在新形势下加快发展循环经济、全面推行清洁生产的措施和方法。召开了全省循环经济与清洁生产暨现场经验交流会议。分解下达了2011年各市主要工业固体废物综合利用率和新增实施清洁生产审核单位指标计划。根据省十一届人大四次会议精神，按照《山东省人民政府关于切实做好2011年节能减排工作的通知》（鲁政发明电〔2010〕12号）要求确定的任务目标，我们以鲁节能循字〔2011〕14号文件将指标分解下达给各市，要求各市强化措施，落实责任，确保2011年全省主要工业固体废物综合利用率达到95%以上，新增实施清洁生产审核单位不少于1000家。

2.认真组织开展循环经济试点省评估

印发了《关于对循环经济试点省完成情况进行全面评估的通知》（鲁节能循字〔2011〕8号），全面总结《山东省循环经济试点工作实施方案》所列主要目标、主要任务、工作重点、保

障措施的落实情况。由各市、省直有关部门对照评估要点，检查本辖区、本系统内发展循环经济措施的制定、实施情况，形成针对性的评估报告。要求国家循环经济试点单位对照国家有关部门批复的《循环经济试点实施方案》进行评估；省政府重点培育的20个循环经济型园区对照原省经贸委批复的《循环经济实施方案》进行评估。通过评估，交流了各市、各部门发展循环经济好的经验和做法，促进了循环经济发展。

3.编制印发全省循环经济与清洁生产“十二五”规划

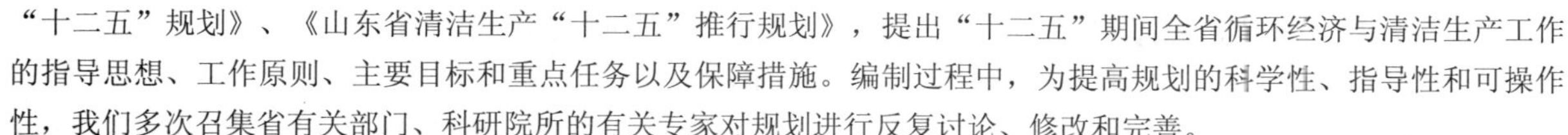

组织编制了《山东省循环经济发展“十二五”规划》、《山东省清洁生产“十二五”推行规划》，提出“十二五”期间全省循环经济与清洁生产工作的指导思想、工作原则、主要目标和重点任务以及保障措施。编制过程中，为提高规划的科学性、指导性和可操作性，我们多次召集省有关部门、科研院所的有关专家对规划进行反复讨论、修改和完善。

认真制定加快资源综合利用的指导意见，研究制定了《关于加快工业副产石膏综合利用的指导意见》和《关于加快尾矿综合利用的指导意见》，明确“十二五”期间的发展目标和重点任务。力争到2015年底，全省工业副产石膏综合利用率达到60%，尾矿综合利用率达到30%。一系列规划的实施，对提升全省循环经济水平，促进资源节约型、环境友好型建设起到积极作用。

（二）坚持政策引导，树立典型示范，大力发展循环经济

1.扎实开展循环经济立法调研

为认真贯彻落实《中华人民共和国循环经济促进法》，依法促进循环经济扩大规模、提高水平、再上台阶，省人大、省政府将《山东省循环经济促进条例》列入立法项目，加快推进我省循环经济立法工作。2011年，我们迅速行动，积极开展循环经济立法调研工作，印发了《关于开展循环经济立法调研的通知》（鲁经信函字〔2011〕132号），对全省17个市进行循环经济立法调研，并征求部门和企事业单位的意见，力求提出有针对性和可行性、有价值的立法意见和建议。2011年底，已形成《条例》初稿。

2.积极研究制定推动循环经济发展的政策措施

加大循环经济发展的投融资政策的支持力度，并在抓好汽车零部件再制造工作的同时，开展工程机械、机床、办公信息设备再制造，扩大再制造领域，提高再制造水平。会同省财政厅研究制定《山东省循环经济专项资金管理办法》和《关于组织申报循环经济示范推广项目的通知》，确定了专项资金的使用范围和条件，通过专项资金的使用，引导和带动全省推动循环经济形成更大规模。

3.抓好循环经济示范工程建设

为加快循环经济发展，2011年我们重点支持废旧轮胎（橡胶）综合利用、废旧纤维（纺织品等）回收利用、废旧电池回收利用、废塑料回收利用、餐厨废弃物资源化利用等五类项目，经各市初审推荐和专家论证，三角集团有限公司年处理翻新20万条废旧轮胎项目等七个重点项目获得循环经济专项资金支持。公布了2011年度山东省循环经济十大示范工程。这些示范工程废物利用量大，技术先进，示范推广作用明显，有力地带动了全省循环经济的发展。

4.加快建设循环经济社会实践教育基地

2010年底国家发起了“循环经济进课堂”活动，为加快推广循环经济理念，普及循环经济知识，我们向国家推荐了循环经济社会实践教育基地备选企业，最终国家确定济南复强动力有限公司为全国第一批循环经济社会教育实践基地。为确保教育基地试点成功，我们召集有关部门研究制定了《复强动力公司循环经济社会实践教育基地实施方案》，举办了循环经济社会教育实践活动，并取得圆满成功，得到国家发改委环资司有关领导的充分肯定。

5.扎实抓好国家“城市矿产”示范基地建设工作

按照《国家发展改革委办公厅、财政部办公厅关于印发第二批国家“城市矿产”示范基地初选名单及有关事项的通知》（发改办环资〔2011〕1116号）要求，山东临沂金升有色金属产业基地被确定为第二批国家“城市矿产”

示范基地。我们组织省内外专家，对《山东临沂金升有色金属产业基地“城市矿产”示范基地建设实施方案》进行了评审，并顺利通过了国家有关部门组织的专家评审。

（三）坚持源头削减，强化过程控制，积极推进清洁生产

1.认真抓好《山东省清洁生产促进条例》贯彻落实

2011年是《条例》实施的关键一年，我们把《条例》的学习宣传作为工作中的重点。根据全年清洁生产审核任务，修订了《清洁生产培训教程》，编制了《清洁生产法律法规汇编（Ⅱ）》，制定了培训计划，全年培训包括行政管理、咨询服务机构、审核单位等有关人员1290人。研究制定与《条例》配套的政策和措施，制定出台了《山东省清洁生产咨询服务机构管理办法》和《山东省清洁生产认定办法》，加强对清洁生产咨询服务机构、审核单位的管理，规范清洁生产咨询服务活动，进一步完善我省清洁生产咨询服务体系。

2.加大清洁生产审核力度

分别以鲁经信循字〔2011〕36号文、167号、348号文公布了三批共计1076家自愿实施清洁生产审核单位计划，并要求各市重点抓好辖区内规模以上企业、万吨耗能企业等相关单位的清洁生产审核工作。根据省政府《关于2010年第二次整治违法排污企业保障群众健康环保专项行动检查情况的通报》(鲁政字〔2011〕6号)，对淄博山东机器（集团）有限公司等9家企业下达了强制实施清洁生产审核的通知。

截止2011年末，全省累计有2013家单位通过了清洁生产审核验收。其中，自愿审核1214家，强制审核799家。据对实施清洁生产审核的单位统计，共投资234.8亿元，实施清洁生产方案5.56万个，实现经济效益210.62亿元/年。COD削减14.03万吨/年，SO2削减28.06万吨/年，节标煤224.05万吨/年，削减废水2515.5万吨。

3.加强建筑领域清洁生产工作力度

认真落实《关于进一步做好建筑垃圾综合利用工作的意见的通知》（鲁政办发〔2010〕11号），积极引导企业加快建筑废弃物综合利用项目建设进度。目前，全省建筑垃圾综合利用企业30家，投资总额约14.6亿元，年可利用建筑垃圾820万吨，添加一定量的辅助材料后，可制成1171万吨建筑材料。

4.认真开展治理商品过度包装工作

组织有关部门及企业负责人召开治理商品过度包装工作座谈会，安排部署治理商品过度包装工作，组织各市开展签订山东省抵制商品过度包装自愿协议会。代省政府办公厅起草了《关于进一步做好治理商品过度包装工作的通知》（鲁政办发明电[2011]99号），制定了《山东省治理商品过度包装行动计划》（鲁经信循字[2011]491号），组织开展了全省月饼包装情况专项检查，经检查发现，月饼包装情况较往年有了很大改善，过度包装现象明显减少。

5.抓好逐步取消一次性日用品工作

按照《关于逐步取消宾馆酒店行业一次性日用品的通知》要求，积极推进逐步取消一次性日用品工作。5月份，专门与省节能监察总队进行了商讨，研究推进取消宾馆酒店招待所及相关单位一次性牙刷等日用品的工作措施。9月至10月，联合省节能监察总队对全省500家星级酒店进行了取消一次性日用品的专项检查，取得了积极成效，增强了宾馆酒店行业节约资源、保护环境的意识。

（四）坚持资源化利用，加强企业认定监管，壮大资源综合利用产业

1.抓好餐厨废弃物、工业固体废物综合利用工作

经过积极努力，青岛市和潍坊市被列为全国餐厨废弃物资源化、无害化利用试点城市，其实施方案通过了国家发改委等部门组织的专家论证。同时在全国率先开展了省级试点工作，济南市作为首批省级试点城市，根据要求编制了试点实施方案。经过积极争取，招远市被工信部列为全国工业固体废物综合利用示范基地。

2.做好资源综合利用企业认定工作

公布了2010年第二批省认定的资源综合利用产品（发电机组）名单（鲁经信循字〔2011〕67号），认定济南世纪创新水泥有限公司等206家企业的245个产品为资源综合利用产品，山东十方环保能源股份有限公司济阳分公

司等34家电厂的53台发电机组为资源综合利用发电机组。组织省有关部门和专家对2011年第一批资源综合利用产品进行了评审，认定平阴山水水泥有限公司等108家企业的126个产品为资源综合利用产品，中国石油化工股份有限公司济南分公司等22家电厂的37台发电机组为资源综合利用发电机组。

3.加大对资源综合利用企业的监督管理

委托检测机构对已认定的部分建材类资源综合利用企业产品废渣掺加量进行了抽检，共抽检企业122家。经检测，产品废渣掺加量不合格企业有13家。我们对产品未抽检和抽检不合格的企业进行了通报，要求各市经信委、节能办加强对认定企业的监督管理，督促存在问题的企业进行整改，及时上报本市整改情况及相关企业整改报告。

4.进一步修订完善资源综合利用统计制度

组织各市召开专门会议，研究修订资源综合利用统计制度，重新编制了资源综合利用统计软件。召开了全省资源综合利用统计软件培训工作会议，对新修订的资源综合利用统计报表制度、统计软件功能进行全面、系统地讲解和培训。各市分管资源综合利用统计工作的同志和部分省资源综合利用企业主要负责人80余人参加了会议。

（撰稿：张永堃：山东省经济和信息化委员会循环经济与清洁生产处）

河南省循环经济

河南省发展和改革委员会

2011年是实施“十二五”规划开局之年，是建设中原经济区起步之年。按照省委、省政府决策部署把发展循环经济作为加快产业结构调整、破解资源环境瓶颈约束的重要措施，科学谋划，精心组织、扎实工作，推动循环经济发展工作取得明显成效。

一、循环经济指标完成情况

（一）节能减排目标如期实现

2011年，全省万元GDP能耗达到0.895吨标准煤，较2010年下降3.57%；全省化学需氧量（COD）排放量总量143.67万吨，较2010年下降3.08%；氨氮排放总量15.38万吨，较2010年下降1.27%；二氧化硫排放总量137.05万吨，较2010年下降4.85%；万元工业增加值用水量39立方米，同比下降7%，规模以上工业用水重复利用率达到72%。

（二）资源化成效显著

2011年，全省资源综合利用企业利用工业固体废物10973万吨，工业固体废物综合利用率72%；农业秸秆年利用量6557万吨，农业秸秆综合利用率达到75%；废旧物资回收利用率达到68%。

二、发展循环经济工作措施

（一）强化宏观指导

按照中原经济区建设的总体要求，为加快推进“两型”社会建设，促进全省经济社会又好又快发展，及早谋划，结合河南实际研究制定一系列规划。一是认真贯彻落实国发〔2011〕26号和国务院节能减排工作电视电话会议精神，会同有关部门研究制定了《河南省“十二五”节能减排综合性工作方案》。二是研究制定了相关“十二五”专项规划。组织编制了“十二五”节能环保产业发展规划、循环经济发展规划、节能专项规划和节水型社会建设规划，指导有关部门编制了“十二五”建筑节能专项规划、公路水路交通运输“十二五”节能减排规划、公共机构节能“十二五”规划，以及钢铁、有色、化工、建材等四个重点用能行业“十二五”节能专项规划。

（二）深入推进循环经济试点示范

一是加强循环经济试点单位管理。组织召开了安阳市、安西循环经济试验区实施方案评审会，批复同意了洛阳市循环经济试点实施方案。总结凝练了一批循环经济关键技术和典型经验，其中鹤壁市、南阳天冠等试点发展模式被国家发展改革委列为全国60个典型循环经济模式案例予以推广。二是积极推进大周镇“城市矿产”示范基地建设。制定了《河南大周镇再生金属回收加工区国家“城市矿产”示范基地建设管理办法》，成立了基地建设组织机构，全面加强对示范基地重点项目建设管理。三是开展了城市餐厨废弃物处理和机电再制造试点。郑州市成功纳入国家第一批餐厨废弃物资源化利用试点城市，完成了项目设计、规划选址等工作。6456军工厂作为国家首批14个汽车零部件再制造试点单位之一，按期完成了试点任务，形成年再制造2.5万台汽车发动机能力。组织洛阳一拖、焦作飞孟激光再制造等企业积极申报全国第二批再制造试点。

（三）加强资源综合利用

加快资源综合利用技术开发、示范和推广，提高产品附加值，不断提升资源综合利用水平，重点抓好煤矸石、粉煤灰、工业副产石膏、尾矿、冶炼废渣等大宗固体废物的利用。贯彻落实国家有关资源综合利用产品增值税、所得税一系列优惠政策，全年开展两批资源综合利用认定，共认定资源综合利用企业280家，全年可综合利用各类固体废弃物5600万吨，减免税费13亿元。8月份，在焦作承办了全国资源综合利用认定管理培训会，介绍了河南资源综合利用认定的做法和经验。

（四）强力推进节能降耗

制定实施了固定资产投资项目节能评估和审查暂行办法，严格实行节能目标责任制和评价考核制度，从源头加强高耗能项目管理。积极推行合同能源管理新机制，印发了《关于加快推行合同能源管理 促进节能服务产业发展指导意见》。加强对重点用能单位监督管理，会同省统计部门公布了1758家年综合能耗5000吨标准煤及以上重点用能单位名单，组织实施了2011年全省节能监察计划，对194家节能降耗工作进展不力的用能单位能源利用状况进行

了现场节能监察。大力推广节能技术和产品，南阳防爆电机集团、长葛新世纪公司等两家电机生产企业被纳入全国节能产品惠民工程中标范围，郑州海马、郑州日产节能汽车进入国家推广目录。

（五）大力推进淘汰落后产能

省政府印发了《河南省淘汰落后产能工作实施意见》，明确了“十二五”时期全省淘汰落后产能主要工作目标和任务，以及配套政策措施。完善了淘汰落后产能部门联动机制，对列入淘汰计划的企业逐一进行现场核查，多次组织召开淘汰落后产能现场会，集中拆除了一批落后设备和生产线。2011年，累计关停小火电154万千瓦，淘汰落后炼铁30万吨、炼钢227.1万吨、电解铝4.8万吨、焦炭210万吨、水泥985万吨、造纸184万吨，关闭小煤矿160处共计产能2400万吨。

（六）加快推进科技进步

把发展循环经济关键和共性技术列入各级重点技术创新科技攻关计划，实施节能减排科技攻关工程。2011年共安排省级研发项目资金5017万元用于支持循环经济共性和关键技术的研发，有关科研机构开发出节能蒸压粉煤灰多孔砌块及成套设备研制等15项先进节能技术，三门峡恒生科技有限责任公司丙尔金技术、安阳艾尔旺有限责任公司沼气发酵设备列入国家循环经济关键技术设备名录。有关部门发布了先进节能技术及产品推广目录，重点推广了太阳能空气集热器等25项先进节能技术。

（七）广泛开展宣传教育

举办了郑州第八届节能与循环经济成果博览会，20多个省市（地区）、600多家企业参加了展览。在全省范围内组织开展了节能宣传月活动，印制并免费发放节能宣传画2万套。组织了“依靠科技创新促进节能减排”主题征文活动，举办了公共机构节能减排知识竞赛，全省有1.2万名公务员参加了活动。组织开展了全省“低碳体验日”、“限塑令”三周年宣传周活动。举办了重点行业能耗限额标准、合同能源管理项目、能源计量、能源统计等系列培训。

（撰稿：张志祥，河南省发展和改革委员会资源节约与环境保护处）

湖北省循环经济

湖北省发展和改革委员会

2011年，湖北省各地区、各部门认真贯彻落实科学发展观，把节能减排和发展循环经济作为转变发展方式的重要抓手，进一步加大工作力度和政策措施落实力度，把积极推动重点区域和重点行业循环经济的加快发展作为一个重要突破口，不断深化循环经济示范试点，努力探索并推广循环经济典型发展模式，全省循环经济工作取得积极成效。

一、2011年主要指标完成情况

2011年全省单位生产总值能耗为1.138吨标准煤，比2010年降低3.79%，超额完成年初确定的下降3.5%节能目标，完成“十二五”期间单位生产总值能耗降低目标进度的22.15%，超进度目标2.15个百分点；全年全省化学需氧量、二氧化硫排放量较去年分别下降1.7%、4.170%，均超额完成年初确定的减排目标。

二、推进循环经济发展的主要做法

（一）进一步加强宏观指导

先后组织召开全省节能减排工作电视电话会议、省政府常务会议，贯彻落实国家节能减排精神，总结了全省“十一五”期间节能减排工作成效，研究部署了“十二五” 期间节能减排工作措施；省节能减排工作领导小组办公室多次召开会议，督促各项节能减排政策措施得到有效落实；组织制定了《湖北省“十二五”节能减排综合性工作方案》，确立了“十二五”时期循环经济发展的主要工作和任务，明确了各级各部门的职责。

（二）积极建设国家级循环经济试点示范

1.全力推进国家“城市矿产”示范基地建设。2011年8月，我省谷城再生资源园区正式被国家发改委、财政部确定为全国第二批国家“城市矿产”示范基地；我省成立了由省发展改革委、财政厅主要负责人任组长，省发改委、省财政厅分管负责人和襄阳市政府常务副市长为副组长，有关省直部门及谷城县人民政府相关负责人为成员的湖北省推进“城市矿产”示范基地建设领导小组，加强跟踪、督促落实、兑现承诺，及时发现和解决示范基地建设中遇到的问题。

谷城再生资源园区位于谷城经济开发区内，园区规划面积10平方公里，是我省第二批循环经济试点园区。该园区拥有金洋公司、骆驼蓄电池公司、三环锻造公司、美亚达公司等一批“城市矿产”回收、加工和利用企业，目前已形成年回收各类再生资源120万吨，拥有年处理利用各类再生资源78万吨的能力，其中年处理废铅酸蓄电池及含铅废料40万吨、废铝10万吨、废旧钢铁25万吨、废塑料3万吨。2010年园区规模以上工业总产值达79亿元，税收2.5亿元。

谷城再生资源园区将以国家批复通过的实施方案为指导，以打造中西部地区国家“城市矿产”示范基地为目标，以发展再生铅、再生铝、再生钢铁等三大主导产业为重点，力争在5年内，建成一个辐射中西部地区的再生资源交易市场，构建具有地区特色的再生资源回收体系、再生资源利用体系和集成服务保障体系。2015年之前，园区将投资23.89亿元建成投产一批“城市矿产”核心项目，实现园区资源回收量278万吨，资源利用量238万吨，累计新增资源利用量160万吨，产值达268亿元，利润13亿元，税收11亿元，新增就业1.8万人。

谷城产业新区规划图

谷城产业新区规划简介

谷城产业新区位于北河以北，汉十高速以南，规划总用地面积40平方公里，依托国家城市矿产示范基地，着力打造千亿园区发展平台。

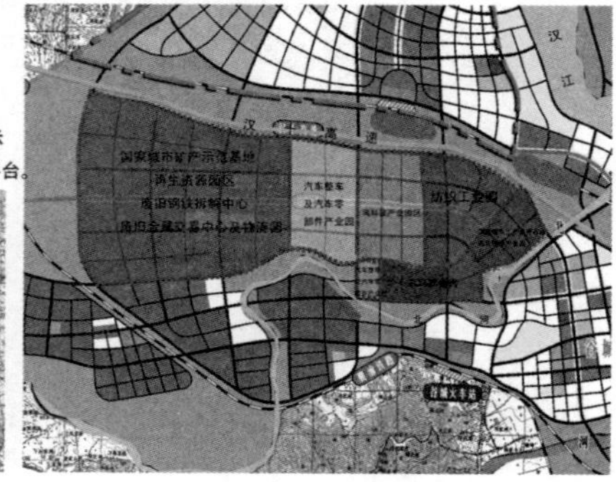

2.积极推动餐厨废弃物资源化利用和无害化处理国家试点建设。2011年7月，武汉市被批准为第一批餐厨废弃物资源化利用和无害化处理国家试点城市，武汉市人民政府已与国家发改委、财政部和住房城乡建设部签订承诺书，并成立了由分管市长为组长的武汉市餐厨废弃物管理工作领导小组，具体负责推动试点工作的顺利开展，保证实施进度。

“十二五”期间，武汉市将分别在汉口、武

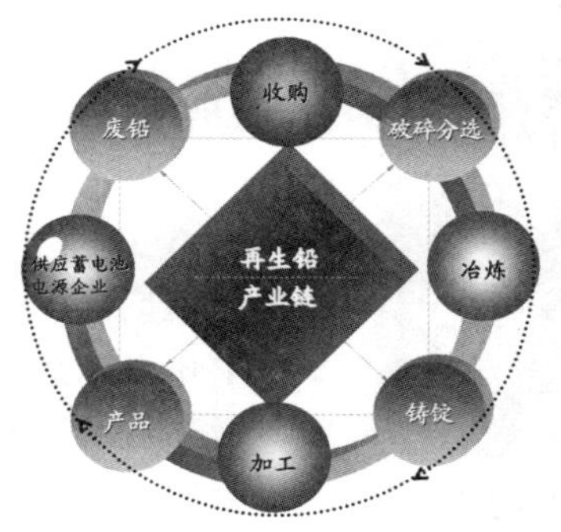

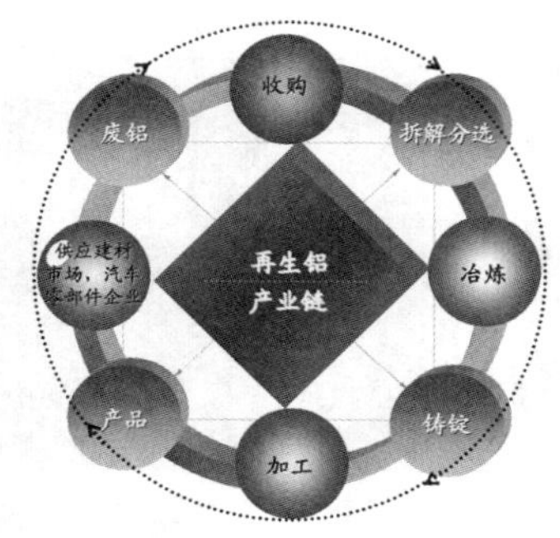

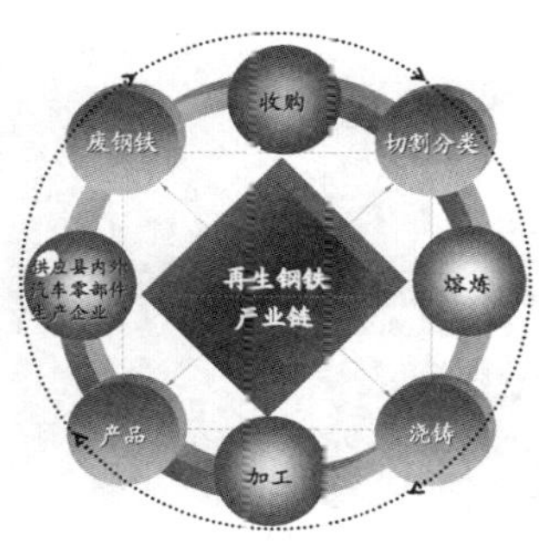

谷城再生资源园区已形成的三大产业链

昌、汉阳地区和东西湖区、江夏区和武汉化工区等区域城区建成5座餐厨废弃物集中处理厂，并配套建成相应餐厨废弃物收运系统和管理体系，主城区餐厨废弃物集中处理率在“十二五”末达到60%以上。截止2011年底，武汉市已完成对全市餐厨废弃物基本情况的调查、处理工厂的规划布局等。

3.大力推进国家循环经济教育示范基地建设。我省荆门市格林美公司国家循环经济教育示范基地实施方案通过了国家发改委、教育部、财政部和国家旅游局共同组织的审查，被列为首批国家循环经济教育示范基地，目前已正式对外开放。

格林美国家循环经济教育示范基地内景——风光互补发电及塑木园林

（三）大力推进资源综合利用

2011年，我省工业固体废弃物综合利用总量为6007万吨，综合利用率为79%。2011年，全省共有215家企业的240个产品（工艺）通过资源综合利用认定，年综合利用各类废弃物2776万吨，年综合利用产值达49.57亿元，年可减免增值税、所得税共3.41亿元；武汉市绿色环保能源有限公司2×12MW生活垃圾发电机组通过了国家发展改革委资源综合利用发电机组认定审核，可年处理垃圾43.2万吨；会同省工商局、省质检局、省商务厅扎实推进“限塑”工作，从源头上堵住“白色污染”流入市场，限塑工作取得显著成效。目前，全省大中小型连锁经营门店塑料购物袋使用量比限塑前约下降了90%。

（四）加快推行清洁生产

认真贯彻落实全国清洁生产工作会议精神，在化工、造纸、食品等重点行业加快推行清洁生产。根据《清洁生产审核暂行办法》（国家发改委、原国家环保总局第16号令）、环保部《关于深入推进重点企业清洁生产的通知》（环发[2010]54号）要求，在各地筛选的基础上，会同省环保厅定期公布我省应进行强制性清洁生产审核的重点企业名单。2011年，省级完成了18家企业的清洁生产审核验收工作，完成了1家企业的清洁生产审核评估工作。

（五）重点建设了一批循环经济关键链接项目

我省始终把项目建设作为推进循环经济工作的重要手段，积极争取国家投资并安排省预算内投资，组织策划并着力推动了一批低能耗、低污染、高附加值和高技术含量的重点循环经济项目或循环经济核心链接项目建设，不断构建完善的循环经济产业链。2011年，重点支持了荆门市格林美新材料有限公司废旧电路板中稀贵金属、废旧五金电器、废塑料的循环利用（一期）项目、湖北宜昌翔陵纸制品有限公司灰纤维循环利用项目、湖北楚凯冶金有限公司废弃电器电子产品回收拆解处理项目、武汉启科数控机床制造有限公司重型和超重型数控机床再制造项目及湖北双环科技股份有限公司云应盐穴储气库造腔卤水利用循环经济项目等一批核心项目建设。同时对项目进行跟踪，及时发现和帮助解决项目建设中存在的困难和问题，确保重点项目的顺利实施。

格林美国家循环经济教育示范基地内景——风光互补发电及塑木园林

（六）积极开展重大问题调研及

专项规划编制等基础性工作，努力为“十二五”时期相关行业的发展奠定基础

1.认真做好重大问题的调研。结合“十二五”节能工作实际以及大力发展循环经济的重点方向，会同有关单位开展并完成了《湖北省实现“十二五”节能目标对策研究》、《湖北省“城市矿产”开发利用战略研究》和《湖北省再制造产业现状及发展思路研究》等三个重大问题的研究，为下阶段研究制定实现“十二五”节能目标以及推动“城市矿产”开发利用和再制造产业发展的相关政策措施提供了基础资料。

2、认真编制好各专项规划。组织编制并正式发布了《湖北省“十二五”节能规划》、《湖北省“十二五”节能环保产业发展规划》、《湖北省城镇生活污水处理及再生利用设施建设“十二五”规划》和《湖北省城镇生活垃圾处理设施建设“十二五”规划》等四个专项规划，这四个规划的出台将对我省相关行业和产业的发展起到重要的指导意义。

三、2012年工作思路

2012年是实现我省“十二五”规划各项战略目标的关键之年，我们将认真贯彻党的十七届五中全会和全国经济工作会议、发展改革工作会议精神，以科学发展观为指导，加快经济发展方式转变，着力推进循环经济重点区域和行业的发展，不断构建新的经济增长点，推动循环经济工作迈上新台阶。力争在2012年实现万元单位GDP能耗下降3.5%左右，万元工业增加值用水量下降5.8%左右，城市生活污水处理率提高1%左右，城市生活垃圾无害化处理率提高3%左右，四项主要污染物减排达到国家核定的进度。

（一）大力推进循环经济重点区域和行业的发展

一是继续大力推进青阳鄂大循环经济示范区建设，支持示范区建设一批循环经济关键链接项目，探索跨区域循环经济发展模式和资源环境约束下重化工产业集群循环发展模式；二是加强对谷城再生资源园区国家“城市矿产”示范基地建设的监督管理，继续积极推进该示范基地和武汉市餐厨垃圾资源化利用和无害化处理试点建设进程；三是按照国家部署，积极做好新一轮国家再制造试点和餐厨废弃物资源化利用和无害化处理试点的申报和争取工作，开展相关政策研究，加快推进全省相关产业的发展。

（二）积极开展循环经济示范创建活动

一是研究起草《湖北省进一步加快发展循环经济的意见》，力争报请以省政府名义出台，指导“十二五”乃至今后一段时期全省循环经济的发展；二是在企业、园区和区域三个层面开展循环经济示范创建活动，实施一批循环经济重点工程，进一步促进资源循环式利用、企业循环式生产和园区循环式发展，以点带面，发挥示范引领作用，推动相关区域和领域循环经济水平的整体提升。三是充分利用省预算内循环经济资金，并力争省政府安排专项资金，集中力量支持示范基地和示范区的重点项目建设，对示范基地和示范区的重点项目优先争取国家资金支持。

（三）大力推行清洁生产，加强工业污染防治

一是大力推行生态设计，在工业、农业、建筑、商贸服务领域建设一批清洁生产示范项目；二是继续加快钢铁、有色、电力、化工、建材、轻工等重点行业的清洁生产审核；三是按照国家修编后的规划，抓好三峡库区和丹江口库区及上游等重点流域的工业点源治理。积极争取国家投资，组织实施一批重点项目，减少污染物排放，保护水环境。

（四）组织实施一批重点节能减排

根据国家“十二五”时期资金安排的重点投向和我省实际，组织实施十大重点工程：一是重点节能技术改造工程；二是节能环保技术产业化示范推广工程；三是合同能源管理推广工程；四是节能产品惠民工程；五是资源综合利用工程；六是“城市矿产”示范基地建设工程；七是再制造产业化工程；八是餐厨废弃物资源化利用工程；九是产业园区循环化改造工程；十是农业循环经济示范工程。通过十大工程的实施，不仅能够对节能环保产业的发展形成直接或间接的需求拉动，也对加快调整经济结构、转变经济发展方式起到重要的促进作用。

（五）着力推进节能环保服务产业的发展

一是积极推进节能服务。抓住国家政策机遇，研究建立政府主导、政策激励、市场运作共司促进的节能工作机制，大力推进合同能源管理，鼓励专业化节能服务公司为节能企业提供诊断、设计、融资、改造、运行一条龙服务。二是着手培育循环经济服务产业。积极培育提供资源节约、环境保护、废物管理、资源化利用利用、技术咨询等一体化的循环经济专业服务公司。同时，探索建立循环经济信息和技术服务体系，建立废弃物交换交易处理市场，及时向社会发布有关循环经济技术、管理、政策以及废弃物交换等方面的信息。三是强化环保服务。积极推进污染治理专业化、社会化、市场化进程。

（撰稿：甄建桥，湖北省发展和改革委员会资源节约和环境保护处）

湖南省循环经济

湖南省改革和发展委员会

近年来，湖南省委、省政府提出“四化两型”的发展战略，围绕新型工业化、新型城市化、农业现代化和信息化，全面推进全省的两型社会建设，把循环经济作为转变发展方式的战略高度去谋划和推动，有效缓解了我省资源、能源和环境的瓶颈约束。2011年是“十二五”开局之年，在“十一五”的基础上，我省循环经济发展又取得了新的进展和成效。

一、2011年循环经济发展概况

2011年，湖南省紧扣可持续发展主线，强化体制机制建设，根据省情实际，重点发展了有色循环产业、再生资源产业和再制造产业，重点培育了汨罗、永兴和益阳沧水铺的城市矿产示范基地、长沙再制造示范基地等一批特色示范园区，形成了一批发展循环经济典型企业，构建了以汨罗、永兴为代表的再生资源回收和利用体系，再生资源综合利用规模和水平明显得到提升。

2011年，湖南省循环经济通过试点和示范带动作用，取得了明显成效：一是能源利用率明显提高。2011年，我省单位GDP能耗下降3.68%，有效降低了能源消费强度。二是再生资源综合利用规模和水平明显提升。2011年汨罗和永兴的再生资源回收375万吨，年产值360亿元。以白银为例，永兴利用工业“三废”生产白银2100吨，占全国白银产量的1/3以上。浏阳再制造工业园、宁乡经开区大力发展工程机械及其零部件、汽车及零部件、机床、金属材料等再制造业，产业化集聚效应逐步显现。2011年长沙再制造示范基地实现再制造产品销售收入25亿元。全省有色金属循环经济产值达810亿元，比上年增长30%以上。目前，循环经济逐渐发展成为我省的主导产业之一，部分城市的循环经济产业比重已超过一半。三是主要污染物排放量明显下降。2011年，湖南省环境质量得到改善，化学需氧量同比下降2.7%、氨氮同比下降2.68%、二氧化硫同比下降3.41%。四是发展理念得到转变。通过启动汨罗工业园和长沙再制造循环经济教育示范基地建设，加大循环经济理念、实践和先进典型经验的宣传力度，循环经济理念逐步深入人心。

二、主要工作措施

近年来，湖南省各级各部门和广大企业按照“减量化、再利用、资源化”原则，在生产、流通和消费各环节积极探索发展循环经济的有效模式，着力提高资源产出率，有力推动了循环经济发展。

一是强化规划统筹。从面上引导，规划先行，是湖南省发展循环经济的重要经验之一。我委按照循环经济理念组织编制了全省“十二五”总体规划，并要求各市州和具备条件的县市编制循环经济发展规划，落实发展循环经济的重点领域、企业、园区和项目，目前全省规划已初步成型，待国家规划发布后，再进行修正定稿。同时，我委还根据省情实际和重点发展产业，组织编制了《湖南省有色金属产业循环经济发展规划》和《再生资源产业发展规划》等专项规划。因为发展循环经济与经济产业结构、资源禀赋和环境状况密切相关，我委通过规划统筹来明确目标，找准重点，强化举措，从工业、农业、服务业各产业，从企业、园区、社会各层面确定了发展循环经济的重点领域、重点工程和重大项目，并根据规划编制要求，筛选确定一批重点项目，建立项目库。我委申报中央预算内投资备选项目时，原则上从项目库内筛选。

二是突出示范带动。我省按照突出示范带动，坚持以点促面，逐步推广实施的原则，在建设循环产业园区、发展有色金属循环产业和引导企业循环发展三个方面，努力探索发展循环经济的“湖南模式”。

建设循环产业园区：从点上引导，因地制宜注重实效，重点培育了一批特色示范园区。一是着力推进“城市矿产”示范基地建设。我省汨罗、永兴两地从明末清初开始收旧利废，再生资源产业历史悠久，基础坚实，省委、省政府出台各项优惠政策，并设立专项资金进行引导，两地的再生资源产业得到了迅猛发展。2011年，两家园区内集聚了湖南万容科技有限公司等200多家回收网络健全、资源再生技术成熟的企业，再生资源能源利用体系初步成型。永兴县在“零资源”条件下发展成为“中国银都”，年产2000吨白银，为国家储备了大量战略矿产资源。我省沧水铺、衡东大浦等地也都是民间自发，政府顺势引导，建立了循环经济试点园区。2011年，全省共有循环经济试点单位30家，其中国家级循环经济试点单位6家，省级试点单位24家。国家和省两个层次的循环经济试点，不仅加

速了循环经济发展，形成了多种形态的循环经济特色，而且产生良好的示范效应，促进了循环经济在更多行业和更广范围的发展。二是着力推进再制造产业示范基地建设。重型装备和机电产业是我省的支柱产业之一，长株潭地区更是全国的工程机械之都，汇集了中联重科、三一重工、山河智能、湘电集团等一批全国知名的工程机械制造和装备制造业企业，为再制造提供了强有力的产业保障。我们按照“一体两翼”的格局在长沙浏阳、宁乡探索开展再制造产业基地和集聚区建设。目前，基地已建成9平方公里的制造产业园区，培育了32家再制造企业，涵盖了工程机械、机床、轨道产能设备、汽车装备、家电等领域，其中11项进入国家推荐目录，再制造业年产值25亿元。三是着手启动园区循环化改造示范基地建设。我省现有78家园区，这些园区既是当地主导产业的集聚区，也是资源消耗和污染排放的聚集区。2011年，我们按照循环经济理念，根据企业集群、产业集聚、物质循环、园区管理的要求，引导园区建立循环机制和进行循环化改造。

发展有色金属循环产业：湖南省矿产资源丰富，有37种主要矿产、12种支柱性矿产，矿产价值1.26万亿元。但同时具有矿种多、大宗矿产少；共伴生矿产多，单一矿产少；难选冶贫矿多，富矿少的特点。随着多年的发展，大量的矿产废弃物和产业废物给我省带来了严重的环境破坏和污染问题。为此，我省出台各项支持政策，大力发展有色循环经济产业，构建了以“长株潭”为核心的有色循环再生产业圈，沿107国道的再生资源经济走廊，永兴和汨罗南北两大再生资源工业基地。初步形成汨罗铜铝产业、衡东铜钨产业、永兴和益阳稀贵金属等产业格局。2011年，郴州有色金属产业园、汨罗工业园、永兴工业园、衡东工业园共回收铜35万吨、铝43万吨、金7吨、银2100吨、稀贵金属466吨，四大园区的有色循环经济产值达539亿元。自2006年以来，全省有色金属循环经济保持了年均25.5%的增长速度。2011年全省有色金属循环经济产值达810亿元，占全行业总产值的21.3%，比上年增长30%以上。

引导企业循环发展：我省在资源能源消耗高、污染排放量大的重点行业，重点推进中央在湘、省属等大型企业进行循环化改造和清洁生产试点，用先进适用技术改造传统生产工艺，制止盲目投资和低水平扩张，积极发展高效低耗产品和精深加工能力，进一步延伸产业链。例如，支持株冶集团铅锌联合冶炼和三废循环利用、智成化工的烟气二氧化硫回收等重点循环经济项目；支持柿竹园、宝山、黄沙坪等大型矿山企业的尾矿回收利用；水口山、金贵银业、金旺铋业等有色金属冶炼渣综合回收利用；汨罗铜铝基地、衡阳金虎铝业、常德创元铝业的再生铜铝产业发展等，鼓励和支持企业减少污染物排放、利用废弃资源补充替代原生资源和提高资源综合利用水平，实现了经济发展与环境保护的“双赢”，全省涌现出一批由试点到示范的循环型企业。

三是重点项目支撑。我省把项目建设作为发展循环经济的主要抓手，大力实施节能减排重点项目，努力为发展循环经济拓展空间。我委积极创新落实循环经济发展载体，大力实施循环经济重点项目，包括节能、节水、清洁生产、污染防治、资源综合利用等项目，推进循环经济在企业、园区、社会同步发展，积极构建从工业到农业、从低端到高端、从消费流通到群众教育等覆盖全社会的循环经济发展体系。为加强项目管理和信息体系建设，我委还建设了循环经济重点项目库，将其列入“全省重大项目开发和项目库”，并相对应地分重大在建项目、重大前期工作项目、银企合作项目和招商引资项目进行动态管理。通过该系统对全省5000万元以上的新开工项目进行集成汇总统计、跟踪调度管理，确保项目有序推进。

四是建设回收网络体系。2011年，全省共有再生资源回收企业近600家，回收网点遍布全国，再生资源交易市场24个，各类分拣中心55个，年回收量达500万吨，覆盖面广、效率高、参与广泛的专业回收网络基本形成。全省共有再生资源加工利用企业530家，其中年产值过亿元的37家，废铜、铝、不锈钢、塑料、橡胶以及电子废弃物、稀贵金属等废旧物资的再生利用加工技术日趋成熟，年加工能力达270万吨。

近年来，我省在发展循环经济方面做了一些工作，也取得了一些成绩。但在具体工作中，仍存在一些不足，比如，推进机制有待完善，宣传教育有待深入，指标体系有待健全；在发展循环经济的工作中还存在科技支撑不强、资金投入不足等问题，与科学发展观的要求，与国家“两型社会”综合配套改革试验区的目标还存在一定差距。对此，我们将认真分析，下大力气加以解决。并将进一步完善工作机制，健全配套措施，加大投入力度，巩固试点成果，全面推进循环经济发展。

（撰稿：周志刚，湖南省发展和改革委员会资源节约和环境保护处）

广东省循环经济

广东省经济和信息化委员会

2011年，广东省委、省政府认真贯彻落实《循环经济促进法》，高度重视循环经济发展工作，大力推进生态文明建设，全面加快绿色、循环、低碳发展，取得了一定成效，积累了经验，为加快产业转型升级、建设幸福广东作出积极的贡献。

一、广东省循环经济发展概况

（一）突出试点示范效应

突出国家级循环经济试点示范效应。到2011年，全省共有17个单位分别被确认为国家循环经济试点单位、汽车零部件再制造试点、国家“城市矿产”示范基地、机电产品再制造试点、“两型”企业试点、国家循环经济模式案例，进一步增强了试点示范单位的示范带动作用，有力地促进全省循环经济发展。

强化省级循环经济试点示范作用。到2011年，广东省先后认定了11个省循环经济工业园、15个省市共建循环经济产业基地、15个省资源综合利用龙头企业和102个省循环经济试点单位，使“省循环经济工业园-省市共建循环经济产业基地-省循环经济试点单位”循环经济试点示范体系基本覆盖到全省所有地市，有力地推动全省循环经济工作深入开展。

（二）突出政策规划导向

完善循环经济相关规划，明确发展目标和思路。到2011年，我省编制出台了《广东省循环经济发展规划（2010-2020年）》、《广东省资源综合利用中长期规划（2010-2020年》、《广东省清洁生产中长期推行规划（2010-2020年）》和《广东省十二五节能环保产业发展规划（2011-2015年）》等专项规划，对全省循环经济、资源综合利用、清洁生产和节能环保产业发展提出了明确的目标和思路，为加快循环经济发展发挥了积极的作用。

制订循环经济政策措施，探索多种发展形式。我省相继出台了《关于建设节约型社会发展循环经济的若干意见》、《广东省发展循环经济试点实施方案》、《广东省加快推进清洁生产工作的意见》、《广东省加快推进工业园区循环经济工作意见》等政策文件，积极推进循环经济发展，切实把发展循环经济作为我省落实科学发展观、加快经济发展方式转变的重要抓手，加快促进全省产业转型升级。

（三）突出发展模式创新

积极探索“共建”模式，加快农业循环经济发展。2011年，省经济和信息化委与广东农垦总局探索通过共建方式，加快省农垦总局下属垦区加快循环经济发展、全面推进资源综合利用和清洁生产，探索农业循环经济发展模式，为全省农业产业提供循环经济发展的经验和做法。

积极推进“粤港合作”，提升粤港两地清洁生产水平。省经信委与香港环境局重点推进粤港两地节能、清洁生产，鼓励珠三角地区的港资工厂实施清洁生产审核，节能减排效果明显，为改善珠三角区域环境特别是提升空气质量做出了努力，得到香港社会的高度评价。

二、广东省循环经济发展基本经验

（一）循环经济政策法规逐步完善

“十一五”以来，我省加快建立健全循环经济政策法规体系，为全面促进循环经济发展奠定了良好的基础。

一是逐步完善循环经济政策体系。我省相继完成了“三个规划、四个意见、五个办法”，即分别出台循环经济、清洁生产、资源综合利用等三个领域的三个专项规划，颁布了指导建设节约型社会发展循环经济、加快推进清洁生产、促进再生资源产业发展、推进工业园区循环经济等四方面工作的四个意见，发布了省循环经济工业园、省市共建循环经济产业基地、资源综合利用龙头企业、省清洁生产审核及验收、清洁生产技术服务单位等五个管理办法。

二是积极推进省循环经济立法进程。早在2006年，省经济和信息化委就组织开展了《广东省循环经济条例（暂名）》的起草工作，国家《循环经济促进法》颁布后，条例名称变更为《广东省实施〈中华人民共和国循环经济促进法〉办法》（以下简称《办法》）并正式列为本届人大的立法规划项目。目前《办法》已经通过了省人大二读程序，很快将通过三读并发布实施。

（二）循环经济试点示范卓有成效

一是国家级循环经济试点工作进展顺利。清远华清循环经济园被确定为国家首批循环经济试点和国家首批“城

市矿产”示范基地后，充分发挥国家相关扶持资金和政策的杠杆作用，撬动园区加快基础设施和重点项目建设，着力“七化”建设（回收体系网络化、产业链条合理化、资源利用规模化、技术装备领先化、基础设施共享化、环保处理集中化、运营管理规范化），形成资源回收-园区管理-粗加工-深加工利用-深加工利用终端产品的循环经济发展模式。目前，清远华清循环经济园规划占地4030亩，总投资31.2亿元，分三期开发建设。华清循环经济园全部建成后，将吸纳700多家分散拆解经营户入园经营，形成完整清晰的产业链和较为完整的再生资源产业群。清远华清循环经济园在推动废旧资源利用企业进园“集中拆解、集中处理”发挥了示范作用，为我省建设资源节约型和环境友好型社会做出了应有的贡献。

二是省级试点示范体系全面建立。2008年至今，我省先后认定了一批11个“广东省循环经济工业园”、两批15个“省市共建循环经济产业基地”、一批15家“广东省资源综合利用龙头企业”、两批102家广东省循环经济试点单位，逐步建立起了使“省循环经济工业园-省市共建循环经济产业基地-省循环经济试点单位”循环经济试点示范体系，循环经济试点工作在全省全面铺开。

（三）资源综合利用不断深入。

截至2011年底，我省共认定资源综合利用产品648个，循环利用固体废弃物7239万吨，工业废液5486万吨，废气886亿立方米。15家“广东省资源综合利用龙头企业”充分发挥了龙头带动作用，有效提升了我省资源综合利用产业核心竞争力。资源综合利用是将工业、农业、商贸服务业以及居民生活产生的废物进行综合利用，有效地减少了污染物的排放，即产生了明显的经济效益，又有效降低了环境污染。

广东省2006-2011年资源综合利用成果

项目 年份	综合利用资源			资源综合利用产品		
	固体废物（万吨）	废液（万吨）	废气（亿m^3）	产品数量（个）	产值（亿元）	利润（亿元）
2006	1074.91	3644.4	14.52	166	55.48	3.94
2007	796.16	63.37	1.66	131	59.33	7.09
2008	1488.36	119.80	1.69	209	113.22	9.28
2009	1836.03	307.99	358.31	223	120.34	15.36
2010	1832.5	1353.91	588.19	249	124.28	18.42
2011	2021.03	1073.06	921.78	259	135.02	15.81

（三）清洁生产工作全面铺开。

一是全面推进清洁生产。我省是国内率先开展清洁生产审核的省份之一，早在2001年，国家《清洁生产促进法》颁布前，我省已重点在工业、商贸服务业和农业领域开展清洁生产审核，通过源头减量和全过程控制，达到“节能、降耗、减污、增效”的目的。同时，通过实施中高费方案并加强监督检查，加快清洁生产技术改造和技术创新，进一步推动全省产业转型升级。2008年至今，全省实施清洁生产审核的企业已达5000多家，认定“广东省清洁生产企业”共十三批942家，覆盖了工业、商贸服务业、农业、旅游业等领域，取得了良好的经济和环境效益。

广东省清洁生产企业经济和环境效益

经济效益		环境效益	
节约原煤	135.14万吨/年	废水减排	1.15亿吨/年
节约燃料油	41.52万吨/年	化学需氧量减排	1.60万吨/年
节水	11.17亿吨/年	二氧化硫减排	2.47万吨/年
节电	40.37亿千瓦时/年	氨氮减少	0.24万吨/年
		粉尘减少	4.50万吨/年
		固废减少	114.97万吨/年

（注：统计到前十一批）

二是粤港清洁生产合作成效明显。2008年4月，我省与香港特区政府共同启动了为期五年的粤港“清洁生产伙伴计划”，鼓励并支持珠三角地区港资企业采用清洁生产技术及生产方式实现节能减排，为改善珠三角区域环境作出贡献。截至目前，“粤港清洁生产伙伴”计划已批准了2050个资助项目，举办了259场认知推广活动，参与人数超过26700人，共有441家“粤港清洁生产伙伴”标志企业获得了认定（其中续期企业96家）。

三、广东省循环经济发展典型单位

广东农垦是农业部直属垦区，创建于1951年8月，1994年在省级机构改革中成建制转为广东省农垦集团公司。

（一）广东农垦“十一五”循环经济建设情况

1.垦区已经初步建立有三大循环经济产业链。分别是甘蔗→制糖→酒精→沼气→液肥、剑麻叶片→纤维→剑麻制品→皂素原料、菠萝→菠萝罐头→菠萝浓缩汁→液肥。

蔗糖产业链包括：蔗渣→碎粒板及燃烧发电，制糖产生的桔水及废糖蜜→酒精→沼气→液肥，滤泥→有机肥。由甘蔗生产出糖、碎粒板、酒精等主要产品，最后，废物利用产生的有机生物肥和液肥又回到了蔗田，从而实现了资源的循环利用。农业方面建立了国家级农业现代化示范区（甘蔗）和全国唯一的甘蔗机械化试验示范基地，垦区常年种植糖蔗40万亩，带动周边农村种植80万亩，工业上现有全资及控股糖厂12家，日榨能力达6万吨，年产白砂糖超60万吨，占全国糖产量的5%，整体经济效益最好。“三环”、“蜂泉”牌白砂糖均为广东省名牌产品，“蜂泉”牌白砂糖还是国家免检产品。

剑麻产业链包括：剑麻叶片→纤维→剑麻制品，麻渣废液用来提炼剑麻皂素，残余物做有机肥回田。垦区现有剑麻种植面积9万亩，种植单产达到世界领先水平，年产剑麻直纤维1.8万吨，约占全国市场份额的60%。剑麻加工实现了机械化、自动化、标准化和通用化，领先全国，名优产品多。“太阳牌”地毯是“广东省名牌产品”和“广东省著名商标”。

菠萝产业链包括：菠萝→菠萝罐头→菠萝浓缩汁，菠萝皮、菠萝渣→有机生物肥回田。现有菠萝种植面积3万亩，菠萝基地被农业部认定为“南亚热带作物名优基地”。龙头企业丰收菠萝罐头厂是全国生产规模最大、技术最先进、出口量最多的菠萝制品专业生产厂，年产“三叶”牌菠萝罐头2万吨、菠萝浓缩汁1万吨，产品95%以上出口，远销欧美、亚洲40多个国家和地区，是欧美市场唯一认可的中国菠萝罐头产品。

2.推广应用现代技术改造产业链。

一是推广无滤布真空吸滤机的使用，节约水资源。雷州半岛十年九旱，水资源十分匮乏，而制糖业对水资源的消耗又极大，按传统的工艺方法，在没有足够的处理和回收措施的情况下，生产1吨糖需用85吨水。主要的污水来自传统有布吸滤机的洗布水，每年的甜水排放量100多万吨。近年来，先后投入1500多万元为糖厂添置无滤布真空吸滤机，同时将其它污水引入沉淀池循环使用，使各糖厂基本实现了污水的零排放，吨糖耗水量从85吨下降到8.5吨，工厂的回收率也得到提高，产生了很好的经济效益及社会效益。

二是改造压榨系统，提高抽出率。先后投入2000多万元，引进瑞典液压马达驱动技术改造糖厂的压榨系统，使压榨抽出率提高了1个百分点，1个榨季即可多回收糖1700吨，效益500多万元。同时，还可降低蔗渣水分2.4个百分点，每个榨季可节约蔗渣2万吨，新增效益400万元。

三是引进以色列先进的地埋式滴灌技术，发展“精准农业”。该技术全部采用电脑控制自动调节水分和营养施肥，用水量可比传统喷灌节约2-3倍，肥料利用率高达90%，是常规的3-4倍，产量提高50-80%。引入测土配方施肥方法，对每块地的微量元素含量进行检测，根据检测结果进行配方施肥，大大减少了化肥的使用量，有效防止土壤盐碱化和板结。

（二）广东农垦“十二五”建设循环经济的规划

总目标是“建设高标准农田，巩固支撑保障体系，打造国家级种养业（甘蔗+畜牧；橡胶+畜牧）循环经济示范园区”。

1.建设重点。一要将湛江垦区建设成国家级循环经济园区，二要将循环经济链由种植业延伸到种植业和养殖业，三要将循环经济的覆盖面扩展到全垦区，四要打造橡胶+养猪业循环经济链（即是养猪→有机肥→橡胶种植→橡胶制品→沼气→生物质发电）和甘蔗糖业+养猪业循环经济链（即是养猪→有机肥→甘蔗种植→制糖→沼气（+生物肥）→生物质发电）。

2.建设一批循环经济“示范窗口”。一是建设四个垦区直管的“示范窗口”：即广前公司甘蔗糖业+养猪业+城镇化循环经济产业“示范窗口”；前进农场1万亩甘蔗生产全程机械化“示范窗口”；畜牧公司1万头原种猪繁育“示范窗口”；南华农场5000亩天然橡胶标准胶园“示范窗口”。二是各农场结合自身实际建设一个以上种养业循环经济“示范窗口”。

（撰稿：梁苑蓝，广东省经济和信息化委员会节能和循环经济处）

广西壮族自治区循环经济

广西壮族自治区展和改革委员会

2011年，广西壮族自治区党委、人民政府深入贯彻落实科学发展观，把发展循环经济作为推进“两型”社会建设、推进节能减排和建设生态文明示范区的重要抓手，积极引导全区各级政府正确处理经济社会发展与资源环境保护的关系，加快转变经济发展方式，推动资源高效循环利用，使循环经济发展取得了新的成效，有力地促进了经济社会和资源环境的协调发展。

一、2011年广西循环经济发展现状

（一）循环经济行业扩大，资源能源综合利用率进一步提高

有色金属、制糖、桑蚕、林业等是广西的优势产业，近年来自治区积极推进优势产业循环经济发展，形成了特色鲜明的循环发展模式。通过出台《关于做大做强做优我区工业的决定》、《广西壮族自治区有色金属工业调整和振兴规划》等政策措施，铝工业循环利用、赤泥磁选铁精矿、锌冶炼渣综合利用、固体废弃物机压成球等循环经济技术得到进一步推广应用，有色金属尾矿的综合利用量达到了100万吨，全区工业固体废弃物综合利用率达到了70%。制糖业做到了把甘蔗从头到尾“吃干榨尽”，实现蔗渣利用率达100%，糖蜜利用率达100%，开展水循环利用的厂家达100%，广西成为了全国糖业循环综合利用的示范样板。宜州桑蚕茧丝绸产业循环经济示范基地顺利启动建设，桑树、蚕沙、蚕蛹、果桑等综合开发利用率不断提高，初步形成了桑蚕资源多级循环利用的新型产业链。依托丰富的林木资源，通过引进国际先进技术和重点科技攻关，以广西金桂浆纸有限公司为代表的浆纸企业实现了林产品生产加工环节的节能减排和废弃物循环再利用。继续大力推广“养殖—沼气—种植”三位一体能源生态发展模式，农村户用沼气池入户率达46.4%，居全国第一，每年可为293万农户提供优质可燃气体燃料11.72亿立方米，折合标煤83.68万吨，可节约薪柴586万吨，保护森林面积48.83万公顷。

（二）循环经济示范试点增多，循环经济园区建设提速

一是贺州华润循环经济示范区建设顺利推进，华润水泥项目一期年产200万吨新型干法水泥生产线已于2010年建成投产；华润电力（贺州）有限公司2×1000MW燃煤发电机组工程项目第一台机组已进入调试阶段，预计将于2012年6月份投产；华润啤酒（贺州）一期年产20万吨啤酒项目生产线已经开工建设。二是梧州再生资源循环利用园区国家“城市矿产”示范基地加快建设，一批资源综合利用项目陆续建成投产，2011年园区循环经济发展实现产值109亿元，财政收入超亿元。三是玉林龙潭再生资源循环利用园区加速发展，以有色金属冶炼、再生资源加工利用、机械制造、电子以及物流、仓储为主的资源循环利用产业基地逐步形成，2011年实现总产值39.5亿元，同比增长30.58%。四是百色生态型铝产业示范基地建设快速推进，重点围绕发展生态型铝产业链、配套产业、循环经济等，实施重大项目48项，总投资898亿元，项目建成后新增总产值1447亿元。

（三）节能减排约束性指标全面完成，生态建设取得新成绩

自治区规模以上工业万元增加值能耗下降6.1%，建筑节能超过60万吨标准煤。化学需氧量、二氧化硫排放量分别削减2.38%和8%，氨氮、氮氧化物排放量控制在国家许可范围内。县城以上城镇新增污水处理厂处理能力4.54万立方米/日，新增生活垃圾无害化处理能力3267吨/日，全区城镇污水集中处理率和生活垃圾无害化处理率均达到65%。植树造林面积29.5万公顷，森林覆盖率达到60.5%，活立木蓄积量6.2亿立方米，生物多样性居全国第三。新增水土流失治理面积1952.1平方公里，被列为全国第二批农村环境连片整治示范省区。14个设区市空气质量优良率天数比例达98.7%，39条主要河流水质达标率为95.9%，13个省界断面水质优良率达100%，近岸海域水质达到海洋功能区要求，环境质量位居全国前列，“山青水秀生态美”已成为广西最大的品牌优势。

2011年，广西循环经济发展取得了新的成绩，但是也面临着诸多困难和问题，主要表现在：能源对外依赖性强、资源环境承载力有限、人才和技术支撑不足等等，需要在以后的工作中，认真加以研究解决。

二、主要做法和经验

广西在推进循环经济发展的实践中，积累了一套具有地方特色的经验和做法：

（一）由大型央企与政府合作，联手打造循环经济园区

华润集团是国务院国资委直接管理的国有重点骨干企业，是全球500强企业之一。为贯彻落实党中央、国务院关于加快循环经济发展的重大战略部署，加快推进我区循环经济发展，2010年3月，自治区党委、政府主要领导和

华润（集团）有限公司高层就规划建设贺州华润循环经济示范区达成了重要共识，决定创新合作机制，共同推进贺州（华润）循环经济示范区建设，并将示范区建成“转变经济发展方式的典范、地方政府与央企互动合作的典范、后发展欠发达地区科学发展跨越发展的典范”。示范区以电力、水泥、啤酒三大产业为核心，科学设计循环经济产业链，实现资源充分循环综合利用，带动形成电子、再生资源、现代农业、物流等循环产业链，进而整体构建贺州市的循环体系，推动贺州市循环经济发展。

（二）引入市场机制，扶持民营经济打造循环经济产业

梧州市再生资源循环利用园区是《国务院关于促进广西经济社会发展的若干意见》中确定的重点打造的循环经济示范园区，园区规划占地10000亩，分两期建设，一期开发5000亩。2011年9月13日，国家发改委、财政部正式将该园区确定为国家“城市矿产”示范基地，示范基地建成后将新增再生资源加工处理量170万吨，产值超过600亿元。为了加快示范基地建设，梧州市引进市场机制，与广西置高投资发展有限公司签订了土地开发和项目引进协议，委托该公司负责示范基地土地开发、基础设施和废旧电子电器拆解加工企业引进等工作，有效地解决了示范基地开发初期资金短缺、项目落户难等问题。截至2011年底，示范基地已有入园企业42家， 8家企业建成投产，完成固定资产投资38亿元，实现工业产值109亿元。一期道路、供水、供电、绿化等基础设施基本完善，海关、检验检疫、污水处理厂、固废堆场等配套设施投入运行，并顺利通过国家环保部、海关总署、质量监督检验检疫总局三部委联合验收，成为全国第四家通过“圈区管理”验收的再生资源加工园区。

（三）以支柱产业为重点推进循环经济，为全国树立示范榜样

广西是世界十大产糖区之一，甘蔗制糖是具有优势的传统行业。2010年糖料蔗种植面积约1500万亩，食糖产量705万吨，约占全国60%；产生蔗渣约1400万吨、废糖蜜200万吨、滤泥120万吨。广西将制糖业作为循环经济推进的重点行业，出台了《关于加快制糖工业循环经济发展的意见》，循环经济发展取得积极进展，并涌现出了广西贵糖（集团）股份有限公司、南宁糖业股份有限公司等一批循环经济典型企业。贵糖集团、南宁糖业股份有限公司通过实施循环经济和清洁生产项目，目前已形成以甘蔗→制糖→废糖蜜制酒精→酒精废液制复合肥、甘蔗→制糖→蔗渣→制浆→造纸→制浆黑液碱回收两条工业生态链为主线的循环生产模式，以及制浆→吸水材料→卫生制品、造纸白泥→制水泥、制糖滤泥→制复合肥料→复合肥种甘蔗、造纸中段废水→锅炉除尘、脱硫、冲灰、碱回收白泥→制轻质碳酸钙等多条副线工业生态链。这些循环链条将上游生产环节的废弃物作为下游的原材料，实现资源循环利用，蔗渣、废糖蜜、滤泥等“废物”利用率均达到100%。贵糖集团因此还被列为中国制糖综合利用示范企业、国家级农业产业化龙头企业、国家第一批循环经济试点单位。

（四）大力发展循环经济，促进重点产业节能减排和可持续发展

国家发展改革委于去年7月批复《广西百色生态型铝产业示范基地实施方案》（以下简称《实施方案》），同意设立广西百色生态型铝产业示范基地。自治区党委、政府高度重视示范基地建设，印发了《建设百色生态型铝产业示范基地行动方案》，要求示范基地要以构建区域生态铝产业发展模式为基本目标，以“红色土地、银色产业、绿色家园、和谐发展”为总体导向，努力实现采垦种、选冶加、水电铝、物流运、公辅配、产学研六个一体化，按照产业链各节点有机联系、生产环节有效对接、物料互补平衡、效益最大化的方式配置资源，实现资源和能源利用率的最大化、土地集约化、生产清洁化、环境友好化，构建资源合理利用的铝产业链、热电联产的工业生态链和协作配套产业链。2011年，百色生态型铝产业示范基地骨干企业——德保华银铝年产40万吨氧化铝技改工程建成投产，形成了200万吨氧化铝的生产能力；年提取2吨镓项目开工建设。中铝广西分公司年处理220万吨赤泥回收铁项目正式竣工投产，铁精矿品位达到55%以上，实现年回收铁精矿约22万吨。

（五）坚持完善工作机制体制，为推进循环经济工作提供有力保障

加强组织协调，自治区在广西百色生态型铝产业示范基地和贺州（华润）循环经济产业园区成立由自治区主要领导任组长，自治区有关部门和项目所在市政府、企业主要领导为成员的协调小组，协调小组定期召开会议或现场办公，及时协调解决园区建设中的问题，确保工程项目按计划有序推进。坚持规划先行，自治区委托在国际上拥有较高知名度、国内一流水平的国家级研究机构编制全区和重点园区“十二五”循环经济发展规划，从战略高度规划循环经济发展，根据各地资源禀赋情况，确定地方循环经济发展重点行业，引导项目向园区集聚，提高产业集中度和资源能源利用效率。完善政策措施，自治区根据国家关于加快循环经济发展的政策措施，并结合地方实际，研究出台了《关于推进生态文明建设的决定》、《关于加快经济发展方式转变的决定》、《关于加快发展循环经济的意见》等政策文件，将发展循环经济纳入经济社会发展全局统筹谋划。自治区有关部门也分别制定了《广西制糖工业发展循环经济工作意见》、《广西林产工业发展循环经济工作意见》、《广西建材工业发展循环经济工作意见》、《广西化工行业发展循环经济工作意见》、《广西再生资源回收利用发展循环经济工作意见》、《广西工业园区发

展循环经济工作意见》等行业及园区循环经济发展指导意见，明确发展目标任务和重点项目。会司银行金融机构制定《关于建立投融资政策措施体系支持循环经济发展的实施方案》，引导银行贷款向循环经济行业倾斜。制定发布了《广西主要工业行业循环经济评价指标体系》（GB45/T612-2011），建立起由资源产出指标、资源消耗指标、资源综合利用指标、废物处置指标构成的循环经济评价考核体系，完成了冶金、有色、建材、制糖、化工、电力、轻工（啤酒酿造）、棉纺织印染、机械制造（工程机械设备）和电子信息等26个行业及工业园区的评价考核指标。

三．广西循环经济发展思路

（一）指导思想

以邓小平理论和“三个代表”重要思想为指导，全面贯彻落实科学发展观和党的十八大精神，积极组织实施《广西循环经济发展“十二五”规划》，紧紧围绕经济发展方式转变这条主线，加快调整和优化经济结构，以促进经济增长和资源环境协调发展为目标，以资源高效利用和循环利用为核心，以技术创新和制度创新为保障，充分挖掘和利用广西现有资源环境和区位优势，在生产、流通、消费各领域全面贯彻减量化、再利用、资源化原则，大力推进循环型产业、循环型企业、循环型园区、循环型城市和循环型社会—“五重”体系建设，完善配套基础设施体系，构筑“两区一带、五战略通道”的空间布局，加快循环经济示范园区和示范性工程建设，切实提高发展质量和效益，提升全区综合实力和竞争力。

（二）总体思路

1. 强优势、重特色。进一步巩固和扩大已取得的循环经济成果，突出区域特有的工农复合型循环经济，大力发展生物质能，减少农业面源污染，巩固和完善现有食品、有色金属、石化等循环型产业、企业特色产业链，不断形成特色循环经济发展新优势。

2. 抓工程、构网络。以“点”带“面”，向前、向后延长循环经济产业链，加强各种循环型产业链间联系，推进产学研合作和相关产业聚集，以产品全生命周期、过程耦合等模式，构建社会化物资回收利用体系，加快循环服务体系建设，构筑循环型城市体系。

3. 促创新、跃层次。推进循环经济重大关键技术创新和发展模式创新，推进循环经济发展的政策支持体系和社会管理体系建设。加快企业、行业内部物质循环，向企业间、园区间、行业间及城市和社会系统各方面循环发展。

（三）发展定位

1. 全面推进循环经济发展的省级先行先试区。系统总结本区现有循环经济发展模式和做法，推进循环经济发展各环节实践创新。以循环经济重大示范性工程为基点，推进循环型产业、循环型企业和循环型园区为代表的循环经济技术和管理创新；以不断创新的循环经济发展模式为纽带，构筑多产业立体化集成、园区间跨产业耦合、产业间资源共享、矿产资源和固体废弃物综合利用、静脉工程等具有区域资源特点的循环经济发展模式；通过不同模式的联系和推广，形成全区内部具有自然地理特色的循环型城市和社会体系；通过与周边省份和有关国家充分对接和资源整合，形成优势集中特色鲜明的循环经济发展区、发展带和发展通道，最终形成“点—线—面”充分衔接的全区循环经济发展大格局，使广西成为全面推进循环经济发展的省级先行先试区。

2. 西部资源型省份新型工业化、城市化和农业现代化协同发展的创新引领区。发挥有色金属矿产资源品种多、储量大的优势，大力降低单位产出能耗，提高资源综合化利用水平，走出一条具有广西特色的新型工业化道路。通过农业产业链延伸和工农复合型循环经济发展，创造更多的就业机会。加快全区的城市化进程，推进现代农业发展上水平，进一步发挥工业对农业、城市对农村的带动和反哺作用，加快全区城乡一体化发展步伐。

3. 循环型技术、政策、管理创新与社会参与综合改革示范区。坚持循环经济发展过程中政策引导、市场基础性作用和公众广泛参与相结合，大力推进循环经济发展所必需的技术、政策和管理创新。开展循环经济重大关键技术研究开发，着力完善循环经济发展的产业、投资、财税、金融等政策体系，建立科学合理的循环经济统计、评价、考核、物质流核算体系，为国家完善循环经济政策提供经验。

（四）发展目标

到2015年，构建起围绕主导产业发展的生态产业链条和循环经济产业集群，培育出一批拥有国际先进技术的企业和具有国际知名度的产品，基本形成工农业复合型发展模式，区域生态环境得到明显修复，循环型社会体系和循环型城市特征逐步显现。建成一批符合循环经济发展要求的重点行业、工业(农业)园区、企业集群，建成3—5个资源节约型和环境友好型城市。

（撰稿：银星宇，广西壮族自治区发展和改革委员会资源节约和环境保护处）

海南省循环经济

海南省工业和信息化厅

2011年是“十二五”开局之年，海南省以科学发展观为指导，以海南国际旅游岛上升为国家战略为契机，以完善政策措施、狠抓节能减排、深化资源综合利用和推行清洁生产等为切入点，积极推进循环经济发展，取得可喜成绩。

一、主要成效

资源节约和环境保护取得新进展。2011年全省二氧化硫排放量、COD排放量保持与2010年持平，矿产资源产出率增加4500元/吨、土地产出率增加5.2万元/公顷、水资源产出率增加5.4元/立方米，单位国内生产总值取水量、万元工业增加值取水量分别比2010年下降27.3%、24.8%。

沼气利用不断取得新成效。2011年，新增农村沼气8413户，大中型沼气工程139处。截止2011年，全省累计建设户用沼气池31.7万户，大中型沼气工程1124处，农村沼气工程建设形成总容池量达271.44万立方，每年可生产沼气37320.52万立方，折合节约标准煤26.65万吨。

资源综合利用不断深化。2011年全省工业固体废物综合利用量为500多万吨，危险废物保持零排放。城市（镇）生活垃圾无害化处理率和城市生活垃圾资源化利用率达86.8%和24%，分别比去年提高1.1个百分点和19个百分点。

清洁生产不断推进。全省开展以化工、制糖、橡胶、包装等行业为重点的清洁生产审核，共产生清洁生产方案418项，其中无低费方案336项，中高费方案82项，年节约7000吨标煤。

节水型社会建设取得成效。积极推进节水型社会建设达标工作，通过海口市节水型社会试点建设，带动全省节水型社会建设的开展，树立节水标杆。2011年农业灌溉水有效利用系数从2010年的0.530提高至0.535，工业用水重复率为71%，比2010年提高了两个百分点。

2011年海南经济快速发展，全省国内生产总值2515.29亿元，比2010年增长12%，产业结构不断优化调整。在实现经济持续快速发展的同时，生态文明建设得到进一步强化，全省生态环境继续保持全国领先水平，环境、大气、河湖和近海海域水体质量保持全国一流。

二、主要措施

（一）加强管理，完善政策措施

2011年省政府进一步加强发展循环经济的管理，完善相关政策法规，相继印发了《海南省“十二五”节能减排总体实施方案》、《海南省建设绿色照明示范省总体方案》、《海南省公共机构绿色照明改造工作方案》、《关于进一步加强城市生活垃圾处理工作的实施意见》、《关于低碳发展的若干意见责任分解方案》等若干政策文件，相关部门制定了《海南省合同能源管理财政奖励资金管理暂行办法》、《海南省节能服务公司备案管理办法》、《海南省淘汰和推广使用的照明电器产品目录（2011年）》、《海南省太阳能热水系统建筑应用示范项目验收评估实施方案（试行）》、《2011年海南省监察行动计划》、《关于做好实施差别电价政策的通知》、《关于做好2011年全省交通运输行业节能减排工作的指导意见》、《关于在全省旅游饭店推行<饭店节能减排100条>的通知》等配套文件。这些政策文件的出台，有效地促进了循环经济的发展。

为有序地推进循环经济工作，省政府有关部门组织编制《海南省“十二五”循环经济发展规划》、《海南省“十二五”清洁生产推行规划》、《海南省“十二五”生活垃圾处理规划方案》、《海南省生活垃圾收运体系规划》、《海南省废弃电器电子产品处理发展规划》、《海南省重金属污染综合防治“十二五”规划》等一系列规划和方案，明确发展循环经济的主要任务和工作重点，加强规划引导，推进循环经济工作的有序开展。

（二）狠抓节能降耗工作，促进节能减排

一是淘汰落后产能。认真执行国家标准，重点抓好水泥、钢铁、造纸等行业淘汰落后产能工作，2011年全省共淘汰落后立窑生产能力78万吨、钢铁产能8万吨、造纸产能1.1万吨，超额完成了国家下达我省年度淘汰落后产能任务。

二是严把项目准入关口。对万元工业增加值能耗超过0.59吨标准煤的新上项目，实行严格的审查制度，控制高耗能行业产能盲目扩张，引导和促进产业结构调整，实现结构节能。

三是加强重点用能单位管理。对全省重点用能行业单位产品能耗限额标准执行情况和高耗能落后机电设备（产品）淘汰情况进行专项监察。完成对全省年综合能源消费量达5000吨标准煤及以上的44家重点用能单位2010年能源审计工作。

四是实施绿色照明示范省建设。2011年共投入资金1亿多元，完成路灯节能改造1.8万盏。在全国率先完成节能灯年度推广任务，共推广国家财政补贴151万只节能灯，可实现年节电量1.3亿度。

五是推进节能技术进步。推广省锅炉所开发的通过添加两级回收器、计量加药器及蓄能稳压器等综合提高锅炉热效率技术，节能率可达20-30%。专项推广应用电能回馈、变频控制等电梯节能技术，全年对400台电梯实施节能改造，年节电约170万千瓦时。

2011年安排节能专项资金2090.12万元，对循环水无电机冷却塔、气井放空火炬气回收利用、LED节能灯等19个节能项目给予支持。通过以上节能技术改造及推广，可取得年置换天然气1.9亿立方米、合计节约11.2万吨标准煤的节能效益。

六是加大推广节能与新能源汽车力度。2011年全省新增LNG公交车385辆、电动和油电混合公交和出租车110辆，仅海口和三亚市清洁汽车的比例达到70%，其中海口市出租车的清洁汽车比率已达到99%，有效降低了城市汽车尾气排放污染，改善城市空气质量。

（三）深化资源综合利用，提高资源利用率

以建材、水泥、造纸等行业为重点，突出粉煤灰、尾矿、脱硫石膏等废渣利用、废气余热回收利用和农林废弃物的加工利用，全面推进资源综合利用。2011年全省工业固体废物综合利用量达500多万吨，危险废物保持零排放。2011年对中海石油（海南）环保气体有限公司等16家企业（项目）资源综合利用认定，帮助企业落实综合利用税收优惠政策，调动企业开展资源综合利用的积极性，促进了废物利用。通过认定的16家企业年综合利用煤矸石18万吨、粉煤灰35万吨、脱硫石膏32万吨、尾矿54万吨、废气1639万立方、余热余压216亿立方。

加强再生资源回收利用体系建设。2011年4月，我省启动家电以旧换新销售和回收企业招标工作，其中销售企业30家、回收企业20家，以配合家电以旧换新活动的实施。截止2011年11月，海口市共建设、改造了259个回收站（点）、3个分拣中心、1个报废汽车拆解中心和2个集散交易市场，下一步将组织专家验收。2011年，仅海口全年共回收废品超110万吨。全省废钢铁回收利用率、废有色金属回收利用率、废纸回收利用率、废塑料回收利用率和废橡胶回收利用率分别从2010年的20%、32%、51%、25%、18%提高至28%、40%、58%、32%、26%，切实提高了我省废旧商品回收利用水平。

建立完善城乡垃圾分类、生活污水处置系统。将生活垃圾由填埋为主逐步过渡到以焚烧为主并辅以综合利用，海口、文昌两家垃圾焚烧发电厂均于2011年陆续投产，年处理垃圾47.5万吨，年上网电量约1.45亿度。全省“十一五”规划新建的21个垃圾处理设施项目全部建成投入试运营，实现了全省县城以上垃圾处理设施全覆盖，2011年全省城市（镇）生活垃圾无害化处理率和城市生活垃圾资源化利用率达86.8%、24%，分别比去年提高1.1个百分点及19个百分点。全省投入运营的污水处理厂达29座，年污水处理量为25581万吨，城镇污水集中处理率达72%，比2010年提高2个百分点。

三亚市作为国家首批餐厨垃圾试点城市，成立了“三亚市生活垃圾焚烧发电项目和餐厨垃圾处理项目”领导小组，做好三亚市垃圾焚烧厂和餐厨垃圾处理项目的前期工作。三亚市餐厨垃圾处理厂建设项目和三亚市生活垃圾焚烧厂建设项目的立项已得到发改部门的批复。

（四）推行清洁生产，从源头上减少污染

积极开展清洁生产审核验收工作。对全省20家化工、制糖、橡胶、包装等企业进行清洁生产并开展审核评估工作，共产生清洁生产方案418项，其中无低费方案336项，中高费方案82项，今年来已投入资金达1.6亿元，年可节约7000吨标煤，减少新鲜水使用约595万吨，废水减排约602万吨，分别减少废气、COD、粉尘、固废排放约1120吨、684吨、172吨和6万吨。加大清洁生产理念宣传力度，环保工作人员在日常监督管理过程中，帮助企业普及清洁生产知识，并在节能宣传周等宣传活动期间，传播源头预防、过程控制的清洁生产理念，逐步营造良好的清洁生产社会氛围。

（五）开发利用可再生能源，优化能源结构

推进太阳能利用。海南第一个大型太阳能光伏并网发电项目——临高县20MW光伏并网示范工程，于2011年底竣工并实现并网发电，对促进海南能源利用清洁化方向发展起到了很好的带头示范作用。组织开展热带海岛气候

建筑节能重点技术与太阳能建筑应用研究及示范，2011年全省太阳能热水系统应用建筑面积施工报建约670万平方米，新增省级太阳能热水系统建筑应用示范面积45万平方米。

加强水能和风能利用。截止2011年底，全省水电装机容量75万千瓦，技术可开发程度超过80%；建成陆地风电场6个，装机容量25.47万千瓦，在建风电场装机容量4.8万千瓦。

发展生物质能。2011年全省新增农村沼气8413户，大中型沼气工程139处，新增沼气总容池量达9.2万立方，新增年产沼气总量达1432.3万立方。截止到2011年底，全省累计建设户用沼气池31.7万户，大中型沼气工程1124处。农村沼气工程建设形成总容池量达271.44万立方，每年可生产沼气37320.52万立方，折合节约标准煤26.65万吨，年生产沼肥780万吨，可供156万亩无公害农产品生产基地用肥，促进养殖-沼气-种植的生态循环。

（六）实施“绿化宝岛”工程，保护生态环境

2011年，新增造林23万亩，造林合格面积1.53万公顷，其中人工造林1.03万公顷，更新造林0.50万公顷，229公里海防林断带实现合拢。森林覆盖率达60.5%，比上年提高0.3个百分点。城市建成区绿化覆盖率40.0%，提高0.9个百分点。新建文明生态村775个，累计达到12236个；新建小康环保示范村26个，累计达到116个。城镇环境空气质量优良天数比例为100%。所有监测城市（镇）的环境空气质量均达到或优于居住区空气质量要求的国家二级标准。全省89.7%的监测河段、83.3%的监测湖库达到或优于可作为集中式生活饮用水源地的国家地表水III类标准。海南岛绝大部分近岸海域处于清洁状态，一、二类海水占88.9%，92.5%的监测海域水质符合水环境管理目标的要求。生态环境继续保持全国一流水平。

（七）加强宣传推动，营造良好氛围

开展2011年海南省节能宣传周活动，举办海南省“十一五”节能减排成就巡回展，广泛宣传节能减排、循环经济发展的法律法规、方针政策以及先进典型，取得了良好的节能宣传效果。加强对领导干部的培训，配合省委组织部，衔接厅领导对全省党政机关、市县四套班子有关领导的培训，提高有关领导节能意识。开展市县节能主管部门和重点用能单位培训工作，提高组织实施节能减排、循环经济的业务能力。

（撰稿：唐巧瑜，海南省工业和信息化厅节能与资源综合利用处）

重庆市循环经济

2011年是重庆市继续推进循环经济发展，加快经济发展方式转变的一年，在政府推动、政策措施和加快发展等方面都取得了新的成效。

一、《政府工作报告》强调循环经济

重庆市市长黄奇帆在2011政府工作报告中强调：节能减排和环境保护工作。健全行政管控和市场调节的互动机制，严格目标责任和管理，完成节能减排年度任务。推广先进技术和节能产品，构建节能环保型产业体系。继续实施环境污染安全隐患企业环保搬迁，推进资源型企业兼并重组，坚决淘汰落后产能。加强工业园区、重点企业循环经济示范，规划建设一批低碳产业园区。全面推行清洁生产，加强粉尘、噪声、废气、烟气综合治理。推进公共建筑节能改造。完善城镇污水处理管网配套，新增和扩建一批城镇生活垃圾处理设施。大力开展农村生活垃圾和污水治理，完善垃圾收运体系。抓好小流域环境整治，有效防治农业面源污染。

二、循环经济成十二五《规划纲要》重要内容

2011年出台的《重庆市国民经济和社会发展第十二个五年（2011-2015年）规划纲要》将大力发展循环经济作为核心指导思想之一和重要内容。

《规划纲要》突出资源节约利用和生态环境保护。建设资源节约型和环境友好型社会，走绿色发展之路，增强可持续发展能力。加强资源能源节约利用，降低污染物排放，降低温室气体排放，推广低碳技术，积极应对气候变化，发展循环经济，提高生态文明水平。

目标 ：可持续发展能力明显提升。单位地区生产总值能耗减少15%，主要污染物排放总量持续减少，单位地区生产总值二氧化碳排放减少17%。耕地保有量确保220.85万公顷。三峡库区长江干流水质总体稳定在Ⅱ类。主城区空气环境质量满足II级以上天数保持在311天以上。

大力发展循环经济。建设中西部发展循环经济的示范区。建成内陆地区资源优化配置、竞争优势突出的综合性化工基地、中国铝加工之都和千万吨精品钢材基地。推进工业园区上中下游产业链、水电气热联供、基础设施配套、物流配送服务和生产生活环保生态管理等“五个一体化”。推进企业生产内部工艺之间的能源梯级利用和物料循环利用，推动产业循环式组合。加快建设再生资源回收体系。开展大宗工业固体废物综合利用工程试点，工业固体废物综合利用率达到80%。进行重点行业节水改造和矿井水利用重点项目。共伴生矿产资源综合开发利用和煤层气、大宗工业固废综合利用项目，建设静脉产业园。

强化固废及危化废弃物综合处理。加快建设城镇垃圾处理场及处理设施，实施生活垃圾分类收集处理，城市生活垃圾无害化处理率达到98%，城镇垃圾无害化处理率达到85%，主城区和区县城餐厨垃圾无害化处理率分别达到80%和50%。加强医疗废物处置设施、危险废物集中处置设施建设，强化重金属、持久性有机污染物、化学危险品风险管理、污染土壤治理与修复、辐射放射污染防治。

三、循环经济试点继续推进

（一）国家试点探索出循环发展新模式

国家循环经济试点企业重庆钢铁集团通过不断探索，实现由单项型向循环型钢铁企业发展模式的跨越。吨钢综合能耗低于600千克标煤、耗新水低于3立方米、占地面积为0.65平方米，循环经济年节约回收资金10余亿元、综合利用率达97.5%，年发电量20亿度、自发电率达65%——迈入全国钢铁企业循环经济先进水平。以“资源-产品-废物-再生资源”为循环模式的新重钢，突出体现了材料制造、能源转换与资源循环利用、消纳社会废弃物三大功能，通过大量运用干法除尘、干熄焦等先进工艺和前沿技术，采用先进的铁-钢“一罐制”、钢-轧“钢坯热送热装”等界面技术及自主研发应用的全球首套RH干式真空冶炼工艺，充分提高了厂区资源和能源利用率。

国家循环经济试点产业园区长寿工业园区以四大产业为龙头，努力打造资源高效循环利用的产业集群，基本形成以天然气化工、精细化工、新材料和冶金及金属压延产业集群。目前，长寿经经济开发区已入驻企业达220家，其中世界500强企业17家、跨国公司28家、上市公司38家，2011年，实现工业产值580亿元。依托“大项目带动、大开放驱动、大合力推动”的发展模式，长寿工业经济已经强势崛起。

重庆市三峡库区柑橘、生猪、沼气三大特色优势产业循环经济标准化试点项目已于近日通过国家评估。该项目以“猪-沼-果”循环经济关键技术成果为基础，制定了农用沼液无害化处理与利用工程技术规范等10项技术标准，率先在全国建立了较为完整的“猪-沼-果”特色产业园区循环经济标准体系和工作体系，创造性地研发出橘渣有机配方肥和沼液肥水一体灌溉成套设备装置等两项高新技术产品，并申报10项国家发明专利，其中有7项已获得授权。

（二）餐厨垃圾处理试点探索出“重庆模式”

重庆是国家３３个餐厨垃圾处理试点城市之一，已成功探索了作为地沟油来源的餐厨垃圾收运和资源化利用的“重庆模式”。到２０１１年底，重庆市无论是餐厨垃圾收运量还是处理技术均全国领先。餐厨垃圾收运和资源化利用，不仅消除了垃圾“围城”所带来的环境污染，从源头上堵住了非法制售地沟油的漏洞，现在餐厨垃圾统一回收对象已经从最初的十几家三星级以上宾馆扩展到现在的七千多家中小型餐馆。全市餐厨垃圾日均收运处理量从2009年9月的46.11吨提升至2011年11月的919.85吨，其中单日最高处理量达1157.10吨，比收运首日收运量9.08吨增长了127倍。到年底已累计处理餐厨垃圾４０万吨。

重庆市餐厨垃处理的基本做法是：一是统一规划，分级实施，责任主体明确。二是先建应急处理工程，市餐厨垃圾全部由应急处理工程进行无害化处理，均处理由当初的9吨提升到９６０吨。

江北区黑石子餐厨垃圾资源化利用厂全国第一家引进了世界领先的“厌氧消化、热电联产”的高温加热工艺技术，将餐厨垃圾转换为生物柴油，“潲水”经高温厌氧消化后产生沼气，沼气经过净化处理后发电或生产CNG（压缩天然气）。平均每100吨餐厨垃圾可提炼出1.5吨左右的毛油，其中90%可转化成生物柴油，6%可转化成植物沥青，用于化工产品燃烧，还有一部分可转化为有机肥料，用于园林绿化。黑石子餐厨垃圾利用厂目前垃圾日处理量为1000吨，每年可产生沼气2800万立方米，发电3300万度，生产生物柴油8000吨，CNG798万立方米，有机肥料2.4万吨，年减排二氧化碳22万吨，实现餐厨垃圾的资源化利用。“重庆造”生物柴油远销韩国，作为机动车燃料使用。

2011年8月29日，重庆市政府第109次常务会议审议并原则通过了《重庆市主城区餐厨垃圾收运处理系统建设方案》。按照方案，到2020年，主城区要建设江北黑石子（1000吨/日）、巴南丰盛（500吨/日）、北碚同兴（800吨/日）和江津天桥（300吨/日）共4座餐厨垃圾处理厂，总处理能力2600吨/日。同时，根据餐厨垃圾收运特点及各处理厂布局，餐厨垃圾收运采用直运和一次转运相结合的模式。到2015年，主城区餐厨垃圾收运处理率85%，郊区小城镇50%；到2020年，主城区餐厨垃圾收运处理率90%，郊区小城镇70%。2011年5月，重庆市上报的《方案》通过由国家发展改革委组织相关部委组织的专家评审。

四、再生资源循环利用体系建设

重庆全力加快构建城乡再生资源回收网络建设。一是由指定的回收企业直接委托农家店代理收购，或由有资质的回收企业与“万村千乡市场工程”承办企业合作，由承办企业与农家店签订代理合同，利用商品配送后的返空车运输回城，降低物流成本。二是对授权代理收购废旧物资的农家店，做到统一标识、统一收购指导价、统一管理制度，经营服务规范等“七统一、一规范”。三是充分利用重庆作为全国再生资源回收体系建设试点城市契机，引导试点企业在农村布设和改造再生资源回收网点。四是悬挂收购明示牌，标明回收价格、规格、标准，公开收购价格。五是根据不同的回收代理模式，明确交易流程。六是鼓励和引导回收企业在有条件的乡镇设立具有整理、破碎、分拣、打包等功能的分拣中心，构建布局合理、网络健全、设施适用、功能完善、管理科学的城乡再生资源回收网络体系，促进再生资源的回收利用。

2011年，重庆市建材行业共吸纳利用工业和生活废弃物近２０００万吨，该市的固体垃圾65%以上都被循环利用，变成了建材行业的各种资源在拉法基重庆南山工厂试点用水泥生产线吸纳利用污泥的新工艺，2011年，的42条水泥生产线每天可以消化4090吨污泥。

2011年，国家发展改革委批准重庆市7个资源节约和环境保护项目，涉及节能、节水、资源综合利用等方面，批准总投资约4亿元。本次计划共安排我市12个项目，包括了九龙坡、北碚、渝北、永川、江津、璧山、梁平、垫江、秀山9个区县的10个污水处理项目，新建镇级污水处理厂3座，日处理污水3400吨，新建管网167公里，总投资20659万元，安排了中央预算内投资8710万元；江北、石柱的2个垃圾收运系统项目，新增垃圾收运能力130吨/日，总投资1364万元，安排中央预算内投资810万元。这批项目建成后，预计每年可削减COD5200吨。

国家发改委、财政部正式批准永川工业园区港桥工业园为第二批国家“城市矿产”示范基地。重庆永川工业园区港桥工业园国家“城市矿产”示范基地占地3800亩，总投资14.57亿元。示范基地内将实施区域性再生资源集散市场、再生资源分拣加工中心、交易信息服务中心以及废铝、废铜、废旧汽车、废塑料综合利用等项目。示范基地建成后，再生资源回收、交易业务将辐射重庆、四川、云南、贵州等地，每年可回收、交易各类再生资源180余万吨，形成再生资源年处理能力88万吨，其中预处理废铝35万吨，再生铝35万吨、再生铜5万吨、汽车拆解6万辆（废钢8万吨）、综合利用废塑料5万吨，基地年产值预计可达310亿元。

2011年9月，《重庆市城市生活垃圾处置费征收管理办法》正式实施。《管理办法》。

2011年9月，由国家环保部设立的“国家环境保护垃圾焚烧处理与资源化工程技术中心”在重庆启动。

四川省循环经济

四川省发展和改革委员会

2011年是“十二五”的开局之年，在省委、省政府的领导下，全省上下坚持贯彻落实科学发展观，把节能减排和发展循环经济作为转变发展方式的重要抓手，进一步加大工作力度和政策措施落实力度，努力构建资源节约型、环境友好型社会，促进经济、社会与环境的协调发展，全省循环经济工作取得了积极成效。

一、2011年开展的主要工作及成效

（一）强化组织领导，完善循环经济发展促进政策

“十一五”时期，为贯彻《国务院关于建设资源节约型社会的通知》和《国务院关于加快发展循环经济的若干意见》精神，我省成立了以省政府主要领导同志任组长，分管副省长任副组长，省直有关部门主要领导为成员的领导小组。2011年，我们不断加强宏观调控，充分发挥领导小组的作用，加强各成员单位的协调与沟通，各成员单位根据部门职责，各司其职，明确任务，强化措施，狠抓落实，形成了协调配合、齐抓共管的良好工作局面。根据《四川省人民政府关于加快发展循环经济的实施意见》等指导性文件，出台了促进循环经济发展的财政、税收、金融、土地等优惠政策，有力地支持了我省循环经济发展。

（二）坚持规划引领，推进重点领域循环经济发展

编制完成了省政府确定的重点专项规划《四川省“十二五”循环经济发展规划》，经省政府常务会审议通过并印发实施。《规划》提出了“十二五”时期四川省循环经济发展的主要任务是构建循环型产业、资源节约利用、资源再生利用、科技创新支撑和示范推广五大体系，推动形成“企业小循环、园区中循环、社会大循环”的循环经济发展格局，加快形成“政府推动、市场引导、企业主体、全民参与”的循环经济发展长效机制。明确了循环经济发展的重点领域，一是以采选矿业、钢铁产业、钒产业、钛产业、稀土产业、稀散金属产业、伴随及配套产业为发展重点，推动稀土钒钛磁铁矿的综合利用；二是以石油化工、天然气开发环保脱硫、天然气化工为发展重点，加速油气化工产业循环发展；三是积极推动报废机电设备、电线电缆、家电、汽车、手机、铅酸电池、塑料、橡胶等重点“城市矿产”资源的循环利用、规模利用和高值利用；四是依托汽车制造、装备制造等优势产业，形成专业化回收、拆解、清洗、再制造、公共平台建设的产业链条，形成再制造产业发展新优势；五是推广垃圾分类，建立餐厨垃圾回收利用体系，促进餐厨废弃物资源化利用和无害化处理；六是坚持政府引导，以资源化利用、产业化发展为基本思路，强化秸秆的综合利用和畜牧粪便的处理，大力提升农业废弃物综合利用水平；七是突出建材工业对煤炭、电力、冶金、化工行业的核心链接，提高工业固体废弃物综合利用水平，推进建筑垃圾利用规模化、产业化，使之形成新的经济增长点。

（三）加强试点示范，探索不同类型循环经济发展模式

组织开展了省级循环经济示范试点单位创建工作，确定了一批省级循环经济示范市（县）、示范园区和示范企业。根据国家发展改革委、财政部《关于开展城市矿产示范基地建设的通知》（发改环资〔2010〕977号）文件精神，我们开展了省级“城市矿产”示范基地建设工作，确定了四川昊华再生资源有限公司、四川万家福投资管理有限公司、德阳什邡大爱感恩环保科技有限公司、四川长虹格润再生资源有限责任公司四家省级“城市矿产”示范基地。根据国家发展改革委《关于推进再制造产业发展的意见》（发改环资〔2010〕991号），结合我省实际，在汽车零部件再制造、传动工程机械和机床再制造等领域，组织开展了再制造产业试点，确定了德阳深捷科技有限公司冶金连铸连轧结晶器再制造产业化项目、自贡长征机床集团有限公司机床再制造项目、南充三鑫南蕾气门座制造有限公司汽车发动机缸体缸盖再制造项目、绵阳联锋机械橡胶制造有限责任公司轮胎翻新项目为再制造产业试点项目为省级再制造产业示范项目，发挥对全省再制造产业和循环经济发展的示范带动作用。组织对“十一五”循环经济试点单位进行了终期评估，针对试点城市、园区和企业，分别形成了循环经济发展评估报告，对我省“十一五”循环经济试点示范工作进行了系统评价。

（四）推进循环经济产业化，壮大循环经济发展规模

国家首批“城市矿产”示范基地—内江西南再生资源产业园区项目建设进展顺利，一期已建成开业，二期工程正在加快建设。截止目前，园区已回收各类再生资源约100万吨，产值达到40亿元。成都餐厨废弃物资源化利用和无害化处理试点实施方案获得国家批准，并被确定为国家首批试点城市。积极推进工业园区循环化改造，建设关键补链项目和共享性基础设施，广安经济技术开发区已被确定为国家循环化改造示范试点园区。在成都市、德阳罗江县、南充阆中市、广安华蓥市开展城市生活垃圾分类回收体系建设试点，积极探索分类回收、密闭运输、集中处理体系建设，成都、德阳等地建立了“村收集、镇转运、县处理”的垃圾收运体系。成都市节能与新能源汽车示范推广试点工作实施方案获得国家正式批复，到2012年，成都市示范运行节能与新能源汽车将超过1000辆。列入2011年中央预算内投资计划的新光硅业多晶硅生产系统加压节能改造项目、成都丽雅能源梯级利用改造项目、宜宾惠美线业能量系统优化改造项目、洪雅现代牧场有限公司沼气发电项目等项目建设进展顺利。省政府出台了《战略性新兴产业发展专项资金使用和管理办法》和具体的实施细则，2011年省级战略性新兴产业专项资金安排超过3000万元，用于支持包括资源综合利用、循环经济在内的节能环保产业发展，预计2012年安排资金将达超过2亿元。

（五）强化宣传引导，营造良好社会氛围

经过“十一五”以来的努力，全省上下逐步认识到，大力发展循环经济是贯彻落实科学发展观的具体体现，是我省实现资源的高效和循环利用，促进经济可持续发展的唯一选择。我省在发展思路上基本改变了重开发、轻节约，重速度、轻效益，重外延发展、轻内涵发展，摒弃了片面追求GDP增长、忽视资源和环境的倾向，坚持以人为本、可持续发展理念，加快经济增长方式转变，切实推进循环经济发展。循环经济的发展思维，已在我省形成普遍共识。2011年，在全省开展了以“节能我行动、低碳新生活”为主题的节能宣传周活动。成功举办了2011中国（成都）国际循环经济产业博览会，吸引了包括中国节能、中国国电、东方电气、中国建材、中国南车在内的200多家央企及行业领军企业，以及包括飞利浦、霍尼韦尔、江森、三星在内的多家世界500强企业参展参会，并有千余项新节能环保技术亮相。加大了对内江西南再生资源产业园、宜宾丝丽雅集团等循环经济典型单位的宣传，发挥先进带头作用。在全省范围内集中开展了限制生产、销售、使用超薄塑料购物袋专项行动，有效遏制了白色污染，引导公众建立有利于节约资源和保护环境的生产方式、生活方式和消费方式，为“十二五”节能工作营造了良好的社会氛围。

四川省的循环经济发展工作取得了一定进展，但总体上仍处于起步阶段，与发达地区相比还有较大差距。全社会资源忧患意识和主动发展循环经济的意识仍有待加强，资源综合利用水平有待进一步提升，资源化利用规模较小，利用水平较低，建设资源节约型、环境友好型社会的任务仍然十分艰巨。

二、2012年发展循环经济主要工作

2012年是“十二五”的关键之年，是四川省夯实基础、调整结构、加快发展方式转变的关键时期。我们将加快实施《四川省“十二五”循环经济发展规划》，推进重点领域循环经济发展，加快实施循环经济重点工程，推动我省循环经济继续深入发展。

一是推广循环经济试点经验。总结“十一五”以来四川省开展循环经济工作的成功经验，深入分析存在的问题，提出对策措施和建议。挖掘一批取得实效的循环经济发展典型模式和案例，在全省范围内进行推广，推进四川循环经济全面发展。

二是深入开展试点示范。适应国家及我省循环经济发展的新要求、新形势，在“十一五”我省循环经济试点示范工作的基础上，根据《四川省“十二五”循环经济发展规划》的总体要求，开展“十二五”省级循环经济示范单位建设工作，确定一批省级循环经济示范市（县）、循环经济示范园区和循环经济示范企业。通过不同行业、不同地区的试点示范，进一步探索我省发展循环经济的有效模式。

三是推动园区循环化改造。加快重点行业和重点领域循环经济发展，选择4-5个工业园区，开展循环化改造，完善循环经济产业链条，加快共享基础设施建设，提高园区循环化发展水平。加快推进广安经济技术开发区国家循环化改造示范试点园区建设，确保示范试点工作取得实效。

四是大力发展“城市矿产”。推动省级“城市矿产”示范基地建设，积极申报国家“城市矿产”示范基地。加快内江西南再生资源产业园二期工程建设，完善资源回收网络，推进废旧电子电器、废旧金属、废橡胶、废纸等再

生资源规模化利用。

五是推动再制造产业发展。加快发展汽车零部件、工程机械等再制造产业，建设2-3个再制造试点项目，积极推进德阳重大装备再制造产业集聚区建设。

国家首批“城市矿产”示范基地—内江西南再生资源产业园废旧家电处理中心废旧冰箱资源化处理线

六是提高资源综合利用水平。健全城市生活垃圾分类回收网络，加大试点城市建设投入，扩大省级生活垃圾分类试点城市范围，推进成都餐厨废弃物资源化利用和无害化处理试点城市建设。强化秸秆的综合利用和畜牧粪便的处理，大力提升农业废弃物综合利用水平。做好工业和建筑固体废弃物的资源化利用和无害化处理。

七是进一步完善促进政策。认真贯彻落实国家促进循环经济发展的相关政策，研究出台适应四川省情的具体实施方案。研究制定支持循环经济技术研发、重要产品开发、清洁生产、各类示范工程、产业园区、重点领域或行业循环经济发展的财政、税收、金融等促进政策。鼓励和引导金融机构加大对循环经济、环境保护和节能减排项目的信贷支持。加强资源综合利用统计分析，建立健全资源综合利用统计制度，全面提升资源综合利月水平。

三、循环经济发展典型单位

（一）内江西南再生资源产业园区

园区是国家首批“城市矿产”示范基地、全国循环经济工作先进单位、国家再生资源回收利用标准化试点园区。现有入园企业12家，个体经营户120户，回收各类再生资源约100万吨，其中废塑料65万吨、废钢铁20万吨、废纸15万吨、废家电160万台，产值达40亿元。

园区以废旧塑料回收利用为主导，围绕产业链和价值链延伸，打造废旧塑料循环利用产业共生体系。引入世界500强韩国SK公司等企业，生产高端再生化纤专用料、汽车和摩托车改性专用料、家电和管材改性专用料。同步规划建设废弃电子产品拆解、报废汽车拆解、区域性废钢铁加工配送中心、集散交易市场扩建等项目，园区已基本构建了以废弃电子回收、分拣、拆解、生产的信息化业务流程。

（二）宜宾丝丽雅集团有限公司

公司是“十一五”国家循环经济试点企业、全国循环经济工作先进单位。公司将环境保护与科技创新相结合，坚定不移地走节约型、效率型循环经济发展之路，工业生产中的废水、废渣、废气甚至副产品都成为下一个环节的原料，创造出了一煤三用、梯级用水、碱液“零排放”、废胶纺废丝等循环经济亮点，实现了资源使用“减量化”、过程产品“再利用”、废弃物质“资源化”、末端治理“达标化”，企业吨丝碱耗从2吨下降到1.4吨；单位产品电耗仅3900度（国内行业水平7300度/吨丝，国际水平6100度/吨丝）；水循环利用率达到70%以上，吨丝水耗100吨（行业水平230吨/吨丝）；蒸汽消耗水平从行业水平22吨/吨丝下降到16吨/吨丝，节约标煤52000吨/年以上。与行业水平比较，节约土地资源1100亩，节约率达到75%。

四、2012年发展循环经济主要工作

2012年是“十二五”的关键之年，是四川省夯实基础、调整结构、加快发展方式转变的关键时期。我们将加快实施《四川省“十二五”循环经济发展规划》，推进重点领域循环经济发展，加快实施循环经济重点工程，推动我省循环经济继续深入发展。

一是推广循环经济试点经验。总结“十一五”以来四川省开展循环经济工作的成功经验，深入分析存在的问题，提出对策措施和建议。挖掘一批取得实效的循环经济发展典型模式和案例，在全省范围内进行推广，推进四川循环经济全面发展。

二是深入开展试点示范。适应国家及我省循环经济发展的新要求、新形势，在“十一五”我省循环经济试点示范工作的基础上，根据《四川省“十二五”循环经济发展规划》的总体要求，开展“十二五”省级循环经济示范

国家首批“城市矿产”示范基地—内江西南再生资源产业园区废塑料改性造粒生产线

单位建设工作，确定一批省级循环经济示范市（县）、循环经济示范园区和循环经济示范企业。通过不同行业、不同地区的试点示范，进一步探索我省发展循环经济的有效模式。

三是推动园区循环化改造。加快重点行业和重点领域循环经济发展，选择4-5个工业园区，开展循环化改造，完善循环经济产业链条，加快共享基础设施建设，提高园区循环化发展水平。加快推进广安经济技术开发区国家循环化改造示范试点园区建设，确保示范试点工作取得实效。

四是大力发展“城市矿产”。推动省级“城市矿产”示范基地建设，积极申报国家“城市矿产”示范基地。加快内江西南再生资源产业园二期工程建设，完善资源回收网络，推进废旧电子电器、废旧金属、废橡胶、废纸等再生资源规模化利用。

五是推动再制造产业发展。加快发展汽车零部件、工程机械等再制造产业，建设2-3个再制造试点项目，积极推进德阳重大装备再制造产业集聚区建设。

六是提高资源综合利用水平。健全城市生活垃圾分类回收网络，加大试点城市建设投入，扩大省级生活垃圾分类试点城市范围，推进成都餐厨废弃物资源化利用和无害化处理试点城市建设。强化秸秆的综合利用和畜牧粪便的处理，大力提升农业废弃物综合利用水平。做好工业和建筑固体废弃物的资源化利用和无害化处理。

七是进一步完善促进政策。认真贯彻落实国家促进循环经济发展的相关政策，研究出台适应四川省情的具体实施方案。研究制定支持循环经济技术研发、重要产品开发、清洁生产、各类示范工程、产业园区、重点领域或行业循环经济发展的财政、税收、金融等促进政策。鼓励和引导金融机构加大对循环经济、环境保护和节能减排项目的信贷支持。加强资源综合利用统计分析，建立健全资源综合利用统计制度，全面提升资源综合利用水平。

（撰稿：姚聪德，四川省发展和改革委员会资源节约和环境保护处）

云南省循环经济

大力发展循环经济，是云南省转变经济发展方式，加快建设生态文明建设，实现又好又快发展的先要战略。2011年，云南省循环经济稳步发展，取得明显成效。

一、政府推动

（一）《政府工作报告》强调大力发展循环经济

2011年2月，李纪恒代省长在云南省第十一届人民代表大会第四次会议上的政府工作报告提出，必须全面推进生态建设和资源节约，促使生态文明建设迈上新台阶。良好的生态环境是云南的优势，也是实现可持续发展的重要保障。要坚持生态立省、环境优先，全面推进生态文明建设。深入开展“七彩云南保护行动”，以更大力度推进“森林云南”建设，增强森林碳汇能力，力争森林覆盖率提高到55%；以更大力度推进生物多样性保护、九大高原湖泊水污染综合防治，做好节能减排工作。加强资源节约、集约利用，坚决守住基本农田这根红线，实行最严格的耕地保护和水资源管理政策。积极应对气候变化，大力发展绿色、循环经济，加快构建以低碳排放为特征的产业体系和消费模式。

全力推进节能减排。云南省将实施“十二五”节能减排计划，今年确立了下降3%的年度节能目标，减排考核指标将增加到4项。要不断完善节能减排的激励政策、技术标准和管理制度，健全政府节能减排目标责任考核评价体系。积极推广节能技术和产品，全面挖掘建筑、公共机构、交通、商业和农业农村节能潜力。继续加大冶金、化工、建材、火电等传统行业技术改造投入力度，切实降低能源和资源消耗，有效减轻重点污染物排放强度。加快城镇污水、垃圾处理设施建设，确保全省城镇污水处理率、生活垃圾无害化处理率分别达到75%和80%以上。推进资源循环利用，发展资源再生产业和可再生资源回收利用体系。扩大循环经济试点，建成一批循环经济园区和循环经济县市区。

（二）循环经济成为《云南省低碳发展规划纲要》重要内容

2011年2月，云南省发展和改革委员会发布《云南省低碳发展规划纲要》(2011-2020年)，提出以建设资源节约型、环境友好型和低碳导向型社会为目标，紧紧围绕低碳发展这条主线，以优化能源结构、提高能源利用效率、降低碳排放强度为核心，以转变生产和生活方式为基础，以技术创新和制度创新为动力，从生产、消费和制度建设三个层面推进低碳发展，努力形成节约资源和保护生态环境的产业结构、增长方式和消费模式，走出一条具有云南特色的低碳发展路子，促进全省经济社会又好又快发展。将循环发展作为实现云南省低碳发展的重要内容。

根据《规划纲要》，加强生物质能开发，到2015年生物质能发电装机容量达到20万千瓦，到2020年达到50万千瓦。一是推进农村户用沼气建设。2015年，全省农村沼气用户达到350万户，到2020年全省农村沼气用户达到400万户。二是实施城市生活垃圾发电工程。在昆明、曲靖、楚雄建设城市生活垃圾发电工程，装机容量为14．1万千瓦。总投资14．1亿元。三是实施秸秆发电工程。在滇中的姚安及陆良等农业为主的坝区发展秸秆发电，发展农林废弃物气化供热、供气，供民用炊事、农产品烘干或发电等；在滇西、滇西南蔗糖主产区进行示范糖厂补充秸秆发电；在昆明、曲靖、昭通、楚雄等畜牧业规模化发展区域发展沼气发电。建设秸秆、糖厂蔗渣发电工程，装机容量18万千瓦。总投资18亿元。四是实施生物柴油工程：在全省重点城市布局7个地沟油生产生物柴油项目，产量达到10万-15万吨。开发生物质固体成型燃料。

根据《规划纲要》，每年实施10项余热余压工程，年节能量10万吨标煤。总投资5亿元。每年完成50台工业锅炉节能改造，采用分层燃烧等技术对燃煤锅炉进行改造，采取新型循环流化床锅炉、燃气(油)锅炉替代燃煤锅炉，年节能量达到10万吨标煤。总投资2亿元。

根据《规划纲要》，发展废弃物综合利用产业。推广资源精深加工和工业固体废物、废水综合利用技术，研制和推广节能节水节材的工艺、技术和设备。开展废弃物管理、交易和再利用工作，建立政府与企业、社会互动的废弃物管理信息交流平台，建设废弃物资源化回收网络，到2015年，在全省建成10个可再生资源集散中心，促进静脉产业发展。

二、工业循环经济

（一）一批循环经济项目列入工业重点项目“212工程”

2011年，云南省委、省政府决定继续实施工业重点项目“212工程”，并将其作为加快经济发展的重要举措，列入省委和省政府督办的20项重大工作。云南省工信委下发了《云南省工业和信息化委〈关于2011年“212”工程重点工业项目任务分解、落实责任〉的通知》，进一步分解任务，落实目标责任，明确进度计划和时限要求，强化项目跟踪服务。2011年“212工程”共涉及项目318项。省政府确定的18项，省工信委重点联系和协调服务的100项，州市重点联系和协调服务的200项，项目计划总投资2836.91亿元，其中：2011年计划投资703.06亿元。在项目选择上，选择投资带动作用大、促进结构优化调整、精深加工、产业链延伸、节能环保等项目。省委、省政府决定今年继续实施工业重点项目“212工程”。今年的“212工程”共涉及项目318项，计划总投资2836.91亿元，今年计划投资703.06亿元。驰宏锌锗会泽铅锌冶炼（16万吨/年铅锌及渣综合利用）项目、云南解化褐煤洁净化利用（56万吨油品）试验示范工程项目、云南磷化集团中低品位磷矿利用“835”项目列入省政府确定的18项重点项目，昆钢集团煤炭一体化循环经济工业基地、云南云天化国际化工副产磷石膏制石膏建材建设项目等一批循环经济项目列入云南省工信委重点联系和协调服务的100项项目和州市重点联系和协调服务的200项工业建设项目。

（二）工业循环经济试点

工业循环经济是云南省循环经济的主体。2011年，云南工业领域继续加大发展循环的力度，积极推动首批20户企业循环经济试点，作出了新的探索与成效。

——国家第一批循环经济试点企业云南驰宏锌锗股份有限公司充分发挥资源优势和技术优势，实施了“深部资源综合开发利用、环保节能技改项目”为代表的一系列技术改造工程，在资源开发、节能降耗、综合利用、环境保护等方面利用新工艺、新装备，对公司采矿、选矿、冶炼生产系统进行全面改造，整体提升工艺技术和装备水平，实现了规模化、集约化和现代化生产，使企业经济效益和社会效益协调发展。一是全尾砂--水淬渣膏体充填技术的运用为国际领先水平，成为我国目前唯一正常运行的膏体充填工艺。每年可消纳大量的固体废弃物：按照目前的采矿规模测算，每年充填过程中，消耗当期产出的尾矿16.5万吨、堆存的尾矿6万吨、冶炼水淬渣7.5万吨，减少尾矿和冶炼渣的堆存，与粗粒级水砂充填相比，年充填耗水量从40万吨降低到8万吨以下，耗水量降低80%，减少了铅锌资源的损失率和贫化率，矿石的损失率2.16%，比原来降低52%；开采贫化率7.56%，减少废石混入量3.8万吨。二是采用顶吹沉没熔炼粗铅冶炼环保节能技术，实现了清洁生产，使传统炼铅生产线的SO2污染问题得到彻底解决。三是采用顶吹沉没熔炼粗铅冶炼技术，实现硫资源的综合回收，减少环境污染。2010年副产硫酸9.45万吨，余热发电1425万千瓦时。在严峻的环保形势下，综合处理硫酸铅渣2.28万吨，实现了冶炼废渣的高效综合利用。四是实施初期雨水、雨水回用工程，每月可节约新水30000立方米，每年可节水360000立方米。六是伴生金属的高效综合利用，公司会泽及曲靖冶炼厂年产水淬渣共计198000吨，全部实现综合利用。

——云天化集团是国内规模最大的化肥企业和亚洲第一、世界第二的磷复肥生产基地，云天化集团虽拥有6大业务板块，然而资源在各业务板块之间达不到最佳配置和流动，造成了企业资源利用不经济、难循环。企业通过现有6大产业平台为基础的资源优化配置和产业间的有效协同，有力推进了循环经济发展和废弃物的再利用，实现资源利用集约化。

2011年，云天化集团出台了创建资源节约型和环境友好型“两型”企业工作方案，新配置在企业发展循环经济中的推动作用将更加凸显。按照对流动在集团公司各条产业链之间的资源进行重新配置，形成新的系列产品的一思路，云天化计划把煤化工产业链中的合成氨和盐化工中的氯气实施新配置，生产出新产品氯化铵，实现了不同产业

链之间的资源流动，有效提高了资源利用率。云天化新配置的视野不仅限于集团内部产业平台，而是向更广阔的领域延伸。生产磷复肥过程中产生的氟硅酸水与有色冶炼产业配套，形成氟硅资源的循环再利用。云天化国际化工股份有限公司与湖南有色氟化学有限公司、云南氟业化工股份有限公司共同出资组建云南云天化氟化学有限公司，利用下属磷肥企业的副产物氟硅酸生产冰晶石，其下属的云南氟业已开工建设从磷酸盐岩矿中提取氟资源及氟化铝项目。云天化不仅要上马30万吨的氟化铝项目，还准备开发若干无机氟化盐项目。

（三）工业有机废气回收技术取得重大突破

通过实施云南省科技计划“印刷有机废气回收工气及装置”项目，研发出“有机废气净化、从废气中回收有机溶剂再利用的工艺技术与装置制造技术”，使有机废气的净化率达到95%以上，废气中乙醇、乙醇乙酯等有机溶剂的回收率达到80%。目前，已在印刷、化工、包装等行业相关企业中推广应用了6套装置，共回收乙醇6680吨、乙醇乙酯750吨，每年实现新增利润5100多万元。在已开发技术的基础上，通过技术创新，研发出了“工业废气中苯类等非水溶性有机挥发性物质的回收工艺技术与设备”，可实现有机废气的净化率达95%以上，废气中苯类等有机溶剂的回收率达85%以上。该技术的研发和推广对工业企业节能减排和清洁生产作用巨大将产生显著的经济和社会效益，对应用高新技术改造传统产业具有积极的示范作用。在印刷行业、机械工业的喷漆工艺流程等方面应用前景广阔。

三、农业循环经济

（一）农村沼气快速发展

2011年，云南省农村能源建设投资进一步加大，全省农村能源建设资金超过2.2亿元，实现了农村沼气、节柴改灶和太阳能项目多种可再生能源多元发展的格局。省农村能源工作站数据显示，截至2011年12月，全省沼气保有量累计达到了280.97万户，年产沼气约13亿立方米，折合标煤76万吨，减少二氧化碳排放152万吨，替代的薪柴相当于130万亩森林的年蓄积量。全省节柴改灶保有量累计达598.16万户，每年节约薪柴600多万吨，折合标煤300多万吨，减少二氧化碳排放600多万吨；全省太阳能保有量累计64.65万台，年节约标煤32万吨，减少二氧化碳排放65万吨。

（二）探索出蔗糖循环经济发展新模式

云南省实施科技创新强省计划“甘蔗糖业循环经济产业化关键技术研究与示范”项目的，省科研院所与制糖企业实现产学研大联合攻关，首次形成蔗梢氨化、微贮并添加浓缩料和精料的蔗梢饲用综合技术模式；首次利用蔗渣研发专用活性炭吸附剂，有效脱除糖浆中的色源物质和色素；首次形成有机糖生产技术，生产出低色值、低二氧化硫的高品质有机糖；首次研发成功顺序式工业色谱连续分离纯化法制备P型低聚果糖技术；首次研发成功强制循环水解工艺及相应的生产系统，形成蔗渣生产木糖技术。这些技术创新，突破了蔗糖产业循环经济产业链的关键技术节点，成功探索出一条以蔗糖为主，有机肥、液态肥、活性炭、木糖等并举的蔗糖产业循环经济之路，不但为我省提供了发展蔗糖循环经济的技术模式，对全省制糖企业发展循环经济产生了积极的示范意义。通过蔗叶还田实现蔗田有效保水，使甘蔗平均亩增产500公斤；利用蔗渣研发专用活性炭吸附剂，改变传统亚硫酸法制糖工艺，解决了长期困扰制糖工业界的二次硫熏的问题；以制糖副产物滤泥、乙醇废醪液为原料，研发出环保高效的甘蔗有机复合肥。项目实施3年来，新增工农业产值2.45亿元，新增企业利润4637万元。项目形成的以蔗叶还田与地膜覆盖相结合的抗旱少耕种植技术在全省示范45.6万亩，平均亩增产甘蔗500公斤，实现甘蔗增产22.8万吨，实现农业增收6384万元；利用蔗渣活性炭吸附剂中试生产白砂糖产品的合格率达99%以上，实现综合出糖率13.4%，比传统工艺提高0.5个百分点；项目形成的废糖蜜生产燃料酒精技术为我省甘蔗燃料乙醇的开发奠定了技术基础。

（三）大姚县农业生态循环经济

大姚县以中低产林改造为契机，引进新思路林业有限公司和齐和牧业开发有限公司，发展生态循环经济。山上种植万亩核桃，山腰建高档肉牛养殖场，山脚农户田里的秸秆供给养殖场作饲料，养殖场的有机肥又供给核桃基地和农田作肥料，做到了山绿、田丰、牛肥、民富。生态循环农业有效地促进了当地经济发展和群众增收。齐和牧业开发有限公司从资金、技术上扶持农户发展肉牛养殖，带动周边150户农户发展养殖业，发动农户种植优质黑麦草1000余亩；肉牛养殖又为新思路林业公司万亩核桃基地提供了有机肥，同时农户在核桃基地为开发林下饲草种植，为肉牛养殖提供了优质青绿饲料，走出了林牧结合的生态循环发展路子。与周边农户签订青贮玉米种植收购订单，农户在烟田套种玉米，公司按每吨不低于150元的价格收购。

（四）“三场合一”的生态循环经济新模式

云南红河州烟草公司把现代烟草农业建设与社会主义新农村建设相结合，与云南师范大学太阳能研究所联合进行烟区生态循环经济示范项目建设。他们充分利用太阳能辅助热泵，利用中温沼气发酵进行烟叶烘烤，积极探索生猪养殖场、清洁能源烟叶烘烤工场、有机肥加工场“三场合一”的生态循环经济新模式，以实现烟草农业的可持续发展。该项目以烘烤工场为依托，就近建立生猪养殖场，将生猪粪便和农业种植的有机废弃物进行工艺发酵，产生的沼气用于烤烟，沼液、沼渣用来加工有机肥，促进当地农村经济方式向清洁环保、节约资源、生态循环方向转变。通过沼气工场化烘烤烟叶的运用，带动种植业、养殖业、有机肥加工业的发展，达到改良植烟土壤、提高烟叶品质、推动农村经济循环发展的目的。生态循环工程加强了烟草产业与其他产业的紧密链接，实现了资源高效利用，提高了经济效益；通过对农业废弃物的循环利用，实现了农业产业链的延伸。

四、再生资源利用积极推进

云南省政府近年来每年安排5亿元专项补助资金，用于全省各地治污设施建设。截至12月底，全省已建成104座污水处理厂，日处理能力达291.35万吨；另有54个污水处理项目完成了主体工程建设。2011年年底全省城市污水处理率达到75%以上；全省建成投入使用无害化垃圾处理厂97座，日处理无害化垃圾能力16148吨。2011年，全省规划建设的248个城镇污水和垃圾处理设施项目竣工运行率达81%。目前，在云南共建有7条建筑垃圾处理生产线，将担负云南建筑垃圾处理任务的90%以上。

2011年7月，昆明出台了《昆明市城市建筑垃圾管理实施办法》和《昆明市建筑垃圾资源化处理工作方案》，两个办法的出台对建筑垃圾的排放、清运、资源化利用都做了详细的规范化要求。此外，《城市建筑垃圾管理及资源化利用实施细则》也将出台。政府相关部门出台了多项政策，大力扶持垃圾循环利用企业，对投资垃圾循环利用的企业在政策上给予支持，在经济上给予补助，在资金、税收、市场和技术服务等方面予以优惠政策，鼓励和引导更多的企业投资垃圾回收利用。昆明市2011年新建了两个建筑垃圾资源化处理场将吸纳全市的建筑垃圾，预计每年可将400万吨建筑垃圾再生成新型墙体材料和道路工程材料等，实现资源循环。昆明市对建筑垃圾资源化再生的规划是：逐步降低以回填和填埋方式处置建筑垃圾的比例，以新型的资源化处理基地替代传统的消纳场。实现全市建筑垃圾处置率达100%、资源化利用率达95%以上的目标。

从2011年4月开始，昆明市垃圾分类进入社区，5月进入主城区写字楼，6月进入主要临街商铺，8月倡导企业做好垃圾分类。在今年上半年实现本市的各级政府部门实行垃圾分类回收。2011年底，从参与垃圾回收的单位中评选出30家中小学、50家临街商铺、10家写字楼、10家企业、1万户居民进行表彰。利用5年时间，让昆明的垃圾分类达到20～30%。“十二五”期间，昆明市将加快推进雨水、污水和城乡垃圾资源化利用工作，把雨水、污水和城乡垃圾资源化利用作为重大项目和工程来抓。

（《中国循环经济年鉴》编辑部编写）

贵州省循环经济

贵州省发展和改革委员会

发展循环经济，是全面贯彻落实科学发展观、实现可持续发展的必由之路。2007年7月省人民政府出台了《关于促进循环经济发展的若干意见》（黔府发〔2007〕24号），把循环经济发展作为加快我省经济结构调整、优化产业布局的重大举措，作为切实转变增长方式、走新型工业化道路和促进人与自然和谐发展的必要手段，提出了一系列的政策和有效措施大力推进循环经济发展。

一、2011年循环经济主要目标完成情况

在省委、省政府的正确领导和国家发展改革委等中央各部委的大力支持下，我省以邓小平理论和“三个代表”重要思想为指导，深入贯彻落实科学发展观，围绕转变经济发展方式的主线，突出“加速发展、加快转型、推动跨越”的主基调，牢牢把握全省经济社会发展的战略重点和关键环节，牢固树立绿色、低碳发展理念，把节能作为调整经济结构、转变经济发展方式、加快资源节约型和环境友好型社会建设的重要抓手，狠抓各项政策措施的落实。

2011年我省节能目标任务为单位地区生产总值能耗下降3.2%，实际下降3.51%，完成“十二五”节能目标任务的22%，超额完成了年度节能目标任务和“十二五”节能目标进度任务。全省万元工业增加值能耗下降8.02%，完成“十二五”工业节能目标任务的33.2%。

减排目标任务为：化学需氧量（COD）削减0.5%（其中工业和生活削减0.5%），总量排放控制目标为32.7万吨；氨氮（NH_3-N）削减0.5%（其中工业和生活削减0.5%），总量排放控制目标为3.72万吨；二氧化硫（SO_2）削减1.5%、总量排放控制目标为114.44万吨；氮氧化物（NO_X）增加5.9%，总量排放控制目标为52.19万吨。经环保部核查，主要污染物排放总量控制在国家下达的指标范围内。

2010年，我省工业固体废物综合利用率为 54.91 %，比2005年29.33 %提高 25.58个百分点；每万元地区生产总值用水量为253立方米，比2005年477立方米降低47%；每万元工业增加值用水量为246立方米，比2005年442立方米降低44 %，完成“十一五”降低30%的目标；2010年农业灌溉水利用系数为0.4，农村人口人均灌溉面积提高到0.5亩。

2011年共淘汰落后产能475.56万吨、关停小火电机组40万千瓦，涉及钢铁、铁合金、水泥、焦炭、电石、磨料、黄磷、造纸和电力9个行业共77户企业，超额完成了国家下达我省的淘汰落后产能目标任务。

二、2011年发展循环经济工作进展情况

（一）全面部署“十二五”和2011年循环经济工作

一是制定节能减排综合性工作方案。省政府印发了《贵州省“十二五”节能减排综合性工作方案》，要求各市（州）结合实际制定具体实施方案，明确目标责任，狠抓贯彻落实，坚决防止出现节能减排工作前松后紧的问题，确保完成我省“十二五”节能减排目标任务。同时，《省人民政府办公厅关于印发贯彻落实贵州省“十二五”节能减排综合性工作方案部门分工的通知》，将“十二五”节能减排各项工作细化分解到省各有关部门，进一步明确了责任，狠抓落实，确保各项工作有序推进。

二是强化规划引领作用。编制了《贵州省“十二五”发展循环经济和节能减排专项规划》，提出了我省“十二五”节能工作的重点领域、重点任务、重点工程和保障措施，要求各市（州）和有关部门认真组织实施。

三是进一步健全节能法规制度。我省开展了《贵州省节约能源条例》（修订）、《贵州省循环经济促进条例》和《贵州省资源综合利用条例》的立法调研工作，其中《贵州省节约能源条例》（修订）已列入2012年正式立法计划，相关起草修订工作正在有序推进。同时，出台了《贵州省节能减排监察暂行办法》，进一步规范了节能减排监察行为，提高了监察的透明度和公信度。

（二）采取有力措施，多管齐下推进循环经济工作

1．加快结构调整步伐，积极推动产业结构优化升级

一是加快工业结构调整。我省立足资源、发挥优势、突出特色，努力推进工业结构调整。通过改造提升传统优势产业，加快烟、酒、茶、民族医药、特色食品等特色产业发展，积极发展资源精深加工，加快培育发展战略性新兴产业，全省工业结构进一步优化，产业配套能力进一步提高，工业发展水平进一步提升。2011年，全省规模以上

工业增加值比上年增长24%；六大高耗能行业产值占全省工业总产值比重为48.3%，比上年下降3.1个百分点。

二是从项目建设源头把好节能准入关。根据国家发展改革委《固定资产投资项目节能评估和审查暂行办法》（2010年第6号令）精神，制定了《贵州省固定资产投资项目节能评估和审查实施办法（暂行）》，实行严格的节能评估和审查制度，对固定资产投资项目节能评估按照项目建成后年综合能源消费总量实行分类管理，将节能评估文件及其审查意见，作为项目审批、核准和备案类项目开工建设的前置性条件以及项目设计、施工和竣工验收的重要依据。2011年，完成211个省级固定资产投资项目的节能审查,其中出具节能评估审查意见21个、完成节能登记备案190个，核减能源消费量11.6万吨标准煤。

三是加快发展面向生产、面向民生的服务业。我省围绕建设旅游强省，加快发展旅游业，大力发展现代物流、研发设计、软件产业等生产性现代服务业，积极发展生活性服务业。2011年，全省服务业完成增加值2641.60亿元，同比增长14.2%，增速比上年提高2.1个百分点，比全国平均水平高5.3个百分点，对全省经济增长的贡献率为44.8%，增速位列全国第3位、西部地区第2位。

2．循环经济试点取得初步成效，循环经济规模不断壮大

一是积极组织贵阳市、贵州瓮福（集团）有限责任公司、贵州开磷（集团）有限责任公司、贵州赤天化纸业股份有限公司、贵州茅台酒厂有限责任公司等五个国家循环经济试点单位（城市）开展示范试点。通过大力开展资源综合利用工作，提高“三废”资源综合利用率，加强产业链延伸和耦合，实现废弃物的循环利用，各试点单位（城市）达到了以尽可能少的资源消耗和环境成本获得尽可能大的经济效益和社会效益的目标，探索出了各具特色的新型工业化道路。积极推荐贵阳市、贵州瓮福（集团）有限责任公司、贵州开磷（集团）有限责任公司、贵州赤天化纸业股份有限公司等试点单位申报国家循环经济先进单位。

二是大力创新循环经济发展模式，加快推进全省循环经济基地建设，我省以发展电力、煤及煤化工、磷及磷化工、铝及铝加工等优势产业为重点，遵循循环经济理念编制了一批循环经济基地规划。目前，贵阳市开阳磷煤化工循环经济工业基地、桐梓煤化工循环经济工业基地等一批循环经济基地项目建设进展顺利。同时，批复了六盘水市等一批城市和基地循环经济发展规划。

三是积极把发展循环经济作为转变经济发展方式，建设资源节约型环境友好型社会的重要措施。为推进我省园区循环经济发展，提高园区综合竞争力，实现持续健康发展，加快转变经济发展方式，提高生态文明水平，按照国家发展改革委和财政部要求，积极组织省级以上开发区及工业园区申报2012年国家园区循环化改造示范试点备选园区工作。

四是为做好第二次全国循环经济工作会议准备工作，研究整理了贵阳市和贵阳开阳磷化工集团公司有效做法，作为循环经济模式案例报国家发展改革委。目前，国家发展改革委已印发全国推广。

3．推进资源综合利用工作

一是按照国家要求组织贵阳市编制餐厨废弃物资源化和无害化处理试点实施方案并申报国家试点城市。7月国家发展改革委、财政部、住房和城乡建设部等部委将贵阳市列为国家餐厨废弃物资源化和无害化处理试点城市（区）（第一批），中央财政和国家发展改革委安排了一期800万元专项资金支持贵阳市餐厨废弃物资源化和无害化处理试点城市的建设。

二是做好“城市典型废弃物循环利用体系建设及试点项目”相关工作。国家发展改革委与日本国际协力机构就“城市典型废弃物循环利用体系建设及试点项目”开展合作。该项目的目标是通过在对象城市的试运行，建设有利于城市典型固体废弃物循环利用的国家政策体系及法律体系，总体目标是在中国推动城市典型废弃物的循环利用。目前，项目合作正有序进行。

四是制定了《贵州省商务系统节能减排工作方案》，为有序开展商业和民用领域节能减排工作提供了保障。同时，我省继续加大节能型家电推广力度，淘汰耗能高的产品。2011年全省家电以旧换新共销售25.19万台，建立并完善了现代化废旧家电回收拆解体系。贵阳市、遵义市国家再生资源回收体系建设试点城市工作取得积极进展，其中贵阳市作为全国第一批再生资源回收体系建设试点城市，已通过验收，成为全国少数获得国家阶段性验收试点项目之一。遵义市被批准为全国第二批再生资源回收体系建设试点城市，目前正按通过国家评审的实施方案开展工作。

4．积极推进“节水”、“限塑”工作、“禁实”工作

一是积极推进节水型社会建设。配合有关部门推进我省节水型社会建设工作，配合贵阳市做好申报国家节水型城市工作。目前，贵阳市已被国家住房城乡建设部、国家发展改革委命名为第五批国家节水型城市。

二是积极推进“限塑”工作。6月1日,与贵阳沃尔玛在人民广场分店共同启动了“限塑令三周年”宣传活动，倡导低碳生活。省商务厅、省工商局、省质监局、省物价局等相关部门参加了的活动。7月至8月，根据国家发展改革委等六部委工作安排，在全省集中开展了限制生产销售使用塑料购物袋专项行动。

三是扎实推进“禁实”工作。编制了《贵州省绿色建筑评价标准》，为全省推广绿色建筑奠定了基础。印发了《关于进一步限制禁止生产使用烧结实心砖的通知》、《加快推广应用新型墙体材料促进贵州省墙材工业转型升级的指导意见》等一系列文件，对原《贵州省新型墙体材料目录》作了新的调整，所有的烧结实心砖不再作为新型墙体材料进行认定。截止2011年底，我省9个市（州）中心城区已完成禁止使用实心粘土砖目标任务。

三、下一步工作打算

在当前和今后一个时期，我省将深入贯彻落实《国务院关于进一步促进贵州经济社会又好又快发展的若干意见》（国发〔2012〕2号）和我省第十一次党代会精神，牢牢把握“加速发展、加快转型、推动跨越”的主基调，认真分析总结我省节能工作中存在的问题，进一步增强使命感、责任感、紧迫感，采取有力措施，促进全省循环经济发展。具体来讲，就是六个“着力”：

（一）着力强化目标责任制，加强评价考核。认真落实“十二五”节能减排综合性工作方案任务分工，进一步加强对循环经济工作的组织领导和督促检查，明确各级政府和有关企业责任。健全节能统计、监测和监督考核体系，加强对各市（州）和我省列入国家万家企业节能低碳行动企业的节能目标责任年度评价考核，实行严格的问责制。

（二）着力推进结构调整，加快转变发展方式。严格控制高耗能、高排放和产能过剩行业新上项目，加大淘汰落后产能力度，严控高污染行业和落后生产能力向我省转移。建立健全项目审批、核准、备案责任制度，强化节能评估审查。加快运用高新技术和先进技术改造提升传统产业，大力发展烟、酒、茶、中药材、旅游等特色优势产业。发展资源精深加工，走“多联产、多产业共生耦合”的发展路子，推进煤电钢、煤电铝、煤电化、煤电磷“四个一体化”，积极推进热电联产，提升原材料工业竞争力，积极推进产业园区健康快速发展。培育壮大新材料、电子信息、节能环保、高端装备制造、生物技术、新能源等战略性新兴产业。加快发展面向生产、面向民生的服务业，积极发展现代服务业和生活性服务业。

（三）着力实施重点工程，积极推广新技术和新产品。继续积极争取中央预算内投资和财政专项资金支持，加快实施重点耗能企业节能改造工程、节能技术产业化示范工程、节能产品惠民工程、合同能源管理推广工程和节能能力建设工程。组织循环经济共性技术开发、示范和推广应用，制定发布适合我省推广的技术（产品）目录。大力推进粉煤灰、磷硫石膏、煤矸石、尾矿等工业废弃物资源化、规模化利用。深入推进“城市矿产”、园区循环化改造等重点领域循环经济。继续推进贵阳国家循环经济试点城市、低碳试点城市建设和节能减排财政政策综合示范工作。支持六盘水开展循环经济示范城市建设。

（四）着力加强重点领域节能管理，做好形势分析和预警调控。在工业、建筑、交通运输、公共机构、商业以及居民生活领域全面加强用能管理，抑制不合理用能需求。推进工业园区节能降耗，加强对列入国家万家企业节能低碳行动的企业的节能管理，实施能源审计制度，开展能效水平对标活动。加强节能减排形势分析，按季度发布各市（州）节能目标完成情况晴雨表。

（五）着力健全制度和标准，加强监督检查。加快修订节约能源条例，完善重点用能单位节能管理制度，补充制定一批产品能耗限额地方标准。按照国家和我省关于加快转变经济发展方式监督检查工作的要求，组织开展节能专项监督检查，严肃查处违反节能评估审查制度、单位产品能耗限额标准、产品能效标识制度，以及未按要求淘汰落后产能、擅自对高耗能行业实行电价优惠等行为。

（六）着力加强节能能力建设，积极开展全民行动。进一步建立健全节能管理、监察、服务“三位一体”的节能管理体系。加强节能减排监察机构和能源统计能力建设。继续组织好形式多样，内容丰富的节能宣传周等专题活动，深入开展节能减排全民行动，培育文明、节约、绿色、低碳的生产方式、消费模式和生活习惯。

（撰稿：周海燕，贵州省发展和改革委员会环境和资源保护处）

西藏自治区循环经济

西藏自治区发展和改革委员会

2011年是“十二五”开局之年，自治区党委、政府结合西藏实际，以“十二五”规划纲要为统领，落实科学发展观和中央第五次西藏工作座谈会精神，高度重视资源节约与环境保护工作，将“确保生态环境良好”作为新时期西藏生态环境建设的指导思想和重要任务，认真贯彻国家宏观调控政策和关于加强循环经济工作的部署，使我区资源综合开发、有效配置、循环利用和永续发展成为西藏经济发展目标和长远战略方针，以促进经济可持续发展，加快建立节约型社会。7地（市）和有关部门认真贯彻落实国家及自治区的决策部署，实施可持续发展战略，强化组织领导，加强综合协调，完善体制机制，调整产业结构，加大资金投入，实施重点循环经济项目，以点带面开展工作，全区循环经济取得明显进展。

一、2011年循环经济工作进展情况

（一）顺利完成2011年节能减排目标

1.2011年我区单位地区生产总值能耗下降率为2.09%，单位地区生产总值能耗量从2010年的1.276吨标准煤下降到1.249吨标准煤，顺利完成年度节能目标和“十二五”节能目标进度。

2.主要污染物排放量得到有效控制。2011年全区化学需氧量、氨氮、二氧化硫、氮氧化物排放量与2010年持平，均控制在国家规定指标内。

3.做好2011年节能减排目标责任考核工作。根据各地（市）、各单位落实2010年节能减排目标任务情况，自治区印发了《关于2010年自治区节能减排目标责任考核任务完成情况的通报》。全区各部门和单位完成了节能自查工作，根据自查报告情况，开展了全区节能专项检查。

（二）不断强化组织保障能力建设

1.出台并落实相关指导性文件。2011年，自治区出台了《西藏自治区节能目标责任评价考核暂行办法》和《西藏自治区公共机构节能办法》，《西藏自治区固定资产投资项目节能评估和审查暂行办法》，起草了《西藏自治区节能减排专项资金使用管理暂行办法》和《西藏自治区节能监察办法》，编制完成了《西藏自治区“十二五”节能减排综合性工作方案》和《西藏自治区“十二五”时期节能规划》，进一步建立健全了我区节能减排规章制度，有效推进我区循环经济工作开展。

2.不断加强机构职能建设。2011年1月18日印发了《关于自治区发展和改革委员会所属事业单位机构编制批复》，设立了自治区节能监察中心，充实相关工作人员和办公设备，完善了节能监督、监察、监测管理机构并按要求开展了全区固定资产投资项目节能评估和审查工作。

（三）逐步加强循环经济宏观管理

1.突出重点，进一步加大对重点企业的监管。通过开展重点耗能企业能耗调查工作，确定全区规模以上工业企业56家，其中8家被列入国家“万家企业节能低碳行动”名单，并建立了能耗跟踪统计长效机制。正式启动我区节能产品能耗限额地方标准制修订工作，有序开展能效标示产品专项整治工作。积极引导重点企业合理配备能源计量设备。强化工业锅炉节能监管，开展节能监管试点工作。

2.严格准入关，遏制高耗能、高排放行业和淘汰落后产能及技术。严格审查固定资产投资项目节能评估文件，对采取节能措施、用能总量及能源结构不合理、节能评估方法不科学项目，责成项目节能评估文件编制单位进行整改，并根据审查意见和项目最终修改后的节能评估文件，进行工程设计（初步设计、施工图设计），并在项目建设中予以贯彻落实；对于可能带来重大环境污染和生态破坏项目，严格把关，谨慎放行，在项目审批源头上控制高耗能、高污染建设项目。

3.加大产业结构调整，逐步淘汰落后产能。根据自治区党委、政府的决策部署，各地市和有关部门按照《关于转发<水泥行业准入条件>的通知》要求，严格水泥（熟料）建设项目核准、备案管理、土地审批、环境影响评价、信贷融资、生产许可、产品质量认证、工商注册登记等规定，促进水泥行业节能减排、淘汰落后和结构调整，有效控制落后产能扩大化。通过组建高新集团、督促拉萨远大建材公司、东嘎水泥厂、信通水泥厂3家水泥企业加快整

合淘汰落后产能等途径，进一步增强了现有水泥企业淘汰落后产能的自觉性和积极性。上述3家水泥企业拟联合建立2条年产60万吨的新型干法生产线，目前该项目已批准开展前期工作。3家企业5台机立窑将在2012年前淘汰，届时我区水泥落后产能将下降到20%。“十二五”末，新型干法水泥产能将达到90%以上。

4.推广实施合同能源管理。根据中华人民共和国国家标准合同能源管理技术通则要求，我区积极鼓励节能服务公司与用户拟定能源合同，为用户提供节能诊断、融资、改造等服务，并以节能的方式回收投资和获得合理利润。国家2011年审核通过我区3家节能服务公司，我区正在开展合同能源管理试点工作。

（四）加大循环经济资金支持力度

积极发挥政策激励作用，国家和自治区逐年加大对清洁生产技术开发、技术示范支持力度。2011年由企业投资25665.3万元建设西藏山南桑日并网光伏电站一期10MW工程项目、投资44233万元建设龙源羊八井光伏发电工程二期20MW工程项目和投资22619.57万元建设西藏桑日10MW并网光伏电站工程。安排了原华新水泥（西藏）有限公司扩建2000t/d生产线建设项目贷款贴息资金2160万元。实施了“金太阳科技工程”和“金太阳示范工程”，累计投资8000多万元，解决了1万多群众的用电问题。为解决校园能源短缺问题，投入120万元实施了“新能源进校园行动”。自治区发展改革委印发了《关于印发2011年自治区地方预算内基本建设投资计划的通知》（藏发改投资[2011]232号）安排节能减排专项资金1000万元，主要用于西藏自治区节能监察中心能力建设，拉萨市、阿里、山南地区以及自治区环境保护厅道路照明改造工程和昌都、山南地区以及西藏大学太阳能取暖工程建设，支持推广100万只节能灯等节能工程的实施。国家发展改革委等部门印发了《关于半导体照明产品应用示范工程有关事项的通知》，确定我区林芝地区党政大楼、会展中心LED照明新建工程入围半导体照明产品应用示范工程。国家发展改革委和财政部批复我区河南天创产业基地500千瓦建筑一体化光伏电站项目和那曲班戈光伏电站金太阳工程。落实中央农村环保专项资金2500万元，配合实施了农村人居环境建设和环境综合整治项目。国家安排投资3.2亿元用于山南地区泽当镇等6个污水处理厂建设，新增日处理污水9万吨，完成规划城市污水处理工程总投资的39%；国家安排投资2.94亿元用于昌都地左贡县等14个县城垃圾填埋场建设，新增日处理垃圾146吨，完成规划城镇生活垃圾收集与处理能力建设总投资的38%。

（五）积极开展各领域循环经济技术应用

1.充分利用清洁能源。我区用能主要为生活用能，减少农村生活用能为关键之举，2011年底，我区累计建设59个县农村户用沼气22.5万座，乡村沼气网点817个，顺利完成农村沼气工程18.5万户，减少了电力、煤炭、石油的消耗，提高了农牧民生活条件，取得了较好的经济、社会和生态效益。西藏年平均日照达2700多小时，太阳能产业发展潜力巨大，全面推广和应用太阳能热水器、太阳灶、被动式太阳房、太阳能供暖等产品和技术。

2.交通运输领域循环经济工作开展情况。我区出台了《关于切实加强西藏交通运输行业节能减排工作的意见》和《西藏自治区交通运输行业“十二五”时期节能减排工作实施方案》，确保了交通领域节能工作的稳步实施。根据我区高海拔道路养护的特点，在2010年12月启动了高寒地区沥青路面养护冷施工技术节能减排示范项目；拉萨市淘汰了全部的中巴车，全线使用城市公交，完善了城市公交体系；截至2011年底，全区出租车“油改气”工程完成65%以上。

3.建筑领域循环经济工作开展情况。贯彻执行《关于进一步加快推进墙体材料革新和推广节能建筑的通知》，确保了地方政府投资的行政机关办公用房、公共建筑、周转房、廉租房、示范性小区等项目采用新型墙体材料。禁止实心粘土砖使用率为100%。正在规划实施建筑供暖，并结合实际建立建筑供暖计量机制。自治区相继制定了《居住建筑节能设计标准》、《民用建筑采暖设计标准》，确保新建建筑施工阶段节能强制性标准执行率达到95%以上。

4.商业和民用领域循环经济工作开展情况。自治区积极落实商业和民用领域节能措施，向各地（市）转发了《商务部关于开展零售业节能行动的通知》，并要求企业将节能降耗工作与实现企业的长远发展目标和提高经济效益相结合，促进和引导企业自主开展节能降耗行动。开展抑制过度包装专项工作，充分发挥流通环节对生产和消费的引导作用，加大宣传引导力度，倡导零售企业销售“适度包装商品”，引导生产企业实行“绿色包装”，禁止使用塑料袋。在拉萨市开展了零售业分等定级工作，明确要求百货商场70%以上的照明采用节能设备。同时在餐饮业内开展绿色饭店活动。充分发挥行业协会自律作用，制定行业节能自律公约，杜绝使用一次性的、不易回收利用的各种物品和材料；杜绝使用易造成环境危害和资源浪费的物品，如各类不可降解的泡沫塑料餐具、一次性桌布等；改造灶具，使用液化气燃具。倡导餐饮企业提供大、中、小份量菜品服务，引导消费，培育顾客节约消费行为。加强住宿业的行业管理，重点发展经济型饭店。着重要求减少客房一次性用品，改变客用品包装；倡导一客一换，减少纺织品的更换和洗涤次数；积极使用环保型设备和用品，保护环境，创建绿色客房。倡导一些小型洗浴场所使用电能锅炉，减少对煤等资源的消耗。大力发展循环经济，完善再生资源回收利用体系，积极加强再生资源回收体系建设，贯彻落实了《再生资源回收管理办法的实施意见》，并对全区开展再生资源市场进行了清理整顿，对再生资源回收经营者实行备案管理。

二、下一步工作计划

（一）进一步提高思想认识

党中央、国务院始终要求构筑稳固的西藏高原国家生态安全屏障，建设生态西藏，切实保护好雪域高原这片碧水蓝天，广大人民群众期盼良好的生态环境，生态环境保护责任重大。发展循环经济是落实科学发展观、实现经济发展方式转变的一项重大战略决策，是从根本上减轻环境污染的有效途径，是提高经济效益的重要措施。发展循环经济有利于形成节约资源、保护环境的生产方式和消费模式，有利于提高经济增长的质量和效益，有利于建设资源节约型社会，有利于促进人与自然的和谐。我们必须从战略和全局的高度，把思想和行动统一到自治区党委、政府决策和部署上来，充分意识发展循环经济的重要性和紧迫性，正确处理经济增长和节能减排的关系，使经济增长建立在节约能源资源和保护环境的基础上，确保我区生态环境良好。

（二）建立健全相关政策、法规

认真贯彻落实国家对节能减排、可再生能源应用、循环经济等财税、金融、价格激励政策，以及对限制类、淘汰类技术、产品、工业企业的约束政策。严格执行国家法律法规和标准规范，以《中华人民共和国循环经济促进法》为指导，研究制定引导资金投入的具体实施办法，促进企业在清洁生产、资源综合利用等领域开展工作。组织编制全区“十二五”循环经济发展规划。加强节能环保领域金融服务，鼓励和引导金融机构加大对循环经济、环境保护及节能减排项目的信贷支持。研究制定对改造落后运行设备技术、提高能源综合利用效能等地方补贴办法和补贴标准。

（三）进一步加强发展循环经济

严格控制新建高耗能、高污染、高排放项目，禁止发展造纸、化工等重污染、高耗能的工业。加快淘汰落后产能，鼓励发展低能耗、低污染的先进生产能力，促进服务业、高技术产业和先进加工制造业加快发展。大力发展可再生能源，推进太阳能、沼气等能源利用以及可再生能源与建筑一体化的科研、开发和建设。大力发展清洁生产，在产品和产品生产过程及服务中采取预防污染措施。在酿造、藏毯、藏医药和乳制品等特色优势产业及产业园区开展循环经济试点。探索循环经济发展模式，在企业层面，积极引导和支持企业实现资源利用最大化、废弃物排放最小化；在区域层面，集成不同企业间的物质、能量和信息，形成循环经济产业链；在社会层面，循环利用废弃物，倡导绿色消费。构建绿色消费体系，建立生产工艺流程的清洁消费管理体系，鼓励企业进行绿色宣传绿色消费，推进政府绿色采购制度，引导社会循环式消费行为，提倡选购包装简易、循环耐用产品。

（四）加大宣传培训力度

组织开展好每年一度的全国节能宣传周、全国城市节水宣传周及世界环境日、地球日、水日宣传活动，充分利用电视、报刊等新闻媒体广泛宣传循环经济的重要性、紧迫性以及国家、自治区采取的政策措施，宣传循环经济取得的阶段性成效、先进典型等，提高全社会节约环保意识。组织全区各地（市）、各部门、各企事业单位以及社会团体，参与每年一期的节能培训活动，切实增强提高全社会对发展循环经济重要性的认识，引导工业企业树立正确的生产、消费观。

（撰稿：罗永彬，西藏自治区发展和改革委员会资源节约和环境保护处）

陕西省循环经济

陕西省发展和改革委员会

2011年，陕西省循环经济工作稳步推进。陕西省万元GDP能耗为0.846吨标准煤，同比下降3.56%；二氧化硫减排量17.72万吨，比上年下降3.25%，化学需氧量减排量7.7万吨，比上年下降2.13%，均超额完成省委、省政府年初下达的目标任务。蓝天、碧水、青山、绿地正在成为陕西形象的新名片。

一、强化循环经济法制建设与规划

（一）《陕西省循环经济促进条例》出台

2011年7月22日，陕西省人大常委会通过《陕西省循环经济促进条例》，对工农业生产过程中的循环利用，提高资源利用率提出了新的要求和标准。11月16日，陕西省人大常委会法制工作委员会和陕西省发展改革委联合召开《陕西省循环经济促进条例》（以下简称《条例》）宣传贯彻会。会议就《条例》的立法背景、起草过程、主要内容及发展循环经济的重要意义进行了说明，部署了贯彻实施《条例》的相关工作。12月1日，该《条例》正式施行，标志着我省发展循环经济工作步入依法推进的新阶段，有力的促进了我省循环经济工作的展开。

《陕西省循环经济促进条例》共七章68条。《条例》涵盖了社会生产和生活的方方面面：大到政府部门制定产业政策、调整产业结构，中到国家机关、企事业单位的贯彻落实，小到家庭、个人节约资源、合理消费。《条例》丰富并发展了《中华人民共和国循环经济促进法》，是国内首部省级循环经济地方性法规。

（二）制定出台《陕西省“十二五”循环经济发展规划》，《陕南循环经济产业发展规划》，《关于加快推进陕南循环发展的若干意见》、《关于支持渭南加快建设陕西东大门的若干意见》等政策措施。《陕西省“十二五”循环经济发展规划》一是提出推动我省循环经济发展由“试点”、“示范”向更大范围推进：由企业、园区试点向全社会推进，由工业企业向建筑业、农业和服务业推进，实现区域经济社会的可持续发展。

二是在全省范围内，根据区域产业特色，建设关中循环产业带，汉中、安康、商洛循环经济产业核心聚集区和陕北能源化工循环经济基地的“一带三区一基地”格局。依托陕西在建和规划的循环经济园区，到2015年力争达到50个循环经济示范园区，达到优化各地区资源配置，实现资源高效利用。

三是依托我省优势资源，结合实际从工业，农业，再生资源回收利用方面落实和推进发展循环经济的重点领域。在煤油气转化、钢铁有色冶炼、再生资源回收利用、清洁生产等领域加快实施节能、“零”排放、固体废弃物综合利用、“城市矿产”再生资源及再制造产业化、清洁生产等八大循环经济重点工程，构建循环经济产业链。

二、积极开展循环经济试点

陕西省积极培育循环经济试点，通过分层次开展、合力推进，带动和促进全省循环经济全面发展。至2011年，陕西省在重点行业、重点园区及重点地市选择了28家单位开展循环经济试点工作，支持企业循环式生产，鼓励产业循环式组合，促进区域经济循环式发展。抓项目落实，认真征集筛选项目，积极申报国家支持；抓技术支撑，成立了陕西循环经济工程技术院，共同组织循环经济技术攻关和系统集成。在试点组织工作中，按照城市、园区、企业三个层次开展循环经济试点。先后在农作物秸秆、尾矿库渣、煤油气盐、兰炭、粉煤灰、煤矸石发电等方面实施了一批循环经济项目，一条闭合的循环经济产业链条初步形成。

2011年11月16日，陕西省发改委和省人大法工委联合召开《陕西省循环经济促进条例》宣传贯彻大会，省人大常委会副主任张迈曾出席会议并作重要讲话，陕西省发改委主任祝作利就《条例》起草的背景、主要内容以及下一步如何贯彻落实作了讲话。会议由省人大法工委主任杨尊法主持。

榆林市、杨凌农业高新技术产业示范区率先在城市层面试点示范，统筹规划，全区域开展；榆

2012年6月6日，由国家发展改革委环资司指导，中国经济导报社、京现代循环经济研究院和中国社会科学院中国循环经济研究中心联合组织的“2011年中国循环经济十大新闻评选活动”北京揭晓，陕西省公布实施全国第一部省级循环经济地方性法规《陕西省循环经济促进条例》入选十大新闻。

林锦界煤化工循环产业园等以园区为主开展循环经济试点，突出区域内产业特点，进行产业间、企业间的有机耦合；试点企业利用生产环节能耗及废物进行循环再利用。

2011年，陕西省以循环经济试点为突破口，继续深化国家级、省级循环经济试点单位建设，从实现废物减量化和资源化、提高二次能源利用率、工业废水“零排放”和生态恢复四个方面组织实施，建设一批循环经济型示范园区、示范企业，实现园区内能流、物流的梯级和循环利用，提高资源利用效率，降低污染排放，提升区域内经济运行质量。推动企业向生态园区集中发展，推动企业由内部小循环向企业、产业间大循环拓展。以示范园区做承载，以示范企业为主体，以示范项目为抓手，重点推进工业、农业、服务业循环经济示范工程，带动全省循环经济快速发展。

国家循环经济试点城市榆林市以资源的高效循环利用为核心，延伸和提升资源价值链。榆林市以集约化、集聚化和专业化新型工业园区为平台，按照“减量化、再利用和废物资源化”的原则，启动两区六园循环经济建设格局，围绕资源的深度转化利用，初步形成原煤—发电—粉煤灰—建材工业、原煤—兰炭—焦油—化工—煤气和焦粉回收利用、原煤—甲醇—下游产品—建材—食用级二氧化碳、盐—烧碱—聚氯乙烯等多个循环经济链条；同时，正在构建原煤—甲醇—醋酸—醋酸纤维素、原煤—甲醇—二甲醚—聚烯烃等深度循环经济链条。目前已经建成和正在建设的有榆神、榆横、府谷、靖边、吴堡等20多个生态型循环经济园区的煤矸石、粉煤灰、低温余热、有机废弃物及轮胎综合利用等80多个重点循环经济项目。被业界誉为“榆林版”煤制油成功典范的神木天元化工国内最大规模煤焦油轻质化项目，采用自主研发的专利技术，利用直立炉煤干馏工艺生产兰炭、煤焦油，同时产出荒煤气用于制氢，再将自产煤焦油和陕西境内中温煤焦油作为原料，生产出轻质化燃料油。其投资仅为传统工艺项目的20%，而能耗和用水量则下降75%。府谷县恒源煤焦电化公司近年来坚持自主创新推动产品结构升级的发展战略，投资6000多万元，与中科院、清华大学等知名科研机构合作，攻克了用侏罗纪煤生产优质冶金型焦的世界技术难关。企业实施的年产30万吨冶金型焦及其配套发电、水泥、甲醇、焦油深加工产业链的循环经济项目，完全实现“三废”零排放，其中年处理44万吨废水可新增效益200万元，废弃多联供应发电年可节约原煤8万吨，废气和煤气的净化通过多联供到达煤焦油深加工和甲醇车间，废渣和回收的粉煤灰通过凝石水泥车间又变成了高质量水泥，经过这样一个完整循环，最终实现兰炭、冶金型焦等9种延伸循环产品，使上游废料转变为下游原料，每年节约能源原煤18万吨以上，降低电耗逾4000万千瓦时，减排废水44万立方米，全部生产环节做到“吃干榨净”。

陕西龙钢集团公司先后投资6亿余元，对废水、废气、废渣、煤气、余热、余压全面回收利用，实现了“四闭路一循环”，形成了独具特色的循环经济产业链,并取得显著的经济效益。在钢渣的利用上，形成了钢渣制砖产业链；在水渣的利用上，形成了水渣生产超细粉产业链；在焦炉煤气、高炉煤气、转炉煤气的利用上，形成了轧钢钢坯加热、烤包、烧石灰、烧烧结矿、发电等产业链2011年公司回用废水量达到1210万吨,回收尘泥量71.79万吨，回收利用转炉煤气2.12亿立方米,回收利用高炉煤气85.87亿立方米，回收利用蒸汽270万吨，煤气及余热余压综合利用发电量达到9.3 亿千瓦时，循环经济产值总值达到7.5亿元，取得了良好的环境效益、社会效益和经济效益。

东岭集团在焦化生产同铅锌冶炼之间建立起渣、气、水互相关联、互为利用的循环经济模式，成为国内同行业的首创。公司旋涡炉投用后，年处理废渣10万吨，年回收锌784吨、铅666.4吨、银7.105吨、铜204吨，每年取得直接经济效益1256.8万元。东岭冶炼公司焦化系统所产煤气除部分供给自身使用外，全年有7879万m^3煤气用于冶炼生产，剩余6500万m^3焦炉煤气用于余热电站发电；焦化系统所产全年约10万吨优质焦炭，直接送冶炼系统使用，其余焦炭供集团钢铁冶炼使用；回收副产品中的硫磺也作为冶炼系统的辅助材料加以利用；冶炼系统所产工业硫酸（部

分）直接送焦化进行硫铵生产；冶炼制酸尾气经氨水吸收后所产液体硫铵送焦化结晶，生产固体硫铵：冶炼系统生活废水经回收后送焦化用于熄焦生产。

同时，在火力发电、石油化工、钢铁有色、煤化工、建材、造纸、印染、食品、医药等高耗水行业的重点企业中有30多家的废水实现了循环利用，中钢西安重机公司等一批在省内有影响的企业达到了污水“零排放”。全省工业用水循环利用率达60%以上。

三、再制造工作继续发展

陕西法士特汽车传动集团有限责任公司汽车零部件再制造试点实施工作通过国家发展改革委评估验收。法士特汽车传动集团通过积极探索和建立完善的生产体系，不断加快再制造技术的工艺攻关和生产应用步伐，取得显著成效，率先在行业中实现了月产再制造重型变速器200台的生产能力。陕西北方动力有限责任公司作为我国轻型装甲及特种车辆动力制造大型骨干企业，坚持整机技术升级换代与核心零部件制造相结合，一手抓高科技军品发展，一手抓民品规模化经营，产品凸轮轴已跻身康明斯全球配套采购体系，箱体产品批量出口欧美等汽车零部件再制造市场。

四、城市餐厨废弃物资源化利用试点取得新进展

在省市各方的共同努力下，宝鸡市和咸阳市先后列入国家餐厨废弃物资源利用和无害化处理试点城市。试点方案实施后，可从源头上治理用“地沟油”加工食用油的非法行为。陕西省发改委会同有关部门加强对宝鸡市试点城市工作的指导，严格按照《实施方案》的要求做好试点工作，为全省开展此项工作探索经验，奠定基础。咸阳市餐厨废弃物资源化利用和无害化处理项目选用高温厌氧发酵技术工艺，处理后的产品主要是天然气、生物柴油和有机肥，可使餐厨废弃物变废为宝、化害为利。该项目建成后，将统一收集、处理市区餐厨废弃物和居民厨余垃圾。

五、资源综合利用规范性工作显现

按照新修订的《陕西省资源综合利用认定实施细则》，全年认定资源综合利用企业115户，可为企业减免税收近2亿元。重点指导商洛市编制了《商洛市尾矿综合利用示范基地建设规划》，并邀请国家发改委环资司和省内外专家进行了现场指导，减少尾矿堆积，解决尾矿安全隐患和环境污染，形成新的经济增长点。目前，已实施项目30个，总投资23.44亿元，已完成投资16.8亿元，其中中省财政补贴3250万元。这些项目建成后年可处理或减少尾矿、废渣排放580多万吨。另外，还安排2640万元支持粉煤灰、脱硫石膏等一批综合利用项目。宝二电掺烧秸秆试验取得初步成效。

“十二五”期间，陕西省将按照“减量化、再利用、资源化”原则，在生产、流通、消费过程，在企业、园区、社会各层面推动循环经济发展。继续深化循环经济试点，扶持循环经济示范项目200个、示范企业100个、产业园区50个，提高资源产出效率。加快实施循环经济重点工程，构建煤油气盐能源开发转化、钢铁有色采选冶炼、汽车零部件再制造、再生资源回收利用等循环经济产业链。集中力量研发推广一批源头减量、循环利用、再制造、零排放等关键共性支撑技术。到2015年，全省工业固体废物综合利用率、再生资源利用率和工业用水重复利用率分别实现60%、70%、80%以上。

（撰稿：姜志祥，陕西省发展和改革委员会环境保护与资源综合利用处）

甘肃省循环经济

甘肃省发展和改革委员会

2011年，甘肃省按照国务院批复的《甘肃省循环经济总体规划》精神和省委省政府的安排部署，将国家循环经济示范区建设作为落实科学发展观的重大战略举措，认真贯彻落实《总体规划》，充分发挥克难攻坚、带头示范的作用，以打造五大循环经济载体为重点，推动示范区建设由试点带动、夯实基础转向重点突破、全面推进，园区循环化改造、循环经济项目建设取得重大突破，配套政策措施和支撑体系进一步完善，营造了全省上下合力推进循环经济示范区建设的良好氛围，总体规划实施取得阶段性成效。

一、规划实施取得的成效

（一）能源资源利用效率大幅提高

2011年能源产出率达到0.57亿元/万吨，以年均6%的能耗增速支撑了11%的经济增长，土地产出率从2005年的0.028万元/亩增长到2011年的0.074万元/亩。能源产出率、水资源产出率、污染减排等12主要指标达到了规划确定的2011年发展目标。

（二）节能减排成效明显

全省万元GDP能耗从2005年的2.26吨标煤下降至2011年的1.756吨标煤，单位工业增加值能耗连续5年下降7%以上，吨镍能耗从2005年的3.99吨标煤下降至2011年的3.61吨标煤。2011年我省化学需氧量排放量和二氧化硫排放量分别比年度计划目标下降0.15个百分点，氨氮排放量比年度计划目标下降0.23个百分点。

（三）节水型社会建设取得显著进展。

全省万元GDP取水量从2005年的628立方米下降至2011年的310立方米，单位工业增加值用水量从2005年的211立方米下降至2011年88立方米，吨钢水耗从2005年的6.80立方米下降至2011年的3.79立方米，工业用水重复利用率达到92.2%。农业灌溉水有效利用系数从2005年的0.47提高到2011年的0.51。

（四）环保基础设施不断完善

2011年，全省建成投入使用城镇生活污水处理设施21项，日处理污水能力98.15万吨；建成试运行及基本建成城镇生活污水处理项目25项，日处理污水能力46.9万吨。建成投入使用城镇生活垃圾无害化处理设施42项，建成试运行再生水利用项目3项。

二、主要措施和经验

（一）加强组织领导，明确任务分工

成立了由省政府主要领导任组长的省发展循环经济工作领导小组，办公室设在省发展改革委，并督促各市州政府成立相应的发展循环经济领导小组，分层次编制实施市州、部门、开发区和重点企业等循环经济专项规划或方案，加强发展循环经济工作的组织领导与科学规划。在及时总结循环经济总体规划推进第一阶段实施成效的基础上，制定了《甘肃省循环经济总体规划实施方案》和《甘肃省循环经济总体规划实施方案考核办法》，通过逐年细化分解《总体规划》发展目标及任务分工，将各项工作任务落实到各级政府和有关部门，对各级政府实行指标考核，对有关部门实行任务考核。

（二）完善法规政策，健全保障体系

出台了《甘肃省循环经济促进条例》、《甘肃省公共机构节能办法》等法规，以及《关于税收支持全省循环经济发展的实施意见》等税收、投融资方面支持循环经济发展的政策。印发了《甘肃省合同能源管理财政奖励资金管理实施细则》、《甘肃省2011年节能降耗应急预案》等文件。编制了《甘肃省“十二五”节约能源规划》、《甘

肃省“十二五”资源节约和综合利用实施方案》、《甘肃省“十二五”节能减排综合性工作方案》、《甘肃省城镇污水处理及再生利用设施建设“十二五”规划草案》、《甘肃省城镇生活垃圾无害化处理设施建设“十二五”规划草案》、再生资源回收体系建设方案等专项规划方案。依据《甘肃省循环经济地方标准体系建设规划（2010-2015）》，制定及修订了23项循环经济地方标准，研究建立循环经济考核评价体系。

（三）以园区循环化改造和循环经济项目建设为突破口，全面推进五大载体建设

2011年，金昌经济开发区、白银高技术产业开发区、华亭工业园区、陇西经济开发区、武威黄羊工业园区等5个开发区被列入国家循环化改造试点，率先开始循环化改造。为规范项目和资金管理，保证园区循环化改造顺利实施，先后编制了《园区循环化改造方案》和《开发区（园区）循环化改造项目及资金暂行管理办法》。2011年通过争取中央补助资金、安排省级专项资金，支持了220个资源节约和环境保护项目建设，组织上报了243项节能、节水、循环经济、资源综合利用、污染防治、污水垃圾中央预算内投资补助备选项目。

为加强循环经济项目的前期储备和申报管理，围绕《总体规划》和《实施方案》中确定的72类循环经济重点项目，加快项目前期，采用开放征集、动态更新的模式，在全省范围内向各市州、各部门、各企业征集并建立了循环经济项目库。通过园区循环化改造和重点项目带动，延伸拓展产业链条，促进产业集聚发展，《总体规划》中确定的七大循环经济基地、16条产业链、35个开发区、72类重点项目、100户示范企业等载体建设稳步向前推进。

（四）全面推进节能减排工作

通过强化目标责任督查和考核、重点领域和重点行业节能监管、实施节能项目、落实能评制度、淘汰落后产能等多种措施，全面推进节能减排工作。省政府与市州政府、市州政府与各县市区政府分别签订了年度节能目标责任书、减排目标责任书，严格落实节能减排目标责任制。强化工业、建筑、交通、农业、商业和公共机构等六大领域节能工作，加强重点用能单位管理，对年耗能3000吨标准煤以上587户重点用能企业按市州、行业、能源消费量进行了分类统计，积极推动我省245家万家企业节能工作。加快淘汰落后产能，支持传统重点行业节能减排技术改造、清洁生产项目建设，及时将国家下达我省淘汰落后产能目标任务分解落实到相关市州及企业，出台了《甘肃省淘汰落后产能财政奖励资金管理暂行办法》，积极鼓励落后产能淘汰。认真落实差别电价、惩罚性电价、脱硫电价、脱硝电价等各项促进节能减排的价格政策，出台了全省居民生活用电阶梯电价制度，引导居民合理、节约用电。全面落实固定资产投资项目节能评估和审查制度，印发了《甘肃省发展和改革委员会固定资产投资项目节能评估和审查委内工作规则》，将固定资产投资项目节能评估和审查作为控制地区能源消费增量和提高能效水平的重要手段，严格控制高耗能过快增长。积极开展节能家电推广工程，积极推广国家财政补贴高效照明产品，截至2011年底全省完成300万只节能灯推广任务，超过前3年的总和。加强全省用能情况分析，实行了节能减排预警监控措施。

（五）积极构建循环型社会

一是逐步完善全省再生资源回收体系。兰州市作为商务部确定的第二批再生资源回收利用建设试点城市，截至2011年底已建成标准化社区回收网点430个，建成1个废电子产品拆解加工中心，年处理量冰箱、洗衣机、电视机等废旧家电116000台。二是积极开展循环型社会实践。2011年兰州市被国家列为城市餐厨废弃物资源化利用和无害化处理试点，兰州餐厨废弃物处理项目建成投产。居住建筑严格执行65%的节能标准。选择了部分学校、医院、社区作为循环型社会建设试点，开展绿色社区、绿色学校创建活动。深入开展在用机动车污染控制管理，2011年全省共淘汰各类汽车6949辆，削减氮氧化物2332吨。三是加快构建节约型政府。出台了《甘肃省公共机构能源资源消耗统计工作实施方案》，启动了省级节约型公共机构示范单位创建活动，省财政设立专项资金对省直部门节能技术改造予以扶持。

（六）不断在重点领域探索出新的循环经济典型发展模式

从区域、行业和企业等不同层次，探索出了一批不同层次的循环经济典型发展模式，充分发挥典型模式的示范引领和辐射带动作用，促进循环经济形成较大规模，以典型引路，全面推进。2011年，区域发展金昌模式、工业企业白银公司模式被列为全国循环经济典型发展模式。新探索形成了煤炭资源综合利用窑街煤电模式、兰州城市餐厨

垃圾资源再生利用模式。窑街煤电集团有限公司依托窑街矿区煤基循环经济项目，以绿色化、低碳化、循环化为指引，改变传统的粗放发展模式，通过物质交换、能量利用和信息共享，实现污染物排放最小化、资源利用最大化，在煤炭—电力—化工—冶炼—建材—运输基本链条的基础上，不断延伸和加粗产业链，实现了集团公司“煤炭、煤基、非煤”三大产业跨越发展和可持续发展。2011年3月，以BOT模式建设的兰州餐厨废弃物处理项目建成，日处理200吨餐厨废弃物。该项目是对餐厨废弃物进行资源化综合利用的示范工程，构建了“餐厨废弃物—沼气—有机肥”、“餐厨废弃物—生物柴油”等循环经济产业链。兰州市出台了《兰州市餐厨垃圾集中处置管理暂行规定》，对餐厨垃圾的产生、收集、运输、处理和监督管理等作了规定。该项目的建成，为解决社会关注的“地沟油”、“泔水猪”等问题提供了有效途径，从根本上解决餐厨废弃物的出路。

（七）不断加强宣传教育培训力度

充分利用中央、省内新闻媒体，通过多种方式大力宣传我省发展循环经济典型经验、做法和成效。利用“节能宣传周”、“世界环境日”等宣传活动，向社会发放节能、节水宣传海报及温馨小贴士6万多张，引导全社会使用节电、节水器具和产品，促进公众消费观念转变。在省委党校、行政学院举办各种循环经济专题讲座、研讨班和培训班。编制了《节能减排与可再生能源知识手册》，并列入各级党校、行政学院（校）培训班公修教材内容。

三、存在的主要问题和建议

我省作为国家首个批复建设的省级区域循环经济示范区，需要探索出一条在资源型、欠发达地区科学发展和可持续发展的新路子，为全国发展循环经济起到示范带动作用。同时，我省作为一个西部欠发达省份，当前面临的突出矛盾是，既要加快经济发展，实现“转型跨越、富民兴陇”、与全国人民同步步入小康社会的目标，又要遵循绿色发展的理念，减少资源能源消耗，落实《总体规划》批复的各项目标任务。要按期顺利建成国家循环经济示范区，需要国家加大对我省发展循环经济的支持力度。

（撰稿：李俨钧、陈 军、魏成金，甘肃省发展改革委资源节约和环境保护处）

青海省循环经济

青海省改革和发展委员会

2011年，青海省以科学发展观为统领，以加快转变经济发展方式为主线，用循环经济的理念统领资源开发和经济建设，在更大范围、更广领域、更高层次深入实施资源转换战略，推进资源、产品、产业深度融合，推进企业、园区、区域全面发展，推进新型工业化、城镇化、农业现代化同步提升，循环经济发展取得了较大进展，有效增强了全省经济综合竞争力。

一、循环经济发展概况

2011年，在国家有关政策的大力支持下，在国务院有关部委的精心指导下，全省上下团结一致，不断创新发展模式，推动特色产业融合发展，有效提升了经济发展的质量和效益。

农牧业发展方面，湟水北干渠一期工程全线开工，李家峡、公伯峡、拉西瓦水库灌溉工程全面推进。加大了对农牧业园区、服务体系、龙头企业及农产品深加工项目的扶持力度。积极开展现代农牧业产业体系建设，新建日光温室3万栋，建成5个百里万亩（万头）基地，特色作物种植比重不断提高，75%的纯牧业村建立了生态畜牧业专业合作社。在自然灾害频发的情况下，实现了粮油产业稳中有增、蔬菜供应能力不断提升、畜牧业健康发展、农牧民收入加快增长。

工业方面，盐湖资源综合利用成效显著，以盐湖化工为核心，融合油气化工、煤炭综合利用、金属冶金、新能源、新材料、特色生物的产业体系框架初步形成。金属镁一体化、枸杞深加工等循环经济示范带动作用明显的产业项目顺利推进，磷酸铁锂材料、风力发电设备制造、特钢200万吨改造升级等项目全面竣工，建成1000兆瓦光伏电站并安全并网发电，实现了发展新兴产业与提升传统产业的新突破。2011年全省规模以上工业增加值比上年增长19%，规模以上工业企业实现利润203亿元。

服务业方面，启动“旅游倍增计划”，高原生态旅游业形成规模，有效带动了商贸、物流、文化等产业协同发展。西北地区规模最大的标准化农贸综合市场在西宁投入运营，朝阳物流园区建设有序推进，电子商务、物流配送等现代服务业经营方式和新型业态开始向农村牧区延伸，现代服务业的规模和效益不断显现。

柴达木循环经济试验区、西宁经济技术开发区、海东工业园等全省重点产业园区建设稳步推进，园区水、电、路等配套基础设施不断完善，产业聚集度及资源综合利用效率不断提高。西宁开发区增设为国家级高新技术开发区，海东国家农业科技园区正式挂牌。

继续实施科技支撑和振兴重点产业的“123”工程，循环经济领域科学研究、成果转化和推广能力不断增强。“减量化、再利用、资源化”的循环经济发展理念逐步深入人心，全省各级部门、各单位及广大人民群众低碳生产、低碳消费的意识不断增强。

二、循环经济领域主要做法、措施

（一）推进循环经济规划编制

成立了青海省应对气候变化规划和循环经济规划编制工作领导小组，负责组织开展全省循环经济发展相关规划的编制工作。一是为推动青海省经济向绿色、低碳方向发展，明确低碳经济发展指导思想、基本原则、发展目标、发展途径、重大项目及保障措施，组织开展《青海省低碳经济发展规划》的编制。二是为进一步细化和延伸国务院批复的《柴达木循环经济试验区总体规划》，全面落实《总规》提出的发展盐湖化工、油气化工、金属冶金、煤炭综合利用、可再生能源、特色生物六大主导产业，同时加快以带动光伏、风电等制造业发展的新材料产业发展，推进各产业体系之间的横向融合、纵向延伸，组织开展《柴达木循环经济主导产业体系规划》的编制。编制过程中，始终强调规划的可操作性，通过多次深入地方、园区、企业进行调研，注重吸取来自生产和市场一线的意见，紧密结合了柴达木地区的实际。强调规划的科学性和前瞻性，紧跟国际、国内产业技术发展前沿，广泛听取省内、国内知名专家、学者及企业负责人的意见建议。强调产业间的融合，提出了一批骨干、重大产业结点项目。截止2011年年底，已初步完成规划初稿的编制。

（二）开展园区循环化改造

按照国家发展改革委、财政部《关于率先在甘肃、青海省开展园区循环经济改造示范试点有关事项的通知》的要求，组织编制柴达木循环经济试验区内的格尔木、德令哈、大柴旦三个工业园区循环化改造示范试点实施方案，经初审后上报国家发展改革委，积极争取国家循环经济专项资金率先支持柴达木循环经济试验区内园区循环化改造。7月，财政部预拨柴达木循环经济试验区循环化改造示范试点补助资金2亿元，待国家发展改革委批复园区循环化改造实施方案后，将及时组织实施。

（二）强化资金支持

积极向国家发展改革委争取资源节约和环境保护备选项目，争取国家资金支持我省循环经济产业发展。2011年共争取4批9项节能重点工程、循环经济和资源节约重大示范项目及重点工业污染治理工程中央预算内投资计划项目，争取中央资金1.43余亿元。进一步加大了省级财政对循环经济的支持力度。2011年，省级循环经济专项资金共投入近10亿元，主要用于支持循环经济融资平台、配套基础设施建设、产业项目升级及有关前期工作，项目的实施有力地带动了全省循环经济的快速发展。

（三）提高餐厨废弃物利用水平

按照省委省政府“加大工作力度，争取做试点城市”的指示精神，积极组织开展西宁市餐厨废弃物资源化利用和无害化处理试点申报工作。7月，国家发展改革委下发文件，同意西宁市餐厨废弃物资源化利用和无害化处理试点实施方案，并将西宁市确定为国家第一批餐厨废弃物资源化利用和无害化处理试点城市。财政部、国家发展改革委预拨餐厨废弃物资源化利用和无害化处理补助资金240万元，用于构建西宁市餐厨废弃物收运和利用体系。目前，市区范围内“政府政策支持、企业化运作、收运处置一体化”的餐厨废弃物收运处理体系已初步建成，在全国的示范和带动效应明显。

（四）深入开展招商引资工作

柴达木循环经济试验区招商引资工作成效显著。试验区采取多种形式加大宣传推介力度，先后赴重庆、福建、山东等地路演招商，成功举办苏州项目推介会，积极参加青洽会、厦投会、西博会和兰州投资贸易洽谈会等节会。创新招商引资方式，采取定向招商、以商招商、节会招商等，全面拓宽招商引资渠道和途径，全年共签约项目49个、签约金额559亿元。积极协助项目业主做好公司注册、方案比选、资源配置、项目融资及相关手续办理等工作，签约项目的开工率达到72%。一批循环经济示范带动作用明显的项目落地建设，有力促进了试验区的发展。西宁经济技术开发区采用内引外联的方式开展产业链招商、整合招商和扩能招商。先后与福建三安、香港力同、宁德新能源等知名企业进行了招商洽谈，签约引进了聚光太阳能组件、大容量动力储能锂电池、高精铝镁新材料等一批投入产出高、示范和带动作用强的重大产业项目，有力带动了区域循环经济的发展。

（五）加大循环经济执法检查

全力配合省人大关于《循环经济促进法》贯彻落实情况的执法检查工作，会同有关部门起草《〈循环经济促进法〉贯彻实施情况的报告》上报省政府，全面总结了《循环经济促进法》颁布以来我省所做的主要工作、取得的成绩、存在的问题及下一步工作打算。通过深入各地开展执法检查，省人大常委会进行总结并起草执法检查报告，就今后进一步贯彻实施《循环经济促进法》提出审议意见。按照审议意见要求，编写《〈循环经济促进法〉执法检查报告及审议意见落实情况的报告》上报省政府，进一步明确了我省发展循环经济的思路、方向及具体举措。

（六）努力推动“限塑”工作

根据国家发展改革委等部委《关于集中开展限制生产销售使用塑料购物袋专项行动的通知》要求，有关部门密切配合，明确分工，积极开展商场、超市及农贸市场的“限塑”专项行动工作，深入推进节能减排全民行动，联合各部门对专项行动工作进行总结并上报各有关部委。10月，国家“限塑”专项行动检查组来青海省检查指导工作，对全省限制生产销售使用塑料袋所采取的措施给予了肯定。

（七）加强循环经济宣传

通过电视、报刊、网络等媒体及举办培训班、开展知识竞赛、散发宣传材料、悬挂横幅、现场答疑等多种形式，大力宣传循环经济发展理念，加强对《循环经济促进法》等有关法律法规的学习和宣传工作，进一步引导企业积极、主动的开展资源节约和环境保护工作，引导广大干部群众学习循环经济的相关知识，广泛树立“减量化、再利用、资源化”的循环经济发展理念。

三、存在的不足及下一步工作计划

我省经济基础条件薄弱，基础设施建设滞后于发展要求，科技支撑能力不强，高层次人才短缺，企业融资困难

等问题还比较突出，影响全省循环经济的快速发展。今后一段时期，要继续在政策落实、规划指导、资金支持、项目建设、招商引资等方面加大工作力度，重点做好以下几方面工作。

（一）继续抓好规划编制，科学谋划产业发展

深入推进《柴达木循环经济试验区主导产业体系规划》的编制，进一步明确试验区发展和转型的关系，明确功能定位，优化产业布局，积极构建以盐湖化工产业为核心，以油气化工、金属冶金、煤炭综合利用、新能源、特色生物产业为主导，以新材料产业为培育重点的多产业纵向延伸、横向融合的循环经济主导产业体系。突出强调资源综合利用，注重节能减排，充分发挥重大项目的带动作用，提高经济增长绿化度，推进绿色发展，发挥在全省乃至全国的示范带动作用。

（二）深化重点园区建设，发挥产业集聚效应

依托资源优势，进一步明确柴达木循环经济试验区、西宁经济技术开发区功能定位，使园区产业布局更加科学、合理，形成功能定位清晰和差异化发展的格局。强化基础园区基础设施建设，完善园区基本功能，切实发挥产业集聚效应。依托国家循环化改造示范试点补助资金，开工建设一批产业升级改造、园区基础设施及科技创新平台建设项目，努力做好柴达木循环经济试验区循环化改造试点工作，加快园区循环化改造步伐。

（三）加强资金支持，引导产业加快发展

进一步加强管理，做好省级循环经济发展专项资金安排，切实发挥好资金的引导和带动作用。通过努力，多方争取国家在循环经济产业发展、基础设施建设、科技研发和成果转化等方面的资金支持力度，引导全省循环经济加快发展。

（四）做好重大项目建设，发挥项目带动作用

继续深入推进盐湖资源综合利用二期、金属镁一体化、煤基多联产等循环经济重大项目建设。全力抓好煤制乙二醇、锂资源下游产品开发、油田卤水综合开发利用、高纯镁砂一体化开发、甲醇下游精细化学品开发等项目前期工作。充分发挥重大产业项目的引领带动作用，不断提高资源综合利用效率。

（五）实施开放战略，推进招商引资工作

进一步解放思想、拓宽思路，改进招商引资的方式方法，拓展招商引资的范围途径，完善招商引资的政策举措，不断提升招商引资的质量和水平，力争签约项目、签约金额、落地资金实现新突破。全力筹备“青海投资贸易洽谈会”等重要招商活动，抓好大企业、大集团和知名品牌企业的引进，建立完善项目跟踪服务制度和项目责任分工制度，着力提高项目签约成功率和落地实施率。

（六）加大循环经济宣传，树立发展循环经济意识。通过广播、电视、网络、报刊等媒体，开展内容丰富、形式多样的循环经济宣传教育和科普活动，扩大宣传途径，增强宣传力度，进一步引导企业积极、主动的开展资源节约和环境保护工作，使“减量化、再利用、资源化”的循环经济发展理念逐步深入人心，引导全社会共同参与循环经济建设各项工作。

（撰稿：杨鑫光，青海省发展和改革委员会资源节约和环境保护处）

宁夏回族自治区循环经济

宁夏回族自治区经济和信息化委员会

宁夏回族自治区资源丰富、自然环境状况严峻，处于工业化初期，高载能产业比重很大，资源开发和投资依赖性很强，这种局面如果不能根本扭转，资源供给将难以为继，生态环境将难以承载，经济发展就没有后劲。大力发改循环经济，加快经济发展方式的转变，成为宁夏社会经济发展的重大课题。

2011年，自治区循环经济发展获得新进展。《循环经济规划》编制完成，循环经济试点加快推进，资源综合利用取得明显成效。节水型社会建设试点工作通过国家验收，防沙治沙示范省区建设初显成效。

一、《自治区十二五规划纲要》突出循环经济

2011年1月出台的《宁夏回族自治区国民经济和社会发展第十二个五年规划纲要》，将大力发展循环经济作为重要内容。

《纲要》提出，大力发展循环经济，坚持减量化、再利用和资源化，全面推进循环经济发展，从生产、流通、消费各环节入手，构建资源循环利用体系，大幅度提高资源产出效率。以沿黄经济区为重点，全面推进清洁生产，打造煤炭、化工、冶金、造纸等高效循环生态产业链，着力发展循环型农业。强化资源综合利用，推进城市生活垃圾与废弃物资源化利用，提高工矿企业水资源循环利用率和城市再生水利用率。继续推进宁东基地国家级循环经济示范区、石嘴山市国家级循环经济示范城市、灵武市可再生资源利用循环经济示范园等建设，大力推进企业循环经济示范试点，拉长产业链条，降低单位能耗，为创建全国循环经济示范省区打下坚实基础。

二、召开循环经济工作会议，编制完成循环经济“十二五”规划

2011年9月27日，自治区召开节能和循环经济工作会议。会议总结了“十一五”宁夏节能降耗和循环经济工作经验，贯彻落实国务院确定的“十二五”宁夏单位国内生产总值下降15%的节能目标，分解下达了各市“十二五”节能任务，安排部署全区节能和循环经济工作。会议指出，必须要牢固树立科学发展的理念，要把节能减排作为调整经济结构、转变发展方式、推动科学发展的重要抓手和突破口，实现科学发展与节能减排工作的“双赢”。

《宁夏回族自治区循环经济“十二五”发展规划》编制工作完成，将于2012年初公布。根据《宁夏回族自治区循环经济“十二五”发展规划》，将在“十二五”期间以“转方式、调结构”为主线，突出“减量化、再利用、资源化”原则，不断提高能源资源利用水平,逐步形成循环型经济的生产方式和生活方式，形成政府大力推动、市场有效调节、企业自觉行动、全民积极参与的循环经济长效发展机制。

三、循环经济试点继续推进，循环经济领域不断拓宽，节能降耗、资源综合利用的循环经济发展模式逐步完善

“十一五”以来，在自治区党委、政府的正确领导下，宁夏按照国家发展循环经济的重大战略部署，站在科学发展的高度，立足全区经济社会发展实际，秉承循环经济发展理念，坚持“高标准规划、高起点建设、高层次发展、高效益产出”的原则，大力发展循环经济，形成了以“更少资源消耗、更低环境污染”创造“更大效益、更多就业”的发展思路，初步形成了节能降耗、资源综合利用的循环经济发展模式。建立了“热电—烧碱—电石—PVC树脂—水泥联产”、“煤－电－电解铝－铝材深加工”、“煤－甲醇－醋酸－聚甲醛－烯

2011年9月27日，宁夏回族自治区节能和循环经济工作会议召开

烃”等一批符合我区资源特点的循环经济产业链，石嘴山市、宁东能源化工基地和宁夏金昱元化工集团被确定为国家级循环经济试点单位。

近年来，宁夏先后确定了39家自治区级循环经济试点单位和48家地市级试点单位，全区大宗高耗能产品单耗显著下降，利用粉煤灰、炉渣等废弃物生产的新型墙材使用率达55%，农村基本形成了人畜粪便、农作物秸秆—沼气（取暖做饭）—沼气废渣还田的循环经济运作模式，循环经济发展模式已经成为宁夏转变发展方式、调整产业结构的重要战略。

国家循环经济试点城市石嘴山市采取"资源替代、连横合纵、城市转型、生态建设、区域整合"五大战略，加速构建以"能源-煤化工-电力-冶金"为主导的循环经济产业体系，以都市农业为特征的循环型农业体系、以绿色社区为表现的循环型社会体系，形成和谐社会的推进机制和基本框架。英力特化工股份公司建成了以电石法为原料的气化、固化深加工产品的两条配套生产链，形成了以热电联产产业为依托，以化工产业为主导，以冶金、建材产业为后续的循环经济路子。依托英力特化工股份公司聚能带动作用，石嘴山市引进了一批以液氯、蒸汽等为主、辅原材料进行生产的大项目。

国家首批“资源节约型、环境友好型”创建企业大地化工有限公司按照循环经济“减量化，再利用，资源化”的理念，公司充分利用周边地区煤炭资源优势，提高资源综合利用率，实现了“煤泥矸石发电→大型密闭电石炉→尾气生产合成氨甲醇→电石生产PVA→电石渣生产水泥”闭环反馈式循环的清洁生产过程，初步形成电石、热电、合成氨、甲醇、聚乙烯醇、水泥等能源化工闭合循环经济产业体系。该公司年均回收2.4亿立方米电石炉尾气，除尘净化后成为合成氨厂和醋酸厂生产甲醇、液氨、碳酸氢铵和醋酸的原材料，此举在全国尚属首家。截止2011年底，公司万元产值综合能耗比2005年下降了62%，工业用水循环利用率达到76%。，

新兴产业是宁夏循环经济发展的重要领域。未来几年，宁夏将结合本地发展实际，在新能源产业、新材料、先进装备制造业等领域建立循环产业链，重点打造光伏产业链、风电产业链生物质产业链、铝镁合金生态产业链、稀有金属生态产业链、碳基材料产业链、数控机床循环经济产业链、煤机循环经济产业链和物流－物流网产业链等。预计到2015年，宁夏风电总装机容量达到300万千瓦时，建成太阳能光伏并网发电项目60万千瓦时以上。多晶硅年产能达到1.4万吨，新能源发电占全区电力装机容量的比例提高到14%。

四、资源综合利用水平逐年提高

“十一五”以来，自治区认真落实国家有关鼓励“废气、废水、废渣”等资源综合利用的相关政策，大力推进资源的循环利用，促进节能降耗，资源综合利用成效显著，全区固体废物综合利用水平有了显著提高，截至2011年，全区共有77家资源综合利用认定企业，主要集中在建材、新型墙材、电力等行业。全区已形成了一批资源综合利用效益显著的企业,实现了经济发展和环境保护的双赢。

到2011年，自治区粉煤灰、煤矸石、采矿碎屑、硫酸渣、电石泥渣、建筑垃圾等工业固体废弃物综合利用率超过65%。开发和推广了一批效益好的综合利用技术与装备,如粉煤灰制砖，废渣掺对比例达80%、电石渣和双氰胺渣制水泥技术，废渣掺对比例分别达85%、40%以上,煤矸石页岩烧结制砖技术达到国内先进水平，实现了“制砖不用土，烧砖不用煤”的跨越。

宁夏大地化工循环经济园区

五、再生资源回收利用体系建设趋于完善

近年来，宁夏加强再生资源的回收利用，加快发展循环经济，初步形成了以国有企业为龙头，地、市、县再生资源市场、回收站点为基础的再生资源利用网络。城市生活垃圾无害化处理率达到73%。每年回收废旧再生资源85万吨，废品回收年交易额达11亿元。自治区供销社再生资源有限公司结合“新农村现代流通网络建设”

工程，加快建立和完善再生资源回收利用体系，在全区形成以其为龙头，各地、市、县再生资源回收集散市场为骨干、基层回收站点为基础，“点面结合、三位一体”的再生资源回收利用网络。

建设国家级“城市矿产”示范基地获重大进展。宁夏灵武再生资源循环经济示范区是国家级宁东能源化工基地循环经济区的组成部分，覆盖宁夏、内蒙古、陕西、甘肃、青海等周边500公里。2011年9月，被国家发改委、财政部设立为西北地区唯一的国家“城市矿产”示范基地。基地规划占地总面积10000亩，概算总投资52亿元，实现年产值150亿元，利税20亿元。规划建设“五大主业”：再生铝、再生铜等有色金属深加工业，电器设备制造业，新型建筑材料加工业，电子废弃物处理加工业，报废汽车、机械设备拆解及二手车交易业。项目全部建成后，将实现年回收处理废钢铁20万吨，拆解报废汽车2万辆，拆解废旧家电30万台的处理能力；实现年营业收入10亿元以上，利税1亿元以上，带动就业上万人。目前共引进中国再生资源开发有限公司、江苏托普集团、宁夏亿能固体废弃物资源化开发有限公司等各类国内再生资源行业知名企业30多家。2011年累计实现产值25.1亿元，实现利润1.85亿元，上缴税金1.02亿元。

为降低餐厨垃圾在存放、收集、转运及处置过程中造成的环境污染等危害，宁夏自治区力争在3年内实现地级市餐厨垃圾统一回收处理。目前，银川市正逐步加强对餐厨垃圾的集中、无害化处理，餐厨垃圾集中回收率达到60%，回收的垃圾100%实现了无害化处理和资源化利用。同时，石嘴山市、吴忠市、中卫市等也已开展餐厨垃圾集中处置设厂布点工作，建立餐厨垃圾处置长效机制，防范餐厨垃圾回流餐桌、提炼地沟油或用于畜禽养殖等违法行为。2011年10月1日，《银川市餐厨垃圾管理条例》正式实施，对餐厨垃圾、环境保护、农牧、食品药品监督、质量技术监督、工商行政、公安机关交通等主管部门在餐厨垃圾管理中的职责进行了明确的划分，并将逐年增加对餐厨垃圾治理的资金投入。2011年11月，银川开发区3家再制造企业——宁夏大多石油装备再制造有限公司、天地科技（宁夏）煤机再制造技术有限公司、银川怡祥机械工贸有限公司成为自治区最终上报国家的再制造试点推荐单位。

六、全国节水型社会建设试点省建设通过国家验收

宁夏自治区是第一个全国节水型社会建设试点省，也是全国节水型社会建设的重点区域，在我国节水型社会建设整体格局中处于非常重要的地位。 2011年11月，水利部和国家发展改革委召开宁夏节水型社会建设试点验收工作会议，通过宁夏节水型社会建设试点验收。水利部副部长胡四一、自治区人大常委会副主任刘天贵出席会议并讲话。

试点建设期间，宁夏紧紧围绕经济结构战略性调整和加快经济发展方式转变，密切结合新型工业化、城镇化和农业现代化发展战略，以提高用水效率与效益为核心，以用水总量控制为重点，在水权制度建设、产业结构调整、水资源管理能力、水资源调配和综合利用、节水利益调节机制和农民用水户协会建设等方面取得突破，特别是宁夏以水权转换为突破口，以"农业资源节水-水权有偿转让-工业高效用水"为区域节水构架，在更深层次、更广范围上推进了水权转换制度建设，有效提高了区域水资源承载能力，为解决我国西北地区工业化发展和农业现代化面临的水资源刚性约束问题提供了有益的借鉴。宁夏节水型社会建设有力地促进了全区用水方式转变，改善了水生态环境，为全区经济社会发展提供了可靠的水资源保障。试点建设以来，宁夏全区用水总量减少5.7亿立方米，万元GDP用水量从1274立方米下降到651立方米，万元工业增加值用水量从173立方米下降到91立方米。2011年，宁夏建成万亩以上节水示范区15个，新增节水灌溉面积104.5万亩，完成高效节水灌溉面积26.3万亩，建设中部干旱带高效节水补灌面积41.3万亩，建设畦田190万亩，实施水稻控制灌溉85.3万亩，推行激光平地30.1万亩，有效推动了设施蔬菜、葡萄、马铃薯等特色产业的发展。

工业和城市污水处理后的循环利用是宁夏节水的举措之一。“十一五”期间，宁夏在19个县级市全部建成污水处理厂，5个地级市均建成中水厂，实现了污水处理厂县级全覆盖。2011年，全区城市污水集中处理率达74.9%，黄河干流宁夏段水质明显好转。2011年与2006年相比，宁夏在全区节水的情况下，实现了“四增三提高，三减两下降”的综合效益。银川全市工业用水重复利用率达到88%；节水器具普及率达到95%；污水处理率达到84.6%。五年

间全市经济总量翻了一番，取水总量却没有增加。

七、加强农业循环经济发展

2011年1月“宁夏循环农业发展战略研究”科技攻关计划项目通过了由宁夏回族自治区科技厅组织的专家评审团的验收。“宁夏循环农业发展战略研究”项目依据宁夏各地区自然环境、气候、资源及经济社会发展水平的不同，提出了适宜宁夏引黄灌区、中部干旱带、南部山区三大区域循环农业发展的主导模式及配套模式。即：引黄灌区，主导模式为“农—牧”结合模式；配套模式为生态种植、生态养殖、生态渔业、设施农业、观光农业、能源生态模式六结合。中部干旱带，主导模式为“护—种—农牧”结合模式、“牧—农”结合模式；配套模式为草地生态恢复与持续利用模式、生态种植模式、能源生态模式。南部山区，主导模式为丘陵山区小流域综合治理领域型生态农业模式、农村能源生态模式、牧沼粮草果“五配套”模式；配套模式为“林—草—畜生态经济藕全”模式、“粮—经—饲—畜多元”高效生态经济模式、果菜型立体高效多种经营模式。

2011年11月，水利部和国家发展改革委召开宁夏节水型社会建设试点验收工作会议，通过宁夏节水型社会建设试点验收

农村沼气工程发展。到2011年，农村沼气工程共争取国家投资5.9亿元，已形成年产沼气9000万立方米、沼肥60万吨，每年可节约标准煤42万吨，减排二氧化碳110万吨的综合效益。2011获第二批中央预算内投资4250万元，用于中卫市广泰综合养殖场、吴忠市金仁奶牛养殖专业合作社等22个大中型沼气工程建设。到2011年底，宁夏农村沼气工程建成240处联户沼气工程、37处大中型沼气工程和2458处乡村服务网点，沼气用户达到24万户，受益户占全区农户的24.5%，已形成“养殖业—沼气池—种植业—养殖业”循环发展的农业经济模式，既减少了化肥、农药的施用量，又有效推动了设施农业的发展。同时，宁夏把农村沼气工程建设与农村改厕、改厨、改圈相结合，把秸秆、粪便、垃圾农村三废转化为生物质能源和有机肥料，在推进农业、农村节能减排、保护生态环境、改善农民居住环境、消灭病原传染源等方面发挥了积极的作用。

（撰稿：姚 鑫，宁夏回族自治区经济和信息化委员会节能与综合利用处）

新疆自治区循环经济

新疆维吾尔自治区发展和改革委员会

新疆是我国重要的资源接替区，同时也是生态环境脆弱、水资源贫乏、经济发展落后的省区。发展循环经济，是我区牢固树立环保优先、生态立区理念，坚持资源开发可持续、生态环境可持续战略的重要体现。同时，有利于促进新疆节能减排，缓解新疆资源、环境约束，有利于推进新疆新型工业化进程和增强产品的市场竞争力，保障国民经济安全，对新疆建设节约型社会与和谐社会具有重要的战略意义。自治区党委、人民政府高度重视发展循环经济，认真落实国家发展循环经济、开展资源节约、节能减排的工作部署，积极采取政策、法律、技术、宣传等手段措施，加快推进循环经济发展，并取得一定成效。但总体看来，传统的高耗能、高污染、低效率的粗放型经济发展方式还没有得到根本性转变，循环经济发展仍处于起步阶段，循环经济总体发展水平较低。

一、循环经济取得的主要成效

（一）资源节约与利用水平不断提高

2011年，我区万元GDP能耗1.6307吨标准煤（以2010年可比价计算），万元GDP电耗1396.3千瓦时。万元地区生产总值用水量936立方米，比上年下降5%，万元工业增加值用水量56立方米，比上年下降1.8%。

（二）资源综合利用水平提高

2011年，我区工业固体废物综合利用率47.7%，比上年增加0.16个百分点，城镇污水处理率76.42%，比上年增加4.95个百分点；城镇生活垃圾无害化处理率41.07%，比上年增加0.5个百分点。

（三）主要污染物控制成效显著

2011年，全区化学需氧量排放总量57.38万吨，增长0.92％；氨氮排放总量4.16万吨，增长2.56％；二氧化硫排放总量65.82万吨，增长4.24％；氮氧化物排放总量65.59万吨，增长11.5％，减排目标除氮氧化物外其他三项指标均完成全年工作目标。

二、2011年发展循环经济的主要工作

（一）加强循环经济协调领导机制的宏观管理

加强宏观调控，充分发挥自治区循环经济工作领导小组作用。加强循环经济工作领导小组各成员单位的协调与沟通，各成员单位根据责任分工，各司其职，形成统一认识，明确任务，强化措施，加强协作，狠抓落实，形成协调配合、齐抓共管的新局面，推进我区循环经济各项工作顺利开展。

（二）拓展循环经济试点，提升可持续发展能力

循环经济是调整经济结构、转变经济发展方式、促进节能减排的重要抓手，在对自治区第一批循环经济试点工作进行总结的基础上，经自治区人民政府同意，批复了自治区第二批15家循环经济试点单位实施方案。在化工、电力、有色、冶炼、建材、轻工、资源综合利用等行业及产业（工业）园区启动了自治区第三批循环经济试点工作。乌鲁木齐市被纳入国家城市餐厨废弃物资源化利用和无害化处理试点城市。通过试点单位对发展各具特色的循环经济模式的实践探索，新疆天业公司、宝钢集团八一钢铁公司、中泰化学公司等企业循环经济模式已基本形成，并在节能降耗、减排增效、实现资源的高效转化利用方面取得明显成效，起到了较好的示范带动作用。

（三）探索重点领域循环经济模式，提高试点示范的带动作用

以循环经济试点为依托，积极探索重点领域的循环经济产业链、循环经济模式。

农业方面：我区从发展节水生态农业入手，通过实施高效农业生态工程、农村能源综合利用工程、秸秆综合利用工程等，初步探索出“种—养—加工”相结合的生态农业模式，逐步推进农业循环链形成。如昌吉州探索应用“畜禽养殖—粪便—有机肥(再生资源)—有机食品—有机畜禽”、“饲料—畜禽养殖—沼气(能源、农肥)—种植(饲料)”及“种植—秸杆—加工成草粉—饲料养殖—生物有机肥—农作物种植”的循环发展模式，在种植业和养殖业间形成了闭合循环，提高了废弃物的综合利用水平，促进了绿色农业发展。

工业方面：巴州博湖苇业、克拉玛依石化公司、乌鲁木齐环鹏公司等企业，对构建企业内部循环体系的探索和实践走在了全疆同行前列。如乌鲁木齐环鹏公司结合自身特点，形成“煤炭—电力—建材”、“煤炭开采—煤矸

石、矿井水—建材、矿井水再生利用”、“电石冶炼—废渣、尾气—电石、余热发电、供热”等循环经济模式。这些工业企业加强资源节约与节能减排技术改造，推进产业内部循环和再生资源利用，促进能源梯级利用、资源高效利用和循环利用，延伸产业链，形成企业内部和企业间的“代谢”和“共生”关系，形成企业内部及企业间的循环体系。

（四）组织实施资源节约与综合利用及循环经济工程

大力组织节能、节水、资源综合利用、循环化改造等重点工程，争取国家城镇污水垃圾处理设施项目2011年中央预算内投资7.06亿元，支持78个污水、垃圾项目建设；争取国家节能重点工程、循环经济和资源节约重大示范项目2011年中央预算内投资1.005亿元；争取乌鲁木齐市餐厨废弃物资源化利用和无害化处理项目中央补助资金3128万元；争取合同能源管理项目中央财政奖励资金2000万元。支持乌鲁木齐大气污染防治工作，争取国家各类补助资金1.68亿元。组织编报2012年中央预算内投资城镇污水垃圾处理设施备选项目146项，国家节能重点工程、循环经济和资源节约重大示范备选项目60项。

（五）强化节能减排工作，提升循环经济发展水平

一是明确节能减排目标责任。印发《自治区“十二五”节能减排工作实施意见》，按照“谁分管、谁负责”的要求，将2011年及“十二五”节能减排目标任务分解到重点领域、各地（州、市）、十大高耗能行业、设市城市，进一步明确各部门目标任务和具体责任分工，确保节能减排目标任务落到实处。

二是突出抓好工业、建筑、交通、公共机构、农业等重点领域节能减排工作，降低重点领域能源资源消耗。工业领域对16家“千家企业”2010年度及“十一五”节能目标完成情况进行了现场考核。制定我区2011年度分行业淘汰落后产能计划及关闭小企业计划。建筑领域全面执行居住建筑节能65%的标准。确定我区“十二五”和2011年既有居住建筑供热计量及节能改造面积分别为3346万平方米、1236万平方米。乌鲁木齐市、巴州、新源县等6个市县申报国家可再生能源建筑应用示范市县。交通运输领域制定《自治区交通运输厅2011年度节能减排工作要点》，淘汰高油耗车型，开展燃油消耗核查工作。推广节能新技术，拓展LNG和CNG技术的运用领域，鼓励和引导客运和货运使用新能源环保型车辆。开展甩挂运输、集装箱运输体系建设的试点工作。公共机构领域完善了公共机构管理制度和办法，从用电、用油、用水、耗材等方面提出了约束性量化指标，加强公务用车节油，公共机构节电、节水，努力创建节约型公共机构。农业和农村领域加快推进农作物秸秆资源化利用，加大农村沼气利用力度。截至2011年底，已累计建成农村户用沼气58万户，巩固退耕还林成果农村能源建设项目推广省柴节煤灶8000台，太阳灶5000台；农村能源项目已覆盖全区83个县市，普及率25%；农村沼气使200万农牧民从中受益，每年节约能源约52万吨标准煤，处理人畜粪便生产有机肥约850万吨，减排温室气体约190万吨。

（六）积极组织开展清洁生产工作

清洁生产是发展循环经济的重要途径之一，是从源头上削减污染、提高资源利用效率。我区围绕石油、火电、钢铁、有色、造纸、建材、石化、化工等重污染行业和国家已经颁布的清洁生产标准及清洁生产评价指标体系行业，依法推进清洁生产审核工作。一是加强重点企业清洁生产审核，并把重点企业清洁生产审核纳入自治区政府环境保护目标考核。二是鼓励企业自愿开展清洁生产审核工作，加强清洁生产审核后评估工作。三是积极做好清洁生产审核验收工作，2011年，共对112家企业开展清洁生产审核报告的评估工作，22家重点企业通过实施清洁生产方案，可实现年节水2212万吨，节电2667万千瓦时，节煤5287万吨，节油3357吨；消减化学需氧量2535吨，二氧化硫4028吨，烟尘381吨，取得了比较显著的经济、环境效益。四是组织制定地方清洁生产标准，发布《清洁生产标准 半焦行业》、《清洁生产标准 燃气发电行业》二项地方清洁生产标准。

（七）积极鼓励和推进资源再生利用

一是整合矿产资源，提高资源回采率。煤矿数从2005年的561个减少到2011年底的352个，建成了阿舍勒铜矿、罗布泊钾盐等矿业开发基地，固体矿石产量增加96.4%。二是加强尾矿、共伴生矿产资源的综合回收利用。对开展矿产资源综合利用的企业，在投资、价格、税收、信贷等方面给予大力支持。三是积极回收利用可再生资源，提高资源利用水平。开展利用粉煤灰、炉渣生产粘土多孔砖、陶粒砌块，利用煤矸石、石灰石尾矿、硫酸渣等陶瓷地砖生产水泥等，减少了污染物的排放，节约和替代了其他资源。四是加强城市污水集中处理设施建设，对处理达标后的污水用于绿化和企业回用，提高了水资源利用效率，节约了大量新鲜水。五是积极开展限制生产销售使用塑料购物袋工作，查处生产、销售超薄塑料购物袋22万个，查处案件数2个。六是积极开展农作物秸秆再利用，提高农作物秸秆综合利用水平，农作物秸秆主要用于畜牧饲料、食用菌种植、高密度板材等领域。食用菌企业每年生产食用

菌所需菌袋原料80%来自棉壳，年利用棉壳约100余万吨。国能阿瓦提生物发电有限公司发电燃料75%为棉秸秆，每年发电可消耗农林废弃物约10万吨，替代标准煤5万多吨，每年生产8000吨草木灰肥。

（八）加大循环经济的宣传力度

2011年，我区继续围绕“大力发展循环经济，加快建设节约型社会”这一主题，结合节能宣传周、世界水日、地球日、天山环保世纪等活动，采用新闻媒体采访、悬挂横幅、展版等多种形式加大节能减排、循环经济宣传力度，全社会对发展循环经济重要意义的认识进一步提高，节约资源、保护环境正在变成全体公民的自觉行为，发展循环经济的良好社会氛围也正在形成。同时，绿色服务业，环境标志认证体系、绿色学校、绿色社区、政府绿色采购等发展循环经济的有效方式逐渐深入人心。

三、循环经济典型案例

乌鲁木齐经济技术开发区是国家级经济技术开发区，是自治区第一批循环经济试点单位。近年来，乌鲁木齐经济技术开发区在可持续发展的思想指导下，按照发展循环经济的理念，实施资源高效利用和环境保护的发展模式。已初步形成“以主导产业为核心，关联产业为基础”工业循环经济产业共生模式。依托入驻园区的企业，目前，在电子信息方面，初步形成以报废电子信息产品回收利用为核心，以电子信息产品生产为纽带的“电子信息行业—电子信息产品生产加工—电子信息产品—报废电子信息产品回收利用—电子信息产品”循环产业链。塑料制品方面，初步形成以再生塑料回收为核心，以包装材料为纽带，连接塑料制品行业与饮料制品业、食品制造和农副产品加工业的“塑料化工制品—包装材料—农副产品加工—食品制造—饮料行业”循环产业链。食品饮料方面，初步形成以酒糟、酒精、废酵母等回收利用为核心，以废酵母加工、酒精提纯等生产为纽带的“饮料行业—食品制造—农副产品加工—生物制药—包装材料—塑料化工制品”循环产业链。家具制造业方面，初步形成以家具制造为核心，以木材加工及木、竹、藤制品业为家具制造业提供包装材料的“木、竹、藤——木工板、薄皮板、中纤板、火柴”循环产业链。通过实施再生资源回收体系建设，熹洋洋物资回收有限责任公司回收废弃物中的90%以上可得到回收再利用；新疆金业报废汽车回收（拆解）有限公司的报废汽车回收率由35%提高到90%，报废汽车拆解利用率由70%提高到95%以上。

乌鲁木齐经济技术开发区通过实施园区循环化改造，大力发展循环经济，引入补链项目及在企业推广节水技术，完善资源综合利用、垃圾处理一体化管理等措施，能源产出率、水资源产出率、土地资源产出率、固体废物综合利用率等指标进一步提升，资源消耗量、废物排放量明显下降。2011年，单位国内生产总值取水量2.25立方米/万元，单位地区生产总值能耗0.045吨标煤/万元，单位地区生产总值二氧化碳排放量0.58吨/万元，工业固体废物综合利用率提高到85%，工业用水重复利用率提高到60%。

（撰稿：李安全，新疆维吾尔自治区发展和改革委员会资源节约和环境保护处）

新疆生产建设兵团循环经济

新疆生产建设兵团发展和改革委员会

2011年是“十二五”规划开局之年，开好局、起好步事关“十二五”时期新疆兵团经济社会发展全局。2011年新疆兵团认真贯彻落实党中央、国务院，新疆自治区党委重要决策部署，在实施优势资源转换战略，加快新型工业化、农业现代化和城镇化的进程中，把节能减排工作做为调整经济结构、转变经济发展方式、推动科学发展的重要抓手和突破口。通过大力发展循环经济和清洁生产，资源综合利用率得到提高，资源节约和环境保护工作取得明显进展。

一、2011年循环经济发展成果

2011年全兵团实现生产总值968.8亿元（现价），比上年增长16%；结构调整初见成效，三次产业结构由2010年的35.5：34.5：30调整到2011年的34：38：28。资源产出率和资源综合利用率得到大幅提高，循环经济取得积极进展。能源产出率从2010年的0.587万元/吨标准煤下降到2011年的0.54万元/吨标准煤；土地产出率从1.743万元/公顷提高到2.022万元/公顷，提高16%；水资源的产出率从6.118元/立方米提高到6.919元/立方米，提高13%。

单位生产总值取水量从2010年的1634立方米/万元下降到2011年的1445立方米/万元，下降11.6%；单位生产总值能耗从1.73吨标煤/万元上升到1.85吨标煤/万元，上升6.8%；农业灌溉水有效利用系数稳定在0.52左右。

资源综合利用率稳步提高，工业固体废物综合利用率达到70%以上；工业用水重复利用率稳定在82%左右。

2011年化学需氧量、氨氮、二氧化硫、和氮氧化物排放量分别为9.88万吨、0.52万吨、10.49万吨和9.92万吨，相比2010年分别增加4.45 %、2.39%、9.41%和13.19% %，只有氨氮完成了2011年度减排目标（计划分别控制在增长4%、6%、8%、8%的目标）。

2011年推广高新节水面积达到1091.6万亩，比上年增加了68.4万亩，增加了6.3%。

二、2011年发展循环经济开展的主要工作

（一）积极安排部署“十二五”节能减排工作

根据国家节能减排电视电话会议精神和工作要求，兵团召开了节能减排工作电视电话会议，全面总结了“十一五”节能减排工作，对“十一五”期间在节能减排工作中成绩突出的农一师、二师、四师、六师、七师、十二师予以通报表扬，对兵团“十二五”节能减排工作进行了安排部署。为落实“十二五”节能减排目标，兵团印发了《“十二五”节能减排综合性工作方案》，提出“十二五”兵团单位GDP能耗五年下降10%，化学需氧量、氨氮、二氧化硫和氮氧化物排放量与2010年持平的节能减排目标。同时，将目标责任分解落实到各师、重点行业，层层签订目标责任书，并从强化目标责任、优化产业结构、实施重点工程、加强管理、发展循环经济、强化监督检查等方面提出具体工作措施。

（二）加大实施循环经济重点工程

为加快循环经济发展，加大循环经济重点工程建设，2011年兵团积极利用中央预算内资金、财政节能专项资金、合同能源管理等多种资金渠道，加大节能减排基础设施投入。在化工、电力、建材等重点行业和城镇污水、垃圾治理等重点领域，围绕十大重点节能工程、循环经济、资源综合利用等方面实施一批项目，当年共落实国家各类节能减排资金18656万元，其中：中央预算内资金8156万元，财政节能奖励资金6000万元，合同能源管理财政奖励资金4500万元。

2011年4个综合利用项目计划总投资14483万元，其中：中央预算内投资1720万元，安排了对新疆白桦林原生态板业科技有限公司年加工3万立方米棉秸秆板材生产线项目、农二师金川矿业有限公司塔什店煤矿矿井水处理综合利用项目、屯南煤业有限责任公司矿井水处理综合利用项目、乌鲁木齐希望电子有限公司节电产品系列产业化扩建项目建设。

2011年围绕燃煤锅炉改造、能量系统优化、电机系统节能等重点节能工程，争取阿拉尔市蓝天热力公司集中供热设施节能改造、新疆如意毛纺织有限公司系统节能技术改造、天富股份有限公司多热源联网能量系统优化、天业(集团)有限公司燃煤锅炉节能技改、北屯热力有限责任公司燃煤锅炉改造、乌鲁木齐西城热力有限公司供热设施节能改造等6个项目列入国家财政奖励计划，项目总投资40343万元，经第三方审核机构青海省节能技术中心现场预审核，建成后可实现节能量20.36万吨标准煤，获得国家财政奖励资金6108万元。

（三）加强循环经济试点示范工作

根据国家发改委“关于确定首批国家循环经济教育示范基地初选名单及有关事项的通知”（发改办环资【2011】2734号）精神，为提高社会公众对循环经济的认识，宣传循环经济典型模式，推广普及循环经济理念，对照国家申报条件，经新疆兵团有关部门认真审查，新疆天业（集团）有限公司被国家发展改革委、教育部、财政部和国家旅游局列为国家首批循环经济教育示范基地。同时，新疆天业（集团）有限公司多产业共生的氯碱化工企业循环经济发展模式，被列入国家发改委60个《循环经济典型模式案例》。新疆天业（集团）有限公司依托石灰矿、煤矿、盐矿等资源优势，构建的“煤炭-电力-废渣-水泥”、“石灰石-电石-聚氯乙烯-废渣-水泥”等多条循环经济产业链，自主研发国内首创的电石渣干法生产水泥技术，实现了电石渣替代石灰石原料生产水泥；利用部分电石渣用于电厂脱硫，脱硫石膏用于水泥生产，实现了废弃物逐级资源化利用；利用电石炉气送至电厂及烧碱装置替代燃煤和天然气，也降低了综合能耗。新疆天业（集团）有限公司多产业共生的氯碱企业循环经济发展模式，为全国氯碱行业加快资源节约型和环境友好型企业的建设步伐提供很好借鉴。

（四）积极发挥循环经济成果辐射带动作用

为积极推进循环经济成果应用工作，2011年，新疆天业集团通过“中国新疆节能环保与能源工业技术博览会”向社会公众积极宣传循环经济发展，展示新疆天业集团变废为宝的脱硫石膏、粉煤灰蒸压砖、电石渣水泥等20多种环保产品、节水滴灌器材等，受到广大客商和社会公众的好评。同时，新疆天业集团积极发挥节水滴灌技术优势，与辽宁省合作推广的1000万亩节水滴灌农业工程正式启动，工程的实施将极大促进辽宁省节水高效农业的快速发展，同时对新疆天业集团节水技术的广泛推广和应用，对我国北方节水型农业的发展产生重要而深远的意义。

（五）加大结构调整力度，积极淘汰落后产能

按照《国家产业结构调整指导目录(2011年本)》，兵团进一步加大国家鼓励类项目的引进，承接产业转移坚持高标准，严禁污染产业和落后生产能力转入。继续加快发展服务业和高技术产业，积极发展节能环保、新能源等战略性新兴产业。进一步调整优化能源结构，依托新疆丰富的水能、风能、太阳能和天然气等资源，增加清洁能源和可再生能源比重。加快淘汰落后生产能力步伐，制定“十二五”期间淘汰落后产能目标任务，并将淘汰落后产能任务按年度分解落实到有关师。2011年兵团淘汰落后小水泥产能40万吨，已完成“十二五”计划任务的51.2%；电力行业也加大了对现有电厂的技术改造力度，通过大力发展热电联产，提高机组发电效率，逐步淘汰50MW以下小机组。

（六）积极开展合同能源管理

2011年兵团进一步加大合同能源管理推进工作力度，发改、财务部门积极配合，推荐新疆天业节能服务有限责任公司、新疆乾坤环能投资有限公司、新疆中兴达科技节能服务有限公司、新疆沃德节能服务有限责任公司等企业成为申报实施中央财政奖励资金的节能服务公司，被列入国家二批、三批节能服务公司备案名单之中。为做好2010年财政奖励合同能源管理项目的组织上报、自查和现场核查工作，特别是做好合同能源财政奖励管理项目的现场核查工作，9月中旬，兵团发改委积极配合国家发改委委托的青海省节能技术中心对兵团2010年四个合同能源管理项目，进行现场核查确认，争取合同能源管理项目中央预算内财政奖励资金4500万元。

（七）认真做好资源综合利用工作

为了更好地贯彻落实国家对资源综合利用的优惠政策，促进合理利用和节约资源，为企业做好协调、服务工作，积极协调配合自治区经信委及各相关行业管理办公室，认真做好兵团2011年资源综合利用项目(产品)认定申报和换证工作。协助和田青松建材有限责任公司、博乐南岗、雁池新型建材等哈密南岗建材有限公司、青松天业水泥有限公司等13家企业涉及32.5复合硅酸盐水泥、42.5普通硅酸盐水泥等21个品种办理资源综合利用换证，奎屯南岗建材有限责任公司、石河子开发区天业建材科技有限公司、石河子新天众利工贸有限公司、阿克苏市青松龙仁塑化有限责任公司等4家企业的32.5复合硅酸盐水泥、32.5粉煤灰硅酸盐水泥、蒸压粉煤灰砖、加气混凝土砌块、水泥包装袋等5个产品通过资源综合利用产品认证。预计2011年为兵团35家资源综合利用企业可享受增值税、所得税减免可达2.15亿元，资源综合利用废弃物650万吨。

（八）积极做好节能评估审查工作

2011年新疆兵团积极贯彻落实国家固定资产投资项目节能评估和审查管理办法，认真制定了《新疆生产建设兵团固定资产投资项目节能评估和审查暂行办法》，并于2011年初对管理办法进行了实施。2011年共审批了18个节能

评估报告书、2个节能评估报告表，对40余个年能源消费量小于1000吨标准煤的项目进行了节能登记；按照审批权限，对4个需要国家审查的节能评估报告书(表)进行了初审，严把新建项目能耗消费准入关，严防落后产能、落后工艺技术项目落户兵团，从源头上杜绝能源浪费，提高能源利用效率。

（九）积极开展高效照明产品推广工作

绿色照明工程是一项实实在在的惠民工程，2008--2010年，兵团累计推广172万只节能灯，为职工群众带来了更加舒适、光亮的照明环境，实现了生活方式的绿色转换。2011年，新疆兵团继续加强绿色照明推广工作，通过张贴海报、横幅、现场宣传推广等多种方式，向社会公众宣传高效照明产品、国家补贴政策。认真编制了《新疆生产建设兵团2011年推广财政补贴高效照明产品实施方案》，确保2011年兵团高效照明产品50万只推广任务顺利实施。兵团、师两级发改、财务、建设、机关事务管理、妇联等部门密切配合，加强协调，通过与中标企业广东佛山照明有限公司的积极合作，圆满完成推广高效照明产品50万只目标任务。

（十）积极开展循环经济宣传活动

2011年兵团积极联合新闻媒体重点报道各师、各部门节能减排、循环经济新举措、新进展、新成效，进一步增强全社会的能源忧患意识和节约意识，倡导健康文明、节约环保的消费模式和生活习惯。在6月11日—17日的全国节能宣传周活动期间，围绕“节能我行动 低碳新生活”主题，兵团发改委会同建设局在机关大楼西区进行展板展示宣传，使节能低碳和绿色消费成为每个单位、每个家庭、每个社会成员的自觉行动，通过宣传，全社会对发展循环经济重要性认识进一步提高，节约资源、保护环境正在成为全民自觉行动，发展循环经济的良好社会氛围正在形成。

三、存在的主要问题

一年来，新疆兵团在节能减排、发展循环经工作中取得了一定的成绩，但也存在一些困难和问题。

一是节能减排形势还相当严峻。“十一五”时期兵团单位生产总值能耗计划下降20%，实际仅下降6.3%，万元生产总值能耗2.21吨标准煤，为全国能耗水平的2.1倍。“十二五”时期，是兵团推进跨越式发展的关键时期，产业结构加速调整，重化工业快速发展，能源消费需求呈刚性增长态势，节能降耗及污染减排压力进一步加大。

二是思想认识不到位。目前，仍有一些师和企业对节能减排、循环经济发展的重要性、紧迫性、艰巨性认识不足，不能正确处理经济发展与节能减排的关系，把经济高速增长作为硬任务，把节能减排作为软指标，或者仅仅停留在口头上；对转变发展方式、调整优化经济结构的重要性认识不足，做规划、上项目考虑资源节约和环境保护不够，盲目上高耗能高排放项目，搞低水平重复建设，第三产业发展缓慢，比重有所下降，战略型新兴产业发展更是严重滞后。

三是循环经济技术推广应用难度大。当前，循环经济工作尚处于起步阶段，同时由于兵团城市、园区相距较远，各类生产规模总量相对小，废弃物综合再利用投入大、成本高、效益不高，各类循环经济产业深加工、工业三废、城市污泥、餐厨垃圾废物利用等技术的推广应用有待进一步加强。

四、下一步工作打算

（一）积极推进循环型工业发展

在实施优势资源转换战略过程中，坚持循环经济发展与新型工业化建设相结合。按照循环经济理念和要求进行规划、设计和建设，实现产业升级转型。重点推进国家级、兵团级产业园区的循环经济发展，着力解决工业“三废”问题，通过企业内部的小循环、企业间的中循环，推进产业内部快速循环和再生资源生产利用，加强能源和水等资源消耗管理，实现土地集约利用、废物交换利用、能源梯级利用、废水循环利用和污染物集中处理，力争做到“吃干榨净”，实现经济效益、社会效益和生态效益的最大化。同时，进一步优化能源结构，依托新疆丰富的水能、风能、太阳能资源，提高可再生能源的比例。

（二）继续扩大节水型农业的发展成果

以提高水资源利用率和减少农业污染为目标，进一步提高农业用水效率，推广高效节水技术，降低灌溉用水定额，提高农业用水效率，农业灌溉有效利用系数稳定在0.55左右，高新节水面积2015年达到1300万亩。科学合理使用肥料、农药、农膜，推进农业清洁生产和可持续发展。大力发展设施农业，推进测土施肥技术，提高农业废弃物综合利用率，发展生物有机肥和沼气工程，不断巩固和提高农业高效节水和机械化水平，继续保持兵团农业的领先优势。

（三）推进产业园区循环经济发展

重点突破，夯实基础，着力启动一批高起点、高效益和见效快的循环经济试点园区和示范项目。重点打造支持石河子市、阿拉尔市、五家渠市三个国家级经济开发区和兵团级产业园区循环经济园区建设，形成氯碱化工、煤化工、建材、再生铝、镁合金等循环经济产业链，使产业园区的各类废弃物合理利用，形成企业间、区域间深层次的循环经济发展模式。

（四）扩大循环经济试点范围

充分发挥好石河子市和天业集团这两家国家级循环经济试点单位的示范带动作用，围绕电力、水泥、造纸、煤化工等重点行业，组织实施一批对发展循环经济起关键作用的示范项目，建设一批符合清洁生产和循环经济理念的消耗少、成本水平低、科技含量高、经济效益好的一批示范企业。做好天业集团的国家循环经济教育示范基地建设，开展争创国家循环经济试点和教育示范基地试点工作，不断扩大循环经济覆盖面，推进节能减排工作深入开展。

（五）进一步加强资源综合利用和循环经济工程建设。

积极争取国家十大重点节能工程、循环经济和资源节约综合利用等项目资金，加大兵团节能减排基础设施投入。围绕共伴生矿产资源、煤层气、焦炉尾气、矿井水综合开发利用和粉煤灰、煤矸石、电石渣、脱硫石膏等大宗工业废弃物的综合利用，组织实施一批循环经济重点工程。继续加大城镇污水处理再利用、生活垃圾处理工程建设，进一步促进兵团城镇生活污水循环再利用。继续加强建筑节能、公共机构节能工程的实施，努力完成兵团“十二五”节能减排目标的实现。

（六）继续加强循环经济宣传

开展形式多样的宣传教育活动，宣传典型案例，特别是加大天业集团的国家循环经济教育示范基地宣传，扩大公众参与度，普及循环经济发展理念和相关知识，建设增强全社会节约资源、环境保护意识。积极倡导“绿色消费”理念，加大绿色学校、绿色社区等绿色经济的宣传创建，大力培育循环型社会，使“绿色消费”理念深入人心。

（撰稿：杨安民，新疆兵团资源节约和环境保护处）

大连市循环经济

大连市发展和改革委员会

2011年，大连市万元地区生产总值能耗0.84吨标准煤，比上年下降3.81%；万元工业增加值能耗比上年下降5.5%；万元地区生产总值水耗26立方米，比上年下降6.7%；化学需氧量减排量18.57万吨，比上年削减2.80%；氨氮减排量1.54万吨，比上年削减3.67%；二氧化硫减排量12.37万吨，比上年削减3.84%；氮氧化物减排12.74万吨，比上年增加1.43%。城市污水集中处理率95%，比上年提高3.1个百分点；城市生活垃圾无害化处理率(市区)100%，比上年相同；中水回用率40%,比上年提高2个百分点；全市粉煤灰综合利用率84%，比上年减低2个百分点。除氮氧化物因减排工程效果滞后未完成减排指标外，其余节能减排指标均超额完成省政府下达的年度工作目标。

一、编制循环经济规划

大连市发展和改革委员会编制完成《大连市“十二五”循环经济发展规划》，健全大连市循环经济发展指标体系，确定“十二五”期间各产业发展循环经济的重点领域和重点任务。编制完善《大连市城镇生活污水处理及再生利用设施建设“十二五”规划》和《大连市生活垃圾无害化处理设施建设“十二五”规划》，明确“十二五”期间城镇污水处理设施的建设目标。编制完成《大连市“十二五”应对气候变化规划》，把积极应对气候变化作为加快转变经济发展方式，以科技创新为支撑，建立健全应对气候变化的政策保障体系，有效控制温室气体排放，全面提升我市未来应对气候变化能力。

二、建立节能减排目标责任制

大连市人民政府下发《大连市“十二五”节能减排综合性工作方案》和《大连市“十二五”主要污染物总量控制计划》，对“十二五”期间节能减排各项工作任务及年度工作目标进行分解。坚持各区市县人民政府、各先导区管理委员会，各有关部门和单位一把手是节能减排工作第一责任人制度，坚持一把手负总责，形成一级抓一级，层层抓落实的目标责任体系。强化节能减排任务目标考核工作，对未完成年度节能降耗目标的地区和部门，坚决实行“一票否决”制和行政问责制。

三、推进产业结构调整和优化升级

贯彻落实《国务院关于进一步加强淘汰落后产能工作的通知》和《辽宁省人民政府关于淘汰落后产能工作的实施意见》精神，超额完成全市19家水泥生产企业直径3米以下水泥粉磨设备淘汰工作。贯彻落实国家发展和改革委员会《固定资产投资项目节能评估和审查暂行管理办法》精神，大连市发展和改革委员会出台《大连市固定资产投资项目节能评估和审查工作实施暂行办法》，严格控制高耗能项目上马。全市发展改革系统完成固定资产投资项目节能评估和审查工作230余项。

四、推动节能技术进步

以工业锅炉改造、换热技术改造、余热余压利用、电机系统节能、建筑节能技术研发推广应用等为重点，以2011年立项的燃煤高效催化燃烧及固硫一体化技术、光电子技术、氢源与燃料电池集成的热电联供系统技术研发为突破口，加快先进节能低碳技术的研发与推广应用。

五、提高碳汇能力

大连市不断加强生态建设，增强全域碳汇能力。全年全社会投入100亿元，造林119万亩，城市绿化覆盖率达到45.1%，大连市被全国绿化委员会、国家林业局授予“国家森林城市”称号。

六、开展节能减排宣传活动

根据国家发展改革委等14部委关于开展节能减排宣传工作的有关要求，市节能减排工作领导小组以“全国节能宣传周”、“六•五环境日”、“环保世纪行在大连”、“限塑大检查”等活动为平台，积极宣传国家节能减排等相关法律规章，组织各种新闻媒体，大力营造良好的舆论氛围，不断加强和提高公众的节能减排意识。据不完全统计，节能宣传周活动期间，全市共组织大型节能主题宣传活动30余次，组织专家讲座和咨询9场（次），举办节能技术培训班15个，组织节能技术交流会13场（次），开放节能减排宣传教育基地和示范项目12个，发放宣传材料近7万余份。

七、重点领域节能

2011年，大连市继续抓好重点领域节能降耗工作。工业领域节能。重点开展对50余户年耗能5000吨标准煤以上重点用能企业节能管理、制度建设、主要用能设备能源利用效率等情况的重点监察，并对40户重点用能企业实施综合节能检测或锅炉、电机、风机等用能设备的单项节能检测；下达第一批23家年耗能20万吨以上标准煤重点用能企业“十二五”节能目标任务。建筑领域节能。不断完善建筑节能监管体系，推进可再生能源建筑应用，推广低碳、绿色建筑；完成超低能耗建筑10万平方米、新型墙体材料产量38亿标砖、太阳能热水器应用建筑130万平方米、既有居住建筑供热计量及节能改造40万平方米的任务。交通领域节能。继续组织企业参加交通运输部“‘车、船、路、港’千家企业低碳交通运输专项行动”；加快更新老旧公交车辆，全年全市更新老旧车辆3900余台；严格实施道路运输车辆燃料消耗量准入制度，合理配置车辆资源；推进节能与新能源汽车应用，提高交通运输节能水平，至年末，全市上线运行节能与新能源汽车901辆。公共机构领域节能。加强公共机构节能管理，完成市直公共机构5.3万盏节能灯的更换工作；推进机关办公楼和大型公共建筑既有建筑节能改造，抓好公务用车节能，开展节约型公共机构创建活动。

八、节能减排重点项目建设

2011年，大连市财力安排资金4.35亿元，支持建设节能减排重点项目34个。推进重点节能改造项目，国电电力大连庄河发电有限责任公司“机组耗能系统优化”项目成功申报国家发展改革委2011年节能技术改造财政奖励项目，项目节能量1.2万吨。合同能源管理实现零的突破，到2011年末，全市实施合同能源管理项目7项，其中有2个合同能源管理项目竣工并按规定通过审查，已拨付财政奖励资金28.35万元。大连市人民政府投资1100万元，引进和消化吸收日本三浦工业株式会社技术，实施200台工业锅炉在线监测工程，加强运行监管，能提高工业锅炉平均运行效率5%左右。抓好华能国际电力股份有限公司大连电厂机组脱硫及供热改造工程，国电电力发展股份有限公司大连开发区热电厂热电设备综合节能改造工程等13项重点节能示范工程，预计年节约25.68万吨标准煤。

九、污染减排

2011年，大连市加大工业企业废气污染治理，完成2个窑炉烟气脱硫和工业锅炉烟气脱硫项目，6家企业的烟气脱硫治理。继续推进拆炉并网工作，并网锅炉房25处，拆除锅炉32台，总吨位158吨，实现并网面积100万平方米。加强施工扬尘监管，组织开展对各类建筑及拆迁工地、矿场、排渣场以及可能造成二次扬尘的企业进行全面排查，出台《大连市扬尘排放量核算办法》及其实施细则，在全市范围内对扬尘排放单位征收扬尘排污费。加强机动车污染防治，对机动车24条尾气检测线硬件进行完善，开展“绿标路”创建工作，完成人民路和中山路2条绿标路创建。建立农村环境综合整治目标责任制，整治农村面源污染。市政府全额投资大连市水源保护地周边乡镇13个污水垃圾处理设施建设；推进12个农村非水源地乡镇污水处理设施建设，所有项目都在实施中。加强畜禽养殖业环境管理，建立全市86家规模化畜禽养殖场信息系统数据库，提高对畜禽养殖业的环境监管水平。全面落实《关于深入推进重点企业清洁生产的通知》精神，制定《大连市2011-2013年度重点企业清洁生产审核工作方案》，明确在3年内完成全市21个行业约300家企业的清洁生产审核工作。当年，完成102家企业清洁生产强制审核工作。推进核电和LNG等清洁能源项目建设。辽宁红沿河核电站一期工程建设进展顺利，大连LNG（液化天然气）建成投产，奠定大连市实现能源资源供给多元化、调整能源结构、减少污染物排放的基础。至年末，全市风电总装机容量40万千瓦。

十、水资源节约

2011，大连市大力推进节水型社会建设。积极推进城市大生活节水，加强计划用水考核，对3231个计划用水单位用水量实行按月考核；开展节水型小区（社区）创建活动，节约用水管理工作达到节水型小区建设标准。大力推进农业节水，加强灌区工程改造，降低灌溉系数，新增节水灌溉面积24万亩，其中微灌面积5.72万亩、管路输水7.79万亩、渠道防渗面积10.4万亩，年实现节约用水289万立方米。积极促进非常规水资源利用，监督检查再生水和海水综合利用设施项目50个，推动全市非常规水资源利用工作发展。当年，大连市万元地区生产总值26立方米，比上年下降6.7%。全市工业用水重复利用率91%。

十一、再生资源综合利用

2011年，大连市积极推进大连国家生态工业示范园区（静脉产业类）开发建设。大连市人民政府出台《大连市人民政府关于支持大连国家生态工业示范园区（静脉产业类）开发建设的若干意见》，并积极申报国家“城市矿产”示范基地。9月，国家发展和改革委员会、财政部联合批准大连国家生态工业示范园区（静脉产业类）为国家“城市矿产”示范基地。至年末，园区起步区按“进口圈区”管理的要求完成基础设施及配套设施建设，建成海关区和检验检疫区，并通过省级相关部门联合组织的预验收。当年，签约入住园区的国内外知名企业22家。加快建设再生资源回收体系。市政府出台《大连市人民政府办公厅关于推进大连市再生资源回收体系建设的实施意见》，并积极申报国家再生资源回收体系建设试点城市。组织申报国家循环经济试点示范项目。7月，国家发展改革委、财政部、住房和城乡建设部3部委联合批准大连市为国家餐厨废弃物资源化利用和无害化处理试点示范城市。开展建筑领域资源综合利用。在禁止使用粘土砖的基础上，进一步推进禁止使用页岩砖工作，全市新型墙体材料年产量占墙体材料总量的94.22%，建设工程使用率96%；推广利用散装水泥，全市发展散装水泥700万吨，散装率71%。

（撰稿：赵永勃，大连市发展和改革委员会资源节约和环境保护处）

青岛市循环经济

青岛市发展和改革委员会

一、2010年青岛市循环经济进展情况

（一）节能减排工作成效显著

2010年对节能减排工作来说是不平凡的一年。面对严峻的工作形势，全市上下积极应对，强化措施，狠抓落实，科学调控，克难攻坚，节能减排工作取得积极成效，圆满完成了“十一五”全市万元GDP能耗下降22%，二氧化硫和化学需氧量的排放量分别削减26%和18%的工作目标。

（二）《青岛市循环经济试点实施方案》获得国家发展改革委正式批复

2010年3月8日，《青岛市循环经济试点实施方案》获得了国家发展改革委的正式批复。批复指出，实施方案对青岛市循环经济发展具有重要的指导作用，对全国其他地区循环经济发展有较强的借鉴作用。要求积极探索沿海发达城市循环经济发展模式，努力将青岛市建设成为全国循环经济发展的典范。

（三）清洁生产工作持续推进

将清洁生产促进工作作为推动循环经济发展的重要手段，不断加强协调指导，健全工作网络，建立完善清洁生产培育体系、审核体系、评价体系和服务体系，加大资金支持力度，加强重点项目示范和引导，有力地推动了全市清洁生产工作不断迈上新台阶。截至2010年底，全市共有440家企业通过清洁生产审核，其中220家重点企业通过了强制性清洁生产审核。403家企业通过了ISO14001环境管理体系认证。目前已形成了11家服务机构、14名国家和省级专家、近100名市级专家的服务体系，清洁生产指导和服务体系进一步完善。

（四）资源综合利用和环保产业稳步发展

认真落实资源综合利用和环保产业鼓励政策，将综合利用认定纳入市行政审批大厅管理，有效提高了全市资源综合利用和环保产业的管理水平。为推进建筑垃圾综合利用示范工作，以市政府办公厅文件发布了《关于做好建筑垃圾综合利用工作的的通知》。加大生物质等新能源技术的推广应用，生物质锅炉和沼气技术应用项目在示范村镇、试点单位推广效果良好。建设了垃圾焚烧发电项目，设计年焚烧量为55万吨。同时，开工建设了垃圾填埋场沼气发电项目。

（五）农业循环经济发展势头良好

通过实施农村“一池三改”户用沼气建设、大中型沼气工程建设、秸秆气化集中供气工程和“四位一体”（集“大棚-种植-养殖-沼气”为一体）等能源生态模式建设，拓宽农业生产废弃物综合利用途径。截至2010年底，全市累计建设户用沼气池5.77万户，年度总气量2122万立方米，年处理废弃物58万吨；建设大型沼气工程20处，年处理废弃物64万吨；建设中小型沼气工程97处，年处理粪污2万吨；建设“四位一体”生态能源模式大棚1150座，面积达68.50万平方米，沼气、沼液、沼渣得到综合利用。

积极做好农业废弃物资源综合利用工作。一是认真贯彻国家、省有关文件要求，积极做好秸秆综合利用工作，特别是在小麦麦收季节加强秸秆综合利用技术推广应用。二是大力推广秸秆直接还田。认真落实好购机补贴政策，大力引进和购置机械配套的联合收割机、玉米秸秆粉碎还田机、铡草机等还田机械，提高机械化程度；大力推进机械化保护性耕作技术和秸秆综合利用机械化技术，玉米机械化秸秆还田面积达到260多万亩。三是推广秸秆过腹还田，玉米秸秆青贮达到162万吨。四是推广秸秆气化、固化成型和秸秆栽培食用菌技术等，每年秸秆利用总量达30万吨以上，全市秸秆综合利用率达到80%以上。

（六）深入推进循环经济试点工作

始终坚持以试点建设为促进循环经济全面深入发展的重要着力点，结合全市经济社会发展特点和产业布局现状，在一批重点行业和重点领域积极稳步推进国家、省、市三级循环经济试点。作为国家循环经济试点城市，积极落实试点实施方案，探索发展循环型农业、工业和服务业，加强资源节约和废弃物综合利用，构建循环经济产业体系。2010年，对全市循环经济试点进展情况进行了调度汇总，通报表彰了一批循环经济工作先进单位和先进个人，对示范效果明显的循环经济重点项目给予了市财力补助支持。有1个城区、2个园区和7个企业被命名为山东省循环经济示范单位。

（七）不断加大循环经济科技支撑力度

加强先进适用技术的综合集成和现代高新技术研究应用，实施新能源和资源综合利用领域的科技发展计划。实施了“生物质热解液化燃用油技术”、“生物柴油生产关键技术及产业化研究”，为青岛市生物产业基地的形成和发展提供技术支持。“生物质热解液化燃用油技术”研究采用热裂解技术体系对秸秆、锯末等废弃物经热化学分解生产液体燃料油。组织“废旧轮胎经提炼燃料油技术及产业化”项目在青岛生物能源产业基地建成并投产试运行。

（八）结合实际，以重点领域为重要着力点，提升循环经济发展水平

青岛市立足区域自然条件和产业特点，将废旧家电电子回收处理、海水利用、废旧轮胎综合利用等作为循环经济发展的重点领域，积极予以指导和支持，取得明显成效。

一是积极开展“城市矿产”示范基地建设。2010年5月，青岛新天地静脉产业园被列入国家首批“城市矿产”示范基地。新天地静脉产业园在进一步完善废旧家电电子产品回收处理工作的基础上，逐步开展了报废汽车拆解、废轮胎资源化利用、贵重金属提取、废塑料再生利用、废矿物油处理和“城市矿产”工程技术产业孵化基地研发中心等项目建设。2010年，回收废旧家电及电子产品147万台，废旧家电资源化率达到87.6%；回收利用各类废弃物和可再生利用资源共计22.3万吨。

二是大力推进海水淡化等海水利用示范项目建设。截至2010年，全市海水淡化能力超过3万吨/日，年海水利用总量达12亿立方米。与西班牙百菲萨公司合作建设的青岛百发海水淡化项目已全面展开，计划2011年底建成。

三是持续推进废旧轮胎综合利用产业基地建设。经过“十一五”的发展，青岛市废旧轮胎翻新再制造等综合利用产业已形成一定规模，在国内具有较强影响力。青岛天盾橡胶有限公司的港机轮胎翻新再制造项目，到2010年底已形成年产5000条港机轮胎翻新、2万条环状胎面的生产能力。赛轮股份有限公司翻新轮胎产能达到10万条/年，同时还利用废轮胎生产微细橡胶粉和胎面胶，是首批获准建立轮胎资源循环利用示范基地的企业。普利司通飞机轮胎（中国）有限公司，主要从事民用飞机轮胎的翻新加工、检测及维修，2010年实现销售收入过亿元。

二、2011年青岛市循环经济进展情况

2011年是“十二五”的开局之年，青岛市深入贯彻落实科学发展观，解放思想，凝心聚力，抢抓山东半岛蓝色经济区建设重大战略机遇，在重大战略实施、重点区域开发、重点项目推进等方面取得新的突破，在建设幸福宜居的现代化国际城市的进程中迈出坚实步伐。全市实现生产总值达到6615.6亿元，比上年增长11.7%。地方财政一般预算收入566亿元，增长25.1%。全市万元国内生产总值能耗为0.71吨标准煤，全面完成同比下降3.7%的目标任务。全市循环经济发展体系逐步健全，循环经济发展机制日益完善，循环经济重点领域国家级试点实现新突破，重点项目、重点工程推进方面取得新进展，资源节约型、环境友好型社会建设取得新成果。

（一）编制印发《青岛市“十二五”循环经济发展规划》

《青岛市“十二五”循环经济发展规划》经市政府同意，于2011年9月正式印发实施。规划明确了“十二五”期间，青岛市循环经济发展将以提高资源利用效率为目的，以优化资源利用方式、提高能源利用效率、减少污染物排放为核心，以技术创新、制度创新和管理创新为动力，在生产、流通、消费领域全面贯彻“减量化、再利用、资源化”原则，加快推进经济发展方式转变，调整、优化产业结构，强化节约资源和保护环境意识，依靠科技进步，完善法规政策措施，有效发挥市场机制作用，逐步形成循环型生产方式和社会消费模式，构建具有青岛特色的循环经济发展模式，促进经济社会又好又快发展。“十二五”循环经济发展的目标是构建符合循环经济特征要求，与经济发展相对接的生态产业、绿色消费、技术支撑和政策法规等体系，提高资源节约和综合利用水平，降低能源消耗，提高经济增长质量和效益。建设一批以资源节约与综合利用、清洁生产、节能减排为特色的循环经济项目，实施“3321”工程，着力打造3个循环经济特色产业基地、3个循环经济试点示范城区、20个循环经济试点示范园区、100个循环经济试点示范单位。走出一条符合青岛实际，以自主创新、集约发展、节能降耗、保护环境为特色的科学发展之路，循环经济工作取得明显成效。

（二）青岛市被列为国家餐厨废弃物资源化利用和无害化处理试点城市

2011年7月12日，国家发展改革委、财政部、住房和城乡建设部联合发文，同意了包括青岛市在内的33个城市（区）餐厨废弃物资源化利用和无害化处理试点实施方案并确定为试点城市。国家试点工作有力推动了全市餐厨废弃物收集、运输、处理和利用体系的建设。12月8日，作为试点主体工程的餐厨垃圾处理厂一期工程正式开工建设，总投资约8700万元，日处理能力200吨，主要承担市内四区餐厨废弃物的处理。试点工作还将从源头治理影响百姓食品安全的“地沟油”、“泔水猪”问题，切实解决餐厨废弃物排放或处置过程中的环境污染问题，促进全市餐厨废弃物资源化利用和无害化处理工作迈上新的台阶。

（三）青岛市被确定为全国“中日城市典型废弃物循环利用体系建设项目”四个试点城市之一

2011年4月7日，国家发展改革委与日本国际协力机构在北京举行了中日城市典型废弃物循环利用体系建设项目

启动仪式。项目将通过召开论坛、研讨会、举办培训班、组织赴日进修等方式，开展技术交流，加强人才培训，帮助试点城市提高能力建设。青岛市将借鉴日本先进的技术经验，研究探索餐厨废弃物和废旧轮胎资源化利用技术路线，构建安全、高效的废弃物循环利用体系，进一步提高城市典型废弃物资源化利用水平。

（四）青岛啤酒二厂列入国家循环经济教育示范基地初选名单

2011年11月4日，国家发展改革委、教育部、财政部、国家旅游局联合下发了确定首批国家循环经济教育示范基地初选单位名单的通知，青岛啤酒二厂成为9家入选单位之一。通过开展国家循环经济教育示范基地建设，将实现典型循环经济企业与市教育机构的有机结合，打造循环经济理念教育的生动课堂，向公众特别是广大中小学生推广普及循环经济知识，从小培养资源节约和环境保护意识，提高青少年对发展循环经济重要性、紧迫性的认识，对于青岛这个资源环境约束日趋强化的滨海城市具有更为特殊的现实意义。

（五）青岛新天地静脉产业园、天盾橡胶有限公司的循环经济典型模式获全国推广

国家发展改革委于2011年10月18日印发《中国循环经济典型模式案例（简本）》在全国范围内进行宣传推广60项循环经济典型发展模式，将为全国同类型单位发展循环经济提供有益的参考和借鉴。其中，包含了青岛新天地静脉产业园“以建立回收网络为基础，对再生资源回收利用全过程实施信息化管理的静脉产业园区循环经济发展模式”和天盾橡胶有限公司“基于循环利用的源头设计和自主创新为特色的轮胎翻新企业循环经济发展模式”。

（六）淘汰落后产能量创历年之最

2011年是完成国务院下达的三年淘汰目标任务的关键年，也是淘汰难度最大的一年，所涉及企业大多存在债务纠纷、职工投保等问题。通过采取签订目标责任书，积极落实奖励政策，指导企业确定可行工作方案，协调解决困难等措施，青岛市全年淘汰落后水泥产能395万吨、造纸产能2万吨、印染产能240吨，实现节能量2.6万吨标准煤、减排二氧化碳16.4万吨、减排二氧化硫1108吨、减排粉尘2万余吨，淘汰落后产能量是“十一五”期间5年累计量的2倍多，创历年之最，实现了企业结构的优化，有力提升了相关行业的竞争实力。

（七）国家“城市矿产”示范基地建设顺利推进

作为首批国家城市矿产示范基地，青岛新天地静脉产业园严格按照国家发展改革委批准同意的“城市矿产”示范基地建设实施方案，不断加快基地项目建设。截至2011年底，报废汽车拆解项目已建成投产，国际再生资源监管区项目已开工建设。废轮胎资源化利用、贵重金属提取、废塑料再生利用、废矿物油处理和“城市矿产”工程技术产业孵化基地研发中心等项目均处于可行性研究报告报批阶段。2011年，回收利用废弃物和再生资源近75万吨。同时，青岛新天地静脉产业园还获批成为山东省节能环保产业基地。

（八）建筑废弃物资源化利用试点工作逐步开展

积极研究促进青岛市建筑废弃物资源化利用工作，支持区市开展建筑废弃物资源化利用试点。下达2011年循环经济和资源综合利用7个示范项目投资计划，安排市级节能专项资金310万元。在黄岛、即墨、胶南和平度等区市启动了建筑废弃物和尾矿等综合利用试点项目建设。通过开展此项工作，逐步实现市内建筑废弃物全部被消化利用，可避免占用大量的填埋土地，并节约大量建筑用资源。

（九）积极推进海洋循环经济示范园区、企业建设

全面贯彻落实《青岛市蓝色经济区改革试点工作实施方案》，明确发展目标和措施要求，大力发展海洋资源综合利用产业，加快海洋循环经济领域新项目建设及新兴产业培育步伐。遴选出青岛高新区、青岛聚大洋海藻工业有限公司、中国海洋大学生物工程开发有限公司、青岛明月海藻集团有限公司和青岛鲁海丰食品集团有限公司等单位作为海洋循环经济示范园区、企业，协调推进园区产业发展专项扶持政策和重点项目引进，协助企业积极争取省蓝办专项支持资金，加大自主创新研发工作力度，在海藻精深加工、海洋生物医用材料、海洋生物肥料等领域取得新成效，海洋循环经济项目发展势头良好。

（十）第二届中国国际循环经济成果交易博览会筹办工作有序推进

2011年8月获得商务部关于博览会的正式批复。9月5日，第二届中国国际循环经济成果交易博览会组委会会议在北京召开，国家发改委解振华副主任出席并主持会议，会议审议通过了博览会工作方案，新增工信部、人民银行为主办单位，明确了各主办单位、承办单位工作任务，并就博览会筹备工作提出具体要求。为进一步提高博览会国内外招商招展工作质量，确保博览会达到预期展示效果，组委会会议研究确定调整第二届循博会举办时间。经国家发展改革委同意，第二届循博会举办时间定为2012年6月8日-10日。

（撰稿：王 奇，青岛市发展和改革委员会资源节约和环境保护处）

厦门市循环经济

厦门市经济发展局

发展循环经济是“和谐厦门、效益厦门、生态厦门”的内在要求。厦门的能源、土地、水、矿产等资源十分紧缺，如何破解资源匮乏与经济社会高速发展之间的矛盾，是摆在厦门面前的一项重大课题。大力发展循环经济，建设资源节约型生态文明社会，转变发展观念，通过在生产环节减少资源消耗，提高资源综合利用率；在消费环节节约资源，减少废弃物排放，提高资源与产品的循环利用和废弃物资源化水平，实现社会经济与资源环境的相互协调，经济持续、高速、健康的良性循环发展是厦门人民的一种必然选择。

几年来，在厦门市将发展循环经济作为落实科学发展观、实现经济社会可持续发展的重要举措和途径，通过体制机制创新、政策制度创新、管理方式创新、技术工艺创新等手段，开展了一系列有益的探索和实践，取得了显著成效，国民经济和环境保护的各项指标均处于国内领先水平。发展循环经济在厦门已经有了一个良好的起步。

一、工作与做法

厦门本着“突出重点、分步实施、动静结合、注重实效”的原则发展循环经济，结合各项具体工作，在能源的节约和综合利用、水资源的节约和综合利用、清洁生产的推广、产业转型升级、推进工业设计等方面积极开展示范试点工作，以点带面，全面推进。

（一）率先开展节能立法，落实节能目标责任制。

2008年市人大常委会通过了《厦门市节约能源条例》、《关于进一步加强节能减排工作的决定》，我市的节能立法走在全省前列。制定了《厦门市人民政府关于加强节能工作的意见》、《厦门市人民政府关于下达厦门市“十一五”期间节能12%的指标计划的通知》、《厦门市人民政府批转市政府节能办关于厦门市单位GDP能耗考核体系实施办法及考核办法部门责任分解表的通知》、《厦门市人民政府关于进一步加强节能工作的实施意见》等，建立了节能目标责任评价、考核和奖惩制度。十一五”期间，积极推动100多项重点节能工程，具体举措有以下四点：一是对重点用能单位实行名录管理制度，每年定期公布市重点用能单位名单。2011年厦门市年综合能源消费总量2000吨标准煤以上的用能单位共170家企业，其能耗占工业总能耗的2/3，占全市能耗的1/3；二是出台《厦门市百家企业节能低碳行动实施方案》，下达170家企业的节能目标。经测算，170家企业平均节能率达到14%；三是建立重点用能企业年度能源利用状况报告制度，并开展节能目标责任考核，重点用能企业均完成节能目标；四是加强能源审计工作，仅2011年就对中日电热（厦门）有限公司等20家企业开展能源审计。

（二）抓好企业节水工程，促进生态城市建设。

厦门虽然地处沿海，然而淡水资源十分缺乏，上世纪末被水利部列入全国重要缺水城市。近年来，随着经济高速发展，水资源供需矛盾日益突出。厦门市采取政策扶持、技术引进、由点到面、强力推动的方式，在一些用水大户企业中试点推广经济实用型工业用水循环利用技术，不仅没有增加企业负担，反而明显降低了企业生产成本，提高了经济效益。在这些示范企业的带动下，越来越多的企业开始采用循环用水技术。针对不同工业企业的废水，积极推广先进适用技术，并对示范企业给予指导和扶持，目前已形成了多种既符合企业自身废水处理回用特点，又能为企业带来良好经济效益的节水模式。如，企业的生活污水、雨水和一般生产废水经预处理后，可回用于生产、绿化、景观、农灌或冲厕等；电镀、化工、印染等工业废水应用膜处理等先进的水处理技术，既回收废水中的有用物质，又使处理后的废水达到重复利用的要求。目前已有100家工业企业获得“节水型企业”称号。

（三）积极推进清洁生产，防治工业污染。

坚持将推进清洁生产工作作为推行优化我市工业经济发展的重要途径，实现节能减排目标的重要保障，控制环境污染、推进生态文明建设的有效手段，力求从生产全过程控制污染，达到“节能、降耗、减污、增效”的目的。2005年，我市正式启动“百家企业实施清洁生产审核”工程。截至目前，共对2356名企业人员进行清洁生产培训。根据创建国家环保模范城市及生态城市的要求，对列入强制性清洁生产审核计划的企业逐家落实，全市已有170家企业完成强制性清洁生产审核工作，其中168家企业完成评估工作，行业涉及有色冶金、化工、纺织、印染、造纸、电子等。通过实施清洁生产审核方案，企业获得了良好的环境效益和经济效益，据测算，年可节能73822.56吨

标煤，节水826.13万吨，减少COD排放2293.8吨，减少氨氮排放629.42吨，共取得经济效益37743.12万元。

（四）加快产业结构调整，发展工业生态循环经济。

长期以来，厦门市经发局始终坚持“发展与保护并重、经济与环境双赢”的原则，以建设海湾型生态城市、全面提升和改善全市生态环境质量为目标，以“发展循环经济、生态经济、走新型工业化道路”为切入点，把环境保护与区划调整、产业布局调整、经济结构优化、削减污染物排放总量等工作结合起来。以企业为主体，主动调整产品结构，着力开发节能型、污染少的新产品，包括开发附加值高的下游产品，坚决淘汰重污染产品。在招商引资的过程中，厦门创新招商模式，注意引进高科技、高效益、低污染、低消耗的项目，同时实行产业与行业集聚，延伸产业链条，全市形成了分工明确的 14个工业区，使厦门在新型工业化的平台上迅速发展。同时，厦门市注重对传统产业的改造，大力发展循环经济，成立了循环经济领导小组，而且立法予以保障。在废物资源化、水的梯级利用、生态型农业、清洁生产等方面树立了发展循环经济的典型示范，从实践经验中逐渐探索出“政府引导、市场推动、法律规范、政策扶持、科技支撑、公众参与”的循环经济运行机制，不仅有企业清洁生产为核心的“小循环”，而且有企业间“静脉产业”与“动脉产业”相链接的“中循环”，逐步形成包括产业体系、人文生态和社会消费的循环型社会雏形的生态“大循环”。

（五）发展工业设计，促进转型升级。

通过大力发展工业设计，促进先进制造业和现代服务业发展，从根本上突破我市资源能源制约，在有限的空间内创造更多财富，实现可持续发展，是创建生态文明城市的另一举措。近年来，我局十分重视发展工业设计，目前全市拥有专业化工业设计企业100多家，大中企业设立的工业设计机构200多家；大中型客车、平板电视、水暖卫浴、照明产品和太阳眼镜等行业工业设计，居于国内外先进水平，松霖卫浴、联想移动等曾获得国际大奖；自主知识产权数快速增长，“十一五”以来授权专利总量、实用新型、外观设计分别年均增长22.5%、27.5%和13.1%；拥有厦门理工学院设计艺术系、集美大学现代设计与制造技术中心等较完整的工业设计教育体系，设计人才不断涌现集聚；台湾在工业设计方面先发优势明显，与台湾经贸联系紧密的厦门，在开展对台工业设计交流合作上具有很大便利。大力将厦门打造成“创新厦门”、“设计之城”，建成若干个国家认定、服务海西、辐射周边的工业设计示范基地，培育一批创新能力强、设计成果多、实际应用广的品牌企业。首次中国优秀工业设计奖终评、产品作品展及颁奖典礼在厦门举办，体现了国家对厦门工业设计发展的肯定和鼓励。

二、成效及经验

发展循环经济是一项涉及面广、综合性强的系统工程，厦门通过建立健全机制体制、制定和完善政策法规、推进科技进步与创新、转变生产和消费方式等一系列的探索和实践，走出了一条具有厦门特色发展之路。

（一）在体制机制方面

发展循环经济、建设生态文明社会是项长期的任务，建立有效的运行机制是做好这项任务的关键，厦门市委、市人大、市政府、市政协领导高度重视，把发展循环经济、生态文明社会工作摆上了重要的议事日程。

增强意识。市委常委会、市人大、市政府、市政协多次召开专题工作会议，认真学习党和国家领导人关于树立落实科学发展观和建立和谐社会、发展循环经济、建设节约型社会和生态城市等一系列重要讲话，充分认识发展循环经济、建设节约型社会和生态城市的重要性和迫切性，较好地统一了思想认识。

健全机构。厦门市发展循环经济、建设节约型社会工作以2004年成立的厦门市发展循环经济工作领导小组及其办公室为依托，组织协调开展各项工作，形成了以市政府为中心，市循环办牵头协调，部门分工协作，全市上下共同推进的有效工作机制。

法规保障。2005年厦门在国内率先出台了《厦门市人民代表大会常务委员会关于发展循环经济的决定》，规定了政府、企业、公众在发展循环经济、建设节约型社会中的责任义务及政府的鼓励措施等。厦门市政府在《厦门市发展循环经济建设资源节约型城市工作意见》中，提出了节约降耗、高效利用资源、循环利用资源等工作重点和措施，并出台了一系列节水、节地、节能、资源综合利用等方面的规章。

制定规划。市“十一五”“十二五”规划均把资源节约作为编制各项规划的重要指导原则，把注重资源节约和环境保护，营造美好宜居城市作为制定规划的重点任务，强调“按照减量化、再利用、资源化的原则，以提高资源利用率为核心，以节能、节水、节材、节地、资源综合利用和发展循环经济为重点，加快建设节约型和环境友好型社会，促进经济和社会可持续发展。各相关单位还组织编制了《厦门市节能中长期专项规划》、《厦门市节约用水规划》、《厦门市循环经济发展规划》《厦门市“十二五”低碳经济发展规划》等专项规划。

献计献策。充分发挥社会各界的作用，在近年来召开的市人大、市政协“两会”上，许多代表和委员提出了关于节能、节水、节地、节材、资源综合利用、发展循环经济、新能源开发等的议案、建议和提案，通过议案、建议和提案的办理，促进了发展循环经济、建设节约型社会工作的开展。

（二）在政策制度方面

厦门市在充分利用国家和福建省有关优惠政策的同时，出台了一些鼓励政策和措施。

节能和循环经济补助。制定《厦门市市级节约能源和循环经济发展专项资金管理暂行办法》，专项用于推进节能降耗，加强资源综合利用，减少污染排放，发展循环经济，促进经济增长方式转改变。专项资金逐年增加，已从设立之初的每年400万元增至2012年的1200万元，项目资金累计达4500万元，有力促进了我市节能和循环经济重点项目的建设和推广应用。

节约用水。大力推行节水型生活用水器具，对单位和居民家庭使用节水型用水器具，从加价水费的节水专项资金中予以补助和奖励；在全国率先启动了社会事业中水回用项目，厦门双十中学和厦门六中的污水及中水处理工程作为首批示范项目，得到财政资金上的扶持；对用水管理、降耗增效有力的单位实行政策倾斜，对推动节水工作成绩突出单位和个人给予表彰和奖励。

集约用地。按照“布局集中、产业集聚、土地集约、功能集成”的原则，厦门建立和完善以土地利用总体规划为基础约束，各园区控制性详细规划为指标约束的土地节约集约利用规划体系，注重规划先导，优化产业结构。进一步整合各类园区，形成专业分工、布局合理、产业集聚、节约高效的用地新格局；修订提高了工业项目建设用地控制指标，厦门市现有工业项目投资强度根据行业不同，与国家标准相比提高2%～34%，比省标准提高1%～30%不等，工业用地固定资产投入强度达到5184万元/公顷，工业用地产出强度达到2.55亿元/公顷，高新技术产业用地产出强度达到7.4亿元/公顷。厦门火炬开发区以占全市不到1%的土地面积、实现了我市三分之一以上的工业产值。

资源利用。制定《厦门市资源综合利用认定管理实施办法》，对厦门市资源综合利用认定单位的申报条件、认定内容、认定程序、监督管理等方面作出了明确规定，充分利用国家对企业开展资源综合利用的税收优惠政策，对通过认定的企业给予增值税、所得税、消费税的减免。

（三）在管理方式方面

厦门市采取目标管理和持续跟进的措施，不断提出新的要求和目标，实现了发展循环经济、建设节约型社会、创建生态文明社会绩效的持续提高。

强化对重点用能单位的节能管理。组织对综合能源消费总量2000吨标准煤以上的170家重点用能单位能源利用状况进行监督检查和对主要耗能设备、工艺系统进行检测。通过节能监测，及时发现能源浪费问题，分析原因，提出相应的整改措施，督促企业进行技术改造，从而提高终端能源利用效率。制定节能技改鼓励方向，推行合同能源管理，利用节能专业服务公司的资金和技术，推广应用先进、成熟的节能新技术、新工艺、新设备和新材料。

加强对用水单位的指标管理。强制开展水平衡测试，根据《厦门市用水单位水平衡测试暂行办法》，要求月均取水量3000立方米及以上的用水单位，每3年开展一次水平衡测试，不实行者扣减30%的用水计划指标。用水单位产品结构、生产工艺发生变化或改变用水性质时，都要及时组织水平衡测试。有关部门还积极开展跟踪管理，指导用水单位进行水循环利用、中水回用等节水设施的建设和改造。实施科学用水管理，最大限度地节约用水和合理用水。

实现土地的梯度开发。《厦门城市总体规划》提出了“一心两环、一主四辅八片”的组团式海湾城市空间结构，以梯度开发的模式，保留发展空间，节省土地资源，提高土地使用效益。建设规模化的标准厂房，引导工业项目向工业园区集中，全市范围内新增的一般性工业用地，都必须在工业园区内选址。

开展循环经济项目示范试点工作。通过指导、扶持和帮助，初步建立一批包括物资综合利用、废物资源化、水的梯级利用、节能降耗、清洁生产等方面循环经济示范试点企业，取得了明显的社会、经济效益，为发展循环经济、建设节约型社会发挥了良好的带动作用。

大力发展低耗能高效益产业。厦门市在实施老企业搬迁和技术改造过程中，严格落实《产业结构调整指导目录》，加快运用高新技术和先进适用技术改造提升传统产业，促进信息化和工业化深度融合。培育壮大新一代信息技术、生物与新医药、新材料、节能环保、海洋高新技术和文化创意等战略性新兴产业，改造提升传统产业，加快发展生产性服务业。设立扶持生产性服务业发展的财政专项资金，大力发展生产性服务业和生活性服务业。2011年我市三次产业比例为1.0：51.4：47.6，工业结构不断得到优化。

树立全民节约意识。在全市各新闻媒体开辟发展循环经济、建设节约型社会系列报道专栏，广泛宣传节约理念

和典型事例，组织多种形式的宣传培训活动，推广先进工作经验。开通“厦门循环经济网”、“厦门节能公共服务网”、“厦门节水网”等公共网站，为社会各界提供交流和展示资源节约综合利用成果的服务平台。通过举办节能和资源节约方面的征文和知识竞赛活动，树立企业、市民的资源危机意识和节约资源的责任意识；率先在政府机关倡导绿色消费的理念，规定政府机关、事业单位、团体组织及有关企业在用财政性资金进行采购时，优先采购和使用国家认证的节能产品和资源再生产品，逐步淘汰低能效产品。

完善垃圾分类和废旧物资回收处置系统。不断完善生活垃圾的管理，实施生活垃圾分类收集、运输、处理，尝试从垃圾源头实现废弃物减量化和资源化；设立厦门东部固体废弃物处理中心，拟建设报废汽车拆解、废旧电机电器、废纸废塑料、废旧轮胎橡胶、工业废渣废液、有害有毒废弃物等处理基地；培育创建废弃物回收网络体系和废弃物再资源化体系，初步建成由社区回收点、中转站、岛外再生资源分转中心三个层次组成的再生资源回收网络。

（四）在技术创新方面

随着厦门经济社会的发展和人民生活消费水平的提高，日益增多的工业废水废渣、生活垃圾急需寻找出路。放错了地方的垃圾危害繁多，厦门市积极的探索和实践使废物脱胎换骨，使之成为不可或缺的资源，培育新兴产业和新的经济增长点。

再制造产业。再制造是指将废旧汽车零部件、工程机械、机床等进行专业化修复的批量化生产过程，再制造产品达到与原有新品相同的质量和性能。再制造是循环经济“再利用”的高级形式。发展再制造产业是建设资源节约型、环境友好型生态文明社会的客观要求。再制造与制造新品相比，可节能60%，节材70%，节约成本50%，几乎不产生固体废物，大气污染物排放量降低80%以上。再制造有利于形成“资源－产品－废旧产品－再制造产品”的循环经济模式，可以充分利用资源，保护生态环境。大力发展再制造产业对于节能减排、绿色发展和生态文明建设具有十分重要的意义。例如三立（厦门）汽车配件有限公司是专业的汽车发电机、起动机翻新生产(来料加工)、加工、经营基地，是目前亚洲同类行业中规模最大、产量最高、质量最好、出口额最大的厂家。该公司设计年生产翻新电机为100万台，主要利用回收的废、旧及偶发故障期的起动机进行拆解后，运用先进的表面处理、修复以及过程的检测匹配等技术，再进行装配、整机测试等一系列的工序完成再制造过程。该公司先进的再制造生产工艺能够确保加工后的每台电机成品达到甚至超过新产品的性能(电机成品按原OE厂家标准检测)。据统计，汽车电机的再制造，可以节约金属材料70%以上，节能60%以上，降低成本50%左右，可使汽车零部件的资源使用效率提高到90%左右，社会效益和经济效益十分明显。

钨废料回收利用。废弃资源回收综合利用是推进生态文明建设的重要途径。国内第一家唯一具有完整钨循环产业链的企业——厦门钨业股份有限公司，在国际钨市场及钨冶金技术领域具有举足轻重的地位。该公司独立研究开发完成的具有自主知识产权的钨二次资源的回收利用技术属国内外首创，该技术对国内外钨废料的回收利用率达99.7%，钨废料中的其他有价金属如钴、镍等也都得以循环利用，目前每年从废料中回收的废钨量达800吨，相当于每年节约原生标准钨精矿（65%）1046吨，有效减少了钨金属资源的消耗。

废弃电器电子产品回收处理。废弃电器电子产品被称为城市矿山，内含大量可利用的资源，如金属、塑料等，废弃电器电子产品的回收处理和综合利用，对于环境保护、资源节约、建设生态文明、实现可持续发展的推动作用愈发明显。我市已建成“家电以旧换新”的拆解企业厦门绿洲环保产业股份有限公司，该公司采用先进的设备对电器电子产品进行规范化拆解处理，同时，注意人员防护以及环境保护，对拆解产生的危险废物进行合规的收集处置。该公司截止2011年3月，该公司共接收和无害化拆解处置电视机、冰箱、空调、电脑等废旧家电10万台，资源化利用电线电缆、塑料、金属、印刷电路板、玻璃等资源共计1800吨。公司目前正在建设一个年处理5.76万吨的废弃电器电子处理项目，项目建成后年可回收金属2.4万吨、塑料1.11万吨、含铅玻璃2000吨、树脂1650吨、阻燃剂750吨，电线电缆 755吨、其他可利用物资5000吨。该项目的建设，将确保废弃电器电子产品得到规范化的处置，并有效预防电子产品污染生态环境。目前，该公司正加大投资力度，争取建成国家级“城市矿产”示范基地。

废弃食用油脂资源化利用。废弃食用油脂是指人类在食用天然植物油和动物脂肪，以及油脂深加工过程中产生的一系列失去食用价值的油脂废弃物，俗称地沟油、潲水油、泔水油等。废弃食用油脂中含有大量脂肪酸等含碳有机物，具有污染环境和回收利用的双重性。废弃食用油脂资源化利用既是保障人民生活健康安全，又是实现变废为宝，对于改善生态环境、缓解能源危机、促进经济可持续发展和生态文明等方面都将起到推动作用，是推进生态文明建设的重要手段。厦门兴重环保化工有限公司是我市专业从事餐厨垃圾和废弃食用油脂清理、回收、处理到产品深加工产业一体化的企业，公司目前具备年处理地沟油渣5万吨、处理餐厨废弃物10万吨的生产能力。该公司先后

和厦门市及周边城市一万多家酒店、餐馆等签订协议，建立了一万五千多个收购网点，形成了较为完整的废弃食用油脂收运、回收体系。经清理回收的废弃食用油脂主要用于加工皮革加脂剂、工业氧化油、生物柴油等，实现了餐厨垃圾处理的减量化、资源化和无害化。另厦门卓越生物质能源有限公司，是一家专业从事生物柴油技术研发，生产经营的高新技术企业，每年可直接消耗餐饮废油约7万吨，新增环保燃料——生物柴油5万吨，约折合标准煤7.15万吨。

废水处理再生循环利用成套装备。作为推进生态文明建设的重要举措之一就是实施废水处理以及中水回用，体现循环使用生态链。在这方面，厦门有着较好的基础，在技术研发、设备制造、安装服务等节水服务方面已走在全国的前列，获得国家节水型城市称号。例如厦门市波鹰（厦门）科技有限公司，是一家专业从事水处理技术研发和成套设备制造及工程施工的高科技企业。公司自主开发了多项废水处理再生循环利用技术，已完成专利申请91件，已授权专利24项（其中，发明7项）。该公司废水处理设备技术核心是“纳米催化电解+膜处理”工艺，是集纳米技术、催化技术、电化学技术和膜技术为一体的新型废水处理及中水回用技术。可广泛应用于纺织、印染、制革、造纸、市政污水等废水的处理及中水回用，回用率达70%以上。目前公司正在投资建设年产废水处理再生循环利用成套设备30套（每套处理量为1万吨/日）的生产线。 项目建成后，这些设备预计每年可生产再生水6300万吨以上，并减少污泥排放18～27万吨。

经过几年的探索和实践，厦门市发展循环经济、创建生态城市方面取得了显著的成果，2011年，全市实现国内生产总值2535.80亿元，按常住人口计算的人均地区生产总值70734元，折合10947美元，居国内领先水平。万元GDP综合能耗0.557吨标准煤，水耗11.7吨，每度工业用电实现工业总产值48元，每立方米工业用水实现工业总产值4397元，每平方公里土地面积创造生产总值1.61亿元；工业固体废弃物综合利用率91.55%；城市生活垃圾无害化处理率99.31%；城市生活污水集中处理率约85.47%，各项指标均处于国内领先水平，其中综合能耗指标仅约为全国平均值的一半。

（撰稿：林斌忠，厦门市发展循环经济工作领导小组办公室）

深圳市循环经济

深圳市发展和改革委员会

2011年，深圳市委市政府高度重视循环经济工作，从贯彻国家发展战略的高度，把发展循环经济作为落实科学发展观、转变经济发展方式和打造深圳质量的重大举措来抓。经过全市上下的共同努力，深圳市在发展循环经济、推进节能减排和改善人居环境等方面都取得了较好成绩。

一、循环经济主要指标完成情况

深圳市2011年每平方公里产出5.78亿元GDP和0.67亿元地方财政收入，万元GDP能耗0.472吨标准煤，比2010年下降4.39%，万元GDP水耗17立方米，处于全国领先水平;化学需氧量、氨氮、二氧化硫排放量分别比2010年下降3.58%、3.23%、26.35%，氮氧化物排放量比2010年上升0.18%，全年达到I级和II级空气质量天数362天;产业层级明显提升，三次产业结构比例为0：46.5：53.5，第三产业占整体经济比重比上年提高0.8个百分点 全市建成区绿化覆盖率45.1%，全市生活垃圾无害化处理率95.0%，城市生活污水处理率（二级处理）94.0%。

二、完善循环经济政策体系情况

2011年，深圳市进一步完善循环经济政策体系，加强循环经济政策引导。

一是组织编制《深圳市循环经济“十二五”规划》。该“规划"依据国家发展改革委《循环经济发展规划编制指南》、《深圳市国民经济和社会发展第十二个五年规划纲要》和《深圳市循环经济试点实施方案》编制。《深圳市循环经济“十二五”规划》提出了具体目标，2015年，我市万元GDP能耗将比2010年累计下降19．5%，城市污水再生利用率将达到50%以上，城市生活垃圾无害化处理率将达到95%以上。作为未来五年深圳发展循环经济、建设资源节约型、环境友好型城市的重要文件，《深圳市循环经济“十二五”规划》明确了我市发展循环经济的指导思想、规划思路、实现路径、相关重点，对发展循环经济的政策法规体系、技术创新体系等，进行了全面研究和安排，并以重点项目示范和关键技术推广为抓手，努力推进循环经济形成较大规模。　　要求各区、各部门要按照循环经济规划的要求，把工作责任落实到具体部门、具体区域、具体责任人，全面推动我市国家循环经济试点城市的建设，通过循环经济发展推进发展方式转变和经济结构优化，提升发展质量。

二是组织编制《深圳市“十二五”节能规划》。该规划依据《中华人民共和国节约能源法》、《深圳市国民经济和社会发展第十二个五年规划纲要》、《广东省“十二五”节能规划》等有关法律和文件编制，在对深圳市节能基础与形势进行深入分析的基础上提出了深圳市“十二五”期间节能工作的指导思想、原则与目标以及主要任务。

三是修订《深圳经济特区政府采购条例》，增加政府绿色采购，引领可持续消费有关内容，明确提出政府采购应向环境保护、节能减排以及循环经济产品倾斜。

四是修订《深圳市餐厨垃圾管理办法》，进一步明确了有关餐厨废弃物收运处理的准入办法和补贴标准。

五是强力推进合同能源管理相关政策出台，启动《深圳市合同能源管理财政奖励资金管理暂行办法》及《深圳市合同能源管理项目管理暂行办法》编制工作。

三、节能工作情况

2011年，深圳市不断强化节能减排目标责任，积极淘汰落后产能，加快产业结构调整，大力推动节能减排技术进步和应用推广，取得了明显成效。

一是分解落实深圳市“十二五”节能目标。深圳市在充分考虑各区节能责任、能力、潜力、难度等因素，经两次征求意见，形成了深圳市“十二五”节能目标分解方案，经市政府审定后已以市政府名义印发实施。

二是组织开展国家节能减排财政政策综合示范工作。2011年6月，财政部、国家发展改革委将深圳市列为国家首批节能减排财政政策综合示范城市，深圳市按照示范工作要求起草完成了总体方案和产业低碳化实施方案、可再生能源利用规模化实施方案、交通清洁化实施方案、建筑绿色化实施方案、服务业集约化实施方案、主要污染物减量化实施方案等六个分项方案。

三是组织召开了全市性节能减排工作大会。深圳市有关部门、各区、各街道以及重点用能单位主要负责通知约200人参加会议，市领导在会上作重要讲话，全面部署深圳市“十二五”节能减排工作。

四是积极开展节能宣传周活动。组织开展节能减排新闻发布会、合同能源管理技术交流、低碳体验活动、节能低碳技术研讨会等各类活动，广泛宣传了节能环保知识，提高了居民节约意识和能源忧患意识。

四、节水工作情况

一是加强计划用水管理。按照《深圳市计划用水办法》，将计划用水业务作为行政审批事项，进一步加强单位用户的计划用水管理，对600多家单位用户进行用水计划现场核查，提高了计划用水指标的刚性。

二是开展水量平衡测试与节水型企业单位创建活动。水量平衡测试覆盖所有单位用户，为计划用水管理提供了坚实的技术支持。

三是推进非传统水资源利用项目建设。侨乡村、大运村雨水利用工程；西丽、滨河、罗芳及盐田再生水厂建设等项目相继建成，城市再生水利用率（污水再生利用率）大幅提高。

四是运用经济杠杆调控，完善水价体系，充分发挥水价对用水的调节和引导作用，使水价较好地反映水资源的稀缺程度和供应成本。

2011年6月，深圳市被住房城乡建设部、国家发展改革委命名为节水型城市。

五、资源综合利用工作情况

一是积极推进餐厨废弃物资源化利用与无害化处理试点城市建设，编制完成了《深圳市餐厨废弃物资源化利用与无害化处理试点工作实施方案》。2011年7月，深圳市被国家发展改革委、财政部和住房城乡建设部确定为国家第一批城市餐厨废弃物资源化利用和无害化处理试点城市。

二是强力推进生活垃圾减量和分类工作。拟定了《深圳市垃圾减量和分类工作（2011-2015年）实施方案》，并根据特区一体化关于建设绿色发展示范区有关要求，在深圳市坂田、民治片区启动了垃圾分类回收试点工作。

三是推进建筑废弃物综合利用市场化。深圳市以《深圳市建筑废弃物减排与利用条例》为指导，探索建立建筑废弃物排放收费制度。

四是开展“限塑令”执行情况专项检查活动。深圳市把“限塑”工作作为发展循环经济、推进节能减排和加快产业转型升级的重要内容，将“限塑”专项整治行动纳入大运会后执法监管工作重点范围，采取了一系列措施，规范塑料袋生产企业和集贸市场个体工商户生产、购销塑料购物袋行为，进一步巩固了“限塑”成果，“限塑”工作受到国家发展改革委等有关部门肯定。

六、重点项目和试点示范工作情况

一是培育了一批具有推广价值和示范意义的循环经济示范项目，如深圳南山热电污泥干化项目、深圳市安托山特种机电有限公司稀土永磁无铁芯电机产业化项目、深圳中集投资控股有限公司利用废旧集装箱建造模块化房屋项目、深圳市中信华威建材有限公司塘朗山建筑废料综合利用项目、深圳市绿发鹏程环保科技有限公司坪地年丰建筑垃圾回收利用项目等，不仅在深圳发挥了示范带动作用，而且在全国也有较大影响。

二是按照循环经济试点城市建设要求，组织遴选了一批循环经济项目列入《深圳市国民经济和社会发展第十二个五年规划纲要》和《深圳市循环经济“十二五”规划》，以确保这批项目在“十二五”期间建成并发挥示范带动作用。

三是组织申报国家发展改革委的资源节约和环境保护中央预算内投资备选项目受到国家发展改革委肯定，2011年共有7个资源节约和环境保护项目获得国家发展改革委批复并给予资助。

（撰稿：曹先强，深圳市发展和改革委员会能源与循环经济处）

试点示范

国家发展改革委关于印发循环经济典型模式案例(简本)的通知

发改环资[2011]2232号

各省、自治区、直辖市及计划单列市、新疆生产建设兵团发展改革委(经委、经信委、经贸委)，国家循环经济试点单位，各有关行业协会，有关单位：

经国务院批准，2005年以来，我委会同原国家环保总局、科技部、财政部、商务部、国家统计局，组织开展了两批国家循环经济示范试点，各地也开展了相应的试点工作。几年来，示范试点工作取得了显著成就，理论和实践上都取得重大突破，在区域、园区、企业等不同层面涌现出一批循环经济典型单位。

为贯彻落实党的十七大提出的循环经济形成较大规模和十七届五中全会提出的大力发展循环经济、推广循环经济典型模式的要求，我委会同有关方面开展了循环经济典型模式案例研究、凝练工作。各地方和有关单位对发展循环经济的典型经验进行了总结，并向我委推荐了典型案例。我委组织专家对各地推荐的循环经济典型案例进行了筛选归纳，总结凝练出包括区域、园区和企业3个层面、14个种类的60个循环经济典型模式案例。每个模式案例由一篇500字左右的简本和一篇3000字左右的报告组成。

为加快调整经济结构、转变发展方式，建设资源节约型、环境友好型社会，充分发挥典型的示范引导和辐射带动作用，大力发展循环经济，促进循环经济形成较大规模，现将循环经济典型模式案例的简本印发你们，并就有关事项通知如下：

一、提高认识。“十二五”规划纲要从推行循环型生产方式、健全资源循环利用回收体系、推广绿色消费模式、强化政策和技术支撑四个方面提出了新的要求，推广循环经济模式案例是落实“十二五”规划纲要的具体措施，可为同类型单位发展循环经济提供有益的参考和借鉴。各地方要充分认识总结归纳循环经济模式案例的重要意义，及时将模式案例转发有关单位。国家循环经济各试点单位和有关单位要周密安排，精心组织，把学习活动落到实处。

二、宣传推广。今年是“十二五”开局之年，各地循环经济发展综合管理部门要充分发挥典型引路、示范带动的作用，把模式案例的宣传推广工作同发展循环经济的具体实践结合起来。要加大对模式案例的宣传推广力度，创新传播方式，拓宽宣传渠道，采取组织现场推广会、经验交流会、成果展示会等丰富多彩的方式，使宣传推广工作取得实效。

三、完善提高。各入选模式案例单位要在现有基础上继续探索循环经济发展的新方式、新途径，高标准严要求完成各项建设任务，相互间要取长补短，在立足自身实际的基础上，灵活借鉴其他模式案例的好经验、好做法，进一步解决发展循环经济中的问题。

四、跟踪指导。各地循环经济发展综合管理部门要加强对入选案例单位的指导与支持。同时继续培育、发掘并总结归纳循环经济发展的典型经验和做法，向我委推荐。各地循环经济发展综合管理部门要抓住宣传推广典型模式案例的有利契机，进一步调动各行业、各单位发展循环经济的积极性、主动性和创造性，推进循环经济取得更大发展。

附件：中国循环经济典型模式案例（简本）

中华人民共和国国家发展和改革委员会

二O一一年十月十八日

附件：

中国循环经济典型模式案例（简本）

中国循环经济典型模式案例目录
(排名不分先后)

一、区域
辽宁阜新　浙江宁海　安徽阜南　安徽铜陵　福建德化　河南鹤壁　武汉东西湖　湖南水兴　广东云安　贵州贵阳　甘肃金昌　青海柴达木

二、园区
天津子牙　河北曹妃甸　上海化工园　苏州工业园　浙江嘉化　安徽界首田营　青岛新天地　湖南汨罗　广州开发区　广东清远华清

三、煤炭
山西晋城　山西同煤塔山　山西潞安　安徽淮南矿业　山东新汶矿业

四、电力
北京热电　天津北疆电厂

五、钢铁
宝钢集团　山东莱钢

六、有色
厦门钨业　云南驰宏锌锗　甘肃白银有色

七、化工
山东鲁北化工　贵州开磷　新疆天业

八、建材
北京水泥　吉林亚泰

九、轻工
福建凤竹纺织　山东泉林纸业　河南天冠　湖南泰格林纸　广西贵糖

十、资源循环利用
上海伟翔杭州富伦科技　广州万绿达　深圳格林美　深圳嘉达

十一、再制造
济南复强　上汽瑞贝德　青岛天盾

十二、农业、林业
北京德青源　黑龙江朗乡林业　浙江蓝天　黄山多维　广西东园家酒

十三、餐厨废弃物资源化利用
宁波开诚　青海西宁

十四、服务业
深圳东部华侨城

案例名称：辽宁阜新

模式特征：通过发展资源循环利用产业，促进资源枯竭型城市转型的循环经济发展模式。

模式描述：阜新市针对煤炭资源枯竭的现状，对城市布局和产业集聚区进行调整与再规划，合理延伸产业链，发展接续产业，形成了多个各具特色的产业园区，推动了产业转型升级。一是依托现有工业基础，构建“煤炭—电力—化工”、“煤炭—电力(粉煤灰／脱硫石膏)—建材”等产业链；二是利用长期堆存的煤矸石和大量矿井水资源，发展煤矸石发电、利废建材、矿井水资源化利用等资源循环利用产业；三是以农林产品深加工基地建设为依托，发展循环型农业，形成了“种植—养殖—加工”、“农林废弃物—食用菌—有机肥／沼气”等农业产业链，产业规模持续扩大，接续产业初步形成，产业结构得到优化，下岗职工再就业状况大为改善。

2010年与2005年相比，在地区生产总值提高163.1%，城镇人均可支配收入提高91%，能源产出率提高46.2%的同时，单位地区生产总值能耗下降32%，单位工业增加值用水量下降62.8%，工业固体废物综合利用率提高30%，二氧化硫和COD排放量均下降17.6%。

推广条件：该模式对于资源枯竭型城市在转型时期，通过发展循环经济，实现产业接续、完成结构优化升级具有借鉴意义。

案例名称：浙江宁海

模式特征：以循环经济示范园区为载体的资源匮乏型县域循环经济发展模式。

模式描述：宁海县通过建设工业、农业、生态旅游三大循环经济示范区，推动一、二、三产业的融合发展，实现县域经济的持续发展。一是以宁海湾循环经济示范区为载体，利用电厂产生的粉煤灰、脱硫石膏等，构建了“煤炭—电力—粉煤灰—水泥”、“煤炭—电力—粉煤灰—新型墙材”、“煤炭—电力—脱硫石膏—石膏板”等循环产业链；利用电厂余热，构建了“余热—集中供热”、“温排水—水产养殖”等循环产业链；二是以浙江东海岸农业循环经济示范园区为载体，构建了“秸秆—养殖—沼气(沼渣／沼液)—瓜果菜”循环农业产业链，形成“种植—养殖—加工”一体化的农业循环经济体系；三是以宁海湾生态旅游度假区为载体，用循环经济理念规划建设滨海度假区等，注重废弃物循环利用和节水改造。

2010年与2005年相比，在地区生产总值提高114.5%，城镇居民人均可支配收入提高76.5%，能源产出率提高37.6%，土地产出率提高115.7%的同时，工业固体废物综合利用率提高2.3%(达98.7%)，二氧化硫排放量下降25%，COD排放量下降12.2%。

推广条件：该模式对于经济较发达，但资源匮乏的地区发展循环经济具有借鉴意义。

案例名称：安徽阜南

模式特征：以种植和养殖业为基础、工农业复合型的县域循环经济发展模式。

模式描述：阜南县是农林资源丰富的农业县，以拓展和延伸农林产业链为基础，以农林废弃物资源化利用为突破口，形成了以“林—草—牧—菌”、“秸秆—固化—碳化”、“牛—沼—鱼”、“畜—沼—菜”、“粮—畜—沼”为特色的五个循环经济产业区，构建了四条循环产业链，分别是：以农产品资源为基础的“种植—养殖—加工”工农业复合循环产业链；以林业资源为基础的“造林—板材加工—废弃物利用”产业链；以农业废弃物资源化利用为基础的“秸秆—食用菌—废弃物制肥”和“秸秆—活性炭”产业链；以城乡再生资源回收利用为基础的“废有色金属／废钢铁—再生利用—金属材料及制品”产业链。全县形成了以骨干企业带动、众多中小企业和农户参与，以工带农、以农促工的县域循环经济发展模式。

2010年与2005年相比，地区生产总值提高74.4%，农村人均纯收入提高104.6%，土地产出率提高18.3%，工业固体废物综合利用率提高39.7%，二氧化硫排放量下降12.2%，COD排放量下降19.1%，城市生活垃圾无害化处置率提高41.7%。

推广条件：该模式对于农业县发展循环经济具有借鉴意义。

案例名称：安徽铜陵

模式特征：以打造循环产业链为核心，构建区域大中小循环的资源型城市循环经济发展模式。

模式描述：铜陵市通过大力发展循环经济，破解面临的资源枯竭困局，从工业领域重点突破，逐步向农业、服务业等领域推进。积极构建企业小循环和产业园区中循环：一是以铜矿资源为基础，以“采矿—选矿—冶炼—深加工”产业链为主导，以共伴生资源为重点，耦合化工、钢铁、有色等行业，构建铜资源循环产业链：二是以硫铁矿为基础，以“矿山采选—磷硫化工—精细化工”循环产业链为主导，耦合冶金、建材等行业，形成硫资源循环产业链；三是以石灰石资源为基础，围绕建材产品生产和工业固体废物的消纳，形成建材循环产业链。通过三大产业链的构建，促进形成耦合共生的循环型产业体系。建立农业循环经济试验区，形成“种植—养殖—加工—沼气—肥料”循环产业链。构建循环经济技术平台、设立综合服务区、建设循环经济主题旅游设施。在生产循环的基础上，将余热用于居民生活，利用水泥生产过程协同资源化处理生活垃圾，逐步实现生产与生活系统的循环链接。

2010年与2005年相比，地区生产总值提高155.3%，城镇居民人均可支配收入提高96.2%，能源产出率提高28%，单位地区生产总值能耗下降22.4%，单位工业增加值用水量下降74.2%，二氧化硫排放量下降23.4%。

推广条件：该模式对资源型城市通过发展循环经济实现转型升级具有借鉴意义。

案例名称：福建德化

模式特征：以陶瓷优势主导产业为基础、多产业共生发展的县域循环经济发展模式。

模式描述：德化县发挥陶瓷产业的优势，构建了横向关联配套、纵向延伸拓展的循环经济产业体系。首先，在城关地区建设陶瓷产业园，促进企业向园区集中、人口向城区集中。其次，以陶瓷产业园为载体，逐步把陶瓷产业与矿业、建材、冶金、化工等行业相耦合，建设了“瓷土加工—废石膏和炉渣—水泥”、“铁矿—尾渣—水泥”等多条循环产业链。通过发展陶瓷循环产业链，带动了矿业、废瓷土、废石膏、包装制品、保温材料、尾矿利用的相关产业发展。通过产业优化布局，使农林区休养生息，生态环境不断改善，为生态旅游等第三产业的发展腾出了空间。

2010年与2005年相比，在地区生产总值提高98.1%，城镇居民人均可支配收入提高65%，能源产出率提高25%的同时，单位地区生产总值能耗下降20%，单位工业增加值用水量下降20.3%，工业固体废物综合利用率提高39.7%，COD排放量下降61.3%，二氧化硫排放量下降16.7%。

推广条件：该模式对于具有优势特色资源的县域发展循环经济有借鉴意义。

案例名称：河南鹤壁

模式特征：发挥矿产和农牧业资源优势，形成产业集聚、协同发展的城市循环经济发展模式。

模式描述：鹤壁市作为典型的资源型城市，用循环经济理念改造传统产业，打造工农业循环经济产业体系。一是以煤炭资源为基础，构建了“煤炭—电力—粉煤灰／煤矸石—建材”，“煤炭—煤层气—电力”，“煤炭—煤化工”三大产业链；二是以镁冶炼为基础，形成了“金属镁—镁废渣—制砖／水泥”，“工业废水—水煤浆—镁冶炼”，“余热—发电—镁冶炼”，“工业废气—纯碱”等四条产业链：三是推动农业产业循环化发展，形成了“种植—养殖—深加工—废弃物利用”，“养殖—粪便—沼气—有机肥—无公害农产品”，“秸秆—饲料／板材”等产业链，实现了农业生产清洁化。形成了多产业集聚、共生耦合的产业体系，推动资源依赖型产业向资源效益型产业转变。

2010年与2005年相比，地区生产总值提高130.4%，城镇居民人均可支配收入提高85.5%，能源产出率提高28.9%，单位地区生产总值能耗下降22.1%，工业固体废物综合利用率提高21.3个百分点，二氧化硫排放量下降22%，COD排放量下降11.3%。

推广条件：该模式对于一、二产业资源优势突出的地区发展循环经济具有借鉴意义。

案例名称：武汉东西湖

模式特征：城乡一体化工农业复合型园区循环经济发展模式。

模式描述：武汉市东西湖工业园区形成了生产、消费和再生利用三大领域全面推进循环经济的格局。在生产领域，一是企业推行清洁生产，园区实施补链工程，实现了行业内部、行业间的循环链接和污染物减排；二是推行种植养殖有机结合，引导奶农利用秸秆养牛，发展以畜牧养殖为主导的规模化养殖业，副产蘑菇、沼气、有机肥；三是构建工农业复合型循环产业链，围绕啤酒生产，构建了“酒糟—饲料—生物P蛋白”、“废酵母—酵母蛋白营养粉”、“污水厂污泥—制肥—生态种植”等产业链；四是推进秸秆气化，燃气为农户提供清洁能源，同时生产木炭、焦油和木醋液等副产品。在消费领域，通过发展生态旅游，推行绿色采购，建设生态住宅，创建生态社区和乡村，在园区各个层面推进绿色消费。在资源再生领域，大力推进垃圾分类，废旧资源回收利用，强化区域内的物质循环，建立生产和消费之间的链接。

2010年与2009年相比，地区生产总值提高24.3%，能源产出率提高6.6%，土地产出率提高5.1%，二氧化硫排放量下降33%。

推广条件：该模式对于以食品加工为主的大城市郊区工农业综合性园区发展循环经济具有借鉴意义。

案例名称：湖南永兴

模式特征：废弃物网络化收集、再生资源多级利用、稀贵金属多品种提取，实现“无矿开采”的县域循环经济发展模式。

模式描述：永兴县通过遍布全国的网络，回收含有色金属的废渣、废料、废液，从中提炼金、银、铋等稀贵金属，构建了“三废原料回收—有色金属提取—产品精深加工”的产业链，形成横向耦合、纵向延伸的再生资源开发利用模式。在企业内部，通过实施清洁生产，提升再生利用技术，开发精深加工工艺，防止二次污染；在园区内部，注重发挥企业间协同性，粗炼企业回收精炼废液、选矿企业再选其他企业的废渣、建材企业消纳无害废渣和煤矸石。每年循环利用“三废”120万吨，提炼有色金属16万多吨，白银产量约占全国的四分之一，节能90万吨标准煤、节水5263万吨。永兴现已成为“中国银都”和我国主要的金、铟、硒和铂族金属生产供应基地。

2010年与2005年相比，在地区生产总值提高187%，城镇居民人均可支配收入提高82%，能源产出率提高56%，土地产出率提高45%的同时，单位地区生产总值能耗下降36.1%，单位工业增加值用水量下降33%，工业固体废物综合利用率提高9.8%，二氧化硫和COD排放量均下降39%。

推广条件：该模式对于通过社会网络回收废弃物进行资源化利用，提取有色金属的区域具有借鉴意义。

案例名称：广东云安

模式特征：以资源型产业为基础，构建多产业共生耦合的县域循环经济发展模式。

模式描述：云安县把产业园区规划与城市总体规划有效衔接，推进产业与城市生活共享基础设施，构建多产业联动的循环经济产业体系。一是发展循环型工业，利用本地区丰富的石灰石、硫矿石、花岗石、大理石资源，构建“硫铁矿—硫酸—钛白粉—石膏”、“石灰石—水泥熟料—余热—发电”、“油母页岩／煤—发电—粉煤灰—水泥”、“石材荒料—工艺品／板材—边角料／碎料—马赛克／人造大理石”等多个循环经济产业链；二是大力发展循环农业，构建“养殖—粪便—沼气—肥料—种植”、“秸秆—肥料—种植牧草”、“秸秆—饲料—养鱼—鱼塘淤泥—肥料”等循环经济产业链；三是推进生活废弃物资源化利用，构建“生活污水／工业污水—再生水—生产用水”、“生活垃圾—水泥生产燃料”等生产与生活系统循环链接的产业链。

2010年与2005年相比，在地区生产总值提高103.7%，城镇居民人均可支配收入提高85.2%，能源产出率提高33%的同时，单位地区生产总值能耗下降24.9%，单位工业增加值用水量下降21%，工业固体废物综合利用率提高23.2%。

推广条件：该模式为资源特征突出、主导产业关联性强的地区发展循环经济提供借鉴。

案例名称：贵州贵阳

模式特征：以推进传统产业循环化改造为核心，实现环境改善与经济增长双赢的城市循环经济发展模式。

模式描述：贵阳市把发展循环经济作为改造传统产业、建设生态文明城市的重要途径，统筹产业发展与城市建设，实现经济增长与环境改善的双赢。一是推进磷化工、铝冶炼、煤炭加工等产业的循环化改造，改变高消耗、高排放、低效率的生产方式，形成“磷矿开采—磷化工—黄磷尾气—甲酸等系列产品”，“磷化工—磷石膏—建筑砌块”，“煤炭—煤化工—甲烷”、“煤炭—电力—粉煤灰—加气混凝土”等循环经济产业链：二是推进农村沼气工程建设和秸秆利用，构建了“养殖—畜禽粪便—沼气”、“种植—秸秆—食用菌／沼气／饲料”等循环经济产业链；三是通过调整产业布局、进行源头治理等综合性措施，控制大气污染和水污染；四是推进水资源、能源和固体废物循环利用的城市基础设施建设，实施城市公交和出租车清洁燃料工程，加强建筑节能改造，建设节水型城市，构建覆盖城乡的再生资源回收体系。

2010年与2005年相比，在地区生产总值提高113%，城镇居民可支配收入提高67%，能源产出率提高25%的同时，单位地区生产总值能耗下降20%，工业固体废物综合利用率提高27.8%，城市生活垃圾无害化处置率提高30%，二氧化硫排放量下降45%，COD排放量下降14%。

推广条件：该模式对于经济欠发达的资源型城市通过发展循环经济，实现经济增长与资源环境协调发展具有借鉴意义。

案例名称：甘肃金昌

模式特征：通过构建资源循环利用产业体系，从依赖单一资源发展向多产业共生发展转型的资源型城市循环经济发展模式。

模式描述：金昌市作为资源型城市，在做大做强镍钴等支柱产业的基础上，大力开发共伴生矿产资源的综合利用技术，通过企业联合，构建产业共生体系，形成了以能源化工、硫化工、氯碱化工和煤化工等主导产业循环链接、优势互补的区域发展格局。依靠技术创新，纵向延伸，横向拓展，建设了“硫化铜镍矿开采—粗炼—精炼—镍铜钴压延及新材料”、“冶炼尾气—二氧化硫—硫酸—硫化工”、“烧碱—氯气—PVC—电石渣—水泥”等产业链，将有色金属冶炼中的二氧化硫回收制取硫酸，发展硫化工和磷化工产业；氯碱化工副产的氯气用于PVC生产；生产过程中产生的灰、渣、磷石膏和脱硫石膏用于水泥生产；铜冶炼渣经浮选回收铜返回炼铜工艺，尾砂用于水泥生产配料。促进产业结构由单一有色金属产业向集化工、冶金、建材等多产业集聚发展的转变。充分回收余热资源生产蒸汽，供热系统形成热电联产，中水全部回用于生产，固体废弃物、尾矿再选废渣用于生态恢复和矿山充填。

2010年与2005年相比，在地区生产总值提高81.7%的同时，单位地区生产总值能耗下降23%，单位工业增加值用水量下降52.6%，工业固体废物综合利用率提高14.6%，二氧化硫排放量下降26.8%，COD排放量下降13.4%。

推广条件：该模式对于资源型城市构建多产业共生发展的循环经济产业体系具有借鉴意义。

案例名称：青海柴达木

模式特征：构建以循环型产业体系为核心的资源富集、生态脆弱地区循环经济发展模式。

模式描述：青海省柴达木循环经济试验区是在开发初期就按循环经济理念规划、设计的大型工业园区。在空间布局上，以区域优势互补、城市分工协作为原则，重点建设格尔木、德令哈、乌兰、大柴旦四个循环经济园区，体现区域内的资源整体开发、产业间集群共生发展的特色：在产业结构上，着力构建“钾资源深度开发的盐湖化工”、“配套盐湖资源开发的油气化工”、“盐湖资源综合利用的有色金属产业”、“配套盐湖开发为前提的煤炭综合利用”、“可再生能源产业”、“高原特色生物产业”六大循环经济产业体系。主要特点：一是融合盐湖化工、石油天然气化工、煤化工、有色金属等产业，提升产业关联度；二是循环利用盐湖化工、氯碱化工、冶炼的副产酸性气体，化害为利；三是综合利用各类盐化工、金属冶炼、煤化工及建材等产生的固体废弃物，变废为宝；四是推进水资源在化工、冶炼、新能源等产业的高效利用，实现水资源在产业体系和城市市政用水的循环多级利用。

2010年与2005年相比，地区生产总值提高172.1%，资源产出率提高50.6%，单位工业增加值用水量下降71.3%，

二氧化硫排放量下降48%，COD排放量下降36.1%。

推广条件：该模式对于资源富集但生态脆弱地区的资源综合开发、产业结构优化具有借鉴意义。

案例名称：天津子牙

模式特征：以实施进口废物联合监管、搭建公共平台为特点的再生资源加工园区循环经济发展模式。

模式描述：天津子牙循环经济产业园在拆解、加工进口废有色金属、废钢铁的基础上，从产业链构建、园区管理、污染控制等方面入手，建设现代循环经济产业园区。一是在产业链构建方面，形成了废旧机电、废旧电子电器、报废汽车拆解加工，废旧轮胎及橡塑再生利用等循环产业链；二是在园区管理方面，建立了海关、检验检疫、环保、园区“四位一体”的联合监管体制，对废弃机电产品从拆解加工到拆解后各种材料去向进行全程监管；三是在污染控制方面，园区统一建设污水处理、中水回用、雨水收集、废弃物处理等公共服务平台，实现基础设施共享。2010年，被国家发展改革委、财政部列为首批国家“城市矿产”示范基地。

2010年与2005年相比，在地区生产总值提高623%，资源产出率提高694%，土地产出率提高63.2%的同时，单位工业增加值用水量下降16.5%，工业固体废物综合利用率提高3.1%(达到98%)，COD排放量下降92.9%。2010年，资源循环利用产值达47亿元。

推广条件：该模式对具有再生资源产业基础的地区特别是静脉产业园区发展循环经济具有借鉴意义。

案例名称：河北曹妃甸

模式特征：全新规划、多产业密切关联的临港重化工园区循环经济发展模式。

模式描述：曹妃甸循环经济园区发挥区域优势，以现代港口物流、钢铁、石化、装备制造四大产业为主导，形成了具有特色的临港循环型产业体系，构建包括“精品钢生产—建材生产—填海造地”、“热电生产—海水淡化—化工生产”在内的多条循环经济产业链。一是建设具有钢铁生产、能源转换、固废消纳和资源再生等多种功能的精品钢铁产业体系；二是开发应用企业间无缝链接和一体化清洁生产的大型炼化装置；三是构建煤炭高效利用、热能梯级利用、灰渣综合利用、海水淡化利用的电力系统；四是打造能源合理调配与矿产资源高效运送的现代化物流；五是建设污水集中处理，中水高效回用，废液专业化回收，废气环保净化，余热余压发电等公用设施。

2010年与2009年相比，总产值提高263.5%，能源产出率提高122%，土地产出率提高16%。2010年，工业固体废物综合利用率达100%，仅利用钢渣、粉煤灰等固体废弃物生产新型环保建材一项，增加产值17.6亿元。

推广条件：该模式对于全新规划建设、主导产业特色鲜明的大型产业园区具有借鉴意义。

案例名称：上海化工园

模式特征：产业共生、基础设施共享的现代化工园区循环经济发展模式。

模式描述：上海化工园以石油化工产业链为基础，链接生产上、中、下游产品的化工企业，构建了乙烯化工和氯化工两条主导产业链，引入国际知名企业，形成了包括石脑油、乙烯、异氰酸酯、聚碳酸酯、精细化工、合成材料等主要产品的化工体系。在乙烯产业链中，形成了“石脑油—乙烯(丙烯、丁二烯)—二氯乙烷—苯类／苯酚丙酮／丁苯橡胶ABS—双酚A—聚碳酸酯”等多产品多梯次的产业链条；在氯化工产业链中，形成了“氯气—氯化氢—二氯乙烷—环氧氯丙烷—盐水”产业链条；盐水供下游的烧碱装置进行循环使用，实现了多次循环利用。此外，上海化工园通过集中建设热电联供、余热利用、污水处理、废物焚烧等公用工程，形成供水、供电、供热、供气为一体的公用工程“岛”，促进了资源循环利用。

2010年与2005年相比，在总产值提高343.1%，能源产出率提高71.8%，土地产出率提高1倍的同时，单位工业增加值用水量下降86.9%，工业固体废物综合利用率提高34%。

推广条件：该模式对精细化工与传统化工共生的工业园区发展循环经济具有借鉴意义。

案例名称：苏州工业园

模式特征：依托现代制造业和服务业，以资源循环利用和高效利用为特色的综合性园区循环经济发展模式。

模式描述：苏州工业园区从产业结构、基础设施、社会消费和人居环境四个方面推进园区循环化发展。一是构建绿色产业结构，在规划阶段，按照资源高效利用、充分利用的原则，设计电子信息、精密机械、生物医药、新材料为主的产业体系；在建设阶段，严格循环经济准入标准，控制入园企业类型；在生产阶段，推行清洁生产，构建基于电子信息制造及电子废弃物处置的共生产业链，实现区内废弃物分类回收体系与园外专业化处理及系统资源化利用体系结合，形成内外集成循环利用体系；二是构建公用基础设施，统筹规划循环型基础设施体系，建设中水回用、污泥处置、余热利用、集中供冷供热设施，通过能量交换和物质交换，实现热电冷集中联供，雨水收集和水资源分级循环利用，能量梯级利用；三是培育绿色消费模式，建设以“邻里中心”为基础的循环经济消费模式，实现物品循环利用、污染集中防治；四是构建生态人居体系，发展智能交通，开发利用地下空间，推广绿色建筑，为区内居民提供健康、舒适的工作与生活环境。

2010年与2005年相比，在总产值提高113.4%，土地产出率提高129%的同时，单位工业增加值用水量下降10.3%，二氧化硫排放量下降42.4%，COD排放量下降37.2%。适用条件：该模式可为正处于转型升级、新城建设的开发园区或开放度较高的发达地区发展循环经济提供借鉴。

案例名称：浙江嘉化

模式特征：依托主导产业，构建上下游相互关联、多产业共生的化工园区循环经济发展模式。

模式描述：嘉兴港区化工园区将“生态、低碳、循环”理念融入园区规划、建设，推动形成产业网络化，产品生产链式化，废物利用循环化，运营管理专业化，提升了产业集聚效应。一是构建循环产业链，如“二氧化硅—有机硅单体—硅橡胶材料”的有机硅材料产业链、“丙烯／环氧乙烷—橡塑材料”的橡塑材料产业链、“二氧化硅—多晶硅—光电池”的光伏产业链，以及双氧水、氯化石蜡、脂肪酸、甲酯、磺酸盐的副产品高值化回收利用产业链，促进多种主副产品链式互补；二是构建共享的园区基础设施，通过补链招商，合作建设交通、供水、供电、排污、信息等配套基础设施，专业化企业统一运营热电、工业气体、污水处理、化工物流等，实现公用物流一体化；三是实施清洁生产审核，进行物质流、能源流分析，核心企业几乎能为园区所有企业提供化工原料以及蒸汽、纯水等资源，内部的工业管理系统实现上下游企业的物料交换利用、能源梯级利用，企业之间形成分工协作，合理竞争，形成了共生共赢的局面。

2010年与2005年相比，总产值提高484.1%，能源产出率提高295%，土地产出率提高156.8%，单位工业增加值用水量下降19.6%，工业固体废物综合利用率提高2个百分点(达到100%)。

推广条件：该模式对化工产业园区发展循环经济具有借鉴意义。

案例名称：安徽界首田营

模式特征：以废旧铅酸电池回收利用为主、形成专业化资源循环利用的园区循环经济发展模式。

模式描述：界首市田营循环经济工业区依托当地1000多年来形成的传统炼铅产业，加快取缔小散乱再生铅回收企业，积极引导企业入园，形成以废铅酸电池回收利用为核心的再生铅、铅化工、极板和蓄电池、再生塑料、电动车五大产业。园区构建了从废电池到新电池的闭合式循环产业链，形成了“废旧铅酸电池拆解—极板冶炼—粗铅精炼—极板生产—蓄电池制造”、“电池壳拆解—塑料造粒—电池壳成型”等链条，并生产蓄电池、电动自行车等后续产品。园区对废气、废渣及雨水排放中的有害重金属和二氧化硫进行处理，铅尘去除率达99%以上，完全达标排放。2010年园区形成了年产再生铅33万吨以及年产2000万套蓄电池极板的能力，产量占全国再生铅的1／4，被国家发展改革委、财政部列为首批国家“城市矿产”示范基地。

2010年与2005年相比，生产总值提高544.8%，城镇居民人均可支配收入提高506.1%，资源产出率提高20%，土地产出率提高121%，工业固体废物综合利用率提高7%(达98%)，单位工业增加值用水量降低18.9%。

推广条件：该模式对于发展废旧铅酸电池回收和再生利用产业的地区具有借鉴意义。

案例名称：青岛新天地

模式特征：以建立回收网络为基础，对再生资源回收利用全过程实施信息化管理的静脉产业园区循环经济发展模式。

模式描述：青岛新天地静脉产业园致力于推进“城市矿产”产业化发展：一是建立覆盖山东全省的再生资源回收网络，保障再生资源原料来源；二是建立省、市、园区三级信息监管平台，对再生资源回收、储存、运输、利用和处置，实施全过程动态监控；三是构建了废有色金属、电子废弃物、报废汽车的“回收—拆解—初加工—再生原材料”产业链，废塑料和废橡胶的“回收—分类分选—初级加工—深加工”产业链，以及废渣、废液的“回收—提取贵金属—无害化处置”产业链，实现了多品种再生资源的专业化、规模化利用；四是建立资源利用、集中焚烧和安全填埋“三位一体”的园区环保设施体系，有效控制二次污染。2010年，园区共回收处理各类再生资源55万吨，处理电子废弃物151.8万台，被国家发展改革委、财政部列为国家“城市矿产”示范基地。

2010年与2009年相比，在总产值提高39.4%，资源产出率增长7.7%，能源产出率提高5.2%的同时，单位工业增加值用水量下降18%，工业固体废物综合利用率提高0.3个百分点(达到88.9%)，废旧家电资源化率提高0.4个百分点(达到87.6%)。

推广条件：该模式对于我国建立多品种“城市矿产”循环利用为主体的静脉产业园区发展循环经济具有借鉴意义。

案例名称：湖南汨罗

模式特征：以完善回收网络、建立交易市场、搭建公共平台、打造资源化利用体系为特点的再生资源园区循环经济发展模式。

模式描述：汨罗循环经济产业园依托百年再生资源产业基础，通过加强产业协调，搭建信息平台，引入市场机制，完善公共服务，实现了循环经济产业规模化发展。一是延伸铜、铝、塑、纸、橡胶五大回收加工板块的产业链条，增进产业耦合，形成多产品的“回收—分捡—加工—冶炼—再生材料—成型—制品—销售”等完整的再生利用产业体系，促进产品集约化、高值化；二是构建覆盖全国的回收网，搭建再生资源回收、物流和电子信息交易网络，促进产业与市场互动；三是通过再生资源协会与会计咨询、资产管理、信用担保公司提供“一站式服务”，建立废弃物无害处置系统，搭建四位一体的资源循环利用公共平台；四是设立奖励资金，成立研究中心，建立科技实验、实习、培训基地，引进技术、克服技术难题，初步形成了自主研发、技术引进、产学研结合的技术创新体系。2010年，被国家发展改革委、财政部确定为首批国家“城市矿产”示范基地。

2010年与2009年相比，地区生产总值提高203.7%，城镇居民人均可支配收入提高157.9%，资源产出率提高26.2%，能源产出率提高17.6%，单位工业增加值用水量降低10%，工业固体废物综合利用率提高4.9%(达到99%)。

推广条件：该模式对于传统再生资源产业集散地发展循环经济具有借鉴意义。

案例名称：广州开发区

模式特征：以建设公共服务平台和提供嵌入式专业化废弃物回收利用服务为特征的综合性开发区循环经济发展模式。

模式描述：广州经济技术开发区把建设公共服务平台作为园区循环化改造的重点，大力推进园区循环经济发展。一是通过发展集中式供热管网，推广太阳能、风能等清洁能源，促进能源梯级高效利用；二是通过全面实施雨污分流、建设地埋式再生水厂、加强污水集中处理并再生回用等，实现了水资源多渠道循环；三是通过引进嵌入式专业化废弃物回收利用企业，对废弃物进行深度资源化利用，实现了开发区产废企业与专业化处理企业的无缝衔接。同时，重点培育一批循环经济示范企业、清洁生产企业，大力培育和发展精细化工、电子信息、通讯设备、生物制药、节能环保等战略性新兴产业，大幅提高土地产出率。

2010年与2005年相比，生产总值提高147.8%，资源产出率提高33.6%，能源产出率提高19.5%，土地产出率提高102%，单位工业增加值用水量下降13.6%，工业固体废物综合利用率提高3.9个百分点(达到89%)，二氧化硫排放量下降48%，COD排放量下降28.5%。

推广条件：该模式对经济发达地区大型综合性经济技术开发区发展循环经济具有借鉴意义。

案例名称：广东清远华清

模式特征：将分散的个体经营户引入园区，实行集中化、标准化管理的再生资源利用园区循环经济发展模式。

模式描述：广东清远华清循环经济园通过园区集中化和标准化管理，延伸产业链条，提升产业集聚效应，提高产品附加值，形成了园区循环经济快速发展的局面。一是将本地区自发形成的拆解进口废电线电缆、废五金等个体经营户引入园区集中经营，并建立含240项技术、管理、工作标准的园区循环经济标准体系，实现了对园区企业的标准化管理；二是建设铜、铝、塑料等深加工产品生产线，形成了进口废弃产品的“回收—拆解—初级加工—精深加工”产业链，统一消化入园经营户拆解的原料，实现再生资源利用的规模化；三是加强污染集中治理，建设集中污水处理厂、固废集中处理中心等环保设施，实现清洁生产；四是搭建公共服务平台，实现园区内各经营户间原料、产品信息的共享。2010年，被国家发展改革委、财政部确定为首批国家“城市矿产”示范基地。

2010年与2008年相比，总产值提高137%，单位工业增加值用水量降低53.6%，工业用水重复利用率提高27%。2010年，园区工业固体废物综合利用率达到100%。

推广条件：该模式对于具有一定再生资源回收利用基础、回收利用经营户较多的区域发展循环经济具有借鉴意义。

案例名称：山西晋城

模式特征：以煤层气综合利用为重点，构建生产与生活循环链接的循环经济发展模式。

模式描述：晋城市依托丰富的煤层气资源，统筹考虑煤层气产、储、运、用平衡，积极推进“大企业引领、大项目支撑、园区化承载、集群化推进”的煤层气产业发展战略，形成了“井下瓦斯抽采—发电—采暖”、“煤层气—液化—工业(民用)”、“煤层气—化工”、“煤层气—集输—车用燃料”等多条循环产业链，2009年煤层气抽采量超过20亿立方米，供应居民15万户，并满足市区宾馆、饭店等用气，成为全国煤层气开采利用最集中的地区。全市拥有煤层气专用汽车9000余辆，加气站9座，加气业务已拓展至太原、郑州等周边地区。煤层气高效利用不仅解决了安全生产、污染防治问题，而且形成了集勘探开发、集输、液化、瓦斯发电等多方面发展，民用燃气、工业原料、汽车燃料等多品种应用的循环经济体系。

2010年与2005年相比，地区生产总值提高128.1%，城镇居民人均可支配收入提高94.7%，能源产出率提高34.5%，土地产出率提高129.4%，二氧化硫排放量下降16.4%，COD排放量下降11.9%。

推广条件：该模式对资源型城市(矿区)依托伴生气、伴生矿等资源优势，发挥大企业引领作用，培育新兴产业，将循环经济与城市转型融合发展，具有借鉴意义。

案例名称：山西同煤塔山

模式特征：按循环经济理念规划建设的大型煤炭工业园循环经济发展模式。

模式描述：山西大同矿业集团的同煤塔山工业园按照循环经济理念进行全面规划建设，以塔山矿井、同忻矿井为龙头，优化资源配置，合理延伸产业链条，构建了“煤炭—电力—建材”、“煤炭—电力—化工”等多条循环经济产业链。采煤企业和生产企业实施清洁生产；洗煤厂分选的部分中煤及末煤用于发电，部分中煤供煤化工生产甲醇；煤矸石用于制砖，电厂余热为居民区供暖，取代300多个小锅炉；电厂产生的粉煤灰进入水泥厂生产水泥；采煤过程中产生的伴生高岭岩经深加工后，成为化妆品及造纸行业的重要原材料；矿井水与生活污水进入污水厂净化后用于冷却水和园林绿化。通过循环化构建，园区形成了各个生产单元首尾相接，环环相扣的产业链，把传统煤炭行业中的“废物”消化在循环链条中，最大限度地降低了资源浪费和污染排放。

2010年与2009年相比，在总产值提高98.7%，资源产出率提高69.6%，能源产出率提高97.2%，土地产出率提高98.7%的同时，单位工业增加值用水量下降26.3%，工业固体废物综合利用率提高16.6%。

推广条件：该模式对大型煤炭集团新建矿区循环化发展具有借鉴意义。

案例名称：山西潞安

模式特征：以煤为基础，煤基多联产、产品多元化为特点的煤炭企业循环经济发展模式。

模式描述：山西潞安集团针对不同煤种、不同煤质特点，拉长煤基产业链条，不断壮大“煤—焦—化”、“煤—电—化”、“煤—油—化”三条主产业链，并建设了煤焦、煤电、煤油、电化四大循环经济园区。以优质煤为基础，经过洗选加工，生产高附加值的高炉喷吹煤；洗选后的中煤、煤泥、煤矸石用于发电，构建煤电一体化发展新格局；利用电力和当地石英砂的资源优势，发展高纯硅／太阳能一体化产业；以高硫高灰的劣质煤为原料，采用钴基、铁基两种催化剂发展煤基合成油多联产产业；利用煤焦化形成的焦炉煤气生产甲醇、二甲醚，通过焦油深加工生产酚类、萘类、洗油等多种精细化工产品；利用煤炭、电力、煤化工及硅产业产生的煤矸石、粉煤灰及废料、废渣，大力发展新型建材产业，完成了矸石山治理和生态重建工程，矿井水全部回收再利用，努力实现煤炭资源利用的全产业链“吃干榨尽”。

2010年与2005年相比，资源产出率提高了19.2%，能源产出率提高62.5%，工业固体废物综合利用率提高69.6%(达到95%)，二氧化硫排放量下降30%。

推广条件：该模式对以“煤炭开采”为主体、煤基多联产为特征的大型煤炭企业集团发展循环经济具有借鉴意义。

案例名称：安徽淮南矿业

模式特征：以矿井瓦斯抽采利用、矿区生态恢复为特色的煤炭企业循环经济发展模式。

模式描述：淮南矿业集团围绕煤炭主业，对矿井瓦斯及“三废一沉”(废气、废水、废渣和采煤沉陷)进行综合治理与循环利用，形成了煤泥、煤矸石发电，煤矸石、粉煤灰生产建材，煤矸石、粉煤灰复垦充填沉陷土地，矿井水净化利用，矿井瓦斯发电等循环经济产业链。在构建煤炭产业链基础上，主动融入区域经济社会发展，实施大面积的采煤沉陷搬迁建镇和旧城改造，实现矿区生态环境修复；统筹考虑淮河中段治理与采煤沉陷、矿区水系治理，保护淡水资源，为建设区域融合型的绿色生态煤电基地做出了有益探索。瓦斯发电总装机容量达2.4万千瓦，同时供给10万户居民用气。

2010年与2005年相比，总产值提高262.6%，资源产出率提高了77.5%，能源产出率提高125.2%，单位工业增加值用水量下降101.5%，二氧化硫排放量下降40.3%，工业固体废物综合利用率提高38.1%，工业用水重复利用率提高70.6%。

推广条件：该模式对于煤炭企业通过煤电一体化、矿井瓦斯综合利用、矿区生态修复等措施发展循环经济有借鉴意义。

案例名称：山东新汶矿业

模式特征：以拓展关联产业、构建循环产业链为基本路径的大型煤矿集团循环经济发展模式。

模式描述：新汶矿业集团从“矿老井深、井型小、矿压大、生产环节复杂”的实际出发，从“一煤独大”发展为以“煤、电、化、建”为主体、涵盖机械再制造等相关产业的新格局。在开采方面，通过“以矸换煤”、“煤炭地下气化”、“薄煤层开采”等技术，实现了绿色开采。在产业链构建方面，以煤伴生资源深度开发、“三废”资源综合利用为途径，打造矿区煤基产业集群，构建了“煤—电—化—建”、“煤炭—地下气化—煤气”等产业链，利用煤矸石、煤泥发展电力产业，利用煤矸石、粉煤灰、脱硫石膏发展建材产业。在优化产业布局方面，积极打造非煤产业集群，向矿山机械再制造等非煤产业拓展，利用复垦土地发展农业、养殖业，增强了企业抗风险能力。

2010年与2005年相比，在总产值提高203.1%，资源产出率提高173%，能源产出率提高87%的同时，单位工业增加值取水量下降47.8%，二氧化硫排放量下降48%，COD排放量下降23.7%，工业固体废物综合利用率提高6.3%(达到100%)，非煤产业产值占总产值70%以上。

推广条件：该模式对于进入衰退期的大型煤炭企业发展循环经济，促进产业转型，实现矿区可持续发展具有借鉴意义。

案例名称：北京热电

模式特征：以热电冷三联供为核心、废弃物全部利用的都市热电厂循环经济发展模式。

模式描述：神华国华国际电力股份有限公司北京热电分公司地处北京市繁华区，按照减量化、再利用、资源化原则，探索热电联产企业循环经济发展的新途径，构筑了企业与城市协调发展的新局面。一是通过加大节煤、节电、节水改造和治污设施建设力度，从源头上降低原料消耗，减少废气、烟尘的排放和噪声污染，实现厂界噪声全达标；二是以热电冷三联供技术为核心，实现高焓值蒸汽用于发电，低焓值热能用于供周边商务区冬季供热和夏季供冷，使能源梯级利用进一步得到拓展；三是引进石膏制板装置，将脱硫副产品制成新型绿色环保建材并商品化，粉煤灰全部外销用于商品混凝土添加剂，燃煤废渣也外销用于生产建筑材料；四是以城市污水处理厂再生后的中水作为循环冷却水，循环后全部送回河道作为景观用水，每年节水170万吨。

2010年与2005年相比，在总产值提高9.9%，能源产出率提高42%的同时，二氧化硫排放量下降26.6%。2010年，工业固体废物综合利用率达100%。

推广条件：该模式对位于城市核心区的热电联产企业发展循环经济，解决环境问题提供了借鉴。

案例名称：天津北疆电厂

模式特征：全新规划的“电水盐化材”多产业共生的沿海电厂循环经济发展模式。

模式描述：天津北疆电厂在建厂之初就按照循环经济理念进行规划设计，构建了“发电—海水淡化—浓海水制盐—盐化工—新型建材”的节地型“五位一体”产业链，实现了煤炭资源的节约利用、淡水资源零开采、废水和固体废物的零排放、废气的低排放。一是遵循减量化优先原则，采用超超临界机组进行发电，大大降低了发电煤耗，从源头减少煤炭燃烧带来的污染；二是利用发电余热和低品位蒸汽进行海水淡化，年淡化能力达7200万吨，其中90%供入城市水网，为解决北方地区缺水问题提供了一条新的有效途径；三是海水淡化副产的浓海水进入汉沽盐场制盐，每年增加盐产量45万吨，并可节约22.5平方公里的盐田占地；四是利用制盐产生的苦卤生产化工产品；五是发电产生的粉煤灰和脱硫石膏用于生产新型建材。

2010年与2009年相比，总产值提高746.9%，能源产出率提高7.4%，二氧化硫排放下降34.4%。2010年，淡化水产量达880万吨，工业固体废物综合利用率和工业用水重复利用率均达100%。

推广条件：该模式对我国沿海电厂通过构建循环经济产业链，发展循环经济具有借鉴意义。

案例名称：宝钢集团

模式特征：实现生产单元、企业集团、社会三层面多循环互动的现代化钢铁企业循环经济发展模式。

模式描述：宝山钢铁集团公司以技术创新为支撑，强化规划和组织管理，成为源头设计起点高、标准高的世界一流清洁钢铁生产企业。一是生产过程实施清洁生产、完善制造流程、开发环境友好产品等源头减量化技术，积极采用烟气脱硫、干法除尘、废水利用等技术，促进生产方式由污染治理型转变为源头防治型；二是采用先进技术回收利用余能，率先应用高炉煤气余压发电、干熄焦、OG和LT转炉煤气回收、燃气—蒸汽联合循环发电等节能技术与装备，加强余热等二次能源的转换与利用，开发了高炉富氧喷煤、钢坯热送热装、能源中心集中控制等众多节能技术，实现全过程“减量化”；三是开展次生资源的综合、高效利用，建立资源综合利用管理系统，实现了高炉渣、钢渣、含铁尘泥、粉煤灰、废耐材等的全利用，并形成了一定的产业规模；四是集团服务社会，直接从社会回收废钢炼钢，探索利用钢铁冶炼过程协同资源化处理废塑料等社会大宗废弃物，为周边社区和相关企业提供能源，构建企业内部、企业与社会之间的物质循环、能量梯级利用体系。

2010年与2005年相比，总产值提高67.7%，资源产出率提高36.2%，能源产出率提高41.1%，单位工业增加值用水量降低28.2%，工业固体废物综合利用率提高0.47个百分点(达到98.5%)，二氧化硫、COD排放量分别下降19.5%、28.7%。

推广条件：该模式对我国大型钢铁集团发展循环经济具有借鉴意义。

案例名称：山东莱钢

模式特征：通过产业链延伸实现资源高效利用和废弃物综合利用的钢铁企业循环经济发展模式。

模式描述：莱芜钢铁集团发挥钢铁冶炼过程的产品制造、能源转换、废弃物消纳处理等各项功能，构建“四个循环”，实现企业可持续发展。一是构建铁素资源循环链，将冶炼渣分离出粒钢、小块铁、钢精粉等产品，作为炼铁、炼钢的原料；依靠自主研发的国家“863”攻关成果“轿车用高性能水雾化钢铁粉末规模化生产技术”，以氧化铁皮为原料生产粉末冶金；二是构建非金属固体废弃物循环链，利用高炉渣、焦化副产品、粉煤灰、石灰石尾矿等废弃资源，建立以建材生产线为核心的非金属固体废弃物利用基地；三是构建二次能源循环链，回收利用冶金生产过程产生的焦炉煤气、高炉煤气、转炉煤气及余热余能资源进行发电，实现了焦炉、高炉、转炉煤气全部回收利用；四是构建水资源循环链，开发应用无水或少水工艺，建设分散污水处理设施，实现水的多次串级利用，形成了以高炉煤气全干法除尘、转炉煤气干法除尘、干熄焦和串级利用的“三干多串零排放”节水模式，实现了主体工序的废水零排放。

2010年与2005年相比，在总产值提高31.7%，能源产出率提高30.2%的同时，单位工业增加值用水量下降24.8%，工业固体废物综合利用率提高2.8%(达到98.8%)，COD排放量下降13.3%，资源循环利用产值达26.8亿元。

推广条件：该模式对于我国传统大型钢铁联合企业，特别是长流程钢铁企业发展循环经济具有借鉴意义。

案例名称：厦门钨业

模式特征：构建钨矿开采、冶炼、高端钨产品和废钨回收利用完整产业链的有色金属企业循环经济发展模式。

模式描述：厦门钨业股份有限公司依靠科技创新，推进钨资源高效利用和循环利用。一是开发先进选矿、冶炼技术，构建了“钨矿开采—选矿—钨精矿—钨矿冶炼—钨粉／碳化钨粉—钨丝／硬质合金”产业链；二是建立废钨料的国内外回收网络，将废钨料中所含有的金属钨、钴、镍等全部利用，构建了“废钨回收—冶炼提取—钨／钴／镍—钨制品／钴酸锂／贮氢合金粉—电池材料”等循环经济产业链；三是开发先进的共伴生矿综合利用技术，加强与钼矿开采企业合作，从钼矿选钼后的含钨尾矿中回收钨，构建了“含钨尾矿—提钨—冶炼—钨制品”循环经济产业链；四是推行清洁生产，建立了钨开采、冶炼、加工等过程中物料、能量、水的循环利用体系，钨金属综合回收率、电耗、水耗等多项经济技术指标达国际先进水平。

2010年与2005年相比，在总产值提高92.1%，资源产出率提高38.5%，能源产出率提高61.9%的同时，单位工业增加值用水量下降8.2%，工业固体废物综合利用率提高1.3个百分点(达到98%)，资源循环利用产值达7.47亿元。

推广条件：该模式对于通过构建从开采到二次资源回收利用的完整产业链的有色金属企业发展循环经济具有借鉴意义。

案例名称：云南驰宏锌锗

模式特征：采选冶一体化、“三废”资源化利用同步发展的有色金属企业循环经济发展模式。

模式描述：云南驰宏锌锗股份有限公司运用高新技术改造传统产业，形成采选冶一体化、共伴生矿综合利用、“三废”深度资源化利用的有色金属企业循环经济发展模式，构建了铅锌矿“开采—选矿—冶炼—废渣／废气／废水—资源”的完整循环经济产业链。一是在开采环节，实施充填技术改造工程，采用“全尾砂、水淬渣膏体充填方法”，利用高浓度胶结充填替代水砂充填，减少了采空区塌陷，基本实现“无尾矿”绿色开采；二是在选矿环节，增加氧化矿选矿工艺，使氧化铅锌矿物得到了有效回收和利用，并将选矿废水、选矿尾砂用于井下填充；三是在冶炼环节，对污水、冶炼废渣进行多级资源化利用，从冶炼烟尘回收铅、锌、锗等金属，利用冶炼废气制酸、冶炼余热发电，实现了资源高效循环利用。

2010年与2009年相比，在总产值提高27.9%，资源产出率提高38.5%的同时，单位工业增加值用水量降低34.2%，工业固体废物综合利用率提高33.3%(达到100%)，二氧化碳排放量降低16.4%，COD排放量降低89%。

推广条件：该模式对铅锌冶炼等有色金属企业发展循环经济具有借鉴意义。

案例名称：甘肃白银有色

模式特征：以对主导产业进行循环化改造、延伸产业链为特色的大型有色冶炼企业循环经济发展模式。

模式描述： 白银有色金属集团公司面对资源枯竭和环境污染的双重压力，把循环经济作为摆脱困境的唯一有效途径，对主导产业进行循环化改造，在采矿、选矿、冶炼、化工等四大环节发展循环经济。一是在采矿和选矿环节，实行绿色开采，从多金属矿分选出铜精矿、铅精矿、锌精矿、铅锌精矿，将剥离的废石和选矿尾砂用于井下填充：二是在冶炼环节，加大技术创新，将冶炼废渣中的铜、锌、铅以及金、银、硒、镉、镍等10多种稀贵金属全部回收利用，将尾砂作为水泥生产配料，从冶炼烟气中回收铅、锌、铜、锑、铋等有价元素，目前公司的铜铅锌回收率分别达到97%、96%和98%以上；三是在化工环节，对铅锌冶炼中的尾气高效回收利用，生产硫酸，总硫利用率从70%提高到95%以上，为白银市大气污染治理作出重大贡献。

2010年与2005年相比，在总产值提高89%，资源产出率提高170%，能源产出率提高99.3%的同时，二氧化硫排放量下降63.1%，COD排放量下降48%，回收有价伴生金属的覆盖率提高84.7%。

推广条件： 该模式对于资源枯竭型有色冶炼企业通过发展循环经济，缓解资源压力，减少污染排放，具有借鉴意义。

案例名称：山东鲁北化工

模式特征：以磷铵硫酸水泥三联产技术为支撑，核心企业为主导的多产业共生紧密型化工园区循环经济发展模式。

模式描述： 山东鲁北企业集团总公司依托自主研发的磷石膏制硫酸联产水泥、污水闭路循环等关键链接技术，按照产品和产业链的内在联系进行科学组合，形成产业链上各企业节点紧密关联、原料高效利用、能量多级利用、副产品和废物循环利用、工业生产与自然环境友好的循环链接格局。通过构建“磷铵硫酸水泥联产”、“海水一水多用”、“清洁发电与盐、碱联产”、“油、盐化工结合”以及“钛白粉清洁生产链”五条循环经济产业链，使系统内的硫酸、海水等构成了高效利用的物质流，使园区蒸汽、电力等构成了合理利用和梯级利用的能量流，使磷石膏、盐石膏、炉渣等构成了资源化回收利用的废弃资源流。率先探索建成了多产业共生、紧密型的循环经济化工园区。

2010年与2005年相比，在总产值提高273.1%，资源产出率提高了183%，能源产出率提高240%的同时，单位工业增加值用水量下降52.5%，二氧化硫排放量降低17.9%。

推广条件： 该模式对位于沿海地区，以龙头企业为核心开展园区化管理的紧密型大型化工集团发展循环经济具有借鉴意义。

案例名称：贵州开磷

模式特征：以自主创新技术为支撑，实现磷资源高效开采和循环利用、大幅度减少污染物的磷化工老企业循环经济发展模式。

模式描述： 贵州开磷(集团)有限责任公司按照“扎紧两头，做大中间”的原则，加强资源高效清洁开采和“三废”综合利用，构建了“磷—煤—电—建”循环经济产业链，实现了由单一磷化工到磷煤化工并举、生产与循环利用同步的转型。在开采环节，采用全废料自胶凝充填法，既实现了磷石膏等废料资源化利用，又提高了矿产资源回收率；在生产环节，采用自主研发的“无染色剂的本色精品磷酸二铵产品生产工艺”、“黄磷尾气生产一碳化工产品生产工艺”等新技术，实现了源头减量：在废弃物利用环节，率先建设了我国具有自主知识产权的磷石膏制砖生产线，实现了磷石膏的大规模资源化利用。通过发展循环经济，降低了生产成本，增加了主副产品的互补能力，为应对金融危机发挥了积极作用。

2010年与2005年相比，在总产值提高258.6%，资源产出率提高209.7%，能源产出率提高65.6%的同时，单位工业增加值用水量降低29%，工业固体废物综合利用率提高44.2个百分点，工业用水重复利用率提高23.6个百分点，COD排放量下降71.4%。

推广条件： 该模式对于我国以磷煤资源开发利用为主的化工企业发展循环经济具有借鉴意义。

案例名称：新疆天业

模式特征：多产业共生的氯碱企业循环经济发展模式。

模式描述：新疆天业(集团)有限公司依托石灰矿、煤矿、盐矿等资源优势，构建了“煤炭—电力—废渣(粉煤灰、脱硫石膏)—水泥”、“石灰石—电石—聚氯乙烯—废渣—水泥”、“电石渣—电厂脱硫—废渣—水泥”、“节水器材—高效农业—食品加工”等多条循环经济产业链，形成了包括煤电一体化生产氯碱、节水器材、高效农业及食品加工、建材等在内的循环型产业体系。自主研发国内首创的电石渣干法生产水泥技术，实现了电石渣替代石灰石原料用于水泥生产；部分电石渣用于电厂脱硫，脱硫石膏用于水泥生产，实现了废弃物逐级资源化利用：电石炉气送至电厂及烧碱装置替代燃煤和天然气使用，降低了综合能耗；研发的“一次性可回收滴灌带”，为在沙漠戈壁地区发展节水农业提供有效支撑。

2010年与2005年相比，在总产值提高330.7%，资源产出率提高8.7%，能源产出率提高17.6%的同时，单位工业增加值用水量降低47.1%，工业用水重复利用率提高7个百分点(达到97%)，工业固体废物综合利用率提高33.3%(达100%)，COD排放量下降98%。

推广条件：该模式对我国氯碱企业建立多产业共生的循环经济产业体系具有借鉴意义。

案例名称：北京水泥

模式特征：以协同资源化处理城市和产业废弃物为特征的水泥企业循环经济发展模式。

模式描述：北京水泥厂有限责任公司通过实施低温余热发电、固废综合利用、协同资源化处理城市污水厂污泥和污染土等工程，探索出传统水泥行业发展循环经济的道路。一是实施低温余热发电改造工程，既大量回收余热用于热电联供，又减少了废气及粉尘污染，实现了整个热力系统不燃烧一次能源的目标；二是加强废弃矿山的再开发，将废弃石灰石矿区改造建设成为温泉度假村；三是利用自身窑炉开展协同资源化处理城市废弃物，完善了企业利用水泥窑处置废弃物的技术规范，实现了污水厂污泥、垃圾焚烧厂飞灰、污染土等废弃物的协同资源化利用，构建了企业小循环与社会大循环的良性互动。2010年协同处置危险废物约3.3万吨，综合利用废渣约15.1万吨。

2010年与2005年相比，总产值提高55.5%，能源产出率提高33.1%，单位工业增加值用水量下降17.5%，二氧化硫排放下降24.2%。2010年，工业固体废物综合利用率达100%，污水实现“零排放”。

推广条件：该模式对于地处大城市周边的水泥企业协同资源化处理城市和产业废弃物发展循环经济，具有借鉴意义。

案例名称：吉林亚泰

模式特征：利用废弃物替代部分原料并开展余热发电的水泥企业循环经济发展模式。

模式描述：吉林亚泰股份有限公司积极延伸产业链，形成了包括废弃物替代原料、低温余热发电、废水资源化利用在内的循环经济发展模式。一是在水泥生产过程中，利用赤泥、电石渣、冶炼尾矿、镍渣、铸造砂等作为水泥生料配料替代部分水泥原料，利用高炉矿渣、粉煤灰、硫酸渣、火山灰、废矿石、烧页岩及含可燃物质的工业固废作为混合材料，生产相应品种的水泥，实现了多种工业固废的资源化、能源化利用，减少了原生资源的消耗，改善了生态环境；二是配套建设纯低温余热发电项目，回收窑尾废气余热进行发电，发电量占公司总用电量的62%；三是通过完善生产工艺，中水回收再利用，粉尘回收替代部分水泥生产原料，生活废水经处理后回用于生产，基本实现废水“零”排放。

2010年与2005年相比，总产值提高381%，资源产出率提高30%，能源产出率提高55%，单位工业增加值用水量降低75%，二氧化硫排放量降低35.4%。

推广条件：该模式为我国大型水泥企业发展循环经济提供借鉴。

案例名称：福建风竹纺织

模式特征：以水资源循环利用为核心、内外循环相结合的纺织企业循环经济发展模式。

模式描述：福建风竹纺织科技股份有限公司以清洁生产为基础，以水资源循环利用为核心，建立起包括染整工艺系统、废物控制及资源化处理系统、技术和信息服务平台在内的循环经济体系。一是从减量化入手，在原料、工艺、设备、系统控制等环节自主研发了多项先进节水印染技术，采用原材料替代，探索出具有特色的节水染整工艺，实现源头减量；二是从再利用入手，通过反渗透膜技术处理印染废水供企业生产使用，浓缩液供周边企业资源化利用，提高印染废水回用率，同时，利用印染碱性漂染废水作为脱硫剂处理锅炉烟气，实现了以废治废和综合利用；三是从资源化入手，开发多元废弃物的利用方式，废纱、废布供给玩具及再生纱生产企业，印染污泥经处理后送煤场与原煤掺和变为燃料。

2010年与2005年相比，总产值提高27.8%，资源产出率提高10.5%，能源产出率提高31.8%，单位工业增加值用水量下降35.6%，二氧化硫排放量下降14.9%，COD排放量下降88.8%。

推广条件：该模式对我国纺织行业发展循环经济具有借鉴意义。

案例名称：山东泉林纸业

模式特征：构建清洁型草浆造纸循环产业链的造纸企业循环经济发展模式。

模式描述：山东泉林纸业有限责任公司依靠技术创新，针对纤维原料、环境保护、水资源三大秸秆造纸技术难题，开发出具有自主知识产权的秸秆清洁制浆、环保型秸秆本色浆制品、秸秆制浆废液生产木素有机肥等三大非木纤维清洁制浆技术，实现了草浆造纸关键技术的突破。利用自主开发的核心技术，构建了“秸秆—纸浆—纸张”、“秸秆—废液—造粒—有机肥”、“秸秆—固废—有机基质”和废水循环利用等多条循环经济产业链。通过“一草两用”的方式来构建水资源减量化、造纸废液再利用、固体废弃物资源化的循环经济体系，实现废水“零”排放。技术创新使本色草浆耗水远远低于国家的耗水标准，每吨草浆原色纸可节约60千克漂白剂等化学用品，并可实现替代木材、减排污染物和温室气体以及提高农民收入等目标。

2010年与2005年相比，总产值提高158.6%，资源产出率提高50%，能源产出率提高87.8%，单位工业增加值用水量下降24.5%，二氧化硫排放量下降66.1%，COD排放量下降78.7%，工业固体废物综合利用率提高9.9%(达到100%)。

推广条件：该模式对草浆造纸企业发展循环经济具有借鉴意义。

案例名称：河南天冠

模式特征：以打造生物质能源及废物代谢产业链为核心的酒精生产企业循环经济发展模式。

模式描述：河南天冠企业集团有限公司通过加大科研投入力度，推进技术创新，努力延伸工业代谢流程和产品链，优化企业系统结构，变“点块式”发展为“链网式”发展，构建各系统中间产品、废弃物、能量的循环利用生态工业链。以小麦种植为始端，构建了“小麦—麸皮—谷朊粉—燃料乙醇”、“燃料乙醇—DDG—沼气—有机肥”、“燃料乙醇—CO2—可降解塑料”等多条循环产业链。以小麦麸皮和小麦蛋白提取后剩余的渣物与三分之一杂粮混合生产燃料乙醇，麸皮制成膳食纤维，小麦蛋白作为粮食深加工产品供应市场。淀粉浆与粉碎后的杂粮生成燃料乙醇，糟液生产沼气供本地居民使用和发电，沼渣经干燥处理制成高蛋白饲料供给养殖业。通过物质、能量、信息交换和共享，加强环境综合治理系统建设，形成了具有特色的循环经济产业体系。

2010年与2005年相比，总产值提高225.9%，资源产出率提高37.4%，能源产出率提高82.2%，单位工业增加值用水量降低62.6%，COD排放量下降16.7%。2005年以来，工业固体废物综合利用率均达100%。

推广条件：该模式对于酒精行业及农产品加工业发展循环经济具有借鉴意义。

案例名称：湖南泰格林纸

模式特征：林草浆纸一体化工农复合型造纸企业的循环经济发展模式。

模式描述：泰格林纸集团通过公司、基地、农户多主体联动的方式培育林木资源，围绕造纸主产业链，利用余热、余压、废弃物回收，延伸出生产电力、水泥、有机复合肥等产品的绿色产业链，打造了“林草浆纸一体化”循环经济联合体。在造纸主产业方面，大力开展清洁生产，开发应用碱回收、污水处理、污泥利用、生物质废弃物制沼气、黑液碱回收副产蒸汽发电、碱回收白泥制轻质碳酸钙等技术，实现了清洁造纸。在废弃物利用方面，将电厂产生的粉煤灰综合利用，生产硅酸盐水泥；利用浆渣、锯木屑、生物污泥等进行发电供热，为企业提供了热力和电力；利用制浆黑液中回收的木质素磺酸盐生产复合肥。建立了覆盖全国31个大中城市、年回收能力达到50万吨的废纸回收网络。

2010年与2005年相比，总产值提高117.6%，单位工业增加值用水量下降30.4%，化学草浆碱回收率提高39.6%，二氧化硫排放量下降16.9%，COD排放量下降38.1%。

推广条件：该模式为我国造纸行业发展循环经济提供借鉴。

案例名称：广西贵糖

模式特征：以工业企业为主导的工农业复合型制糖企业循环经济发展模式。

模式描述：广西贵糖集团以制糖为基础，通过延伸拓展，构建了网状工农复合循环经济集成体系，实现了制糖业由单一产品结构向多产品结构的转变。一是在产业链构建方面，通过对甘蔗制糖技术的改造，拓展延伸了“甘蔗—制糖—废糖蜜—酒精—酒精废液—复合肥—种植”，“甘蔗—制糖—蔗渣—造纸—白泥—水泥”等产业链；二是在废弃物利用方面，利用酒精厂发酵车间废二氧化碳回收制轻质碳酸钙，造纸中段废水用于锅炉除尘、脱硫、冲灰分级利用，碱回收白泥用于烟气脱硫，蔗渣喷淋废水厌氧处理后制沼气；三是在能量梯级利用方面，通过余热回收利用，替代部分原料煤，实现热电联产联供；四是在生产系统向社会延伸方面，通过糖厂与蔗农签订订单，建立合同关系，整合分散农业，促进甘蔗规模化种植，利用蔗糖废弃物生产有机肥，降低甘蔗种植的面源污染。

2010年与2005年相比，总产值提高32.5%，资源产出率提高26.1%，能源产出率提高61.8%的同时，单位工业增加值用水量下降37.4%，二氧化硫排放量下降85.2%，COD排放量下降84.1%。2005年以来，工业固体废物综合利用率均达100%。

推广条件：该模式对于甘蔗制糖业发展循环经济具有借鉴意义。

案例名称：上海伟翔

模式特征：以电子废弃物利用为主的专业化资源再生利用企业循环经济发展模式。

模式描述：上海伟翔环保科技发展有限公司通过建立电子废弃物回收网络，采用先进的再生处理技术及设备，建设污染物收集处理系统，构建“电子废弃物集中回收—高效资源化利用—无害化处置”的循环经济产业链，提高资源利用效率。一是建立覆盖长三角、珠三角及京津地区的回收网络体系，并与戴尔、苏宁等大型电子产品生产、销售商之间建立长期合作关系，保障电子废弃物来源；二是加强技术创新，提高电子废弃物再生利用率，从废电子废弃物拆解的线路板中提取金、银、铜、铅、锡等金属，对拆解的废塑料进行改性，生产塑料托盘等产品，对锂电池进行破碎、电选／磁选，提取贵金属；三是实施清洁生产，加强过程管理，建立完善的污染物收集处理系统，实现固体废弃物、废气的无害化处理以及工业废水的“零”排放。

2010年与2009年相比，总产值提高147%，资源产出率提高244%，能源产出率提高91%，水耗降低8%，工业固体废物综合利用率提高2%(达到97%)，COD排放下降22%。

推广条件：该模式对于企业开展电子废弃物的资源化回收、无害化处置，提高资源利用率具有借鉴意义。

案例名称：杭州富伦科技

模式特征：以纸塑铝复合包装回收利用为核心的再生资源利用企业循环经济发展模式。

模式描述：杭州富伦生态科技有限公司创新回收方式，加强技术研发，对纸塑铝复合包装进行回收和循环利用。一是完善回收体系，公司依托富阳再生纸基地，利用现有再生资源回收网络和市政垃圾回收网络，加强与复合包装物生产企业合作，采用确定地区经销权、提供回收设备及加大回收奖励等措施，建立了辐射华北、华中、华南的回收网络，提高了废弃饮料盒的回收覆盖率；二是依靠技术创新，采用具有自主知识产权的废弃复合包装物破碎、筛选、净化、铝塑分离等技术，使分离率达95%以上；三是积极履行社会责任，公司利用再生材料开发创意产品，面向中小学生进行宣传。2010年，公司回收了约35亿个饮料包装盒，生产再生纸浆1.5万吨，再生塑料7000吨，再生铝粉175吨，节约填埋场地约150亩。

2010年与2005年相比，总产值提高14倍，资源产出率提高33%，能源产出率提高33%，单位工业增加值用水量降低19.2%，工业固体废物综合利用率提高15个百分点。

推广条件：该模式对从事生活消费类产品包装物回收利用的企业发展循环经济具有借鉴意义。

案例名称：广州万绿达

模式特征：服务于园区废弃物管理的嵌入式、专业化的资源再生利用企业循环经济发展模式。

模式描述：广州万绿达集团是以广州经济技术开发区等园区内的生产加工企业为主要服务对象，提供废弃物管理、回收、再生加工和循环利用的整体解决方案。一是参与开发区的总体规划，优化园区的整体废弃物管理流程；二是为园区企业提供点对点服务，帮助制定废弃物管理方案；三是与园区的企业生产流程进行无缝对接，对企业的废弃物即排即收、即产即运，进行专门的资源化处理，资源化产品再返回给企业作为生产原料，形成了“废塑料—回收、分类、加工—再生工程塑料”、“日化废液—回收、提纯—清洁剂／洗车液／洗手液等”、“废金属边角料—回收、加工—再生金属”等循环经济产业链。目前，公司年处理废塑料、废金属、废纸、废液、废渣、报废设备、废旧包装物等各类废弃物80多万吨，生产再生产品400多种。

2010年与2005年相比，总产值提高344%，资源产出率提高25%，单位工业增加值用水量降低40.6%，工业用水重复利用率提高46%，工业固体废物综合利用率提高11.4%。

推广条件：该模式对我国产业园区通过社会化和专业化方式，系统解决废弃物回收利用问题具有借鉴意义。

案例名称：深圳格林美

模式特征：以建设有效的回收体系、对电子废弃物和废旧电池等进行深度资源化为特征的再生利用企业循环经济发展模式。

模式描述：深圳格林美有限公司运用自动化拆解及原生化和再制备技术，实现电子废弃物的深度资源化。一是通过设立专门的回收箱、在超市集中有偿回收等方式，构建独具特色的废电池回收体系，同时通过建立网上收购平台、与电器产品销售商实施战略合作等方式，回收电子废弃物；二是开发电子废弃物、废旧电池等再生利用关键技术，构建了“电子废弃物—拆解—线路板／金属／塑料等”、“线路板—粉碎／磁选—铜金粉／热固性塑料粉—塑木型材”、“线路板—拆解—提取稀贵金属”、“废旧电池／含钴镍边角料—资源化处理—超细钴镍粉”等循环经济产业链；三是强化管理，建立在线实时监控系统，对整个流程进行实时监控。近三年来累计处理废旧电池1万吨、电子废弃物2.2万吨和各种含镍钴等金属资源的废弃物96.6万吨。

2010年与2005年相比，总产值提高91%，能源产出率提高96.3%，土地产出率提高88.3%，单位工业增加值用水量下降97.8%。2010年，工业固体废物综合利用率达99.7%。

推广条件：该模式对以废旧电池、电子废弃物及废弃钴镍资源回收利用为主的资源再生利用企业具有借鉴意义。

案例名称：深圳嘉达

模式特征：通过关键技术创新，将有机、无机废弃物融合生产新材料的资源再生利用企业循环经济发展模式。

模式描述：嘉达高科产业发展有限公司运用自主创新的核心技术，逐步形成“废旧塑料和建筑垃圾的回收利用、有机废弃物无机改性、节能环保产品生产和系统技术集成应用”的循环经济产业链。一是对废塑料、废橡胶、合成树脂等有机废弃物进行改性，生产出集无机与有机于一体的改性聚合物；二是将改性聚合物作为添加剂，与水泥、砂子、矿石等废弃物进行融合，生产出与常规建材产品相比可节能65%的系列节能环保新产品，能广泛应用于交通(包括铁路和公路)、建筑、汽车、电子等领域，可部分替代传统的装饰性金属及陶瓷、石材等建材，达到节能、降耗、环保的效果；三是企业通过生产基地的扩张与复制，形成了覆盖全国及东南亚的生产网络；四是提供系统性的解决方案，形成了“顾客需求—产品设计—产品生产—集成应用—维护”的运营体系。

2010年与2005年相比，总产值提高128.8%，资源产出率提高78.5%，能源产出率提高16.3%，单位工业增加值用水量下降57.1%。

推广条件：该模式对于研发和应用创新型循环经济链接技术的企业具有借鉴意义。

案例名称：济南复强

模式特征：以自主创新技术为支撑、产学研相结合的汽车零部件再制造企业循环经济发展模式。

模式描述：中国重汽集团济南复强动力有限公司是我国最早从事再制造的企业之一，通过产学研结合和探索创新，形成了“废旧发动机回收—检验检测—绿色清洗—寿命评估—表面强化再制造—产品检测”的再制造产业链。在技术创新方面，通过与装备再制造重点实验室合作，形成了基于表面工程技术的尺寸恢复和性能提升法，研发了具有自主知识产权的无损检测和剩余寿命评估仪器、自动化纳米电刷镀和等离子熔覆等技术设备。在加强管理方面，建立了一整套工艺规范、质量控制及物流管理体系。在构建逆向物流回收体系方面，依托母公司实施了“亲人”延伸服务，形成了新品销售正向物流与废旧件逆向物流密切结合的回收体系。2010年再制造发动机1.7万余台，旧件利用率提高到84%，与旧机回炉相比节能0.67万吨标准煤，节材1万吨。

2010年与2005年相比，总产值提高117.4%，资源产出率提高123.7%，单位工业增加值用水量下降94%，工业用水重复利用率提高14.2%，二氧化硫排放量降低18.5%，COD排放量降低41.1%。

推广条件：该模式对汽车零部件再制造企业提高再制造产品性能质量和旧件再制造率具有借鉴意义。

案例名称：上汽瑞贝德

模式特征：依托整车集团发展汽车零部件再制造的企业循环经济发展模式。

模式描述：上海汽车工业集团幸福瑞贝德公司利用集团公司自身设计、制造、总装、销售等总体优势，重组本集团下属零部件企业发展再制造，构建了“旧件回收—拆解清洗—制造装配—检验测试—产品销售”的再制造产业链。一是依托上汽集团售后维修网络回收旧件，销售再制造产品，拓宽旧件来源和产品销售渠道；二是依托集团平台获取再制造授权和相关技术标准，在引进、消化、吸收国外尺寸修理和换件再制造技术的基础上，形成了具有自主特色的再制造技术；三是依托集团技术人才优势、先进技术的研发和应用能力、完善的管理体系以及严格的质量标准，保证了再制造产品各项性能达到标准要求。

2010年与2005年相比，总产值提高91.7%，能源产出率提高56.4%，单位工业增加值用水量下降65.3%，废钢铁、废有色金属回收利用率提高到90%。

推广条件：该模式对于整车集团发展汽车零部件再制造具有借鉴意义。

案例名称：青岛天盾

模式特征：基于循环利用的源头设计和自主创新为特色的轮胎翻新企业循环经济发展模式。

模式描述：青岛天盾橡胶有限公司把循环经济理念融入公司发展，通过自主创新和科学管理，形成了“设计—

生产—销售—回收—翻新—再次销售”的循环经济发展模式。在产品设计方面，按循环经济理念研发的“注射环状预硫化胎面”技术，将设计制造的港机轮胎的可翻新次数提高两倍以上，且再制造产品耐磨耗性能优于新品：在技术研发方面，建立具有自主知识产权的废旧港机轮胎翻新技术体系，研发的“可调周长的环状胎面翻新技术”，实现了轮胎翻新设备的通用化，降低了行业综合成本；在管理体系方面，构建了双向物流三级4s服务体系和“集中配送，分散管理”的集约化生产管理模式，通过为每条轮胎建立数据库，建立了从销售到回收再制造的全生命周期管理制度，为用户提供轮胎最佳使用方案，既确保了使用安全，又实现了资源节约。

2010年与2008年相比，总产值提高7.2%，能源产出率提高5.3%，二氧化硫排放量降低46%，工业废水、工业固体废物趋近零排放。

推广条件：该模式对我国轮胎翻新企业发展循环经济具有借鉴意义。

案例名称：北京德青源

模式特征：以养殖业为主导、废弃物完全资源化利用为特色的农业企业循环经济发展模式。

模式描述：北京德青源农业科技股份有限公司以现代设施化蛋鸡养殖为主导产业，构建了“生态养殖—蛋品清洁加工—废弃物制沼发电—沼渣制肥—绿色种植”五位一体的生态农业循环经济体系。在种植环节，发展订单式有机农业，把种植废弃物加工成养鸡厂的饲料原料；在养殖环节，建设大型沼气发电工程，将养殖、食品加工废弃物和废水转化为绿色电力和热源，在完全解决企业对热、电需求的基础上，还供周边居民生活使用，实现了全流程能源的正输出；在废弃物利用环节，建设了鸡粪从鸡舍到发酵场的封闭式地下传送系统，降低了气味污染：利用发酵残留的沼液沼渣等制备有机肥，用于自身的有机种植业，实现了100%无废化养殖。

2010年与2005年相比，总产值提高125.6%，单位工业增加值用水量降低37.9%。2010年，沼气发电1400万千瓦时，相当于减排温室气体8.4万吨。

推广条件：该模式对有一定养殖业基础、技术支撑能力和较好农作物种植条件的地区发展循环经济，具有借鉴意义。

案例名称：黑龙江朗乡林业

模式特征：多产业共生的林区循环经济发展模式。

模式描述：黑龙江伊春市朗乡林业局立足林业建设，本着“以板促林、以林促板、林板一体化”的思路，延伸板材加工产业链，实现了由粗放式经营向集约化经营转变，形成了森林资源保育、木材精深加工、林下资源立体开发、森林特产经营、居民生活清洁环保等协调配套发展的格局。按照“科研单位—公司—农户—基地”的产业组织模式，构建了“育林—林业三剩物—板材”、“林业三剩物—生物食用菌—生物质能”等产业链。一是在速生丰产林基地建设方面，以科学管理促进林木更新，提高人工林和天然林混交更新比重，实现生态林与商品林的结合。二是在加强废弃物利用方面，对林产废弃物进行分类，利用木材加工废弃物生产刨花板、强化复合地板；利用粉末型林板加工废弃物生产食用菌；将废菌袋等混杂有机废弃物用做半气化炉的燃料，生产清洁能源。

2010年与2005相比，总产值提高167.3%，能源产出率提高53%，工业固体废物综合利用率提高21.4%，二氧化硫排放量下降96%，木材综合利用率提高32%。

推广条件：该模式对于林区森工企业发展循环经济具有借鉴意义。

案例名称：浙江蓝天

模式特征：以养殖业为主体、种植养殖有机结合的生态农业循环经济发展模式。

模式描述：浙江蓝天生态农业开发有限公司围绕生猪养殖向上下游产业延伸，以废弃物循环利用为关键节点，发展了蚯蚓、甲鱼、湖羊等养殖业和水稻、牧草、黄花梨、大棚蔬菜种植业及周边山地茶叶种植等产业群，形成了集畜禽、水产、种植为一体的跨行业经营的农业循环经济体系。利用猪粪发酵物养殖蚯蚓，再将蚯蚓制成高蛋白质饲料用于养殖甲鱼和其他水产品，养殖业的污水和部分猪粪制成有机肥用于种植业，种植业的秸秆再为养殖业提供

饲料。公司建立了比较完善的循环经济标准体系，对商品猪、甲鱼等农产品养殖和废弃物利用等各环节均实行了全面标准化管理。

2010年与2005年相比，总产值提高53.7%，资源产出率提高29.4%，能源产出率提高29.4%。

推广条件：该模式对有一定养殖业传统，拥有一定技术支撑能力，有较好土地和水资源条件的地区发展农业循环经济，具有借鉴意义。

案例名称：黄山多维

模式特征：以茶林草立体生态组合为特色的山区茶园循环经济发展模式。

模式描述：安徽黄山市多维生物科技有限公司遵循生态规律，建立多维生态农业产业园，选种生态植物品种，试验优化茶林草生态组合，探索出了一条山区科学发展的循环经济之路。该公司在茶园中进行乔灌草合理搭配，优化组合，构造多样性、多层次的立体茶园，多种植物的根、茎、叶、花、果实形成良性的立体网络，实现了节地、节水、节肥、节能、节药的减量化效果，解决了传统山区茶叶经济单产低、农残超标、水土流失严重等问题，做到了生产过程清洁化和产品绿色化。茶园生态环境大大改善，绿化覆盖率达到100%，在涵养水分的同时，也减少了水土流失，减轻了洪涝灾害，并促进当地农民就业。2010年，茶园经立体农业改造后，公司销售收入达到1亿元，每亩山地经济收入达到11960元，较改造前提高6.5倍，农药、除草剂使用量为零，土地利用率提高了近4倍。

推广条件：该模式对于有一定种茶基础的山区发展以立体种植为核心的循环型农业具有借鉴意义。

案例名称：广西东园家酒

模式特征：以农产品加工为主导，种养加一体化的高效工农复合型企业循环经济发展模式。

模式描述：广西东园家酒生态园以酿酒业和水奶牛养殖业为龙头，综合利用周边农产品加工废弃物，形成了“酿酒—饲料—养殖—制沼—肥料—种植—加工—餐饮—旅游”的产业链条。东园家酒通过延长产业链，将制酒业酒糟、农产品加工废弃物、水产养殖业废弃物、秸秆等发酵制成饲料，养殖水奶牛和羊；将养殖业粪便和污水作为制沼气原料，沼气不仅发电供生态园区自用，还供居民生活使用；利用沼渣和沼液生产高效液态有机肥和饲料添加剂，用于种植业和水产养殖业。通过产业链的纵向延伸和横向耦合，构建了高度集成的工农业复合型循环经济产业体系，实现了农业发展的规模化、设施化、循环化。

2010年与2005年相比，总产值提高421.6%，资源产出率提高119%，能源产出率提高87.3%，单位工业增加值用水量降低30%，工业固体综合利用率提高66.6%。

推广条件：该模式对于具有较好种植业、养殖业基础，距离大中城市较近、有一定农产品加工条件的地区发展工农业复合型循环经济具有借鉴意义。

案例名称：宁波开诚

模式特征：餐厨废弃物资源化利用和无害化处理企业循环经济发展模式。

模式描述：宁波开诚有限公司开发了具有自主知识产权的餐厨废弃物资源化利用技术，构建了“餐厨废弃物—分拣—提取油脂—生产肥皂／油酸”、“餐厨废弃物—分拣—生产沼气—发电／制肥”等循环经济产业链。一是对餐厨废弃物进行杂物分拣预处理，对分拣出的杂物进行填埋；二是对除杂后的餐厨废弃物通过蒸煮和压榨的方式实现固液分离，将分离出的液体提取油脂作为工业原料，并深加工生产肥皂、油酸及生物柴油等，将分离出的固渣经浆化处理后，和提油后的液体混合一并进行厌氧制沼气；三是沼气供整个生产系统使用，多余的发电上网、压缩提纯，沼渣和沼液用于生产有机肥；四是对生产系统产生的污水循环利用；五是积极与所在地政府合作，将餐厨废弃物资源化利用与生活垃圾填埋气发电和污水处理等结合，推进生活垃圾处理的集成化、系统化。

2010年与2009年相比，总产值提高11.1%，COD排放量下降83%，餐厨废弃物处理量提高25.5%。

推广条件：该模式为我国企业探索城市餐厨废弃物资源化利用和无害化处理技术路线、运作方式等提供借鉴。

案例名称：青海西宁

模式特征：以特许经营、市场化运作、收运处置一体化为特征的城市餐厨废弃物资源化利用循环经济发展模式。

模式描述：西宁市在全国率先颁布实施了《餐厨垃圾管理条例》，把推进餐厨废弃物资源化利用和无害化处理纳入城市生态建设的总体规划，构建了基本覆盖所有餐厨废弃物产生单位，以规范化管理、市场化运作、清洁化收运、资源化利用为特征的餐厨废弃物资源化利用体系。一是对餐厨废弃物实行强制收集、特许经营，指定专业化公司独家负责对全市餐厨废弃物进行统一收运、集中处理，形成了餐厨废弃物收集、运输、资源化利用一体化运行的模式；二是构建了“餐厨废弃物—生物柴油”、“餐厨废弃物—沼气—有机肥”等循环经济产业链；三是严格执法监管，取缔非法收运、加工餐厨废弃物窝点，并对特许经营企业实施全过程监督管理，确保即时、全面、无害化收运和处置餐厨废弃物。

2010年，西宁市日处理餐厨废弃物120吨，餐厨废弃物减量化达90%，资源化利用率达到90%左右，2008年以来，累计处置11.6万吨餐厨废弃物。

推广条件：该模式对于我国城市构建餐厨废弃物收运、资源化利用、无害化处理体系具有借鉴意义。

案例名称：深圳东部华侨城

模式特征：以开发规划、建设运营、休闲游览全过程循环化、生态化的旅游企业循环经济发展模式。

模式描述：深圳东部华侨城以循环经济理念，指导规划设计，发挥绿色建筑、可再生能源、绿色交通和废弃物回收利用的整体优势，建设生态旅游区，实现了旅游业从粗放发展到集约发展的转变。一是根据地貌特征和地势特点，进行旅游区开发，减少山石开挖，突出自然景观，实现人造景观与自然生态高度融合：二是充分利用可再生能源，建设水能发电、风能发电、太阳能利用、生物质能综合利用等系统，实现旅游区用能的清洁化；三是建设节能建筑和绿色交通体系，旅游区的各种设施和设备采用节能环保产品，实现旅游产业的生态化；四是建设多座污水深度处理站，再生水用于园林绿化、景观湖水补充等，实现水资源循环利用；五是构建“生活垃圾—沼气—沼渣—有机肥”循环利用链条，实现有机生活垃圾全回收，沼气、沼渣全利用；六是旅游区利用展板、影院等各种设施宣传循环经济理念，使游客和经营者寓教于乐，践行于游。

推广条件：该模式为旅游开发企业运用循环经济理念发展生态旅游提供了全新的思路，具有借鉴意义。

循环经济示范试点名单

国家循环经济试点单位（第一批）

一、重点行业

（一）钢铁

鞍本钢铁集团　攀枝花钢铁集团有限公司　包头钢铁集团有限公司　济南钢铁集团有限公司　莱芜钢铁集团有限公司

（二）有色

金川集团有限公司　中国铝业公司中州分公司　江西铜业集团公司　株洲冶炼集团有限责任公司　包头铝业有限责任公司　河南省商电铝业集团公司　云南驰宏锌锗股份有限公司　安徽铜陵有色金属（集团）公司

（三）煤炭

淮南矿业集团有限责任公司　河南平顶山煤业集团有限公司　新汶矿业集团公司　抚顺矿业集团　山西焦煤集团西山煤矿总公司

（四）电力

天津北疆发电厂　河北西柏坡发电有限责任公司　重庆发电厂

（五）化工

山西焦化集团有限公司　山东鲁北企业集团有限公司　四川宜宾天原化工股份有限公司　河北冀衡集团公司　湖南智成化工有限公司　贵州宏福实业有限公司　贵阳开阳磷化工集团公司　山东海化集团有限公司　新疆天业（集团）有限公司　宁夏金昱元化工集团有限公司　福建三明市环科化工橡胶有限公司　烟台万华合成革集团有限公司

（六）建材

北京水泥厂有限责任公司　内蒙古乌兰水泥厂有限公司　吉林亚泰集团股份有限公司

（七）轻工

河南天冠企业集团公司　贵州赤天化纸业股份有限公司　山东泉林纸业有限公司　宜宾五粮液集团有限公司　广西贵糖（集团）股份有限公司　广东省江门甘蔗化工(集团)股份有限公司

二、重点领域

（一）再生资源回收利用体系建设

北京市朝阳区中兴再生资源回收利用公司　石家庄市物资回收总公司　吉林省吉林市再生资源集散市场　湖南汨罗再生资源集散市场　广东清远再生资源集散市场　深圳报业集团

（二）废旧金属再生利用

天津大通铜业有限公司　上海新格有色金属有限公司　河南豫光金铅集团有限责任公司　江苏春兴合金集团有限公司　深圳东江环保公司　广东新会双水拆船钢铁有限公司

（三）废旧家电回收利用

浙江省　青岛市　广东贵屿镇

（四）再制造

济南复强动力有限公司　北京金运通大型轮胎翻修厂

三、产业园区

天津经济技术开发区　苏州高新技术产业开发区　大连经济技术开发区　烟台经济技术开发区

河北省曹妃店循环经济示范区　内蒙古蒙西高新技术工业园区

黑龙江省牡丹江经济技术开发区　上海化学工业区

江苏省张家港扬子江冶金工业园　湖北省武汉市东西湖工业园区

四川西部化工城　青海省柴达木循环经济试验区

陕西省杨凌农业高新技术产业示范区

四、省市

北京市　辽宁省　上海市　江苏省　山东省　重庆市（三峡库区）　宁波市　铜陵市　贵阳市　鹤壁市

国家循环经济示范试点单位（第二批）

一、重点行业

（一）钢铁

宝山钢铁股份有限公司　太原钢铁（集团）有限公司　马鞍山钢铁股份有限公司

福建三钢（集团）有限责任公司　重庆钢铁（集团）有限责任公司

（二）有色

葫芦岛有色金属集团有限公司　广西河池市南方有色冶炼有限责任公司　云南铜业股份有限公司

云南锡业集团（控股）有限责任公司　新疆有色工业(集团)稀有金属有限责任公司

（三）煤炭

山西潞安矿业（集团）有限公司　内蒙古伊东煤炭集团有限责任公司　内蒙古庆华集团有限公司

铁法煤业（集团）有限责任公司　黑龙江龙煤矿业集团有限责任公司（鸡西分公司）

安徽皖北煤电集团有限责任公司

（四）电力

江苏宜兴协联热电有限公司　深圳南山热电股份有限公司

（五）化工

山西丰喜肥业（集团）股份有限公司　山西安泰集团股份有限公司　浙江巨化集团公司

广东云浮硫铁矿企业集团公司　云天化集团有限责任公司

（六）建材

江西华春企业集团公司　四川国栋建设股份有限公司

（七）造纸

湖南泰格林纸集团有限责任公司

（八）纺织（印染）

河北唐山三友集团化纤有限公司　青岛凤凰印染有限责任公司

四川宜宾丝丽雅集团有限公司　福建凤竹纺织科技股份有限公司

（九）机械制造

中钢集团西安重型有限公司

（十）农产品加工

内蒙古塞飞亚集团有限公司　江苏省南通鑫缘茧丝绸集团股份有限公司　山东菱花集团有限公司

山东香驰粮油有限公司　贵州茅台酒厂有限责任公司　中粮新疆屯河股份有限公司

（十一）农业（林业）

北京市密云县十里堡镇　黑龙江省望奎县望奎镇　安徽省阜阳市阜南县

河南省沈丘县付井镇　黑龙江伊春市朗乡林业局

二、重点领域

（一）再生资源加工利用基地

天津子牙工业园　河南省大周镇再生金属回收加工区　辽宁省沈阳市再生资源产业基地

江苏省吴江市再生资源回收利用有限公司　江苏中再生投资开发有限公司　安徽省界首市田营循环经济工业区

湖南省郴州市永兴县　陕西省西安市物资回收利用总公司

（二）再生金属回收利用

宁波金田铜业股份有限公司　山东金升有色集团有限公司　厦门钨业股份有限公司

（三）废电子、废轮胎、废电池回收利用

伟翔环保科技发展（上海）有限公司　青岛天盾橡胶有限公司　深圳市格林美高新技术有限公司

湖北金洋冶金股份有限公司

（四）包装物回收利用

盈创再生资源有限公司　四川绵阳长鑫新材料发展有限公司

三、产业园区（重化工集聚区）

天津市临港工业区　大连松木岛化工园区　吉林省四平循环经济示范区　上海莘庄工业园区　苏州工业园

扬州经济开发区　浙江绍兴滨海工业园区　福建泉港石化工业园区　江西永修云山经济开发区

湖北宜昌经济开发区　湖北武汉市青山区　湖南株洲市清水塘工业区　广州经济技术开发区

广东银洲湖纸业基地　海南省昌江循环经济工业区　四川成都市青白江工业集中发展区

重庆长寿化工产业园区　青海省西宁市经济技术开发区　宁夏宁东能源化工基地　新疆库尔勒经济开发区

四、省市

天津市　山西省　浙江省　河南省　甘肃省　青岛市　深圳市　邯郸市　阜新市　白山市　七台河市

淮北市　萍乡市　荆门市　榆林市　石嘴山市　石河子市

餐厨废弃物资源化利用和无害化处理试点城市（区）名单（第一批）

（国家发展改革委办公厅、财政部办公厅、住房城乡建设部办公厅二〇一一年七月十二日）

北京市（朝阳区）　天津市（津南区）　河北省石家庄市　山西省太原市

内蒙古自治区鄂尔多斯市　辽宁省沈阳市　吉林省白山市　黑龙江省哈尔滨市

上海市（闵行区）　江苏省苏州市　浙江省嘉兴市　安徽省合肥市

福建省三明市　江西省南昌市　山东省潍坊市　河南省郑州市

湖北省武汉市　湖南省衡阳市　广西壮族自治区南宁市　海南省三亚市

四川省成都市　重庆市（主城区）　云南省昆明市　贵州省贵阳市

陕西省宝鸡市　甘肃省兰州市　宁夏回族自治区银川市　青海省西宁市

新疆维吾尔自治区乌鲁木齐市　大连市　宁波市　青岛市

深圳市

国家“城市矿产”示范基地名单（第一批）

国家发展改革委　财政部

（二〇一〇年五月）

天津子牙循环经济产业园区　宁波金田产业园　湖南汨罗循环经济工业园　广东清远华清循环经济园

安徽界首田营循环经济工业园　青岛亲天地静脉产业园　四川西南再生资源产业园

国家“城市矿产”示范基地名单（第二批）

（国家发展改革委、财政部 二〇一一年九月 十三日）

1.上海燕龙基再生资源利用示范基地
2. 广西梧州再生资源循环利用园区
3. 江苏邳州市循环经济产业园再生铅产业集聚区
4. 山东临沂金升有色金属产业基地
5. 重庆永川工业园区港桥工业园
6. 浙江桐庐大地循环经济产业园
7. 湖北谷城再生资源园区
8. 大连国家生态工业示范园区
9. 江西新余钢铁再生资源产业基地
10. 河北唐山再生资源循环利用科技产业园
11. 河南大周镇再生金属回收加工区
12. 福建华闽再生资源产业园
13. 宁夏灵武市再生资源循环经济示范区
14. 北京市绿盟再生资源产业基地
15. 辽宁东港再生资源产业园

国家循环化改造示范试点园区名单

（国家发展改革委办公厅、财政部办公厅二〇一一年十一月二十九日）

甘肃白银高新技术产业开发区　　甘肃金昌经济技术开发区
甘肃陇西经济开发区　　甘肃华亭工业园区
甘肃武威黄羊工业园区　　青海柴达木格尔木工业园
青海柴达木德令哈工业园　　青海柴达木柴旦工业园

汽车零部件再制造试点企业名单

国家发改委
（二〇〇八年三月二日）

一、汽车整车生产企业

中国第一汽车集团公司　安徽江淮汽车集团有限公司　奇瑞汽车有限公司

二、零部件再制造试点企业

上海大众联合发展有限公司（上海大众汽车有限公司授权）
潍柴动力（潍坊）再制造有限公司（潍柴动力股份有限公司授权）
武汉东风鸿泰控股集团有限公司（东风汽车公司授权）
广州市花都全球自动变速箱有限公司（东风悦达起亚汽车有限公司等授权）
济南复强动力有限公司（中国重型汽车集团有限公司授权）
广西玉柴机器股份有限公司
东风康明斯发动机有限公司
柏科（常熟）电机有限公司
陕西法士特汽车传动集团有限责任公司
浙江万里扬变速器有限公司
中国人民解放军第六四五六工厂

国家生态工业示范园区名单

国家环保部

（截至2011年12月31日）

序号	名称	类别	批准文号	批准时间
1	南京高新技术产业开发区	批准建设	环发[2011]122号	2011-10-10
2	杭州经济技术开发区	批准建设	环发[2011]122号	2011-10-10
3	武汉经济技术开发区	批准建设	环发[2011]122号	2011-10-10
4	贵阳经济技术开发区	批准建设	环发[2011]122号	2011-10-10
5	长沙经济技术开发区	批准建设	环发[2011]46号	2011-4-2
6	江阴经济开发区	批准建设	环发[2011]46号	2011-4-2
7	南昌经济技术开发区	批准建设	环发[2011]46号	2011-4-2
8	太原经济技术开发区	批准建设	环发[2011]46号	2011-4-2
9	东营经济技术开发区	批准建设	环发[2010]149号	2010-12-25
10	南通经济技术开发区	批准建设	环发[2010]149号	2010-12-25
11	株洲高新技术产业开发区	批准建设	环发[2010]149号	2010-12-25
12	宁波国家高新技术产业开发区	批准建设	环发[2010]149号	2010-12-25
13	张家港保税区暨扬子江国际化学工业园国家生态工业示范园区	通过验收并命名	环发[2010]135号	2010-11-29
14	昆山经济技术开发区国家生态工业示范园区	通过验收并命名	环发[2010]135号	2010-11-29
15	扬州经济技术开发区国家生态工业示范园区	通过验收并命名	环发[2010]135号	2010-11-29
16	郑州经济技术开发区	批准建设	环发[2010]129号	2010-11-04
17	合肥经济技术开发区	批准建设	环发[2010]129号	2010-11-04
18	上海闵行经济技术开发区	批准建设	环发[2010]129号	2010-11-04
19	重庆永川港桥工业园	批准建设	环发[2010]129号	2010-11-04
20	江苏常州钟楼经济开发区	批准建设	环发[2010]117号	2010-09-20

序号	名称	类别	批准文号	批准时间
21	上海漕河泾新兴技术开发区	批准建设	环发[2010]117号	2010-09-20
22	合肥高新技术产业开发区	批准建设	环发[2010]117号	2010-09-20
23	日照经济技术开发区国家生态工业示范园区	通过验收并命名	环发[2010]103号	2010-08-26
24	上海市莘庄工业区国家生态工业示范园区	通过验收并命名	环发[2010]103号	2010-08-26
25	温州经济技术开发区国家生态工业示范园区	批准建设	环发[2010]104号	2010-08-26
26	西安高新技术产业开发区国家生态工业示范园区	批准建设	环发[2010]104号	2010-08-26
27	上海化学工业区国家生态工业示范园区	批准建设	环发[2010]104号	2010-08-26
28	山东潍坊滨海经济开发区国家生态工业示范园区	通过验收并命名	环发[2010]47号	2010-04-01
29	烟台经济技术开发区国家生态工业示范园区	通过验收并命名	环发[2010]46号	2010-04-01
30	宁波经济技术开发区国家生态工业示范园区	批准建设	环发[2010]45号	2010-04-01
31	南昌高新技术产业开发区国家生态工业示范园区	批准建设	环发[2010]45号	2010-04-01
32	上海张江高新技术产业开发区国家生态工业示范园区	批准建设	环发[2010]45号	2010-04-01
33	无锡新区国家生态工业示范园区	通过验收并命名	环发[2010]46号	2010-04-01
34	广州开发区（含广州经济技术开发区、广州高新技术产业开发区）国家生态工业示范园区	批准建设	环发[2009]3号	2009-01-07
35	北京经济技术开发区国家生态工业示范园区	批准建设	环发[2009]3号	2009-01-07
36	萧山经济技术开发区国家生态工业示范园区	批准建设	环发[2009]3号	2009-01-07
37	昆明高新技术产业开发区国家生态工业示范园区	批准建设	环发[2008]75号	2008-08-25
38	天津新技术产业园区华苑产业区国家生态工业示范园区	批准建设	环发[2008]75号	2008-08-25
39	南京经济技术开发区国家生态工业示范园区	批准建设	环发[2008]75号	2008-08-25
40	上海金桥出口加工区国家生态工业示范园区	批准建设	环发[2008]75号	2008-08-25
41	苏州工业园区国家生态工业示范园区	通过验收并命名	环发[2008]9号	2008-03-31
42	苏州高新技术产业开发区国家生态工业示范园区	通过验收并命名	环发[2008]9号	2008-03-31
43	天津经济技术开发区国家生态工业示范园区	通过验收并命名	环发[2008]9号	2008-03-31

序号	名称	类别	批准文号	批准时间
44	青岛高新区市北新产业园国家生态工业示范园区	批准建设的国家生态工业示范园区	环函[2007]166号	2007-05-16
45	扬州经济开发区国家生态工业示范园区	批准建设	环函[2007]167号	2007-05-16
46	上海市莘庄工业区国家生态工业示范园区	批准建设的国家生态工业示范园区	环函[2007]30号	2007-01-19
47	日照经济开发区国家生态工业示范园区	批准建设的国家生态工业示范园区	环函[2006]525号	2006-12-29
48	绍兴袍江工业区国家生态工业示范园区	批准建设的国家生态工业示范园区	环函[2006]481号	2006-12-04
49	无锡新区国家生态工业示范园区	批准建设	环函[2006]467号	2006-11-22
50	福州经济技术开发区国家生态工业示范园区	批准建设	环函[2006]417号	2006-10-24
51	昆山经济技术开发区国家生态工业示范园区	批准建设	环函[2006]412号	2006-10-24
52	张家港保税区暨扬子江国际化学工业园国家生态工业示范园区	批准建设	环函[2006]411号	2006-10-24
53	青岛新天地工业园（静脉产业类）国家生态工业示范园区	批准建设	环函[2006]347号	2006-09-11
54	山西安泰国家生态工业示范园区	批准建设	环函[2006]198号	2006-05-18
55	包头钢铁国家生态工业示范园区	批准建设	环函[2005]536号	2005-12-08
56	郑州市上街区国家生态工业示范园区	批准建设	环函[2005]144号	2005-04-21
57	潍坊海洋化工高新技术产业开发区国家生态工业示范园区	批准建设	环函[2005]99号	2005-03-31
58	贵阳市开阳磷煤化工国家生态工业示范基地	批准建设	环函[2004]418号	2004-11-29
59	烟台经济技术开发区国家生态工业示范园区	批准建设	环函[2004]426号	2004-11-22
60	大连经济技术开发区国家生态工业建设示范园区	批准建设	环函[2004]114号	2004-04-26
61	抚顺矿业集团国家生态工业建设示范园区	批准建设	环函[2004]113号	2004-04-26
62	鲁北国家生态工业建设示范园区	批准建设	环函[2003]324号	2003-11-18
63	长沙黄兴国家生态工业建设示范园区	批准建设的国家生态工业示范园区	环函[2003]115号	2003-04-29
64	包头国家生态工业（铝业）建设示范园区	批准建设的国家生态工业示范园区	环函[2003]102号	2003-04-18
65	南海国家生态工业建设示范园区暨华南环保科技产业园	批准建设的国家生态工业示范园区	环函[2001]293号	2001-11-29
66	贵港国家生态工业（制糖）建设示范园区	批准建设的国家生态工业示范园区	环函[2001]170号	2001-08-14

循环农业示范市

农业部

（二〇〇八年）

河北省邯郸市　山西晋城市　辽宁阜新市　山东淄博市　河南洛阳市　湖北恩施市　湖南常德市
江西吉安市　广西桂林市　甘肃天水市

再生资源回收体系建设第一批试点单位

商务部

（二〇〇六年四月二十一日）

北京市（朝阳区中兴再生资源回收利用公司）　天津市
河北省石家庄市（石家庄市物资回收总公司）　山西省太原市
辽宁省沈阳市　吉林省吉林市（吉林市再生资源责任有限公司）　黑龙江省哈尔滨市　上海市
山东省济南市　江苏省南京市　浙江省宁波市　浙江省永康市　福建省福州市　江西省南昌市
河南省郑州市　湖北省武汉市　湖南省汨罗市（汨罗市团山再生资源市场）
广东省清远市（清远再生资源集散市场）　广西区南宁市　重庆市　四川省成都市　云南省昆明市
陕西省西安市（西安市物资回收利用总公司）　新疆维吾尔自治区乌鲁木齐市

再生资源回收体系建设第二批试点单位

商务部

（二〇〇九年六月二十四日）

一、城市（29个）

张家口市　大同市　赤峰市　铁岭市　长春市　佳木斯市　苏州市　杭州市　马鞍山市　三明市
景德镇市　临沂市　烟台市　潍坊市　漯河市　襄樊市　长沙市　广州市　海口市　内江市　遵义市
玉溪市　拉萨市　汉中市　兰州市　西宁市　银川市　库尔勒市　青岛市

二、集散市场（11个）

长春亿北再生资源集散市场　苏北再生资源集散市场　赣粤闽湘区域性再生资源集散市场
江门市嘉能再生资源回收市场　大连废旧金属集散交易市场　马鞍山再生资源集散市场
常州再生资源集散市场　山东德力西再生资源集散市场
浙江慈溪再生塑料产业基地　江西丰城市赣中再生金属集散市场
白银有色集团西北再生金属加工基地

地方试点名录

北京市

一、区县类

海淀区

延庆县

二、城镇类

昌平区马池口镇

房山区长阳镇

通州区西集镇

三、园区类

北京市朝阳区垃圾无害化处理中心

密云县水源保护区循环农业区

海淀区六里屯循环经济产业园

用友软件园

四、重点领域类

北京格林雷斯环保科技有限公司

北京恒通创新木塑科技发展有限公司

北京青龙河经济技术开发有限公司

北京奥宇可鑫表面工程技术有限公司

北京市华京源再生资源回收市场有限公司

五、企业类

北京太空板业股份有限公司

北京嘉捷博大汽车节能公司

北京燕京啤酒股份有限公司

北京归原生态农业发展有限公司

北京德青源农业科技股份有限公司

北京市琉璃河水泥有限公司

北京御香苑畜牧有限公司

北京古杉生物能源有限公司

北京神雾热能技术有限公司

密云冶金矿山公司

天津市

第一批

一、园区

天津经济技术开发区

天津子牙工业园

天津临港工业区

天津华苑产业区

二、企业

天津北疆发电厂

天津大通铜业有限公司

天津挂月集团有限公司

三、小城镇

天津东丽区华明示范镇

第二批

一、冶金

天津天铁冶金集团有限公司

天津荣程联合钢铁集团有限公司

天津友发钢管集团有限公司

二、化工

蓝星（天津）化工有限公司

天津市凯威化工有限公司

天津市腾飞化工总厂

天津联博化工股份有限公司

天津渤大硫酸工业有限公司

天津云海裕森科工贸有限公司天津长芦汉沽盐场有限责任公司

三、造纸

玖龙纸业（天津）有限公司

四、医药

天津市津康制药有限公司

五、水泥

天津市雍阳减水剂厂
六、食品
天津盘山啤酒厂
七、建筑
天津市津南区建设开发公司
八、建材
裕川建筑材料制品有限公司
九、环保
天津合佳威立雅环境服务公司
十、工业园区
空港加工区
十一、农业园区
天津市青水源生态循环农业示范园区
天津市超跃畜牧养殖有限责任公司
天津市凯润淡水养殖有限公司
天津市水高庄农业科技示范有限公司
宝坻区新开口镇循环农业园
台头镇万亩立体循环农业示范项目
静海县双塘镇西双塘村委会
宁河县农业局种猪场
十二、小城镇
蓟县许家台乡示范小城镇
蓟县邦均镇
天津市汉沽区茶淀镇孟家翟村
十三、服务业
天津老板娘水产食品物流有限公司
天津市东丽湖地热开发有限公司

第三批

一、工业园区
天津华明工业园区
天津西青汽车工业区
天津中塘工业区
天津宝坻低碳工业区
天津专用汽车产业园
天津风电产业园
天津上仓酒业及绿色食品加工区
天津八里台工业区
天津宝坻节能环保工业区
天津医药医疗器械工业园
天津南港工业区
无暇街海河下游冶金工业循环经济示范区
二、农业园区
天津市益利来养殖有限公司
海林养殖场粪污综合利用一体化示范园区
天津济泰民农业科技发展有限公司
南海循环农业产业园
林海循环经济示范区
三、再生资源
天津同和绿天使顶峰资源再生有限公司
天津市国联报废机动车回收拆解有限公司
天津市华鑫达投资有限公司
天津宏宇盛华环保科技有限公司
TCL奥博（天津）环保发展有限公司
天津恒景再生合金材料有限公司
天津市东宝润滑油脂有限公司
泰鼎（天津）环保科技有限公司
天津东邦铅资源再生有限公司
四、环保
天津市花苗木服务中心
天津市市容环卫建设发展有限公司
天津碧海环保技术咨询服务有限公司
五、小城镇
静海团泊示范小城镇
蓟县玉石庄示范小城镇
六、服务业
特易购商业（天津）有限公司
盘山风景名胜区
七、生物质能源
天津市乔奇生物质炭化科技有限公司
八、造纸
天津广聚源纸业有限公司
九、水泥
天津振兴水泥有限公司
十、钢铁
天津钢管集团股份有限公司

河北省

一、城市

（一）地级市

石家庄市　邯郸市

唐山市　廊坊市

秦皇岛市

（二）县及县级市（区）

遵化市　平泉县

涞源县　武安市

邯郸市　峰峰矿区

张家口市察北管理区

二、重点行业

（一）钢铁

石家庄钢铁股份有限公司

邯郸钢铁集团有限责任公司

唐山钢铁集团有限责任公司

宣化钢铁集团有限责任公司

邢台钢铁有限责任公司

承德新新钒钛股份有限公司

（二）化工

河北沧州大化集团有限责任公司

河北盛华化工有限公司

河北粤华化工有限公司

唐山三友集团有限公司

河北华煜化工股份有限公司

河北景化化工有限公司

冀州市银海化肥有限责任公司

（三）煤炭

邯郸市紫山特钢集团有限公司

峰峰集团有限公司

开滦（集团）有限责任公司

（四）电力

国电河北龙山发电厂

（五）建材

冀东水泥股份有限公司

武安市新峰水泥有限公司

（六）轻工

秦皇岛骊骅淀粉股份有限公司

河北衡水老白干酿酒（集团）有限公司

张家口长城酿造（集团）有限责任公司

承德避暑山庄集团有限责任公司

（七）畜牧业

河北省景县津龙良种猪养殖有限公司

三、重点领域

大城县有色金属循环经济试点基地

京东橡胶股份有限公司再生橡胶利用

文安县再生资源回收利用基地

四、产业园区

沧州临港化工园区

石家庄循环经济示范产业基地

廊坊龙河循环经济示范园

保定高新技术产业开发区

秦皇岛经济技术开发区

河北省鸡泽县冀泽生态园

沧州阳光循环经济科技示范园

秦皇岛集发农业生态园

滦县司家营重化产业园

河北西柏坡发电有限责任公司

曹妃甸循环经济示范区

河北冀衡集团有限公司

山西省

一、试点市

长治市

运城市

二、试点县

清徐县

永济市

新荣区

朔城区

河曲县

介休市

交城县

平定县

高平市

潞城市

洪洞县

三、试点社区

太原市小店区亲贤社区

新荣区社区管理中心循环经济社区

朔州市禹丰社区

忻州市忻府区长征街办事处社区

吕梁市离石区凤山社区

晋中市榆次区东阳镇

运城市荟萃小区

阳泉市城区新华东街社区

长治市城区演武社区

晋城市城区泰昌社区

临汾市尧都区平阳社区

四、试点园区

太原不锈钢产业园区

同煤集团塔山工业园区

大同医药工业园区

交城经济开发区

太原高新技术产业开发区

武乡县蟠洪循环经济工业园区

金海洋工业园区

夏县庙前镇万亩高效生态农业示范园

山西凤凰山生态植物园区

侯马北方轻工城

五、试点企业

阳泉市南庄煤炭集团有限公司

山西沁新煤焦股份有限公司

山西焦化集团有限公司

山西安泰集团股份有限公司

山西东辉煤焦化集团有限公司

山西天脊煤化工集团有限责任公司

山西合盛工贸有限公司

晋城无烟煤矿业集团有限责任公司

太原化学工业集团有限公司

山西泰尔钢铁有限公司

山西闻喜银光镁业集团有限责任公司

临汾同世达实业有限公司

山西潞宝焦化有限公司

山西兰花煤炭实业集团有限公司

山西三佳煤化有限公司

山西阳泉铝业股份有限公司

平朔煤炭工业公司

山西锌业集团

偏关县晋电化工有限公司

山西省中阳荣欣焦化有限公司

美锦能源集团

高平市兴高焦化有限公司

山西华翔实业（集团）有限公司

山西三联技术产业集团有限公司

中国蓝星集团总公司

运城市鑫源骏达木业有限公司

山西古城乳业有限公司

内蒙古自治区

第一批

内蒙古亿利资源集团

内蒙古黄河工贸集团

内蒙古阿拉善经济开发区

棋盘井工业园区

通辽市科尔沁工业园区（含开鲁园区）

内蒙古托克托工业园区

第二批

中电投蒙东能源集团有限责任公司

乌海市君正科技产业集团公司

鄂尔多斯电力冶金股份有限公司

中盐吉兰泰盐化集团有限公司

华能伊敏煤电有限责任公司

赤峰大吉药业（集团）有限公司

巴彦淖尔紫金有色金属有限公司

内蒙古蒙牛乳业（集团）股份有限公司

内蒙古汇能煤化工工业园区

赤峰市喀喇沁旗锦山工业园区

包头稀土高新技术开发区

希望工业园区

丰镇高科技氟化学工业园区

锡林郭勒盟东乌旗乌里雅斯太工业园区

锡林郭勒经济技术开发区

第三批

赤峰市红山经济开发区

巴彦淖尔市青科乐工业园区

锡林郭勒盟多伦新型工业化工区

锡林郭勒盟白音华能源化工园区

乌海市经济开发区乌达园区

内蒙古齐华矿业有限责任公司

通辽市霍林郭勒工业园区

内蒙古大唐国际（呼和浩特）资源综合利用基地

包头市石拐工业园区

内蒙古山路煤炭集团

辽宁省

一、重点行业

冶金　石化　电力　煤炭　建材　镁硼

二、重点城市

沈阳市　大连市

营口市　盘锦市

葫芦岛市

三、重点县（区）

瓦房店市　法库县

海城市　南芬区

振安区　黑山县

灯塔市　调兵山市

凌源市　大石桥市

四、重点园区

沈阳化学工业园区

大连长兴岛临港工业园区

抚顺李石生态工业园区

桓仁县农村高效能源示范区

东港经济开发区

锦州经济技术开发区

营口经济技术开发区

阜新城南工业园区

盘锦经济技术开发区

葫芦岛煤炭工业园区

五、重点企业

（一）冶金

大连金牛有限责任公司

鞍山宝得集团

抚顺新抚钢责任有限公司

北台钢铁（集团）有限责任公司

锦州沈宏集团公司

五矿营口中板有限责任公司

凌源钢铁集团

葫芦岛有色金属集团有限公司

（二）石化

沈阳化工股份有限公司
中石油大连石化分公司
大化集团有限责任公司
中石油抚顺石化分公司
中石油锦州石化分公司
营口三征有机化工股份有限公司
中国石化辽阳分公司
辽河石油勘探局
辽宁华锦化工集团有限责任公司
中石油锦西石化分公司
（三）电力
沈阳新北热电有限责任公司
华能大连电厂分公司
大连市热电集团有限公司
铁岭发电厂
（四）煤炭
沈阳煤业（集团）有限责任公司
阜新矿业集团
铁法煤业（集团）有限责任公司
丹东市海珠煤炭销售有限公司
（五）建材
辽宁工源水泥（集团）有限责任公司
本溪市福星现代建材有限公司
阜新大鹰水泥制造有限责任公司
朝阳华龙企业集团
（六）镁硼
海城西洋集团
辽宁中兴矿业集团有限公司
辽宁辽科东达化工有限责任公司
（七）轻工
中新印染有限责任公司
辽宁华福印染公司
（八）机械
沈阳重型机械集团有限责任公司
大连重工起重集团有限公司
（九）医药
东北制药集团有限责任公司
（十）再生资源
沈阳华瑞钒业有限公司
沈阳秋实物资回收有限公司
大连东达环境工程有限公司
大连东泰产业废弃物处理有限公司
兴城市中兴工业有限公司
凤城化工集团有限公司
辽阳统一企业有限公司
（十一）农业
丹东大鹿岛海兴集团公司
辽宁田园实业有限责任公司
辽宁乌兰山生物技术有限公司
盘锦鼎翔集团
（十二）其他
沈阳市奥德燃气有限公司

上海市

一、区县

宝山区
青浦区

二、园区

上海金桥出口加工区
上海金山工业园区（金山第二园区块）
庄行综合试点站
老港固废综合处置与资源化基地
长江生态循环农业园区（长江农场）
上海实业东滩园区

三、企业

上海通用汽车有限公司
上海富士施乐有限公司
上海三菱电梯有限公司
上海烟草（集团）公司
绿色工艺编结有限公司
上海电子废弃物交投中心有限公司
金山区畜禽粪便处理中心
新金桥工业废弃物管理有限公司
国际会议中心

申瑞家具有限公司（宜家）
锦江金门大酒店
上海智慧广场
新世界股份有限公司

四、社区

同济大学
崇明县竖新镇前卫村
平和学校
万科朗润园
四平路街道
华师大一附中
寿祥坊小区

江苏省

一、城市

（一）省辖市

南京市　无锡市　徐州市　苏州市
南通市　常州市　镇江市　扬州市
盐城市

（二）县级市

张家港市　常熟市　江阴市　丹阳市
海门市　泰兴市

二、产业园区

南京化学工业园区
南京经济技术开发区
苏州高新技术产业开发区
江苏扬子江国际冶金工业园
江苏扬子江国际化学工业园
昆山经济开发区
无锡高新技术产业开发区
宜兴环保科技工业园
常州高新技术产业开发区
常州东南经济开发区
南通经济技术开发区
江苏省镇江经济开发区
连云港市化学工业园区
宜兴市昌兴生态型循环农业园区
宝应湖有机农业开发园区

三、企业

（一）冶金

南京钢铁联合有限公司
宝钢集团上海梅山有限公司
江苏锡兴集团有限公司
江阴兴澄特种钢铁有限公司
江苏沙钢集团有限公司
常州市兴昌盛合金制品有限公司
南通宝钢新日制钢有限公司
江苏淮钢集团有限公司

（二）电力

江苏华电扬州发电有限公司
金坛加怡热电有限公司
铜山县新汇热电有限公司
宜兴协联热电有限公司
无锡益多环保热电有限公司
江苏太阳雨太阳能有限公司
南京绿色资源再生工程有限公司

（三）化工

中石化股份有限公司金陵分公司
中石化扬子石油化工股份有限公司
南京红宝丽股份有限公司
江苏北方氯碱集团
江苏灵谷化工有限公司
宜兴市军达化工厂
常熟市江河天绒丝纤维有限责任公司
双狮（张家港）精细化工有限公司
江苏华昌化工股份有限公司
苏州天马医药集团天吉生物制药有限公司
江苏福昌化工残渣处理有限公司
江苏盈天化学有限公司
江苏江东化工股份有限公司
江苏金坛康达有限公司
南通江山农药化工股份有限公司

江苏飞亚化学工业有限责任公司
南通醋酸纤维有限公司
南通文凤化纤有限公司
中石化仪征化纤股份有限公司
江苏联环药业集团有限公司
江苏群发化工有限公司
江苏扬农化工集团有限公司
宝胜集团有限公司
江苏丹化集团有限责任公司
江苏索普（集团）公司
镇江江南化工有限公司
洪泽银珠化工集团有限公司
江苏天士力帝益药业有限公司
江苏安邦电化有限公司
江苏淮河化工有限公司
金湖县国祥工贸有限公司
连云港海水化工有限公司
赣榆县金山化工有限公司
姜堰市化肥有限责任公司
江苏梅兰化工集团公司
江苏陵光股份有限公司
江苏江山制药有限公司
扬子江药业集团有限公司
大丰市劲力化肥有限公司
江苏永林油脂化工有限公司
盐城双昌化工有限责任公司
江苏绿陵化工集团有限公司
（四）轻工
江苏花厅酒业有限公司
东海粮油工业（张家港）有限公司
太仓新太酒精有限公司
江苏昆山协孚人革制品集团有限公司
苏州市相城区江南化纤集团有限公司
常熟市汽车饰件有限公司
鑫缘茧丝绸集团股份有限公司
江苏汤沟两相和酒业有限公司
盐城市华泰纸业有限公司
金东纸业（江苏）有限公司
泰州市东方印刷版材有限公司
江苏三泰啤酒有限公司
江苏洋河酒厂股份有限公司
江苏丝绢集团有限公司
（五）建材
南京三龙水泥有限公司
江南小野田水泥有限公司
中联巨龙淮海水泥有限公司
江苏胜阳实业股份有限公司
无锡海联橡塑五金制品有限公司
江阴泰山石膏建材有限公司
苏州天丰新型建材有限责任公司
中国高岭土公司
江苏华尔润集团有限公司
江苏大亚装饰材料有限公司
仪征市宏图新型建筑材料有限公司
江苏大盛板业有限公司
江苏太平洋玻璃有限公司
江苏太湖巨豪人造板有限公司
（六）再生资源
江苏春兴合金集团有限公司
江苏省物联再生资源有限公司
南京凯燕电子有限公司
南京金泽金属材料有限公司
徐州浩通新材料技术有限公司
江苏万宝铜业集团有限公司
苏州同和资源综合利用有限公司
怡球金属（太仓）有限公司
南通回力橡胶集团有限公司
（七）其他
徐矿集团公司
大屯煤电（集团）有限责任公司
无锡蓝海污泥处理有限公司
无锡华宏生物燃料有限公司
江苏船山矿业股份有限公司
涟水绿壮无公害农产品有限公司

浙江省

第一批

一、工业循环经济试点市

湖州市

台州市

嘉兴市

绍兴市

二、工业循环经济试点县（市、区）

杭州市萧山区

杭州市滨江区

宁波市镇海区

宁波市宁海县

温州市龙湾区

温州市乐清市

金华市永康市

衢州市龙游县

丽水市云和县

舟山市定海区

三、工业循环经济试点园区（块状经济）

杭州经济技术开发区

杭州建德大洋工业功能区（马目）

宁波再生金属资源加工园区（废旧金属再生利用）

宁波宁海工业园区

温州扶贫经济开发区

嘉兴工业区大桥产业组团（化工）

嘉兴桐乡市州泉工业区（化纤、橡胶等4个专业区块）

绍兴市袍江工业区（医药、建材、热电）

绍兴诸暨市山下湖镇珍珠产品加工园区

绍兴诸暨市大堂袜业产业区（袜业）

绍兴诸暨市店口镇循环经济试点区域（五金产业）

绍兴县绿色食品工业园区（食品）

金华市工业园区（冷轧、医药、化工）

金华东阳横店集团控股有限公司（电子、医化企业群）

湖州安吉县竹产业科技创业中心（竹制品、竹木机械）

台州市金属再生工业基地（废旧金属再生利用）

台州国家级浙江省化学原料药基地（临海区块）

衢州经济开发区东港工业园区（化工、造纸）

衢州龙游县经济开发区（化工）

衢州巨化片区循环经济实验区（巨化、市高新园区、开发区等）

丽水经济开发区水阁园区（合成革、革基布）

舟山海洋食品工业产业园区（水产加工）

四、工业循环经济试点企业

（一）杭州市

杭州卷烟厂

杭州胡庆余堂投资有限公司

佑康食品集团有限公司

浙江海穆钢铁服务有限公司

杭州欣达混凝土有限公司

杭州西湖啤酒朝日（股份）有限公司

正大青春宝药业有限公司

浙江省南都电源动力股份有限公司

杭州电化集团有限公司

杭州龙山化工有限公司

杭州高新（滨江）水务有限公司

浙江永泰纸业集团有限公司

杭州富春江化工有限公司

浙江鑫富生化股份有限公司

浙江蜂之语蜂业有限公司

杭州杭联热电有限公司

建德市大洋化工有限公司

浙江新安化工有限公司

淳安县千岛湖新安矿产有限公司

杭州锦江集团杭州大地环保有限公司

（二）宁波市

北仑发电有限公司

中华纸业有限公司

宁波阿克苏诺贝尔化学有限公司

宁波牡牛纸业有限公司

金轮集团

浙江杭州湾印染有限公司

宁波中集物流装备有限公司

奉化市茂森竹业有限公司

（三）温州

温州冶炼总厂

伟明集团有限公司

华仪电器集团有限公司

浙江圣雄皮业有限公司

金狮啤酒集团有限公司

（四）嘉兴

民丰特种纸股份有限公司

平湖景兴纸业
浙江新都水泥公司
嘉兴市芽芽水泥有限公司
浙江华友钴镍材料有限公司
浙江京马电机有限公司
嘉兴市富林化纤厂
嘉兴市振申绝热材料厂
浙江大华包装集团公司
海宁宝圆染化有限公司
嘉兴市中华化工有限公司
民丰集团秀州纸业有限公司
桐乡福利造纸厂
浙江振大水泥有限公司
（五）湖州
浙江超威电源有限公司
浙江美欣达印染集团股份有限公司
长兴金泉米业有限公司
浙江山鹰建材集团
德华集团控股股份有限公司
湖州狮王精细化工有限公司
升华集团控股有限公司
浙江五龙化工股份有限公司
安吉圣氏生物制品有限公司
浙江久立集团股份有限公司
浙江欧美环境工程有限公司
浙江长三角建材有限公司
湖州世纪清固体废物处置中心
浙江长广集团水泥分公司
（六）绍兴
浙江绿环橡胶粉体工程有限公司
浙江新和成股份有限公司
浙江蓝星科技有限公司
海亮集团有限公司
上峰集团有限公司
绍兴第二印染有限公司
绍兴爱德新型建筑材料有限公司
绍兴振亚纺织集团
绍兴新民热电
绍兴中成热电有限公司
浙江阮仕珍珠股份有限公司
浙江盾安集团有限公司
上虞热电有限公司
（七）金华
兰溪大明化工厂
浙江武义神龙浮选有限公司
浙江华莱氨纶有限公司
横店集团家园化工有限公司
浙江普洛化学有限公司
金华立信医药化工有限公司
义乌市义南纸业有限公司
浙江金华康恩贝生物制药有限公司
浙江兴达钢带有限公司
（八）衢州
浙江虎山集团有限公司
浙江江山化工股份有限公司
浙江龙游绿得农药化工有限公司
浙江绿源木业股份有限公司衢州分公司
衢州衢通废弃资源回收公司
江山虎霸集团
浙江红火实业集团有限公司
（九）舟山
舟山兴业有限公司
金鹰股份有限公司
（十）台州
台州发电厂
台州市椒江热电有限公司厂浙江联化科技股份有限公司
台州齐合天地金属有限公司
浙江仙居车头制药有限公司
浙江仙琚制药股份有限公司
浙江石梁啤酒有限公司
玉环县海洋化学生物有限公司
浙江佳诺水泥有限公司
浙江海正药业股份有限公司
浙江中环物资再生利用公司
（十一）丽水
浙江松寿堂中药有限公司
丽水市南平革基布有限公司
浙江利马革业有限公司
浙江众发实业有限公司
浙江奇尔茶叶有限公司
浙江宏庆祥铜业有限公司
燕京啤酒浙江丽水有限公司
浙江省云和县振鹏实业有限公司
浙江省坤骏纸业有限公司
浙江欧科木业有限公司
（十二）省属企业
杭州钢铁集团公司
巨化集团公司

第二批

一、工业循环经济示范园区名单

浙江衢州高新技术产业园区

浙江海宁经编产业园区

嘉兴南湖区凤桥镇工业园区

湖州经济技术开发区

浙江缙云工业园区

二、工业循环经济示范企业

浙江传化股份有限公司

浙江奥康鞋业股份有限公司

浙江苍南仪表厂

乐清市龙威电子有限公司

浙江顺泰木业有限公司

浙江华滨包装材料有限公司

温州庄吉集团工业园区有限公司

浙江乔治白服饰有限公司

正泰电器股份有限公司

康奈集团有限公司

浙江长城换向器有限公司

温州市爱好笔业有限公司

桐昆集团浙江恒盛化纤有限公司

永兴特种不锈钢股份有限公司

浙江特拉建材有限公司

浙江阿祥亚麻纺织有限公司

湖州白岘南方水泥有限公司

久盛地板有限公司

浙江瑞明节能门窗股份有限公司

长兴新城环保有限公司

湖州金騄印染实业有限公司

浙江永裕竹业股份有限公司

长兴新峰印染有限公司

湖州新峰木塑复合材料有限公司

湖州新远见木塑科技有限公司

浙江嘉化能源化工股份有限公司

浙江圣普新能源科技有限公司

平湖市广轮新型建材有限公司

嘉兴新嘉爱斯热电有限公司

海盐海利环保纤维有限公司

浙江双箭橡胶股份有限公司

桐乡南方水泥有限公司

桐乡中欣化纤有限公司

桐乡濮院协鑫环保热电有限公司

宏达高科控股股份有限公司

嘉兴协鑫环保热电有限公司

欣悦印染有限公司

海宁新光阳光电有限公司

浙江荣盛纸业股份有限公司

浙江新和成股份有限公司

绍兴市兆山建材有限公司

会稽山绍兴酒股份有限公司

达利丝绸（浙江）有限公司

绍兴至味食品有限公司

浙江精功新能源有限公司

绍兴中成热电有限公司

浙江金华康恩贝生物制药有限公司

浙江华川实业集团有限公司

浙江康恩贝制药股份有限公司

浙江英洛华磁业有限公司

义乌市双童日用品有限公司

浙江金圆水泥有限公司

浙江真爱时尚家居有限公司

浙江三鼎织造有限公司

金字火腿股份有限公司

浙江金大门业有限公司

江山市何家山水泥有限公司

浙江恒达纸业有限公司

浙江夏王纸业有限公司

龙游外贸笋厂有限公司

浙江华康药业股份有限公司

浙江舟富食品有限公司

浙江海鲲食品有限公司

舟山市越洋食品有限公司

浙江省舟山凯利水产有限公司

浙江金壳生物化学有限公司

浙江银河药业有限公司

浙江司太立制药股份有限公司

浙江圣达药业有限公司

新杰克缝纫机股份有限公司

开来丰泽实业（浙江）有限公司

浙江恒盛木业有限公司

玉环县清港电镀厂

浙江东方铜业有限公司

燕京啤酒（浙江丽水）有限公司

浙江和信玩具有限公司

安徽省

铜陵有色金属集团控股有限公司
淮南矿业（集团）有限责任公司循环经济试点
安徽丰原集团循环经济试点
马鞍山钢铁股份有限公司循环经济试点
安徽海螺集团公司循环经济试点
安徽山鹰纸业股份公司循环经济试点
安徽氯碱化工集团循环经济试点
合肥市城市循环经济试点
马鞍山市城市循环经济试点
芜湖市鸠江区循环经济试点
宁国市县级市循环经济试点
淮南市毛集区循环经济试点
界首市再生铅循环经济产业园试点
安庆市大观民营经济开发区循环经济产业园试点
合肥市庐阳循环经济产业园
临泉县“林、草、牧、沼、菌”农业循环经济试点
合肥市循环经济示范园区（肥东）
宿州市循环经济示范园
五河经济开发区沫河口工业区
安徽省阜阳循环经济园区
阜阳颍上循环经济园区
铜陵农业循环经济试验区
安徽池州东至香隅化工产业园
马鞍山市慈湖经济开发区
舒城县循环经济园

福建省

福建炼油化工有限公司
福建省三钢（集团）有限责任公司
厦门翔鹭化纤股份有限公司
柯达（厦门）有限公司
厦门华夏国际电力发展有限公司
紫金矿业集团股份有限公司
厦门钨业股份有限公司
福建省南纸股份有限公司
福建省青山纸业股份有限公司
福建石化集团三明化工有限责任公司
福建纺织化纤集团有限公司
厦门通士达照明有限公司
福建省东南电化股份有限公司
福建省南平嘉联化工有限公司
永安智胜化工有限公司
福建省邵武化肥厂
福建水泥股份有限公司炼石水泥厂
福建龙麟集团有限公司
福建建明建材集团三明市新型建材总厂
福建华意新型建材有限公司
泉州市建友新型墙材有限公司
泉州市泉堡新型墙材开发有限公司
厦门万里石板材有限公司
麦特（福建）新型建材有限公司
福建福人木业有限公司
福建省光泽沪千人造板制造有限公司
福建省建阳武夷味精有限公司
三明市环科化工橡胶有限公司
福建省圣农实业有限公司
厦门如意集团有限公司
森宝（龙岩）实业有限公司
福建凤竹集团有限公司
福建众和股份有限公司
福州华冠针纺织品有限公司
福建糖业股份有限公司
龙岩卓越新能源发展有限公司
福建省闽南能源发展有限公司
福建省平潭长江澳风电开发有限公司
福建省石狮热电有限责任公司
晋江创冠环保资源开发有限公司
福建省三安钢铁有限公司
福建宏玮鞋塑有限公司
石狮市华宝海洋生物化工有限公司
福建雪津啤酒有限公司
福建电气硝子玻璃有限公司
福建吴航不锈钢制品有限公司

屏南鑫磊晶体有限公司
龙海市多棱锯条有限公司
莆田市华港制油有限公司
莆田市三江化学工业有限公司
江西永修云山经济开发区
南昌高新技术产业开发区
江西丰城工业园区
江西信丰工业园区
江西黎川工业园区
江西宜黄工业园区
江西莲花工业园区

江西省

一、设区市（2个）

新余市
鹰潭市

二、县（市区）（10个）

丰城市
万年县
浮梁县
进贤县
德安县
井冈山市
新干县
瑞昌市
全南县
崇义县

三、工业园区（基地）（12个）

鹰潭（贵溪）铜产业循环经济基地
新余钢铁再生资源产业基地
赣州经济技术开发区
景德镇高新技术产业园
宜春经济开发区
湖口金砂湾工业园
樟树盐化工基地
新干县盐化工业城
宜黄工业园区
横峰工业园区
龙南经济技术开发区东江循环经济园区
奉新工业园区

四、企业（36个）

（一）省属企业（5个）

江西万年青水泥股份有限公司
江西稀有金属钨业控股集团公司
江西省再生资源有限公司
新余钢铁集团公司
赣能股份公司丰城电厂三期

（二）地方企业（31个）

赣州虔东稀土矿业有限公司
景德镇蓝资建材科技有限公司
江西金田铜业有限公司
江西赛维LDK太阳能高科技有限公司
江西宏宇能源发展有限公司
江西龙天勇有色金属有限公司
景德镇市焦化工业集团有限公司
新余市仙女湖建材集团
江西贵雅照明有限公司
江西新凌能源有限公司赣县（谐赛科）生物质沼气发电项目
景德镇市再生资源利用体系
江西晶安高科技股份有限公司
鹰潭兴业电子金属材料有限公司
上饶和丰铜业有限公司
江西飞宇竹业集团有限公司
江西雄鹰铝业股份有限公司
江西哈迪建材有限公司
江西四特酒有限公司
鹰潭信达投资有限公司
江西普盛实业有限公司
上饶市再生资源有限公司
江西自立资源再生有限公司
江西华电电力有限责任公司
江西中再生资源开发有限公司
江西利新橡胶有限公司
江西耀升工贸发展有限公司
杜阿特（赣州）表面材料有限公司
余干县东泰新型建材有限公司
上高县再生资源回收利用公司
贵溪同顺金属有限公司
江西洁良环保科技有限公司

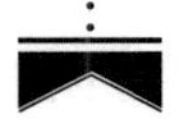

山东省

一、城市

济南市　青岛市
淄博市　东营市
烟台市　潍坊市
济宁市　威海市
日照市　临沂市

二、园区

济南高新技术产业开发区
青岛畜牧科技示范园
青岛市市北区胶州湾新产业基地
淄博高新技术产业开发区
枣庄市经济开发区
枣庄市高新技术开发区
东营市经济开发区
烟台经济技术开发区
烟台资源再生加工示范区
山东潍坊滨海经济开发区
济宁高新技术产业开发区
泰安华丰循环经济工业园
威海经济技术开发区
日照经济开发区
山东鲁北高新技术开发区
德州晶华集团粉煤灰综合利用工业园
山东东阿工业园区
临沂高新技术开发区
临沂金升有色金属产业基地
菏泽交通集团工业园区

三、企业

（一）济南市

山东山水水泥集团有限公司
中国石油化工股份有限公司济南分公司
济南力诺玻璃制品有限公司
济南二机床集团有限公司
山东黄台火力发电厂
济南玫德铸造有限公司
济南市琦泉热电有限责任公司
济南化肥厂有限责任公司
山东明水化工有限公司
章丘日月化工有限公司
中国重型汽车集团有限公司
章丘华明水泥有限公司
济南市北郊热电厂
济南啤酒集团总公司
济南复强动力有限公司
济南佳宝乳业有限公司
山东建工集团公司
济南锅炉集团有限公司
济南卷烟厂
济南趵突泉酿酒有限公司

（二）青岛市

青岛碱业股份有限公司
青岛钢铁控股集团有限责任公司
青岛啤酒股份有限公司
海尔集团公司
华电青岛发电有限公司
山东黄岛发电厂
青岛琅琊台酒业集团股份有限公司
中国石化集团青岛石油化工有限责任公司
胶南易通热电有限责任公司
青岛胶南明月海藻工业有限责任公司
青岛热电集团有限公司
青岛新天地生态循环科技有限公司
青岛万福集团股份有限公司
青岛东方化工股份有限公司
青岛市城阳区金合养殖有限公司
青岛酒厂有限公司
青岛凤凰印染有限公司
青岛美高集团有限公司
青岛市宝荣水产科技发展有限公司
青岛港（集团）有限公司
青岛正大有限公司
青岛海晶化工有限公司
青岛华东葡萄酿酒有限公司

（三）淄博市

山东铝业公司
淄博矿业集团有限责任公司
中国石化集团齐鲁石油化工公司
山东玻璃总公司
山东东岳化工股份有限公司
山东博汇纸业股份有限公司
山东宝山生态建材有限公司
淄博嘉周热电有限公司

山东东佳集团有限公司
山东联合化工有限公司
山东鲁阳股份有限公司
山东瑞阳制药有限公司
淄博兰雁集团股份有限公司
山东贵和纸业集团有限公司
山东东大化学工业有限公司
南金兆集团有限公司
淄博科丰化工有限公司
淄博市周村同森木业有限公司
淄博博丰复合肥有限公司
淄博万昌集团有限公司
淄博市华联矿业有限责任公司
淄博市临淄鲁恒建材有限公司
（四）枣庄市
山东榴园新型水泥发展有限公司
鲁南中联水泥有限公司
兖矿鲁南化肥厂
枣庄八一水煤浆热电有限责任公司
枣庄华润纸业有限公司
华电国际十里泉发电厂
枣庄矿业集团有限责任公司
山东丰源煤电有限公司
山东大宗集团公司
山东鲁南牧工商联合公司
山东神工化工股份有限公司
（五）东营市
华泰集团有限公司
正和集团股份有限公司
万达集团股份有限公司
东营市天信纺织有限公司
山东利华益集团股份有限公司
山东垦利石化有限责任公司
山东石大科技集团有限公司
山东华星石油化工集团有限公司
山东海科化工有限公司
山东金岭集团公司
利津力能热电有限公司
东营胜动机械有限责任公司
山东胜通集团股份有限公司
东营鑫大地化工有限公司
东营方圆有色金属有限公司
山东德仕化工有限公司
（六）烟台市
烟台万华合成革集团有限公司
烟台氨纶集团公司
山东百年电力发展股份有限公司
龙口矿业集团有限责任公司
山东丛林集团公司
烟台鲁宝钢管有限责任公司
正海集团有限公司
招远金宝电子有限公司
山东玲珑橡胶公司
山东九发集团公司
烟台恒邦集团有限公司
烟台巨力化肥有限公司
烟台张裕集团有限公司
烟台绿环再生资源有限公司
烟台首钢东星（集团）公司
山东国大黄金股份有限公司
招金矿业股份有限公司金翅岭金矿
蓬莱市金冶纳米材料有限公司
蓬莱市海洋生物有限公司
蓬莱市黄金（集团）总公司
山东富尔达空调设备有限公司
山东黄金矿业股份有限公司新城金矿
（七）潍坊市
潍坊亚星化学股份有限公司
山东潍坊发电厂
山东恒联投资有限公司
山东晨鸣集团股份有限公司
山东省联盟化工集团有限公司
山东奥宝化工集团有限公司
潍坊钢铁集团公司
潍柴动力股份有限公司
山东海化集团有限公司
诸城市良丰化学有限公司
孚日家纺股份有限公司
山东昌邑石化有限公司
鲁丽集团有限公司
山东景芝酒业股份有限公司
潍坊新方矿业集团有限公司

寿光蔡伦申兴精细化工有限公司
山东乐化集团有限公司
山东青州云门酒业（集团）有限公司
山东省高密市天恒化工有限公司
颐中烟草（集团）有限公司青州卷烟厂
潍坊汇源实业有限公司
（八）济宁市
菱花集团公司
兖矿集团有限公司
山东里能集团有限公司
山东雪花生物化工股份有限公司
山东太阳纸业股份有限公司
山东鲁抗医药集团有限公司
山东金鲁城有限公司
山东华金集团有限公司
山东昊福集团有限公司
山东民生煤化有限公司
兖矿峄山化工有限公司
济宁矿业集团有限公司
济宁金威煤电有限公司
山东省微山湖矿业集团公司
济宁中银电化有限公司
山东如意科技集团有限公司
兖州银河橡塑集团有限公司
济宁碳素工业公司
山东凯赛里能生物高科技有限公司
（九）泰安市
新汶矿业集团有限责任公司
肥城矿业集团有限公司
山东泰和东新股份有限公司
泰山玻璃纤维股份有限公司
山东石横特钢有限公司
肥城阿斯德化工有限公司
山东飞达化工科技有限公司
山东惠普矸石电力股份有限公司
山东岱银纺织集团股份有限公司
山东瑞星化工有限公司
泰山水泥集团有限公司
泰安华丰顶峰热电有限公司
泰安鲁珠水泥有限公司
山东鑫国煤电有限责任公司
泰开电器集团有限公司
山东泰山复合材料有限公司
泰山集团股份有限公司
肥城富源工贸公司
泰安海化新星肥业有限公司
泰安华泰建材有限公司
泰安华新石膏制品有限公司
（十）威海市
三角集团有限公司
华能威海发电有限责任公司
威海热电厂
山东蓝星玻璃集团有限公司
好当家集团有限公司
威海啤酒集团有限公司
威海恒信水泥工业有限公司
成山集团有限公司
威海市第二热电厂
天润曲轴有限公司
乳山市大业金矿
山东威高集团有限公司
文登市第二橡胶厂
山东鸿洋神水产科技有限公司
（十一）日照市
山东日照发电有限公司
日照钢铁控股集团有限公司
山东亚太森博浆纸有限公司
山东洁晶集团股份有限公司
山东日照焦电有限公司
五莲县阳光热电有限公司
海汇集团有限公司
日照鲁信金禾生化有限公司
山东尧王酒业集团有限公司
日照三木木业股份有限公司
山东宝山矿业有限公司
日照海通丝业有限公司
山东永发石业有限公司
山东日照酒业有限公司
（十二）莱芜市
莱芜钢铁集团有限公司
莱芜市泰山阳光电力有限公司
莱芜钢铁集团粉末冶金有限公司
新汶矿业集团有限责任公司鄂庄煤矿
莱芜市泰山阳光水泥有限公司
莱芜泰钢热电有限公司
莱芜钢铁华威工程有限公司
山东鲁碧建材有限公司
莱芜钢铁银山工业有限公司
（十三）临沂市
山东恒通化工股份有限公司

山东金沂蒙集团有限公司
山东阜丰发酵有限公司
山东沂州水泥集团总公司
山东临沂盛能集团股份有限公司
青援食品有限公司
山东省鲁洲食品集团有限公司
山东银麦啤酒股份有限公司
山东冠鲁工业集团公司
山东绿润食品有限公司
山东华丰集团公司
山东宏艺科技有限公司
山东新光股份有限公司
山东正义纺织集团有限公司
山东利丰集团有限公司
山东德利再生资源置业有限公司
泓达生物科技有限公司
山东清华同方鲁颖电子有限公司
临沂新程金锣肉制品有限公司
山东新时代药业有限公司
华盛江泉集团有限公司
沂水大地玉米开发有限公司
（十四）德州市
德州晶华集团有限公司
山东贺友集团总公司
德州沪平永发造纸有限公司
山东德齐龙化工集团有限公司
山东正大纸业有限公司
山东华鲁恒升集团有限公司
山东德棉集团有限公司
山东照东方纸业集团有限公司
华能国际电力有限公司德州电厂
禹城市兴达建材有限公司
山东通裕集团有限公司
山东龙力生物科技有限公司
山东华泰新材料有限公司
禹城福田药业有限公司
皇明太阳能集团有限公司
山东古贝春有限公司
希森三和集团有限公司
（十五）聊城市
山东泉林纸业有限责任公司
山东时风集团有限责任公司
山东凤祥有限责任公司
东阿东昌水泥有限公司
山东省高唐蓝山集团总公司
山东齐鲁味精食品集团有限公司
山东聊城热电有限责任公司
银河纸业有限责任公司
冠州集团股份有限公司
山东东阿阿胶股份有限公司
山东信发铝电集团有限公司
山东聊城鲁西化工集团总公司
阳谷祥光铜业有限公司
高唐县金兴人造板有限公司
山东新嘉华实业集团有限公司
山东科瑞特生物工程有限公司
临清三和纺织集团有限公司
山东三山集团有限公司
（十六）滨州市
山东鲁北企业集团总公司
山东西王集团有限公司
山东滨化集团有限责任公司
山东魏桥创业集团有限公司
山东京博石油化工有限公司
山东齐星集团有限公司
山东滨州渤海活塞股份有限公司
华纺股份有限公司
惠民县光明热电有限公司
山东香驰豆业集团有限公司
山东渤海油脂工业有限公司
山东众和新型墙材有限公司
滨州愉悦家纺有限公司
山东埕口盐化有限责任公司
山东沾化海明化工有限公司
山东省阳信金缘纺化有限公司
山东基德生态科技有限公司
山东万德酒业有限公司
山东珍贝瓷业有限公司
山东沾化海洋化工有限公司
山东明珠集团有限公司
（十七）菏泽市
山东菏泽发电厂
东明县石化集团有限公司
菏泽锦江环保能源有限公司
成武大地玉米开发有限公司
山东银香伟业集团有限公司
菏泽鲁宏水泥有限公司
青岛啤酒（菏泽）有限公司
单县有机化工有限公司
菏泽绿源食品有限公司

河南省

第一批

安钢集团

平煤集团

天冠集团

安阳化工

安阳高新技术产业开发区

三门峡湖滨农业生态园区

义马市

第二批

一、城市

三门峡市

巩义市

二、园区

沈丘付井镇农业产业发展区

大周镇再生金属回收加工区

淇县畜禽产业园区

上街区铝工业园区

新郑市煤炭综合开发区

鹤壁市山城区牟山工业集中区

桐柏碱硝化工产业园区

新乡（七里营）纸制品工业园

三、企业

（一）煤炭

鹤壁煤业（集团）有限责任公司

永城煤电集团有限责任公司永夏矿区

河南超越企业集团

（二）电力

郑州裕中能源有限责任公司

（三）冶金

伊川电力集团总公司

济源市金马焦化有限公司

河南济源钢铁（集团）有限公司

灵宝市金源矿业有限责任公司

灵宝豫赣多金属综合回收有限公司

（四）化工

中国神马集团有限责任公司

河南省中原大化集团有限责任公司

河南骏化发展股份有限公司

河南金鼎化工有限公司

河南省世纪金源化工有限责任公司

（五）建材

郑州新登企业集团有限公司

（六）制药

辅仁药业集团有限公司

河南天方药业股份有限公司

开封制药（集团）有限公司

（七）造纸漯河银鸽实业集团有限公司

（八）农产品加工

河南漯河双汇实业集团有限公司

北徐集团有限责任公司

（九）农业

河南省内乡县牧原养殖有限公司

河南省黄泛区实业集团（农业）

河南省花花牛集团

河南恒友牧业有限责任公司

灵宝市生源农业有限责任公司

（十）领域

郑州市污水净化有限公司

安阳市龙悦湾玉花苑住宅小区

湖北省

一、重点行业

（一）冶金

大冶有色金属公司

湖北新冶钢公司

鄂州吴城钢铁有限公司

（二）化工

湖北宜化集团有限责任公司（包括湖北楚星化工股份有限公司、枣阳化工工业有限公司、浠水县福瑞德化工有限责任公司）

湖北楚源精细化工集团股份有限公司

沙隆达集团公司

武汉有机实业股份有限公司

武汉青江化工股份有限公司

湖北省黄麦岭磷化工集团公司

宜昌兴发集团有限责任公司

湖北祥云化工股份有限公司

湖北洋丰股份有限公司

湖北三新磷酸有限公司

荆州市博尔德化学有限公司

湖北开元化工科技股份有限公司

利安隆生物化学有限公司

竹溪创艺皂素有限公司

潜江市仙桥化学制品有限公司

湖北益泰药业有限公司

（三）建材

葛洲坝股份有限公司水泥厂

华新水泥股份有限公司

湖北基立环保板材有限公司

（四）电力

鄂州发电有限责任公司

（五）轻工

华润雪花啤酒（武汉）有限公司

武汉远东绿世界集团有限公司

赤壁晨鸣纸业有限责任公司

安琪酵母股份有限公司

湖北稻花香集团

（六）汽车

东风汽车股份有限公司铸造分公司

二、重点领域

（一）废旧金属再生利用

湖北金洋冶金股份有限公司

荆门市格林美新材料有限公司

（二）再生资源回收利用体系建设

湖北衡德环保设备制造有限公司

湖北鑫丰再生资源有限公司

荆州市物资再生利用管理总公司

（三）产业园区

武汉市东西湖工业园区（国家第一批试点单位）

武汉市青山区环保产业基地

宜昌经济技术开发区三峡磷化产业区

荆门市高新技术产业开发区

四、市、县

荆门市

谷城县

广东省

一、重点行业

（一）机电

广州丰田汽车有限公司

广汽丰田发动机有限公司

广东省海丰县机械工业总公司

广东风华高新科技股份有限公司

广东四会互感器厂有限公司

（二）轻工

广州珠江啤酒集团有限公司

青岛啤酒（珠海）有限公司

金威啤酒（东莞）有限公司

肇庆蓝带啤酒有限公司

广州珠江钢琴集团有限公司

广东志诚冠军集团有限公司

茂名市凯利环保热能设备有限公司

广州造纸集团有限公司汕头市龙湖区鑫隆纸类制品厂

广东鼎丰纸业有限公司

清远市威利邦木业有限公司

阳东绿源人造板有限公司

广州白云山制药股份有限公司

广州白云山化学制药厂

广东肇庆星湖生物科技股份有限公司海丰肉联厂

海丰县海发食品贸易公司

海丰县溢盛针织厂有限公司

佛山市南海稳德福无纺布有限公司

开平市花皇淀粉厂有限公司

广东省丰收糖业发展有限公司

广东大华糖业有限公司

安利（中国）日用品有限公司

荷力胜（广州）蜂窝制品有限公司

（三）能源

广州明珠C厂发电有限公司

广州保税区广保电力发展有限公司

广州红鹰能源科技有限公司

广州热力有限公司

广州大学城能源发展有限公司

广州市旺隆热电有限公司

广州恒运东区热力有限公司

（四）有色金属

兴宁市金雁电工有限公司

广东高要河台金矿

广东凌丰集团有限公司

（五）石油化工

中国石化股份有限公司茂名分公司

广州珠江轮胎有限公司

广州珠江化工集团有限公司广州制漆厂

广州市康明硅橡胶科技有限公司

珠海得米化工有限公司

广州市粤首实业有限公司

云浮市宝利硫酸有限责任公司

（六）建材

广东塔牌集团蕉岭县鑫达旋窑水泥有限公司

蕉岭县龙腾旋窑水泥有限公司

茂名市油城牌水泥有限公司

云浮市粤云新型石材有限公司

云浮市亨达利水泥制品有限公司

潮州绿环陶瓷资源综合利用有限公司

（七）钢铁

广东省韶关钢铁集团有限公司

广州珠江钢铁有限责任公司

联众（广州）不锈钢有限公司

广东省韶铸集团有限公司

（八）其他

广州广信江湾新城大酒店

广东省第二工人医院

二、重点领域

（一）再生资源回收利用体系建设

广州番禺绿由工业弃置废物回收处理有限公司

广州广汽丰绿资源再生有限公司

肇庆市鼎湖区莲花镇经济发展总公司

江门市长优实业有限公司

广州市万绿达物资回收有限公司

广州天河奥特农化新技术有限公司

东莞市方达环宇环保科技有限公司

广东建航电池连锁有限公司

（二）建筑节能

招商地产广州金山项目、广州世贸中心大厦、深圳振业城

（三）环保产业

东莞市博海环保资源开发有限公司

三、产业园区

广州开发区

东莞石龙（始兴）产业转移工业园

石龙信息产业园

广东银洲湖纸业基地

中山火炬高新技术产业开发区阳西工业园

肇庆市亚洲金属资源再生工业基地

佛山市南海国家生态工业示范园区

广东西樵纺织产业示范基地

四、区（县）

云浮市云安县

五、试点城市

广州

深圳

佛山

东莞

江门

汕头

广西壮族自治区

广西柳州钢铁（集团）公司

中铝广西分公司

广西鱼峰集团有限公司

柳州化学工业集团有限公司

南宁糖业股份有限公司

燕京啤酒（桂林漓泉）股份有限公司

广西八一（集团）有限责任公司

广西金河集团有限责任公司

南丹县吉朗矿冶有限责任公司

广西维尼仑股份有限公司

和来宾河西工业园区

南丹有色金属冶炼工业园区

北海市合浦东园家酒厂循环经济产业示范园

四川省

一、试点市

成都　绵阳

攀枝花　泸州

广安　内江

二、试点县

成都：邛崃市　金堂县　青白江区

绵阳：涪城区　江油市　三台县

德阳：绵竹市　什邡市

乐山：井研县　五通桥区

内江：威远县　隆昌县

眉山：洪雅县　彭山县

攀枝花：仁和区　西区

南充：顺庆区　蓬安县

资阳：简阳市　乐至县

雅安：名山县　天全县

遂宁：射洪县　船山区

自贡：富顺县

广安：广安区　岳池县

宜宾：翠屏区　长宁县

泸州：叙永县　龙马潭区

凉山州：冕宁县　甘洛县　盐源县
广元：剑阁县　苍溪县
达州：大竹县　万源县
巴中：通江县　南江县

三、试点企业

川化集团公司（化工）
攀钢集团成都钢铁有限公司（钢铁）
四川国栋建材集团有限公司（建材）
四川高宇集团有限公司（化工）
四川星河建材有限公司（建材）
四川天赐医药科技有限公司（化工）
安县纸业有限公司（轻工）
翰通生物能源有限公司（化工）
剑南春集团公司（轻工）
林辰实业集团公司（化工）
宏达股份有限公司（建材）
金路集团公司（化工）
广安发电有限责任公司（电力）
广能集团公司（煤炭）
爱众投资控股集团有限公司（化工、建材）
恒立化工有限公司（化工）
华威建材有限公司（建材）
银泰控投有限公司（建材）
川威集团公司（钢铁）
内江天科化工有限责任公司（化工）
长安化纤有限股份公司（化工）
五粮液集团公司（轻工）
宜宾天原公司（化工）
丝丽雅集团公司（化工）
泸州老窖集团公司（轻工）
合江蜀能电力有限责任公司
攀钢集团公司　（钢铁）
成洪磷化工有限责任公司（化工）
金象冶金化工股份有限公司（化工）
眉山丰华纸业有限公司（轻工）
中国南车集团资阳机车厂（机械）
四川省阆洲醋业有限公司（轻工）
达州钢铁集团公司（钢铁）
川投峨眉山铁合金（集团）有限公司（钢铁）
永丰纸业股份有限公司（轻工）
川沱曲酒股份有限公司（轻工）
普宁化纤科技有限公司（化工）
'美丰股份有限公司
宝兴微纳粉体有限公司（有色）
川北玻璃厂（化工）
南江矿业集团有限公司（有色）
宏旺实业有限公司（建材）
科瑞德新材料有限责任公司（有色）
鸿鹤化工股份有限公司（化工）
四川雪宝乳业公司
顺庆区农业开发有限公司
嘉陵区农业科技开发公司
岳池县九龙公司
万千集团公司
天华农业科技发展有限公司
德富隆实业有限公司
青川川珍实业有限公司
蒙顶山皇茶茶业有限公司

四、试点园区

（一）工业集中区
绵阳经济技术开发区（绵阳市）
遂宁城南工业集中区（遂宁市）
五粮液工业生态园区（宜宾市）
泸州老窖罗汉基地生态园区（泸州市）
隆昌县工业集中区（内江隆昌县）
华蓥市工业集中区（广安市）
自贡市工业集中区（自贡市）
眉山市工业集中区（眉山市）
（二）农业生态园区
绵阳科技城现代农业科技示范区（绵阳市）
成都金堂农业生态园区（成都金堂县）
敦煌科技农业生态园区（成都都江堰市）
龙泉驿区生态园区（成都龙泉驿区）
南充顺庆农业科技示范园区（南充顺庆区）
南充风垭农业科技示范园区（南充嘉陵区）
雁江农业生态示范园区（资阳市）
资中县农业生态示范园区（内江资中县）
岳池县农业生态示范园区（四川广安市）
罗江县天马山农业生态园区（德阳市罗江县）

重庆市

一、试点区县

涪陵区

二、试点园区

重庆经济技术开发区

永川工业园区（港口组团）

三、试点企业

重庆市涪陵榨菜（集团）有限公司涪陵区农工循环经济产业链、产品链

重庆桂楼食品股份有限公司涪陵区农工循环经济产业链、产品链

重庆三峡果业集团有限公司万州区农工循环经济产业链、产品链

重庆市太白酒厂万州区农工循环经济产业链、产品链

重庆业兴实业集团渝北酒厂渝北区农工循环经济产业链、产品链

南川市绿态丝厂南川区农工循环经济产业链、产品链

重庆天运生物液体燃料有限责任公司忠县农工循环经济产业链、产品链

铜梁县沙心生态食品有限公司铜梁县农工循环经济产业链、产品链

重庆星星套装门有限责任公司开县农工循环经济产业链、产品链

重庆石柱宏达畜产品有限公司石柱县农工循环经济产业链、产品链

中化重庆涪陵化工有限公司涪陵区工业废弃物综合利用

重庆长寿化工有限责任公司长寿区工业废弃物综合利用

重庆松藻煤电有限责任公司綦江县煤炭、电力、煤层气

重庆市邵新煤化有限公司梁平县煤炭、电力、煤层气

重庆同兴垃圾处理有限公司北碚区垃圾资源化发电

重庆拉法基水泥有限公司南岸区余热回收利用发电

重庆长江造型材料有限责任公司北碚区铸造废砂回收加工利用

重庆超科实业发展有限公司南岸区废旧橡胶回收加工利用

重庆顺搏铝合金有限公司璧山县废铝回收加工利用

双钱集团（重庆）轮胎有限公司双桥区橡胶制品

云南省

云锡集团（控股）有限责任公司

云南冶金集团总公司

云南铝业股份有限公司

昆明钢铁集团有限责任公司

云南铜业集团有限公司

云南铜业股份有限公司

云天化集团有限责任公司

云南煤化工集团有限公司

云维集团有限公司

临沧市晶莹糖业有限责任公司

祥云飞龙实业有限公司

云南云景林纸股份有限公司

云南省曲靖化学工业有限公司

云南省陆良化工实业有限公司

海燕橡胶有限股份公司

陕西省

一、试点园区

西安经济技术开发区

韩城龙门生态工业示范区

神府经济开了区锦界工业园区

宝鸡高新技术产业开发区

二、试点企业

神东神华电力有限责任公司

陕西三秦能源有限公司

陕西正元粉煤灰综合利用有限责任公司

陕西龙门钢铁（集团）的限责任公司

陕西东岭集团股份有限公司

韩城黑猫焦化有限责任公司

汉中八一锌业有限责任公司

陕西旬阳鑫业矿业有限公司

青岛啤酒西安汉斯集团有限公司西安公司

蒲白矿务局

黄陵矿业有限公司

彬县煤业总公司

韩城黑猫炭黑有限公司

北元化工有限责任公司

陕西城化股份有限公司

榆林炼油厂

镇安县秀山水泥有限责任公司

陕西秦岭水泥（集团）有限责任公司

陕西福天宝科技有限公司

西安市物资回收利用总公司

甘肃省

嘉峪关市

金昌市

武威市

白银市

兰州市西固区

平凉市崆峒区

金川集团有限公司

酒泉钢铁（集团）有限责任公司

白银有色金属（集团）有限责任公司

兰州西固石化工业科技园

兰州高新技术产业开发区空港循环经济产业园

金昌市东部化工园区

中科院白银高技术产业园

中石油兰州石化分公司

甘肃稀土集团有限责任公司

甘肃刘化（集团）有限责任公司

甘肃祁连山水泥集团股份有限公司

腾达西北铁合金有限责任公司

窑街煤电公司劣质煤热电厂

兰州连城铝业有限责任公司

西北永新涂料集团公司

甘肃华能平凉发电有限责任公司

天水星火机床有限公司

靖远煤业有限责任公司

国电靖远发电有限公司

金昌水泥（集团）有限责任公司

甘肃金昌化工（集团）有限责任公司

武威市全圣实业集团纸业有限责任公司

甘肃锦世化工有限责任公司

中国核工业总公司四〇四厂

宁夏回族自治区

第一批

一、试点城市

石嘴山市

二、试点产业园区

银川市望远工业园

三、试点企业

宁夏赛马实业股份有限公司

宁夏昌鑫新型建材有限责任公司

宁夏金昱元化工集团有限公司

宁夏沙湖纸业（集团）有限公司

宁夏万胜生物工程有限公司

宁夏贺兰山铁合金有限责任公司

神华宁夏煤业集团有限责任公司太西洗煤厂

神华宁夏煤业集团有限责任公司太西洗煤厂

宁夏中卫市万国企业有限责任公司

第二批

一、试点城市

平罗县　中宁县

二、循环经济试点园区

石嘴山工业园区　中卫美利工业园区

三、循环经济重点试点领域

宁夏房地产开发集团有限公司　宁夏供销社再生资源有限公司

四、循环经济试点单位

中电投宁夏青铜峡能源铝业集团有限公司　中冶美利纸业集团有限公司

神华宁夏煤业集团太西电力有限责任公司等23家

第三批

启元药业　大荣实业集团

紫金花纸业　昊丰伟业钢铁

兴平精细化工　银川热电

昊盛纸业　兴尔泰

博宇钢铁　中冶美利

伊品生物　房地产集团

太西电力　庆华煤化工

供销社　中节能

惠冶镁业　中卫美利区工业园

英利特化工　中宁县

平罗县　固原佳立淀粉

开元丰友化工　大地冶金

青铜峡铝业　鲁西化工

青铜峡水泥　石嘴山工业园区

新疆维吾尔自治区

一、试点园区

米东化工园区（化工乌昌地区）

石河子北化工园区（化工石河子市）

二、试点企业

新疆八一钢铁股份有限公司（钢铁乌鲁木齐市）

稀有金属有限责任公司（有色阿勒泰地区）

新疆阿希金矿（有色伊犁州）

艾维尔沟煤矿（煤炭乌鲁木齐市）

中国国电集团新疆红雁池发电有限责任公司（电力乌鲁木齐市）

新疆天山电力股份公司玛纳斯发电分公司（电力昌吉州）

中国石油天然气股份有限公司独山子石化分公司（化工克拉玛依市）

新疆中泰化学股份有限公司（化工乌鲁木齐市）

新疆天山水泥股份有限公司（建材乌鲁木齐市）

新疆青松建材化工（集团）股份有限公司（建材阿克苏地区）

新疆特变电工股份有限公司（机电昌吉州）

新疆众和股份有限公司（机电乌鲁木齐市）

新疆博湖苇业股份有限公司（轻工巴州）

新疆四方糖业有限责任公司（轻工伊犁州）

新疆天山纺织（集团）有限责任公司（纺织昌吉州）

新疆金纺纺织股份有限公司（纺织乌鲁木齐市）

新疆金业报废汽车回收（拆解）有限公司（贸易乌鲁木齐市）

新疆中太肉联有限公司（贸易克拉玛依市）

新疆制药厂（医药乌鲁木齐市）

新疆维吾尔药业有限责任公司（医药乌鲁木齐市）

宁波市

一、县（区）

宁海县　镇海区

工业园区：

浙江余姚工业园区

宁海临江开发工业园区

鄞州投资创业中心（园区）

宁波化工园区

二、乡镇（街道）

小曹娥镇　黄家埠镇

莼湖镇　强蛟镇

爵溪街道　云龙镇

集仕港镇　慈城镇

九龙湖镇　小港街道

三、企业

宁波舜江水泥有限公司

宁波华林橡胶工业有限公司

浙江华鑫化纤集团公司

浙江杭州湾纺织品有限公司

宁波众茂杭州湾热电有限公司

宁波华星轮胎有限公司

重啤集团宁波大梁山有限公司

宁波海山纸业有限公司

浙江东亚线缆有限公司

宁波万冠熔模铸造有限公司

宁波格兰特制冷设备制造有限公司

宁波国泰科技发展有限公司

宁波恒泰草制品有限公司

宁波雅戈尔日中纺织印染有限公司

宁波东海集团有限公司

金田铜业

宁波乐金甬兴化工有限公司

宁波德泰化学有限公司

申洲织造有限公司

宝新不锈钢公司

直接炼铅生产线全景

株洲冶炼集团股份有限公司

株洲冶炼集团股份有限公司由1956年建厂的株洲冶炼厂改制而成，2004年在上海证券交易所上市，资产总额66亿元，员工近5500人。主要生产铅、锌及其合金产品，并综合回收铜、金、银、铋、镉、铟、锗等多种稀贵金属和硫酸。铅锌产品年生产能力达到60万吨，其中铅10万吨，锌50万吨，铅锌合金产品比例达到75%，生产系统有价金属综合回收率居同行业领先水平。公司通过了ISO9001、ISO14001、 OHSMS18001三大管理体系认证，“火炬”牌铅锭、锌锭、银锭先后在伦敦金属交易所认证注册，锌锭、铅锭在上海期货交易所认证注册，金锭通过上海黄金交易所铸锭企业认证；锌及锌合金产品属国家出口免验产品；“火炬”牌商标获中国驰名商标称号。“火炬牌”热镀锌合金荣获“全国用户满意产品”称号，公司多次荣获“全国用户满意企业”称号。公司是国家级高新技术企业、国家第一批循环经济试点和“两型建设”试点企业。

公司通过一系列工艺升级，建立铅锌联合冶炼循环经济产业模式，逐步实施了“搭配处理锌浸出渣直接炼铅”、“常压富氧直接浸出处理锌浸出渣炼锌”、“渣山窑渣处理与资源化”、“废水重金属资源化项目”等37个节能减排建设项目，最终实现废水“零排放”、废渣零堆放、废气达标减量排放，资源综合利用率达到85%，铅锌工艺技术和装备达到世界先进铅锌冶炼企业水平，打造成符合“两型社会”建设要求的铅锌冶炼“绿色工厂”。

在“十二五”规划中，公司将继续加大节能减排地力度，大力发展循环经济及湘江流域重金属污染综合治理项目的建设，通过提升铅、锌冶炼工艺，实现清洁生产，提高金属回收率和资源综合回收水平，尽量实现资源利用的最大化和废水、废气、废渣排放的最小化，为长株潭“两型”社会建设作出积极贡献。

新近建设的搭配处理锌浸出渣直接炼铅项目，现投入试生产。项目设计生产能力为12万t/a粗铅、17.4万t/a硫酸、2.85万t/a次氧化锌，总建筑面积29251m2。基夫赛特炼铅工艺是国际先进的直接炼铅工艺。该工艺流程短，能耗低，环保好，而且原料适应性强，可清洁高效搭配处理锌系统直接浸出产出的含铅渣料。项目建成实施后可大幅减少了二氧化硫污染物对环境的影响；每吨粗铅的综合能耗为0.263吨标煤；基夫赛特炉高温烟气经余热锅炉冷却，每年可回收余热蒸汽4.1万吨，烟化炉余热锅炉产蒸汽23.8万t/a,折合标煤3.6万t；该项目各项技术经济指标达到国际先进水平。铅直收率95%，硫回收率95%，金、银入粗铅率分别为98.06%和99%。项目具有交好的环境效益和社会效益。对于株冶发展循环经济，形成真正意义的“绿色工厂”具有重要意义。

直接炼铅生产线厂房外景

大力发展循环经济
加快建设宜居幸福青島

XINGFU QINGDAO

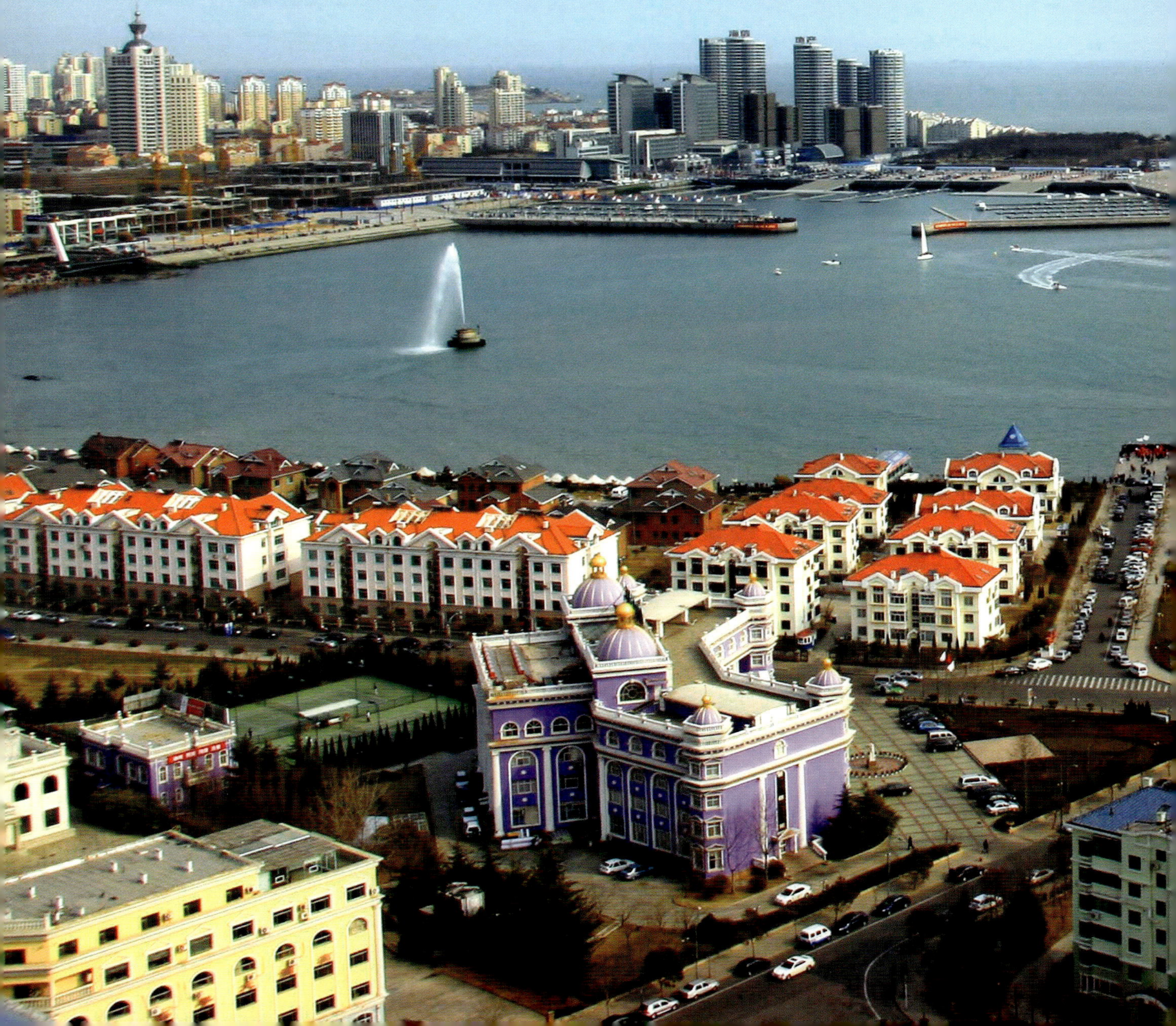

青岛是我国东部的沿海开放城市，人口密度高，环境容量小，经济总量大，资源自给率低，经济发展面临的资源和环境问题尤为突出，按照循环经济理念实现社会经济与生态环境的协调发展对青岛市具有非常重要的意义。近年来，青岛市委、市政府坚持以科学发展观为指导，全面落实资源节约基本国策，通过加快产业结构调整，加强政策法规体系建设，切实完善组织领导，不断强化工作措施，全市循环经济发展工作取得积极成效。发展循环经济已成为全市转方式调结构，加强节能减排，实现可持续发展的重要途径和根本手段。2011年，全市实现生产总值达到6615.6亿元，比上年增长11.7%。全市万元国内生产总值能耗为0.71吨标准煤，同比下降3.93%。

青岛是国家第二批循环经济试点城市，也是国家第一批餐厨废弃物资源化利用和无害化处理试点城市及中日城市典型废弃物循环利用体系建设及示范试点城市。新天地静脉产业园被列为国家首批“城市矿产”示范基地，2家企业的发展模式入选国家循环经济典型模式案例。

青岛市建立了较为完善的促进能源资源节约和循环经济发展的管理机制，节能减排取得明显成效，清洁生产持续推进，资源综合利用和环保产业鼓励政策得到认真落实，资源节约水平不断提高。大力实施循环经济“3321”工程，一批海水示范工程在沿海布局展开，废旧轮胎综合利用产业基地规模逐步扩大。建设了一批循环经济重点项目，以循环经济理念破解了白泥碱渣、铬渣等长期困扰青岛市的废弃物污染难题，工业固体废弃物综合利用率超过98%。建设了生活垃圾焚烧发电厂等城市生活垃圾资源化利用基础设施，开展了建筑废弃物规模化再利用试点工作，农业循环经济发展成效明显，全市秸秆综合利用率超过80%。全市循环经济发展工作正在逐步推向深入。

新天地废弃电器电子产品资源综合利用项目处置规模180万台/年，是国家第一批废弃电器电子产品资源化项目、国家第一批循环经济试点项目和国家863项目。

青岛天盾橡胶有限公司与神华集团合作共同研发矿用巨胎再制造技术和工装设备。该技术的成功开发应用填补了巨型轮胎翻新再制造的空白，扩大了轮胎再利用的范围，对推动行业技术进步、促进矿山节能减排，具有积极意义。

青岛啤酒集团秉承循环经济“减量化、再利用、资源化”的原则，对整个生产流程中产生的10余种副产品100%回收再利用。

青岛惠城石化科技有限公司自主研发的“FCC废催化剂的资源化利用技术”，是目前世界上唯一能够复活催化裂化废催化剂的化学法。该技术产业化后的最大效益是将炼油企业排放量大且无法处理的废催化剂进行资源化利用，减少环境污染的同时节约了宝贵的资源。

青岛天人生态大厦是按照国际生态建筑标准设计建造的国内第一座具有示范意义的实用型生态建筑，是集节能、生态、环保及新能源于一体的科研开发场所，也是面向社会开放的具生态环保科普教育和示范功能的场所。

全力推进循环发展、绿色发展和低碳发展

贵阳市：坚持走科学发展路 加快建生态文明市

2011年是“十二五”的开局之年，为确保“开好头、起好步”，大力实施可持续发展战略，认真执行资源节约和环境保护基本国策，积极推进贵阳市生态文明城市建设。贵阳市在国家发展改革委的大力支持下，在省委、省政府的正确领导下，积极拓展循环经济工作领域，深化工作内容，全力推进经济社会的循环发展、绿色发展和低碳发展，为提高全市生态文明水平打下坚实的基础。

一、总体发展情况

长期以来，贵阳市把发展循环经济作为改造资源型产业、实现可持续发展，建设生态文明城市的重要途径。2011年全市经济社会发展呈现出“速度加快、效益较好、位次前移、后劲增强、民生改善”的良好态势，生产总值、固定资产投资、城乡居民收入等指标增幅创历史新高，部分主要指标增幅在26个省会城市中位居前列，在全省地州市经济发展增比进位综合测评中排位第一。全市生产总值完成1388亿元，同比增长17.1%，比上年加快2.8个百分点，高于全省2.1个百分点，增幅创历史新高。全社会固定资产投资预计完成1600亿元，同比增长57%，超计划目标17个百分点，增幅创1986年以来历史新高。

二、主要目标完成情况

一年来，贵阳市坚持从资源型城市特点出发，着眼于贯彻落实科学发展观，不断探索资源型城市可持续发展新路子，着力培育循环型企业、循环型产业和循环型城市，循环经济规模不断扩大，新建市级以上循环经济试点项目28个；废物最终处置量明显减少，工业固体废物综合利用率达到65%以上，再生资源回收利用率达到65%；节水型城市创建继续深入，城市生活污水集中处理率提高到85%，城市生活垃圾无害化处理率达到90%以上。加强清洁生产和节能减排管理，全市化学需氧量和氨氮排放总量分别控制在3.86万吨、4835吨以内；二氧化硫排放总量控制在12.30万吨；氮氧化物排放总量控制在4.57万吨以内。被国家发展改革委列为全国循环经济典型案例模式。与气候组织、壹基金共同实施了“千村计划”，在联合国气候变化德班会议上入选十大全球典范案例。

三、主要措施和做法

（一）更新观念抓决策。作为典型的资源型欠发达城市，面对日趋激烈的区域竞争和日益繁重的发展压力，如何依托资源又超越资源，培植发展新的主导产业；如何加快经济结构调整，提升产业档次；如何在加快发展中破解环境保护难题，实现可持续发展。这些问题是我们长期以来需要解决的重点。2002年，贵阳市就做出了发展循环经济的决定；并被确定为全国首个循环经济生态城市建设试点城市。2011年，按照市政府立法计划，根据国家循环经济促进法，开展了贵阳市循环经济实施条例的修编工作。完成了贵阳市餐厨废弃物资源化利用和无害化处理试点工作方案并通过国家发改委组织的专家评审，被国家发改委列为全国试点城市。完成了餐厨废弃物资源化利用和无害化处理项目立项及可研报告编制。开展了中日合作城市典型废弃物试点工作，完成了相关调研，已形成初步课题成果。组织贵阳再生资源协会开展了国家城市矿产试点的申报工作，完成了《国家城市矿产试点申报方案》，开展了贵阳市城市矿产课题研究工作。出台了《贵阳市委、市政府关于加快全市工业园区建设的意见》，加强资源整合、合理集聚产业，着力提高园区产业关联度、逐步实现园区资源综合利用和能量梯级利用。实施了联和能源清镇医药园区水煤浆能源集中供汽站项目，采取集中供汽供暖，以高效、规范的管理对污染排放总量进行有效的控制，提升能源利用率、降低污染排放。

（二）缜密论证抓规划。发展循环经济，规划是龙头。一是组织力量完成了《贵阳市“十二五”循环经济发展规划》的编制工作并通过市政府颁布实施。按照规划，贵阳市将建立起较为完善的循环经济法规政策体系、技术创新体系、绿色产业体系。三次产业结构更趋合理，资源利用效率明显提高，能源消费结构明显优化，清洁能源和可再生资源占有比重有较大提升。初步建成较为完善的废旧物分类收集系统和综合利用处理系统，城市矿产资源化水平大大提升，再制造工业规模和竞争力明显提高，农业循环经济拉动民生的效益更为显著，工业循环经济进一步带动企业、产业、园区互动发展。开展了《贵阳市循环经济“十一五”发展报告》的编制工作，对十一五循环经济发展进行了回顾和总结。二是开展了《贵阳市低碳发展十二五规划》的编制工作。该《规划》针对贵阳市当前碳排放

新能源气电混合动力示范汽车

利用净化后的工业废水种植的花卉

年产10亿块磷石膏砖生产线

贵阳市区域性再生资源回收利用基地

实际和今后一段时间的发展重点进行认真分析，按行业开展了碳排放源的分类，对贵阳当前和将来一段时间碳排放的重点领域、主要困难和问题进行了分析，提出实施碳减排的预期目标、重点领域、主要途径以及保障措施等。三是选择具有明显低碳特点的高新技术产业和资源型产业为试点，组织了高新技术开发区、开阳县开展了《低碳园区发展规划》和《低碳工业企业实施方案》的编制工作，力求在低碳产业发展和资源性产业低碳化改造上取得突破。四是完成了《贵阳市节能减排财政政策综合试点方案》，启动了《贵阳市十二五节能减排综合工作方案》的编制工作。

（三）突出重点抓项目。发展循环经济是一项复杂的系统工程，必须坚持按照总体规划，分步实施，层层推进。按照资源利用效率明显提高，能源消费结构明显优化，清洁能源和可再生资源占有比重大幅增加的目标，确定了进一步推进循环经济示范企业；城市垃圾处理、城市污水处理中水回用；磷石膏、黄磷渣制新型墙体材料；粉煤灰制加气混凝土、陶粒；建筑废弃物制透水砖和混凝土；焦炉煤气、黄磷尾气等工业废气制甲醇、甲酸、甲酰胺、草酸二甲酯、LNG等重点工程。其中在建设循环经济示范企业方面，着力引导企业采用高新技术改造提升传统工艺，减少废弃物排放量，加快环保设施建设。2011年，贵阳市市级循环经济示范企业共确定23个，项目总投资49179万元，支持资金共840万元。通过项目实施，可形成年节约标煤12.58万吨，节水67.81万吨；减排二氧化碳14.75万吨，减排二氧化硫8111.18吨，减排COD206.6吨；固体废弃物利用163.63万吨；废气利用5000.66万m3，废水重复利用量55.57万吨的能力。开展了国家循环经济、资源节约与环境保护、节能减排资金申报工作，共申报项目18个，其中12个项目获国家资金支持，共计资金1.4023亿元。开展了比例坝垃圾焚烧发电项目前期工作，完成了项目立项、项目可行性研究报告编制，完成了项目选址工作。

（四）严格管理抓执法。按照国家产业政策，限制淘汰国家明令禁止的设备和工艺，支持发展清洁生产工艺和高新技术产业，严格控制“两高”项目，不再审批、核准、备案“两高”项目。强化固定资产投资项目节能评估审查和环评，未通过环评、节能审查和土地预审的项目，一律不准开工建设。根据省发展改革委要求，组织各区（市、县）参加省发展改革委于今年12月组织的全省节能管理和能源统计知识业务培训班，强化从业人员对相关知识的学习。对违规在建项目，有关部门责令停止建设，金融机构一律不得发放贷款。对违规建成的项目，责令停止生产，金融机构一律不得发放贷款，有关部门停止供电供水。2011年，淘汰钢铁、水泥、黄磷、磨料等行业23户企

业的落后产能182.15万吨，高耗能产业占工业增加值比重由上一年的45.8%下降到37.17%。

（五）广泛宣传抓试点。广泛开展宣传发动，倡导绿色生活方式和消费模式。一是召开了由市有关部门、各区市县政府和发展改革部门的低碳试点工作启动会，对贵阳市低碳城市试点进行工作部署和媒体宣传。二是开展了以低碳为主题的2011“地球一小时”活动和节能减排宣传周活动。据统计，仅地球一小时活动就节能22.8万度电，相当于减排二氧化碳227.25吨。三是发起了“步行日”活动，把每月的11日作为步行日，号召市民采用步行或公共交通方式，以减少能源消耗和温室气体的排放。四是开展了“我们的节日•植树节，2011年‘绿丝带’大型公益植树活动”，完成义务植树400万株。五是参与由环保部宣教中心发起的“酷中国”低碳行动，倡导低碳生活。六是大力推广节能灯具和节能电器等，完成节能照明灯推广73万支。

按照财政部、国家发展改革委《关于开展节能减排财政政策综合示范工作的通知》（财建〔2011〕383号），贵阳市被列为国家开展节能减排财政政策综合示范工作的试点城市。开展了国家餐厨废弃物资源化利用和无害化处理试点、中日合作城市典型废弃物试点工作。编制完成《贵阳市低碳交通试点工作方案》，在交通领域启动实施了车用新能源示范推广应用、交通运输信息化示范、城乡客运一体化示范三大工程。

综合利用黄磷尾气生产草酸二甲酯

汨罗循环经济

汨罗市位于湖南省东北部，市域总面积1562平方公里，总人口66万。近年来，汨罗市打响循环经济品牌，扎实推进新型工业化、新型城市化和新农村建设，在科学发展的道路上加速富民强市的进程。市域经济基本竞争力逼近中部50强，综合实力连续五年位居全省经济强县（市）行列，被列入全省优先发展的14个中等城市。

一、汨罗市循环经济发展情况

汨罗再生资源产业发轫于清朝，上世纪八十年代得到飞速发展，本世纪在循环经济理念指导下加速优化升级，成为促进“两型”建设的支柱产业。2005年10月，汨罗再生资源集散市场被国家发改委等六部委纳入国家首批循环经济试点。2006年3月，“建设湖南汨罗等再生资源回收利用市场和加工示范基地”载入国家“十一五”规划纲要。2006年4月，汨罗成为全国24个再生资源回收体系建设试点城市之一。2010年6月，汨罗循环经济工业园晋身国家首批“城市矿产”示范基地。2011年12月，我市先后编制了《国家城市矿产示范基地建设实施方案》和《汨罗工业园“十二五”发展规划》。作为国家试点特别是示范建设以来，我市积极探索，先行先试，创造“两型”建设的新经验，取得了显著成效，逐步形成了循环经济发展的“汨罗模式”。

——市场体系不断健全。依托中南再生资源市场，加快“三网”（再生资源回收网、物流网、电子交易网）、“三场”（再生资源、再生原料、再生产品交易市场）建设，打造再生资源聚散中心。目前，行业回收公司发展到206家、经营户3500余户，收购网点5000多个，形成覆盖全国30多个省市的回收网络，收购品种涵盖废铜、铝、不锈钢、塑料、橡胶、纸和电子废弃物等主要再生资源。资源集散能力持续增强，再生资源年回收量由2000年的2.3万

湖南汨罗再生资源回收利用市场和加工示范基地鸟瞰图

吨上升到2011年的134万吨。

——资源利用形成规模。近年来，累计投入近8亿元，将汨罗循环经济工业园扩建到10平方公里。依托园区的强劲支撑，引进关联度大、带动性强的产业龙头项目，培育纵向协调、横向互补的产业体系，初步形成了再生铜、铝、不锈钢、塑料、橡胶、电子废弃物和报废汽车拆解等六大资源综合利用集群。目前，园区聚集加工企业140多家，其中规模企业74家。仅再生铜行业，规模加工企业就达26家，总投资近15亿元，年产能20万吨以上，年产值过100亿元，成为全国知名的铜材加工基地。再生资源年加工量由2000年的1万吨上升到2011年的68.9万吨。

——科技创新持续增强。规范审批，规范拨付，用好国家“城市矿产”专项资金，扶持企业技改扩能、转型升级。设立1亿元循环经济发展专项资金，支持园区和企业开展循环经济示范工程建设，激励企业自主研发。以再生资源研发中心为平台，成立博士后流动站，引导企业与高等院校和科研院所建立战略合作关系，研发共性技术，最大限度地提高再生资源的利用率和产出率。目前，园区有省级高新技术企业8家、国家专利82件，平桂制塑成为湖南省废旧塑料利用行业标准制定者，园区再生资源主成份及伴生成份直接利用率达90%以上，固体废弃物的综合利用率达70%以上。

——行业管理渐趋规范。引进开发性金融理念，创造性建立“一会三公司”（再生资源行业信用协会、会计咨询公司、资产管理公司、中小企业信用担保公司），健全“四位一体”的信用平台，以信用建设为基础推动行业自律自强、规范发展。目前，“一会三公司”已吸纳会员360个，累计为企业融资35批次、近10亿元，无一家逾期还贷，无一人拖欠利息。“一会三公司”的成功运作，加速了华融湘江银行、汨罗国开村镇银行进驻我市，有效破解了中小企业融资难的共性问题。

——产业发展渐趋“两型化”。在加速资源节约的同时，加强环境保护，着力防治“二次污染”。突出三抓：一抓环保设施。坚持环保设施先行，高起点规划、高标准建设园区污水处理系统和固废处置设施，提高“三废”处理能力。目前，已建成日处理能力2.5万吨的城市污水处理厂1座、污水收集主干管网30公里，重金属污水处理中心完成规划设计，垃圾消纳场启动二库区建设。二抓环保审批。坚决落实新上项目“环保第一审批权”，严格执行环评和“三同时”制度，坚决做到不符合环保法律法规和产业政策的项目一律不批，布局不合理、投资强度不达标的项目一律不批，高能耗项目一律不批，产能相对过剩、技术含量不高的项目一律不批。三抓环保执法。建立环保联合执法体系，加大对企业、市场和园区的执法力度。实施“淘汰落后产能”行动，坚决取缔“十五小”企业。实施“清洁生产”行动，推广绿色工艺，培育绿色企业，倡导绿色管理，建设绿色园区。四抓节能减排。鼓励园区企业引进先进设备和新工艺，减少资源消耗和三废排放量，2011年万元产值能耗下降0.32个百分点，三废排放量下降0.18个百分点，圆满完成“十一五”节能减排目标。

再生资源产业的快速发展，形成了独特的循环经济“汨罗”模式，总体上可概括为“三个体系、三个支撑”：

万容科技报废汽车拆解生产线

鑫祥碳素厂区全景

一是再生资源市场交易体系。汨罗的再生资源市场交易体系可分为两个层次，一是以中心交易市场为主体的散户交易，交易量约占汨罗整个交易量的40%；二是“一对一”的回收公司，为加工企业归集原材料，占整个市场的60%左右，一些加工企业的“一对一”公司在国内的一些主要废旧物资集散地建立了自己的收购网点，因此，整个回收网络遍布全国。

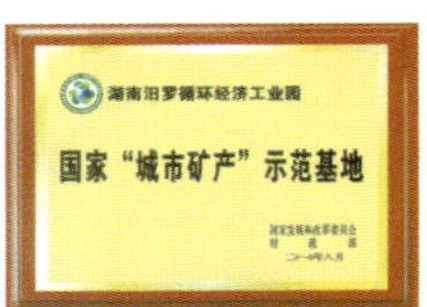

二是再生资源加工利用体系。2001年汨罗市政府开始提出，废品收购业要实现三个转变，即由市场优势向产业优势转变，由简单收购向粗、深加工转变，由粗放经营向集约化经营转变。通过几年的努力，汨罗再生资源加工利用体系初步建立，再生资源加工企业与再生资源交易市场形成了良性互动，实现了市场带动产业、产业壮大市场的战略目标。

国家 “城市矿产” 示范基地

三是产业服务体系。与产业发展相伴生的行业协会、会计公司、物流公司、担保公司、职业经理人市场等相关服务行业也初步建立，为行业、企业管理提供了人才与服务保障。

四是财税政策支撑。在充分利用中央政策的同时，汨罗研究了自己的政策：创新税收征管机制，改多头征税、分散征税为国税、地税、财政合署办公。通过财政奖励政策促使产业由回收交易向生产加工转变，通过调整福利企业退税政策，支持福利企业继续向前发展。

平桂制塑生产的波纹管

五是融资平台支撑。在国家开发银行的支持下，汨罗建立起了“一会三公司”的融资平台。该平台是一个系统工程，诚信制度和经济民主是它的核心基石，开放式构架和信贷资金的封闭管理是平台的基本准则。

六是基础设施配套服务和政务服务的支撑。工业园通过大量资金投入，着力建设园区配套基础设施，为园区企业的发展和引进提供条件。同时通过各种服务机构与平台的建设，为企业提供全方位的服务，不断优化企业的发展环境。

财税政策支撑解决企业发展导向，增强发展信心的问题；融资平台解决发展资金的问题；工业园解决企业土地及基础设施配套和综合服务的问题；三大支撑的共同作用，支持了汨罗工业园再生资源产业的发展。

平桂制塑生产的PVC型材

二、汨罗循环经发展方向

2010～2015年，汨罗市将分两期投资69亿元，把园区面积扩展到18平方公里，园区工业总产值提高到300亿元，打造以再生铜、铝、不锈钢、塑料四大产业为龙头，以再生橡胶、铅、锌、纸等产业为补充，以广泛的专业回收网络为依托，精深加工主导、高新技术支撑、中南地区最大、全国最有影响力的“城市矿产”示范基地。为实现这一目标，将围绕“回收网络化、分解智能化、交易市场化、经营规模化、加工标准化、出园成品化、链条无缝化、业态无害化”的要求，推动汨罗再生资源产业“四个升级”：

一是升级基础设施。未来五年，将投入资金19.44亿元，升级园区路网系统、能源系统、供水系统，完善消防、环卫设施，建设居民集中安置区。其中，建设园区主干道6条、110KV变电站1座、天然气管道45公里、自来水厂1座，提高园区配套服务能力。

园区企业生产的各种规格的铜线

二是升级环保设施。投资6.5亿元，建设废水收集管网、园区中水回用管网、工业固废处置中心和日处理能力达3万立方米的重金废污水处理厂。到2015年，园区万元产值用水量降到6吨以下，水循环利用率提高到85%以上，废气达标排放，重金属和废水零排放，固废处置率达到100%。

三是升级回收网络。加速传统回收方式转变，发展专业回收公司。加快再生资源二期市场建设。建设物流园区，发展专业物流企业，助推园区回收网络壮大。到2015年，将再生资源年回收量提高到400万吨。

四是升级产业链条。建设32个产业升级重点项目，将废铜、废铝、废不锈钢的深加工比例分别由35%、19%、40%提高到80%，废塑料、废橡胶深加工比例分别由43%、67%提高到90%。建立报废汽车拆解专区、废旧家电回收处理专区，形成年拆解报废汽车6万辆、处理废旧家电200万台（套）的能力。到2015年，力争园区再生资源加工量突破240万吨。

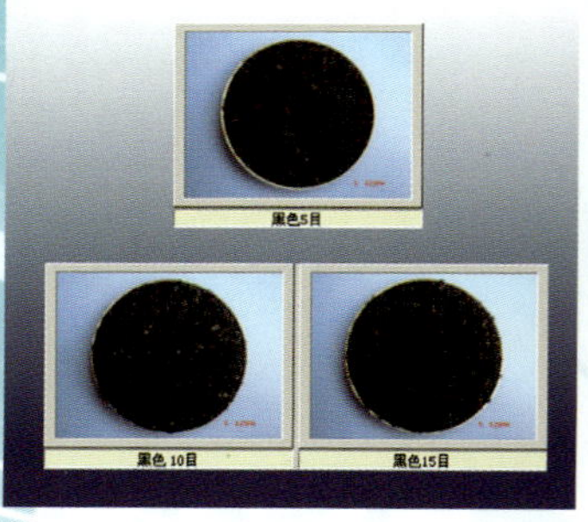

鑫祥碳素生产的石墨增碳剂

伟翔环保科技发展（上海）有限公司

伟翔环保科技发展（上海）有限公司成立于2005年，是新加坡TES Environcorp (Holding) Pte Ltd全额投资、中国团队运作、专业从事电子废弃物处置的跨国企业。投资总额为1800万美金，年处理废弃物能力达39000吨，是目前上海地区唯一具有全段处理能力的电子废弃物处置利用厂商。

伟翔主要从事电子产品及衍生废弃物的回收及循环再生利用；废水、废液、废渣、废纸的综合利用和处理处置；危险废弃物处理处置资源再生及综合利用技术的研发推广和相关产品的生产；环境保护产品的研制；环境污染治理设施的建设经营及为产废企业提供相关服务等。在当今世界同行业中，伟翔的技术处于国际一流水准。

先进的技术及优良的服务也使公司获得了社会各界的广泛赞誉和认可。2007年，伟翔被国家发改委等六部委指定为“国家第二批循环经济试点单位”。同年，伟翔也作为电子废弃物回收的示范企业，被国务院新闻办指定为环保事业发展采访点之一，对境外媒体开放。2009年8月开始，在国家废旧家电“以旧换新”项目中，伟翔又成为上海“以旧换新”项目指定的拆解企业，迄今为止收集处置量以达190多万台。2011年，伟翔获得国家高新技术企业和上海市科技小巨人培育企业称号。2012年，伟翔取得《废弃电器电子产品处理资格证书》；被国家发改委列为全国9家首批循环经济教育示范基地之一，同时也被评为全国循环经济工作先进单位。

在循环经济的试点工作中，伟翔已初步完成了一系列重点工作，如：在发展中进一步加强和完善公司对电子废弃物回收网络的建设；与清华大学，同济大学等高等学府建立产学研联盟。此外，伟翔环保科技发展（上海）有限公司是在中国的电子废弃物处理处置中心，为进一步提升伟翔在电子废弃物处理领域的实力，适应循环经济发展的需要及中国政府对电子废弃物管理的新规定，完成伟翔集团在全球的战略部署，　伟翔将建设新厂房。新厂房将集伟翔集团全球最先进的生产工艺于一体，包含完善的回收体系、系统化的分类和拆解、创新的物理处理工艺、湿法化学线的生产、各类塑料的环保利用及全面的环境保护措施。

在循环经济的实践中，伟翔已经形成了有自身发展特色的专业电子废弃物处理模式：以高科技为依托，凭借自身节能降耗和不产生二次污染、再生利用率高。最大限度的对电子废弃物进行循环利用，使多样化的电子废弃物“变废为宝”，实现环境和经济的双赢。

公司成立伊始，就将“我们有志于成为中国环保事业的杰出先锋，为我们的子孙后代构造一个清洁、绿色及安全的环境”作为公司的方针。为实现这一方针，公司发挥跨国集团的优势，将先进的技术和设备优化整合为高效的处理流程；将成熟的管理和优质的服务引入中国；将“4R”理念和环保责任感传递给客户和合作者。立志作为中国电子废弃物处置技术的领跑者、中国环保产业的探索者、中国环保理念的传播者。

伟翔员工工作图

伟翔处理的电子废弃物样本

伟翔处理的电子废弃物再生利用产品样品

国家循环经济试点企业
全国循环经济工作先进单位

JINCHUAN金川

金川集团股份有限公司

2012年8月17日，甘肃省委书记王三运、省长刘伟平带领全省新建项目现场观摩团在金川公司观摩考察

金川集团股份有限公司（以下简称金川公司）是甘肃省人民政府控股的以矿业和金属为核心的垂直一体化、相关多元化的大型跨国经营集团，是中国镍钴生产基地、铂族金属提炼中心和北方地区最大的铜生产企业，主要生产镍、铜、钴、铂族贵金属、有色金属压延加工产品、化工产品、有色金属化学品等，被誉为中国的“镍都”。镍产量居世界第四位，钴产量居世界第二位，铂族金属产量居国内第一位，铜产量居国内第三位。

目前，金川公司已形成镍20万吨、铜60万吨、钴1万吨、化工产品280万吨的生产能力。2011年，公司实现营业收入1200亿元，利税60亿元，其中利润40亿元；进出口贸易总额达48亿美元，占甘肃省贸易总额的67%。公司生产有色金属及加工材79万吨，其中镍产品13万吨、铜产品52万吨、钴产品6675吨、铂族金属2504公斤、黄金3516公斤、白银220吨、精硒70吨；有色金属加工材产品14万吨；生产化工产品246万吨。公司成为甘肃省首家营业收入突破千亿的企业，位列中国企业500

乙炔配套电石渣新型干法水泥工业化成套技术，相继建成了与2×40万吨聚氯乙烯装置相匹配的工业化生产装置，实现了安全、稳定和满负荷运转，成为国内第一家大规模成功运行干法乙炔配套电石渣新型干法水泥的企业，节能效果显著。干法乙炔和电石渣新型干法水泥技术的成功示范，彻底解决了电石渣再利用的难题，为电石法聚氯乙烯循环经济和规模化发展奠定了扎实的基础。2012年，天业集团干法乙炔配套电石渣新型干法水泥技术被国家工信部确定为首批工业循环经济重大示范工程。

花园式的天业电厂

构筑两个链条。2007年，天业集团按照“规模化、循环化、可持续”的发展思路，实施了新一轮结构调整，将产业和产品进一步向上、下游延伸，形成了更加完善的循环经济两大产业链。两大产业链相互交织，以循环经济为核心，形成了产品多元化。主导产品聚氯乙烯树脂生产成本较国内平均成本低40%以上。

第一个是主导产品产业链。即矿产资源开发—电力—电石—聚氯乙烯—节水器材—高效农业—食品加工—农业产业化产业链。这个主导产品产业链，以新疆丰富的煤炭、石灰石和盐资源为起点，以电为载体，以聚氯乙烯树脂及下游产业为终点，各类资源的转换效率大幅度提高。

第二个是废弃物综合利用产业链。即工业废渣—水泥建材和废旧滴灌带回收与再利用产业链。废弃物综合利用产业链将上游产业的废弃物变为下游产业的资源，使上游产业环境处理的过程转变为下游产业原料搜集的过程。

实现三化目标。即实现装置大型化、控制信息化、排放资源化。

目前，天业集团已成功攻关循环经济关键技术35项，承担完成国家发改委等部委重点循环经济攻关项目12项。天业集团成功实现了环保和经济效益的有机结合。目前120万吨联合化工项目的装备、设施和循环系统全部实现装置大型化、控制信息化、排放资源化。天业电石渣水泥年生产能力达到400万吨，原料全部采用电石渣、粉煤灰、脱硫石膏、硫酸渣等，工业废渣利用率达到100%；年减少石灰石消耗510万吨，减排二氧化碳220万吨；通过源头减排和建立水资源梯级利用网络，年节水800万立方米；通过电石炉气资源化利用和电石渣新型干法水泥技术的成功应用，年节约标煤25万吨。通过各类废弃物的资源化利用，天业年实现经济效益5亿元以上，占到企业经济效益总额的30%。对公司营业收入和毛利润贡献分别达到了10.56%和14.78%。将电石生产回收石灰粉粒用于柠檬酸生产，年可减少采购成本100万元以上；将原本作为废弃物的电石渣、柠檬酸渣、硫酸渣、粉煤灰等工业废渣作为水泥生产的原料出售，大幅度降低治污成本，且产生良好的经济效益。

“十二五”时期天业集团将以十八大精神为指导，坚持以科学发展为主题，以加快转变经济发展方式为主线，立足实现资源就地转化，确立“发展循环经济，成就美丽家园，建设百年企业”的总体目标，在现有电石法聚氯乙烯循环经济模式基础上，进一步构建符合新疆特点并具有资源转换率高、水资源消耗少且产品附加值高的煤电化一体化循环经济新模式。公司将以发展煤化工产业为中心，在已经具备的基础上，通过采取资源整合、并购与合作方式，实现对外扩展，实施煤焦化和电石及其下游产业链等煤化工项目，进一步扩展产业链。在煤电化一体化方面，依托新疆丰富的煤炭等矿产资源，在现有装置的基础上，重点建设100万吨电石、25万吨/年电石炉气制乙二醇、20万吨/年1,4-丁二醇、20万吨聚乙烯醇、15万吨/年丙烯酸（酯）或20万吨丁二烯及其下游产品等项目，进而发展聚脂和氨纶产业，同时在兵团范围内选择具备资源优势的区域，通过新建煤电化一体化装置，实现企业跨区域发展，努力向世界500强阔步迈进！

新疆天业化工城全景

扬州经济技术开发区

扬州经济技术开发区是国家第二批循环经济试点单位、第一批国家循环经济教育示范基地和国家生态工业示范园区。近几年，我区深入贯彻落实科学发展观，加快转变经济发展方式，推进产业结构转型升级，对照《循环经济试点工作实施方案》的要求，在物质减量与循环、产业链搭建、资源综合利用、中水回用、清洁生产、ISO14000认证和基础设施建设等方面开展了大量的实践工作，循环经济试点建设成效显著。

园区万元工业增加值能耗由2007年的0.6吨标煤/万元下降到2012年的0.35吨标煤/万元，万元工业增加值取新鲜水量由6.13立方米/万元下降到4.33立方米/万元，工业用水重复利用率达到90.7%，工业固废综合利用率达到99.5%，各项指标都已得到明显改善，这些成绩的取得，我们认为主要得益于以下几个方面：

高起点编制发展规划，强有力发挥组织领导

循环经济示范试点建设以来，工委、管委会高度重视，邀请国家一流研究机构编制了《扬州经济开发区循环经济试点实施方案》和《扬州经济开发区生态工业示范园区建设规划》，并成立了由管委会主任季允丰担任组长、各相关职能部门参与的“扬州经济开发区循环经济试点工作领导小组”，全面推动开发区循环经济建设。

大力度调整产业结构，促循环坚持链式发展

一是加快产业结构调整，促进经济增长方式转变，明确了太阳能光伏、半导体照明、智能电网等产业的主导地位，形成以节能环保为特征、符合低碳经济理念的绿色新能源产业；严禁引入高耗能、高污染项目，关闭所有小印染、小纺织企业，提高资源利用效率，降低污染，以最小的环境代价实现了经济又好又快的发展。二是按照产业链招商，完善产品代谢链，近两年，我区对太阳能光伏、半导体照明等产业实行链式招商，全区80%的招商项目都集中在这两大产业，今年又新进徕德薄膜太阳能、隆耀光电、璨扬光电、中能智谷电网科技等一批重点项目，形成了太阳能光伏、半导体照明两条完整的产业链条。三是补齐产业链条，形成废物代谢链，对我区的固废资源进行梳理，主动引进补链项目，变废为宝。如亚东水泥项目，建设了230万吨水泥熟料研磨站，每年消化二电厂60万吨粉煤灰和15万吨脱硫石膏；引进挪威麦拓卡夫特光伏浆料回收有限公司的浆料回收利用项目，每年回收利用浆料2万吨，将光伏产业链中所形成的浆料进行回收循环再利用。

借东风宣讲政策，搭平台服务企业

我区经常组织企业宣讲国家政策，引导企业用足用好政策。试点以来，累计开展活动20多次，编制政策汇编手册，引导企业按照国家政策方向开展技术改造；成立项目申报中心，积极组织企业申报环境保护和节能及循环经济项目，几年来共为区内企业争取到各项节能环保及循环经济奖励资金近亿万元。成立了开发区热电建材行业循环经济共生体沙龙民间组织，组织区内相关企业成立LED产业联盟和太阳能光伏产业联盟，促进企业之间交流合作共赢。

加强低碳引领示范，深化循环理念教育

开发区充分利用新能源产业基础优势，积极推进清洁可再生能源的使用。目前，我区建成2万盏LED路灯示范工程；在区内新建电动汽车充电站，配备1条电动客车公交线路和6辆纯电动客车；已建成50KW太阳能光伏发电站、15KW薄膜太阳能发电站和10KW风力发电站的基础上，实施“太阳能屋顶计划”，兴建了一大批光电一体化建筑，到目前为止，分布式能源发电容量已达到10MW。通过政府率先示范，不断探索循环经济发展，可持续发展的新思路、新模式、新技术，进一步推动我区新能源产业和智能电网产业的发展。

为扩大循环经济的示范带动效应，2009年10月，开发区配套建设了专门的教育展示中心“扬州智谷”。目前，“扬州智谷”已建成综合展示区、产品展示区、演示互动区。“扬州智谷”已接待全国各地和本市参观者达万余人，进一步扩大了“扬州智谷”全国示范平台效应。多位中央领导分别视察了“扬州智谷”，并给予很高的评价。

江泽民题字

热电建材循环经济沙龙

太阳能示范电站

电动汽车充电站

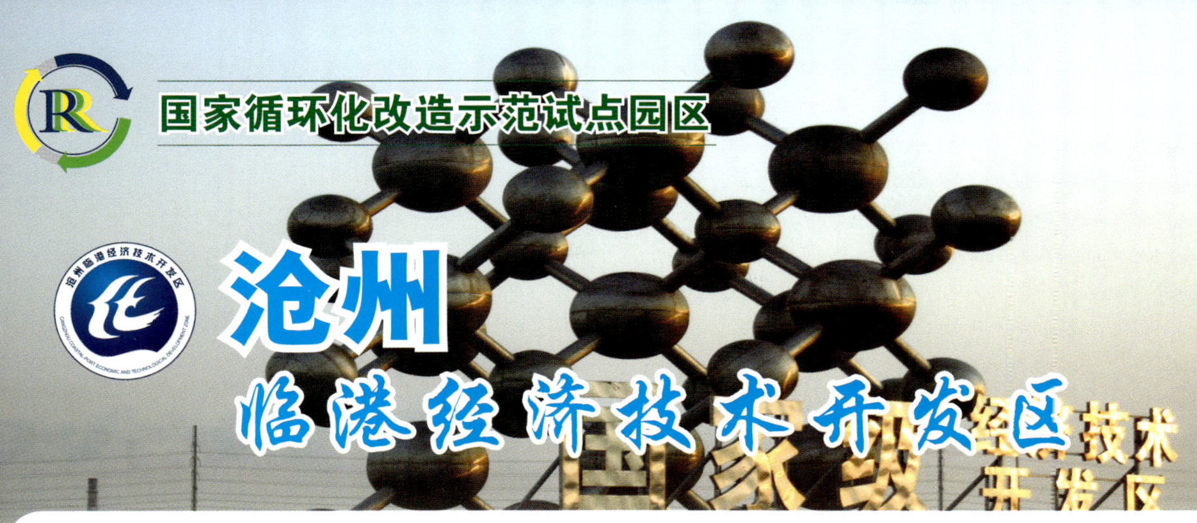

国家循环化改造示范试点园区

沧州临港经济技术开发区

沧州临港经济技术开发区位于环渤海中心地带，是国家级经济技术开发区，河北省新型工业化产业示范基地。拥有原盐、天然气、石油、煤炭、交通、人才等优势，目前基本形成以石油化工、装备制造、电力能源、现代物流产业为主的产业集群，已建成及正在建设的项目达到80多个，总投资600多亿元。聚集了法国液化空气公司、美国AP、中国化工集团、香港华润集团、冀中能源集团等一批国内外知名企业投资或参与建设的各类项目，以及与之配套的公用工程和物流专业公司。开发区建设实行产品项目一体化、公用工程一体化、物流传输一体化、环境保护一体化、管理服务一体化。

沧州临港经济技术开发区坚持以循环经济作为立区之本，是河北级循环经济示范区、国家循环化改造示范试点园区、临港开发区被评为河北省新型工业化产业示范基地，入选河北省“3255”循环经济示范区。开发区一是按照石油化工、煤化工、氯碱化工产品链的上下游关系，构建循环经济的产业链；二是建立以企业内部循环圈、开发区内部循环圈、开发区与周边地区的循环圈为主要特征的“三圈” 为主要特征的循环经济体系。河北临港化工有限公司8万吨/年三聚氯氰项目生产过程中的副产品盐，经过去杂质处理，可回收利用作为公司10万吨/年离子膜烧碱项目的原料，每年可节省原料资金2000万元，实现了企业内部良性循环。沧州大化TDI生产过程中产生的废物氯化氢，通过管道直接供给冀中能源集团的PVC作为原料使用，实现了企业间产品的有效循环利用，以市场价格计算直接经济效益5000万元。钢厂、电厂及所有化工企业的矿渣、粉煤灰等收集生产水泥、建筑砌块、电厂余热进行海水淡化后供给化工企业，浓盐水给盐场晒盐，节约大量初级晒盐蒸发池，余出大量土地搞工业建设。

沧州大化TDI生产过程中产生的废物氯化氢，通过管道直接供给冀中能源集团的PVC作为原料使用，实现了企业间产品的有效循环利用，以市场价格计算直接经济效益5000万元。钢厂、电厂及所有化工企业的矿渣、粉煤灰等收集生产水泥、建筑砌块、电厂余热进行海水淡化后供给化工企业，浓盐水给盐场晒盐，节约大量初级晒盐蒸发池，余出大量土地搞工业建设。

2012年8月，沧州临港经济技术开发区被国家发改委和财政部联合批准为国家循环化改造示范试点园区，循环化改造项目22个，总投资266亿元，项目顺利实施后，预计可实现新增产值347亿元，包括循环经济产业链链接或延伸关键项目16个，公共服务平台等基础设施项目6个， 主要涉及物料闭路循环、副产物综合利用、水分类利用、公共服务平台、信息化及监测体系等多个领域。财政部将给予资金支持，帮助临港开发区加快循环经济建设步伐。

在新一轮发展中，沧州临港经济技术开发区将紧紧把握河北省沿海地区发展上升为国家战略的历史机遇，以建设国家循环化改造示范试点园区为契机，深入落实科学发展观，以现有的环境资源条件、经济发展空间和产业发展为基础，以引进高科技、高附加值项目为重点，立足港口优势，增强开放活力，以石油化工产业为主，配套发展现代装备制造业和现代仓储物流业，重点发展新材料、节能环保等新兴战略性产业，将沧州临港经济技术开发区建设成为环境友好、资源节约、特色鲜明、集聚效应明显的现代化产业开发区。

产业聚集

河北金牛化工股份有限公司

瀛海香料绿化一角

沧州大化集团有限公司

兴隆热带花园

兴隆热带花园始建于1992年，占地约5800亩，地处海南省东南部，著名的万宁市兴隆温泉华侨旅游度假区内，紧临滨海度假胜地石梅湾。热带花园以两大旅游区为依托，在海南万宁东南部海岸线上与石梅湾、日月湾、南燕湾、神州半岛等形成了一个旅游接待的整体区域优势。

兴隆热带花园中心位于北纬18° 1’ 30”，东经110° 13’ 07”，为世界三大热带区之一的印尼——马来热带区北缘，是目前海南东线上离海岸最近的保护较完好的低海拔热带雨林区。

热带花园以植物为载体，致力于恢复本地区的生物多样性，重建并完善该地区的生态结构，使之形成良性循环的生态环境。经过近20年的坚持，在各级政府、有关部门和兴隆华侨农场的积极配合下，使园区初步呈现热带雨林原生态景观，开发创造恢复保护自然环境与园林艺术环境的事例，实现人与自然环境的完善融合，在热带雨林旅游方面摸索出人与自然和谐共存的发展道路。

兴隆热带花园作为一种企业行为，突破传统的经济模式，树立“环境主业”的全新理念，创建了一个融自然、人文、园艺、园林与环境生态保护为一体，聚科普、环保教育、健康休闲、旅游度假为一身的大型综合性景区，为保护森林、保护生态环境，做出了相当显著的贡献，开创了一种雨林旅游的新模式。

在这里可以领略热带雨林的壮丽景色（雨林日出、日落、云海、雾海等等奇妙景观），可以了解热带雨林的丰富结构，直观认识热带的花、草、树、果，感受植物形态的神奇与美。可以认识热带雨林中的生物链、能量流，了解破坏环境、毁灭物种将造成生物链断裂、能量流转换不畅，引发环境破坏的多米诺骨牌效应。通过参观游览，让每一个游客从思维和行为方式上，自觉自律地保护环境，保护生态，并将这种观念传播开来。

热带花园保护恢复热带雨林的同时，引进了大量的热带珍稀植物花卉，现有植物4000多种，其中珍稀濒危植物有65种。在这些珍稀濒危的植物中，被列入《中国植物红皮书》的有27种（如：坡垒、琼棕、矮琼棕、粘木、海南大风子、海南石梓、野山茶等），许多面临灭绝命运的植物得到迁地保护、繁殖并形成群落。

在这里，可以尽情欣赏各种珍稀植物的神秘与植物在自然界中的生存法则，欣赏人文园艺和自然的融合，观赏鸟类、昆虫及各种小动物自由自在的生态意趣。

游客还可以在园区内通过对大型水库景观、植物园区景观、橡胶园景观、果园景观、苗圃、农田、农舍等景观的游览，了解兴隆的归国华侨（兴隆地区聚居了21个国家和地区的归国华侨）与当地原住民的融合，体验本地独特的人文风情，感受多元旅游文化元素的多姿多彩。

热带花园所处的地区面临南海，冬无严寒，夏无酷暑，光照充足，雨量充沛，年平均气温为24.4℃，年降雨量高达2141.4mm，年平均相对湿度为85%，大气中负离子含量充足，空气清新。独特的地形地貌，为各种生物的繁衍生息提供了优越的自然条件，是热带生物多样性保护最有潜力的地区之一。

花园地形属于丘陵，海拔100米以下，地形多起伏变化。园内有南旺水库（面积600多亩），水面宽阔，波光潋滟，又有多处雨林沟谷，潺潺流水蜿蜒曲折，形成多类型水景和大面积湿地。

1992年，爱国华人郑文泰先生个人出资，自己规划设计，在这片既有老化橡胶园、丢荒耕地，同时又有残留沟谷雨林的土地上，开始了兴隆热带花园的建设历程。本着保护和恢复热带雨林资源，优化生态环境，促进海南旅游业可持续发展的初衷，进行热带雨林的原结构恢复和保护工作，并对许多珍稀热带雨林物种进行迁地保护。

热带花园建园初期，以封山育林、严禁砍伐、禁止狩猎等措施，保护基地内现存的自然林和各种生物，尤其是乡土树种，并铺种草皮以保持水土，促进了当地植物资源的恢复。

随后，采取在不同种群内引种的办法，对许多特有树种、珍稀濒危植物如海南苏铁、桫椤、琼棕、海南龙血树、降香檀、青皮树、长叶竹柏等进行迁地保护，移植到园内适当区位。

同时，为促进生物多样性的保护和发展，营造适合各种微生物、昆虫和动物如蝴蝶、鸟类及狐、野猪、猴等小型野生动物的繁衍生息的环境，种植了大量的蜜粉及花粉源、浆果、坚果类以及爬藤、荫生、兰科、蕨类、地衣等多种植物。

随着热带雨林的保护和恢复，热带花园的发展向着成为一个生态环境达到最优化及人与自然和谐共处的示范基地的目标迈进。园内生态环境日益改善，生物量不断增加。现在的热带花园拥有4000多个植物品种，近百万株。景区分为六个游览区，分别是：热带植物观赏区、热带雨林观赏区、生物哺育区、再造热带雨林区（名人植树区）、园艺观赏区、森林野营区。同时，热带花园还成为野生动物的保护区，各种鸟类的栖息地。

热带花园本身已是一个巨大的造氧基地，同时还坚持推广低碳旅游，减少一切可以减少的碳排量。园中全部使用节能环保的电瓶车，房屋建筑充分利用自然风和流水系统以及林荫降温，园内的灌溉系统都是尽可能依山势而建的多条自流水道。

当人们置身兴隆热带花园，会看到热带雨林遮天蔽日，珍稀植物数不胜数，蝴蝶在花丛中飞舞，鸟鸣声随处可闻，山清水秀，白云缭绕，是一个神秘而令人陶醉的地方。

园区在建设发展的过程中，得到了许多国家领导人及国外一些国家领导人、社会各界友好人士的高度关注，多次到园区视察游览并植树留念，对园区给予了高度的评价和支持。

兴隆热带花园多年来获得很多荣誉，其中包括：

1995年 全国旅游重点建设项目

1997年 海南省青少年生物知识教育基地

海南省生物多样性保护基地及青少年环境知识教育基地

2002年 中国侨联命名“科教兴国示范基地”

2003年 中国政府向联合国推荐的全球“环境500佳”评选项目

“热带雨林恢复”国家级引智推广基地

2006年 中国国际经济发展研究中心行业定点研究单位

中国亚太经济发展研究中心行业定点研究单位

中华爱国先进示范 单位

海南省文明风景旅游区

2007年 海南省诚信单位

海南省游客满意十佳旅游景点

海南省优质服务十佳示范单位

2008年 国务院侨办列入“侨爱工程项目”——侨爱热带花园

海南省环境友好型企业

游客喜爱的海南岛特色品牌景区

2010年 海南省农业厅授予休闲农业示范单位

2010年 海南省商务厅授予“海南国际旅游岛建设与发展特色旅游 十大楷模”

2011年 海南省工信厅授予“自主创新型十大知名景区”称号

行车路线：

1. 海南东线高速公路石梅湾出口下，沿兴梅大道向兴隆方向行驶，约3公里，路边有标牌。

2. 海南东线高速公路莲花出口下，沿莲兴路向兴隆方向，到兴梅大道左转向石梅湾方向行驶，约1.8公里，路边有标牌。

联系方式：

兴隆热带花园网址：www.tropicalgarden.cn

博客地址：http://blog.sina.com.cn/u/1781895922

售票处电话：0898-62571666

营销部电话：0898-62571668

办公室电话：0898-62571890

传真：0898-62571890

邮箱：tropicalgarden@sina.cn

QQ：652774953

中国石油安全环保技术研究院

中国石油安全环保技术研究院是中国石油天然气集团公司于2007年批准成立的以石油行业安全环保节能低碳领域科技开发、评价与认证服务、监测与分析服务、工程设计和承包为主业的独立法人企业，注册资本金1.52亿元。它是中国石油的直属科研机构，是中国石油的安全环保战略决策参谋部，安全环保技术研究中心、安全环保技术支持及HSE信息中心、安全环保技术服务中心。研究院总部设在北京，下设13个技术研究、技术支持、技术转化、技术服务机构，包括顺应低碳发展潮流，2011年组建的低碳经济与技术研究所。

“国家环境标准化TC207/SC4分委会秘书处”、“国家石油工业环境专业标准化工作组秘书处”、“国家油气田清洁生产标准化委员会秘书处”、“中国石油学会石油环保专业委员会秘书处”、“健康安全环境标准化直属工作组”挂靠在中国石油安全环保技术研究院。

中国石油天然气集团公司环境监测总站、环境应急监测中心、污染源在线监控中心、HSE技术中心、环境影响评价中心、劳动安全卫生预评价中心、环境工程技术中心等中石油的21个机构挂靠在中国石油安全环保技术研究院。同时还拥有16个国家甲级资质和证书。

研究院以建设“国内第一、国际一流”的石油安全环保与节能减排研究机构为发展目标，致力于为石油企业的安全发展、清洁发展、低碳发展、循环发展、节约发展、可持续发展提供全方位服务和支持。近年来，研究院发力石油石化行业低碳经济与低碳技术研究与示范，积极推进节能服务产业发展，大力推进节能和低碳技术研发、应用和推广。作为中国石油行业低碳研究领域的核心力量，中国石油安全环保院低碳研究的主要领域包括：石油行业低碳经济政策法规与标准、CCUS、节能与能效管理等技术研究与应用。

通过几年的技术攻关，形成了一批石油石化行业特色的专有节能和低碳技术，如石油企业温室气体评估、油田伴生气回收与利用、CCUS、天然气清洁重整制氢发电技术、石油生产装置节能等多项核心技术，并配套建有高水平实验平台。研究院已获得了国家能源管理体系认证，2011年列入国家节能服务公司备案名录。目前，研究院已初步建成了“培训、研究、转化、推广”一体化节能低碳服务队伍，“理念、政策、标准、技术、管理、机制”六位一体的节能低碳支持体系，形成八大优势：资质优势；国家有关技术政策、标准和规范研究的优势；机构优势；实验、检测监测、监控的设施设备优势；

技术优势；业绩优势；人才优势。

研究院紧紧围绕建设“绿色、国际、可持续”的中石油，为完成中石油节能减排考核目标做了大量富有成效的工作，同时还先后承担了国家支撑气候变化谈判重大专项中国家973项目“推动中国绿色发展的重大战略及技术问题研究—行业减排机制研究”和“碳关税、碳市场相关研究”、“中澳CO_2在油田封存与提高采收率中安全环保评估体系研究”等低碳研究项目，成功跻身于国家紧急启动的“国家支撑气候变化谈判重大专项”核心研究团队，积极支持了多哈气候大会“中国角”系列边会，主办了“中国石油低碳发展”企业日主题活动，为我国参加世界气候变化谈判提供了有效的支持和服务。

研究院在节能低碳领域的贡献得到了国家有关部门的高度认可，也积累了丰硕的成果。2012年8月，国家工信部与国家发改委联合组织对3500家节能服务公司开展了全国节能服务公司百强榜评比中，中国石油安全环保技术研究院名列全国第6位。“油田含油污泥热解处理与资源化利用技术”被评为2012中国“低碳产业自主创新高新技术”，在“中国环境报”上发布。2011年荣获了“十一五”全国石油和石化行业节能减排优秀服务单位，成为中国节能协会节能服务产业委员会常务会员单位。研究院共获得省部级及有关科技协会科技成果奖项50项，申报专利69项（其中发明专利23项），已获得授权专利29项，登记软件著作权28项。

中国石油安全环保技术研究院在低碳领域的快速发展得益于中国石油对低碳发展的高度重视。“十一五”中国石油，提出打造绿色、国际、可持续的中石油的发展理念，高度重视安全环保节能低碳工作，积极践行社会责任。在低碳领域，中国石油围绕低碳战略与标准、清洁能源开发、节能与提高能效、碳减排与资源化四大领域积极采取措施。“十一五”中国石油投资超过168亿元人民币实施节能、CO_2-EOR示范、氧化亚氮减排等工程，温室气体排放强度下降约9%。同时通过积极发展天然气产业，大力支持了国家温室气体减排工作。2011年，中国石油投入9亿多人民币设立了“低碳关键技术研究”重大科技专项，中国石油安全环保院是牵头单位。该重大专项将为“十二五”中国石油节能减排规划、绿色发展行动计划目标的实现提供技术支持。

五矿邯邢矿业有限公司

总经理 张文学

党委书记 于会斌

五矿邯邢矿业有限公司（简称“邯邢矿业”）是国内专业从事铁矿石采选业务的大型矿业公司，是中国五矿集团公司黑色矿业业务的骨干企业。公司总部位于历史文化名城、成语典故之都邯郸，业务遍布河北、山东、安徽、辽宁及非洲毛里塔尼亚等地区和国家。2011年实现营业收入47.9亿元，资产总额110亿元，员工10100多人。

邯邢矿业前身为邯邢冶金矿山管理局，于1951年7月建矿，1958年改名为邯郸冶金采矿公司，1966年3月与井巷总公司合并成立邯郸冶金矿山公司，1973年4月变更成立邯邢冶金矿山管理局，先后隶属冶金工业部、国家冶金工业局、中央企业工委、国务院国资委。2004年9月，邯邢冶金矿山管理局与中国五矿集团公司实施重组，成为中国五矿集团公司全资子公司（全民所有制企业），2010年12月24日改制为有限责任公司。

西石门铁矿远景

公司秉承开拓创新、拼搏自强的进取精神，致力于铁矿资源的开发与利用，先后建成和营运19座铁矿山、10座选矿厂，已发展成为以铁矿石采选业务为核心，集地质勘查、工程设计、井巷工程及建筑施工、矿山机械设备制造与安装、物资贸易、物流等专业配套的综合性矿业公司。至2011年底，拥有6座生产矿山、1座在建矿山、4座拟开工建设矿山，已投入试生产的安徽开发矿业750万吨/年采选项目是目前国内最大规模的地下矿山。2005年?2009年连续五年获得中国工业行业排头兵企业称号。2011年生产铁矿石783万吨、铁精矿302万吨，目前生产规模位居全国地下铁矿山前列，河北省首位。

俯瞰安徽开发矿业工业厂区

五矿邯邢矿业有限公司

近几年来，公司充分发挥技术、管理和人才优势，强力推进资源控制战略，相继开发了山东高阳、郑家坡铁矿；安徽李楼、吴集、张家夏楼、万庄、泥河铁矿；辽宁营口赵平房铁矿。同时积极实施走出去战略，与毛里塔尼亚国家矿业公司合作开发TAZADIT1铁矿。至2011年底，铁矿资源控制量达到9亿吨以上。

公司始终坚持以客户为中心，实施全面质量管理，2007年，通过了ISO9001:2000国际质量管理体系认证。主产品“邯邢牌”铁精矿，具有品位高、粒度细、有害元素含量低、全自熔等优点，荣获中国铁矿石产业十大用户满意产品和中国铁矿石产业十大著名品牌荣誉称号，畅销河北及中原地区，深受用户欢迎。

安徽开发矿业充填站

长期以来，公司持续开展技术研发与应用，不断加大科技投入，攻克了复杂富水矿床开采、难选矿石选别等一系列技术难题，掌握了难采矿体高效采矿方法、全尾砂结构流体胶结充填工艺、地压管理和控制、地下矿山安全生产管理等方法和技术，培养和造就了一大批专业技术人员，采选技术在国内居于领先地位。现有各类专业技术人员1534名，其中高级职称人员179名，享受国家政府特殊津贴的专家4名。

未来几年，公司将继续发挥人才、技术、管理等优势，努力拓展资源版图，科学开发矿产资源，朝着“国内一流、地下矿山最大的铁矿资源开发商”的目标迈进。到“十二五”末，铁矿资源控制量将达到10亿吨以上，铁矿石产能达到1900万吨/年以上，成品矿产能达到900万吨/年以上。

安徽开发矿业充填站

北洺河铁矿矿区

国家循环经济试点企业

北京市水泥有限公司

充分发挥循环经济试点效应 努力构建“两型”企业

北京水泥厂有限责任公司是国家发改委等六部委联合确立为全国第一批循环经济试点单位，2010年底被国家工信部、科技部和财政部确立为全国第一批资源节约型、环境友好型（“两型”）企业试点单位。北水年产200万吨高标号优质水泥，年处置20多万吨北京市工业废弃物，实现了传统水泥企业向环保产业的成功转型，引领水泥行业走上发展低碳经济、实践循环经济之路，为首都环境建设做出了应有的贡献。

坚持自主研发，构建循环经济示范基地。1999年，公司率先在国内开展利用水泥窑处置废弃物的技术研究和实践，实现了水泥企业向环保产业的转型。

一是自主研发出国内首套利用水泥窑处置工业废弃物的核心工艺和技术。公司借鉴欧美发达国家处置工业废弃物理论和工艺技术，开展了利用水泥回转窑处置城市工业废弃物的探索和实验，取得了初步成功。解决了国内品种繁杂的废弃物与发达国家的工业废弃物预处理技术相结合的难题。通过深入研究水泥熟料煅烧技术与工业废弃物处置技术的相容性，北水跨越了处置技术研究、预处理工艺设备创新等障碍，自主研发出国内首套具有自主知识产权的处置工业废弃物的生产线和浆渣制备焚烧系统、替代燃料制备焚烧系统、废液处置系统等八个工业废弃物预处理系统。

2011年北京水泥厂凤山矿建设国家级绿色矿山

2006年纯低温余热发电项目投入运行

目前，北水处置废弃物种类和规模均为全国最全和最大，能够处置《国家危险废物名录》中49类中的30类危险废弃物。2011年处置和综合利用各类工业废弃物20多万吨，包括近5万吨危险废弃物、10万吨污染土和6万多吨城市污水厂污泥。

2008年10月20日，时任副总理的李克强参观中国北京国际节能环保展览的金隅集团展区—图为北京水泥厂沙盘模型6156

二是发挥循环经济试点效应，打造循环经济示范基地。“十一五”期间，公司严格按照《循环经济试点方案》开展各项工作，从石灰石开采源头到水泥产品出厂终端全过程各环节创新工作，切实践行实现循环经济“减量化、再利用和资源化”的“3R”原则，全力打造循环经济示范基地。

在“提高废弃物资源综合利用水平及利用工业废弃物替代水泥生产原燃材料”的技术研究基础上，公司结合固废处置与水泥生产的特点，已成功实现了利用首钢收尘灰替代部分铁粉和石灰石，废玻璃、污染土和废白土等硅质原料替代砂岩，实现了变“废”为“宝”，成为了城市环境的“净化器”。

公司依托企业优势，积极开展节能降耗工作。在水、电、煤等资源的使用上，拥有日处理污水700立方米的污水处理场，实现了水资源的100%回收利用，而且吨水泥综合耗水量为0.189吨，处于国内先进水平；厂区建成华北地区第一座不带补燃技术的纯低温余热电站，2010年供电自给率达20%，而且全部采用高压变频技术，大大节约电能；废玻璃钢等含热值废弃物已成为了水泥生产高温环境的充足燃料。阶梯型能源利用平台，也使北水2010年被北京市应对气候变化及节能减排工作领导小组、市发改委等授予“北京市节能减排先进集体”荣誉称号。

2009年11月27日挪威环境环境与发展部大臣爱立克·索尔海姆（Mr. Erik Solheim）到北京水泥厂参观

三是低温余热发电系统经济效益显著。2006年底建成纯低温余热发电站工程项目，电站装机容量6MW，为华北地区建成的第一座纯低温余热电站，是能源梯级利用和循环经济在水泥行业的具体体现。2011年发电量4000万度左右，供电自给率达20%。

四是建设处置污水厂污泥项目，解决城市环境污染问题。2009年10月，北水建成了处置污水厂污泥工程项目。该项目日处理含水80%脱水污泥500吨（年处置污泥17万吨）。该项目主要包括三大系统，即供热系统、污泥干化及蒸发液冷凝系统、污水（冷凝废液）处理系统。该项目的实践不仅可为市政污泥无害化、减量化、资源化、稳定化处置提供了一个安全的模式，较好地解决北京市当前生活污泥亟待处理的难题。

2011年实施的废玻璃钢燃料替代项目

五是履行企业社会责任，服务首都发展。公司始终坚持“履行企业社会责任，发展特色环保产业，实现水泥生产与环保产业顺利对接”的发展理念，承担了如地铁五号线宋家庄段污染土的安全处置、八达岭高速公路焦油泄露事故处置等数项城市公共突发事件，协助北京市公安局、海关、药监局等部门多次销毁查获物品，得到了社会、政府的认可与支持。

东营经济技术开发区

东营经济技术开发区成立于1992年，2010年3月21日由省级经济开发区升级为国家级经济技术开发区，是全省“科学发展示范园区”、“循环经济示范园区”和“新能源高技术产业基地”，被列入全省唯一一家国家级循环化改造示范试点园区，目前正在创建国家级生态工业示范园区。全区规划控制面积417平方公里，已完成配套面积55平方公里；引进建设过亿元项目258个，完成投资1117亿元。按照市委、市政府提出的“建设全市经济发展的重要增长极、高新技术产业的主要集聚地、现代服务业发展的先行区和生态文明典范城市的新标志”的定位要求，开发区确立了“产业发展集群化、产城融合一体化、城市功能高端化”的发展思路，深入实施转型升级工程，做大做强第二产业，做高做优第三产业，加快现代化生态化新城区建设，着力打造一流的国家级开发区。

开发区高度重视循环经济发展，积极构建循环经济产业链，深入实施一批循环经济项目，构建了电子信息、新材料、汽车及零部件、新能源、石油装备、有色金属压延及深加工等六大产业，并及时根据经济形势的变化，按照产业补链技术选择，大力开展招商引资工作，循环经济补链企业、项目大为增加，如有色金属行业，在方圆公司原有20万吨/年阴极铜项目的基础上，上游增加了鲁方公司150万吨/年多金属矿冶炼项目，下游产业中增加了天圆铜业铜线杆、铜板带项目，亨圆铜业高精板材项目，有色金属产业形成完整的循环经济产业体系。盐化工行业，在全区

吉奥整车性能检测线

天信新能源生产车间

130万吨离子膜烧碱规模基础上，上游增加盐矿项目，下游增加了34万吨双氧水项目及苯胺、甲烷氯化物、环氧氯丙烷等氯气、氢气综合利用项目。2012年，六大主导产业产值占全区规模以上工业总产值的 87.88%，产业体系得到进一步整合和优化。

开发区建立健全了组织管理机构，出台了《东营经济技术开发区园区循环化改造专项资金管理办法》，建立了园区监管中心，完善了公共服务设施建立循环化改造的统计评价和考核制度，建立并完善了相关的政策制度，在园区、行业、企业等三个层面建立起了较为完善的循环经济产业体系，有色金属、盐化工、石油装备制造等行业循环经济体系特征已较为明显，汽车及零部件制造、电子信息、新能源等行业循环经济产业链已初步形成，废渣、废气、农林废弃物等资源综合利用效果明显，全区循环经济建设取得了显著的成效。2012年10月，开发区被列为国家园区循环化改造示范试点园区名单，可申请专项资金支持的园区循环化改造项目共17个。获得启动补助资金2000万元。项目计划总投资209140万元，到2013年，预计新增工业增加值93733万元；到2015年预计新增工业增加值122028万元。可减排COD 9996吨、节约标煤6.55万吨标煤。

华泰化工离子膜车间

天圆铜业铜排生产线

科达半导体晶圆后道车间

高原公司皮带抽油机

发展循环经济，做绿色化工的倡导者和实践者

——滨化集团循环经济一体化产业模式综述

董事长党委书记 张忠正

滨化集团始建于1968年，1970年建成投产，历经四十多年艰苦奋斗和创新突破，迄今已发展成为主业突出、产业链完整的综合型化工企业集团，产业涵盖石油化工、精细化工、氯碱、炼油、热电、口岸仓储、文化传媒、金融等领域，拥有良好的油品、沥青、化工产品、环保化学品、油田化学品及工业助剂系列产品格局。

多年来，集团秉承全面、协调、可持续发展的理念，立足雄厚的资源优势，创造了世界领先的工艺装备和独有的核心技术，塑造了高素质的人才梯队，建立起了以“资源合理开发、产品精深加工和能源综合利用”为特色的绿色循环经济一体化运营模式。2012年，集团实现营业收入342亿元，利润11亿元，利税35亿元，实现了企业发展和社会责任的双赢。集团化工板块滨化集团股份有限公司(简称滨化股份，601678 SH)注册资本6.6亿元，是我国最大的三氯乙烯及油田助剂供应商和重要的环氧丙烷、烧碱产品生产商，公司拥有良好的环氧丙烷、三氯乙烯、油田助剂和烧碱四大主营业务格局及独具特色的循环经济一体化的产业链，在业内享有良好的知名度和美誉度，产品现已覆盖全国三十一个省、市、自治区，并远销亚、美、欧、非等全球四十多个国家和地区。2010年2月，滨化股份正式在上交所挂牌上市，为公司今后的资源配置、产业整合和资本运作及后续发展奠定了良好基础。

作为山东省循环经济试点单位，滨化确立了“主业做优做强，产品向差异化发展，工艺向循环经济发展”的发展战略，积极调整产品结构，转变发展方式，努力打造一体化循环经济产业链，向绿色低碳转型。2008年，滨化股份投资20亿元建成了东瑞化工项目，整个项目以资源的高效利用和循环利用为核心，生产链条实现内部循环，使全部生产过程中产生的主要气态、液态、固态废弃物经过回收供给上下游工序进行循环利用，形成了具有循环经济特色的氯碱产业链：

从原盐进厂开始，以氯碱为龙头，所产氯气用于生产三氯乙烯和环氧丙烷，三氯乙烯装置副产HCL用于生产VCM， VCM装置副产的电石泥经过回收处理用作环氧丙

2010年2月23日，滨化股份成功上市

滨化集团循环经济一体化示意图

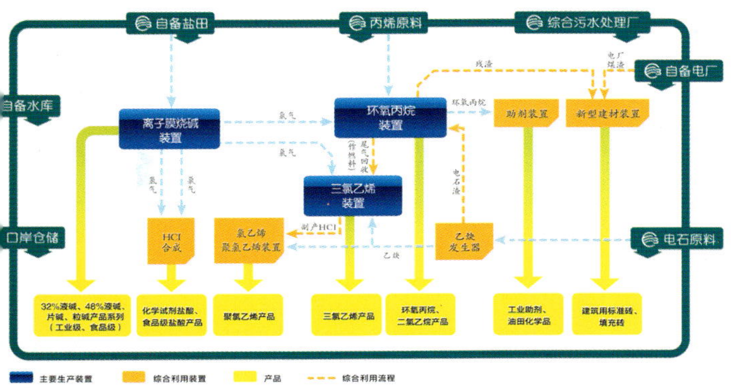

烷生产的皂化剂，将环氧丙烷生产中的反应尾气进行回收液化作为燃料气回收利用，环氧丙烷生产中产生的废渣与热力公司的废渣（粉煤灰、炉渣）综合利用制建筑标准砖，用以替代国家限制生产的粘土砖，形成了良好的经济效益和社会效益，在实现了清洁生产的同时也大大降低了成本，增强了市场竞争力，自投运以来，整个项目独有的循环经济一体化优势得到充分发挥，已成为滨化新的经济增长点，循环经济规模效益凸显。2010年9月，被山东省经信委授予“山东省循环经济示范单位”称号。

“十二五”期间，滨化紧紧依托特有的循环经济一体化产业链，确定了以“调整原料结构、产品结构，加快产业提升，大力发展精细化工和化工新材料”的“十二五”总体发展方向。2012年，公司投资35亿元启动实施了化工分公司整体搬迁及综合技术改造项目，对位于老城区的化工分公司实施“退城进园”入驻滨州市城东高科技化工项目集中区，在园区内科学规划、合理分区，以开发国际最先进的新型绿色环保制冷剂、节能新材料、新型工程材料为目标，建设“以开发国际最先进的新型绿色环保化学品为核心、上下游产业一体化、原料减量化、废物再利用和资源化”的绿色化工循环经济示范园区。通过实施“退城进园”迁建改造项目，实现滨化“三个转变”：一是从基础化工原料和产品生产向发展高端新型化工产品转变，二是从初级产品向差异化和精细化产品转变，三是从单纯治理污染达标排放向资源化再利用的循环经济转变，实现新型循环经济一体化发展模式。目前，整个项目进展顺利，预计2014年底全部建成并投产，届时将形成具滨化特色的管理先进、技术一流、资源节约、环境友好、系统网化的循环经济产业示范区，为今后滨化又好又快发展开辟了广阔空间和发展平台，同时，对于加快企业转型升级，推进结构调整，拓展企业发展空间，推动企业“十二五”科学发展实现新跨越也都具有重要意义。

当前，滨化集团正按照“十二五”发展规划要求，抢抓黄河三角洲高效生态经济区和山东半岛蓝色经济区建设的重大历史机遇，坚持走绿色可持续发展之路，依托循环经济一体化产业链，进一步发挥公司在资源、技术、管理、循环经济一体化等方面的优势，加快转变发展方式，实施可持续发展战略，实现科学发展，积极调整原料结构、产品结构，实施产业提升，大力发展精细化工和化工新材料，以行业领跑者的姿态和信念致力于打造“科技创新、资本运作、企业文化”三个平台，对员工负责，对股东负责，对社会负责，实现生态效益、社会效益和经济效益良性循环，为中国的化工事业做出更大贡献！

中国环氧丙烷行业首家具有自主知识产权的PO专利技术

神华准格尔能源有限责任公司

向建设具有核心竞争力的世界一流煤炭综合开发利用能源企业进军

公司董事长党委书记　张维世

神华准格尔能源有限责任公司是集煤炭开采、坑口发电、铁路运输及粉煤灰提取氧化铝为一体的大型综合能源企业，是中央企业神华集团有限责任公司的控股子公司。公司拥有年生产能力2500万吨的黑岱沟露天煤矿和年生产能力2000万吨的哈尔乌素露天煤矿及配套的选煤厂；装机总容量116万千瓦的发电厂；正线全长264公里、年运输能力7600万吨的大（同）—准（格尔）电气化铁路专用线。截止2012年底，公司累计生产商品煤3.85亿吨，铁路运输5.6亿吨，发电336.9亿度，创造利润总额235.3亿，缴纳税费154.53亿元。

一、依靠科技保障安全，安全生产形势稳定

准能公司推行安全风险预控管理体系，近年来累计投入科研资金2.1亿元，大力开展露天采矿安全生产科学技术的研究与应用，取得科研成果62项，获得国家级、行业级、市级科技进步奖4项，开展科技创新项目10项，申报专利66项，获得神华集团“三小”成果奖230项。

二、以建设“七彩准能”为引领，掀起第三次创业高潮

纵观准能公司36年的发展历程，每一阶段都有鲜明的特征，具体的标志。第一次创业，从1976年到2000年，历时25年，完成了准格尔项目一期工程的论证、筹备、开发和建设，建立了公司各项规章制度，形成了经营管理体系。

三、加大环境保护投入，树立良好社会形象

作为能源企业，准能公司深知环境保护对实现可持续发展的重要意义。多年来，公司坚持走“绿色开采、低碳高效、综合利用、和谐共赢”的可持续发展的新型工业化道路，先后投入25.09亿元资金用于环境保护、土地复垦和生态重建。两大露天煤矿采用先进的采煤工艺，煤炭资源回采率达到98.73%，在同一每天范围内回采率比大型井工矿高出30%以上。选煤厂选矿回收率达到92%以上，高于设计5个百分点。特别是利用粉煤灰提取氧化铝的循环经济产业项目的研发实施，将实现煤炭销售到哪里、循环经济延伸到哪里。通过优化方案、科学组织、严格管理、降低能耗等措施，“十一五”期间，准能公司共节约标准煤5.11万吨，超额完成国家下达的任务指标，成功走出一条人与自然和谐共处、煤炭开采与生态保护同步、节能减排与环境再造并行的发展之路。同时，公司在做大做强企业的同时，积极履行社会责任，大力支持地方基础设施建设，将投入2.4亿元

艰苦奋斗 开拓务实 追求卓越

神华准格尔能源有限责任公司

准能黑岱沟露天矿电铲作业现场

小沙湾取水

的公用事业资产无偿移交地方政府；累计投入资金30亿元治理地下火区，改善当地居民居住条件。

从2011年开始，公司在林业复垦为主的基础上，提出发展生态农牧业的思路，规划在已完成复垦的六个排土场，建设集生态设施农业、农业种植基地、现代畜牧养殖、生态景观防护林、农业观光、农业科普展示为一体，融合国内外生态农业先进发展理念，具有鲜明煤炭矿区特色，具有一定辐射力和一定规模的生态农业产业化示范基地，让绿色准能向生态准能转型。

未来，在神华集团的统一部署下，准能公司将努力通过打造准格尔矿区亿吨级煤炭基地、建立循环经济工业园区、形成以大准铁路为核心的运输网络，全力推进矿区生态建设，进一步拓展煤电路一体化格局，进而形成煤炭开采、循环经济、铁路运输以及生态建设一体化得区域经济模式，做好七彩准能事业，在行业内率先走出一条更加安全、更加高效、更加环保、更加科学、更加合理的可持续工业化发展道路，为早日建成具有核心竞争力的世界一流煤炭综合开发利用能源企业而努力奋斗！

准能选煤厂洗煤水闭路循环系统——沉淀池

湖南永兴“无矿开采”的“中国银都”

湖南省永兴县回收提炼金、银、钯等稀贵金属已有300余年的历史。近年来，永兴县大力发展综合利用、高效利用、循环利用为主要特征的稀贵金属再生利用产业，形成了以其为核心的独特的“零资源”循环经济发展模式，推动了县域经济又好又快发展，成为了享誉中外的“中国银都”，并列为国家循环经济试点单位、国家城市矿产示范基地以及国家稀贵金属再生利用产业化基地。2012年，永兴从“三废”中回收生产白银2180吨、黄金6.8吨、铋5500吨、铂金3.5吨、钯2.1吨、硒260吨，其他有色金属16.8万吨，实现产值230亿元，税收4.5亿元，出口创汇2.3亿美元。

通过几年国家循环经济试点工作的推进，永兴在稀贵金属再生利用领域的优势更加明显。主要特点和优势有以下几点：

（一）为国家储备了大量战略矿产资源。永兴县已经成为了我国有色金属“三废”的主要处理基地和稀贵金属的生产基地，白银产量已经连续十年保持全国第一，铂族金属、铋、碲产量全国第一，铟、锑、硒、镍的产量据全国前列。近10年来，永兴从“三废”和“城市矿产”中回收提炼白银18000吨、黄金53吨、铟450吨、铋25000吨、铂族金属30吨，其它有色金属120余万吨。和原矿开采比较，相当减少2亿吨以上的原矿开采量，从而为国家节约了大量的矿产资源。

（二）为国家环保和节能减排做出重大贡献。永兴境内没有任何含金银的有色金属矿产资源，每年处理有色金属工业“三废”和“城市矿产”上百万吨，变废为宝，为全国的大环保做出巨大贡献，是典型的利废环保产业，每年从“三废”中提炼稀贵金属和有色金属过15万吨，相比从原矿中提取等量金属量减少废渣排放千万吨以上、减少二氧化硫排放1.5万吨以上，同时可节约标煤90万吨、节水5263万吨。

（三）具备了业内领先的回收技术和完备的产业体系。通过引导企业与大专院校、科研院所和国有大中型企业进行技术合作，实现了传统冶炼技术、精深加工技术、环保工艺水平的提质升级，稀贵金属综合回收部分工艺代表了国内甚至国际先进水平，能综合回收金、银、钯、铋、硒、锑、铂、钌、铟、铑、镍20余种稀贵有色金属，综合回收率处于国内领先实施地位；开发了高纯银、银基触点材料、超细银粉、饰品工艺银、铋钯等深加工产品16个，形成了较完备的产业体系。

（四）培育了一个竞争力强大的稀贵金属产业集群。常年在全国各地收集“三废”原料的业务人员3万余人，有年销售收入过亿元的69家，年销售收入过10亿元的2家，税收过1000万元的12家，已形成一个在国内外较有影响力、产值过200亿元的稀贵金属产业集群。目前正在加大企业整合力度，力求2015年128家企业整合成30家集团式、股份式的现代企业，实现工业总产值400亿。

（五）形成了较完备和先进的环境保护体系。“三废”治理项目建设成效显著。在循环经济试点工作的推进下，投资1000万元在太和循环经济项目区建成湖南省第一个园区废气集中处理站，投资2000万元建设了太和、洞口、黄泥等项目区的污水集中处理站；投资2500万建设了太和、洞口、黄泥、柏林、塘门口渣场，投资1.6亿元建设了全县固体废物终极无害化处理中心，以终极废渣为原料生产微晶板材，投资6000万元建设了的高浓度废水处理中心。是完成了三个层次环评，即总体规划的环评、园区的环评、企业的环评。

元泰公司生产线

微晶板材生产线

鑫裕公司湿法车间

加工生产的标1#白银

尾气处理系统

元泰废水处理设施

中国华能集团清洁能源技术研究院有限公司

CHINA HUANENG CLEAN ENERGY RESEARCH INSTITUTE

中国华能集团清洁能源技术研究院有限公司（简称“清能”）是中国华能集团公司所属的清洁能源前沿技术研发机构。能院是“煤基清洁能源国家重点实验室”、“国家能源煤清洁碳发电技术研发（实验）中心”和“国家能源水能高效利用与坝安全技术研发中心”的主要依托单位。清能院是首批入驻北“未来科技城”的央企科研机构，具备国际一流的科研硬件设和人文环境。

清能院主要从事煤基清洁发电和转化、可再生能源发电和污物及温室气体减排等领域的技术研发、技术转让、技术服务、关设备研制和工程实施等，拥有一支长期从事清洁能源发电技术的发团队，实力雄厚，技术过硬，拥有先进的实验室和中试基地。发方向包括可再生能源发电、近零排放燃煤发电、煤气化及煤基洁转化、二氧化碳捕集、利用和封存、大型循环流化床锅炉、低煤利用、发电新材料、能源系统设计优化等技术领域。

温室气体减排技术部是华能清能院从事CO_2等温室气体减排术研究开发的专业部门，拥有一批设施齐备、功能先进的基础验设施，承担并负责管理二氧化碳捕集与处理北京市重点实验及华能上海电气温室气体减排研究中心的研究任务。

温室气体减排技术部的主要目标是研发并示范经济高效的二化碳捕集、利用与封存的关键技术。下设捕集工艺与设备研究、吸收剂技术研究所和封存与利用部，部门主要开展常规电站燃产物中二氧化碳捕集与处理技术及装备研发、二氧化碳捕集吸收剂开发、二氧化碳减排新技术、二氧化碳利用和封存技术、技术询与技术服务、发电公司碳平衡技术及低碳经济研究等。

温室气体减排部通过多年研究开发，先后自主建成投产了我第一套——华能北京3000～5000吨/年二氧化碳捕集试验示范装和目前世界上最大的燃煤电厂二氧化碳捕集装置——华能上海万吨/年二氧化碳捕集示范装置，性能达到国际领先水平，取得了良好的经济效益和社会效益。获得中国电力科学技术奖、国家能源科技进步奖等省部级一等奖3项。

温室气体减排技术部的核心技术主要有：

● **CO_2捕集与处理工艺与设备技术**：

研究开发与示范燃煤电厂及工业锅炉CO_2捕集与处理工艺与设备技术，形成具有自主知识产权的关键技术与设备。

● **CO_2捕集吸收剂研发**：

针对燃煤电厂烟气特点，研究开发燃煤电厂二氧化碳吸收溶剂，降低二氧化碳捕集的能耗和溶剂消耗，形成具有自主知识产权的二氧化碳吸收溶剂。

● **CO_2捕集与处理控制及系统集成技术**：

研发燃煤电厂CO_2捕集与处理系统的控制技术，开展捕集系统与电厂系统的集成技术研究。

● **CO_2利用与封存技术**：

研发与示范二氧化碳资源化利用与地址封存技术，掌握二氧化碳驱油、驱煤层气、合成高分子材料等技术的设计能力；掌握二氧化碳运输技术、二氧化碳地质封存技术。

● **碳经济及政策研究**：

研究不同低碳技术的碳减排贡献程度，进行新开发的温室气体减排技术以及能源行业其它先进技术碳减排的经济评估，跟踪研究国内外低碳相关政策。

近年来，温室气体减排技术部负责承担了多项国家科技项目和集团科技项目。积极参加国际合作和交流，与美国电力公司（AEP）、美国杜克能源公司（Duke）、美国PowerSpan公司、意大利国家电力公司(ENEL)、澳大利亚联邦科学与工业研究组织（CSIRO）等能源公司和科研机构建立了长期的战略合作关系。

地址：北京市海淀区知春路甲48号盈都大厦A座22～23层

电话：13991222183

传真：010—58733800

山东方圆有色金属集团公司

山东方圆有色金属集团公司是一家集多金属矿处理，阴极铜生产，废旧金属回收利用，金、银、硒、锑、铋等稀贵金属综合提取为一体的大型集团化企业。现有总资产150亿元，是山东省百强企业，全国500强企业。2012年年产阴极铜35.86万吨，黄金16.2吨，白银360.3吨，实现销售收入510亿元、利税31.5亿元、进口额30亿美元。

公司是国家重有色金属质量监督检验中心高新技术创新基地、北京现代循环经济研究院研究基地、山东省循环经济示范企业、山东省资源再生利用示范企业、省级清洁生产优秀企业，并建有山东省企业技术中心和山东省有价贵金属分离与综合利用工程技术研究中心。主要产品"鲁方"牌高纯阴极铜荣获中国驰名商标、"全国有色金属产品实物质量认证金杯奖"、山东省名牌产品等荣誉。公司于2011年5月通过国家发改委批复获得亚洲开发银行5400万美元贷款，用于企业节能减排项目建设。

方圆集团公司作为东营市有色金属产业的领军企业，带动了东营地区诸如天圆铜业、亨圆铜业、圣圆铜业、金玺铜业等有色金属企业的建立及发展，培养了铜的产业集群，实现了铜的产业化、集群化发展，形成了一个以方圆集团为龙头，铜冶炼、深加工以及废铜回收拆解为一体的完整产业链，大大提高了东营有色金属产业的整体实力和核心竞争力，使有色金属产业成为东营市乃至山东省的重要产业。

公司组合了国内一流的技术人才，成立了省级企业技术中心和省级工程中心，形成了产、学、研一体的技术开发体系。先后完成了精炼余热利用、电解液自动净化、母板的钛板替代、换热器的升级换代、直流电控制系统的研发应用等先进技改项目，完成了生产工艺的全面升级。

公司与中国恩菲工程技术有限公司联合开发的"氧气底吹熔炼多金属捕集技术"，是我国完全自主知识产权

余热锅炉——烟气余热回收利用

余热发电——烟气余热回收利用

制酸生产线——烟气回收利用

的新一代熔池熔炼技术，该技术工艺具有可处理低品位、多金属复杂矿、伴生矿等原料，能实现自热熔炼能耗低、环保条件好等特点，整体技术达到国际先进水平，列入国家科技支撑计划，是国务院督导的十七项重大科技项目之一，被国家工信部列入《有色金属工业“十二五”发展规划》作为重点技术进行推广。

近几年来，公司不进行了5次大规模技术改造，实现了“原生铜与再生铜共生产”的发展模式。靠自主创新有效推动了经济结构调整和经济增长方式的转变，使公司步入可持续发展轨道。在推进清洁生产，提高资源综合利用率、降低单位产品能源、水资源和主要原材料消耗、减少工业“三废”的排放和提高资源利用率等方面均有了很大的改进。

阴极铜出槽

原生铜资源利用——利用“氧气底吹熔炼多金属捕集技术”这一第四代熔池强化熔炼技术，相比国外“闪速、艾萨、澳斯麦特、诺兰达、特尼恩特、三菱及双闪”等先进技术，在处理低品位、难处理、共伴生等多金属矿具有无可比拟的优势，即可处理高品位的优质矿料，又可处理垃圾矿料，原料适应性特别强，从而解决了原料供应这一难题。并且已实现无碳自热熔炼，节能环保。目前集团公司余热发电量2000万KWh，铜的回收率达到98.7%、稀贵金属的回收率达到96.5%以上。

再生铜资源利用——利用独有的富氧熔池熔炼工艺处理废杂铜，不仅解决了环境污染问题，而且为废旧有色金属的处理找到了一条新的出路，具有极大的社会、经济和环保效益。目前公司再生铜利用量达到20万吨/年。

能源、水资源和主要原材料消耗——电解车间电解槽“地膜覆盖”新技术的实施，节约蒸汽30%；自主改造的余热利用系统，创出节能最省、环保最好、投资最少等5个技术指标的同行业之最。2012年共累积完成并成功实施的各类技术革新改造项目达120多项。目前，我公司吨阴极铜综合能耗120kgce（阳极铜、杂铜—阴极铜），吨阳极铜综合能耗280 kgce（矿—阳极铜），各项指标创下了全国同行业最好水平。生产过程中的二次能源也得到了回收利用，水的重复利用率达到97%以上，渣料综合利用率达100%。

清洁生产及“三废”利用——废渣处理，实现铜渣的综合利用，回收其中有价金属，剩余尾矿外售，无外排，废渣综合回收利用率达100%。生产废水经污酸污水系统实现零排放。废气经制酸系统回收制酸后进一步处理后排放，其二氧化硫排放浓度＜180mg/m³。

建设目标

“十二五”期间，方圆集团公司将努力探索并不断完善再生铜与原生铜共同发展的模式，建设再生铜的生产基地；完善循环经济产业模式；持续推行清洁生产及节能降耗工作，实现绿色高效精炼。坚持开发节约并重、节约优先，按照减量化、再利用、资源化的原则，加强资源综合利用，完善再生资源回收利用体系，全面推行清洁生产，形成低投入、低消耗、低 排放和高效率的节约型增长方式。积极开发和推广资源节约、替代和循环利用技术，加快企业节能降耗的技术改造，对消耗高、污染重、技术落后的工艺和产品强制淘汰。力争到2015年实现销售收入800亿元，力争突破1000亿元。

高纯阴极铜

鲁方牌银锭

阳极板

液态冰铜

北京市琉璃河水泥有限公司

北京市琉璃河水泥有限公司始建于1939年，隶属于北京金隅集团（股份）公司，是全国建材大型一类企业，北京市10家首批循环经济试点企业之一，“十一五”全国建材行业“靠新出强”优秀企业，北京市企业技术中心。公司认真贯彻落实科学发展观，坚持水泥主业、循环经济和环保产业、技术服务产业“三业并举、整体推进”的发展战略，靠新出强，着力提高自主创新能力。坚持“塑卓越品质，铸百年伟业”的质量方针，真诚服务用户，履行企业社会职责，做“政府好帮手、城市净化器”，成为“资源节约型、生态友好型”企业。有获国家发明专利、中国专利优秀奖和北京市科学技术奖三等奖的创新型纯低温余热发电技术和获国家发明专利的城市污泥增钙热干化处置技术。公司积极消纳火力发电厂粉煤灰、脱硫石膏、矿山石灰石废石、砂岩废渣、钢铁企业冶炼废渣、水渣、铁矿废渣，处置化工企业污染土等多种形态和种类的废弃物，年处置量在110万吨以上。

纯低温余热发电机

飞灰工业化处置示范线压滤机

利用水泥窑共处置垃圾焚烧飞灰技术填补了国内飞灰处置领域的空白，标志着我国在飞灰处置领域达到了国际领先水平。

2005年承担北京市“垃圾焚烧飞灰资源化”重大研发课题，并进行前期调研。

2009年建设飞灰水洗中试线，9月22日通过北京市科委验收。

2010年7月召开“利用水泥窑共处置垃圾焚烧飞灰选址专家论证会”。

2010年5月申请“一种水泥窑协同处置生活垃圾焚烧飞灰的方法”发明专利。

2010年12月获得中国建筑材料联合会颁发的“利用水泥窑共处置垃圾焚烧飞灰工程化关键技术研究”科学技术成果鉴定书。

2011年1月，申请“一种从垃圾焚烧飞灰中提取钾钠盐的系统和方法”发明专利，10月12日获得该发明专利。

2011年获得海峡两岸职工创新成果金奖。

2012年2月开工建设飞灰工业化处置示范线。

2012年2月，由中国建筑材料联合会和中国机冶建材工会全国委员会共同组织的《2011年度“华新杯”全国建材行业技术革新奖》评审中，荣获技术开发类“利用水泥窑协同处置垃圾焚烧飞灰工程化关键技术研究一等奖”。

2012年3月，获得“一种水泥窑协同处置生活垃圾焚烧飞灰的方法”发明专利。

2012年6月，国内首条飞灰工业化处置示范线，成功带料负荷联动试车，标志着该示范线全线贯通。

2012年11月6日的竣工典礼上，国家发改委副主任解振华，北京市政府副秘书长马林，国家发改委环资司司长何炳光，北京市国资委党委书记、主任周毓秋，中国建材联合会名誉会长张人为等领导参加庆典仪式，并参观了飞灰工业化处置示范线。

真正节能专家

1752万 吨/年
减排CO2

2510MW
——余压余热发电总装机容量——
（截止2012年底）

669万 吨/年
节约标煤
180亿 千瓦时/年
发电量

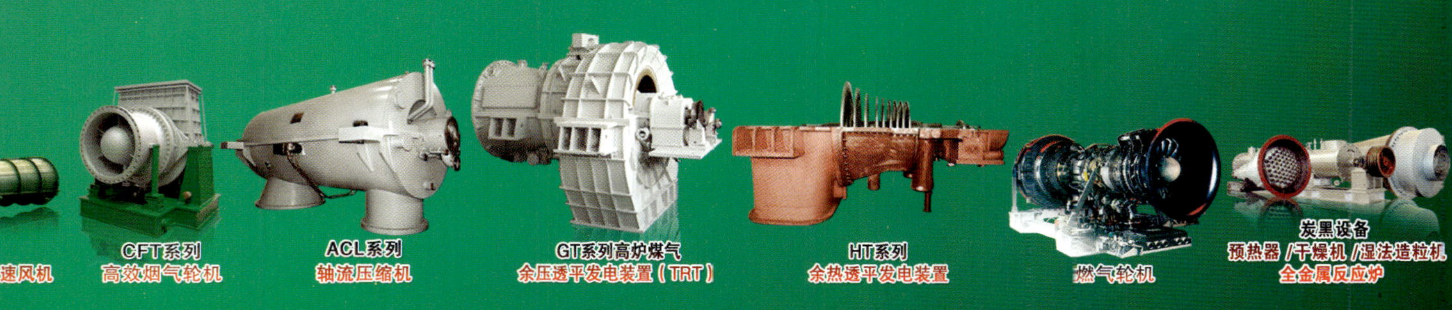
CFT系列
高效烟气轮机
ACL系列
轴流压缩机
GT系列高炉煤气
余压透平发电装置（TRT）
HT系列
余热透平发电装置
燃气轮机
炭黑设备
预热器/干燥机/湿法造粒机
全金属反应炉

大周国家“城市矿产”示范基地

省发改委徐跃峰处长

长葛市委书记史本林视察工作

长葛市政府市长刘胜利指导工作

河南大周再生金属回收加工区位于中原之中，长葛市大周镇西南部，规划面积4.73平方公里，已建成面积3平方公里。区内各类经济实体1000余家，规模以上企业47家。是国家“城市矿产”示范基地、第二批循环经济试点单位、河南省重点产业集群，许昌市十大产业集聚区之一。

2011年，加工区完成主营业务收入320亿元，较上年增长39%，完成固定资产投资30亿元，较上年增长50%，上缴税金近4亿元，累计引进项目8个，引进资金41亿元。共新上、续建项目30个，总投资42亿元，已累计完成投资35亿元。

加工区分为再生不锈钢产业园、再生铝产业园、再生铜产业园、再生镁合金产业园、其他再生金属产业园、葛天再生金属交易市场六个专业园区。区内形成“三纵四横”道路网，通讯、电力、供排水、天然气、污水处理、固废处理、研发中心等基础设施齐全，服务功能完善。

园区以废旧金属的回收、加工、销售为主导产业，已形成再生铝、再生铜、再生不锈钢三大产业基地，是江北最大的再生金属集散地，年回收废旧金属近200万吨，再生各类金属160万吨，其中再生不锈钢80万吨，再生铝60万吨，再生铜10万吨，其它金属10万吨。拥有青山金汇不锈钢、金阳铝业、柯威尔镁业等一批在行业内具有较高知名度的龙头加工企业。形成了废旧金属“回收——分拣——拆解——加工——销售”较为的完整产业链条。

The renewable metal recycling and processing area of Dazhou town, Henan province

大周再生金属回收加工区前身为长葛市大周镇有色金属循环经济产业园，2007年12月，加工区成为国家第二批循环经济试点单位。2009年，根据省政府统一安排，开展创建省级产业集聚区工作，规划了11.62平方公里的长葛市大周产业集聚区。2010年5月，开始国家“城市矿产”示范基地申报工作，2011年9月，通过国家发改委、财政部的专家评审，被确定为国家第二批“城市矿产”示范基地。

管委会按照“网络健全高效、市场规范集中、资源整合节约、技术先进适用、产业集聚发展”的思路，以管理创新和技术创新为动力，加快信息化建设步伐，提升再生金属产业水平，围绕再生金属主导产业，完善回收网络、健全交易市场、整合区内企业，推进再生金属产业规范化、集约化、高效化、清洁化发展。管委会严格按照“三规一评”开展工作，出台了《加强区内企业、项目管理的若干规定》。规定入驻集聚区内项目投资规模不低于1亿元，固定资产投资强度必须达180万元/亩以上；鼓励企业建设多层标准厂房。综合运用土地、规划、环保、项目准入等手段，严把入驻审核关，杜绝高能耗、重污染、低水平项目进入，在区内建设的项目均按照“三同时”要求施工。

按照国务院支持中原经济区建设指导意见的要求，在尊重群众意愿的基础上，按照先拆后建的思路，加快中心镇区改造和新型社区建设步伐，实现工业化、城镇化、农业现代化“三化”协调发展。稳定农业生产，实现耕地占补平衡，加快新型城镇化步伐，外来务工人员和拆迁村庄农民向城镇有序转移，为示范基地建设腾出发展空间，打造优美的居住休闲环境，实现产城融合。

“十二五”末，大周再生金属回收加工区将建成“以健全完善的公用设施为基础，以集中、统一、规范的再生金属市场为依托，以不锈钢、铝、铜再利用和深加工为主的循环经济产业体系”。一个在全国循环经济领域具有良好示范作用，现代化的城市矿产示范基地将会崛起在中原大地。

葛天市场沙盘2

示范基地展厅

张矿宣东二号煤矿
开拓瓦斯利用的循环经济之路

河北冀中能源张矿集团宣东二号煤矿是国家控股的煤炭生产企业。近几年来，宣东矿以建设中澳安全健康示范矿井为主线，以夯实安全质量标准化为基础，以安全高效矿井建设为重点，以提高经济效益为中心，以先进企业文化为支撑，加快发展循环经济，实现了政治文明、精神文明、物质文明建设和建设资源节约型和环境友好型企业的同步良性发展。企业先后荣获张家口市文明单位、全国煤炭行业级安全高效矿井、全国煤炭行业文明矿、冀中能源企业文化建设示范单位、先进基层党组织等多项殊荣。

随着矿井开采区域的不断扩大，冀中能源张矿集团宣东二号煤矿的瓦斯涌出量逐年上升，每日有2.46万立方米的瓦斯气直接向空中排放，严重污染了环境，并造成自然资源的浪费。张矿集团二矿自2005年就积极谋划建设瓦斯电厂，规划矿井循环，探索"煤与瓦斯共采、治理与利用并重，煤、气、电一体化发展"的循环经济发展新路子。宣东瓦斯热电有限公司2008年7月瓦斯电站并入国家电网上网运行，开创了瓦斯发电并入国家电网上网商业运行的先例，对全国瓦斯发电项目的推广起到了积极作用。目前，根据宣东二矿年利用瓦斯纯量2000万立方米，节约原煤1.4万吨，折合人民币约800万元。每年可减排二氧化碳约23万吨。

2010年，张矿集团与山东胜利油田胜利动力机械集团有限公司合作开展了矿井乏风处理项目。项目分两期进行，一期工程设计安装2台乏风处理设备，利用汽轮发电机进行发电和出售CERs（碳减排量）；二期计划安装9台乏风处理设备，处理乏风中的瓦斯，出售CERs。2012年10月，宣东二矿宣东瓦斯热电有限公司项目通过了由联合国CDM项目国际组织核查小组的核查验收。宣东矿废气中的瓦斯气体将可以全部利用，做到瓦斯零排放，减少大气污染，为企业创造更大的经济效益和社会效益。该项目完成后，预计每分钟处理乏风1万立方米，折合年处理1.7万吨纯度甲烷，约30万吨二氧化碳当量，通过出售CERs（碳减排量）,增加收入约3000万元。

浙江菱正机械有限公司

浙江菱正机械有限公司是一家专业从事环保机械设备研发和生产经营的高科技企业，在废旧轮胎处理设备制造领域技术处于领先地位，并运用智能控制技术。公司与研发中心及多所大专院校保持长期的科技合作关系，已开发有一万吨到九万吨的废旧轮胎常温法制取精细胶粉全自动程控生产线。

浙江菱正机械产品销往德国、俄罗斯、巴西、伊朗、土耳其等。国内客户有山东、河南、河北、广西、江苏、浙江等。

浙江菱正机械有限公司研发“LZ型万吨BP线控废全钢子午胎胶粉成套装备”通过了中橡协废橡胶综合利用分会专家组考评，获“国内领先国际先进水平”盛誉；经中石联合化(原化工部)专家鉴定，获“总体技术达国际先进水平”的专家评价；并入选“浙江省装备制造业重点领域首台(套)产品名单”。

生产线全线图

2011年3月14日，中海油（福建）深冷精细胶粉有限公司就常温初级粉碎工段工艺包合同与浙江菱正机械有限公司举行了签字仪式，标志着我国第一个LNG冷能低温胶粉项目正式启动。

德国公司 Reifen—Recycling现场来我司考察

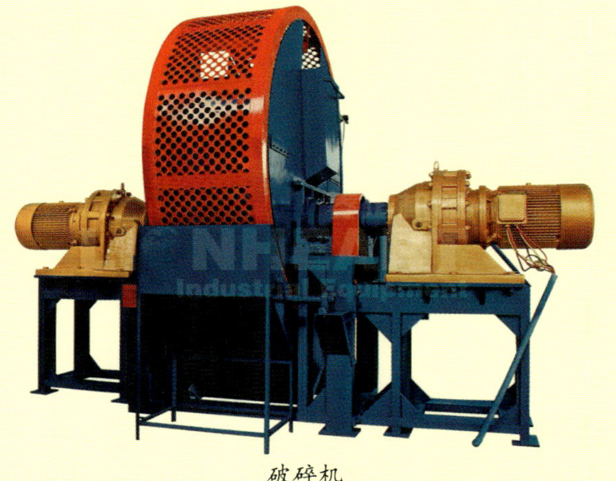

破碎机

Environment Protection Equipment & Products Encouraged by State

证　书

浙江菱正机械有限公司

经审核，你单位研制的 废旧轮胎常温法制取精细胶粉成套生产线 入选《当前国家鼓励发展的环保产业设备（产品）目录》（2010年）。

二零一零年五月十日

入选鼓励目录证书

证书

为表彰在促进化学工业科技进步中做出重大贡献者，特颁发此证书，以资鼓励。

奖　　种：科技进步奖

获奖项目：BP线控连全钢子午胎胶粉关键技术和成套装备

获奖单位：浙江菱正机械有限公司

奖励等级：二等奖

奖励日期：2011年10月18日

证书号码：2011JB0429-2-1

中国石油和化学工业联合会

进步奖

科学技术成果登记证书

登记号：11010133

完成单位：浙江菱正机械有限公司

浙江省科技厅制

科技成果登记证书

高新企业

浙江菱正机械有限公司

地址：浙江省天台莪园工业园区工南东路11号

电话：0576-83986698 传真：0576-83986603

网址：www.chinalionheart.com

www.tirerecyclingplant.com

万年县循环经济

万年县发展和改革委员会

万年——世界稻作文化发源地、中国贡米之乡、中国优质淡水珍珠之乡，作为江西省家循环经济试点县，积极推动经济转型，大力调整产业结构，坚持“减量化、再利用、资源化”原则，坚持把发展经济与节约资源、保护生态环境相结合，大力发展循环经济，促进县域经济社会又好又快发展。2011年万元生产总值能耗较2010年下降3%，顺利完成市政府下达的节能目标任务。大力开展环境整治工作，加强重点污染企业监管，严格禁止污染企业落户。全年主要水污染物化学需氧量排放总量控制在8110.5吨以内，较2010年削减1.5%；氨氮排放总量控制在1257吨以内，较2010年削减2%；主要空气污染物二氧化硫排放总量控制在1154.6吨以内，较2010年削减0.5%；氮氧化物排放总量控制在3355.9吨以内，较2010削减4%。

2009年11月8日全国油茶产业现场会期间国家林业局副局长祝列克（右二）、江西省常务副省长凌成兴（右三）在蒋家基地考察

——**抓规划，循环经济运行机制日益健全。**出台了《万年县十二五期间主要污染物减排实施方案》、《万年县十二五节能减排综合性工作方案》、《万年县十二五期间各乡镇、有关行业能源消耗控制指标计划》、《万年县公共机构节能规划的通知》、《万年县节水型社会规划》、《万年县生态产业园区发展规划》、《万年县土地利用总体规划》，为构建“资源消耗持续降低、社会民生和生态环境逐步改善、县域综合实力全面提升的具有万年特色的循环经济发展模式奠定了基础。

2011年7月，国家环境保护部华东监督中心副主任杨金华(左一) 考察万年县山庄养殖基地生猪养殖废水综合治理项目

——**抓示范，循环经济带动效应逐步显现。**万年作为国家活畜储备基地，实施了健和山庄的畜禽污粪处理与资源化利用示范项目，目前栏舍改造、沼液回收池、雨污分流和净污两道改造均已全面完成，出栏率明显提高，料肉比明显下降，得到国家环保部有关单门的肯定。全国优质油茶基地江西云河实业实施的“猪-沼-果”农业循环经济项目采用节水喷灌、滴灌技术将有机沼液喷洒到高产油茶林基地，沼气池生产的沼气用于猪场照明、猪场冬季供暖等项目获得国家林业局副局长领导的肯定。2012年预计出栏各类生猪112.7万头，万头猪场过20家。

——抓体系，循环经济三大产业体系日臻完善。建立了实现经济功能区分工协调发展的大循环，统筹以万年工业园为主的工业产业区、以县城为中心的城市功能和人口居住的生态功能区、以农业、林业及养殖业为主的农林功能区、以旅游和有闲为主的风景区，形成社会物质大循环产业和地域循环发展的结构，提高资源综合利用水平，延伸相关产业链条，促进经济发展方式的根本转变。年产10.08万吨的江西莹光化工项目的副产品硫酸钙用于南方万年青江西水泥厂作为原料，实现了变废为宝，提升了经济效益。

——**抓项目，循环经济支撑厚积薄发。**重点循环经济项目建设成效明显。江西万年青水泥厂2011年完成多项改造取得明显成效。2011年万元产值能耗 2.934吨标煤，吨水泥能耗98.52千克标煤；吨水泥综合电耗94.53千瓦时，较去年均有不同程度的下降。全年余热发电发电量13682.99万度，同比增加6933.51万度。当年节约标煤14117吨；江西云河实业“猪-沼-果”农业循环经济项目全面竣工并投入使用，江西凯丰耐磨材料铸造生产线综合节能改造项目、县城污水管网、县城垃圾无害化处理厂和梓埠污水处理厂等项目稳步推进。

——**抓申报，国家资金扶持力度加大。**2011年以来，共争取到3个循环经济项目。另有4个项目已经上报国家发改委。

——**抓减排，节能减排工作全面推进。**一是关停了不符合国家产业政策的万年县南方耐火材料厂倒焰窑、江西顶顺生物科技有限公司黄原胶生产线，可削减二氧化硫53.09吨，氮氧化物30.03吨，削减COD145.39吨，氨氮1.67吨；二是加大对农业污染源整治。启动了该县7家（山庄、齐顺、鑫星农牧、青云友联、湖云牧业、山美）等规模化畜禽养殖行业工程减排和万年红食品有限公司废水深度治理工程，预计削减COD1100.17吨，氨氮184.02吨，目前各减排项目进展情况良好。

科技支撑

关于印发《国家十二五科学和技术发展规划》的通知

国科发计〔2011〕270号

各有关单位：

“十二五”是我国全面建设小康社会的关键时期，是提高自主创新能力、建设创新型国家的攻坚阶段。为贯彻党的十七届五中全会精神和《国民经济和社会发展第十二个五年规划纲要》，深入实施中长期科技、教育、人才规划纲要，充分发挥科技进步和创新对加快转变经济发展方式的重要支撑作用，按照国务院的部署要求，科学技术部会同国家发展和改革委员会、财政部、教育部、中国科学院、中国工程院、国家自然科学基金委员会、中国科协、国家国防科技工业局等有关单位，研究制定了《国家“十二五”科学和技术发展规划》，现印发给你们，请认真贯彻落实。

附件：国家“十二五”科学和技术发展规划

科学技术部

二〇一一年七月四日

附件：

国家“十二五”科学和技术发展规划(节录)

三、加快实施国家科技重大专项

7．水体污染控制与治理

围绕“三河三湖一江一库”重点流域，重点攻克重污染行业废水全过程治理技术、重污染河流和富营养化湖泊综合治理技术、面源污染控制技术、适用于不同水源水质的净化技术、水环境风险评估与预警遥感监测等关键成套技术300项以上。重点研发监控预警设备、饮用水水质净化及输配管网检漏设备等80套以上，关键材料、设备国产化率达到70%以上，成本降低30%以上。在太湖、辽河等重点流域开展综合示范，示范流域水环境质量提高一个等级并消除劣V类，基本建立流域水污染治理和水环境管理技术体系。

四、大力培育和发展战略性新兴产业

培育和发展战略性新兴产业对推进产业结构升级、加快经济发展方式转变具有重要意义，必须把突破一批支撑战略性新兴产业发展的关键共性技术作为科技发展的优先任务。在节能环保、新一代信息技术、生物、高端装备制造、新能源、新材料和新能源汽车等产业领域，集中优势力量进行攻关，为增强战略性新兴产业的核心竞争力奠定坚实基础。充分发挥国家科技重大专项的核心引领作用和高新区的辐射带动作用，大力推进创新成果的集成应用和商业模式创新，加快战略性新兴产业成为国民经济的先导性产业和支柱性产业的步伐。

1．节能环保

大力发展高效节能、先进环保和循环应用等关键技术、装备及系统。实施半导体照明、煤炭清洁高效利用、“蓝天”工程、废物资源化等科技产业化工程。加强技术的集成和推广应用，快速提高我国节能环保领域整体技术能力及产业竞争力。

4．高端装备制造

重点发展大型先进运输装备及系统、海洋工程装备、高端智能制造与基础制造装备等。实施高速列车、绿色制造、智能制造、服务机器人、高端海洋工程装备、科学仪器设备等科技产业化工程。研发高速列车谱系化和智能化、绿色产品设计、机器人模块化单元产品等重大关键技术，提升我国制造业的国际竞争力。

（四）大力加强民生科技

重点解决人民群众最关心的重大民生科技问题，集成适合不同地区不同层次人们需求的民生改善技术解决方案，以国家可持续发展实验区等为载体强化技术成果的示范和推广，全面提升科技服务民生的能力。

3．强化绿色城镇关键技术创新，促进城市和城镇化可持续发展

加强城镇区域规划与动态监测、城市功能提升与空间节约利用、城市生态居住环境质量保障和城市信息平台等技术研发，大力推动建筑节能与绿色建筑技术研发与示范应用。重点开发绿色建材、可再生能源材料及其与建筑一体化的应用技术，形成我国绿色建造技术体系和管理模式。发展低碳城镇规划、绿色建筑设计、建筑节能等技术。优化绿色施工控制指标体系与标准，开发大型建筑施工过程动态管理与资源配置优化仿真平台。

（五）建立支撑可持续发展的能源资源环境技术体系

针对能源资源短缺、生态环境恶化、全球气候变化等制约可持续发展的突出问题，围绕建设资源节约型和环境友好型社会的迫切需求，大力加强能源资源勘探开发与清洁高效利用、水资源优化配置与综合利用、污染控制与生态改善、清洁生产与循环经济、气候变化减缓与适应等技术开发与集成应用，提升科技对可持续发展的支撑和引领能力。

1．发展能源勘探开发和清洁高效利用技术，提高能源安全保障能力

以提升传统能源勘探开发技术能力为目标，重点发展复杂油气藏勘探、煤炭和海洋油气安全开采、油气高效安全集输等技术，加强煤层气、页岩气、油页岩、天然气水合物等非常规油气勘探开发技术研究，保障传统能源有效供给。以提升能源的清洁高效利用能力为目标，重点发展煤炭的气化、液化、煤基化工品加工等清洁转化技术，发展超高参数超临界发电、煤气化整体联合发电、节能型循环流化床发电等技术，发展智能电网、先进核能以及风能、太阳能、生物能、海洋能、地热能等新能源利用技术，加强能源利用关键部件和装备研发。

2．发展水资源和矿产资源开发技术，提高资源综合利用效率

以强化水资源优化配置和综合利用技术能力为目标，重点发展数字化流域、水资源合理调配和特大水利工程群联合调度技术，加强南水北调、三峡等重大水利工程建设与安全保障技术研发，强化城市节水与工业节水技术开发，加强海水淡化、雨洪利用、人工增雨、再生水等非常规水资源利用关键技术开发。以提升矿产资源勘探开采与综合利用技术能力为目标，发展深部与复杂条件下矿产资源高效勘查技术，加强三维立体勘查技术集成，扩大矿产资源有效探明储量。发展矿产资源高效开采、绿色选冶、高效利用等重大技术与装备，强化稀贵金属资源开发利用。加强海洋及极地矿产资源综合调查技术、非常规矿产资源勘探技术研究，推动矿产资源绿色可持续开发。

3．发展生态环境保护技术，促进人与自然和谐发展

以提升循环经济和节能减排的技术支撑能力为目标，重点发展重污染行业的清洁生产工艺、大宗废弃物资源化技术、多层次循环经济构建技术。发展烟气治理、机动车尾气净化等技术，饮用水安全保障、污水高效处理与回用等技术，土壤污染治理技术，生活垃圾与危险废物处理处置技术，智能环境检测和监测技术，城市与工业生物质废物集中化燃气利用技术，核放射性污染防护与处置技术。发展近海污染防治技术、地下水污染防治技术、化学品风险控制技术、农村环境综合整治技术，推动减排约束性指标的实现和环境质量的改善。

以提升生态保护和脆弱生态修复技术能力为目标，重点发展典型生态脆弱区生态保护与恢复技术，重大工程建设区生态保护与恢复技术，城市生态保护与建设技术。开发大尺度生态系统监测技术，发展多载体新型生态环境监测与遥感技术，提升退化土地防治技术支撑能力，不断强化生态系统服务功能。开发生物多样性保护、生物安全保障、持久性有机污染物风险控制等技术，提高我国履行国际环境公约能力。

4．加强气候变化科学研究和技术集成，全面提高应对能力

六、前瞻部署基础研究和前沿技术研究

基础研究和前沿技术研究是提升我国原始创新能力和科技长远发展能力的重要基础，是推动科技进步和创新的源泉，必须依据国家重大战略需求和世界科技发展趋势，予以强化部署。

（一）继续加强基础研究

6．资源环境技术

攻克一批矿产资源与油气资源高效勘探开发与集约化利用核心关键技术与装备，提升重大关键装备的研发能力和行业核心竞争力，大幅提升我国战略性资源勘探与开发利用效率。加强新型污染物治理技术与装备开发，加快推进清洁空气技术与土壤修复技术研发，强化环境事件应急技术与装备开发。大力发展先进环境监测仪器与智能化生态环境监测技术，强化环境污染风险识别与阻断技术开发，提升生态环境监测技术水平。

国家环境保护"十二五"科技发展规划（节录）

环境保护部

二〇一一年

二、指导思想和原则

（一）指导思想

以科学发展观为指导，以建设生态文明、构建和谐社会为宗旨，紧密围绕制约当前及今后一段时间经济社会发展的重大环境问题，满足环境保护的需要，坚持"自主创新、支撑发展、重点跨越、引领未来"的科技发展方针，全面落实"科技兴环保"战略，引领环境保护科技发展方向，为探索中国环境保护新道路、保障国家环境安全、优化经济发展方式和改善民生提供强大的科技支撑。

（二）规划原则

1.需求引导、自主创新

面向经济发展和环境保护的主战场，突出问题导向和需求引导，通过原始创新、集成创新与引进消化吸收再创新，形成具有自主知识产权的核心技术、关键技术和有利于自主创新的体制机制，促进环境问题的根本解决。

2.立足全局、突出重点

适应全球环境保护和可持续发展的需要，围绕国家经济社会发展与生态环境保护工作重心，优先安排制约区域或行业可持续发展的重大或共性技术研发，逐步解决制约经济发展和群众反映强烈的环境问题，改善重点区域和流域的环境质量。

3.技术优先、夯实基础

重视应用技术研究，支持技术综合、技术集成和成果转化，同时加强应用基础研究，真正发挥环境科技在环保工作中的支撑和引领作用。

4.跟踪深化、注重实效

集成已有科技成果进行跟踪深化和系统开发，及时攻克实际工作中的重大技术难题，将已取得的科技成果尽快转化为现实生产力。

5.整合资源、保障实施

充分利用全社会资源，促进产学研相结合，发挥各方优势，鼓励竞争，确保规划的有效实施。

三、发展目标

（一）总体目标

适应"十二五"以至今后更长时期经济社会可持续发展的环境保护要求，初步阐明区域、流域重大生态与环境问题的发生机制与演化机理，基本建立起基于环境污染和生态退化全防全控的环境科技创新体系和环境技术管理体系。围绕约束性指标取得一批具有自主知识产权的控源减排共性和关键技术；围绕环境质量改善构建适合中国国情的环境管理技术体系；围绕风险防范构建风险管理和风险控制技术体系。调查和掌握重点地区环境污染与人体健康的状况，夯实环境基准、标准制订的科学基础；逐步搭建起国家环境科技基本能力、基础数据信息获取与人才培养平台，为全面完成"十二五"环境保护目标、建设生态文明和环境友好型社会提供强有力的科技支撑。

（二）具体目标

（1）初步构建国家环境科技的理论体系。阐明我国区域/流域性重大环境问题的主要形成机理和机制。提出重点领域和重点行业优控污染物筛查、环境暴露和风险评价优先/关键技术，提出应对危害人体健康的突发环境事件的快速评估方法和缓减措施，为维护生态安全、保障人体健康提供科技支撑。

（2）产出一批污染防治技术成果和示范工程。研发出一批具有核心竞争力的环境污染物控制与生态保护关键技术，提出重点领域和重点行业的绿色经济、循环经济发展模式与关键技术，初步建立适合我国国情的污染防治与生态保护最佳可行技术体系。引导和培育5家以上环保产学研联盟，创新流域、区域污染治理机制，促进产学研用有机结合。

（3）提供满足国家环境管理决策的技术支撑。初步建立以总量削减和源头控制为核心的环境综合管理技术支撑体系及应对生态退化的全防全控科技支撑体系，提出我国重点地区和城市主要污染物排放控制技术对策。初步形成环境应急监测、风险评估、预报预警及环境质量管理等技术体系，为完成“十二五”主要污染物排放总量削减的约束性指标、实现重点地区和城乡环境质量有所改善的目标提供科技支撑。

（4）形成与国家环境科技需求相适应的环境科技创新能力。新建10个国家环境保护重点实验室，进一步完善工程技术中心的布局，启动国家环境保护野外观测研究站的建设，初步建成相对完善的国家环境保护科技创新平台，不断提升环境科技基础数据和信息获取能力、科技成果转化能力和环境管理决策支撑能力。造就一支数量充足、结构合理、适应国家环境保护发展需要的高素质创新型科研人才队伍，培养一批“生态环境杰出人才”，在科研骨干、学科带头人和杰出人才中，中青年科研人才所占比例达到40%以上。

四、重点领域与主要任务

（一）水污染防治领域

继续实施“水体污染控制与治理”科技重大专项。重点突破流域“减负修复”关键技术、饮用水安全保障技术和水环境监控预警“业务化”运行技术。自主研发水污染治理技术、水生态监测和饮用水净化与输送成套工艺与装备。基本建立流域水污染治理技术和水环境管理技术体系，支撑重点流域示范区水质明显改善，确保饮用水安全。

1.流域综合整治技术研究与示范，支撑水质改善

与国家、地方重点流域水污染防治、能力建设规划紧密结合，以“三河三湖、一江一库”流域为重点，针对流域主要水环境问题及科技需求，研发和集成流域控源减排、水环境质量改善、风险防范、生态修复等整装成套技术，并开展工程规模化示范。开展流域水环境管理技术集成与应用研究，重点开展流域水环境监控预警业务化运行管理支撑技术研究与示范，同时开展水污染控制决策技术与经济政策示范研究。将重点流域示范区水环境质量提高一个等级或消除劣V类。

2.“从源头到龙头”全过程技术研发与示范，提升饮用水安全保障能力

针对我国饮用水水源污染形势严峻、水污染事故频发、供水设施不适应、监管体系不健全、安全保障能力不足等突出问题，突破关键技术，加强技术集成，建立“从源头到龙头”全过程的饮用水安全保障技术体系，初步构建饮用水安全保障的业务化监管平台、工程化技术平台和产业化研制平台。在重点地区开展饮用水安全保障综合示范，使示范城市饮用水源地建设规范、水质达标，出厂水水质全部稳定合格；支撑重点示范区“水龙头”水质达到新标准要求，服务人口超过1000万人。

3.近岸海域污染防治与生态保护研究

研究近岸海域环境功能区划理论与方法，研究入海河口区水质质量评价指标，研究海岸带环境综合监测与评估管理技术。研究近岸海域环境容量与总量分配利用技术和近岸海域污染控制与生态保护对策。

4.地下水污染防治研究与示范

研究地下水污染状况调查评估、监测模拟预测和环境风险评价技术。开展地下水和地表水补排和协同控制技术研究。研究工业危废堆存、垃圾填埋、采油、采矿、地下管道、地下储藏、农业种植等污染源对地下水污染的机理及其源头控制技术与对策。研究地下水环境质量标准制定方法，地下水污染分区防治策略。开展典型污染场地地下水污染修复技术试点研究。

（二）大气污染防治领域

积极促进区域大气污染防治科技专项的开展。阐明重点地区和城市大气污染特征及成因，研发大气常规污染物、有毒和恶臭污染物排放控制技术，建立区域大气环境质量综合调控方法，初步构建复合型大气污染防治技术体系。

1.区域大气复合污染与灰霾综合控制研究

研究典型区域大气颗粒物及其前体物源排放特征的在线/离线观测技术、颗粒物分物种的定量源解析技术。研究典型区域光化学污染与灰霾的成因和控制对策。选择典型城市群区域，针对光化学污染与颗粒物污染，开展区域空气质量监控、预警与污染源管理技术示范。

2.城市空气质量改善综合技术研究与示范

研究城市多污染物复合污染成因解析技术。研究新兴城市群大气污染的来源、成因、控制对策，并进行技术示范。研究城市间污染物相互作用方式、机理、程度及潜在城市群区域大气复合污染区域化程度的诊断与评估技术。研究城市重点污染源综合控制关键技术和优化方案，并选择典型城市开展空气质量达标技术示范。

3.区域大气污染物总量削减技术开发和示范

研发污染物协同控制技术，针对发电锅炉、钢铁窑炉、建材窑炉等，有机组合现有的脱硫、脱硝、除尘技术，开展多种污染物协同控制技术研究与示范。研发具有自主知识产权的火电厂脱硝催化剂生产技术、挥发性有机化合物（VOC）和恶臭气体典型污染源控制技术及其相应的工艺与设备。研发移动源从油品检验到排放控制的一系列整装技术。开展重金属和二噁英等有毒空气污染物排放控制技术研究。

4.环境空气质量管理关键技术研究

研究区域大气污染联防联控制度和机制、大气污染物排放许可制度的支撑技术。针对氮氧化物、细粒子、挥发性有机化合物（VOC）和恶臭气体等关键污染物，研发污染控制技术综合评价指标体系和定量评估方法，筛选出最佳可行大气污染控制技术。研究车用油品综合保障和监管技术及在用车、非道路机械、飞机、船舶大气污染物排放监管技术，研究移动源大气污染排放控制管理技术。

5.室内空气质量改善技术研究

研究室内（车内）空气主要污染物来源、污染特征与控制途径，研发高效、节能的室内空气污染物控制与削减技术、设备和净化材料。

（三）生态保护领域

为建立国家生态安全和生物安全基本框架提供科技支撑。掌握重大生态问题发生机制、演化机理及其动态监测与调控措施，研究资源开发环境准入、风险评估和预警机制，集成并创新生态系统过程调控、生态重建与生态系统管理关键技术。

1.区域/流域生态保护研究

研究区域/流域生态质量调查与评估方法，以及重大生态工程综合效益评价技术与方法。研究区域/流域生态系统分区调控技术，各类生态功能区保护评价和调控指标体系，以及经济社会协调发展机制与生态风险评估预警技术。研究生态系统碳汇功能区识别与管理技术、重要生态保护地保育与监管技术，以及基于生态资产流转的区域生态补偿技术方法。

集成并创新区域/流域退化生态系统过程调控、生态恢复与重建关键技术，并选择典型地区开展技术示范。研究干旱半干旱地区地下水位下降对生态环境的影响及相应对策。研究人类开发活动及海平面上升、海水酸化对近岸海域生态系统的影响及响应对策。

开展国家保护目标导向下的自然保护区覆盖空缺研究、人与自然和谐相处的自然保护区制度体系研究、自然保护区有效管理评价指标与方法研究。

2.城市生态保护研究

研究典型城市及城市群土地利用变化与空间布局生态效应评价、生态适宜性分区、城市景观生态格局构建与空间优化关键技术。研究城市生态承载力估算方法和水土资源高效配置利用技术。研究基于生态功能分区的生态城市建设和成效评估指标，以及建设低碳城市与资源节约型环境友好型城市的管理和绩效评估等技术。

3.农村生态保护研究

研发农村生态系统监测、诊断、评估技术，构建农村环境生态系统健康模式。研发农业面源污染监测与评价技术。研发农村畜禽粪便、农作物秸秆资源化途径及农村清洁能源生产、利用的技术与设备。研发农村生活垃圾收集、贮运及无害化处理处置技术与设备以及农村生活污水收集、处理技术与设备。研究农产品产地生态安全评价技术与区划方法，以及农村环境综合整治、环境友好型产业和农业循环经济等关键技术，并选择典型地区开展技术示范。研究生态农业的环境、经济效益，开展农业政策环境影响评价研究。研究不同生态经济区新农村人居环境质量综合评价技术。开展支撑和完善农业农村环境管理的政策法规研究。

4.资源开发区和重大工程区生态保护研究

重点研究资源开发区和重大工程区生态胁迫机理、风险源识别、生态监测指标、生态影响评价、环境风险评估与分区分级预警技术。研究资源开发区和重大工程区生态效应评价、生态系统演变过程调控、生态风险规避与应急对策、生态保育与恢复重建、生态环境恢复治理标准和技术导则等技术方法，并选择典型地区开展技术示范。研究森林、草原和湿地等自然资源可持续利用制度与保育技术，并开展资源开发矿山环境治理恢复保证金制度、生态补偿政策等方法研究与技术示范。

（四）固体废物污染防治与化学品管理领域

研发一批科技含量高、应用前景广、具有核心竞争力的固体废物污染控制与处理处置关键技术，提升我国固体废物污染控制科技水平。初步开发一批满足国家化学品环境管理需求、具有国际先进水平的有毒化学品管理技术，从源头防范化学品长期潜在的环境风险，为制定化学品环境无害化科学管理政策提供技术支撑。

1.固体废物源头减量和再生利用技术研究

选择化工、有色、钢铁和制药等重点行业，研究一般固体废物和危险废物减量化关键技术，并进行工程示范，提出相关技术经济政策。研究包装废物、低品质塑料、电子废物、废旧轮胎等固体废物的破碎分选和综合利用技术。研究垃圾焚烧飞灰资源化处理技术。开展大宗重金属尾矿渣回收和综合利用示范，深入研究固体废物资源化过程中的污染控制技术。针对含铅废物、无机氰化物废物、石棉废物等产生量大、处置和利用困难的危险废物，开展源头减量、循环利用技术研究。研究以资源消耗、环境安全等评价为核心的固体废物再生利用技术评估方法。针对已经处理的大宗固体废物，研究其长期安全性评估标准以及管理机制。

2.固体废物无害化、稳定化处理技术研究

开展生活垃圾填埋新工艺研究与工程示范，研发具有自主知识产权的大型垃圾焚烧成套设备、大型炉排生产技术和焚烧工艺控制技术，研发垃圾综合处理及有机物厌氧产沼关键技术与设备，系统研究固体废物焚烧产生的飞灰、持久性有机污染物（POPs）类废物非焚烧处理处置新技术。研发固体废物工业窑炉共处置关键技术、设备及建筑类废物处理处置技术。开展污染型尾矿渣无害化、稳定化处理技术研究和示范。研发固体废物填埋场渗漏检测、污染场地探测、堆体稳定化等填埋场安全操作运行技术。

3.危险废物污染控制与管理技术研究（略）

（五）土壤污染防治领域（略）

（六）绿色经济、清洁生产和循环经济领域

研究确立我国生态文明建设、低碳经济和绿色经济的发展策略。重点突破环境优化经济的有关理论，研究重点领域和重点行业循环经济、清洁生产和废物资源化关键技术，掌握工业污染预防、过程控制和工业园区生态化管理技术，为国家环境管理和经济社会可持续发展战略提供理论和技术支撑。

1.低碳经济环境评估和绿色经济发展对策研究

研究我国生态文明建设、低碳经济发展与环境保护的关系，构建不同经济类型区生态文明建设、低碳经济环境评估和环境考核指标体系。研究我国绿色经济发展潜力，并选择典型地区和行业开展绿色生产模式示范。研究我国绿色生产和消费模式评价指标及绿色贸易政策。系统研究发展循环经济与实施污染物减排的互动关系。

2.工业污染预防和过程控制技术研究

研究适合于我国国情和不同区域特点的产品生命周期评价方法，企业和产品生态效率评估、生态设计、污染过程控制途径和方法。研究重点行业基于全过程控制的产污强度准入指标，并开展产排污系数后评估及其应用研究。系统研究环境标志认证、清洁生产、节能减排和温室气体控制之间的互动关系。

研究典型工业园区和工业聚集区物质代谢机理、产污途径、削减措施和生态化管理技术。研究重污染行业或地区发展生态工业的关键支撑技术和产业链接技术。研究我国静脉产业园区污染减排源头控制、过程调控和二次污染控制技术。研究工业园区预防和处置突发环境事件的技术与方法，并选择典型地区开展示范。

3.重点行业清洁生产和废物循环利用技术研究

针对有色金属采选和冶炼业、铅蓄电池制造业、皮革及其制品业、化学原料及化学制品制造业等重金属污染行业，开展清洁生产技术研发。开展钢铁、稀土、火电、煤炭、化工、建材、造纸、酿造、发酵、制药、纺织等重点污染行业清洁生产关键新工艺和新技术研发与示范。开发从锰、铅、锌、铜、汞、砷和黄金冶炼企业废气、废水和废渣中回收重金属和贵金属的工艺技术，并开发规模化综合利用废渣的技术和设备，推进其产业化。

（七）环境与健康领域

以重金属污染等为重点，研究区域性和流域性环境健康风险控制技术。开展环境与健康风险管理机制研究，为初步构建环境污染与人体健康综合监测、风险评估与预警体系提供技术支撑。研究经济、技术可行的环境与健康风险防控对策与技术措施，保障经济社会和谐发展。

1.环境健康调查技术和相关政策研究

研究确定重点区域/流域特征污染物、优控污染物。研究慢性累积型和突发型环境健康事件调查、评估、响应及处理处置方法。研究环境健康风险管理理论、技术方法和降低环境健康风险的成本效益分析方法。

2.环境污染的人体暴露和健康风险评估技术研究

研究区域/流域多介质、多途径或复合污染物人体暴露和历史暴露评估方法。研究重金属、有毒有害有机污染物、放射性物质等对人体健康的影响机理和剂量——反应关系。研究环境健康风险评估和预测的程序、模型和方法，国家环境健康风险区划和分级技术方法，以及环境影响评价中的健康风险评估技术。开展环境污染物的健康基因组学和蛋白质组学研究，开发环境化学品毒性预测模型。

3.环境与健康综合监测与预警技术研究

研究环境健康综合监测和数据采集技术，开展典型地区环境污染物的人群暴露生物监测示范研究。研究我国不同地区、不同类型环境健康风险的阻断、控制、防范和预警技术方法。

（八）环境监管技术领域

开展环境监测预警技术和环境政策法规研究。研发环境监测新方法与新设备。研究工业污染源特征污染物毒性识别和风险管理技术，提出环境优化经济的基本规律、政策和对策，为全面提升我国环境监管能力提供科技支撑。

1.环境监测技术研究

研究水、气、土壤环境监测网络点位优化调整技术及环境和污染源监测数据采集、传输、汇总、综合评价及表征技术。研究完善环境质量要素评价、综合评价指标和监测全过程质量保证/质量控制（QA/QC）技术。开展省级行政单元的环境质量综合评价方法研究。研究生态系统和生物物种资源的监测指标与监测方法。开发天地一体化环境监测新技术、新方法和新设备，研究环境监测信息化集成与资源共享技术、无线传感网络在环境监测中的应用技术。研究新型污染物监测方法。研发重金属污染物在线监测技术和挥发性有机化合物（VOC）污染源监测技术和设备。研究环境应急监测的技术和方法。

2.环境风险评估与预警技术研究

开展现场环境监察和环境应急管理技术研究，重点研究污染源现场环境监察技术、生态环境监察执法技术等。研究工业污染源特征污染物毒性识别、风险评价和风险管理技术，重点研究医药、农药、染料、炼焦等行业特征污染物排放的环境风险评价技术。研究环境质量变化预警方法和环境污染事故应急处置技术。

3.环境政策与法规研究

研究环境优化经济的基本规律和政策框架，环境保护对优化经济结构的贡献率及评价指标体系。研究与历史性转变相适应的环境保护新体制、新机制，包括环境准入制度、环境污染责任保险制度、生态补偿机制、环境损害鉴定评估机制、环境产权制度改革政策和战略环境影响评价理论和技术方法等。研究环境基本公共服务体系构建的理论、方法、政策和保障制度。

（九）环境基准与标准领域

积极推进环境基准科技专项立项与实施。探索建立适合我国国情的环境基准体系框架，研究完善环境质量标准、污染物排放（控制）标准及配套环境监测和环境管理规范体系的基础理论、方法和技术。

1.环境基准理论与技术方法研究

2.环境保护标准制订技术和方法研究

（十二）战略性新兴环保产业培育

加强战略性新兴环保产业的科技支撑。通过“水专项”及其他各类科技专项、科技计划的实施，大力开展环境保护先进技术、装备和产品的研发和推广，引导和培育战略性新兴环保产业的健康发展。

1.依托重大专项建立产业化平台

通过实施“水专项”，重点突破高灵敏度和高选择性的在线气相色谱和色质联用检测仪器；研制高通量、高选择性的现场快速检测仪等痕量有机物检测等仪器；开发具有自主知识产权的制膜技术、新型反硝化反应器、污泥厌氧消化能源回收利用设施及设备等；研发大型臭氧发生器设备、饮用水处理用膜组件等；提高设备国产化率，降低成本，形成市场竞争能力。建立太湖、辽河流域水污染防治技术国家级研发平台及流域控制单元总量减排综合管理平台，全面提升我国水环境关键设备装备产业化水平、平台建设能力和对社会经济发展的支撑能力。

2.关键技术、装备和产品研发

以垃圾处理、脱硫脱硝、土壤修复、环境监测等为重点领域，研发焚烧烟气控制系统、渗滤液处理等垃圾处理技术，大型工业装置除尘、烟气脱硝等大气污染控制技术，重点流域和区域生态保护与修复、重金属污染治理与污染土壤修复等成套技术与装备，以及有机污染物自动监测系统、重金属在线监测系统等污染源在线监检测技术。研发和示范一批新型环保材料、药剂和环境友好型产品。

3.环境服务业支撑技术研究

以城镇污水和垃圾处理、烟气脱硫脱硝、危险废物处理处置为重点，探索和建立污染防治设施建设和运营市场化、社会化机制与模式。

大力提升环境投融资、清洁生产审核、环境监测服务、绿色产品认证评估、技术咨询和人才培训等环境技术服务技术水平，发展提供系统解决方案的综合环境服务业。

五、环境科技支撑能力建设

“十二五”期间新建一批国家环境保护重点实验室、国家环境保护工程技术中心和国家环境保护野外观测研究站。

（一）国家环境保护重点实验室建设

根据“十二五”环境科技发展目标和重点任务，以服务国家环境保护决策和监督管理为宗旨，以环境保护基础研究和应用基础研究为主要任务，以培育优秀科研团队，提升环境基础科研能力为目的，建设一批国家环境保护重点实验室。

主要建设方向：水污染防治（包括饮用水源地保护、河流环境模拟与污染控制、地下水环境模拟与污染控制、农村面源污染控制等方向）、大气污染防治（大气复合污染模拟预警与调控、背景大气监测、空气污染预报预警、气溶胶污染控制与模拟、机动车污染控制与模拟、室内空气质量控制与模拟等方向）、固体废物污染防治与化学品管理（固体废物资源化和污染控制、危险废物全过程控制、化学品环境行为模拟等方向）、生态保护和建设（城市生态环境模拟与保护等方向）、土壤污染防治（污染场地土壤污染控制与修复方向）、环境与健康（环境与遗传方向）、环境监管技术（环境应急监测技术、污染物计量和标样、环境规划与政策情景模拟，数字环境与预警模拟、环境基准和风险控制、环境影响评价等方向）、核与辐射安全（核与电磁辐射污染控制和监测、放射性废物污染控制与模拟等方向）、全球环境问题研究（温室气体污染与控制、跨界河流污染控制等方向）以及包括重金属污染防治在内的支撑环境保护科学研究的其他建设方向。

（二）国家环境保护工程技术中心建设

按照今后一段时期我国环境保护技术发展需求，以环境污染防治共性技术和关键技术研发为重点，以环境科研成果系统集成、工程化研发和产业化推广为重要任务，服务并支撑国家环境保护科学决策和监督管理。

1.共性和关键技术类

针对不同行业共性污染治理关键技术的开发、示范和推广应用，突破长期制约我国环境科技和环保产业发展的技术瓶颈问题，为制订环境保护相关技术政策、标准和指南提供技术支撑。

主要建设方向：大气污染防治技术与装备（挥发性有机物污染控制方向）、水污染防治技术与装备（河流、湖泊水污染生态修复方向）、固体废物污染防治与资源化技术与装备（工业固体废物处理与资源化、污泥处理处置与资源化等方向）、土壤污染防治技术与装备（污染场地修复方向）、环境监测与事故应急技术与装备（环境污染事故应急方向）、重金属污染物防治技术与装备（铅、铬、镉、砷、汞污染防治，铬渣处理与资源化等方向）、环境信息技术技术与装备（环境信息技术方向）。

2.重点行业污染控制类

针对重点行业污染问题，开展清洁生产技术、行业污染防治共性技术的开发、示范和推广，为制订行业环境保护相关技术政策、标准和指南提供技术支撑。

主要建设方向：水泥行业、火电行业、石油和化学工业、印染行业、农药行业、制革毛皮行业、酒精酿造行业、造纸行业等重点行业的清洁生产技术、污染防治共性技术与设备。

3.城镇污染控制类

针对城镇生活中普遍的水、气、噪声、固体废物等污染问题，开展城镇生活污染防治共性技术的开发、示范和推广，为制订城镇环境保护相关技术政策、标准和指南提供技术支撑。

主要建设方向：城市污水（城镇污水处理及回用方向）、城市生活垃圾（城市垃圾回收处置与资源化、城市垃圾焚烧与资源化、城市垃圾填埋、餐厨垃圾资源化利用等方向）、机动车污染、船舶污染等的防治技术与设备。

4.农村污染控制类

针对农村生产生活中产生的污染问题，开展农村地区各类污染控制技术与设备研发，为制订农村环境保护相关技术政策、标准和指南提供技术支撑。

主要建设方向：村镇生活污水、农村面源（畜禽养殖业、农药化肥面源等方向）污染等的污染控制技术与设备。

5.环境保护产业类

针对环境污染防治专用药剂、材料和专用仪器设备，废物资源化利用及静脉产业发展问题，开展环保产业产品、技术与装备的研发，为制订环保产业相关技术政策、标准和指南提供技术支撑。

主要建设方向：环境污染防治专用药剂、材料（膜技术方向）、环境污染防治专用仪器设备（包括过程监控仪器、监测设备、其他环境保护专用设备）、工业资源循环利用、静脉产业与资源化（包括电子电器废物处理处置与资源化、废汽车拆解与资源化、废旧电池资源化、脱硫石膏资源化）。

（三）国家环境保护野外观测研究站建设

立足于阐明重大环境问题的成因、机理和机制，以长期监测、试验研究为核心任务，先期建设一批环境保护野外观测研究站，逐步形成适应生态环境保护科学研究和综合决策需要的野外生态环境研究网络，为环境科技可持续发展提供能力支撑。

主要建设方向：湖泊生态环境野外观测研究、河口生态环境野外观测研究、重大涉水工程区域生态环境观测研究、城市大气野外观测研究、区域及全球大气野外观测研究、典型生态功能区生态环境野外观测研究等。

关于发布《火电厂大气污染物排放标准》等两项国家污染物排放标准的公告

公告　2011年　第57号

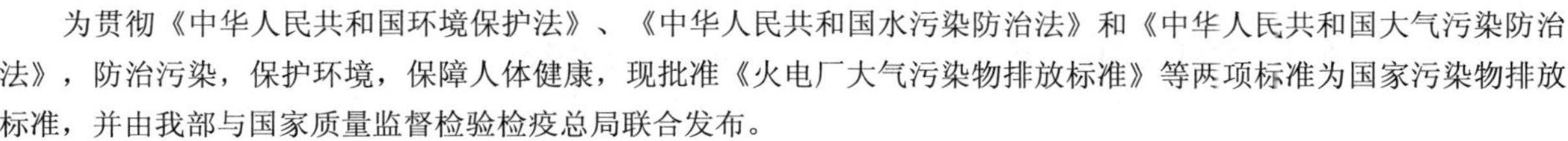

为贯彻《中华人民共和国环境保护法》、《中华人民共和国水污染防治法》和《中华人民共和国大气污染防治法》，防治污染，保护环境，保障人体健康，现批准《火电厂大气污染物排放标准》等两项标准为国家污染物排放标准，并由我部与国家质量监督检验检疫总局联合发布。

标准名称、编号如下：

一、火电厂大气污染物排放标准（GB 13223－2011）

二、汽车维修业水污染物排放标准（GB 26877－2011）

按有关法律规定，以上标准具有强制执行的效力。

以上标准自2012年1月1日起实施。

以上标准由中国环境科学出版社出版，标准内容可在环境保护部网站（bz.mep.gov.cn）查询。

自以上标准实施之日起，不再执行下列国家污染物排放标准：

火电厂大气污染物排放标准（GB 13223－2003）。

特此公告。

环境保护部

二〇一一年七月二十九日

关于印发铬盐等5个行业清洁生产技术推行方案的通知

工信部节[2011]381号

各省、自治区、直辖市及计划单列市、新疆生产建设兵团工业和信息化主管部门，有关中央企业、行业协会：

为深入贯彻落实《中华人民共和国清洁生产促进法》，加快重点行业先进清洁生产技术的应用和推广，提高行业清洁生产水平，我部组织编制了铬盐、钛白粉、涂料、黄磷、碳酸钡5个行业清洁生产技术推行方案（以下简称“方案”），现印发给你们，并就做好方案实施工作提出如下要求：

一、地方工业主管部门要将清洁生产技术推广工作作为推动节能减排的重要措施，加大力度，加快实施推行方案。一是加强调查研究，结合本地区清洁生产技术推行现状、推行潜力，制定有针对性的清洁生产技术推行计划。二是方案中载明的清洁生产技术是国家清洁生产专项资金优先支持领域，地方工业主管部门要将其列为节能减排、技术改造、清洁生产、循环经济等财政引导资金支持的重点。三是加大宣传培训力度，加强有关信息交流，引导企业应用清洁生产技术。

二、行业协会要充分发挥企业和政府之间的桥梁和纽带作用，做好信息咨询、技术服务、交流研讨等工作，推动行业清洁生产技术升级，促进行业可持续发展。

三、企业作为应用清洁生产技术的主体，要把应用先进适用的技术实施清洁生产技术改造，作为提升企业技术水平和核心竞争力，从源头预防和减少污染物产生，实现清洁发展的根本途径。中央企业集团要积极支持所属企业应用推广方案中的清洁生产技术，对相关示范推广项目要优先列入集团项目实施计划并提供资金支持。

附件：铬盐、钛白粉、涂料、黄磷、碳酸钡行业清洁生产技术推行方案（略）

工业和信息化部关于印发铜冶炼等5个行业清洁生产技术推行方案的通知

工信部节[2011]113号

各省、自治区、直辖市及计划单列市、新疆生产建设兵团工业和信息化主管部门，有关中央企业、行业协会：

为深入贯彻落实《中华人民共和国清洁生产促进法》，加快重点行业先进清洁生产技术的应用和推广，提高行业清洁生产水平，我部组织编制了铜冶炼、铅锌冶炼、造纸、皮革、制糖5个行业清洁生产技术推行方案（以下简称“方案”），现印发给你们，并就做好方案实施工作提出如下要求：

一、地方工业主管部门要将清洁生产技术推广工作作为推动节能减排的重要措施，加大力度，加快实施推行方案。

（一）加强调查研究，摸清本地区清洁生产技术推行现状、推行潜力，结合实际制定有针对性的清洁生产技术推行计划。

（二）加大政策资金引导和支持力度。方案中载明的清洁生产技术是国家清洁生产专项资金优先支持领域，地方工业主管部门要将其列为节能减排、技术改造、清洁生产、循环经济等财政引导资金支持的重点。

（三）加大宣传培训力度，加强有关信息交流，引导企业应用清洁生产技术。

二、行业协会要充分发挥企业和政府之间的桥梁和纽带作用，做好信息咨询、技术服务、交流研讨等工作，推动行业清洁生产技术升级，促进行业可持续发展。

三、企业作为应用清洁生产技术的主体，要把应用先进适用的技术实施清洁生产技术改造，作为提升企业技术水平和核心竞争力，从源头预防和减少污染物产生，实现清洁发展的根本途径。中央企业集团要积极支持所属企业应用推广方案中的清洁生产技术，对相关示范推广项目要优先列入集团项目实施计划并提供资金支持。

附件：铜冶炼、铅锌冶炼、造纸、皮革、制糖行业清洁生产技术推行方案（略）

工业和信息化部

二〇一一年三月十日

项目与成果

神华“循环流化床高钙粉煤灰综合利用研究”拓展粉煤灰利用新途径

1月27日，神华集团科技创新项目——“循环流化床高钙粉煤灰综合利用研究”日前通过专家组验收，达到国内领先水平。该项目通过利用循环流化床产生的高钙粉煤灰，生产Ⅱ、Ⅲ级粉煤灰，P F32.5 、P F 42.5级水泥和其他凝胶材料，开辟出粉煤灰利用的新途径，实现了资源综合利用，具有较好的推广应用价值。

“动力煤优质化技术与高效燃煤锅炉技术开发”项目通应用于87个示范工程

“十一五”国家科技支撑计划项目“动力煤优质化技术与高效燃煤锅炉技术开发”2011 年2 月通过科技部高新司组织的专家验收。该项目开发出小型空气分级低NO_x煤粉燃烧技术、系列半悬浮回燃式抛煤机锅炉技术、适应多种优质动力煤链条锅炉燃烧关键技术、四种工业锅炉烟气除尘脱硫一体化技术、高效重介分选工艺系统和模块化技术、动力配煤煤质预测和多元优化配煤技术等，并进行了技术经济及环境综合评价等跟踪研究。项目形成的成果应用于87个示范工程，申请发明专利30项，研制国家及行业标准共7项，获得国家和省部级奖共5项。

利用废旧轮胎生产高附加值柠檬油精项目在德州通过专家验收

2011 年3月20日，由国家发展改革委支持的国家重大产业技术开发项目——利用废旧轮胎生产高附加值柠檬油精项目在德州通过专家验收，建成处理废旧轮胎6000吨/年规模的中试生产线。

济钢转炉全干法除尘及能源高效回收技术开发项目通过验收

2011年4月，济南钢铁股份有限公司承担的国家重大产业技术开发项目——转炉全干法除尘及能源高效回收技术开发项目通过专家性能考核验收。该项目完成了转炉烟道高效强化传热技术、转炉全干法除尘工艺技术、汽轮机级间蒸汽除湿再热技术研究与开发，成功开发了转炉全干法除尘及能源高效回收成套技术，实现了转炉烟气余热的高效回收，建成了国内外首套机组装机容量为4500kW 的炼钢余热蒸汽高效发电装置，解决了低品质余热蒸汽的高效利用问题，烟气粉尘排放得到了控制，取得了显著的经济效益和环境效益，对钢铁企业发展循环经济、实施节能减排起到了较好的示范和推动作用，在冶金行业推广应用意义重大。

一汽解放锡柴发动机再制造项目投产

2011年5月10日，位于无锡市新区的一汽解放锡柴发动机再制造项目投产。一汽解放锡柴再制造基地项目投资5000余万元，具有年产5000台生产能力。

“燃煤电厂烟气脱硫脱硝脱汞关键技术研究与工程示范”项目通过验收

2011年6 月1 5 日，科技部组织专家在北京对“十一五”国家科技支撑计划“燃煤电厂烟气脱硫脱硝脱汞关键技术研究与工程示范”项目进行了项目验收。该项目针对我国燃煤电厂烟气脱硫、脱硝、脱汞技术能耗高、工艺不优化、国产化程度不高以及污染物协同处理能力差等行业共性问题，开展了广泛而深入的研究，在降低燃煤烟气污染控制工程建设成本，优化工艺技术等研究方面获得重要进展。项目开发了双相整流烟气脱硫、两级式烟气脱硝、石灰石活性在线测试技术等烟气脱硫新技术共8项，冷却塔烟气排放、吸收塔烟气直排等脱硫新工艺3 项；烟气脱硝喷氨混合器、大流量低背压喷嘴等新装备7 项；并建成了烟气流量规模国内最大的燃煤烟气脱硫脱硝脱汞示范工程，实现烟气净化技术的集成应用示范。项目共申请发明专利39项，主持和参与编制国家标准、行业标准各1 项，开发的技术、工艺和装备已在我国多个燃煤电厂推广应用，取得了较好的经济和社会效益，为推动我国燃煤电厂烟气净化技术的发展起到了示范作用。通过两级式脱硝技术的示范应用，实现产值8000万元，节省工程造价1100万元，减少运行维护费500万元/年，每年可减少氮氧化物排放0.5万吨。

“十一五”国家科技支撑计划“煤制烯烃”项目拓展煤炭清洁高效利用新途径

2011 年6 月，“十一五”国家科技支撑计划“煤制烯烃”项目在北京通过了项目验收。该项目由流化床甲醇制丙烯（F M T P ）催化剂研制及规模化生产技术开发、多段流化床反应器研究和工程放大技术开发、万吨级F M T P 工业试验3 个课题组成。经过一年半多的努力，建设了33吨（干基）/ 年S A P O - 1 8 / 3 4 分子筛原粉生产工业试验装置和300吨（干基）/ 年F M T P 催化剂造粒试验装置，完成了2 7 . 5 吨分子筛原粉和7 0 吨F M T P 成型催化剂的生产工作。采用自主开发的S A P O - 1 8 / 3 4　F M T P 催化剂和多段流化床技术，建成了3 万吨/ 年甲醇处理量F M T P 工业试验装置，甲醇单程转化率99.9 %，丙烯选择性67.3%，吨丙烯甲醇消耗为3.39吨。F M T P 工艺是具有国际领先水平的甲醇制取低碳烯烃新技术，该技术的成功开发对于我国综合利用能源，拓展煤炭清洁高效利用新途径，推动我国煤化工发展具有重要意义。

生物质降解材料国家高技术产业化示范工程项目通过验收

2011年6月20日　浙江华发生态科技有限公司年产1 万吨生物质降解材料国家高技术产业化示范工程项目顺利通过了国家发改委的验收。 该项目已形成年产1 万吨生物质降解材料的生产能力。该项目的实施，对我国生物降解材料行业的发展，减少污染，保护环境具有重要意义。

安钢烧结余热高效回收发电关键技术开发项目通过验收

2011年6月　由国家发展改革委支持、安阳钢铁股份有限公司承担的国家重大产业技术开发项目——烧结余热高效回收发电关键技术开发项目通过专家验收。该项目依托安钢烧结厂2 ×3 6 0 m^2烧结机环冷机余热发电工程，建立了中低温余热利用系统计算模型，进行了中低温条件下余热利用高效换热试验研究，进行了烧结冷却机模拟试验，开展了中低温余热利用系统工艺优化研究，研制了中低温余热的分级回收和梯级利用余热锅炉装置，开展了30MW 烧结环冷机余热发电系统的工业性试验研究。项目投入运行后，采用双烟道双压自带除氧器的安钢烧结余热锅炉利用效率达到60.03 %，采用双烟道双压锅炉配置过热补汽凝汽轮机机组的发电效率达到25.03%，较好地实现了能源分级回收和梯级利用，显著提高了余热发电机组效率，吨烧结矿发电效率提高约30%，2 ×360 m^2烧结工序实际能耗降低平均达到9.8kgce /t，该项技术指标已达到国际先进水平。通过项目的实施，形成具有自主知识产权的中低温余热发电关键技术，申请国家发明专利1项，获国家实用新型专利2项，具有显著的经济效益、节能效益和社会效益。

重钢选铁尾矿中回收钛铁矿项目通过专家验收

2011年6月，由国家发展改革委支持、重庆钢铁（集团）有限责任公司承担的国家重大产业技术开发项目——选铁尾矿中回收钛铁矿项目通过专家验收。该项目的实施，为攀西地区钒钛磁铁矿选铁尾矿利用提供了新的先进技术方案，提升了行业技术水平，对尾矿采选行业具有较好的示范作用。

长庆油田油气开发重大专项示范工程项目创新三项理论和七项技术

2011年7 月，中国石油长庆油田承担的“大型油气田及煤层气开发”国家科技重大专项项目——鄂尔多斯盆地大型岩性地层油气藏勘探开发示范工程实施以来，形成了多项勘探开发配套技术和两大标志性技术成果，部分成果参加了“十一五”国家重大科技成就展。其中，大型缓坡型三角洲沉积模式、内陆坳陷湖盆砂体成因模式的创新和

非达西渗流理论的发展，奠定低渗透油气藏勘探开发基础；低渗透油层多级加砂、多缝压裂技术及致密砂岩气田中低压集输等原始创新技术，打破国外技术垄断，达到国际领先水平；全数字多波地震储层预测、水平井不动管柱水力喷砂多段压裂工艺等引进吸收再创新技术，填补了国内技术空白；低渗透油藏测井定量评价和超前注水等集成创新技术具有重要示范意义。“鄂尔多斯盆地大型岩性地层油气藏勘探开发示范工程”取得的关键核心技术，为国家油气重大专项技术系列的形成提供有力保障，推动苏里格致密气藏和陇东超低渗透油藏的快速、规模增储上产，实现“产、学、研、用”的有机融合。

“生物质液体燃料产业化关键技术研究”项目形成秸秆乙醇示范线

2011年7月15日，“十一五”国家科技支撑计划“生物质液体燃料产业化关键技术研究”项目在安徽省合肥市通过了验收。该项目经过3 年多的科技攻关工作，研究了生物柴油原料预处理、固体催化剂制备工艺，研发了新型生物质热解液化技术与装置，建成了处理能力为200kg/h的试验线，使生物油成本低于每吨1000元；开展了秸秆碱法预处理、固态发酵产纤维素酶、混合糖发酵研究，建立了年产3000吨秸秆乙醇示范线。该项目所取得的成果为我国生物质液体燃料的进一步开发提供了有利的科技基础和支撑。

“生物质高效水解制取生物汽油和丁醇新技术”课题提升我国技术水平

2011年7月，科技部农村司组织相关专家在辽宁省营口市对“十一五”863 计划“生物质高效水解制取生物汽油和丁醇新技术”课题进行了验收。该课题以保障国家能源安全和维护生态环境为目标，以玉米芯、玉米秆等生物质为研究对象，在木质纤维素水解、糖发酵制丙酮丁醇、糖催化重整制生物汽油等方面的研究取得了重要突破，开发了微分式渗滤床低酸水解、高温液态水- 超低酸与酶高效水解工艺、选育高耐受性、高转化率的己糖、戊糖和纤维二糖共发酵制取丙酮丁醇梭菌，并研制出高性能复合分子筛负载型水相重整镍基催化剂，该研究成果显著提升了我国在生物质高效水解和转化制取生物汽油和丁醇领域整体技术水平，并为进一步产业化应用推广奠定了基础。

投资32.7亿元的中航工业再生战略金属及合金工程项目奠基

2011年7月28日 ，划投资32.7亿元的中航工业再生战略金属及合金工程项目在清河县奠基。项目建成后将达到年再生利用战略金属及合金3 3 万吨的能力，实现销售收入110亿元。该项目将为我国再生材料产业结构优化和产品升级提供示范作用，推动再生利用技术进步。

柴达木“低碳循环经济产业园氯碱及热电联产项目”奠基

2011年7月30日 ， 柴达木循环经济试验区总体规划中的重点项目“低碳循环经济产业园氯碱及热电联产项目”奠基。该项目在德令哈工业园占地面积4000亩，项目规划建设年产120万吨PVC 、100万吨烧碱、180万吨电石、200万吨焦化、18万吨合成氨、30万吨尿素以及2×30万千瓦热电联产项目，项目总投资12亿元。预计项目建成后可实现年销售收入60亿元，利税19.7亿元，为4500人提供就业岗位。

山西焦煤集团60万吨/ 年甲醇制烯烃工程在山西焦化公司奠基

2011年8月1日，山西焦煤集团60万吨/ 年甲醇制烯烃工程在山西焦化公司奠基。这是山西省开工建设的第一套甲醇制烯烃项目，标志着山西焦煤与神华集团共同建设3000万吨级煤焦化循环经济一体化项目正式启动。该项目总投资85.85亿元，预计2014年5月建成投产，项目建成后可实现年销售收入62.8亿元，实现利润10.8亿元。

湖南万容“报废汽车车身整体破碎及综合回收技术与生产线”通过鉴定

2011年8月8日，湖南万容科技有限公司“报废汽车车身整体破碎及综合回收技术与生产线”项目通过工信部节能与综合利用司的鉴定。

油气开发重大专项稠油开发技术取得重大突破

截至2011年8月20日，辽河油田曙一区稠油蒸汽辅助重力泄油（SAGD）区日产原油稳定在1545吨以上，并且呈上升趋势，原油年产达到57万吨，比蒸汽吞吐方式增油36万吨。这标志着油气开发重大专项课题SAGD试验及配套技术取得喜人成果。辽河油田从实际出发，在SAGD先导试验跟踪研究的基础上，开展已开发油田转SAGD开发关键技术研究，并进行配套工艺技术攻关，成功突破中深层超稠油油藏吞吐后期转SAGD 开发技术瓶颈，解决黏度大、埋藏深和布井方式难的技术难题，形成直平和双水平井组合布井方式。SAGD开发技术突破中深层超稠油油藏提高SA。

新疆天业40000kV·A 密闭式电石炉清洁生产技术及电石炉尾气提纯与处理关键技术开发项目竣工

2011年8月30日，由国家发展改革委支持、新疆天业（集团）有限公司承担的国家重大产业技术开发项目——40000kV·A 密闭式电石炉清洁生产技术及电石炉尾气提纯与处理关键技术开发项目通过专家验收。项目针对国内电石行业中小型电石炉能耗高、效率低、污染治理难和炉气资源回收利用难等问题进行技术开发，完成了40000kV·A 密闭式电石炉相关生产设备的开发和制造，研发了电石炉清洁生产技术，电石炉尾气提纯及处理技术和粉料制球返炉技术，整体技术达到国内领先水平。通过项目实施，建成了单炉产能达7万吨国内规模最大的电石炉。

“水泥生产过程余热发电技术与装备开发”项目应用于208条生产线

2011年9月9日，“十一五”国家科技支撑计划“水泥生产过程余热发电技术与装备开发”项目通过科技部高新司在安徽芜湖市组织主持的验收。该项目针对水泥窑余热资源特点，开发了闪蒸热力系统技术，完成了窑头、窑尾余热锅炉补气凝气式气能发电机组等余热发电关键装备国产化开发；开发了水泥余热发电智能化集散控制系统，开发并实施了30500kW 的纯低温余热发电机组，运行效果良好；开发了水泥低温余热发电成套技术，实现了余热发电系统与水泥窑安全、稳定、高效运行。该项目的实施进一步提高了国内相关装备制造企业的研发水平，建立了企业之间、行业之间相互支撑的研发体系，形成了不同规模水泥熟料生产线配套余热发电工程的系列化设计标准，已获得国家多项专利。截至2010年底，已成功推广应用于国内外208条水泥熟料生产线，设计总装机容量达到1734MW，取得了显著的社会效益、经济效益和环境效益。

“可再生能源与建筑集成技术研究与示范”项目通过验收

2011 年9月，科技部高新司在北京组织召开“十一五”国家科技支撑计划“可再生能源与建筑集成技术研究与示范”项目验收会。项目研制出建筑用系列新型定形相变材料、建筑板材和暖通空调末端，开发了高效除湿材料及生产工艺和膜全热交换器；针对可再生能源系统与建筑的接口技术，开展了太阳能建筑一体化技术与系统研究，实现了几种太阳能空调制冷设备的定型化、系列化；研制出多种新型太阳能集热模块和构件，建设了空气集热器性能检测平台；建立了示范工程标准化管理体系和面向公众的推广平台；建成了部分新产品的示范生产线；完成了涵盖各主要气候区的示范工程。

曹妃甸大型海水淡化示范工程竣工

2011年10月10日，国家发改委海水淡化产业发展重点示范项目在唐山曹妃甸竣工。曹妃甸北控阿科凌5万吨/ 日海水淡化项目集成了我国海水淡化领域的科技成果和设计、工程管理经验，是我国首个自主设计建设的大型海水淡化工程。曹妃甸发展大规模海水淡化并对外供水，对于缓解环渤海区域水资源短缺压力，保障京冀地区经济和社会可持续发展具有重要意义。该项目的建成投产为我国大型海水淡化项目建设及商业化运营提供了示范样板，并为海

水淡化项目开发探索了新的合作发展模式。该项目的建成对于构建首都多水源保障体系，以及缓解近海地区经济社会发展的水资源约束矛盾，具有极其重要的战略意义。

曹妃甸北控阿科凌5万吨/ 日海水淡化项目是曹妃甸大型海水淡化产业基地的起步工程，项目总投资40293.3万元，占地面积约33亩，采用膜法工艺，建设气浮、超滤等预处理设施，配置5 套单体产能1 万立方米/ 日的反渗透装置以及后矿化设施等。该项目使用了经国际脱盐协会、世界水协会认证的目前世界最高水平的反渗透装置，其能量回收效率在平稳运行状态下可达到98.5%以上，最低水平也在95%以上。

太钢钢渣综合利用项目建设

2011年11月8日　太原钢铁（集团）有限公司与世界500强企业美国哈斯科公司合资建设的钢渣综合利用项目在阳曲县开工奠基。省长王君、美国驻华大使骆家辉出席奠基仪式并揭牌。该钢渣综合利用项目落户山西，使太钢成为全球钢铁企业产量最大、流程最全、技术最先进的肥料及相关冶金附属产品生产企业，在山西的绿色发展中起到示范带动作用。此次开工建设的钢渣综合利用项目，采用世界上最先进的处理技术和管理理念，实施冶金伴生物开发。项目建成后，可将太钢钢渣转化为生产水泥添加剂、农用肥料和高尔夫球场草坪的肥料，年处理100万吨不锈钢尾渣和50万吨碳钢尾渣。由此，太钢钢渣将全部高效循环利用并实现零排放，对冶金行业实现钢渣循环利用将起到示范引领作用。这是迄今为止山西省引进的用于循环经济领域的美国最大的商业投资项目，也是全球技术最先进的钢渣综合利用环保项目和我国第一个钢渣肥料制造项目。

苏州高温高压干熄焦余热锅炉技术的开发项目通过验收

2011年11月，由国家发展改革委支持、苏州海陆重工股份有限公司承担的国家重大产业技术开发项目——高温高压干熄焦余热锅炉技术的开发项目通过专家验收。该项目研究了锅炉各受热面悬吊形式的实施方案、尾部烟道中受热面的布置、炉墙结构及水冷壁结构形式的布置技术、受热面管子的防磨技术、总体密封技术、水循环安全性研究等，完成了高温高压系列的干熄焦余热锅炉的开发和制造。通过项目实施，取得了6 项实用新型专利，申请7 项发明专利。经测试，锅炉热效率达到89.04%，产品性能指标达到国际先进水平，取得了良好的经济效益和社会效益。

国家鼓励发展的重大环保技术装备目录（2011年版）

工业和信息化部　科学技术部

二〇一一年一月二十四日

序号	名称	关键技术及主要技术指标	适用范围
开发类			
一、大气污染防治			
（一）除尘设备			
1	移动极板静电除尘设备	关键技术：改进本体极配形式、振打方式；研发电除尘器电源、烟气调质、移动电极、烟道聚合器、多复式双区电除尘技术，实现对困难煤种粉尘的有效收集；通过湿式电除尘器的结构研究、除尘工艺的优化，攻克电极腐蚀、集尘极水膜均布、优化供电等难题，可有效控制微细粉尘、SO_3酸雾、气溶胶、重金属和二噁英等复合污染物。 技术指标：出口排放浓度≤30mg/m^3，本体压力降＜200Pa，本体漏风率＜2%，最大配套机组1kMW。	燃煤电厂、冶金企业除尘
2	转炉煤气净化回收成套装备	关键技术：设计高效雾化装置；优化喷水控制程序；开发适用于转炉煤气干法净化的蒸发冷却器、自控系统及检漏设备；研究开发干法防爆及防泄漏布袋除尘技术、干湿两用滤袋除尘技术，模块化系统设计和气流均布优化技术；提高除尘设备的生产制作和装配水平；加强除尘内部流场优化研究；开发透气和透水的滤袋组件、净化回收和粉尘压块设备。 技术指标：处理烟气量：$10\times10^4m^3/h$～$100\times10^4m^3/h$；入口浓度≤15g/Nm^3；出口浓度＜10mg/Nm^3；入口温度＜2.6×10^2℃；滤袋寿命≥2a。	转炉烟气净化及煤气回收
（二）燃煤烟气脱硫脱硝设备			
3	燃煤电厂SCR脱硝系统设备	关键技术：开发(SCR)脱硝催化剂、反应器及其辅助设备、控制系统及成套技术装备；研究SCR脱硝反应器大/小旁路问题及工程与系统可靠性问题。 技术指标：脱硝效率＞80%，氨逃逸率＜2.5mg/m^3，催化剂运行寿命＞$1.6x10^4$h。	电力行业在用设备脱硝
4	燃煤烟气脱硫脱硝一体化设备	关键技术：　研究通过添加添加剂，制备高活性改性钙基吸收剂的工艺技术；研制半干法脱硫装置中添加强氧化剂实现脱硫脱硝的技术与装备；基于CFD数值模拟技术，研究吸收塔结构设计和工艺参数优化，开展吸收塔塔内吸收特性研究，强化改性吸收剂协同脱硫脱硝效果。 技术指标：脱硫效率≥90%，脱硝效率≥70%；单位投资额≤45元/kw。	电力行业脱硫脱硝
5	燃煤工业锅炉脱硫脱硝脱汞一体化设备	关键技术：开发30MW以下工业锅炉进行脱硫脱硝脱汞氧化吸收剂；优化一体化工艺：研究吸收剂用量、吸收剂组成、喷水量、停留时间、循环倍率等对脱除效果的影响以及研制一体化设备。 技术指标：脱硫效率≥95%，脱硝效率≥70%，脱汞效率≥70%。	工业锅炉脱硫脱硝脱汞
6	烧结烟气复合污染物集成脱除设备	关键技术：　研发荷电预除尘—吸收（除SO_2）、加热—催化还原（协同脱除二噁英、NOx）的组合技术，开发全新短工艺流程及相关设备。 技术指标：脱硫率≥85%，脱硝率≥70%，二噁英减排效率≥70%。	烧结烟气脱硫脱硝脱二噁英
（三）汽车尾气净化设备			
7	重型柴油机尾气净化设备	关键技术：研发耐硫低温高活性催化剂和高温高选择性催化剂。 技术指标：催化剂的使用寿命≥8×10^4km，尾气排放NOx含量≤3.5g/kwh，尾气排放达到国IV标准。	重型柴油机尾气净化
（四）碳捕捉技术			

8	燃煤电厂碳捕集及封存成套技术设备	关键技术：采用有机胺和碳酸盐类的混合吸收剂，CO_2捕集能耗比一乙醇胺法(MEA)降低30%。捕集后发电效率的降低≤8%；捕集后发电成本的提高≤30%；开发地下真实条件下二氧化碳封存过程的可视化模拟实验装置；开发用于实际封存条件下超临界二氧化碳-水与岩矿相互作用及二氧化碳在岩层内运移模拟的数值模拟系统；提出包括地质封存的选址准则、封存量评价、分析测试流程、安全评价与监测方案、风险评估方案、事故处理预案等的二氧化碳封存工程实施指南；二氧化碳捕集与地质封存≮$10x10^5$t/a，累计二氧化碳封存量≮$20×10^5$t。	二氧化碳收集封存
（五）其他			
9	袋式除尘器用高压无膜脉冲阀	关键技术：研发以滑动阀片式结构替代传统的橡胶膜片结构，利用阀片的上下位移实现电磁阀的开启和关闭，阀片的位移量可以控制，能有效增加电磁阀的喷吹量。克服膜片式电磁阀橡胶膜片在工作中反复变形挠曲，而且易受高温、腐蚀等影响缩短使用寿命的缺陷。 技术指标：使用寿命≥$5×10^6$次，工作压力0.2Mpa～0.6Mpa；工作电流0.9a。	袋式除尘
二、水污染防治			
（一）城镇污水处理设备			
10	膜生物反应器	关键技术：优化平板膜元件及组件的构型，研究出水口设计、导流系统，组件的集水系统、起吊部件；研究开发帘式中空纤维膜组器，降低膜组器擦洗曝气强度，减少系统总曝气量；移植超声波焊接技术，用以实现膜元件无粘合剂密封。 技术指标：脉冲曝气膜组器运行平均曝气强度<$80Nm^3/m^2•h$，处理城市污水的汽水比<15；膜组器使用寿命>5a；工艺运行吨水电耗<0.6kwh/t，药剂费用<0.05元/t（城市污水）。	污水处理
11	城镇生活污水脱氮除磷深度处理设备	关键技术：A^2/O法脱氮除磷装备、同步反硝化脱氮除磷技术装备；增加好氧池水中溶解氧法，优化生物团的外壳材质和内核组成， 技术指标：去除效率：COD≥75%、BOD≥93%、脱氮率≥95%、脱磷率≥98%、氨氮≥95%。	市政污水处理
12	浸没式膜过滤水处理设备	关键技术：研发浸没式中空纤维膜结构与连续膜过滤技术相结合的膜过滤处理技术与设备。 技术指标：出水浊度≤0.1NTU，SS<1mg/L。	污水处理
13	上悬式移动格栅除污机	关键技术：研发PLC逻辑控制器、行走电动机驱动系统变频调速器、位置检测光电传感器的组合系统、直齿和弧形齿双结构齿耙、开闭耙液压组合系统、液压输油管路动静密封装置。 技术指标：齿耙宽度：$1.2×10^3$mm～$5×10^3$mm；栅条净距：20mm～300mm；安装角度：60°～90°；齿耙提升速度：3m/min～15m/min；悬挂小车移动速度≤6.0m/min；齿耙额定载荷：$0.25×10^3$kg～$2.4×10^3$kg；噪声≤80dB（A）；总功率：0.75kw～6kw；除污效率≥80%。	市政污水
（二）高浓度工业废水处理设备			
14	高浓度难降解有机废水处理设备	关键技术：优化电催化氧化絮凝反应器、一体化气升式反应器、厌氧复合反应器的结构和集成技术；研发3R反应器、垂直折流多功能生物反应器（VTBR）同步脱碳、脱氮、除磷及污水资源化技术装备；活性炭吸附-电解连续再生（微电解）污水深度处理与回用、膜萃取及膜分离回收芳香化合物（MARS）技术与装备；开发反应蒸馏法（R-D法）回收能量技术装备，耐盐菌处理高盐废水技术、菌种与装备，湿式催化氧化技术与装备；开发以上技术设备对不同种类废水的组合处理技术与装备。 技术指标：出水COD浓度<50mg/l；MARS技术：出水苯酚含量<500ppm，回收99%以上纯度的苯酚；RD技术：截留率>90%，残液可直接作为燃料燃烧；污水处理产生CO_2的回收技术：生物质平均热值>33MJ/kg；VTBR技术：氧利用率≥90%，无污泥产生。耐盐菌处理高盐化工废水：耐盐范围：1%～10%；进水COD浓度：$1×10^3$mg/l～$30×10^3$mg/l。	高浓度有机废水

15	酸性蚀刻液电解再生回用系统	关键技术：实验选择析氢超电势高，而电沉积铜超电势低的阴极材料和析氯超电势高，而一价铜离子氧化超电势低的阳极材料。耐强酸性、耐高氯离子的高性能离子交换膜。设计特殊电解槽，解决特殊电解槽中的电荷平衡和物质平衡问题。研发电化学反应器，制造离子膜电解设备。 技术指标：单套处理能力≥1t/d、酸性蚀刻液回用率≥99%、蚀刻铜回收率≥99%。电解处理过程不产生有害物质，污染物零排放。	蚀刻废水
16	高浓度难降解化工废水处理技术设备	关键技术：采用高效的无机盐与有机物分离技术，利用特殊菌完成对有机物的降解过程，最终辅以高效氧化技术完成有机难降解物的脱除。 技术指标：适用污水浓度COD在5×10^3mg/l以上，可生化性B/C≤0.1，无机盐共存浓度≥3%。	化工废水处理
17	焦化废水综合处理技术与成套装备	关键技术：研发采用微电解工艺、超声辐照预处理焦化废水的技术装备；在焦化废水生物脱氮领域，主要研发厌氧酸化-缺氧-好氧(A_1-A_2-O)和序批式间歇反应器(SBR)工艺；研发适于已建和在建水处理设施的生物强化技术工艺，在新建水处理设施领域研发膜生物反应器工艺；开发以上工艺设备的组合装备；采用反渗透工艺制备高品质回用水。研发焦化废水深度处理过程中使用的化学混凝和絮凝技术与药剂，利用锅炉粉煤灰、烟道气处理焦化废水的技术装备。 技术指标：进水水质：COD：5×10^3mg/l～2.5×10^3mg/l、氨氮：2×10^3mg/l～5×10^3mg/l、酚：2.5×10^3mg/l～5×10^3mg/l、石油类0.5×10^3mg/l～2.5×10^3mg/l、SS：0.1×10^3mg/l～1×10^3mg/l。出水水质：COD≤60mg/l、氨氮≤10mg/l、酚≤0.6mg/l、石油类≤10mg/l、SS≤60mg/l。	焦化废水处理
18	垃圾渗滤液处理设备	关键技术：优化膜生物反应器+纳滤+反渗透处理工艺技术，研发电催化氧化，fenton（化学催化）等高级氧化技术替代纳滤处理技术；开发超导磁分离技术、射流曝气装置、前置反硝化+硝化脱除氨氮等技术装备。 技术指标：垃圾渗滤液原水COD 1×10^5mg/L～2×10^5mg/L，BOD 4×10^3mg/L～8×10^3mg/L,氨氮1×10^3mg/L～2×10^3mg/L；出水水质：COD<100mg/L，BOD<10mg/L，氨氮<5mg/L；COD/BOD去除率>99%，氨氮去除率>99%；运行成本<16元/m^3。	垃圾渗滤液处理
19	疏水膜蒸馏耦合技术及其成套设备	关键技术：低温疏水膜蒸馏成套工业化装置。 技术指标：疏水膜通量在15L/m^2h～20L/m^2h，膜使用寿命≥3a，处理水量为0.1t/h～10t/h。	高盐高浓度工业废水处理，苦咸水、劣质水(含砷、氟）净化处理
（三）其他			
20	海水淡化成套装备	关键技术：研究以蒸馏蒸汽喷射装置和布液系统为核心的低温多效海水淡化关键设备，以能量回收装置、反渗透膜、膜壳和高压泵为核心的反渗透海水淡化关键设备，开发大型横管降膜蒸发/冷凝器传热与流动过程和结构，蒸汽压缩器（TVC）工作过程机理、性能计算方法与结构设计方法，多效蒸发海水淡化装置流程优化与系统设计计算方法；研究热致相分离疏水微孔膜的制备，提高膜通量和造水比；以提升膜品质为核心，提高海水淡化微滤、纳滤等预处理性能。 技术指标：预处理水质：污染指数（SDI）<2；10×10^4t/d低温多效和拟多效膜蒸发海水淡化成套装备、单机3×10^4t/d反渗透海水淡化装备；造水比>13；吨水成本<4元。	海水淡化
21	仿生式蓝藻清除设备 .	关键技术：仿照鲢鱼滤食藻类的科学原理，并结合水源地蓝藻灾害防御的特殊用途进行设计蓝藻清除设备。 技术指标：初级过滤流量≥$1\times10^4m^3$/s，检出颗粒（粒径>0.04mm）分离率100%，最终浓缩成鲜藻含量>50%（体积比）的藻浆；工作水深>0.3m，最大作业功率≤30kw，汲取处理1m^3含藻湖水能耗≤0.03kw/h，不添加无机或有机絮凝剂，无二次污染风险。	自然水域水体净化
三、固体废物处理			

（一）污泥处理设备			
22	自平衡污泥焚烧工艺及系统成套设备	关键技术：研发污泥干化设备、循环流化床污泥焚烧炉和烟气处理设备。锅炉产生的蒸汽用于干化污泥，基本实现污泥能量的自平衡。全封闭的污泥流程和负压技术确保环境无臭味。 技术指标：处理污泥含水率≥80%，烟气净达标排放；环境无臭味。污泥焚烧减量≥90%，干化污泥颗粒粒径30μm～500μm，系统粉尘排放浓度≤50mg/m³，二化系统氧气含量≤4%，低位热值5x10³kcal/kg的原煤掺入量5%～10%，污染物达标排放。	市政、工业污泥处理
23	城市污水厂污泥半干法处理装备	关键技术：研发以水热处理为核心的污泥处理组合工艺。 技术指标：污泥总COD溶解率≥20%，SS溶解率≥30%，污泥减容率≥90%；进料污泥含水率90%～95%，出料≤50%，呈半干化状态，可直接焚烧。日处理污水5×10⁴t的污水处理厂（日产80%含水率的污泥30t）；平均电耗≤5.5×10⁵kwh/a。	市政、工业污泥处理
24	城市污水处理厂污泥炭化成套设备	技术指标：热解时间≤25min、热解终温≥5×10²℃、产污泥炭≥3t、回用燃气≥1×10³m³/d、燃气热值≥6×10³Kcal/Nm³，尾气经过多级净化后达到安全排放标准。	市政污泥处理
25	油泥回转式连续低温热解装备	关键技术：研发回转窑的设计和制造、解决回转窑和连接件的密封，设计并构建高温炭填料床裂解反应器。 技术指标：处理对象：油泥、油砂等固体废物；热解产物：热解气、热解油、炭黑；反应器温度4×10²℃～6×10²℃；生产方式：连续生产；处理量2.5×10²kg/h～5×10³kg/h；反应器停留时间0.5h～2h；炉内物料填充率20%；能耗：自供能；系统压力：-3×10⁵MPa。	工业废弃物处置
26	油田钻井废弃物处理处置技术与成套装备	关键技术：研发专用高速离心机、滤干机、钻井液回收装备和回注成浆装置；研究成套装备全系统性能参数合理匹配、效果评估技术、处理效果的监控、运行自动控制技术；开发油田钻井废弃物处理成套装备。 技术指标：高速大流量离心机：转鼓最大内径≥5×10²mm、最大工作转速≥3×10³rpm、最大水通量≥100m³/h、分离点（D50）≥3μm；滤干机：转鼓最大内径≥1000mm、最大工作转速≥900rpm、干燥效率≤6%、最大处理量≥50t/h；回注成浆装备：造浆能力≥10m³/h、钻屑与液体的比例为1:4、研磨成浆后的钻屑固相粒径≤0.3mm；全套系统综合：处理量≥80m³/h、油基钻井液回收率≥75%、油基钻井液回收≥30m³/h、固相废物含油率≤6%；实现变频控制和在线自动检测。	工业废弃物处置
（二）生活垃圾处理			
27	垃圾微波裂解成套设备	关键技术：研发采用高强度微波辐射加热，充分利用微波的“致热效应”和“非热效应”对于垃圾的热裂解过程的催化和促进作用，达到加热均匀、易于控制、裂解效率高，能耗低的目的。经预处理后的垃圾，通过在还原气氛下的微波裂解，其产物为气、液、固三相，并分别加以利用，其最终产品为燃料气、化工气体原料、燃料油、活性炭、硅钙板等产品。 技术指标：最高温度≤7×10²℃；微波泄漏值≤2MW/cm²；冷却水：每路进水≥10L/min；安装环境温度：5℃～50℃；环境相对湿度：5%～85%；地面承重≥1×10³kg/m²；微波加热效率：55%～75%；单台设备处理量：50t/d～500t/d（原始垃圾）。	生活垃圾综合利用
28	600t/d及以上生活垃圾焚烧及其烟气处理系统成套设备	关键技术：研发大型化炉排、多列炉排同步控制系统和均匀燃烧技术、热膨胀控制与热补偿技术、大容量烟气净化设备等。 技术指标：处理量≥0.6×10³t/d；垃圾的低位热值适应范围4×10³KJ/Kg～8×10³KJ/Kg；垃圾在进炉热值≥4×10³KJ/Kg、含水量≤60%的情况下不添加辅助燃料；设备年运行时间≥8×10³h，焚烧炉负荷范围：70%～110%；焚烧炉中主燃区温度：9×10²℃～1.1×10³℃，烟气温度≥8.5×10²℃，停留时间≥2s；灰渣热灼减率≤3%。	生活垃圾焚烧

29	城市生活垃圾处理成套设备	关键技术：研发液压步进式给料机提高进料灵活性、布料均匀度和设备可靠性，张弛筛、圆盘筛和星状筛提高物料筛分效率和能力，正负压结合风力分选系统设备提高轻物料分选效率，连续热解汽化炉解决物料连续热解处理的难题，提高日处理能力，提高能量回收率；研发红外线自动分选装置将塑料按照材质、颜色自动分类，去除后续焚烧产生二噁英的因素；研发成套技术装备系统的智能化和模块化设计，提高前分选处理装备的适应性和灵活性。 技术指标：液压步进式给料机处理量≥25t/h；张弛筛、圆盘筛和星状筛分选效率≥80%；正负压结合风力分选系统设备，轻物料分选效率≥90%；连续热解汽化炉的处理量10t/h，能量回收率≥90%；各种塑料的分选效率≥95%，分选精度＞98%；处理量≥1×10^{3}t/d。	生活垃圾处理
30	生活垃圾热解处理设备	技术指标：垃圾在无氧和缺氧条件下进行加热蒸馏，无二噁英产生条件。垃圾处理后烟气黑度≤格林格曼1级；烟尘≤40mg/m^{3}；二氧化硫≤20 mg/m^{3}；氯化氢≤20mg/m^{3}；氮氧化物≤115mg/m^{3}；重金属含量符合《生活垃圾焚烧污染控制标准》（GB 18485-2001）要求；二噁英含量≤0.1 NgTEQ/m^{3}。热解气化处理全过程中，无渗滤液产生与排放。热解气化的垃圾有机物减量率≥93%；医疗垃圾减量率≥95%。单炉日处理量：80t～100t；垃圾热解气化后产生的可燃气，可直接用于燃气发电机发电。	生活垃圾处理
（三）建筑垃圾处理			
31	建筑废弃物综合利用成套设备	关键技术：动力传动技术研究；基于实际参数的钢筋混凝土界面有限元模型的建立。提出钢筋混凝土体块的切割解决方案，实现钢筋混凝土的自动切割和向一下级送料。研发建筑废弃物分拣、破碎、研磨设备，研发建筑废弃物再生成建材、再生塑化木建材、再生高压地砖、再生水泥粒片板、废弃物再生树脂补强等产品的技术装备。 技术指标：年处理建筑垃圾≮100wt，砂石料≮150wt；建筑垃圾处理率达≥95%。综合利用产品均符合国家各项相关标准。生产过程无二次污染，污染物达标排放。	建筑废弃物综合利用
（四）危险废物处理			
32	危险废物处理成套设备	关键技术：危险废物焚烧技术、热解处理技术、危险废物焚烧渣、飞灰熔融技术。 技术指标：处理量＞10t/d；一燃室温度≥8.5×10^{2}℃，二燃室温度≥1.1×10^{3}℃；烟气停留时间＞2s；由1.1×10^{3}℃以上降至6×10^{2}℃进入急冷塔，烟气从6×10^{2}℃冷却至2×10^{2}℃时间＜1s；残渣热灼减率＜5%；焚烧效率≥99.9%；有毒有害物质焚毁去除率≥99.99%。	危险废物处理
（五）其他			
33	废旧线路板处理装置	关键技术：研发在密闭负压状态下，采用远红外线方式自动拆解废旧线路板元器件的技术设备。	废旧印制线路板综合利用
34	农村有机废弃物堆肥与综合利用成套设备	关键技术：研发采用强制通风静态垛工艺，将农村有机废弃物（如秸秆、人粪尿、畜禽粪便或生活垃圾等）转化为可以进行农业、园林绿化用的有机肥原料。筛选适合本工艺的能快速繁殖的菌种，并进行驯化。 技术指标：堆肥腐熟（种子发芽指数≥60%，人粪尿、畜禽粪便堆肥的蛔虫卵死亡率≥95%，粪大肠菌群菌值≥0.01；有机废弃物处理直接成本≤60元/吨；整个处理过程不产生废液，处理场所周围臭气排放达到GB18918-2002的二级标准，处理场地符合《工作场所有害因素职业接触限值》（GBZ 2-2002），有机肥达到有机肥料标准(NY525-2002）。	农村有机废弃物综合利用
35	农药污染场地的快速、异位生物修复设备	关键技术：研发通过高效微生物的快速降解，在原址或异位进行生物修复的技术设备。 技术指标：修复周期≤60d；六六六等农药的生物降解效率均达≥90%；单条生产线修复污染土壤≥500t/d。	农药污染场地的修复
四、环境监测专用仪器仪表			

36	氰化物在线自动监测仪	关键技术：研发氰离子选择电极法检测技术,团队协作式控制技术,实现环保仪器的组件智能化、自动化、网络化和程序实时更新。研发基于智能组件技术的仪器模块组件库技术,基于CAN总线的通讯协议，制定自动站内部各智能组件模块间的数据/控制命令通讯协议（内环协议）；基于SOCKET通讯协议和GPRS通讯技术,制定自动站与监控中心间的数据/控制命令通讯协议（外环协议）。协议兼容《污染源在线自动监控（监测）系统数据传输标准》（HJ/T212-2005）。 技术指标：检测范围：0.2 mg/L～260mg/L,重复性误差≤5%,最低检出限≤0.2mg/L,量程漂移≤±1.5%,实际水样对比试验≤5%,MTBF≧720h/次，环境温度：10℃～40℃，环境湿度：65±20%RH。	环境污染物监测
37	水中持久性有机污染物(POPs)的电化学自动在线检测平台	关键技术：研发基于POPs传感器技术平台，针对不同的检测需求，设计不同的传感器，实现对水中POPs自动在线检测。	水中有机污染物监测
38	污染治理系统运维服务与远程诊断管理系统	关键技术：基于移动互联网及信息管理技术的污染治理系统运维服务与远程诊断管理系统。通过设立在污染治理控制设备端的监控仪器，采集系统运行状态数据，并通过移动互联网络传输到控制中心服务器，进行运行状态的数据分析，以提供专业的运行维护指导与远程诊断。该系统初期服务于气体污染治理领域，并可扩充到污水、固废等污染治理领域。 技术指标：对污染治理效果参数100%采集、设备运行状况数据的采集率＞90%；实时数据传输；实现远程的运行状态诊断、故障报警及运维咨询服务；系统规模与数据容量：可接受的污染治理系统及设备数为5000套。	环境监测
39	在线生物毒性水质预警监控技术及设备	关键技术：应用水下摄像及图像处理技术检测水样对水蚤的数量、移动速度、游动高度和环游频率的影响，确定毒性强弱。 技术指标：对于达到危害浓度毒物的响应时间≤1h，仪器检测频次≥1次/min,，相对偏差≤30%，仪器组合在毒物谱系上具有较好的互补性，全部响应的试验毒物/总的试验毒物≥90%。	水质预警监控
40	重金属在线监测仪	关键技术：研发差分脉冲阳极溶出伏安法水质重金属在线自动检测、X射线荧光（XRF）法在线式大气重金属监测技术及设备；优化小型化原子吸收分光光度计的设计制造，并进一步开发重金属在线原子吸收光谱仪器；开发钨丝作为原子化器，利用自身的气源和锂电池，提升仪器的环境适用性；研究环境水体监测中有毒有害元素的现场分析检测方法，提高可靠性和稳定性。研发烟气中汞、铅、砷、镉等重金属在线监测仪，实现烟气中痕量和超痕量重金属因子的准确监测，提高仪器测量抗干扰能力和恶劣环境适应能力。 技术指标：检测元素Cd,Hg,As,Pb,Cr等；测量范围：0-100ug/m^3；探测下限：0.1ug/m^3(烟气)、1ng/m^3(大气)；漂移：<±1%F.S./24h；重复性＜7%；监测时间≤5min，测量周期：连续采样监测。	水中、大气重金属排放监测
41	挥发性有机物在线监测仪	关键技术：研发基于光离子化检测器（PID）+氢火焰检测器（FID）的大气挥发性有机物快速在线分析技术；挥发性有机物定量测量的吸附-热解析再分离技术；采样、解析和分离的时序技术；基于吸附剂在线采样的低温吸附富集浓缩技术；基于以上技术包括吸附剂及组合筛选、采样方法、低温浓缩解析、色谱柱选择、分析温度确定、检测器优化技术等技术，集成整体挥发性有机物现场监测系统。 技术指标：检测限：0.01ppbv，<0.5ppb（苯）；检测范围：0.01ppbv～1.0ppbv，0.5ppb～100ppb（C_6-C_{12}）；相对误差≤10%。设备可以无人值守连续在线运行，监测数据自动传送。	大气污染监测

42	农村生态环境快速检测设备	关键技术：由环境空气卫生检验箱、水质典型污染物快速检测仪、土壤铵态氮和硝态氮快速检测仪三部分组成，基于GPRS的环境检测数据转换和实时无线传输模块，实现将快速检测数据实时传送到远程服务器进行数据分析和预警。 技术指标：检测范围：空气中二氧化氮0.1mg/m^3～0.9mg/m^3、氨气0.1 mg/m^3～0.9mg/m^3、二氧化硫0.1 mg/m^3～1.5mg/m^3和甲醛0.4mg/m^3～2.5mg/m^3。水质典型污染物检测仪由氨氮、亚硝酸盐氮、六价铬、镉、有机磷农药等五种快速检测试剂、便携式分光光度计组成，检测范围分别为：环境水中色度5度～200度、浊度2NTU～100NTU、氨氮0.1mg/L～2.0mg/L、亚硝酸盐氮0.01mg/L～0.2mg/L、六价铬0.05mg/L～1.0 mg/L、镉0.01mg/L～0.1 mg/L、有机磷农药最低检测限0.02mg/L。土壤铵态氮和硝态氮快速检测仪检测范围分别为：土壤中铵态氮0.1mg/L～0.5mg/L和硝态氮4.0mg/L～10.0mg/L。	农村生态环境检测
43	太阳能漂浮全自动水体检测装置	关键技术：基于人工智能图像识别技术和荧光光度法技术的结合，采用自适应算法，同时其清洗液罐和试剂罐带有自储舱，确保对环境零排放，零污染检测，可以对特定污染源（点）实时在线监测，同时可以配合卫星遥感技术，实现时空立体大范围水质环境检测。 普通污染物技术指标：灵敏度和测定范围：适用COD(cr)值为30mg/L～700mg/L；总氮、硝酸盐氮0.25ppm～1.0ppm,亚硝酸盐氮0.05～0.80,氨（NH_3）0ppm～10ppm。 叶绿素传感器技术指标：灵敏度和测定范围：光学叶绿素， 波长ex/em 470/695 nm；量程：0.02-60 ug/L；精度：0.02ug/L；线性：99% R2；光学透明度(turbidity)： 波长700nm； 量程：0～25 NTU，精度：0.01 NTU；线性：99% R2。输入电压：12V，最大输入电流500mA～700mA,自动增益控制，标准模电输出：4mA-20mA。 海洋石油残余量检测仪技术指标：范围（10μg/L)-2.5×10^4μg/L)，太阳能供电最大功耗≤200W，数据存储≥2G；在线传输方式：实时与定时设置传输，无日出最长工作时间≥7d。	海洋水体检测
44	便携式无线广谱智能分光光度水体污染物检测仪	关键技术：研发采用人工智能分光光度法实现对被测水体反射光谱的实时在线检测装置；被测水体检测参数为COD、总氮、硝酸盐氮、亚硝酸盐氮、氨。 技术指标：灵敏度和测定范围：适用COD(cr)值为30mg/L～700mg/L；总氮、硝酸盐氮0.25ppm～1.0ppm,亚硝酸盐氮0.05ppm～0.80ppm,氨（NH_3）0ppm～10 ppm。	水中污染物检测
45	水体中基因毒性污染物快速筛查仪	关键技术：基于集成式核酸传感技术，模拟具有基因毒性的环境化合物在生物体内致基因损伤的过程，实时、快速检测基因的损伤效果，在分子水平评估环境化合物的潜在基因毒性。能同时检测活性自由基导致的核酸氧化损伤和有机物导致的核酸加合损伤等多种常见的基因毒性效应，能检测具有直接毒性的活性有机物和间接毒性的（酶活化）有机物。 技术指标：操作时间≤60min，同时检测样品≥96个。	水中污染物检测
46	在线脱硝效率监测技术和设备	关键技术： 紫外差分原理测NOx和半导体激光吸收光谱技术测NH_3。 技术指标：NOx的量程（0-300-5000）ppm，线性误差<±1%F.S.,响应时间＜2s；NH_3的量程（0-5-10）ppm，响应时间<1s，线性误差<±1%F.S.，重复性误差＜±1%F.S.。	大气污染监测
47	紫外积分光谱法二氧化硫+氮氧化物监测仪	关键技术:研发采用紫外积分光谱分析技术，分析290nm～310nm区域的吸收光谱确定二氧化硫浓度；分析226nm的吸收光谱的变化确定一氧化氮浓度。 技术指标:测量范围：SO_2(0～1800 ppm)；NO_X（0～2000ppm）；仪器响应时间：≯60s；测量精度：绝对误差<5ppm（被测值＜150ppm）；相对误差小于±2 %F.S.(测量值＞150ppm)；重复性：±1%F.S；光源(氘灯)寿命＞4000h。	大气污染监测
五、资源综合利用			

48	含铜、重金属废弃电子产品及污泥(渣)的回收提纯成套装备	关键技术：研发化学浸出技术及装置：利用无污染、可以循环使用的药剂采用优异的技术参数将电子废弃物、污泥（渣）中的有价金属进行全部浸出。 技术指标：电子废弃物、污泥（渣）中的有价金属浸出率≥90%。配套装置处理能力：电子废弃物处理量≥10t/d；含重金属污泥（渣）的处理量≥100t/d，金属的回收率≥90%。萃余液和化学药剂闭流循环使用。	工业废弃物综合利用
49	废油再生基础油成套装备	关键技术：研究处理量≥1×10^5t/a的废油再生基础油成套工艺及装备，油质高、工艺环保、经济上有可行性；工艺和设备结合的短程蒸馏技术，包括材质的选择、再生工艺的合理设计、设备的合理设计与布置、废润滑油的预处理工艺对其的影响等。	工业废弃物综合利用
50	低能耗熔融气化裂解成套装备	关键技术：研发年处理万吨级垃圾熔融气化裂解生物燃料转化与资源综合利用成套工艺与装备。 技术指标：熔融气化裂解有机物转化为烷和氢混合高温气体，转换率≮99.9%。混合气体经过设备及工艺制取生成生物燃料；全封闭循环处理，离子化裂解生成小分子结构，无任何有害气体，达到零排放。	垃圾综合利用
51	二氧化碳生物转化清洁能源技术装备	关键技术：通过构建基因工程光合细菌和藻类，实现将典型工业排放的二氧化碳直接转化成有机碳作为能源实现碳的循环利用，同时将回收的生物质作为化工原料循环使用。 技术指标：二氧化碳吸收转化率大于80%；生物质能成本达到或接近太阳能成本；生物质的化工利用经济效益接近煤化工产品。	二氧化碳回收利用
52	废旧铅蓄电池资源化利用设备	关键技术：开发自动破碎分选技术和铅膏预脱硫-电解沉积工艺，将硫酸、铅膏和栅板、塑料、胶木等有效分离，并电解得到最终产品电铅。 技术指标：年处理万吨废蓄电池投资规模≤3500万元；脱硫率＞95%；铅回收率＞95%；电流效率＞95%；电耗＜700kWh；电铅质量＞99.99%。处理过程无二次污染。	废蓄电池综合利用
53	工业副产石膏综合利用装备	关键技术：研发流化床式工业副产石膏焙烧炉，解决湿基脱硫石膏粘球磨机的问题，解决原料含水率的适应性，物料粒级组成，余热利用等方面存在的问题提高脱硫石膏白度。研发脱硫石膏免煅烧制干混砂浆的技术装备，研发用于制造石膏砌块、用于制造腻子石膏、粉刷石膏和模具石膏、用作水泥缓凝剂、用于制造纸面石膏板、用作土壤改良剂等多综合利用途径的技术装备。 技术指标：年可处理工业副产石膏≥500kt。	工业副产石膏综合利用
54	2000马力废钢破碎成套装备	关键技术：研制采用磁阻开关电机驱动的超宽、超重型履带式配套输送机，满足大型废料的输送要求；采用浮动式双滚筒送料碾压机，适应不同废料顺利进入破碎机的变化要求；研制破碎机油缸活塞定位连接多级滑轨拔销装置，缩短破碎机锤头的更换时间，提高破碎机的整体工作效率。 技术指标：主机功率1500KW，每小时处理废钢35-45吨，加料宽度不小于2600MM。	废钢加工，报废汽车拆解，报废家电粉碎等。
六、噪声与振动控制			
55	城市轨道浮置板用钢弹簧隔振装置	关键技术：螺旋弹簧结构支承轨道道床隔振技术；控制钢弹簧侧向弯曲失稳及延长钢弹簧疲劳寿命技术；钢弹簧隔振装置浮置板道床水平调节技术；钢弹簧疲劳寿命延长技术研究；系列化钢弹簧隔振装置的研发；开展钢弹簧浮置板道床辅助监测系统的研制，优化不同结构形态路轨段浮置板道床的钢弹簧隔振装置布置规范。	轨道噪声
56	地铁大风量阻抗复合消声器	关键技术：大截面消声器的高频失效；低频消声；阻性和抗性消声器的有机结合，降低通风阻力，提高消声器内风速，最大程度降低消声器的外形尺寸。 技术指标：插入损失：≥8dB（A）/m，其中125Hz～500Hz低频段≥3dB（A）/m；风阻：小于风机全压10%；使用温度：事故工况下可保证在250℃条件下工作1h。	轨道噪声

57	低频噪声和固体声污染控制设备及集成控制技术	关键技术：研发以低频噪声和固体声分析识别技术为基础的高效低频隔振器件、隔振基础等各类隔振系统，控制室内噪声。 技术指标：隔振效率在宽频带＞95%，使室内低频噪声（200Hz以下）和固体声减低≥10dB（A）。	低频噪声和固体声污染控制
七、环境污染防治专用材料与药剂			
58	膜材料	关键技术：膜材料的选择、孔径的确定、膜面亲疏水性的选择、污泥浓度的高低、泥水混合液的温度、pH值与膜污染性能的关联性研究；研究聚偏氟乙烯（PVDF）膜纺丝技术（湿法和热法纺丝技术）和带衬膜制作技术；开发PVD/SPS共混膜合金材料，提高膜抗污染能力；研究聚乙烯吡咯烷酮（PVP）添加剂性能，增加膜孔隙率、膜强和纯水膜通量。对膜进行表面改性研究，控制表面电荷。 技术指标：带衬膜膜丝拉伸断裂强度＞200N，非带衬膜膜丝拉伸断裂强度＞10N；膜运行通量＞0.6m^3/m^2•d；用于高浓度氨氮废水处理时，微滤膜孔径0.1um～0.2um，出水氨氮≤15mg/l；用于反渗透系统预处理时，出水浊度≤1,SDI≤2。	污水处理
59	袋式除尘器专用聚四氟乙烯（PTFE）滤料	关键技术：研究PTFE薄膜与长短纤维的生产技术、制造设备及加工过程的工艺参数。 技术指标：长纤维强度可达3.6～4.5gf/den；热收缩率≤3%，试验条件为250℃，持续30min；耐温性达到-190℃～260℃（短时间使用温度达290℃）；纤维连续生产长度达到1.0～1.5×10^4m；坯料单重达到100kg/团；基础膜的厚度波动在±0.75μm以内，孔隙率波动在±15%以内。	布袋除尘
60	碳纤维复合过滤材料	技术指标：除尘效率≥99.99%，使用温度≥1.2×10^2C°，经纬向强力≥1.8×10^3N。80%H_2SO_4浸泡≤24h，强力损失≤10%，40%NaOH浸泡24h,强力损失≤8%。	布袋除尘
61	高温气体净化用陶瓷过滤材料	技术指标：处理风量≥4×10^5m^3/h，除尘效率≥99％，分级效率dc50≤1.6μm。操作温度＞870℃以上，操作压力≤3.0MPa，滤速≥5cm/s以上，滤后气体含尘浓度≤3mg/Nm^3，寿命达到＞8×10^3hr。	高温气体净化
62	玻氟斯/乳酸水刺复合毡	关键技术：研发玻氟斯/乳酸水刺复合毡；采用高速水刺工艺、转鼓反弹水刺缠结加固及氟树脂整理等技术，解决针刺滤料存在的缺陷，应对$PM_{2.5}$等可吸入颗粒物的控制。	布袋除尘
63	烟气过滤专用聚丙烯裂纹纤维滤料	关键技术：研发过滤用高吸附性聚丙烯裂纹纤维，截面裂纹化和复杂化，纤维比表面积增加，实现可降解。	烟气过滤
64	水面浮油凝集剂	技术指标：凝油时间≤5s；连续工作时间≥700h。	水面油污处理
65	选择催化还原法脱硝专用钛白粉	关键技术：研发超精细钛白粉及其制备设备。 技术指标：粒径在8μm～12μm，比表面积80m^2/g～120m^2/g。	选择性催化脱硝
66	纳滤膜及其组件	关键技术：研发聚酰胺类纳滤膜及组件。 技术指标：膜形式：平板卷式膜或中空膜；截留分子量100～300；脱盐率＞50%～90%，且具有良好的抗冲击性和耐污染性；膜使用寿命≥3a；膜最大产水量≤15×10^4gpd；操作压力≤2.0MPa，适用pH范围:3～10。对低分子有机污染物，消毒副产物，大肠菌群，病毒细菌，氟、砷、铁、锰等重金属离子的去除率≥95%，对钙、镁等两价离子去除率≥50%，产水率≥85%。	城市、工业污废水回用，饮用水净化
八、电磁波与放射性（包括核三废）污染防治			

67	放射性可燃固体废弃物压缩减容分拣装置	关键技术：研发采用流水线的形式用于放射性危险固体废弃物预处理，便于就地收集压缩减容，方便集中运输，集中处理，且集光机电一体化密封性高的自动压缩减容装置。研发液压技术，封装技术，单元控制技术原理和特殊设计，达到了危险固体废物在操作人员完全不接触的情况下实现废弃物通过任务检测后能自动分拣和多次压缩，经捆扎带密封桶送入指定场所进行最终处理。	放射性废弃物
68	核废料处理及固废物质资源化重生系统	关键技术：研发以低放射性核废料处理技术为基础，整合等离子技术、光电技术、水分解技术、合成汽催化反应技术、合金高分子活性碳吸收氢气、烟气高温净化技术的技术装备。在实现对于包括核废料在内的所有固废的无害化处理的同时，使其碳氢重组再生成石化产品。 技术指标：废污油泥100吨+1吨核废料可回收甲醇20t/d；氢气≥5.9×10^4 m^3/d；氧气≥2.9×$10^4$$m^3$/d；排放指标：各种重金属均低于0.1ppm；二噁英低于0.1ng/m^3；辐射低于背景浓度或等于背景浓度。工业垃圾20t/d+1吨低放核废料处理可回收甲醇5t/d；可回收氢气1.5×$10^4$$m^3$/d；氧气0.75×$10^4$$m^3$/d；资源重生率达90%以上，无碳排放。	放射性废弃物
九、环境污染应急处理			
69	移动式水处理设备	关键技术：研发应对突发事件，因水源污染无法直接饮用或小面积水源严重污染，无法直接排放而的装备，平时不用时膜的保护技术、在无动力电时合适配套的发电设备、设备的自动吊装运输配套装置。 技术指标：处理量≥10m^3/hr，进水：污染水；出水：达到饮用标准。全自动操作。	应急水处理
70	移动式有毒有害泥水（液）环境污染快速应急处理集成装置	关键技术：研发具有应急处理智能快速响应系统支持的，具有广泛适应性的和可以全面应对处理各种突发环境泥水（液）污染的，由独立作业功能模块单元组合集成的，可根据变化和需要迅速增减调整功能和能力，具备高度机动性的一体化移动式有毒有害泥水（液）环境污染快速高效应急处理集成装置。 技术指标：接到报警响应时间≦3min；责任区域半径≯30km，内固定源污染响应时间≤20min；移动源污染响应时间≤30min；固定源污染判明有毒有害污染物种类和含量1时间≤5min；移动源污染判明有毒有害污染物范围≤10min，判明种类和含量≤20min；应急处置能介支持和药剂准备<10min；毒害重金属降毒害和固稳率≧98%；有机物毒物降毒害和固稳率≧90%；有毒有害泥水（液）固液分离减量处理处置；有毒有害泥水（液）前置去杂能力3mm～10mm；泥水（液）处理能力：20m^3/h～100m^3/h（每一脱水减量单元）；脱水泥饼含水率：25%～70%；固化（凝）时间<30 min；滤液浊度<20；固化滤饼移离能力：2t/h～20t/h；处理后水（液）移离能力：20m^3/h～200m^3/h。	应急危险废物处理
71	小型一体化可移动式医疗废水处理设备	关键技术：研发以生物接触氧化工艺和二氧化氯消毒为核心的处理工艺。 技术指标：达标排放，出水水质优于《医疗机构水污染排放标准》（GB18466-2005）。	应急医疗废水处理
72	环境应急监测车	关键技术：集空气质量和水体日常监测与应急监测于一体的可移动监测实验室，实现针对空气环境和水环境的日常污染情况和突发性污染性事件进行连续和实时监测，并利用GRPS/CDMA等无线通讯手段，对实时数据及时准确传输；车内采用正压式设计、电源自动切换设计，保证了设备运行的稳定性和可靠性，整个系统以仪器监测单位为核心，辅助车内环境安全保障单元、气象监测单元、数据采集传输单元、视频监控传输单元、应急响应平台等，可以同时监测水、气环境，用于突发性环境灾害时间的应急监测。并可用作大气移动环境监测子站以及大气环境自动站设备巡检。不受环境和地域限制进行全天候连续监测，能实时对大气和水质进行监测。	环境应急监测
推广应用类			
序号	名称	主要技术指标	适用范围
一、大气污染防治			

73	钢铁烧结机烟气脱硫设备	烟气处理量≥150m^2，脱硫效率≥90%，SO_2排放浓度≤50mg/m^3；粉尘浓度≤30mg/m^3；单位投资额≤50元/kw，设备功耗≤1.2×10^3kw。	冶金行业脱硫
74	电袋复合除尘设备	烟尘排放浓度≤30mg/m^3；本体阻力≤1×10^3Pa；长滤袋规格直径120mm～160mm，滤袋长度8～10m，配套机组1×10^3MW。	工业除尘
75	循环流化床烧结烟气多组份污染物干法脱除设备	SO_2脱除率≥95%；强酸（SO_3、HCl、HF）脱除率≥95%，重金属汞脱除率≥80%；SO_2出口排放浓度≤100mg/Nm^3；出口二噁英≤0.1ng TEQ/m^3；出口粉尘浓度≤20mg/Nm^3；漏风率≤4%；烟气排放温度≥70℃；适应烟气负荷范围：0～110%；同步运行率：100%。	烧结烟气脱硫
76	低浓度挥发性有机物处理专用设备	回收效率≥95%；压降<2kPa；VOCs去除效率≥98%。	挥发性有机物治理
77	高温高压大流量电除尘器	除尘效率≥99.9%。处理烟气量：2×$10^4$$m^3$/h～2.8×$10^6$$m^3$/h，允许进口烟气温度：0.7×$10^2$℃～4×$10^2$℃；允许入口含尘浓度0.8×$10^2$g/$Nm^3$～1.3×$10^3$mg/$Nm^3$，壳体承压≤2×$10^4$Pa，出口排放含尘浓度≤30mg/$Nm^3$。	工业除尘
78	大流量高温长袋脉冲袋式除尘设备	单位过滤面积耗钢量15kg/m^2～18kg/m^2；处理风量≥2×$10^7$$m^3$/h；运行阻力1×$10^3$Pa～1.2×$10^3$Pa；处理烟气入口含尘浓度达到≥500g/$Nm^3$，烟气温度>250℃；出口含尘浓度<10mg/$Nm^3$；滤袋使用寿命>3a。	工业除尘
二、水污染防治			
79	精密陶瓷真空过滤机	脱水原理：毛细效应；过滤板材料：烧结白刚玉或高密度PE；过滤板孔径0.2μm～20μm；过滤面积≥150m^2；过滤直径2.5×10^3mm～4×10^3mm；真空度≤-0.09MPa；滤盘转速≤1.5r/min；过滤盘数≥25圈；泥饼含水率≤7%（矿山精矿）或≤65%（污水处理）；真空能耗≤11kw。	污泥脱水以及尾矿、工业废渣脱水
80	倒伞曝气机	工作水深≤3.5m，主轴转速≥32r/min，浸没水深100mm充氧能力≥65kg/h，理论动力效率（以轴功率计）≥2kg/kw·h。	工业废水
81	高浊度污水电絮凝处理设备	单套系统最大处理能力≥6.5×10^3t/a；出水水质达到或优于国家《污水综合排放标准》（GB8978-1996）一级标准，重金属污染物去除率≥99%；极板更换周期最长≥1.1×10^3h，通常≥350h；吨水电耗≤1.5kwh。	工业废水处理
82	地埋式竖向污水处理反应器	BOD去除率≥95％；出水BOD≤15mg／L，SS≤15mg／L；去除每公斤BOD耗电≤0.8度。城市污水处理吨水耗电≤0.15kwh。	市政及工业废水处理
83	印染废水处理回用技术及成套设备	进水水质：pH值：6～10，CODCr：400mg/L～1000mg/L，BOD5：100mg/L～400mg/L，SS：100mg/L～200mg/L，色度为100～400倍，出水可达到<GB8978-96>综合废水排放标准的一级标准。不外排污泥。印染废水回用率≥75%。综合处理成本≤4元/t回用水，直接处理成本≤3.5元/t回用水。处理水量≥4000t/d。	印染工业废水处理
三、固体废物处理			
84	生活垃圾焚烧飞灰稳定化处理设备	飞灰浸出浓度Pb<3mg/L，Cu<50mg/L，Cr<0.3mg/L，Zn<50mg/L，Cd<10mg/L。水耗<0.25t/t，电耗<25kW·h/t，药耗<0.03t/t。	垃圾焚烧
85	污泥增钙热干化系统装置	污泥含水率≤80%，生石灰的添加比例≤25%；污泥处理成本≤180元/吨。污泥出主机含水率≤40%，5mm颗粒物≥80%，转鼓干燥器通过的时间为：7Min～9Min，自然堆置≤7d，处理后污泥含水率≤10%。污泥干化中没有燃烧过程，无CO_2排放。干化后污泥渣可用作水泥原料。	市政污泥干化
86	化工污泥和药渣干化设备	处理量：5t/d～150t/d；炉温≥1.1×10^3℃；高温烟气停留时间>2s，废气达标排放。	化工、生化污泥干化

87	污泥生物堆肥处理成套设备	对好氧生物发酵过程温度、氧气、臭气等重要参数进行实时在线监测和智能控制，处理过程无人值守，设备无故障运行≥1a；电耗＜20kw·h/t、直接处理成本≤80元/t；无害化处理后的物料含水率≤45%，发芽率≥95%，粪大肠杆菌值≥0.01，蠕虫卵死亡率≥95%；车间和厂区臭气排放浓度低于《国家恶臭污染排放标准》(GB14554-93)；车间占地面积减少≥60%；处理时间≤20d。有机肥达到有机肥料标准(NY525-2002)。	市政污泥堆肥
88	餐厨垃圾预处理成套设备	单套处理量≥45t/d；预分拣设备大块垃圾分选率≥90%；固液分离率≥95%；油脂分离率≥90%；配备除臭系统；能耗≤5kw/t，处理每吨水耗≤0.2t。	餐厨垃圾处理
89	粪便无害化、资源化处理成套设备	单套处理量≥95t/d；垃圾分离率≥95%；成套设备无故障时间≥300h，实现粪便无害化率100%，资源化率＞97%；日处理量≥100t/h时，粪便预处理设备单位投资额＜3万元/吨；粪便水处理设备单位投资额＜2万元/吨。 粪便预处理单位（吨）电耗≤0.7kw、水耗≤0.2t；水处理单位（吨）电耗≤0.6kw；每百吨粪便生产有机肥量＞5t。	粪便处理
90	鼓泡流化床污泥焚烧炉	处理能力：进料污泥含水率≤85%，出料≤50%，处理量：5t/d～400t/d，炉内设计温度≥8.5×10^{2}℃，烟气停留时间≥2s，灰渣热酌减率＜3%。焚烧能量主要采用污泥自身热量，不足时可添加辅助燃料。	污泥焚烧
91	钻屑回注成套设备	造浆能力≥10m³/h的钻屑处理能力；钻屑与液体的比例为1:4，泥浆中的固相≥25%；研磨成浆后的钻屑固相粒径≤0.3mm；存储能力≥20m³；造浆系统净重≤20T（含控制室，研磨机、振动筛）；存储罐净重≤9T。	工业废弃物处理
92	臭气自动在线监测和生物除臭一体化设备	该设备实现臭气的实时在线监测，设备响应时间≤20s；排放的尾气中臭气浓度低于《国家恶臭污染排放标准》(GB14554-93)；设备无故障连续运行≥1a；最大日处理量≥600t。	臭气监测与治理
93	深井矿山清洁化生产成套技术设备	管道输送＞4km、浓度达80%～82%。	矿山采空区充填
四、环境污染应急处理			
94	应急用多功能移动式高温固废处理设备	日处理量≮25t，其中焚烧量≮8t；处理一般生活垃圾时，一次炉燃烧温度≥8.5×10^{2}℃，二次炉燃烧温度≥1×10^{3}℃，停留时间≥1s。处理医疗垃圾及其它有害废弃物时，一次炉燃烧温度≥8.5×10^{2}℃以上，二次炉燃烧温度≥1.2×10^{3}℃，停留时间≥2s。烟气净化确保包括二噁英在内的多种物质排放达标。	应急固废处理
95	移动式应急医疗废物处理车	越野行驶载重量≥3.5t，百公里油耗≤30L，日处理能力0.5t～30t；环境适应温度-41℃～+46℃，风力最大稳定风速7级风或阵风8级，淋雨≤6mm/min 整车用电最大功率≤7.5Kw，热解炉每次点火耗柴油≤151（也可用其它燃料代替），热解炉启动后，利用垃圾自产燃气循环；处理效果：处理后达到GB18484危险废物焚烧污染控制标准。热解炉无故障运行时间≥300h。	应急医疗废物处理
96	阻截式油水分离及回收装备	进水含油量0～100%；出水含油量≤0.1ppm；运行温度：0℃～80℃；收油率≥95%；收水率≥99%；阻截膜寿命＞2a；单模块处理效率≥300t/h，可线性放大，模块式无限叠加。	海上溢油应急处理
五、资源综合利用			
97	废塑料复合材料回收处理成套设备	废塑料基复合材料处理量1t/h～5t/h；回收金属（铝等）的纯度≥98%；金属（铝等）回收率≥99%；回收塑料的纯度≥95%；吨处理能耗≤10kw·h； 回收金属的纯度≥98%，金属回收率≥99%，塑料的回收率≥95%；智能化自控技术：温度报警设置范围0℃～150℃，灵敏度≤0.5℃；电压报警：-10%～－5%(380V)；电流报警灵敏度≤0.5A；自动包装计量精度≤1g；实现顺序开关机启动和关闭；实现人机界面控制。	废塑料综合利用

98	农林废弃物资源化利用成套设备	每年可处理秸秆、荒草、竹木加工剩余物、枝桠小径材等农林废弃物≥3万吨；年沼气发电量≥600万KWh；年产木质素基-树脂添加剂≥3.9×10^3t，纤维素浆粕≥9×10^3t；年节约标煤≥2×10^3t，再利用循环水用量≥900m^3/d；无三废排放。	农林废弃物综合利用
99	生物质型煤锅炉	低劣质煤热效率≥80%，燃烧效率≥94%，炉渣含炭量≤4%，排烟温度＜100℃，排渣温度≤60℃；二氧化硫排放浓度＜30mg/m^3；锅炉出口烟尘排放浓度≤10mg/m^3；氮氧化物排放浓度＜100mg/m^3；林格曼黑度<1级；劣质煤、煤矸石及生物质、工业废弃资源利用率达到60%以上,其中生物质≥15%；节电95%；在使用配套生物质型煤的基础上实现上述指标。	工业废弃物综合利用
100	废轮胎胶粉改性沥青成套装备	胶粉原料：20目～60目，胶粉添加比＞25%，产能≮25t/h，设备生产噪音8dB（A）～10dB（A），产品质量符合交通部改性沥青混合料标准。	废轮胎综合利用
101	废轮胎整胎切块破碎机	生产效率≮2.5Th；刀具使用寿命≥7000t；子口钢丝含胶率≤0.5%；总装机功率≤50 KW。	废轮胎综合利用
六、环境监测专用仪器仪表			
102	氨氮在线监测仪	电极法，测定范围：0mg/L～1×10^3mg/L；重现性：最大刻度的±5%；零点漂移：最大刻度的±5%；量程漂移：最大刻度的±5%；响应时间：3min～5min；模拟输出：4mA～20mA；通讯接口：RS 232/485 ，CAN总线；显示方式：LCD；数据存储＞2a。	水质在线监测
103	填埋场防渗层渗漏监测/检测预警系统	高压信号源：3KV、1A低频交流方波；漏洞检出率≥95%；漏洞误报率：≤5%；漏洞尺寸：1mm；定位精度＜50cm。	垃圾填埋
104	便携式应急检测设备	工作时间≥2h；灵敏度：达到ppb级别；分辨率：单位质量分辨率；质量范围：15D～550D；多级质谱：MS^N，N≥3。	环境应急监测
105	集装式可移动水质自动监测站	全部监测仪器和辅助设施集装于具有全天候结构的活动式柜体内；运行无人值守；具有自诊断和数据自动恢复功能；多级通讯接口（网口、GPRS无线网络平台、CAN总线、4mA～20mA、2路RS232串行通讯接口）。	水质监测
106	反应器式BOD快速测定仪	线性范围：0～200mg/L；测定时间≤20min；生物敏感材料使用寿命＞3M，保存时间（真空干燥）＞1a；测量准确度符合现行BOD标准测定方法的技术指标。	水质检测
七、环境污染防治专用材料与药剂			
107	低磷缓蚀阻垢剂	pH＜5.5；总磷（以PO_4^{3-}计）≤2.5%；阻垢率≥95%；腐蚀率≤0.125mm/a。	工业循环水处理
108	铝钛多功能复合型硫磺回收催化剂	Al_2O_3含量≥95%，助剂含量：1.5%～2.0%，堆积密度：0.65g/ml～0.75g/ml，抗压强度≥140N/颗，比表面积≥300m^2/g，孔容≥0.40ml/g，磨耗≤0.3%。硫磺回收率≥95%；耐温≥3×10^2℃。	资源综合利用

统计数据

2011年中国环境状况公报（节录）

综 述

2011年，面对复杂多变的国际政治经济环境和艰巨繁重的国内改革发展任务，党中央、国务院团结带领全国各族人民，坚持以邓小平理论和“三个代表”重要思想为指导，深入落实科学发展观，坚持以科学发展为主题，以加快转变经济发展方式为主线，妥善处理速度、结构和物价三者关系，有效应对突出矛盾和问题，巩固和扩大了应对国际金融危机冲击成果，国民经济保持平稳较快发展。国务院印发了《关于加强环境保护重点工作的意见》和《国家环境保护“十二五”规划》，召开了第七次全国环境保护大会，中共中央政治局常委、国务院副总理李克强出席会议并发表重要讲话，进一步明确了“十二五”环境保护目标任务、重点工作及政策措施。环境保护的战略地位更加强化，指导思想更加明晰，重点任务更加突出，保障措施更加有力。

一是环境保护促进经济发展方式转变的作用进一步强化。按照中央统一部署，环境保护部会同有关部门开展了14个省（自治区、直辖市）加快转变经济发展方式监督检查。严格环境影响评价，对44个、总投资近2500亿元涉及“两高一资”、低水平重复建设和产能过剩项目作出退回报告书、不予批复或暂缓审批处理。推进行业污染防治水平升级及产业结构调整，严格稀土等重点行业环保核查，稀土行业新增环保投入20多亿元。严格企业上市环保核查和后督察，申请上市环保核查企业核查时段内累计新增环保投入99.7亿元，完成916个污染治理项目。二是主要污染物总量减排扎实推进。国务院发布了“十二五”节能减排综合性工作方案，召开了国家节能减排工作领导小组会议、全国节能减排工作电视电话会议，对“十二五”节能减排工作进行全面部署。环境保护部深入研究“十二五”污染减排目标任务、实现途径、保障措施、政策体制等重大问题，扎实做好减排政策制度顶层设计。受国务院委托，环境保护部与各省级政府、新疆生产建设兵团和8家中央企业集团公司分别签订了“十二五”主要污染物总量减排目标责任书，并将减排指标分解落实到地方政府和重点排污单位。印发《“十二五”主要污染物总量减排核算细则》，在全国环保系统进行大规模宣贯培训，启动污染减排绩效管理试点，加强减排“三大体系”建设，为持续推进“十二五”污染减排固本强基。2011年，全国化学需氧量、氨氮和二氧化硫排放量持续下降。三是重金属污染等严重损害群众健康的突出环境问题有所缓解。四是重点流域区域污染防治不断深化。出台《全国地下水污染防治规划》、《长江中下游流域水污染防治规划（2011-2015年）》。严格考核重点流域“十一五”水污染防治规划实施情况，规划项目完成率为87%，比“十五”提高了22.8个百分点。全国地表水水质继续好转。开展水质较好湖泊生态环境保护试点。珠三角区域积极健全大气污染联防联控机制，确保大运会期间环境质量优良。五是农村环境整治和生态保护切实加强。截至2011年，共安排80亿元农村环保专项资金，受益人口3729.06万人。积极开展农业面源污染防治，累计减少不合理施肥580万吨。七是政策法制、科技监测和宣传教育等工作继续推进。国务院颁布实施《太湖流域管理条例》和《放射性废物安全管理条例》，配合推进《环境保护法》修订工作。水体污染控制与治理科技重大专项基本实现“控源减排”阶段目标，首次开展全国范围的环境污染与人群健康综合调查，环境基准和风险评估国家重点实验室获批立项。组建环境风险与损害鉴定评估研究中心和环境污染损害鉴定技术中心，推动试点地方开展环境污染损害鉴定评估工作。圆满完成环境监测质量管理三年行动计划，开展首次国家重点生态功能区县域生态环境质量考核试点和生物多样性试点监测，举办第一次全国环境应急监测大演练。围绕“共建生态文明，共享绿色未来”的世界环境日中国主题，精心组织宣传周系列活动。成功举办“十一五”环保成就展暨第十二届中国国际环保展览会，李克强副总理参观展览并对“十一五”环保成就给予高度评价。制作了《探索中国环境保护新道路》宣传片，在天安门广场大屏幕滚动播出。八是环保体制机制和能力建设得到加强。监测执法、环境监察能力建设，核安全监管机构队伍建设进一步加强。监测执法业务用房项目下达预算内基建投资近11亿元，安排环境监察能力建设资金4.14亿元，对930多个中西部县（区）级环境监察机构标准化建设予以支持。

2011年，全国环保系统坚决贯彻中央关于环境保护的决策部署，环保各项工作取得积极进展，全国环境质量状况总体保持平稳，“十二五”环保事业开局良好。

主要污染物总量减排

基本目标

“十二五”期间，主要污染物总量减排目标为：与2010年相比，化学需氧量和二氧化硫排放总量下降8%，氨氮和氮氧化物排放总量下降10%。2011年，主要污染物总量减排目标为：与2010年相比，四项污染物排放总量分别下降1.5%。

主要污染物削减情况*

2011年，化学需氧量排放总量为2499.9万吨，比上年下降2.04%；氨氮排放总量为260.4万吨，比上年下降1.52%；二氧化硫排放总量为2217.9万吨，比上年下降2.21%；氮氧化物排放总量为2404.3万吨，比上年上升5.73%。其中，农业源化学需氧量排放量为1185.6万吨，比上年下降1.52%；氨氮排放量为82.6万吨，比上年下降0.41%。

主要措施

2011年，认真贯彻落实国家节能减排工作领导小组会议和全国节能减排工作电视电话会议精神，深入研究“十二五”污染减排目标任务、实现途径、保障措施、政策体制等重大问题，扎实做好减排政策顶层设计。重点突出结构减排，共关停小火电机组346万千瓦、钢铁烧结机7000平方米，淘汰落后造纸产能710万吨、印染23亿米、水泥4200万吨，取缔了一批涉铅等重金属企业。深入推进工程减排，新增城镇污水日处理能力1100万吨，新建成投运脱硫机组装机容量6800万千瓦，钢铁烧结机烟气脱硫设施93台，烧结总面积1.58万平方米，5171个规模化畜禽养殖场和养殖小区完善污水和固体废弃物处理处置设施。继续实施管理减排，“十一五”末建成的自动在线监控系统充分发挥作用，火电机组脱硫设施投运率达到95%以上，56台、2370万千瓦火电机组脱硫设施取消烟气旁路，火电行业综合脱硫效率由68.7%提高至73.2%。2011年7月1日，全国范围内实施了轻型汽油车国家第四阶段排放标准，单车污染物排放水平比国家第三阶段排放标准降低了30%。2011年，全国共计淘汰汽车91万辆（不含摩托车和低速载货汽车，包含强制注销车辆），北京、上海、广州等部分城市提前实施第四阶段车用燃料标准。

表1–6　各地区主要有色金属、非金属矿产基础储量（2011年）

地 区	铜 矿 (铜,万吨)	铅 矿 (铅,万吨)	锌 矿 (锌,万吨)	铝土矿 (矿石,万吨)	菱镁矿 (矿石,万吨)	硫铁矿 (矿石,万吨)	磷 矿 (矿石,亿吨)	高岭土 (矿石,万吨)
全 国	**2812.43**	**1291.70**	**3124.39**	**105064.32**	**185163.43**	**136900.57**	**28.93**	**37764.63**
北 京	0.02							
天 津								
河 北	13.19	20.91	89.39	2.57	882.34	1140.42	1.75	58.30
山 西	211.44	0.55	0.32	18146.20		614.98		160.20
内蒙古	364.19	310.56	603.13			15561.90	0.02	433.12
辽 宁	34.59	9.70	48.29		169189.47	1947.78	0.81	525.00
吉 林	22.88	12.35	18.55		1.10	762.70		49.66
黑龙江	112.06	6.37	32.77			48.20		
上 海								
江 苏	3.94	9.80	16.70			353.20	0.13	727.78
浙 江	8.91	8.97	20.89			552.38		768.08
安 徽	182.57	10.59	14.92			15078.68	0.20	158.17
福 建	86.15	26.00	68.22			1134.33		5585.69
江 西	672.05	56.22	81.84			15950.62	0.61	3138.62
山 东	17.98	0.25	0.06	158.90	14852.02	3.18		418.82
河 南	11.67	43.82	47.37	16119.19	2.11	5706.07	0.03	32.88
湖 北	117.55	5.22	20.49	502.87		3833.11	8.19	465.93
湖 南	28.72	65.05	98.80	485.53		3925.77	1.41	2119.13
广 东	30.90	144.61	254.55			16558.90		5495.63
广 西	3.35	25.52	102.79	41146.02		682.25		15174.70
海 南	3.05	0.92	0.78					1872.60
重 庆		5.56	18.22	6890.18		1485.60		9.00
四 川	74.96	80.51	217.29	14.40	186.49	40988.03	3.43	71.87
贵 州	0.19	1.23	11.06	20045.31		5497.32	5.28	16.05
云 南	277.20	199.25	713.16	1551.84		4898.29	6.42	402.30
西 藏	233.54	8.58	5.81					
陕 西	19.83	27.90	65.29	1.31		108.30	0.05	81.10
甘 肃	164.64	82.43	332.92			1.00		
青 海	36.40	79.98	149.97		49.90	50.20	0.60	
宁 夏							0.01	
新 疆	80.46	48.85	90.81			17.36		
海 域								

二、土地利用与生态

表2–1 各地区土地利用情况（2008年）

单位：万公顷

地区	土地调查面积	农用地			建设用地			
			#园地	#牧草地		居民点及工矿用地	交通运输用地	水利设施用地
北 京	164.1	109.6	12.0	0.2	33.8	27.9	3.3	2.6
天 津	119.2	69.3	3.5	0.1	36.8	28.1	2.2	6.5
河 北	1884.3	1308.2	70.5	79.9	179.4	154.5	12.0	12.9
山 西	1567.1	1014.3	29.5	65.8	86.9	77.3	6.3	3.3
内蒙古	11451.2	9523.0	7.3	6560.9	149.2	123.9	16.0	9.3
辽 宁	1480.6	1122.8	59.6	34.9	139.9	115.9	9.2	14.8
吉 林	1911.2	1639.3	11.5	104.4	106.5	84.2	6.7	15.6
黑龙江	4526.5	3792.4	6.0	220.8	149.2	116.1	11.9	21.2
上 海	82.4	36.7	2.1		25.4	23.0	2.1	0.2
江 苏	1067.4	671.6	31.6	0.1	193.4	161.0	13.1	19.3
浙 江	1054.0	867.2	66.1		104.9	81.7	9.5	13.8
安 徽	1401.3	1119.0	33.9	2.8	166.2	133.4	10.1	22.7
福 建	1240.2	1073.1	62.9	0.3	64.7	50.7	7.9	6.1
江 西	1668.9	1416.4	27.8	0.4	95.4	67.5	7.5	20.5
山 东	1571.3	1156.6	100.7	3.4	251.1	209.3	16.3	25.5
河 南	1655.4	1228.1	31.4	1.4	218.7	188.3	12.2	18.2
湖 北	1858.9	1465.2	42.4	4.4	140.0	100.9	9.2	30.0
湖 南	2118.5	1789.8	49.0	10.4	139.0	108.8	10.4	19.8
广 东	1798.1	1489.1	100.8	2.7	179.0	145.7	12.1	21.1
广 西	2375.6	1786.6	53.9	71.6	95.4	71.0	8.8	15.5
海 南	353.5	282.3	53.2	1.9	29.8	22.3	1.4	6.1
重 庆	822.7	692.0	24.0	23.7	59.3	48.9	4.8	5.5
四 川	4840.6	4239.8	71.6	1371.1	160.3	136.6	13.5	10.2
贵 州	1761.5	1524.6	12.1	159.8	55.7	45.7	6.1	4.0
云 南	3831.9	3176.0	84.2	78.2	81.6	62.8	10.0	8.8
西 藏	12020.7	7760.6	0.2	6444.1	6.7	4.2	2.4	0.1
陕 西	2057.9	1847.8	70.6	306.4	81.7	71.0	6.6	4.0
甘 肃	4040.9	2387.9	20.0	1261.3	97.7	88.2	6.6	2.9
青 海	7174.8	4372.4	0.7	4034.7	32.7	24.7	3.2	4.8
宁 夏	519.5	417.4	3.4	226.4	21.2	18.6	1.9	0.7
新 疆	16649.0	6308.5	36.4	5111.4	124.0	99.3	6.3	18.4

三、能源

表3–1 能源生产总量及构成

年 份	能源生产总量 (万吨标准煤)	占能源生产总量的比重 (%)			
		原 煤	原 油	天然气	水电、核电、风电
1978	62770	70.3	23.7	2.9	3.1
1980	63735	69.4	23.8	3.0	3.8
1985	85546	72.8	20.9	2.0	4.3
1990	103922	74.2	19.0	2.0	4.8
1991	104844	74.1	19.2	2.0	4.7
1992	107256	74.3	18.9	2.0	4.8
1993	111059	74.0	18.7	2.0	5.3
1994	118729	74.6	17.6	1.9	5.9
1995	129034	75.3	16.6	1.9	6.2
1996	133032	75.0	16.9	2.0	6.1
1997	133460	74.3	17.2	2.1	6.5
1998	129834	73.3	17.7	2.2	6.8
1999	131935	73.9	17.3	2.5	6.3
2000	135048	73.2	17.2	2.7	6.9
2001	143875	73.0	16.3	2.8	7.9
2002	150656	73.5	15.8	2.9	7.8
2003	171906	76.2	14.1	2.7	7.0
2004	196648	77.1	12.8	2.8	7.3
2005	216219	77.6	12.0	3.0	7.4
2006	232167	77.8	11.3	3.4	7.5
2007	247279	77.7	10.8	3.7	7.8
2008	260552	76.8	10.5	4.1	8.6
2009	274619	77.3	9.9	4.1	8.7
2010	296916	76.6	9.8	4.2	9.4
2011	317987	77.8	9.1	4.3	8.8

注：电力折算标准煤的系数根据当年平均发电煤耗计算(下表同)。

表3–2 能源消费总量及构成

年份	能源消费总量(万吨标准煤)	占能源消费总量的比重 (%)			
		煤炭	石油	天然气	水电、核电、风电
1978	57144	70.7	22.7	3.2	3.4
1980	60275	72.2	20.7	3.1	4.0
1985	76682	75.8	17.1	2.2	4.9
1990	98703	76.2	16.6	2.1	5.1
1991	103783	76.1	17.1	2.0	4.8
1992	109170	75.7	17.5	1.9	4.9
1993	115993	74.7	18.2	1.9	5.2
1994	122737	75.0	17.4	1.9	5.7
1995	131176	74.6	17.5	1.8	6.1
1996	135192	73.5	18.7	1.8	6.0
1997	135909	71.4	20.4	1.8	6.4
1998	136184	70.9	20.8	1.8	6.5
1999	140569	70.6	21.5	2.0	5.9
2000	145531	69.2	22.2	2.2	6.4
2001	150406	68.3	21.8	2.4	7.5
2002	159431	68.0	22.3	2.4	7.3
2003	183792	69.8	21.2	2.5	6.5
2004	213456	69.5	21.3	2.5	6.7
2005	235997	70.8	19.8	2.6	6.8
2006	258676	71.1	19.3	2.9	6.7
2007	280508	71.1	18.8	3.3	6.8
2008	291448	70.3	18.3	3.7	7.7
2009	306647	70.4	17.9	3.9	7.8
2010	324939	68.0	19.0	4.4	8.6
2011	348002	68.4	18.6	5.0	8.0

表3–3 按行业分能源消费量（2010年）

行业	能源消费总量(万吨标准煤)	煤炭消费量(万吨)	焦炭消费量(万吨)	原油消费量(万吨)	汽油消费量(万吨)
消 费 总 量	324939.15	312236.50	33687.80	42874.55	6886.21
农、林、牧、渔、水利业	6477.30	1711.10	46.82		169.07
工业	231101.82	296031.63	33583.69	42716.55	689.46
采掘业	18399.39	24638.61	179.97	1020.29	66.32
煤炭开采和洗选业	10574.43	23143.94	25.05		20.11
石油和天然气开采业	4057.55	563.03	0.16	1020.29	24.20
黑色金属矿采选业	1573.35	222.10	125.73		7.70
有色金属矿采选业	954.16	99.19	15.75		7.59
非金属矿采选业	1026.38	607.79	13.28		6.40
其他采矿业	213.52	2.56			0.32
制造业	188497.85	118821.50	33381.02	41692.62	590.92
农副食品加工业	2644.27	1699.66	9.50	0.11	38.93
食品制造业	1508.52	1210.93	3.01	0.01	15.74
饮料制造业	1130.42	792.40	0.68		9.55
烟草制品业	228.89	80.06			0.72
纺织业	6204.53	2618.04	5.10	0.02	26.96
纺织服装、鞋、帽制造业	748.42	233.77	3.76	0.03	17.83
皮革、毛皮、羽毛(绒)及其制品业	392.19	75.11	0.22	0.05	8.40
木材加工及木、竹、藤、棕、草制品业	1035.62	432.64	1.78	0.22	9.29
家具制造业	209.66	33.79	1.51	0.01	8.23
造纸及纸制品业	3961.92	4281.61	2.19	0.12	11.32
印刷业和记录媒介的复制	390.97	44.70	0.27	0.01	8.33
文教体育用品制造业	210.84	17.74	3.82	0.06	4.08
石油加工、炼焦及核燃料加工业	16582.66	29780.84	93.45	38624.99	36.18
化学原料及化学制品制造业	29688.93	14703.88	1743.01	3062.50	48.20
医药制造业	1427.68	716.35	0.87	0.02	12.16

表3-3 按行业分能源消费量（2010年）（续一）

行业	能源消费总量(万吨标准煤)	煤炭消费量(万吨)	焦炭消费量(万吨)	原油消费量(万吨)	汽油消费量(万吨)
消费总量	324939.15	312236.50	33687.80	42874.55	6886.21
化学纤维制造业	1440.91	589.10	3.88		1.55
橡胶制品业	1461.17	508.10	2.93	0.02	10.81
塑料制品业	2097.51	377.96	4.04	0.10	23.21
非金属矿物制品业	27683.25	23508.83	385.72	2.45	37.47
黑色金属冶炼及压延加工业	57533.71	28221.59	29448.47	0.33	13.40
有色金属冶炼及压延加工业	12841.45	5714.93	591.98	0.71	10.35
金属制品业	3627.75	316.00	75.56	0.12	32.95
通用设备制造业	3270.81	432.85	657.06	0.09	54.03
专用设备制造业	1851.20	627.83	125.61	0.06	29.51
交通运输设备制造业	3748.85	853.95	168.87	0.17	49.21
电气机械及器材制造业	2121.53	253.54	26.63	0.15	36.48
通信设备、计算机及其他电子设备	2525.15	185.11	2.61	0.27	20.31
制造业					
仪器仪表及文化、办公用机械	346.47	25.46	5.73		7.26
制造业					
工艺品及其他制造业	1505.08	471.78	2.13		7.73
废弃资源和废旧材料回收加工业	77.49	12.95	10.63		0.73
电力、煤气及水生产和供应业	24204.58	152571.52	22.70	3.64	32.22
电力、热力的生产和供应业	22584.11	151163.05	4.01	3.64	24.64
燃气生产和供应业	650.11	1341.79	18.55		3.20
水的生产和供应业	970.36	66.68	0.14		4.38
建筑业	6226.30	718.91	5.81		274.70
交通运输、仓储和邮政业	26068.47	639.23	0.12	158.00	3204.93
批发、零售业和住宿、餐饮业	6826.82	1969.87	5.10		168.18
其他行业	13680.50	2006.59	2.77		1166.22
生活消费	34557.94	9159.17	43.49		1213.65

表3–3 按行业分能源消费量（2010年）（续二）

行业	煤油消费量(万吨)	柴油消费量(万吨)	燃料油消费量(万吨)	天然气消费量(亿立方米)	电力消费量(亿千瓦小时)
消费总量	1744.07	14633.80	3758.02	1075.75	41934.49
农、林、牧、渔、水利业	0.90	1206.73	1.14	0.50	976.49
工业	40.20	2163.79	2377.32	687.25	30871.77
采掘业	4.41	500.35	37.33	137.20	1940.39
煤炭开采和洗选业	2.53	141.23	2.32	3.80	751.67
石油和天然气开采业		185.98	34.75	132.61	347.90
黑色金属矿采选业	0.35	62.36	0.07	0.03	361.33
有色金属矿采选业	0.67	20.82	0.01	0.09	258.71
非金属矿采选业	0.24	89.42	0.18	0.66	155.26
其他采矿业	0.62	0.54		0.01	65.52
制造业	35.75	1501.33	2220.15	357.70	22870.00
农副食品加工业	0.51	56.78	9.79	0.88	424.36
食品制造业	0.20	30.47	13.76	2.76	184.69
饮料制造业	0.13	15.91	8.26	1.70	132.34
烟草制品业		4.50	1.06	0.62	45.88
纺织业	0.50	44.63	22.45	1.66	1276.74
纺织服装、鞋、帽制造业	0.25	34.34	5.31	0.32	151.58
皮革、毛皮、羽毛(绒)及其制品业	0.24	13.70	5.87	0.04	89.72
木材加工及木、竹、藤、棕、草制品业	0.17	18.06	0.25	0.30	212.21
家具制造业	0.08	14.53	0.58	0.36	44.49
造纸及纸制品业	0.22	28.43	19.58	1.49	535.44
印刷业和记录媒介的复制	0.10	13.57	2.05	0.77	95.45
文教体育用品制造业	0.11	16.39	1.73	0.32	48.09
石油加工、炼焦及核燃料加工业	5.64	26.53	1033.02	40.04	565.34
化学原料及化学制品制造业	5.02	162.69	514.56	187.28	3144.92
医药制造业	0.34	17.15	6.69	2.92	222.58

表3—3　按行业分能源消费量（2010年）（续三）

行业	煤油消费量(万吨)	柴油消费量(万吨)	燃料油消费量(万吨)	天然气消费量(亿立方米)	电力消费量(亿千瓦小时)
消 费 总 量	1744.07	14633.80	3758.02	1075.75	41934.49
化学纤维制造业	0.01	7.95	15.24	0.44	298.86
橡胶制品业	0.09	10.26	9.16	0.99	329.89
塑料制品业	0.28	56.61	13.67	1.61	533.10
非金属矿物制品业	1.16	289.94	353.57	42.72	2448.48
黑色金属冶炼及压延加工业	0.47	99.88	23.90	20.42	4611.60
有色金属冶炼及压延加工业	1.78	63.98	97.12	9.06	3129.09
金属制品业	1.40	66.29	12.47	3.63	960.72
通用设备制造业	4.47	74.65	7.75	6.66	621.03
专用设备制造业	0.64	47.63	3.75	5.95	317.83
交通运输设备制造业	10.18	110.55	12.50	12.97	790.29
电气机械及器材制造业	0.66	71.92	7.81	4.63	508.19
通信设备、计算机及其他电子设备	0.36	71.22	13.67	6.27	670.76
制造业					
仪器仪表及文化、办公用机械	0.61	14.22	0.40	0.54	85.83
制造业					
工艺品及其他制造业	0.10	14.35	2.38	0.34	376.40
废弃资源和废旧材料回收加工业	0.03	4.20	1.80	0.01	14.10
电力、煤气及水生产和供应业	0.04	162.11	119.84	192.35	6061.38
电力、热力的生产和供应业	0.03	154.89	119.43	180.80	5687.51
燃气生产和供应业	0.01	2.61	0.23	11.36	82.87
水的生产和供应业		4.61	0.18	0.19	291.00
建筑业	8.77	490.20	30.76	1.16	483.24
交通运输、仓储和邮政业	1601.08	8518.56	1326.65	106.70	734.53
批发、零售业和住宿、餐饮业	34.98	196.60	8.62	27.24	1292.00
其他行业	38.73	1287.19	13.53	26.00	2451.83
生活消费	19.41	770.73		226.90	5124.63

表3–4　各地区能源消耗指标（2011年）

地区	万元地区生产总值能耗(等价值)		万元工业增加值能耗上升或下降(规模以上，当量值)	万元地区生产总值电耗上升或下降
	指标值(吨标准煤/万元)	上升或下降(±%)		
北　京	0.459	-6.94	-18.50	-6.10
天　津	0.708	-4.28	-7.43	-7.48
河　北	1.300	-3.69	-6.63	-0.36
山　西	1.762	-3.55	-5.82	0.03
内蒙古	1.405	-2.51	-4.39	4.38
辽　宁	1.096	-3.40	-5.02	-3.15
吉　林	0.923	-3.59	-4.19	-3.90
黑龙江	1.042	-3.50	-5.17	-4.43
上　海	0.618	-5.32	-7.33	-4.42
江　苏	0.600	-3.52	-5.41	-0.14
浙　江	0.590	-3.07	-2.40	1.41
安　徽	0.754	-4.06	-9.54	-0.15
福　建	0.644	-3.29	-1.16	2.73
江　西	0.651	-3.08	-6.87	2.30
山　东	0.855	-3.77	-7.67	-0.58
河　南	0.895	-3.57	-8.60	1.27
湖　北	0.912	-3.79	-6.88	-4.20
湖　南	0.894	-3.68	-8.61	-2.10
广　东	0.563	-3.78	-5.13	-1.46
广　西	0.800	-3.36	-6.13	-0.28
海　南	0.692	5.23	12.53	3.94
重　庆	0.953	-3.81	-5.21	-1.63
四　川	0.997	-4.23	-7.78	-1.87
贵　州	1.714	-3.51	-8.02	-1.70
云　南	1.162	-3.22	-9.92	5.47
西　藏				
陕　西	0.846	-3.56	-5.60	0.38
甘　肃	1.402	-2.51	-1.96	2.07
青　海	2.081	9.44	9.62	6.24
宁　夏	2.279	4.60	14.72	18.36
新　疆	1.631	6.96	9.28	14.69

注：地区生产总值和工业增加值按2010年价格计算。

四、水资源和废水排放处理

表4—1 水资源情况

年份地区	水资源总量(亿立方米)				人均水资源量(立方米/人)
		地表水资源量	地下水资源量	地表水与地下水资源重复量	
2000	27700.8	26561.9	8501.9	7363.0	2193.9
2001	26867.8	25933.4	8390.1	7455.7	2112.5
2002	28261.3	27243.3	8697.2	7679.2	2207.2
2003	27460.2	26250.7	8299.3	7089.9	2131.3
2004	24129.6	23126.4	7436.3	6433.1	1856.3
2005	28053.1	26982.4	8091.1	7020.4	2151.8
2006	25330.1	24358.1	7642.9	6670.8	1932.1
2007	25255.2	24242.5	7617.2	6604.5	1916.3
2008	27434.3	26377.0	8122.0	7064.7	2071.1
2009	24180.2	23125.2	7267.0	6212.1	1816.2
2010	30906.4	29797.6	8417.0	7308.2	2310.4
2011	23258.5	22215.2	7214.8	6171.5	1730.4
北京	26.8	9.2	21.2	3.5	134.7
天津	15.4	10.9	5.2	0.7	116.0
河北	157.2	69.8	126.2	38.9	217.7
山西	124.3	76.6	95.0	47.3	347.0
内蒙古	419.0	298.2	213.4	92.5	1691.6
辽宁	294.8	260.5	111.9	77.6	673.2
吉林	315.9	262.9	112.9	59.9	1149.5
黑龙江	629.5	512.5	237.2	120.3	1642.0
上海	20.7	16.2	7.4	2.9	89.1
江苏	492.4	399.0	115.1	21.7	624.6
浙江	745.0	733.3	184.2	172.5	1365.7
安徽	602.3	544.2	143.5	85.4	1010.1
福建	774.9	773.5	243.4	242.1	2090.5
江西	1037.9	1018.9	315.2	296.3	2319.1
山东	347.6	237.5	195.9	85.8	361.6
河南	328.0	222.5	191.8	86.3	349.0
湖北	757.5	725.4	251.9	219.8	1319.1
湖南	1126.9	1120.7	279.9	273.6	1711.9
广东	1471.3	1461.3	362.1	352.1	1404.8
广西	1350.0	1350.0	271.2	271.2	2917.4
海南	484.1	478.8	111.6	106.3	5545.6
重庆	514.6	514.6	98.3	98.3	1773.3
四川	2239.5	2238.3	578.2	577.1	2782.9
贵州	626.0	626.0	216.6	216.6	1802.1
云南	1480.2	1480.2	548.1	548.1	3206.5
西藏	4402.7	4402.7	990.9	990.9	145779.8
陕西	604.4	575.5	164.3	135.4	1616.6
甘肃	242.2	233.0	129.3	120.1	945.4
青海	733.1	715.1	331.1	313.1	12956.8
宁夏	8.8	6.9	21.6	19.7	137.7
新疆	885.7	841.0	540.2	495.5	4031.3

表4–2 供水用水情况

年份 地区	供水总量 (亿立方米)				用水总量 (亿立方米)					人均用水量 (立方米/人)
		地表水	地下水	其 他		农 业	工 业	生 活	生 态	
2000	5530.7	4440.4	1069.2	21.1	5497.6	3783.5	1139.1	574.9		435.4
2001	5567.4	4450.7	1094.9	21.9	5567.4	3825.7	1141.8	599.9		437.7
2002	5497.3	4404.4	1072.4	20.5	5497.3	3736.2	1142.4	618.7		429.3
2003	5320.4	4286.0	1018.1	16.3	5320.4	3432.8	1177.2	630.9	79.5	412.9
2004	5547.8	4504.2	1026.4	17.2	5547.8	3585.7	1228.9	651.2	82.0	428.0
2005	5633.0	4572.2	1038.8	22.0	5633.0	3580.0	1285.2	675.1	92.7	432.1
2006	5795.0	4706.8	1065.5	22.7	5795.0	3664.4	1343.8	693.8	93.0	442.0
2007	5818.7	4723.9	1069.1	25.7	5818.7	3599.5	1403.0	710.4	105.7	441.5
2008	5910.0	4796.4	1084.8	28.7	5910.0	3663.5	1397.1	729.3	120.2	446.2
2009	5965.2	4839.5	1094.5	31.2	5965.2	3723.1	1390.9	748.2	103.0	448.0
2010	6022.0	4881.6	1107.3	33.1	6022.0	3689.1	1447.3	765.8	119.8	450.2
北 京	35.2	7.2	21.2	6.8	35.2	10.8	5.1	15.3	4.0	189.4
天 津	22.5	16.2	5.9	0.5	22.5	11.0	4.8	5.5	1.2	177.9
河 北	193.7	36.1	156.0	1.6	193.7	143.8	23.1	24.0	2.9	272.3
山 西	63.8	29.3	34.5		63.8	38.0	12.6	10.6	2.6	182.2
内蒙古	181.9	92.6	88.6	0.7	181.9	134.5	22.6	15.0	9.8	737.9
辽 宁	143.7	72.1	67.6	4.0	143.7	89.8	25.0	25.5	3.4	329.7
吉 林	120.0	75.9	44.2		120.0	73.8	26.1	16.4	3.7	437.6
黑龙江	325.0	178.9	146.1		325.0	249.6	56.0	17.6	1.8	848.6
上 海	126.3	126.1	0.2		126.3	16.8	84.8	23.5	1.2	559.7
江 苏	552.2	543.5	8.7		552.2	304.2	191.9	52.9	3.2	704.4
浙 江	203.0	198.1	4.3	0.6	203.0	94.6	59.7	39.4	9.3	378.7
安 徽	293.1	265.6	26.6	0.9	293.1	166.7	94.0	30.2	2.2	485.0
福 建	202.5	197.5	4.6	0.3	202.5	97.2	81.3	22.7	1.3	550.2
江 西	239.7	229.8	9.9		239.7	151.0	57.4	27.5	3.9	539.1
山 东	222.5	127.1	91.3	4.0	222.5	154.8	26.8	36.2	4.6	233.5
河 南	224.6	88.6	135.1	0.9	224.6	125.6	55.6	36.1	7.3	237.8
湖 北	288.0	278.1	9.0	0.8	288.0	138.3	117.1	32.4	0.2	503.1
湖 南	325.2	304.0	21.1		325.2	185.8	89.8	46.4	3.2	501.2
广 东	469.0	446.4	21.3	1.3	469.0	227.5	138.8	94.2	8.6	456.0
广 西	301.6	289.3	11.1	1.1	301.6	194.6	55.2	46.5	5.3	637.2
海 南	44.4	41.0	3.3		44.4	33.9	3.8	6.5	0.1	511.9
重 庆	86.4	84.6	1.8	0.1	86.4	19.8	47.4	18.6	0.5	300.8
四 川	230.3	210.7	16.9	2.6	230.3	127.3	62.9	38.0	2.1	283.8
贵 州	101.4	93.8	7.2	0.5	101.4	50.0	34.3	16.5	0.6	289.2
云 南	147.5	139.0	4.8	3.7	147.5	95.3	25.5	22.8	3.9	321.6
西 藏	35.2	32.4	2.8		35.2	31.7	1.5	2.0		1177.7
陕 西	83.4	49.5	33.3	0.5	83.4	55.5	12.1	14.8	1.0	223.5
甘 肃	121.8	96.1	24.2	1.5	121.8	94.3	13.7	10.8	3.0	476.3
青 海	30.8	25.6	5.0	0.1	30.8	23.2	3.3	3.5	0.8	549.2
宁 夏	72.4	67.0	5.4		72.4	65.0	4.1	1.8	1.4	1150.4
新 疆	535.1	439.2	95.2	0.7	535.1	484.6	11.2	12.8	26.5	2463.7

注：生态用水仅包括部分河湖、湿地人工补水和城市环境用水。

表4—3　各地区废水中主要污染物排放情况（2011年）

地区	废水排放总量(万吨)	废水中主要污染物排放量											
		化学需氧量(万吨)	氨氮(万吨)	总氮(万吨)	总磷(万吨)	石油类(吨)	挥发酚(吨)	铅(千克)	汞(千克)	镉(千克)	六价铬(千克)	总铬(千克)	砷(千克)
全 国	6591922	2499.9	260.4	447.1	55.4	21012.1	2430.6	155242.0	2829.2	35899.0	106395.4	293166.3	146616.0
北 京	145469	19.3	2.1	3.3	0.4	82.1	0.9	186.2	1.7	12.4	339.6	508.7	28.1
天 津	67147	23.6	2.6	3.7	0.5	199.6	1.3	1459.4	1.1	9.8	105.9	285.2	22.8
河 北	278551	138.9	11.4	45.0	6.8	1302.2	308.8	566.5	4.6	33.7	3141.3	8480.5	78.1
山 西	116132	49.0	5.9	8.8	1.0	1489.1	1048.0	662.7	5.1	830.9	490.9	519.8	755.4
内蒙古	100389	91.9	5.4	15.9	1.7	808.1	5.9	3086.7	43.5	549.1	31.4	114.2	4929.6
辽 宁	232247	134.3	11.1	20.0	2.8	897.6	70.0	982.0	10.5	96.4	462.8	692.5	478.8
吉 林	116162	82.5	5.8	11.0	1.4	287.5	4.7	267.8	7.7	35.3	131.5	199.8	1028.7
黑龙江	150661	157.7	9.6	26.9	2.9	1252.1	25.7	37.9	1.7	5.6	195.3	875.4	78.5
上 海	214155	24.9	5.0	1.5	0.2	777.0	5.8	175.5	3.4	18.2	1024.6	2548.9	38.0
江 苏	592774	124.6	15.7	17.6	1.9	1578.9	63.3	3608.5	98.0	147.8	5400.4	12318.3	804.5
浙 江	420134	81.8	11.5	9.2	1.1	981.3	23.7	568.4	8.3	281.2	10008.9	21660.5	218.1
安 徽	243265	95.3	11.0	18.9	3.0	785.2	7.0	3026.1	9.6	777.7	5744.0	6965.2	7166.1
福 建	316178	67.9	9.5	9.5	1.3	455.0	16.7	5104.5	55.0	422.1	2906.8	15327.6	1504.5
江 西	194432	76.8	9.3	9.5	1.4	706.9	76.8	9401.6	1537.1	2791.8	17352.9	22669.2	10851.6
山 东	443331	198.2	17.3	56.0	6.5	725.7	48.6	1096.6	48.4	1097.6	754.1	13959.0	2177.7
河 南	378785	143.7	15.4	41.5	4.9	1266.5	160.1	7140.8	27.3	2781.3	1606.9	37379.5	1810.7
湖 北	293064	110.5	13.1	19.8	2.5	1144.2	22.8	4166.8	223.3	846.6	16645.4	17456.8	11961.7
湖 南	278811	130.5	16.5	23.1	2.8	880.4	104.5	42466.5	279.6	14518.2	3336.0	34606.4	55704.9
广 东	785587	188.4	23.1	12.5	2.1	837.1	13.2	11512.2	66.1	1147.7	27986.6	75254.3	2287.7
广 西	222439	79.3	8.4	11.6	1.4	563.8	64.5	15639.6	81.1	2498.1	4300.4	4666.5	9070.5
海 南	35725	20.0	2.3	3.9	0.6	4.6	0.1	32.5	0.4	6.2	0.1	137.6	28.8
重 庆	131450	41.7	5.5	5.5	0.7	522.8	35.0	188.0	3.6	12.2	304.2	740.6	1418.3
四 川	279852	130.2	14.4	23.0	2.7	552.7	55.6	1760.6	71.2	183.3	542.2	1809.1	3596.2
贵 州	77927	34.2	4.0	4.4	0.5	483.8	1.0	536.7	40.1	123.6	202.1	268.8	619.8
云 南	147523	55.5	5.9	8.1	0.9	494.4	3.9	27946.6	56.7	3343.6	46.8	134.7	15580.8
西 藏	4635	2.7	0.3	0.5	0.1	0.4		0.2		0.1		1.0	2721.1
陕 西	121815	55.8	6.3	10.2	1.0	851.5	199.2	4241.9	32.7	965.1	262.8	1655.1	965.6
甘 肃	59232	39.7	4.3	5.2	0.5	333.7	11.1	6884.8	72.5	1424.9	240.2	4672.3	5735.6
青 海	21292	10.3	1.0	0.8	0.1	321.2	1.7	1120.0	11.0	148.0	1018.3	1033.3	2067.8
宁 夏	39432	23.4	1.8	3.1	0.3	146.2	9.5	110.8	4.5	29.4	113.4	452.1	212.9
新 疆	83329	67.3	4.7	17.1	1.4	280.6	41.0	1263.8	23.6	760.9	1699.5	5773.5	2673.0

注：2011年环境保护部对统计制度中的指标体系、调查方法及相关技术规定等进行了修订，统计范围扩展为工业源、农业源、城镇生活源、机动车、集中式污染治理设施5个部分。

表4—4　主要城市废水中主要污染物排放情况（2011年）

城市	废水排放总量(万吨)	废水中主要污染物排放量											
		化学需氧量(万吨)	氨氮(万吨)	总氮(万吨)	总磷(万吨)	石油类(吨)	挥发酚(吨)	铅(千克)	汞(千克)	镉(千克)	六价铬(千克)	总铬(千克)	砷(千克)
北　京	145469	19.32	2.13	3.28	0.45	82.08	0.92	186.18	1.72	12.44	339.62	508.68	28.09
天　津	67147	23.58	2.64	3.67	0.47	199.56	1.32	1459.38	1.09	9.80	105.93	285.17	22.81
石家庄	54230	23.64	1.67	5.62	0.63	175.02	4.53	16.68	0.54	1.39	4.95	2141.33	1.69
太　原	19205	2.65	0.56	0.41	0.05	24.69	0.17	173.91	2.07	13.33	126.92	127.98	64.41
呼和浩特	13754	14.15	0.48	3.00	0.31	3.12	0.02	3.79	2.19	0.38	0.90	0.90	0.51
沈　阳	41055	27.24	2.33	4.78	0.61	52.98	51.38	38.41	0.04	1.93	94.46	95.67	0.54
长　春	26767	18.00	1.41	2.98	0.42	31.24	0.26	16.50	0.01	0.07	98.41	102.56	0.28
哈尔滨	41901	33.14	2.37	5.60	0.62	27.79	0.43	22.22	0.30	1.14	151.60	153.87	2.29
上　海	214155	24.90	5.04	1.53	0.20	776.96	5.84	175.54	3.39	18.22	1024.61	2548.91	38.05
南　京	82769	11.42	1.79	0.84	0.09	292.00	9.72	39.95	0.76	10.61	355.20	428.69	52.05
杭　州	96219	11.07	1.42	1.27	0.17	51.18	17.39	44.96	0.25	2.94	2214.25	2659.18	12.81
合　肥	40213	13.07	1.18	1.54	0.23	25.03		71.87	0.63	6.96	9.61	26.33	92.00
福　州	36069	10.90	1.63	1.45	0.21	28.94	0.15	39.38	13.71	2.79	489.11	517.35	8.42
南　昌	40492	9.22	1.13	1.34	0.18	71.82	3.30	70.40	0.44	9.59	16940.42	16955.74	23.80
济　南	29794	12.08	1.02	2.77	0.32	84.27	8.38	6.57	0.27	1.54	201.99	244.35	43.25
郑　州	47307	10.27	1.30	1.94	0.25	135.65	0.76	21.19	0.23	6.30	44.39	52.45	30.56
武　汉	76666	16.56	1.92	1.38	0.18	147.47	0.66	189.54	2.19	4.71	1132.24	1193.58	219.43
长　沙	42271	12.66	1.43	1.58	0.21	84.90	0.02	149.13	0.26	22.39	412.05	554.39	30.08
广　州	141610	19.53	2.48	1.50	0.26	112.15	0.24	682.10	1.10	11.68	2004.86	5352.54	51.65
南　宁	36355	13.69	1.51	1.84	0.24	29.87	11.86	84.59	12.32	3.42	532.65	534.52	82.02
海　口	11911	1.89	0.46	0.51	0.07	3.69		0.27		0.11		131.33	0.47
重　庆	131450	41.68	5.50	5.51	0.69	522.76	35.01	188.00	3.59	12.22	304.17	740.57	1418.27
成　都	84467	20.97	2.45	3.18	0.39	43.35		38.02	0.20	1.63	58.28	399.99	98.43
贵　阳	14508	4.43	0.52	0.28	0.04	113.41	0.03	8.10	0.08	1.15	44.30	60.32	0.51
昆　明	45335	3.21	0.72	0.74	0.13	82.69	1.48	11678.43	3.39	2042.65	2.48	34.32	6751.05
拉　萨	2088	1.05	0.12	0.09	0.05	0.24		0.21		0.05		0.17	2721.06
西　安	40770	12.55	1.43	1.46	0.15	140.48	0.04	60.71	0.21	4.54	73.93	182.22	0.02
兰　州	16102	5.71	1.02	0.38	0.04	87.52	8.40	99.68	0.44	18.54	149.34	154.74	3.79
西　宁	10174	4.23	0.45	0.30	0.03	60.82	0.64	129.45	2.42	75.61	1018.31	1030.05	67.42
银　川	17703	5.32	0.65	0.85	0.09	41.18	4.50	11.80	0.10	0.50	2.24	175.54	38.32
乌鲁木齐	24195	3.26	0.69	0.45	0.05	59.74	18.85	22.48	12.39	40.20	160.00	400.00	77.51

表4-5 各地区废气中主要污染物排放情况（2011年）

单位：万吨

地区	二氧化硫	氮氧化物	烟(粉)尘
全 国	2217.91	2404.27	1278.83
北 京	9.79	18.83	6.58
天 津	23.09	35.89	7.59
河 北	141.21	180.11	132.25
山 西	139.91	128.60	112.99
内蒙古	140.94	142.19	73.99
辽 宁	112.62	106.28	69.32
吉 林	41.32	60.47	43.22
黑龙江	52.19	78.38	65.59
上 海	24.01	43.54	8.98
江 苏	105.38	153.57	52.74
浙 江	66.20	85.91	32.33
安 徽	52.95	95.91	45.22
福 建	38.92	49.45	22.53
江 西	58.41	61.23	39.60
山 东	182.74	179.03	78.38
河 南	137.05	166.54	66.82
湖 北	66.56	66.96	34.61
湖 南	68.55	66.64	38.44
广 东	84.77	138.82	32.43
广 西	52.10	49.40	28.83
海 南	3.26	9.54	1.58
重 庆	58.69	40.26	18.10
四 川	90.20	67.49	38.59
贵 州	110.43	55.32	30.35
云 南	69.12	54.85	38.22
西 藏	0.42	4.06	1.00
陕 西	91.68	83.17	46.34
甘 肃	62.39	48.09	23.62
青 海	15.66	12.41	13.83
宁 夏	41.04	45.82	21.55
新 疆	76.31	75.51	53.19

表4–6　主要城市废气中主要污染物排放情况（2011年）

单位：万吨

城市	二氧化硫	氮氧化物	烟(粉)尘
北　京	9.79	18.83	6.58
天　津	23.09	35.89	7.59
石家庄	20.70	28.54	10.55
太　原	14.12	15.37	8.24
呼和浩特	11.23	19.53	3.40
沈　阳	11.09	13.07	6.58
长　春	7.63	15.35	13.06
哈尔滨	12.23	15.45	13.89
上　海	24.01	43.54	8.98
南　京	12.65	18.34	5.99
杭　州	9.25	12.53	4.29
合　肥	5.18	11.21	4.27
福　州	9.25	12.38	3.68
南　昌	3.62	6.24	2.32
济　南	12.06	11.68	11.57
郑　州	11.69	21.02	5.30
武　汉	11.44	16.83	2.84
长　沙	2.84	4.80	2.05
广　州	7.01	14.43	2.23
南　宁	4.12	6.27	3.55
海　口	0.20	1.00	0.18
重　庆	58.69	40.26	18.10
成　都	5.71	10.51	2.58
贵　阳	11.51	5.43	3.83
昆　明	10.96	11.49	6.32
拉　萨	0.16	1.33	0.15
西　安	11.48	9.79	3.12
兰　州	10.46	10.19	4.22
西　宁	7.83	6.69	5.42
银　川	8.08	10.13	3.25
乌鲁木齐	13.87	17.03	7.37

表4–7　各地区固体废物处理利用情况（2011年）

单位：万吨

地区	一般工业固体废物产生量	一般工业固体废物综合利用量	一般工业固体废物处置量	一般工业固体废物贮存量	一般工业固体废物倾倒丢弃量	危险废物产生量	危险废物综合利用量	危险废物处置量	危险废物贮存量
全 国	322772.34	195214.62	70465.34	60376.74	433.31	3431.22	1773.05	916.48	823.54
北 京	1125.59	748.70	348.61	28.34		11.92	5.05	6.86	
天 津	1752.22	1748.57	9.15			10.27	3.09	7.18	
河 北	45128.51	18821.15	6806.44	20184.41	0.40	52.04	33.27	18.79	
山 西	27555.90	15817.63	9187.25	2577.60	29.10	22.21	18.06	4.11	0.04
内蒙古	23584.11	13701.29	7429.33	2646.88	3.10	111.88	54.43	49.93	11.65
辽 宁	28269.61	10747.78	13394.29	4334.99	8.18	78.49	59.86	25.30	0.09
吉 林	5378.59	3170.63	919.77	1290.09		90.04	60.13	29.90	0.03
黑龙江	6016.68	4138.67	642.58	1307.86	6.72	19.56	3.70	15.16	0.60
上 海	2442.20	2358.11	74.89	11.40	0.47	56.36	30.13	26.01	0.34
江 苏	10475.50	9997.24	334.56	220.02		188.94	95.29	93.33	0.93
浙 江	4445.75	4091.75	309.56	51.10	0.44	78.47	31.83	46.08	1.31
安 徽	11473.25	9366.42	1760.99	1096.22		24.28	21.27	2.95	0.19
福 建	4414.89	3024.33	1304.14	98.43	0.87	10.31	4.38	5.71	0.21
江 西	11372.43	6304.66	651.81	4420.25	15.44	23.24	17.89	5.20	0.19
山 东	19532.59	18298.49	1106.29	349.65	0.00	937.84	657.52	290.96	0.23
河 南	14573.83	10964.22	2602.34	1200.40	2.14	47.62	39.42	7.05	1.49
湖 北	7595.79	6007.12	1424.46	268.48	16.64	40.53	26.85	20.85	0.32
湖 南	8486.74	5678.78	2214.68	695.58	9.32	246.68	194.38	44.22	23.15
广 东	5848.91	5119.47	809.94	74.63	3.41	126.79	70.20	56.91	0.46
广 西	7438.11	4292.36	2050.45	1515.53	2.57	22.94	13.49	5.71	7.44
海 南	420.76	201.30	181.67	42.38	0.05	0.71	0.12	0.52	0.07
重 庆	3299.18	2584.92	518.28	198.76	24.15	46.50	5.64	43.61	0.51
四 川	12684.47	6002.12	3988.20	2772.63	6.02	115.85	77.97	46.75	1.12
贵 州	7598.24	4014.64	2033.08	1552.29	28.88	38.89	12.95	1.05	25.69
云 南	17335.30	8727.68	4969.03	3687.40	168.70	134.10	87.74	19.51	27.05
西 藏	301.39	8.21	16.00	284.28	0.02				
陕 西	7117.63	4265.74	1836.43	1007.85	9.15	33.15	17.32	9.86	6.06
甘 肃	6523.79	3341.77	2041.16	1095.79	6.59	24.68	10.88	17.92	8.06
青 海	12017.17	6785.13	13.85	5225.78	0.49	355.98	56.36	6.10	298.06
宁 夏	3344.12	2047.64	865.20	435.28	1.72	10.81	9.81	0.64	0.36
新 疆	5219.09	2838.11	620.92	1702.43	88.73	470.14	54.01	8.33	407.91

五、废气排放及处理

表5 主要城市空气质量指标（2011年）

单位：毫克/立方米

城市	可吸入颗粒物(PM10)	二氧化硫(SO_2)	二氧化氮(NO_2)	空气质量达到及好于二级的天数(天)	空气质量达到二级以上天数占全年比重(%)
北　京	0.113	0.028	0.056	286	78.4
天　津	0.093	0.042	0.038	320	87.7
石家庄	0.099	0.052	0.041	320	87.7
太　原	0.084	0.064	0.023	308	84.4
呼和浩特	0.076	0.054	0.039	347	95.1
沈　阳	0.096	0.059	0.033	332	91.0
长　春	0.091	0.026	0.043	345	94.5
哈尔滨	0.099	0.041	0.046	317	86.8
上　海	0.080	0.029	0.051	337	92.3
南　京	0.097	0.034	0.049	317	86.8
杭　州	0.093	0.039	0.058	333	91.2
合　肥	0.113	0.022	0.025	303	83.0
福　州	0.069	0.009	0.032	360	98.6
南　昌	0.088	0.056	0.038	347	95.1
济　南	0.104	0.051	0.036	320	87.7
郑　州	0.103	0.051	0.047	318	87.1
武　汉	0.100	0.039	0.056	306	83.8
长　沙	0.083	0.040	0.047	341	93.4
广　州	0.069	0.028	0.049	360	98.6
南　宁	0.073	0.026	0.033	351	96.2
海　口	0.041	0.008	0.016	365	100.0
重　庆	0.093	0.038	0.031	324	88.8
成　都	0.100	0.031	0.051	322	88.2
贵　阳	0.079	0.049	0.030	349	95.6
昆　明	0.065	0.037	0.044	365	100.0
拉　萨	0.040	0.009	0.023	364	99.7
西　安	0.118	0.042	0.041	305	83.6
兰　州	0.138	0.048	0.042	244	66.8
西　宁	0.105	0.043	0.026	316	86.6
银　川	0.095	0.038	0.030	333	91.2
乌鲁木齐	0.132	0.079	0.068	276	75.6

六、固体废物与生活垃圾处理利用

表6–1　主要城市固体废物处理利用情况（2011年）

单位：万吨

城市	一般工业固体废物产生量	一般工业固体废物综合利用量	一般工业固体废物处置量	一般工业固体废物贮存量	一般工业固体废物倾倒丢弃量	危险废物产生量	危险废物综合利用量	危险废物处置量	危险废物贮存量
北　京	2251.19	1497.39	697.21	56.68		23.84	10.11	13.73	
天　津	3504.43	3497.13	18.29			20.54	6.19	14.35	
石家庄	3040.46	3033.32	18.11	247.37		49.35	24.90	24.50	
太　原	6307.03	3345.35	2845.16	88.72	2.68	10.46	4.19	6.27	
呼和浩特	1784.28	717.10	960.26	106.93		10.35	10.05	0.30	
沈　阳	1409.22	1321.25	274.96	59.63		14.80	10.14	4.65	
长　春	1233.79	1225.88	7.91			3.37	0.22	3.15	
哈尔滨	1128.93	1036.87	71.34	208.41		4.73	2.15	2.59	
上　海	4884.40	4716.22	149.78	22.81	0.94	112.72	60.25	52.01	0.68
南　京	3518.80	3008.89	230.15	291.46		64.36	32.03	31.69	1.18
杭　州	1526.52	1415.15	111.34	0.06		22.90	17.36	5.49	0.12
合　肥	2131.93	2001.67	16.37	115.89		3.32	2.37	0.94	0.01
福　州	1387.36	1246.04	137.74	10.66	0.54	4.32	1.92	2.20	0.21
南　昌	370.49	364.33	4.94	0.00	1.22	3.07	2.18	0.88	
济　南	2252.69	2233.59	11.89	7.22		30.78	8.55	26.40	0.05
郑　州	2498.61	1837.40	605.77	55.60		1.77	0.43	1.34	0.01
武　汉	2759.34	2747.66	100.25	11.21		11.66	4.75	6.91	
长　沙	355.19	349.64	5.53	0.02	0.04	0.21	0.14	0.02	0.06
广　州	1318.70	1251.03	59.67	9.52		60.58	23.65	36.92	
南　宁	597.49	631.59	26.24	45.22		0.34	0.29	0.05	
海　口	9.54	8.60	0.93			0.36	0.12	0.24	
重　庆	6598.37	5169.84	1036.56	397.52	48.30	92.99	11.27	87.22	1.01
成　都	1036.03	1023.28	12.25	0.50		9.47	3.03	6.36	0.09
贵　阳	2280.10	1284.98	945.92	52.94	0.08	2.55	3.54	0.59	
昆　明	7339.84	3365.62	3725.62	713.73	28.54	116.90	109.49	7.41	
拉　萨	496.22	15.26	31.99	466.33	0.03				
西　安	555.94	542.60	10.30	2.99	0.05	1.84	0.15	1.72	
兰　州	1209.10	1122.31	86.79	0.09		20.19	10.12	10.07	
西　宁	1302.38	985.48	21.17	11.62		51.41	37.84	12.19	10.44
银　川	1249.45	1046.98	144.89	56.35	1.22	6.05	5.20	0.85	
乌鲁木齐	2001.39	1619.74	376.89	3.30	1.47	44.78	39.06	5.72	0.01

表6-2 各地区城市生活垃圾清运和处理情况（2011年）

地区	生活垃圾清运量(万吨)	无害化处理厂数(座)	#卫生填埋	#焚 烧	#其 他	无害化处理能力(吨/日)	#卫生填埋	#焚 烧	#其 他
全 国	16395.3	677	547	109	21	409119	300195	94114	14810
北 京	634.4	21	15	2	4	16930	12080	2200	2650
天 津	189.9	9	6	3		9500	6200	3300	
河 北	584.6	29	23	4	2	13163	9174	2589	1400
山 西	420.0	16	12	3	1	10646	4546	2600	3500
内蒙古	340.0	18	18			8788	8788		
辽 宁	876.0	28	28			18200	18200		
吉 林	493.0	13	11	2		8643	6603	2040	
黑龙江	796.6	22	20	2		10954	10454	500	
上 海	704.0	5	3	1	1	7850	5350	1500	1000
江 苏	1119.8	51	30	21		42170	21465	20705	
浙 江	1018.1	50	29	21		35067	16306	18261	
安 徽	435.1	20	16	4		11530	8980	2550	
福 建	433.5	26	18	8		15385	8585	6700	
江 西	306.6	16	16			8215	8215		
山 东	959.5	54	44	7	3	32878	26318	5000	1560
河 南	729.5	40	37	2	1	21036	18236	2400	400
湖 北	736.3	25	21	4		13832	9423	4409	
湖 南	531.6	26	26			11500	11500		
广 东	1978.8	47	31	14	2	42578	27983	12575	2020
广 西	255.8	21	17	2	2	8241	7061	600	580
海 南	113.6	7	6	1		2789	2564	225	
重 庆	281.6	13	12	1		6465	5265	1200	
四 川	669.0	34	29	4	1	15182	12582	1800	700
贵 州	218.3	13	13			5568	5568		
云 南	300.2	15	11	3	1	6018	2858	2960	200
西 藏	17.3								
陕 西	428.3	17	15		2	11609	11409		200
甘 肃	276.2	13	13			3230	3230		
青 海	83.1	3	3			1600	1600		
宁 夏	120.5	6	6			2548	2548		
新 疆	344.5	19	18		1	7004	6404		600

表6-2 各地区城市生活垃圾清运和处理情况（2011年）（续）

地区	无害化处理量(万吨)	#卫生填埋	#焚 烧	#其 他	粪便清运量(万吨)	粪便无害化处理量(万吨)	生活垃圾无害化处理率(%)
全 国	13089.6	10063.7	2599.3	426.6	1962.9	652.8	79.7
北 京	623.2	429.6	94.5	99.2	207.5	186.8	98.2
天 津	189.9	120.7	69.3		24.8	6.3	100.0
河 北	424.2	294.2	92.2	37.9	91.9	32.3	72.6
山 西	325.5	121.2	54.3	150.0	79.1	0.8	77.5
内蒙古	283.8	283.8			147.1	21.7	83.5
辽 宁	704.7	704.7			118.5	25.7	80.5
吉 林	242.6	197.7	44.9		72.4	53.7	49.2
黑龙江	348.1	338.7	9.4		175.5	47.6	43.7
上 海	429.7	362.7	59.2	7.8	207.0		61.0
江 苏	1050.0	502.2	547.8		95.2	35.3	93.8
浙 江	981.7	513.8	468.0		77.1	50.2	96.4
安 徽	378.5	318.0	60.4		64.0	9.6	87.0
福 建	409.9	263.5	146.4		1.2		94.6
江 西	270.6	270.6			36.8	8.2	88.3
山 东	887.9	702.1	148.9	36.9	125.1	44.2	92.5
河 南	615.9	538.0	70.7	7.1	52.9	14.1	84.4
湖 北	449.3	315.6	133.7		62.0	4.7	61.0
湖 南	459.0	459.0			2.9	0.3	86.4
广 东	1449.0	1094.2	326.4	28.4	104.6	40.4	72.1
广 西	244.3	219.1	10.4	14.8	22.0	9.5	95.5
海 南	103.8	97.7	6.1		13.2		91.4
重 庆	280.3	217.5	62.8		75.3		99.6
四 川	591.6	520.7	70.9		20.6	6.1	88.4
贵 州	193.3	193.3			3.5	2.7	88.6
云 南	222.6	94.1	123.2	5.3	19.5	10.5	74.1
西 藏							
陕 西	386.6	364.0		22.6	37.2	27.0	90.3
甘 肃	115.2	115.2			17.7	9.6	41.7
青 海	74.3	74.3			1.2		89.5
宁 夏	80.7	80.7			3.9	2.9	67.0
新 疆	273.8	257.0		16.8	3.4	2.9	79.5

表6–3　按种类划分的日均产生的固体废物量

单位：吨 (每日计)

种类	2007	2008	2009	2010	2011
于堆填区弃置的固体废物					
都市固体废物①					
家居废物②	6370	6080	6020	5140	5970
商业废物③	2190	2280	2320	2350	2360
工业废物④	620	660	630	630	660
小计	9180	9020	8960	9110	9000
整体建筑废物①⑤	3160	3090	3120	3580	3330
特殊废物⑥	1560	1390	1240	1120	1130
总计	13900	13500	13330	13820	13460
已回收都市固体废物⑦	7700	8590	8720	9870	

①都市固体废物包括运往弃置设施的家居废物、商业废物及工业废物，但不包括建筑废物及已回收都市固体废物。

②家居废物包括使用后的住宅固体废物，及由公共洁净服务收集的废物。

③商业废物包括所有类型的商业活动产生的固体废物。

④工业废物包括由工业活动产生的固体废物，但不包括化学废物及建筑废料。自2007年开始运往堆填区处置并包括在工业废物类别的废弃混凝土已被重新归类于整体建筑废物，有关的数量已从工业废物类别中扣除。

⑤建筑废物包括由建筑及拆卸活动所产生的废物，但不包括可运往公众填土区作填海用途的物料。在堆填区弃置的整体建筑废物包括来自建筑地盘的建筑废物，以及在建筑地盘以外设立的混凝土配料厂和水泥/砂浆生产厂所产生的废弃混凝土。

⑥特殊废物包括弃置于堆填区的动物尸体、屠房废物、报废货物、滤水厂及污水处理后的污泥、污水处理厂的隔滤物、禽畜废物、医疗废物及化学废物。

⑦都市固体废物回收后会在本地或香港以外地方循环再造。

七、环境治理投资

表7-1 工业污染治理投资完成情况

年份地区	工业污染治理完成投资(万元)						本年竣工项目数(个)
		治理废水	治理废气	治理固体废物	治理噪声	治理其他	
2000	2347895	1095897	909242	114673	13692	214390	21070
2001	1745280	729214	657940	186967	6424	164734	10277
2002	1883663	714935	697864	161287	10464	299113	9733
2003	2218281	873748	921222	161763	10139	251408	9568
2004	3081060	1055868	1427975	226465	13416	357336	11290
2005	4581909	1337147	2129571	274181	30613	810396	11158
2006	4839485	1511165	2332697	182631	30145	782848	11972
2007	5523909	1960722	2752642	182532	18279	606838	12547
2008	5426404	1945977	2656987	196851	28383	598206	11184
2009	4426207	1494606	2324616	218536	14100	374349	8236
2010	3969768	1295519	1881883	142692	14193	620021	5866
2011	4443610	1577471	2116811	313875	21623	413831	7005
北 京	10946	5893	4515	104	16	418	59
天 津	152848	31318	46800	33245	14	41472	99
河 北	243399	70721	156828	7766	595	7490	280
山 西	279450	48858	145001	28718	2305	54570	424
内蒙古	310164	40808	214617	17299	659	36782	136
辽 宁	116032	63953	44932	2869	573	3704	123
吉 林	65624	25059	35434	815		4315	88
黑龙江	100891	18565	78077	694		3555	50
上 海	63602	4930	51244	60	879	6490	93
江 苏	310062	125481	134461	13905	1421	34795	660
浙 江	178373	88098	65063	2233	1486	21494	712
安 徽	92793	26865	29532	2074	273	34050	158
福 建	142599	54268	62601	10482	580	14669	233
江 西	66235	24441	18401	4745	12	18636	176
山 东	624466	295540	244688	53923	204	30110	770
河 南	213728	50859	146766	5374	658	10070	286
湖 北	92873	35041	38972	10086	475	8298	149
湖 南	97039	50215	31816	8853	1745	4410	196
广 东	166420	55886	76909	7973	146	25506	690
广 西	86230	45998	34460	3242	46	2483	198
海 南	27534	18404	7039	1218	120	753	44
重 庆	49384	24915	8241	14281	354	1593	169
四 川	166537	66136	84726	3656	6150	5869	274
贵 州	131970	7873	64249	56023	89	3735	129
云 南	137331	40870	67799	12016	1215	15432	388
西 藏	1628	660	580	380		8	4
陕 西	237248	157712	60409	5583	1418	12127	165
甘 肃	105338	29085	69926	389	98	5840	88
青 海	27858	8510	10091	5705		3552	35
宁 夏	38735	17417	20529	166	18	606	65
新 疆	106276	43093	62105		75	1003	64

中国循环经济大事记

中国循环经济大事记

（2011年）

1月

1月8日 中共中央政治局就世界主要国家财税体制和深化我国财税体制改革进行第十八次集体学习。中共中央总书记胡锦涛在主持学习时强调：加大推动自主创新和培育战略性新兴产业力度，支持发展环保产业、循环经济、绿色经济，加大统筹城乡区域协调发展力度。

1月14日 工信部办公厅发出《关于组织推荐工业循环经济重大技术示范工程的通知》工信厅节函［2011］1号称：为加快推动工业企业和园区树立循环经济发展理念，推进循环经济重大关键技术推广应用，形成资源循环利用产业模式，促进工业节约清洁和高效循环发展，我部决定组织实施一批循环经济重大技术示范工程。为充分发挥技术示范和典型带动作用，请各地区、有关中央企业，结合实际情况，做好示现印发你们，请遵照实施。示范工程的组织推荐工作。

1月20日 财政部办公厅、商务部办公厅印发《 关于2011年开展再生资源回收利用体系建设有关问题的通知 》（财办建[2011]8号）。确定了城市再生资源回收利用体系建设的支持内容及标准，重点支持区域性大型再生资源回收利用基地建设。

1月24日 工业和信息化部、科学技术部、财政部联合发布我国《再生有色金属产业发展推进计划》的通知工信部联节［2011］51号。《推进计划》主要目标是：到2015年，再生有色金属产业规模和产量比重明显提高，预处理拆解、熔炼、节能环保技术装备水平大幅提升，产业布局和产品结构进一步优化，节能减排和综合利用水平显著提高。到2015年，主要再生有色金属产量达到1200万吨，其中再生铜、再生铝、再生铅占当年铜、铝、铅产量的比例分别达到40%、30%、40%左右。到2015年，再生铜熔炼（杂铜-阴极铜）能耗低于290千克标煤/吨，再生铜熔炼金属回收率达到96%以上；再生铝熔炼能耗低于140千克标准煤/吨，再生铝熔炼金属回收率达到95%以上；再生铅熔炼能耗低于130千克标准煤/吨，废铅渣100%无害化处置，再生铅熔炼金属回收率达到95%以上。

1月27日 神华集团科技创新项目——“循环流化床高钙粉煤灰综合利用研究”日前通过专家组验收，达到国内领先水平。该项目通过利用循环流化床产生的高钙粉煤灰，生产Ⅱ、Ⅲ级粉煤灰，PF32.5、PF42.5级水泥和其他凝胶材料，开辟出粉煤灰利用的新途径，实现了资源综合利用，具有较好的推广应用价值。

2月

2月16日 国家发展和改革委副主任解振华主持召开《全国循环经济发展规划（2011-2015）》编制工作会议，科技部、工业和信息化部、财政部、环境保护部、住房城乡建设部、商务部、农业部、等16个部门及煤炭、钢铁等12个协会的负责人和专家参加会议。会上成立了规划编制工作领导小组，讨论了规划编制工作方案和编制大纲，并听取了对规划编制工作的意见和建议。

2月21日 工业和信息化部办公厅印发《关于工业副产石膏综合利用的指导意见》。到2015年底，磷石膏综合利用率由2009年的20%提高到40%；脱硫石膏综合利用率由2009年的56%提高到80%；攻克一批具有自主知识产权的重大关键共性技术；建成一批大规模、高附加值利用的产业化示范项目；形成较为完整的工业副产石膏综合利用产品标准体系；引导工业副产石膏综合利用企业向多途径、大规模、高附加值综合利用方向发展。

2月25日 工信部发出《关于开展工业固体废物综合利用基地建设试点工作的通知》（工信厅节〔2011〕32号），启动工业固体废物综合利用基地建设试点工作。工业固体废物综合利用基地包括山西朔州、内蒙古鄂尔多斯、四川攀枝花、甘肃金昌等12个工业固体废物产生、堆存集中的地区，开展工业固体废物综合利用基地建设。试点地区主要是针对粉煤灰、煤矸石、尾矿和冶炼渣等工业固体废弃物的全部或大部分进行综合利用，其综合利用后的产品为建筑材料、环保材料以及建筑工程回填物等。试点目标：到“十二五”末，各试点地区工业固体废物综合利用率在2010年基础上提高10~12个百分点，建设一批各具特色的工业固体废物综合利用基地，形成一套完善的工业固体废物综合利用政策体系和推广机制，促进全国工业固体废物综合利用跨越式发展。

3月

3月2日 国家标准委印发《国家循环经济标准化试点考核评估方案（试行）》。主要内容包括：考核评估对象、考核评估工作的组织和内容、考核评估工作的程序等。

3月5日 国务院总理温家宝向十一届全国人大四次会议作《政府工作报告》时提出：要扎实推进资源节约和环境保护。积极推动能源生产和利用方式变革，提高能源利用效率。大力发展循环经济。加快城镇污水管网、垃圾处理设施的规划和建设，推广污水处理回用。启动燃煤电厂脱硝工作，深化颗粒物污染防治。控制农村面源污染。

3月8日 中共中央政治局常委、全国人大常委会委员长吴邦国参加十一届全国人大四次会议河北代表团审议时强调，要针对影响和制约经济社会协调发展的重大结构性问题，着力增强自主创新能力，积极推行低碳技术，大力发展循环经济，努力构建现代产业体系，切实做好推动科学发展和加快转变经济发展方式这篇大文章。

3月10日 国家发展改革委组织召开海水淡化及综合利用工作座谈会，研究推动我国海水淡化及综合利用产业发展的政策措施，国家发改委副秘书长赵家荣主持座谈会。会议就开展海水淡化及综合利用的重要性和紧迫性、提高技术工艺与装备水平、强化示范试点、加强政策引导、制定法规标准等方面进行了深入讨论，认为海水淡化及综合利用是一项系统工程，既涉及到生存的基本需求，又涉及到经济社会可持续发展以及国家资源安全，需要多部门积极配合，共同开展工作。科技部、工业和信息化部、财政部等国务院11个部委局相关司局负责人和专家参加了座谈会。

3月10日 工信部印发《关于印发铜冶炼、铅锌冶炼、造纸、皮革、制糖等5个行业清洁生产技术推行方案的通知》（工信部节[2011]113号），并就做好方案实施工作提出了具体要求。

3月13日 由清华大学环境学院、巴塞尔公约亚太地区协调中心主办的“城市矿产与重金属污染控制战略高层论坛”在北京召开。国家发展改革委副主任解振华作了题为“积极开发城市矿产，大力发展循环经济”的主题演讲指出，有效利用“城市矿产”资源，可替代部分原生矿产资源，弥补我国资源不足，是实现经济发展与环境保护双赢的重要途径，对我国经济安全具有重要的战略意义。国家发展改革委正在会同财政部组织开展“城市矿产”示范基地建设，提出了“回收体系网络化、产业链条合理化、资源利用规模化、技术装备领先化、基础设施共享化、环保处理集中化、运营管理规范化”的要求，从而实现资源循环利用产业的集聚发展。2010年，天津子牙循环经济产业区等7个示范基地已率先开始建设，成效比较显著。

3月17日 全国人大十一届四次会议通过的《国民经济和社会发展十二五规划纲要》单列“大力发展循环经济”一章。

《规划纲要》提出，坚持把建设资源节约型、环境友好型社会作为加快转变经济发展方式的重要着力点。深入贯彻节约资源和保护环境基本国策，节约能源，降低温室气体排放强度，发展循环经济，推广低碳技术，积极应对全球气候变化，促进经济社会发展与人口资源环境相协调，走可持续发展之路。按照减量化、再利用、资源化的原则，减量化优先，以提高资源产出效率为目标，明确提出“十二五”期间国内资源产出率提高15%的目标。推进生产、流通、消费各环节循环经济发展，加快构建覆盖全社会的资源循环利用体系。推行循环型生产方式；健全资源循环利用回收体系；推广绿色消费模式；强化政策和技术支撑。

3月17～18日 全国发展改革系统资源节约和环境保护工作会议在湖南长沙召开。国家发展改革委副主任解振华作了《扎实做好资源节约和环境保护工作，加快经济发展方式转变》的报告。会议全面总结交流发展改革系统“十一五”推进节能减排、发展循环经济、加强环境保护的成效、经验及存在的问题，研究了“十二五”工作思路，部署了2011年的工作。

3月20日 中共中央政治局常委、国务院副总理李克强出席“第十二届中国发展高层论坛”开幕式并致辞指出，中国将按照加快转变经济发展方式的要求，推动经济转型，创新发展模式，大力培育战略性新兴产业，加快发展低

碳技术、节能环保产业和循环经济。

3月20日 由国家发展改革委支持的利用废旧轮胎生产高附加值柠檬油精项目在德州通过专家验收，建成处理废旧轮胎6000吨/年规模的中试生产线。

3月28日 《国家发展改革委办公厅关于将青岛等市列为中日城市典型废弃物循环利用体系建设项目试点城市的通知》印发，将青岛、嘉兴、贵阳、西宁列为中日城市典型废弃物循环利用体系建设试点城市。

3月28～29日 全国工业节能与综合利用工作会议在江苏省南京市召开，会议深入分析了工业节能与综合利用工作面临的新形势，并对“十二五”期间工业节能、降耗减排工作提出要求：一是要继续抓好产业结构的优化调整；二是狠抓企业和行业技术进步；三是狠抓企业的节能降耗管理，坚决完成国家节能减排各项目标任务。要以推动资源节约和环境友好为目标，以节能降耗减排治污为抓手，逐步构建产业结构优化、产业链完备、科技含量高、资源消耗小、污染排放少、可持续发展的“两型”工业体系。会议确定了2011年我国工业节能减排目标。

3月30日 江苏省人民政府颁布《江苏省餐厨废弃物管理办法》，自2011年6月1日起施行。

3月 国家首批循环经济试点项目——国投天津北疆电厂海水淡化一期工程首批10万吨海水淡化工程竣工投产。淡水资源将与水厂自来水掺混后进入市政管网，成为滨海新区市民的生活用水。这是我国第一个向社会供水的大型海水淡化项目。项目首创“发电—海水淡化—浓海水制盐—土地节约整理—废物资源化再利用”的“五位一体”循环经济模式。

3月 神华集团科技创新项目——“循环流化床高钙粉煤灰综合利用研究”通过专家组验收，达到国内领先水平。该项目由神华集团所属神东电力公司开发，通过利用循环流化床产生的高钙粉煤灰，生产Ⅱ、Ⅲ级粉煤灰，PF32.5、PF42.5级水泥和其他凝胶材料，开辟出粉煤灰利用的新途径，实现了资源综合利用，具有较好的推广应用价值。

4月

4月2日 济南钢铁股份有限公司承担的国家重大产业技术开发项目——转炉全干法除尘及能源高效回收技术开发项目通过专家性能考核验收。该项目完成了转炉烟道高效强化传热技术、转炉全干法除尘工艺技术、汽轮机级间蒸汽除湿再热技术研究与开发，成功开发了转炉全干法除尘及能源高效回收成套技术，实现了转炉烟气余热的高效回收，建成了国内外首套机组装机容量为4500kW的炼钢余热蒸汽高效发电装置，解决了低品质余热蒸汽的高效利用问题，烟气粉尘排放得到了控制，取得了显著的经济效益和环境效益，对钢铁企业发展循环经济、实施节能减排起到了较好的示范和推动作用，在冶金行业推广应用意义重大。

4月7日 国家发展改革委环资司在上海市召开废旧纺织品综合利用座谈会,对下一步工作思路，特别是两省市开展回收利用合作的可行性进行了研究。

4月7日 国家发展改革委环资司与日本国际协力机构（JICA）在北京举行“中日合作城市典型废弃物循环利用体系建设及示范试点项目启动仪式”，并为“项目办公室”揭牌，标志着该项目正式启动。国家发展改革委环资司巡视员何炳光、日本驻华大使馆参赞岩本桂一、日本国际协力机构中国事务所所长中川闻夫出席会议并致辞.

4月8日 商务部在上海召开全国再生资源回收体系建设现场会议，推广上海的做法和经验。上海作为推进再生资源回收体系建设的第一批试点城市，先后将再生资源回收体系建设列入上海市政府实事工程、上海市环保三年行动计划、上海市城市垃圾减量的重点工作。加快回收网络建设，健全法律法规，上海市再生资源回收体系建设取得初步成效。据不完全统计，近年来上海平均每年回收各类再生资源600万吨左右，2010年全年回收量达到720万吨，比2009年增长24%。上海扎实推进“点、站、场”三级回收网络建设，已经在全市210个街道（乡、镇）设立了3453个回收网点，配置了311个交投站；在全市规划建设7个分拣加工中心、9个拆解中心及2个区域性回收利用基地，并规划设置了900多家生产性废旧金属收购点。全力推进新锦华“在线收废”网络建设，面向回收人员推出IC管理卡。

4月13日 住房和城乡建设部办公厅发出《关于2010年全国住房城乡建设领域节能减排专项监督检查建筑节能检查情况通报》（建办科[2011]25号）。称：2010年12月12日至28日，住房和城乡建设部组织对全国建筑节能工作进行了检查。检查范围涵盖了全国除江苏、浙江、甘肃、青海及西藏外的22个省、自治区、4个直辖市，共对5个计划单列市、22个省会（自治区首府）城市、22个地级城市以及22个县（县级市）进行了检查，抽查了385个工程建设项目的施工图设计文件和391个在建工程施工现场。对检查中发现的问题，下发了63个执法建议书。“十一五”期间，天津、北京、山东、吉林、山西、内蒙古、宁夏、黑龙江、青海、河北、河南、上海、重庆、江苏、浙江、安徽、湖北、四川、广西、福建、海南等省（区、市），以及深圳、青岛、宁波、厦门、太原、哈尔滨、银川、沈阳、乌鲁木齐、石家庄、西宁、南京、武汉、合肥、成都、长沙、南宁、广州等城市建筑节能目标明确，责任落实，政策完善，管理到位，工作成效比较突出，给予表扬。“十一五”期间，中央财政共计安排资金152亿元，用于支持北方采暖地区既有居住建筑供热计量及节能改造、可再生能源建筑应用、国家机关办公建筑和大型公共建筑节能监管体系建设等方面。北京、上海、内蒙古、山西、江苏、深圳等地对建筑节能的财政支持力度较大，安排了专项资金。据不完全统计，“十一五”期间，省级财政共安排69亿元建筑节能专项资金，地级及以上城市市级财政安排65亿元建筑节能专项资金工作，为建筑节能提供了良好的政策环境和财力保障。“十一五”期间，国家科技支撑计划把建筑节能、绿色建筑、可再生能源建筑应用等作为重大项目，对一批共性关键技术进行研究攻关，取得了明显成效。

4月15日 “博鳌亚洲论坛2011年年会”在海南博鳌开幕。中国国家主席胡锦涛出席开幕式讲话强调，未来5年，中国将着力建设资源节约型、环境友好型社会，深入贯彻节约资源和保护环境基本国策，节约能源，降低温室气体排放强度，发展循环经济，推广低碳技术，积极应对气候变化，促进经济社会发展与人口资源环境相协调，走可持续发展之路。

4月19日 《国务院批转住房城乡建设部等部门关于进一步加强城市生活垃圾处理工作意见的通知》（国发〔2011〕9号）印发。《关于进一步加强城市生活垃圾处理工作意见》提出了进一步加强城市生活垃圾处理工作的指导思想、基本原则和发展目标。发展目标是：到2015年，全国城市生活垃圾无害化处理率达到80%以上，直辖市、省会城市和计划单列市生活垃圾全部实现无害化处理。每个省（区）建成一个以上生活垃圾分类示范城市。50%的设区城市初步实现餐厨垃圾分类收运处理。城市生活垃圾资源化利用比例达到30%，直辖市、省会城市和计划单列市达到50%。建立完善的城市生活垃圾处理监管体制机制。到2030年，全国城市生活垃圾基本实现无害化处理，全面实行生活垃圾分类收集、处置。城市生活垃圾处理设施和服务向小城镇和乡村延伸，城乡生活垃圾处理接近发达国家平均水平。

4月19～22日 由国家发展改革委、中国工程院联合组织的循环经济专家行活动在浙江省开展，国家发展改革委副主任解振华、中国工程院常务副院长潘云鹤参加了在杭州市的调研活动。循环经济专家行调研组先后赴杭州市、绍兴市、宁波市、嘉兴市进行调研。院士专家对浙江省如何深入开展国家循环经济试点工作，为国家循环经济发展提供有益经验提出了一些实质性的意见和建议。2009年4月23日循环经济专家行活动启动以来，已先后邀请院士专家100多人次，奔赴北京、山东、甘肃等近20个省市，100多家企业和园区进行调研、诊评、献计献策，对提高循环经济试点单位整体技术和管理水平，宣传推广循环经济理念，总结循环经济成功经验，凝练循环经济典型模式发挥了重要作用。

4月20～21日 “2011再制造国际论坛”在杭州市召开。国家发改委解振华副主任作题为“努力实现我国再制造产业的新突破”的讲话。与制造新品相比，再制造可节能60%，节材70%，大气污染物排放量降低80%以上，对实现节能减排目标、降低碳排放强度具有重要的现实意义。论坛期间还举办了再制造产品及技术展示会。

5月

5月10日 位于无锡市新区的一汽解放锡柴发动机再制造基地投产。一汽解放锡柴再制造基地项目投资5000余万元，具有年产5000台生产能力。

5月17日 国家发展改革委办公厅、财政部办公厅发出《关于印发循环经济发展专项资金支持餐厨废弃物资源化利用和无害化处理试点城市建设实施方案的通知》(发改办环资[2011]1111号)，决定选择具备开展餐厨废弃物资源化利用和无害化处理条件的设区的城市或直辖市市辖区进行试点，并对首批33个试点城市（区）给予了6.3亿元循环经济发展专项资金支持。《实施方案》提出，以城市为单位，支持试点城市餐厨废弃物收集、运输、利用和处理体系建设和改造升级，以及法规、标准、管理体系等能力建设。《方案》要求各省份的相关部门联合推荐试点城市，由

发改委、财政部、住房和城乡建设部会同有关部门进行评审，确定试点城市。

5月18日 《国家发展改革委办公厅 财政部办公厅关于印发第二批国家“城市矿产”示范基地初选名单及有关事项的通知》印发，将15家单位列入初选名单，并提出具体事项要求。

5月22日 中国国务院总理温家宝在第四次中国、日本、韩国领导人会议发言中提出，加快中日韩循环经济示范基地建设，促进合理利用资源、保护生态环境、实现可持续发展。

5月23日 财政部 住房城乡建设部颁布《“十二五”期间城镇污水处理设施配套管网建设项目资金管理办法》，规定了专项资金分配原则和标准、、专项资金安排与使用、前期工作和工程建设管理等。

5月24日 《国家发展改革委办公厅、财政部办公厅关于率先在甘肃、青海省开展园区循环化改造示范试点有关事项的通知》印发，启动园区循环化改造示范试点工作。

5月24日 国家发展改革委办公厅、财政部办公厅下发《关于率先在甘肃、青海省开展园区循环化改造示范试点有关事项的通知》（发改办环资〔2011〕1239号），决定在甘肃省、青海省柴达木循环经济试验区选择部分园区率先进行循环化改造示范试点，推进甘肃省、青海省循环经济发展，为在全国范围内进行园区循环化改造总结经验，促进经济发展方式加速转变。

本次园区循环化改造重点在于两个方面：一是支持针对园区现有产业链的关键补链项目，包括循环经济产业链链接或延伸的关键项目，资源共享设施建设项目、物料闭路循环利用项目，副产物交换利用、能量梯级利用、水的分类利用和循环使用项目，污染物“零排放”或系统构建项目；二是支持园区内公共服务设施建设，包括园区内污染集中防治设施建设及升级改造项目、废物交换平台项目、循环经济技术研发及孵化器项目、循环经济统计信息化项目及监测体系建设项目、生产型服务业循环化改造项目等基础设施和公共服务平台项目。

5月28日 国家发展改革委环资司、商务部商贸服务司、北京市发展改革委在北京沃尔玛超市举行以“开展限塑行动、倡导低碳生活”为主题的“限塑令”实施三周年宣传活动。国家发展改革委副秘书长赵家荣在宣传活动会上讲话强调，国家将继续完善政策措施，宣传推广典型经验，研究解决突出问题，不断巩固“限塑”成果。

6月

6月7日 国家发展改革委办公厅发出《关于同意长沙（浏阳、宁乡）、张家港开展建设国家再制造示范基地前期工作的函》，原则同意上述地区开展国家再制造示范基地建设。

6月8日 国家发改委环资司在新疆维吾尔族自治区乌鲁木齐市召开部分粮棉主产区棉秆综合利用工作座谈会，听取部分粮棉主产区棉秆综合利用进展情况汇报，安排部署粮棉主产区秸秆综合利用试点工作。

6月9日 由国家发展和改革委、住房和城乡建设部主办的全国城镇污水处理设施建设及运营经验交流会在南宁召开。会议总结交流了“十一五”城镇污水处理设施建设运营的成效、做法、经验，研究部署下一步工作。国家发展改革委副主任解振华，住房和城乡建设部总规划师唐凯等出席会议并讲话。“十一五”期间我国不断加大城镇污水处理设施建设力度，截至2010年底，全国已建成投运城镇污水处理厂2832座，日处理能力1.25亿立方米/日，全国城市污水处理率达到77.4%，超额完成“十一五”规划目标。

6月10～11日 中共中央政治局常委、国务院副总理李克强在山西考察时强调，“十二五”期间，中国发展面临的能源资源矛盾仍十分突出，加快转变经济发展方式、实现可持续发展，必须破解能源资源瓶颈制约，发展循环经济是一条势在必行、行之有效的出路。既要保障有效供应，也要注重节能增效，提高能源资源使用效率。要把推动循环发展放在重要位置。

6月12日 在“2011中国 青海绿色经济投资贸易洽谈会海西蒙古族藏族自治州柴达木循环经济试验区项目专场签约仪式”上，共签约26个项目，签约金额329.19亿元，签约项目涉及盐湖化工、煤化工、农牧业产业化、金属冶炼、资本合作、商贸物流等领域。其中新能源签约项目11个，签约金额117.2亿元。海西州人民政府、柴达木循环经济试验区管委会项目筹备领导小组与青海庆华集团签订的煤基多联产项目一期投资额100亿元，建设内容包括400万吨煤焦化、120万吨焦炉煤气制甲醇、60万吨烯烃及烯烃下游产品。

6月20日 浙江华发生态科技有限公司年产1万吨生物质降解材料国家高技术产业化示范工程项目顺利通过了国家发改委的验收。 该项目已形成年产1万吨生物质降解材料的生产能力。该项目的实施，对我国生物降解材料行业的发展，减少污染，保护环境具有重要意义。

6月21日 商务部办公厅外印发《关于开展第三批再生资源回收体系建设试点工作的通知》，启动第三批再生资源回收体系建设试点工作。

6月25日 国家发展改革委委重点项目河南省安阳钢铁集团“烧结余热高效回收发电关键技术开发”项目通过验收，形成了具有自主知识产权的中低温余热发电关键技术。

6月28日 中国国家发展改革委与德国联邦经济和技术部在德国柏林共同举办了“第六届中德经济技术合作论坛”。温家宝总理和德国默克尔总理出席论坛开幕式并发表重要讲话。中德双方一致认为，中德循环经济和环保产业领域合作潜力巨大、前景广阔，加强中德循环经济和环保产业领域合作具有重要意义，可促进两国经济社会可持续发展。会议期间，中国国家发展改革委和德国环境部在德国总理府签署了关于动力电池回收利用领域的合作备忘录，写入了联合新闻公报。

6月29日 为贯彻落实《循环经济促进法》，加强循环经济宣传、教育和科学知识普及，国家发展改革委、教育部、财政部、国家旅游局发出《关于组织开展国家循环经济教育示范基地建设的通知》。国家循环经济教育示范基地作为循环经济理念的宣传教育平台，主要通过循环经济背景知识讲解、产业链展示、生产一线参观、体验互动的形式，向社会公众，尤其是青少年，传播“减量化、再利用、资源化”的循环经济知识，展示现阶段我国循环经济发展成果，推广国内先进的循环经济典型模式案例。首批9家国家循环经济教育示范基地将于2012年1月向在校学生及社会公众开放。

6月30日 全国第一家专业从事城市矿产交易的交易所——武汉城市矿产交易所在武汉揭牌。交易所初期将重点服务企业、服务武汉“１＋８”城市圈两型社会建设，逐步向全国发展。预计2011年交易10万～20万吨城市矿产资源，交易额可达５亿～10亿元。三年内，其交易量将力争达到100万吨以上，交易值达50亿元以上。“城市矿产”是对废弃资源再生利用的形象比喻，是指工业化和城镇化过程中产生和蕴藏于废旧机电设备、电线电缆、通讯工具、汽车、家电、电子产品、金属和塑料包装物以及废料中，可循环利用的钢铁、有色金属、贵金属、塑料、橡胶等资源，其利用量相当于原生矿产资源。

6月 山西省太原、长治、晋城、运城4市被确定为首批国家级循环经济标准化试点城市。山西省质监局和省发改委制定出台了《山西省国家级循环经济标准化试点城市建设管理办法》。

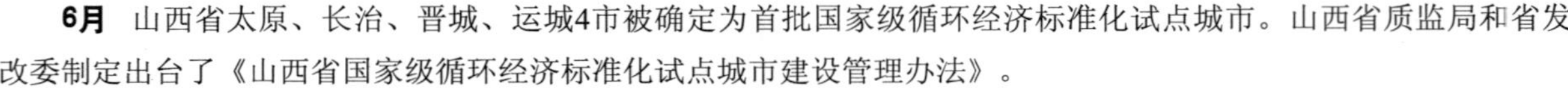

6月 由国家发展改革委支持、重庆钢铁（集团）有限责任公司承担的国家重大产业技术开发项目—选铁尾矿中回收钛铁矿项目通过专家验收。该项目的实施，为攀西地区钒钛磁铁矿选铁尾矿利用提供了新的先进技术方案，提升了行业技术水平，对尾矿采选行业具有较好的示范作用。

7月

7月4日 科学技术部印发《国家十二五科学和技术发展规划》。规划提出，将重点加强水体污染控制与治理，大力培育和发展节能环保等战略性新兴产业，大力加强民生科技，建立支撑可持续发展的能源资源环境技术体系，发展生态环境保护技术，促进人与自然和谐发展。以提升循环经济和节能减排的技术支撑能力为目标，重点发展重污染行业的清洁生产工艺、大宗废弃物资源化技术、多层次循环经济构建技术。发展烟气治理、机动车尾气净化等技术，饮用水安全保障、污水高效处理与回用等技术，土壤污染治理技术，生活垃圾与危险废物处理处置技术，智能环境检测和监测技术，城市与工业生物质废物集中化燃气利用技术，核放射性污染防护与处置技术。发展近海污染防治技术、地下水污染防治技术、化学品风险控制技术、农村环境综合整治技术，推动减排约束性指标的实现和环境质量的改善。

7月6日 国家发展改革委、工业和信息化部、环境保护部、商务部、工商总局、质检总局发出《关于集中开展限制生产销售使用塑料购物袋专项行动的通知》(发改环资[2011]1399号)，决定于7月至8月在全国集中开展限制生产销售使用塑料购物袋专项行动。

7月12日 国家发展改革委、财政部、住房城乡建设部联合印发《关于同意北京市朝阳区等33个城市（区）餐厨废弃物资源化利用和无害化处理试点实施方案并确定为试点城市（区）的通知》，批复了北京市朝阳区等33个城市（区）的实施方案并确定为试点城市（区）。具体名单包含：北京市(朝阳区)、天津市(津南区)、河北省石家庄市、

山西省太原市、内蒙古自治区鄂尔多斯市、辽宁省沈阳市、吉林省白山市、黑龙江省哈尔滨市、上海市(闵行区)、江苏省苏州市、浙江省嘉兴市、安徽省合肥市、福建省三明市、江西省南昌市、山东省潍坊市、河南省郑州市、湖北省武汉市、湖南省衡阳市、广西壮族自治区南宁市、海南省三亚市、四川省成都市、重庆市(主城区)、云南省昆明市、贵州省贵阳市、陕西省宝鸡市、甘肃省兰州市、宁夏回族自治区银川市、青海省西宁市、新疆维吾尔自治区乌鲁木齐市、大连市、宁波市、青岛市、深圳市。

7月12日 国家发展改革委与财政部、住房和城乡建设部联合发出《关于同意北京市朝阳区等33个城市（区）餐厨废弃物资源化利用和无害化处理试点实施方案并确定为试点城市（区）的通知》，同意33个城市（区）的餐厨废弃物资源化利用试点实施方案并确定为试点城市（区）。

7月19日 国务院总理、国家应对气候变化及节能减排工作领导小组组长温家宝主持召开国家应对气候变化及节能减排工作领导小组会议，审议并原则同意“十二五”节能减排综合性工作方案，以及节能目标分解方案、主要污染物排放总量控制计划。国务院确定的“十二五”节能减排目标任务包括：到2015年，全国万元国内生产总值能耗下降到0.869吨标准煤(按2005年价格计算)，比2010年的1.034吨标准煤下降16%，比2005年的1.276吨标准煤下降32%；“十二五”期间，实现节约能源6.7亿吨标准煤。

7月28日 被列为2011年河北省计划投资32.7 亿元的中航工业再生战略金属及合金工程项目在清河县奠基。项目建成后将达到年再生利用战略金属及合金33万吨的能力，实现销售收入110亿元。该项目将为我国再生材料产业结构优化和产品升级提供示范作用，推动再生利用技术进步。

7月30日 柴达木循环经济试验区总体规划中的重点项目“低碳循环经济产业园氯碱及热电联产项目”奠基。该项目在德令哈工业园占地面积4000亩，项目规划建设年产120万吨PVC、100万吨烧碱、180万吨电石、200万吨焦化、18万吨合成氨、30万吨尿素以及2×30万千瓦热电联产项目，项目总投资172亿元。预计项目建成后可实现年销售收入60亿元，利税19.7亿元，为4500人提供就业岗位。

8月

8月1日 山西焦煤集团60万吨/年甲醇制烯烃工程在山西焦化公司奠基。这是山西省开工建设的第一套甲醇制烯烃项目，标志着山西焦煤与神华集团共同建设3000万吨级煤焦化循环经济一体化项目正式启动。该项目总投资85.85亿元，预计2014年5月建成投产，项目建成后可实现年销售收入62.8亿元、实现利润10.8亿元。

8月9日 国家发展和改革委副主任解振华在“中国低碳榜样”颁奖典礼上称，为了推动循环经济发展，未来五年，我国将实施“十百千”行动，即建设循环经济10大工程，创建100个循环经济示范城市和乡镇，培育1000家循环经济示范企业。

8月16日 工业和信息化部印发《电池行业清洁生产实施方案》。到2015年，我国电池行业汞、镉耗用总量比2010年分别削减65%和70%，铅蓄电池单位容量（kVAh）耗铅量减少2%。

8月17～18日 湖南万容科技有限公司“报废汽车车身整体破碎及综合回收技术与生产线”项目通过工信部节能与综合利用司主持的鉴定。

8月30日 由国家发展改革委支持、新疆天业（集团）有限公司承担的国家重大产业技术开发项目——40000KVA密闭式电石炉清洁生产技术及电石炉尾气提纯与处理关键技术开发项目通过专家验收。项目针对国内电石行业中小型电石炉能耗高、效率低、污染治理难和炉气资源回收利用难等问题进行技术开发，完成了40000kVA密闭式电石炉相关生产设备的开发和制造，研发了电石炉清洁生产技术，电石炉尾气提纯及处理技术和粉料制球返炉技术，整体技术达到国内领先水平。通过项目实施，建成了单炉产能达7万吨国内规模最大的电石炉。

8月31日 国务院关于印发“十二五”节能减排综合性工作方案的通知，“大力发展循环经济”与节能减排、调整优化产业结构被列为三大基本路径。《综合性工作方案》强调，要加强循环经济宏观指导，编制全国循环经济发展规划和重点领域专项规划，深化循环经济示范试点，推广循环经济典型模式。同时，从全面推行清洁生产、推进资源综合利用、加快资源再生利用产业化、促进垃圾资源化利用、推进节水型社会建设五个方面提出了具体工作任务。

9月

9月2日 住房和城乡建设部、国家发展改革委在北京联合召开了全国节水型城市创建工作会议，推进“资源节约型、环境友好型”社会建设，总结交流全国节水型城市创建工作的成效、做法、经验及存在的问题，研究部署下一步城市节水工作。国家发展改革委副主任解振华、住房城乡建设部副部长仇保兴出席会议并讲话。解振华指出，“十二五”时期，国家发展改革委将采取六项措施，大力推动节水型城市创建活动，一是优化产业结构，二是发展循环经济，三是抓好示范工程，四是完善水价政策，五是推动公共机构节水，六是研究节水重大问题。仇保兴要求各地高度重视城市节水工作，以城市规划、建设和市政公用行业为平台，落实责任，增加投入，加强监管，完善政策，进一步推进城市节水工作。

9月2日 全国人大环境与资源保护委员会召开座谈会，专题听取国家发改委汇报《循环经济促进法》实施情况。全国人大环资委李传卿副主任委员主持会议。国家发改委环资司巡视员何炳光从加强宏观指导、完善配套法规、强化试点示范、建立统计制度、完善激励政策、加强技术研发、加强法律宣传和开展国际交流等方面，简要汇报了我委贯彻落实《循环经济促进法》、推进循环经济发展方面所做的工作，并介绍了“十二五”期间我委大力发展循环经济的工作考虑。全国人大环资委将进一步加强与我委的沟通联系，共同推进循环经济发展工作。

9月6日 国家发展改革委办公厅发出《关于深化再制造试点工作的通知》(发改办环资[2011]2170号)，进一步深化再制造试点工作。要求确保汽车零部件再制造试点取得实效，加快落实建设任务，组织评估验收，加强跟踪指导。决定扩大再制造试点范围，继续探索再制造产业发展的政策、管理制度和监管体系，为建立再制造相关技术标准、市场准入条件、流通监管体系等提供经验。

9月13日 国家发展改革委办公厅、财政部办公厅发出《关于将上海燕龙基再生资源利用示范基地等15个园区确定为国家“城市矿产”示范基地的复函》，确定15个园区为国家城市矿产示范基地。

9月15日 为加快推动再生资源回收体系建设，天津特设专项资金及优惠政策开展再生资源体系建设项目支持工作。

9月15日 农业部印发《测土配方施肥技术规范（2011年修订版）》，这次修订后的技术规范主要细化了蔬菜、果树测土配方施肥技术内容，增加了肥料利用率田间试验、配方肥料供应等内容，调整和修改了肥料效应田间试验、样品采集与制备、基础数据库建立、肥料配方设计、配方肥合理施用和耕地地力评价等方面内容。

9月20日 由国家发展改革委支持、中钢集团马鞍山矿山研究院有限公司承担的国家重大产业技术开发项目—低品位难选表外矿和含铁废石资源化利用关键技术研究项目通过专家验收。场强磁选机和大型高效节能干式磁选机，实现磨矿磁选精矿铁品位达到64%以上，铁回收率72%以上（磁性铁回收率93%以上）。与常规破磨工艺相比，选矿能耗降低10%以上，尾矿综合利用率达到30%以上，可开采矿体边界品位从20%降至16%，提高低品位难选表外矿的资源回采率4~6%，排土场含铁废石资源综合利用率超过10%。

9月22日 2011年海峡两岸电子废弃物回收利用技术与设备展览会在北京展览馆举行。标志着海峡两岸的电子废弃物产业进入一个新的实质性合作阶段。

9月23日 山西省质量监察局发布实施山西省工业企业循环经济评价标准。这是我国首个全面系统地评价企业层面循环经济发展水平的地方标准，填补了企业层面循环经济评价方法的空白。这次发布的工业企业循环经济评价标准包括《工业企业循环经济评价导则》、《钢铁行业循环经济评价实施指南》和《焦化行业循环经济评价实施指南》三个标准。

9月27日 国务院召开全国节能减排工作电视电话会议，全面动员和部署“十二五”节能减排工作。国务院总理温家宝发表了重要讲话强调，要从战略和全局高度认识节能减排的重大意义，全面落实节能减排综合性工作方案，下更大决心、花更大气力，打赢节能减排持久战和攻坚战，建设资源节约型、环境友好型社会。国务院副总理李克强主持会议。国务院副总理张德江、王岐山出席会议。国务委员兼国务院秘书长马凯在会上宣读了《国务院关于对“十一五”节能减排工作成绩突出的省级人民政府给予表扬的通报》。国家发展改革委、环境保护部负责人和河北省、上海市、贵州省政府负责人在会上先后发言。温家宝在讲话中强调，各级党委和政府要把节能减排作为促进科学发展的硬任务，转变经济发展方式的硬举措，考核各级干部的硬指标。要明确各级政府和有关企业节能减排

的责任。加强组织领导，形成一级抓一级、层层抓落实的工作机制。严格监督检查，对节能减排指标实行年度考核，接受社会监督。开展节能减排全民行动，加强舆论监督，尽快形成政府为主导、企业为主体、全社会共同参与的工作局面。

9月28日 国家发展改革委副主任解振华主持召开秸秆综合利用统筹协调机制第二次会议，赵家荣副秘书长作会议总结。中宣部、教育部、科技部、财政部、农业部、税务总局、环境保护部、国务院法制办等部门的相关负责人参加会议。各部门相关负责同志通报了近年来推进秸秆综合利用工作进展情况，讨论了“十二五”秸秆综合利用重点工作安排及部门分工，要充分发挥秸秆综合利用统筹协调机制作用，加强协调配合，共同推进秸秆综合利用。解振华强调，要加强宏观指导，推进产业化发展，强化技术支撑，完善鼓励政策，加强监督检查，加大宣传培训力度，围绕秸秆肥料化、饲料化、基料化、原料化和燃料化等利用领域，加快推进秸秆综合利用，解决秸秆废弃和违规焚烧带来的资源浪费和环境污染问题，力争到2015年秸秆综合利用率超过80%以上。

9月30日 为加快推进中日韩循环经济示范基地建设，国家发展改革委环资司组织召开了三国示范基地建设工作协调会。中国国家发展改革委、日本经济产业省、韩国环境部三国牵头部门的相关处室主要负责人就示范基地建设的具体内容进行了讨论，中国外交部亚洲司、日本驻华使馆、韩国驻华使馆也派人参加了会议。国家发展改革委环资司巡视员何炳光代表中方致辞，对日韩重视循环经济示范基地建设并专程派人参会表示欢迎，并祝愿会议取得圆满成功。

9月 根据国务院批复的《甘肃省循环经济总体规划》，甘肃省将投资2133亿元，兴建省级循环经济示范区，打造16条产业链(精细化工、有色冶金、新型材料、石油化工、煤电建材、装备制造、清洁能源、生态农业等等)，培育100家循环经济示范企业，建设七大产业基地(兰白石油化工、有色冶金基地；平凉、庆阳煤电化工、石油化工基地；金昌有色金属新材料基地；酒泉、嘉峪关清洁能源、冶金新材料基地；天水装备制造业基地；张掖、武威、定西特色农副产品加工基地；临夏、甘南、陇南生态循环经济基地)。这16条产业链包括精细化工、新型材料、石油化工、煤电建材、清洁能源等。到“十二五”末，这些项目预计可实现销售收入1634亿元，利税317亿元，提供就业岗位15万～20万个。

10月

10月5日 国家发展改革委、住房和城乡建设部、清华大学等同时受邀参加新加坡第三届亚洲3R区域论坛。3R区域论坛由联合国区域发展中心等主办，每年由亚洲不同国家轮流承办，旨在在亚洲推行3R战略，促进区域可持续发展，首届论坛上通过的“东京3R宣言”已成为论坛的纲领性文件。此届论坛以“3R技术的转换及实施”为主题，中方参会人员在论坛期间就中国推进循环经济的政策和技术等方面向会议做了报告。在大会和分组讨论中，中方代表积极阐述我国推进循环经济的措施，得到与会各国的高度评价，论坛对我国探索循环经济发展典型模式做出的成绩予以肯定，提高资源产出率、实施园区循环化改造等具有中国特色的推动3R的举措和理念被普遍接受，以上成果被写入大会总结文件并拟向世界可持续发展大会及地球峰会(Rio+20)提交。

10月10日 国家发改委海水淡化产业发展重点示范项目在唐山曹妃甸竣工。 曹妃甸北控阿科凌5万吨/日海水淡化项目集成了我国海水淡化领域的科技成果和设计、工程管理经验，是我国首个自主设计建设的大型海水淡化工程。曹妃甸发展大规模海水淡化并对外供水，对于缓解环渤海区域水资源短缺压力，保障京冀地区经济和社会可持续发展具有重要意义。该项目的建成投产，为我国大型海水淡化项目建设及商业化运营提供了示范样板，并为海水淡化项目开发探索了新的合作发展模式。该项目的建成，对于构建首都多水源保障体系，以及缓解近海地区经济社会发展的水资源约束矛盾，具有极其重要的战略意义。

曹妃甸北控阿科凌5万吨/日海水淡化项目是曹妃甸大型海水淡化产业基地的起步工程，项目总投资40293.3万元，占地面积约33亩，采用膜法工艺，建设气浮、超滤等预处理设施，配置5套单体产能1万立方米/日的反渗透装置以及后矿化设施等。该项目使用了经国际脱盐协会、世界水协会认证的目前世界最高水平的反渗透装置，其能量回收效率在平稳运行状态下可达到98.5%以上，最低水平也在95%以上。

10月18日 国家发展改革委印发了《关于印发循环经济典型模式案例的（简本）的通知》，循环经济试点取得阶段性成果60个中国循环经济典型模式案例出炉。从地域、行业、重点领域等层面，对区域、园区、煤炭、电力、钢铁、有色、化工、建材、轻工、资源循环利用、再制造、农业林业、餐厨废弃物资源化利用、服务业14类典型循环经济发展模式进行了总结。

发布典型模式案例是近几年循环经济发展取得的一个重要成果，也是落实“十二五”规划纲要的具体措施，标志着循环经济发展正在由试点探路向示范推广转变。《通知》要求，各地发展改革部门要充分认识模式推广的意义，通过召开现场推广会、经验交流会、行业研讨会等多种形式，加大循环经济典型模式推广力度，通过加强区域交流、行业交流、跟踪指导案例单位的方式，继续培育典型经验、凝练新模式，促进循环经济不断提高发展水平；各模式案例单位要立足现有基础，不断完善提高，继续探索循环经济发展的新方式、新途径，进一步解决循环经济发展中的困难与问题。

10月18日 以循环消费为主题的全国首家“3R循环消费社区连锁超市”在湖北省武汉市和荆门市两地三店首次亮相。在新开张的3R店中，低碳产品占所有商品比重高达90%以上。格林美3R超市创造性引入“碳揭露计划”与“碳积分计划”，让低碳名副其实，让低碳消费人人参与，让减碳指标人人量化，构建中国社区居民全面参与减碳减排的评估、量化、累计、核查的低碳消费与低碳信息系统，建立中国公民减碳减排的信誉体系，在方便大家购买便民商品的同时享受低碳消费的乐趣和价值。

10月21日 由工业和信息化部与美国商务部联合举办的中美再制造产业对话会议在北京召开。会议围绕中美两国的再制造产业发展问题展开讨论。

10月24日 全国人大常委会审议通过了《清洁生产促进法修正案（草案）》，明确提出国家要建立清洁生产推行规划制度，进一步促进环境保护和节能减排，强化各级政府推行清洁生产的职责。这表明中国政府已经决心加快国内经济发展方式转型、走低碳经济、可持续发展经济之路。

10月28日 财政部颁布《中华人民共和国资源税暂行条例实施细则》，2011年11月1日起施行。

11月28日 国家税务总局发布《资源税若干问题的规定》。

10月31日 国务院办公厅印发《关于建立完整的先进的废旧商品回收体系的意见》（国办发〔2011〕49号）。该《意见》分指导思想、基本原则和主要目标；重点任务、保障措施、组织协调4部分。《意见》提出，到2015年，初步建立现代废旧商品回收体系，各主要品种废旧商品回收率达到70%。要通过财政、土地、税收等方面政策，支持废旧商品回收体系建设，鼓励废旧商品回收企业做大做强，逐步培育形成一批组织规模大、经济效益好、研发能力强、技术装备先进的大型企业。

11月

11月1日 国内最大规模的城市矿产资源循环产业园，在湖北荆门市开工建设。这个由国内循环经济领军企业——格林美公司投资建设的产业园，将建设再生资源交易中心与专业集散大市场、废旧线路板和废五金处理与稀贵金属回收、废钢与报废汽车拆解利用等三个项目，年处理废旧线路板、报废汽车等废弃物量达到70万吨以上，成为世界先进的废旧线路板、报废汽车的循环利用基地。

11月4日 国家发展改革委与教育部、财政部、旅游局联合印发《关于确定首批国家循环经济教育示范基地初选名单及有关事项的通知》，确定9家单位列入循环经济教育示范基地初选名单。

11月8日 太原钢铁（集团）有限公司与世界500强企业美国哈斯科公司合资建设的钢渣综合利用项目在阳曲县开工奠基。省长王君、美国驻华大使骆家辉出席奠基仪式并揭牌。该钢渣综合利用项目落户山西，使太钢成为全球钢铁企业产量最大、流程最全、技术最先进的肥料及相关冶金附属产品生产企业，在山西的绿色发展中起到示范带动作用。此次开工建设的钢渣综合利用项目，采用世界上最先进的处理技术和管理理念，实施冶金伴生物开发。项目建成后，可将太钢钢渣转化为生产水泥添加剂、农用肥料和高尔夫球场草坪的肥料，年处理100万吨不锈钢尾渣和50万吨碳钢尾渣。由此，太钢钢渣将全部高效循环利用并实现零排放，对冶金行业实现钢渣循环利用将起到示范引领作用。这是迄今为止山西省引进的用于循环经济领域的美国最大的商业投资项目，也是全球技术最先进的钢渣综合利用环保项目和我国第一个钢渣肥料制造项目。

11月13日 国家主席胡锦涛在美国夏威夷州首府檀香山举行的亚太经合组织第十九次领导人非正式会议上发表题为《转变发展方式 实现经济增长》的重要讲话。他指出，绿色增长是《亚太经合组织领导人增长战略》核心内